Economics of Productivity

생산성의 경제학

박승록 저

박영사

머리말

경제성장은 우리 인류에게 있어서 매우 중요하다. 최근 발표된 펜 월드 테이블(Penn World Table, version 9.0)자료에 의하면 1960~2014년간 한국의 일인당 소득수준은 30배 가까이 증가하였다. 같은 기간 필리핀의 일 인당 소득수준은 겨우 3배 증가하는 데 그쳤다. 한국과 필리핀의 일 인당 소득수준의 이런 차이는 경제성장의 결과이다. 경제학계에서는 최근 40~50여 년간 한국의 경제 기적을 포함하여 주목할 만한 경제성장을 이룬 나라들의 경제성장을 보다 정확하게 이해하려는 노력이 있었다. 특히 1980년대 중반 이후 경제성장의 다양한 측면을 연구하려는 노력은 크게 진전되었다.

경제학계의 이런 노력에도 불구하고, 경제성장 관련 이론들은 몇 개의 분야로 분화되어 있다. 경제성장에 대한 이론적 논의는 거시경제학 일부로 다루어져 왔다. 빈곤 국가의 경제성장에 대한 논의는 경제발전론에서, 생산성에 대한 논의는 산업조직론에서, 부유한 국가의 경제성장에 대한 논의는 경제사에서 다루어져 왔다.

본서는 경제성장론과 산업조직론의 한 분야로서 다뤄지던 총요소생산성 관련 논의들을 재정리하여 새로운 체계를 세운다는 의도로 집필되었다. 비록 경제성장론이나 산업조직론의 일부로 다루어지기는 하였지만, 생산성 분야에 대한 그동안의 이론적, 실증적 연구의 발전은 경제학의 다른 분야보다 활발하였다. 총요소생산성이란 주제는 경제학의 다른 분야들에서 발전된 분석수단을 활용하고, 다른 분야까지 분석대상을 넓힘으로써 경제학의 새로운 각론 분야를 형성할 만큼 발전하였다.

생산성 분석 방법론이 발전하면서, 이론적 경제 성장론을 다루는 거시경제학,

빈곤국의 경제성장과 발전을 다루는 경제개발론, 그리고 미시경제이론과 산업조직론 등의 여러 분야가 새롭게 활용되기 시작했다. 최근에는 생산성 분석의 기초가 되는 생산함수나 비용함수의 추정과 관련하여 계량경제학 방법론의 도입이 생산성 분석의 발전에 큰 역할을 하였다. 아울러 국제간 무역이 활발해지면서 생산성 연구에 국제무역이론 역시 크게 활용되기 시작했다.

이처럼 초기 경제성장 이론의 일부로 다뤄지던 생산성 분야의 연구는 경제학의 다양한 각론들을 포괄하면서 새로운 각론으로 발전할 기반을 갖추었다. 필자는 바로 이런 점을 관찰하고 본 저술에 대해 『생산성의 경제학』이란 이름을 붙였다.

『생산성의 경제학』에서는 이론과 실증분석이 결합해야 생산성 분석과 해석이 제대로 이루어질 수 있다. 『생산성의 경제학』의 역사를 볼 때도 항상 분석 방법론과 여기에서 활용되는 데이터의 작성방법이 동시에 발전해 왔다. 그래서 『생산성의 경제학』을 이해하기 위해서는 관련 이론과 이론에 근거한 자료의 작성방법, 분석결과의 의미들을 동시에 파악할 수 있어야 한다.

따라서 본서에서는 『생산성의 경제학』을 정립하기 위한 이론적 내용, 데이터 작성 관련 내용, 실증분석 방법론, 다양한 해석방법과 같은 내용이 설명된다. 이런 점에서 본서는 일반 독자뿐만 아니라 더욱 전문적인 독자, 연구목적에 직접 본서를 활용코자 하는 독자들에게 도움을 주는 내용으로 구성된다. 다양한 독자층의 이런 요구에 부응한다는 점에서 어떤 부분은 개괄적 서술이, 어떤 부분은 수학적 표기를 이용한 전문적인 서술이, 그리고 어떤 부분은 통계 소프트웨어를 이용한 기술적인 내용이 설명될 것이다.

본서는 지난 2년 동안 집필한 한국연구재단의 저술출판 지원과제(NRF-2015S1A6A4A01011546)이다. 필자는 생산성 연구 분야에서 상당 기간 연구 활동을 하면서 논문과 책을 쓸 기회가 많았다. 하지만 생산성이란 분야에 초점을 맞추어 하나의 각론 분야를 저술한다는 것은 어려운 작업이었다. 한국연구재단의 지원으로 『생산성의 경제학』이란 각론 분야를 집필하는 과정에서 해당 분야의 범주가 너무 방대하고, 또 수많은 천재 경제학자들의 위대한 업적들이 망라되어 있음을 깨닫게 되었다.

필자는 『생산성의 경제학』이 경제학에서 하나의 각론 분야가 될 것인지에 대해 의문을 가지고 있다. 제대로 완성되기에는 필자의 더 큰 노력과 연구시간이 필요할 것으로 생각한다. 또 많은 후학의 참여와 연구가 필요할 것으로 생각한다. 본서를 접하게 된 독자들께서는 필자의 이런 고민을 이해해 주시길 바란다.

필자는 본서가 완성되기까지 많은 사람의 도움을 직간접으로 받았다. 먼저 약 30년 전 미국 노던 일리노이 대학(Northern Illinois University) 유학 시절 지도교수로서 생산성 연구를 지도해주신 Jene K. Kwon(한국이름, 권진균), Susan Porter-Hudak, Khan A. Mohabbat 교수에게 감사한다. 이분들의 헌신적인 지도가 없었으면 본서는 빛을 보지 못했을 것이다.

국내에서는 필자가 한국산업연구원(KIET) 재직 때 당시 총요소생산성이란 독특한 연구 분야에서 많은 가르침을 주고, 결국 생산성 연구자로 이끌어 주신 우리나라 생산성 연구의 개척자이신 경희대 김광석 교수와 당시 산업연구원 원장이었던 경희대 문희화 교수께 감사를 드린다.

또한 필자의 생산성 연구에서 내공은 키우는 데는 필자와 많은 공동연구를 하면서 해박한 경제학 지식과 현실감각, 그리고 탁월한 해석에 능숙했던 미국 폴로리다 애틀랜틱 대학(Florida Atlantic University)의 윤기향 교수의 도움이 컸다. 아울러 필자와 생산성 분야에 관한 연구와 토론을 통해 그 깊이를 더하게 해주신 미국 하워드 대학(Howard University)의 곽승영 교수, 국내에서 필자와 생산성 연구 분야에서 많은 공동연구를 했던 경희대 강정모 교수, 현재에도 필자와 공동연구를 하면서 많은 격려와 영감을 주고 있는 한국기술교육대학의 최두열 교수에게 감사드린다.

그리고 필자에게 한때 생소한 분야였으나 강의와 직접 설명으로 필자의 생산성 연구에 큰 도움을 준, 변경생산함수의 추정과 관련하여 서강대 이영훈 교수, 패널추정법과 관련하여 미국 애리조나 주립대학(Arizona State University)의 안승찬 교수, 경제성장의 수렴화와 관련하여 미국 텍사스 대학(University of Texas at Dallas)의 설동규 교수에게도 감사한다.

또한 생산성 연구에 필수적인 한국의 KLEMS 자료를 작성하고 있는 서울대 표학길 교수, 서강대 전현배 교수와 같은 분들의 노력 역시 필자의 생산성 연구에 큰 도움이 되었다. 필자와 직간접적으로 관련이 있는 이런 분들의 연구가 없었더라면 본서의 집필은 불가능했을 것이다.

본서의 집필에서는 STATA라는 통계 소프트웨어를 분석 도구로 사용하고 있다. 전 세계에서 STATA를 사용하면서 편리한 기능을 추가해주는 많은 사용자 그룹(user's group)으로부터도 큰 도움을 받았다. 자료포락분석과 맘퀴스트 생산성 지수계산을 위한 명령어를 개발하고 직접 설명해준 한국 국방대학원의 이춘주 교수, 수렴화의 검증과 관련하여 중국 샨뚱대학(山东大学)의 Kerry Du 교수, 최근 STATA를 이용한 변경생산함수의 분석법 관련 책을 저술한 빙엄턴 대학교(Binghamton University)의 Kumbhakar 등이 개발한 새로운 STATA 명령어들이 없었더라면 필자의 『생산성의 경제학』은 한참 뒤에나 가능하였을 것이다.

필자는 또한 한국연구재단, 출판사 관계자 여러분, 가족에게도 감사의 인사를 하지 않을 수 없다. 우선 한국연구재단의 재정지원에 대해 감사드린다. 졸고의 출판을 허락해준 박영사 안종만 대표님, 출판을 기획한 이영조, 오치웅 선생님, 특히 많은 양의 원고를 일일이 읽고 교정해준 전채린 선생님께 감사를 드린다.

책을 집필하면서 소홀히 할 수밖에 없었던 가족에 대한 사랑의 말도 남긴다. 일서, 영은 두 남매를 튼튼하고 예쁘게 잘 키워 사회에서 제 역할을 할 수 있게 한 현상숙 여사, 그리고 잘 자라준 두 남매에게 사랑의 마음을 전한다. 30년 전 필자가 비슷한 책을 집필할 때 함께 놀자 보채며, 원고를 찢어놓곤 했던 첫째는 올해 박사학위를 끝내고 아빠와 비슷한 길을 가게 된다. 특히 축하하는 의미에서 여기에 사랑의 말을 남긴다.

2018. 1.

필자 박승록

이 책은 인터넷에서 계속 진화, 발전합니다.

본서의 내용 중 필자가 특별히 독자들의 이해를 돕고자 하는 부분은 동영상을 제작하여 독자들에게 직접 설명한다. 본서의 각 장 마지막에는 QR코드가 있다. 독자들은 스마트 폰의 QR코드 인식 앱을 통해 동영상이나 필자의 웹사이트에 직접 접근하여 필자의 설명을 들을 수 있다. 따라서 독자들은 동영상을 통해 본서의 중요 내용을 더 잘 이해를 할 수 있을 것이다. 본 저술의 내용을 바뀌지 않더라도 본 저술에서 제공하는 동영상은 계속 보완되고 수정될 것이다. 독자의 의견들도 반영될 것이며, 새로운 내용도 추가될 것이다.

본서의 각 장에서 제시된 QR코드를 통해서는 해당 내용과 관련된 유튜브(YouTube)의 동영상 자료와 연결된다. 이 동영상 자료는 인터넷에서는 검색이 되지 않는 "미등록" 상태이다. 따라서 본서의 QR코드나 본서를 위해 구축된 웹사이트에서 이들 동영상 자료에 접속할 수 있다. 독자들은 같은 QR코드를 통해 지속해서 수정, 보완된 동영상 자료나 새롭게 추가된 동영상 자료들을 접할 수 있게 된다.

본서와 관련된 문서자료(텍스트, 통계자료, STATA 파일)는 필자의 웹사이트에서 제공되므로, 독자들은 여기서 해당 자료를 내려받을 수 있다. 본서에서 제시되는 거의 모든 그래프와 표들도 독자들이 해당 STATA 명령어를 직접 수정하여 재생산할 수 있다. 각 장의 분석사례에 대한 STATA 명령어 파일이 제공되기 때문에 독자들은 본서에서의 내용을 직접 재현하여 본문의 이해에 도움을 받을 수 있다. 이들 자료 또한 지속해서 수정, 보완될 것이다.

또한 독자들에게 도움이 될 새로운 실증연구 사례가 있으면 필자의 웹사이트에 추가될 것이다. 본서의 집필 과정에서 양적 제약 때문에 제외되었던 내용에도 접근할 수 있다.

필자의 『생산성의 경제학』은 인터넷상에서 독자들의 다양한 의견을 수렴하면서 앞으로 계속 보완, 발전될 것이다. 필자와 독자들의 집단지성이 새로운 『생산성의 경제학』을 완성할 것이다.

차 례

PART 01 서 론

CHAPTER 1 『생산성의 경제학』

CHAPTER 2 『생산성의 경제학』과 한국의 사례

CHAPTER 3 성장률과 미분의 이해

PART 02 『생산성의 경제학』 발전사

CHAPTER 1 경제성장의 원천

CHAPTER 2 총요소생산성의 결정요인

CHAPTER 3 총요소생산성 분석의 다양한 주제

PART 03 『생산성의 경제학』 각론

CHAPTER 1 경제성장 이론과 총요소생산성

CHAPTER 2 총요소생산성의 측정과 지수이론

CHAPTER 3 총요소생산성 측정의 일반이론

CHAPTER 4 제도와 총요소생산성

CHAPTER 5 동아시아 성장과 총요소생산성

CHAPTER 6 기업가 정신과 총요소생산성

CHAPTER 7 총요소생산성 수준의 수렴화

PART 04 『생산성의 경제학』 계량분석법

CHAPTER 1 생산이론의 기초개념

CHAPTER 2 총요소생산성 측정과 생산함수

CHAPTER 3 자료포락분석과 총요소생산성

CHAPTER 4 확률변경함수의 추정

CHAPTER 5 확률변경함수와 총요소생산성의 구성요인 분석

PART 05 『생산성의 경제학』 실증분석 사례

서 론

PART

01

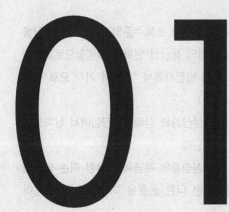

제1부는 『생산성의 경제학』에 대한 도입부이다. 『생산성의 경제학』이 설명할 수 있는 다양한 주제들을 살펴본다. 한국의 고도 경제성장 사례를 이용하여 『생산성의 경제학』에서 다루게 될 내용을 개괄적으로 살펴본다.

제1장에서 「생산성의 경제학」이 설명해줄 수 있는 국가의 일인당 소득수준의 차이, 경제성장률의 차이, 시대변화에 따른 경제성장의 모습, 세계화 과정에서의 생산성 변화를 설명함으로써 『생산성의 경제학』 대두 배경에 관해 설명한다. 특히 세계 경제 발전사에서 "기적의 기적"으로 평가받을 수 있는 한국경제의 성장 과정을 설명한다.

제2장에서는 한국경제의 성장 과정을 하나의 사례로 하여 『생산성의 경제학』 관점에서 살펴보고 본서의 주요 내용 전반의 이해를 위한 개괄적 내용을 설명한다.

제3장에서는 『생산성의 경제학』 이해와 연구에서 필수적인 성장률의 개념과 간단한 미분 방법에 대해 살펴봄으로써 본서뿐만 아니라 『생산성의 경제학』 관련 다른 논문을 이해하는 데 도움이 될 기초적 내용을 설명한다.

Economics of Productivity

『생산성의 경제학』

경제학은 오랫동안 “왜 어떤 나라는 부유하고, 어떤 나라는 가난할까?” 하는 문제를 설명하고자 노력해 왔다. 애덤 스미스(Adam Smith)는 1776년에 저술한 “국부의 본질과 원인에 관한 탐구(An Inquiry into the Nature and Causes of the Wealth of Nations: 일명 『국부론』)”에서 한 나라의 부(富)의 본질에 대해 탁월한 견해를 보여준 바 있다.

애덤 스미스의 『국부론』이 발간된 이후, 1798년 토마스 맬서스(Thomas Robert Malthus)는 “인구의 원리에 관한 일론(An Essay on the Principle of Population: 일명 『인구론』)”이란 책을 출간하여 경제성장의 미래에 대해 매우 부정적인 견해를 제시한 바 있다. 덕분에 그의 주장은 경제학을 “음울한 과학(dismal science)”으로, 자신의 저술을 “세계의 문헌 중 가장 멍청한 책”이란 평가를 받게 하였다.[1]

거시경제학적으로 국가 간의 경제력의 차이에 대한 보다 현대적 설명은 1950년대 처음으로 국민소득 통계를 추계하는 연구에 참여했던 쿠즈네츠(Simon Kuznets)나 솔로우(Robert Solow)와 같은 경제학자들에 의해 시작되었다. 특히 솔로우의 논문은 경제성장에서 물적 자본축적의 중요성을 분명히 하였고, 지속적인 경제성장의 원인으로서 기술발전의 중요성을 크게 강조하였다

1 베르너 좀바르트(Werner Sombart)는 1938년 『정신과학으로서의 인류학』에서 맬서스의 『인구론』을 “세계의 문헌 중 가장 멍청한 책”이라고 평가했다.

1960~1970년대에 경제성장에 관한 연구들이 크게 진전되었지만, 기술발전의 핵심적인 원동력에 대한 이론적 설명은 여전히 부족했다. 하지만 1980년대 로머(Paul Romer)나 루카스(Robert Lucas)와 같은 경제학자들이 경제성장에 있어서 아이디어(ideas)와 인적 자본(human capital)의 중요성을 강조하는 이론, 일명 신성장이론(new growth theory)을 제시하였다. 바로(Robert Barro) 등 많은 경제학자가 이런 새로운 경제성장 이론에 관한 실증적 연구를 하면서 경제성장의 본질에 대한 이론적·실증적 연구가 큰 진전을 이루었다.

본서, 『생산성의 경제학』에서 다루려는 주요 내용은 이 같은 경제성장 이론과 밀접하게 관련되어 있다. 생산성에 대한 설명이 주로 경제성장 이론에서 다루어져 왔기 때문이다. 하지만 『생산성의 경제학』에서는 생산성의 측정과 해석 등 실증적인 측면에서 경제성장 이론에서 다루지 못했던 새로운 분야가 많이 추가되었다. 『생산성의 경제학』이 규명하고자 하는 많은 내용은 여전히 그 대상과 이론에서 경제성장 이론과 밀접히 관련되어 있다. 그래서 경제 현실에서 일어나는 경제 현상에 대한 설명은 공유할 수밖에 없다.

우리가 현실 경제에서 자주 직면하게 되고, 특히 『생산성의 경제학』에서 그 설명을 찾을 수 있다고 판단되는 주제는 다음과 같다.[2]

첫째, "왜 국가 간 일인당 소득수준은 많은 차이가 나는가?" 또한 "왜 어떤 나라는 부유하고, 어떤 나라는 가난한가?" 하는 문제이다.

둘째, "왜 경제성장률은 국가마다 상당한 차이를 보이는가?"의 문제이다.

셋째, "왜 시간의 흐름에 따라 경제성장률은 어떤 기간에는 정체되고, 어떤 기간에는 성장하는가?"의 문제이다. 즉, 긴 인류 역사를 통해서 볼 때 "경제성장은 불과 최근 2~3세기에 걸쳐서 일어난 현상인데 그 원인은 무엇인가?"의 문제이다.

넷째, 국가 간의 일인당 소득수준에 있어서 상대적 위치는 항상 변화해 왔다. "어떤 나라는 다른 나라를 추격하는 데 성공하지만, 어떤 나라는 다시 가난한 나라로 후퇴하는데 그 원인은 무엇인가?"의 문제이다.

다섯째, 국제무역과 성장은 밀접하게 관련되어 있다. 국제무역을 통해 기술이 이전되고 글로벌 가치사슬이 심화하면서 성장 또한 가속화되었다. 그 원인은 무엇

2 기본적인 사실들은 Jones and Vollrath(2013), "Chapter 1. Introduction: The Facts of Economic Growth," in *Introduction to Economic Growth*, W. W. Norton & Company, pp. 1-19를 참조하였다.

일까?

본 저술에서는 거시적인 측면에서의 경제성장과 관련된 이런 문제의 해석에서 『생산성의 경제학』이란 하나의 각론 분야를 완성하고, 이를 통해 이런 문제의 해석에 크게 기여할 수 있게 될 것이다.

우선 몇 개의 대표적인 국가들을 통해 오늘날 세계 경제에서 관찰할 수 있는 현상 또는 "사실들(stylized facts)"을 간단하게 살펴보자. 세계는 형태와 크기 등에서 다양한 특성을 가진 국가들로 구성되어 있다. 경제적 측면에서 볼 때, 어떤 나라는 부유하고, 어떤 나라는 가난하고, 어떤 나라는 빨리 성장하고 어떤 나라들은 성장이 정체되거나 마이너스(−) 경제성장을 하기도 한다.

다음의 〈표 1〉은 펜 월드 테이블(Penn World Table 9.0) 자료에서 부유한 국가, 빈곤한 국가, 고도성장 국가, 침체 국가의 범주에 속하는 몇몇 대표적인 국가들의 일인당 GDP, 근로자 일인당 GDP, 고용률, 1960~2014년간 평균 경제성장률, 소득수준이 2배로 증가하는 데 필요한 기간을 보여주고 있다. 이 표를 통해서 국별 경제에 대한 전술한 몇 가지의 사실들을 확인할 수 있다.[3]

세계 여러 나라의 일인당 소득은 커다란 편차를 보인다. 여기서 국민 일인당 소득은 지표상으로 소득수준을 나타내지만, 국민이 소비할 수 있는 수준을 나타낸다는 측면에서 해당국의 후생수준을 나타낸다고 할 수 있다. 근로자 일인당 소득은 생산활동에 종사하는 근로자 일인당 소득이라는 점에서 근로자의 노동 생산성 수준을 나타낸다고 할 수 있다. 고용률은 해당 국가의 총인구 가운데 생산 활동에 참여하는 근로자의 비중을 나타낸다. 그리고 연간 경제성장률은 1960~2014년간 복리로 계산된 성장률이다. 그리고 소득 2배 증대 기간은 이런 경제성장률하에서 소득이 2배 증가하는 데 필요한 시간을 보여주고 있다.

---

3 주로 GDP 관련 통계를 이용하여 국가의 부(富)나 개발 정도를 설명하고는 있지만, 한 나라의 개발수준을 나타내는 삶의 질(quality of life)과 관련된 지표로서 평균수명, 영아사망률, 기타 인간의 삶의 질을 나타내는 지표 역시 소득수준 지표와 높은 정(+)의 상관관계가 있고 GDP 통계가 이들 통계의 대리변수 역할을 충분히 수행할 수 있다. Lucas, Robert(1988), "On the mechanics of economic development," *Journal of Monetary Economics*, Vol. 22, Issue 1, pp. 3-42.; Romer, P. M.(1989), Human capital and growth: Theory and evidence. Washington: National Bureau of Economic Research.; Charles I. Jones and Dietrich Vollrath(2013), *Introduction to Economic Growth*, W. W. Norton & Company Ltd., pp. 79-139.

표 1 세계 주요국 성장과 발전 지표

	국가명	국민 일인당 GDP (2014년, $)	근로자 일인당 GDP (2014년, $)	고용률 (취업자/총인구, 2014년, %)	경제성장률 (1960~2014년, %)	소득 2배 증대 시간(년)
부유국	일본	35,358	68,989	51.3	3.5	21
	스페인	33,864	88,944	38.1	3.3	22
	이탈리아	35,807	90,773	39.4	3.0	24
	독일	45,961	87,309	52.6	2.8	26
	프랑스	39,374	95,498	41.2	2.5	29
	스웨덴	44,598	91,075	49.0	2.2	33
	영국	40,242	83,612	48.1	2.2	32
	미국	52,292	112,517	46.5	2.0	36
빈곤국	말리	1,434	4,414	32.5	1.7	41
	모잠비크	1,137	2,696	42.2	1.4	50
	부르키나 파소	1,565	4,327	36.2	1.5	47
	이디오피아	1,323	2,833	46.7	2.0	36
	말라위	949	2,435	39.0	0.2	419
	탄자니아	2,213	5,080	43.6	1.1	68
	우간다	1,839	4,837	38.0	1.5	47
	방글라데시	2,885	7,772	37.1	1.2	58
	케냐	2,769	7,291	38.0	0.9	85
	코트디부아르	3,352	9,008	37.2	1.1	64
고도 성장국	한국	35,104	67,247	52.2	6.3	11
	싱가포르	72,583	117,472	61.8	6.1	12
	대만	44,328	92,978	47.7	5.4	13
	홍콩	51,808	100,467	51.6	4.9	15
	중국	12,473	21,394	58.3	4.4	16
성장 정체 또는 마이너스 (-) 성장국	세네갈	2,247	6,893	32.6	0.0	2,028
	잠비아	3,726	13,611	27.4	0.6	114
	마다카스카르	1,237	2,833	43.7	-0.1	-1,131
	니제르	852	2,397	35.5	-0.9	-82
	콩고	1,217	3,757	32.4	-1.3	-57
	베네주엘라	14,134	33,741	41.9	1.3	57
	가나	3,570	7,497	47.6	0.4	164
	자메이카	7,449	19,335	38.5	0.8	87

자료: Penn World Table Version 9.0(http://www.rug.nl/ggdc/productivity/pwt/)

1. 국가간 일인당 소득수준의 편차

국가 간 일인당 국민소득 수준에서 많은 편차를 보인다. 〈표 1〉에 의하면 3억 2천만의 인구를 가진 미국의 일인당 소득은 7천 5백만 명의 콩고에 비해 43배나 높다. 인구 8천 1백만 명의 독일은 38배, 인구 6천 4백만 명의 영국은 33배, 인구 1억 2천 7백만 명의 일본과 인구 5천만 명의 한국은 약 29배나 높다.

미국뿐만 아니라 일본, 독일, 프랑스, 영국과 같은 부유한 국가들의 일인당 소득수준은 아프리카의 대부분 빈곤국이나 성장 정체 또는 마이너스 성장국보다 수십 배 높은 소득수준을 가지고 있다. 〈그림 1〉에서 보는 바와 같이, 이들 빈곤국 가운데 1960년 당시 미국 일인당 소득수준의 6.6% 수준에 불과했던 중국 역시 포함되어 있었으나, 1990년대 초반부터 고도성장을 한 덕분에 최근에는 23% 수준까지 증가하였다.

한국, 싱가포르, 대만, 홍콩과 같은 소위 "아시아 4마리 용(Asia's four dragons)"이라 불렸던 국가들은 세계 어느 지역보다 빠른 성장을 이룩하여 선진국 수준에 도

그림 1 아시아 주요국의 미국대비 일인당 GDP 수준(1960년, 2014년)

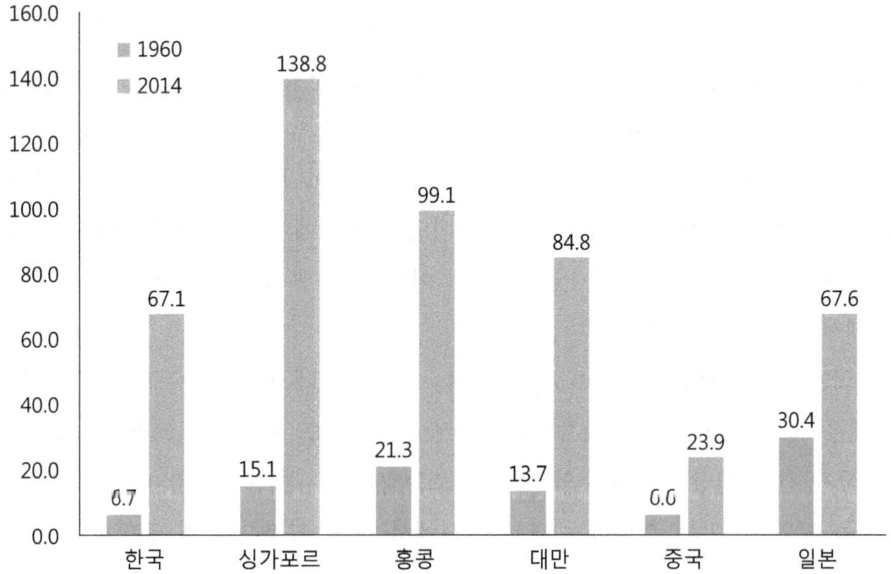

자료: World Bank(2016), *World Development Indicators*(http://data.worldbank.org/)

달하였다. 특히 싱가포르는 1960년 미국 소득의 15%에 불과하였으나 2014년에는 139% 수준으로 증가하였고, 홍콩의 경우는 같은 기간 21%에서 99% 수준으로 증가하였다. 한국 역시 같은 기간 6.7%에서 67%의 수준으로 증가하여 일본과 거의 비슷한 수준으로 증가하였다.

이처럼 부유한 국가, 고도 성장국가들은 일인당 국민소득 수준에서도 빈곤국이나 성장이 정체된 국가에 비해 높을 뿐 아니라, 더 높은 근로자 일인당 GDP 수준을 가져 근로자들의 생산성이 훨씬 높다는 것을 보여준다. 또한 인구 가운데 많은 근로자가 생산 활동에 참여하고 있어서 보다 "열심히" 일하는 국가임을 보여주고 있다.

왜 부유한 국가나 고도 성장국가들은 더욱 높은 일인당 소득수준, 더욱 높은 생산성 수준을 갖고 있으며, 더욱 열심히 일할 수 있을까? 이처럼 국가 간 소득 격차를 결정하는 하나의 요인은 천연자원의 부존량 차이일 수도 있다. 일부 국가는 일인당 천연자원의 부존량이 많아서 부유하기도 하나 그런 국가의 수는 많지 않고 인구 역시 많지 않다.

국가 간 소득 격차를 결정하는 더욱 중요한 요인은 근로자 일인당 자본량의 차이일 수도 있다. 부유한 국가의 근로자 일인당 자본량이 가난한 나라의 일인당 자본량보다 많아서 부유한 국가의 근로자가 빈곤국의 근로자보다 높은 생산성을 가질 수 있다. 하지만 근로자 일인당 자본량만이 중요한 것이 아니다.

근로자 일인당 소득의 커다란 차이를 천연자원, 근로자 일인당 자본량의 차이가 아니라 총요소생산성의 차이로도 설명할 수 있다. 부유한 국가의 근로자 일인당 자본량이 많은 이유는 부유한 국가의 총요소생산성이 높기 때문일 수도 있다.

국가 간 저축률의 차이도 소득 격차에 영향을 미칠 수 있지만, 그 영향 역시 크지 않다. 총요소생산성이 직접, 또는 일인당 자본량에 영향을 미침으로써 간접적으로 노동 생산성이 높아질 수 있다. 바로 이런 점들에 대한 의문이 『생산성의 경제학』에서 설명될 것이다.

국가 간의 다양한 소득수준의 분포는 〈그림 2〉에서 보여주는 것처럼 소득수준이 매우 낮은 나라가 다수를 차지함으로써 전체적으로 좌측으로 크게 왜곡된 모습이다. 국가 간 일인당 소득수준의 이런 분포는 시간의 경과에 따라 더욱 확대되는 모습들을 보인다. 이는 후술하는 다른 도표에서 다시 설명하게 될 것이다.

그림 2 세계 일인당 소득수준의 분포(2014년)

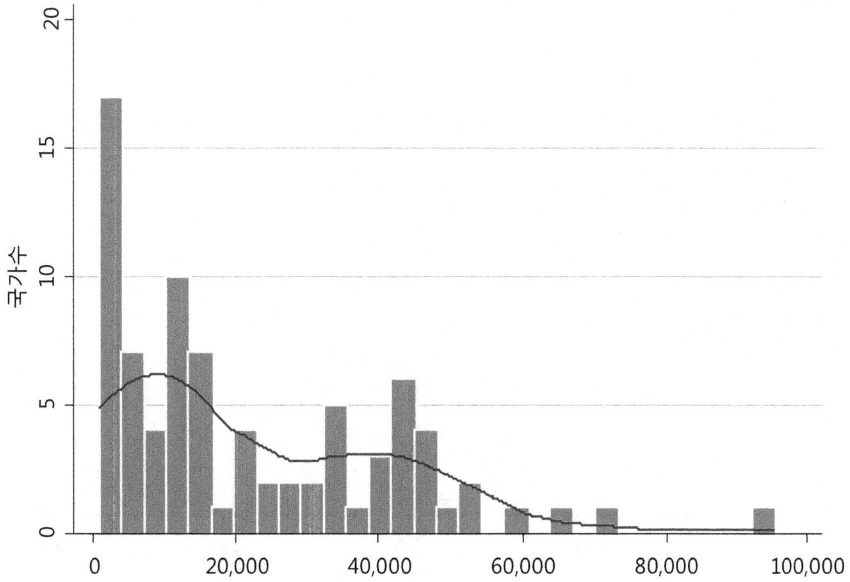

자료: World Bank(2016), *World Development Indicators*(http://data.worldbank.org/)

2. 국가에 따른 경제성장률의 차이

다시 〈표 1〉로 돌아가서, 1960~2014년간 국가 간 경제성장률은 매우 다양하게 분포함을 살펴보자. 부유한 국가 가운데 미국의 일인당 GDP 증가율은 2.0%로서 일본의 3.5%보다 낮았다. 독일, 프랑스, 영국 등은 미국보다 빠른 경제성장률을 보였다. 고도 성장국인 한국, 싱가포르, 홍콩, 대만은 5~7%의 성장률을 보여 부유한 국가의 일인당 경제성장률보다 2배가량 높았다. 이들 국가가 "경제성장의 기적"을 보였음을 알 수 있다.

한편 빈곤국의 일인당 국민소득의 증가율은 0~2%로서 부유한 국가나 고도 성장국보다 낮았다. 일인당 국민소득 수준이 낮으면서 그 증가율 역시 낮았다. 성장 정체 또는 마이너스 성장국 역시 일인당 경제성장률 지표는 빈곤국보다 못할 뿐만 아니라 마이너스 성장을 기록하면서 일인당 국민소득 수준이 하락하였다. 고도 성장국

그림 3 세계 경제성장률의 분포(1960~2014)

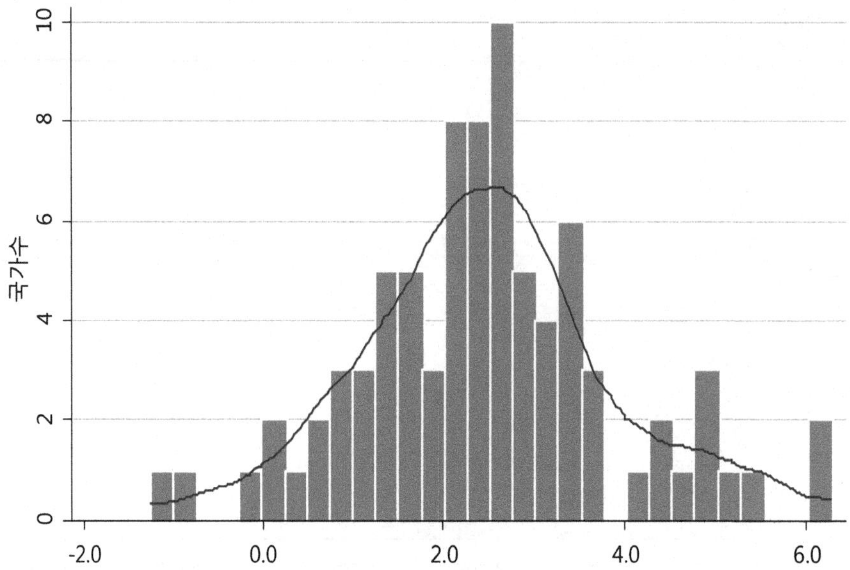

자료: World Bank(2016), *World Development Indicators*(http://data.worldbank.org/)

의 일인당 소득증가 추세가 "성장의 기적(growth miracle)"이라면, 성장 정체 국의 이런 모습은 "성장의 재해(growth disaster)"라고 할 수 있다.

〈그림 3〉은 세계 150여 개국의 1960~2014년간 일인당 국민소득 증가율의 분포를 보여주고 있다. 마이너스 성장국에서부터 6%대의 고도 성장국까지 많은 편차를 나타내고 있다. 그만큼 국가 간 일인당 경제성장률에서 차이가 있다는 것을 보여준다.

3. 시대에 따라 다양한 모습의 경제성장률

불과 250년 전까지 세계 대부분 주요 문화권은 거의 같은 생활 수준을 유지해왔다. 간혹 생산량은 증가했지만, 인구가 증가함으로써 생활 수준은 거의 일정하게 유지되었다. 쿠즈네츠(Kuznets, 1966)가 "현대적 경제성장(modern economic growth)"이라고 불렀던 일인당 생산량의 증가는 극히 최근에 일어난 현상이다. 경제사학자들

그림 4 전세계 일인당 소득과 인구추이(AD 1-2000년)

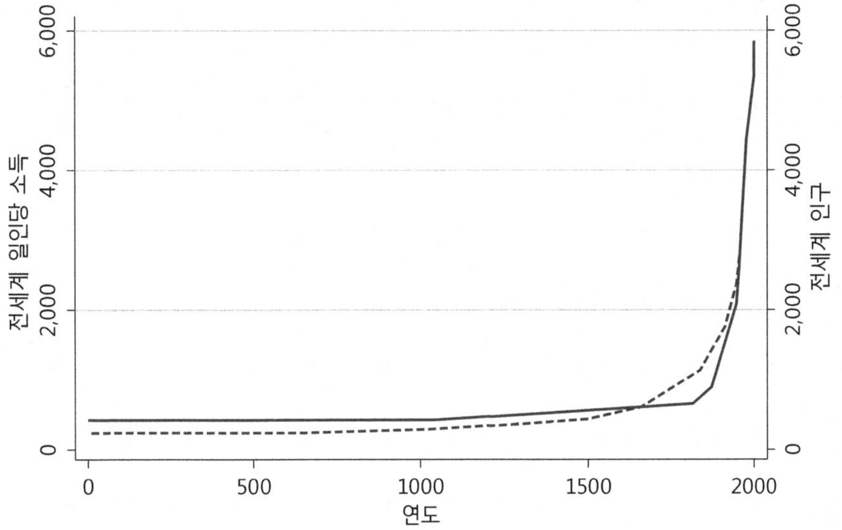

자료: World Bank(2016), *World Development Indicators*(http://data.worldbank.org/)

은 일반적으로 “현대적 경제성장”은 영국에서 1780년경 시작되었으며, 미국과 유럽 대륙에서는 영국보다 약간 늦게 시작되었다고 한다.

매디슨 프로젝트(Maddison Project, 2016)에 의하면, 서구 12개국의 일인당 소득은 AD 1년 599달러에서 1820년 1,234달러로 2배 증가하는 데 무려 1,800년이 넘게 걸렸다. 연간 0.03%씩밖에 성장하지 못하였다. 산업혁명이 꽃피기 시작한 1820년 이후 약 50년간의 경제성장률로 본다면 오늘날 주요 선진국의 일인당 소득이 2배 되는 데 미국은 54년, 영국은 57.5년, 독일은 67.3년, 프랑스는 71.7년이 걸렸다. 그 이후 1870~1913년간, 즉 제1차 세계대전 직전까지나, 그 이후 제2차 세계대전 직후까지도 일인당 소득수준이 2배 되는 데 걸린 기간은 이보다 조금 단축된 40~70년이었다.

이는 세계 경제가 산업혁명 이후 본격적으로 성장하기 시작하였다는 것을 의미한다. 인류 역사에서 세계 경제는 오랫동안 정체한 후 왜 최근에야 성장하게 되었을까? 그리고 또 총요소생산성 역시 왜 이렇게 증가하게 되었을까? 바로 『생산성의 경제학』에서 이런 현상들을 설명하게 될 것이다.

1950년대 이후 세계 경제의 성장은 아시아 지역에서 집중적으로 일어나게 된다. 산업혁명을 통해 경제성장의 태동기를 맞이했던 오늘날 대부분 선진경제권보다

표 2 과거 주요기간별 주요 선진국 및 동아시아 국가의 일인당 소득 연평균증가율과 소득 2배 달성시간

일인당 소득 연평균 증가율(%)

기간	한국	대만	홍콩	싱가포르	미국	일본	중국	프랑스	독일	이탈리아	영국	필리핀	전세계
1820~1870	0.0	0.0	0.2	4.2	1.2	2.0	-0.2	1.0	1.1	0.0	0.9	0.1	0.4
1870~1913	0.8	0.7	1.5	1.1	1.8	1.5	0.1	1.4	1.6	0.9	1.0	1.1	1.3
1913~1950	1.5	0.3	1.5	1.3	1.6	0.9	-0.6	1.1	0.2	0.9	0.9	0.2	0.8
1950~1970	4.7	5.1	4.7	3.5	2.3	8.1	2.8	3.9	5.1	5.4	2.2	2.5	2.9
1970~1980	6.4	7.3	6.1	7.1	2.1	3.2	3.1	2.6	2.6	3.2	1.8	3.0	1.9
1980~1990	7.5	6.4	5.1	4.5	2.2	3.4	5.7	1.8	1.2	2.3	2.4	-0.8	1.3
1990~2000	5.4	5.1	2.3	4.0	2.1	0.9	6.0	1.4	1.7	1.4	2.5	0.6	1.6
2000~2010	3.7	3.4	3.3	3.1	0.6	0.7	8.5	0.5	0.9	-0.1	1.2	2.6	2.5

소득 2배 달성 시간(년)

기간	한국	대만	홍콩	싱가포르	미국	일본	중국	프랑스	독일	이탈리아	영국	필리핀	전세계
1820~1870	-	-	344	17	61	36	-290	72	65	-	84	546	166
1870~1913	85	108	49	67	40	49	751	50	45	77	71	67	56
1913~1950	47	211	48	55	45	82	-127	67	430	83	77	333	86
1950~1970	15	14	15	21	32	9	26	18	14	13	33	29	25
1970~1980	11	10	12	10	34	22	23	28	27	22	39	24	38
1980~1990	10	11	14	16	32	21	13	40	60	31	30	-92	54
1990~2000	13	14	32	18	34	84	12	50	42	51	29	118	44
2000~2010	19	21	22	23	119	105	8	139	83	-557	59	28	28

자료: Maddison Project(2016), *Historical Statistics of the World Economy: 1~2008 AD.*

동아시아 지역에서 경제성장이 집중적으로 일어났다. 1950~1970년대 처음으로 일본이 약 9년 만에 소득이 2배 되는 것을 시작으로, 1970~1980년대에 대만, 홍콩, 싱가포르가 10년 내외의 기간에, 1980년대 한국이 9.6년, 1990년 이후 중국이 10년 이내에 일인당 국민소득이 2배 증가하였다.[4]

인류 역사에서 시대에 따른 경제성장의 차이를 재미있는 숫자로써 살펴보자. 인류학자들에 의하면 인간은 약 25만 년 전에 출현하였다고 한다. AD 1년부터 지금까지 약 2000년의 역사는 인류가 출현한 25만 년 가운데 0.8%에 불과하다. 경제 규모

• 경제학자 소개 1

앵거스 매디슨
(Angus Maddison)

앵거스 매디슨은 1926년 영국에서 태어났고, 케임브리지 대학(University of Cambridge), 맥길대(McGill University), 존스홉킨스 대학원(Johns Hopkins University)에서 수학하였다. 프랑스 엑스 마르세유 대학(University of Aix-Marseille)에서 박사학위를 받았고 2010년 83세의 나이로 사망했다.
인생의 초반에는 주로 OECD에서 활동하였으며, 수많은 개도국의 정책자문을 하였다. 1978년 이후 그로닝겐 대학(University of Groningen)의 교수로 있으면서 AD 1년까지 소급하는 세계 각국의 국민소득 통계를 추계하여 이 분야의 독보적인 위치를 갖게 되었다.
그는 경제성장에서 노동투입, 물적 또는 인적 자본과 같은 측정 가능한 생산요소 외에도 제도, 정치, 사회, 문화와 같은 다른 요인들의 영향을 중요시하였다. 중국, 일본경제에도 큰 관심을 가졌으며, 특히 사망 직전까지 중국에 관한 연구를 계속했다. 『세계 경제에서 중국: 천년의 관점(Chinese of The World Economy: A Millennial Perspective)』이란 책을 저술하여 과거 경제 강국 중국을 조명한 바 있다. 그리고『장기적인 중국의 경제성과(Chinese Economic Performance in the Long Run)(1998)』라는 저술에 애착을 가지고 사망 직전까지 연구를 계속했다.
매디슨이 사망한 이후 Maddison Project가 시작되었는데 그의 친구들이 2010년 3월부터 세계의 여러 지역과 기간 등에 대한 경제적 성과 측정을 위한 Maddison의 작업을 계속하고 있다. 이는 매디슨이 2013년 1월에 처음 작성한 매디슨 데이터 세트(Maddison dataset)를 갱신하는 작업이다. 앞으로 매디슨은 잊힐지라도 그의 유산은 영원히 기억될 것이다. 이 자료는 경제 성장이론이나 총요소생산성의 연구에서 반드시 참고해야 할 귀중한 자료이다.[5]

4 소득이 2배 증가하는 데 걸리는 시간은 72를 연소득 증가율(%)로 나눈 수치이다. Robert E. Lucas Jr.(1988), "On the Mechanics of Economic Development," *Journal of Monetary Economics* 22, pp. 3-42.

5 http://www.ggdc.net/maddison/maddison-project/home.htm 참조.

와 인구가 증가하기 시작한 1780~2016년까지의 기간은 인류 나이의 0.09%에 불과하다. 한국이 1970년부터 성장하기 시작했다면 2016년까지 불과 45년, 이는 인류 역사와 비교하면 0.02%에 불과하다.

인간의 역사를 하루 24시간에 비유하면 어떨까? 산업혁명은 23시 58분 39초에 일어났다. 그래서 산업혁명 이후 소득과 인구가 증가하기 시작한 것은 81초에 불과하다. 한국이 고도성장이 시작된 것은 23시 59분 45초이다. 한국인들은 겨우 15초 동안 배부르게 먹고 사는 것이다. 인류 역사에서 소득수준이 인구에 의해 제약되는 맬서스 『인구론』은 적어도 하루 24시간 가운데 23시 58분까지 작동했다고 할 수 있다.

4. 일인당 소득수준의 세계적 위상변화

역사적으로 볼 때 산업혁명과 동시에 현대적 의미의 경제성장이 시작되었다. 산업혁명 이후에도 각 국가의 일인당 GDP 수준의 상대적 위상은 변화해 왔지만, 최근 60여 년간의 동아시아 주요 국가들의 기적에 가까운 성장은 세계 경제의 위상에서 커다란 변화를 가져왔다.

1500~2010까지 세계 경제가 연평균 0.25% 상승했다는 점에서 본다면, 동아시아의 경제성장률이나 이미 산업화한 선진국의 2% 내외의 경제성장률도 매우 빠른 성장률이다. 그런데도 많은 나라의 경제성장이 여전히 미미하다는 점에서 볼 때 국가 간 일인당 소득수준의 격차는 지속해서 확대됐다고 볼 수 있다.

〈그림 5〉는 1950~2010년간 세계 국가들의 일인당 소득수준이 어떻게 변화했는가를 점으로 표시한 것이다. 이 중 미국, 일본, 영국과 같은 선진국들과 한국, 대만, 싱가포르, 중국은 선으로 표시하였다.

이 그림을 볼 때, 1950년대에는 일인당 GDP의 격차의 폭이 좁았지만 2010년에는 2배 이상 크게 확대되고 있음을 알 수 있다. 이런 과정에서 주요 선진국들의 상대적인 경제적 위상에는 약간의 변화가 있지만 현저하게 나타나지 않고 있다. 하지만 한국과 대만, 싱가포르의 위상은 크게 높아지고 있음을 볼 수 있다. 동아시아 몇 개 국가의 경제적 위상이 크게 변화하고 있음을 보여주는 것이다.

그림 5 세계 주요국 일인당 소득분포와 한국의 위상변화(1950~2010년)

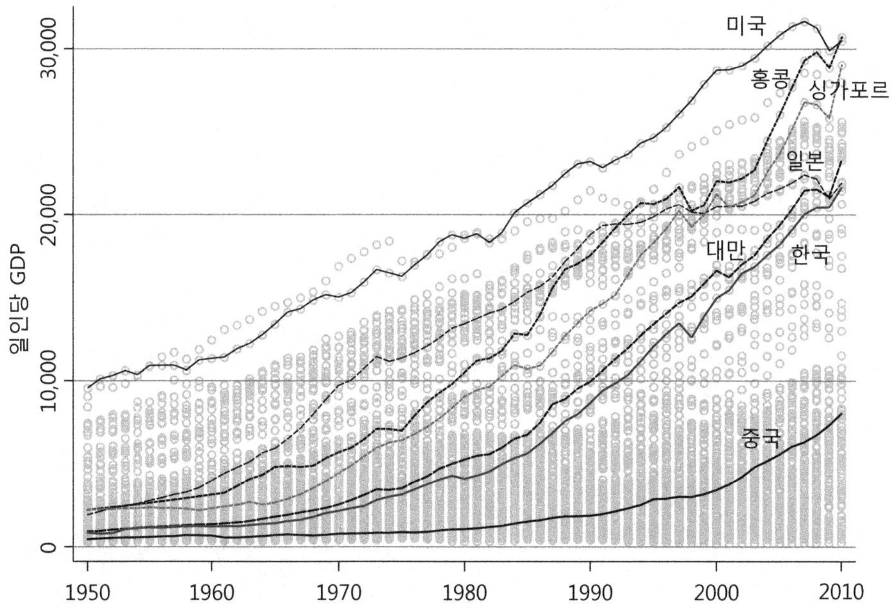

자료: http://www.ggdc.net/maddison/maddison-project/home.htm

이처럼 국가의 일인당 소득수준의 세계적 위상이 변화하는 원인이 무엇일까? 동아시아란 특정 지역에, 특정 기간 이렇게 고도성장이 일어난 것은 역사적으로도 희귀한 사실이다. 이런 원인도 『생산성의 경제학』이 규명해야 할 분야의 하나가 될 것이다.

역사적으로 일인당 소득의 국가 간 위상의 변화는 국가 전반의 경제력 변화를 나타낸다. AD 1년부터 볼 때 적어도 1840년 중국에서 일어난 아편전쟁(阿片戰爭, Opium Wars) 이전까지 세계의 경제력은 인도와 중국에 의해 지배되었다. 그 이후 미국, 영국, 소련, 독일 등 서구제국들에 의해 지배되었는데 이런 극적인 판도 변화는 1760년경부터 서구에서 시작된 산업혁명 때문이라고 볼 수 있다.

이 중에서 중국이 세계에서 절대적인 경제력을 가진 시대였던 중국의 쩡허(鄭和, Zheng He)의 함대 파견 당시와 아편전쟁 당시 중국과 영국의 전쟁 사례에서 경제력의 차이와, 이런 격차를 초래한 기술과 생산성의 차이에 대한 시사점을 찾을 수 있다.

우선 쩡허의 함대는 명나라 영락제(永樂帝)가 지배하던 1405년부터 1433년까지

그림 6 세계 주요국의 경제력 비중 추이(AD 1-2008년간)

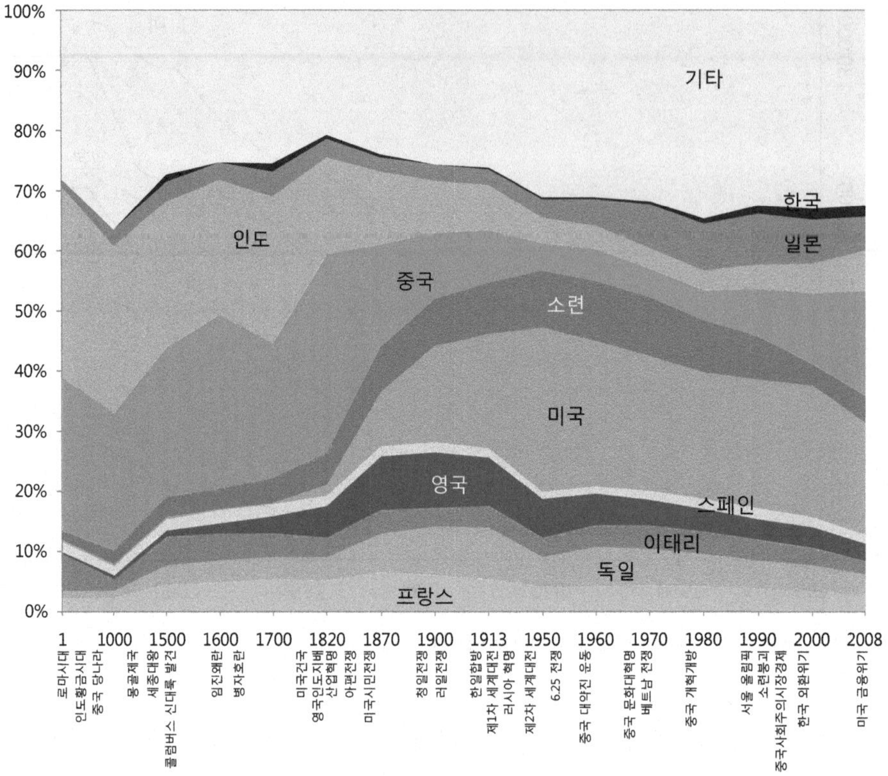

자료: http://www.ggdc.net/maddison/maddison-project/home.htm

약 30여 년 동안 7회의 원정을 통해 동남아시아, 인도양, 아프리카까지 진출하여 수십 개국으로부터 조공 사절단을 받게 한 중국의 위대한 원정단이다. 쩡허의 함대는 당시 62개의 선단으로 구성되었는데 병사와 선원 이외에 의사 등의 전문인력을 모두 포함하여 2만 7천 8백 여명의 인원이 움직였다고 한다. 당시 쩡허의 함대에서 제일 큰 선박은 보옥선(寶玉船)이라고 해서 오늘날 규모로 길이 137M의 7~8천 톤급 대형 선박이었다. 쩡허의 함대가 파견된 이후 약 90년 뒤인 1492년 콜럼버스(Christopher Columbus)가 아메리카 대륙을 발견할 당시의 선박이었던 산타마리아(Santa Maria)호는 불과 길이 23M의 250톤 규모였다고 한다.

서구가 세계 경제에서 절대적인 위치를 갖기 시작한 1839년 아편전쟁 당시 영국군 2만 명과 중국 25만 명이 전투에 참여하여 청군이 2만 명, 영국군이 69명이 사

그림 7 세계 주요국의 경제성장에 대한 기여도 추이(AD 1-2008년간)

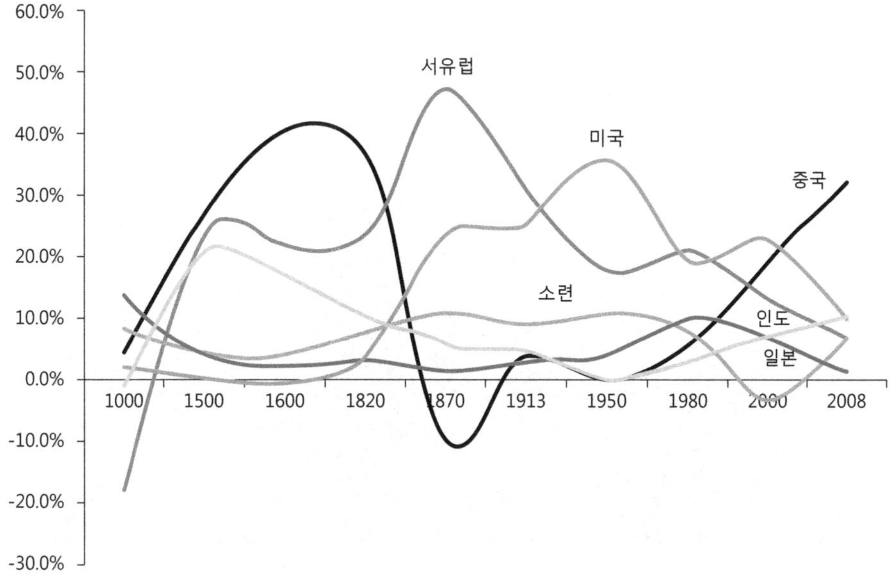

자료: http://www.ggdc.net/maddison/maddison-project/home.htm

그림 8 명나라 정허 함대의 보옥선과 콜럼버스의 산타마리아호

Zheng He's treasure ship (four hundred feet) and Columbus's St. Maria (eighty-five feet).
(Illustration by Jan Adkins, 1993.)

그림 9 아편전쟁 당시 츄안삐 해전에서 영국의 증기선과 중국의 목선

망하였다. 추안삐 해전(穿鼻海戰)에서는 120문의 함포를 갖추고, 철제선체에다 증기기관을 사용한 네메시스(Nemesis) 호(1839년 건조, 영국 동인도회사의 상선)가 중국의 목제범선을 순식간에 침몰시켰다. 당시 영국 함선은 2척이 참전하였는데 29척의 청군 함선 가운데 26척을 침몰 또는 대파시키고 3척은 바다 위에 겨우 떠 있을 정도로 만들었다고 한다. 그 외 화약, 대포, 소총에서도 중국의 기술은 영국의 기술과 비교가 되지 않을 정도였다. 이보다 약 400년 전 중국의 기술은 영국의 기술을 크게 앞서 있었지만 이런 결과가 초래되었다.

아편전쟁 이후 중국은 1950년대까지 지속해서 쇠퇴의 길로 걸어왔다. 반면 서구는 산업혁명 이후 지속해서 생산성 증대를 통해 생산력과 소비수준을 높일 수 있었다. 아편전쟁 당시 중국과 서구의 이런 기술격차의 원인은 무엇일까? 중국에서 생산성 증대가 정체된 이유는 무엇일까? 이런 문제들 역시 『생산성의 경제학』에서 설명할 것이다.

5. 국제무역과 성장

국제무역의 확대는 다양한 측면에서 경제성장과 생산성 증대에 크게 기여하였다. 기술함량이 높은 상품들이 무역을 통해 거래되면서 국가 간에 기술이 이전된다. 또한 중간재, 자본재 거래를 통해 관련 기술들이 이전된다. 국제무역이 증대하는 과정에서 다국적 기업들이 국제적으로 활동하면서 기술뿐만 아니라 경영 기법 등도 이전된다. 많은 동아시아 국가들은 원자재, 중간재, 자본재를 수입하여 최종재를 조립 수출하는 가공무역을 통해 경제를 성장시켰다. 1960년대 이후 세계 각국의 무역이 국민소득에서 차지하는 비중이 증가하였다. 이런 과정을 통해 국제무역은 경제성장에 큰 역할을 하는 것으로 인식됐다.

1980년대 정보통신기술(ICT) 혁명은 또 다른 측면에서 국제무역을 더욱 활발히 만들었다. 정보통신 기술의 발전은 무역과 관련된 교역비용(trade cost)을 많이 감소시켰다. 그 결과 국가 간에 "생산의 분절화(production fragmentation)" 현상이 생기기

그림 10 무역과 경제성장

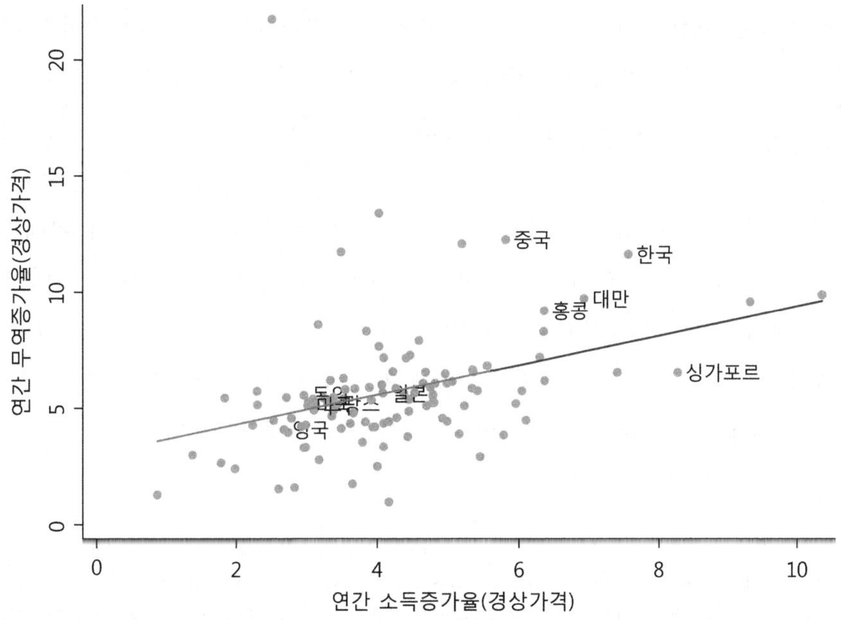

자료: World Bank(2016), *World Development Indicators*(http://data.worldbank.org/)

그림 11 세계 주요국의 해외 의존도 추이

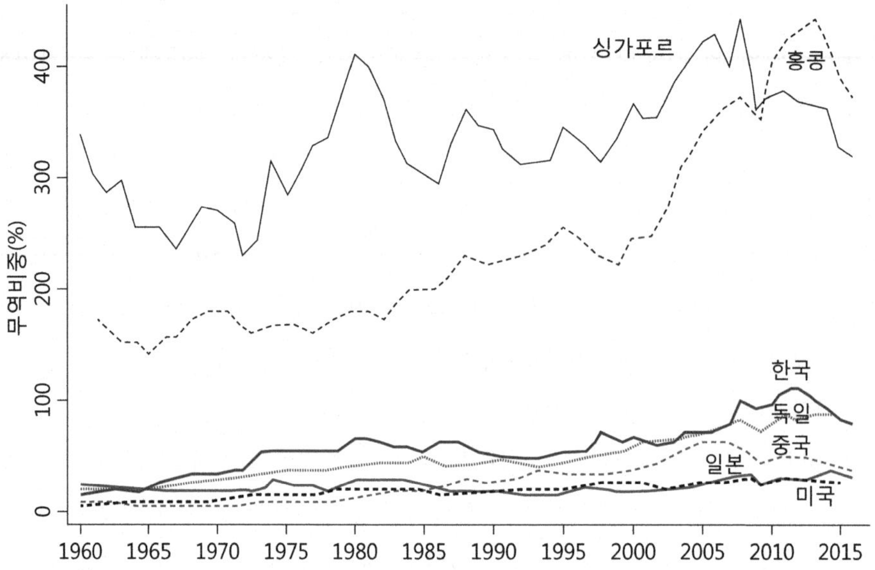

자료: World Bank(2016), *World Development Indicators*(http://data.worldbank.org/)

시작했다.[6] 기업이 부담하게 되는 무역비용은 상품이나 서비스가 생산되는 공장에서부터 최종 소비자들에 이르는 과정에서 발생하는 전체 비용을 말한다. 이런 무역비용이 많이 감소함으로써 국제간 생산의 분절화가 크게 진전되었다.

세계 경제는 최근 20~30년간 극적으로 변화하였다. 특히 중국을 비롯한 아시아 신흥 경제권의 출현은 세계의 전반적 수요를 많이 증가시키면서 국제간 무역거래를 보다 활발하게 하였다. 중국의 가공무역이 중간재의 국제간 거래를 크게 확대하면서 소위 "글로벌 밸류체인(Global Value Chain: GVC)"이 광범위하게 확대된 것이다.[7]

국제간 무역의 증대, 정보통신기술(ICT)의 발전에 따른 글로벌 밸류체인의 확대는 경제성장과 생산성 증대에 크게 기여했음이 분명하다. 따라서 『생산성의 경제학』은 이런 문제에 대해서도 설득력 있는 설명을 제공하게 될 것이다.

---

6 Alan V. Deardorff(1998), Fragmentation across Cones, Research Seminar in International Economics, Discussion Paper No. 427.; Jones, R. and H. Kierzkowski(2001), "A framework for fragmentation," In: S. Arndt and H. Kierzkowski(eds), *Fragmentation: New Production Patterns in the World Economy*, New York: Oxford University Press, pp. 17-34.

7 OECD(2012), *Mapping Global Value Chains*, December, The OECD Conference Centre, Paris.

6. 『생산성의 경제학』과 한국 경제성장의 기적

전술한 바와 같이 경제 성장이론이나 『생산성의 경제학』에서 설명해야 할 요인들은 국가 간 소득수준의 차이, 경제성장률의 차이, 시대에 따른 경제력의 변화, 세계 경제에서의 위상변화, 국제무역과 성장 등 다양한 분야라고 할 수 있다. 이런 다양한 측면의 대부분을 설명할 수 있는 대상은 바로 한국경제의 성장 과정이라고 할 수 있다. 전쟁의 폐허에서 약 60년 만에 경제 강국으로 성장한 한국 경제성장의 역사는 이상에서 다루고자 하는 모든 문제에 대한 답을 제공해줄 수 있기 때문이다.

물론 "아시아의 4마리 용(龍)"에 속하는 대만, 홍콩, 싱가포르의 성장 과정 역시 한국과 비슷하거나 비교되는 측면이 있을 수 있다. 하지만 인구 규모 5천만이 넘는 한국의 경제성장 역사는 분명히 이들 국가와 차별화되는 면이 있다. 도시국가인 홍콩과 싱가포르의 인구는 각각 723만 명, 551만 명으로 인구 1,000만 명의 서울보다 작은 도시국가이다. 대만은 2,343만 명으로 한국 인구의 절반에 미치지 못하는 수준이다.

〈그림 12〉는 세계은행(World Bank)의 세계개발지표(World Development Indicators)의 통계자료로서 2015년 기준으로 전 세계에서 인구수가 4천만 이상인 33개 국가 가운데 일인당 GDP가 1만 달러(PPP 기준) 이상인 19개 국가의 소득수준을 보여주고 있다. 이 중 한국은 소득수준으로 볼 때는 미국, 독일, 영국, 프랑스, 일본, 이탈리아 다음으로 7위에 속한다. 이제 한국의 경제적 위상은 서구 강대국과 일본에 이어 확실한 선진국의 반열에 올랐다고 할 수 있다.

한국의 이런 경제적 성과를 비교할 때 극적인 비교 대상이 되는 나라는 북한과 필리핀이다. 1950년 이후 북한과는 사회체제는 다르지만 같은 문화권, 같은 언어, 같은 민족이라는 점에도 불구하고 경제적 성과에서 어떻게 이런 차이가 있을 수 있는가가 연구대상이 된 것이다.

1960년대 한국은 필리핀과 비슷한 경제 수준과 환경, 유교 문화권, 미소 냉전 구도 속에서 분쟁의 첨단지역에 속하여 미국으로부터 많은 원조가 있었다는 점 등 다양한 요인에 있어서 비슷한 상황이었다. 그런데도 오늘날 어떻게 이런 경제력 격차가 발생하였을까 하는 것은 『생산성의 경제학』으로 설명될 수 있다. 한국과 필리핀의 사례는 1960년대 세계의 많은 개발경제학자가 필리핀이 한국보다 경제적으로

그림 12 인구 4천만 이상, 일인당 GDP 1만달러(PPP기준) 이상인 국가의 소득수준

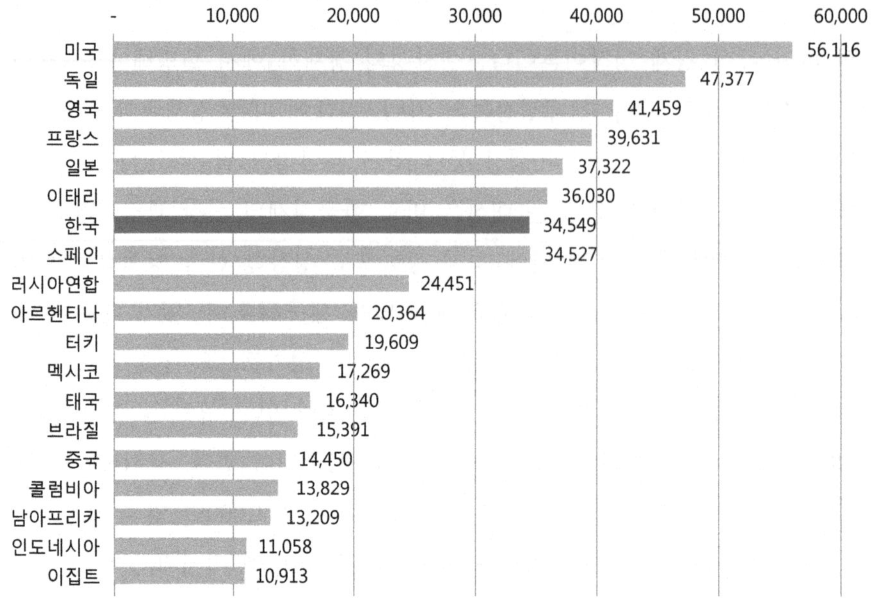

자료: World Bank(2016.12.21.), *World Development Indicators*(http://data. worldbank.org/indicator)

더 성공할 가능성이 있다고 보았기 때문에 경제학자들의 주의를 끌 만하였다.[8]

경제 성장이론에서 유명한 경제학자인 루카스(Lucas Robert)가 1991년 유럽계량 경제학회의 미팅에서 "기적 만들기(Making a Miracle)"란 논문을 발표하였는데 그 서문을 보자.

> "1960년 필리핀과 한국의 일인당 GDP는 약 640달러(1975년 미 달러 기준)로 거의 같은 생활 수준을 보였다. 두 나라는 다른 여러 측면에서도 비슷하였다. 인구수에 있어서 필리핀은 2천 8백만 명, 한국은 2천 5백만 명이었고, 이들 인구의 약 절반 이상이 근로 가능 인구였다. 필리핀 사람들의 27%는 수도 마닐라에서 살았고, 한국 사람들의 28%는 수도 서울에 살았다.
>
> 두 나라에서 취학연령이 된 모든 남학생과 거의 모든 여학생이 초등학교에 다녔다. 다만 양국에서 25%의 학생들만이 중학교에 입학하였다. 20대 초반에 한국에서는 단지 5%의 학생들이 대학에 진학하였으나, 필리핀에서는 13%의 학생이 대학에 진학

8 Lucas Robert E.(1993), "Making a Miracle," *Econometrica* 61, pp. 251-272.

그림 13 위성에서 본 한반도

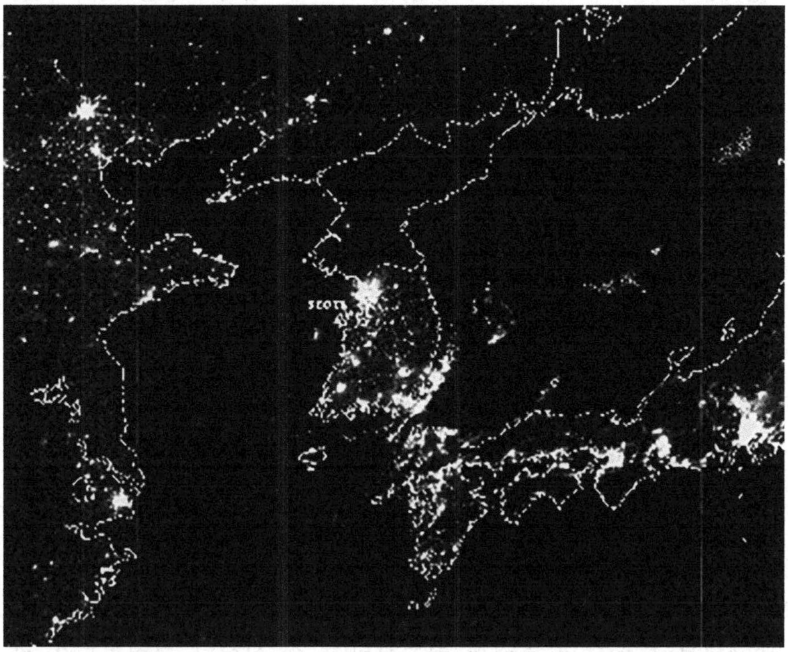

자료: 미국 항공우주국(NASA)

그림 14 한국과 북한의 일인당 GDP 추이

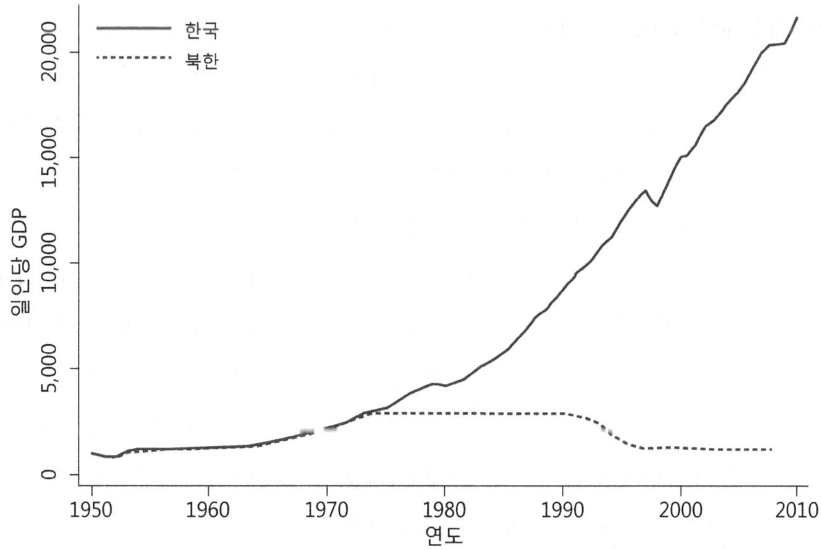

자료: World Bank(2016.12.21.), *World Development Indicators*(http://data. worldbank.org/indicator)

하였다.

필리핀에서는 GDP의 26%가 농업, 28%가 제조업에서 창출되었으나 한국에서는 37%가 농업, 20%가 제조업에서 창출되었다. 필리핀의 수출에서 96%는 1차 상품이었고 4%만이 공산품이었다. 한국의 수출에서는 86%가 일차상품, 14%가 공산품(이 중 8%는 섬유제품)이었다.

1960년에서 1988년까지 필리핀의 일인당 GDP는 연간 약 1.8% 증가하였으며 소득수준은 전 세계인구의 평균소득 수준을 보였다. 한국은 같은 기간 일인당 국민소득은 연 6.2% 증가하여 11년 만에 생활 수준이 두 배로 증가했다. 한국인들의 소득은 이제 필리핀 소득의 3배가 되었고, 멕시코, 포르투갈, 유고슬라비아 국민과 비슷해졌으며, 미국의 1/3수준이 되었다. 어쨌든 나는 한국의 이런 변화를 기적이라고 부르는 것이 전혀 과장이 아니라고 생각한다."

루카스가 설명했던 당시 한국의 경제 상황은 한국에서 "88올림픽"이 개최되었던 해로서 이미 국제사회에서 경제기적을 달성한 나라로 평가받을 때였다. 매디슨(Angus Maddison)의 자료를 통해 장기간에 걸친 한국과 필리핀의 소득수준을 보면 필리핀은 1820년부터 1960년 초까지 한국보다 높은 일인당 국민소득을 가지고 있었다.

이제 한국과 필리핀의 상황은 어떻게 변했을까? 루카스가 인용한 데이터와 다소 기준의 차이는 있을지라도, 〈표 3〉에서 제시하고 있는 몇 가지 세계은행(World Bank)의 세계개발지표를 살펴보자.

우선 경상 미국달러 기준으로 일인당 GDP를 보면, 1960년 한국은 156달러로 필리핀 254달러의 60%에 불과했다. 2015년 기준으로 한국은 27,222달러로 필리핀의 2,904달러의 9.4배나 된다. 전체 국민소득 규모로는 한국은 1960년 필리핀의 60%에 불과했으나 2015년에는 무려 4.7배나 규모가 커졌다.

경제 수준이 낮을 때 경제성장에 중요한 역할을 하는 총자본형성이 GDP에서 차지하는 비중을 보면, 1960년 한국은 11.5%로서 필리핀의 18.1%에 비해 낮았으나, 2015년 한국은 28.5%로서 필리핀의 20.6%보다 훨씬 높다.

전체 교역(수출+수입)이 GDP에서 차지하는 비중, 즉 대외개방도를 보면, 1960년 한국은 불과 15.8%였으나 필리핀은 23.4%였다. 그러나 2015년 한국은 84.8%로 크게 확대되었지만, 필리핀은 63%에 그치고 있다.

표 3 한국과 필리핀의 주요 경제개발 지표

	1960년		2013년	
	한국	필리핀	한국	필리핀
일인당 GDP(경상 미국 달러기준)	156	254	27,222	2,904
총자본형성(GDP 비중, %)	11.5	18.1	28.5	20.6
사망률(천명당 사망자수)	14.3	11.2	5.3	6.7
기대수명(년)	53.0	57.8	82.2	68.3
유아사망률(출생자 천명당 사망자수)	112.9	106.0	3.4	28.0
교역의 GDP비중	15.8	23.4	84.8	63.0
도시인구비중(%)	27.7	30.3	82.5	44.4

자료: World Bank(2016.12.21.), *World Development Indicators*(http://data. worldbank.org/indicator)

도시인구의 비중에 있어서 1960년 한국은 27.7%에 불과했지만 2015년 82.5%로 급증하였다. 반면 필리핀의 도시인구 비중은 1960년 한국보다 높은 30.3%였으나 2015년에도 44.4%에 그치고 있다.

국가 경제의 개발 정도, 또는 경제지표가 아닌 사회지표로서 한 나라의 선진화 정도를 나타내는 유아사망률(5세 이하 1,000명당 사망자 수)을 보면, 1960년대 한국은 112.9명, 필리핀은 106명이었으나 2015년 한국은 3.4명인 데 반해 필리핀은 28명이나 된다. 전체 사망률도 1960년 한국은 필리핀보다 높았지만 2015년 한국의 사망률은 인구 천 명당 5.3명에 불과하나 필리핀은 6.7명이나 된다. 기대수명에 있어서 한국은 1960년 불과 53세에 불과하였으나 2015년에는 82.2세로 30년 정도 증가하였다. 하지만 필리핀은 같은 기간 한국보다 높은 57.8세에서 68.3세로 10년 정도 증가하는 데 그치고 있다.

그 외에도 루카스(Lucas)가 1988년 한국과 비슷한 소득수준이라 했던 멕시코는 1960년 한국보다 2.2배나 높았지만 2015년에는 한국의 30% 수준에 불과하다. 포르투갈은 당시 한국보다 2.3배나 높았지만, 지금은 한국의 70% 수준에 불과하다. 한국의 일인당 국민소득은 1960년 미국의 5%에 불과했지만 2015년에는 45% 수준에 이르렀다.

루카스가 1991년 당시에 한국의 경제성장을 기적이라 부르기를 주저하지 않았지만 2015년 한국의 경제 상황은 루카스(Lucas)가 전혀 상상하지도 못했던 "기적의 기적"이라고 할 만하다.

이런 한국의 경제 기적에 대해 외부의 공적 원조의 역할이 컸다는 지적도 있을

그림 15 **한국과 필리핀의 일인당 GDP추이**

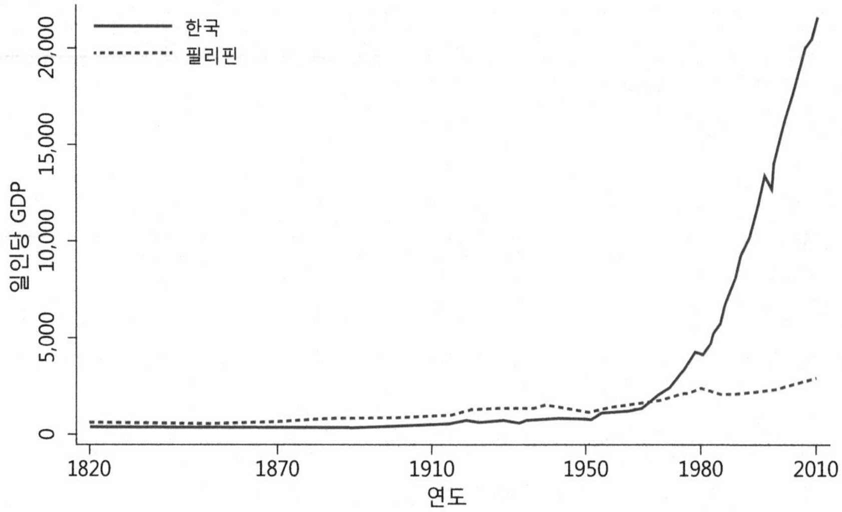

자료: World Bank(2016.12.21.), *World Development Indicators*(http://data. worldbank.org/indicator)

수 있으나 〈그림 16〉의 순 공적 원조액 추이를 보면, 1980년 이전에는 한국이 소폭 많았으나 이후 필리핀의 공적 원조액은 많이 증가하였다. 그러나 이것이 경제성장에 크게 이바지했다고 보기는 어렵다.

한국과 필리핀의 소득 격차와 이에 따라 변화된 다양한 개발지표들의 극적인 변화의 예는 바로 총요소생산성 증가율의 차이에서 올 것이라는 점을 『생산성의 경제학』에서 설명할 수 있을 것이다.

그림 16 한국과 필리핀에 대한 순 공적 원조액 추이

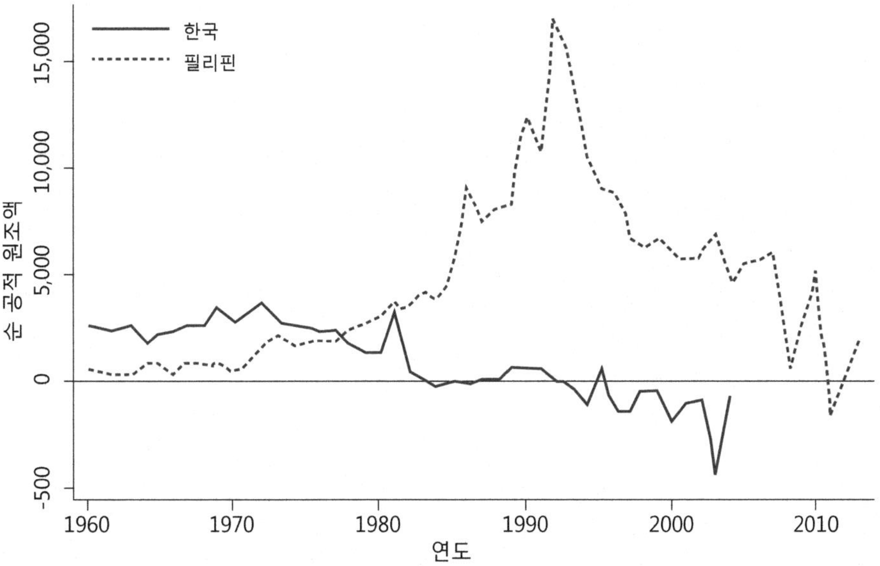

자료: World Bank(2016.12.21.), *World Development Indicators*(http://data. worldbank.org/indicator)

Economics of Productivity

『생산성의 경제학』과 한국의 사례

필자는 제1장에서 살펴본 다양한 내용을 경제학적으로 더욱 잘 설명하기 위해 『생산성의 경제학』이란 체계를 세우는 것이 필요하다는 점을 강조하였다. 앞으로 그 체계를 세우기 위한 작업이 본서의 주요 내용이 될 것이다.

『생산성의 경제학』이 다루어야 할 범주는, 종래 경제성장 이론, 경제개발 이론, 산업조직 이론, 국제무역 이론 등이 다루었던 영역보다 훨씬 광범위하다. 그리고 이들 다양한 이론에 대한 이해와 더불어 데이터 작성, 실증분석 방법론과 연구결과의 다양한 해석과 시사점에 관한 내용을 포함할 경우 『생산성의 경제학』은 더욱 복잡해질 가능성이 있다.

따라서 필자는 우선 한국경제 전반에 관한 생산성 분석사례를 통해, 어떻게 총요소생산성을 측정하며, 그 결과를 어떻게 리포트하고, 또 이를 어떻게 여러 측면에서 해석할 것인가를 살펴볼 것이다. 그리고 이런 사례의 설명에서 제기될 수 있는 문제들을 살펴봄으로써 본서의 후반부에서 다양하게 전개될 내용에 대한 이해를 돕고자 하였다.

본서의 전반적 내용을 더욱 쉽게 설명하기 위한 서술이지만 이런 작업 역시 『생산성의 경제학』이란 분야를 처음 접하게 되는 독자들에게는 다수 어려운 측면이 있을 수도 있다. 이런 부분들은 별도로 유튜브(You Tube)를 통해 관련된 내용을 설명함으로써 독자들의 이해를 돕도록 할 것이다.

1. 총요소생산성의 측정을 위한 자료

총요소생산성(Total Factor Productivity: TFP)을 측정하는 과정에서 제일 먼저 해야 할 작업은 투입물과 산출물 자료를 작성하는 것이다. 투입물이란 생산과정에 투입되는 노동과 자본과 같은 생산요소를 말하고, 산출물이란 이로부터 생산되는 생산량을 나타낸다.

우선 총요소생산성의 측정 과정을 이해하기 위해 펜 월드 테이블(Penn World Table)에서 제공되는 자료 중 한국에 대한 자료를 이용하여 그 과정을 설명하기로 한다.[1] 다음 〈표 1〉은 1969~2014년간 우리나라의 생산량(Q, GDP)과 노동투입(L, 피용자 수), 자본 스톡(K)을 보여주고 있다. 산출량은 불변 GDP 수준, 노동투입은 피용자 수, 자본 스톡은 불변가격으로 나타낸 액수이다.

그리고 S^L은 부가가치 가운데 근로자에게 지급된 노동 분배율을 나타낸다. 즉, 경상 GDP 가운데 근로자들이 가져간 노동소득이 차지하는 비중이다. 그리고 부가가치 가운데 근로자가 가져가지 않은 나머지 부분이 부가가치에서 차지하는 비중은 자본을 제공한 사람들의 몫이기 때문에 자본 분배율, S^K가 된다.

투입물과 산출물 자료들은 생산함수를 정의할 때 사용되는 자료이다. 즉, $Q=f(L, K)$를 정의하는 데 사용되는 자료이다. 이런 자료는 어떻게 만들어질까? 그 과정을 이해하기 위해 경제원론에서 배운 완전경쟁 시장모형을 생각해보자. 완전경쟁 시장의 균형은 평균비용 곡선(AC)의 최저점에서 이루어진다. 평균비용 곡선의 최저점을 한계비용 곡선(MC)이 통과하게 되고, 이 점을 통과하는 수평선이 기업이 당면한 수요곡선(D)이 된다. 이때 총수입(Total Revenue: TR)은 가격(P)과 공급량(또는 수요량)을 곱한 액수(PQ)가 된다.

단위당 평균비용이 P와 같기 때문에 총비용(TC) 역시 총수입(TR)과 같아진다. 즉, 이윤(π)이 영(0)이 된다. 이때 총비용 또는 총수입은 근로자들과 자본가들에게 남김없이 배분된다. 즉, $PQ=rK+wL=TC$이다. 따라서 시장균형이 이루어지는 평균비용 곡선의 최저점에서는 규모에 대한 수확 불변(Constant Returns to Scale: CRS) 상태에 있게 된다.

---

1 Penn World Table Version 9.0(http://www.rug.nl/ggdc/) 참조.

표 1 한국의 생산량, 노동투입, 자본투입, 비용 몫 및 총요소생산성 증가

연도	Q	L	K	S^L	S^K	$\frac{\dot{Q}}{Q}$	$\frac{\dot{L}}{L}$	$\frac{\dot{K}}{K}$	$\dot{TFP}$
1969	75655	9053	109455	0.712	0.288	.	.	.	.
1970	82019	9377	124233	0.712	0.288	0.084	0.036	0.135	0.020
1971	90594	9706	139460	0.707	0.293	0.105	0.035	0.123	0.044
1972	97072	10148	154356	0.688	0.312	0.072	0.046	0.107	0.007
1973	111466	10737	174170	0.704	0.296	0.148	0.058	0.128	0.069
1974	122011	11223	196873	0.678	0.322	0.095	0.045	0.130	0.022
1975	131606	11503	221350	0.678	0.322	0.079	0.025	0.124	0.022
1976	148866	12215	253589	0.663	0.337	0.131	0.062	0.146	0.041
1977	167143	12600	297640	0.673	0.327	0.123	0.031	0.174	0.045
1978	185152	13172	358221	0.669	0.331	0.108	0.045	0.204	0.010
1979	201123	13368	420822	0.627	0.373	0.086	0.015	0.175	0.012
1980	197701	13441	469440	0.644	0.356	-0.017	0.005	0.116	-0.062
1981	211897	13778	513344	0.618	0.382	0.072	0.025	0.094	0.021
1982	229410	14138	563287	0.612	0.388	0.083	0.026	0.097	0.029
1983	259789	14282	623207	0.610	0.390	0.132	0.010	0.106	0.085
1984	286919	14253	690320	0.598	0.402	0.104	-0.002	0.108	0.062
1985	309154	14858	760217	0.580	0.420	0.077	0.042	0.101	0.010
1986	343854	15447	842217	0.564	0.436	0.112	0.040	0.108	0.043
1987	386723	16341	942229	0.568	0.432	0.125	0.058	0.119	0.040
1988	432761	16891	1055839	0.565	0.435	0.119	0.034	0.121	0.048
1989	463183	17600	1187808	0.579	0.421	0.070	0.042	0.125	-0.007
1990	508627	18129	1358176	0.579	0.421	0.098	0.030	0.143	0.020
1991	561290	18631	1550893	0.583	0.417	0.104	0.028	0.142	0.028
1992	595952	18929	1738295	0.572	0.428	0.062	0.016	0.121	0.001
1993	636755	19091	1937648	0.571	0.429	0.068	0.009	0.115	0.014
1994	695376	19662	2168442	0.564	0.436	0.092	0.030	0.119	0.023
1995	761928	20193	2428645	0.563	0.437	0.096	0.027	0.120	0.028
1996	819792	20609	2703460	0.573	0.427	0.076	0.021	0.113	0.016
1997	868342	20959	2958000	0.548	0.452	0.059	0.017	0.094	0.007
1998	820833	19682	3114017	0.519	0.481	-0.055	-0.061	0.053	-0.048
1999	913658	20023	3293588	0.510	0.490	0.113	0.017	0.058	0.076
2000	995197	20852	3510866	0.506	0.494	0.089	0.041	0.066	0.036
2001	1040232	21244	3719939	0.510	0.490	0.045	0.019	0.060	0.006
2002	1117547	21839	3944567	0.506	0.494	0.074	0.028	0.060	0.030
2003	1150327	21832	4177348	0.513	0.487	0.029	0.000	0.059	0.001
2004	1206691	22306	4412631	0.511	0.489	0.049	0.022	0.056	0.010
2005	1254038	22666	4646020	0.520	0.480	0.039	0.016	0.053	0.005
2006	1318949	23044	4884624	0.525	0.475	0.052	0.017	0.051	0.019
2007	1391008	23411	5135704	0.520	0.480	0.055	0.016	0.051	0.022
2008	1430363	23641	5365608	0.517	0.483	0.028	0.010	0.045	0.002
2009	1440483	23650	5582609	0.511	0.489	0.007	0.000	0.040	-0.013
2010	1534068	24051	5815018	0.499	0.501	0.065	0.017	0.042	0.036
2011	1590548	24544	6035801	0.502	0.498	0.037	0.020	0.038	0.008
2012	1627009	25058	6239963	0.509	0.491	0.023	0.021	0.034	-0.004
2013	1674131	25523	6448330	0.512	0.488	0.029	0.019	0.033	0.003
2014	1729547	26140	6659351	0.519	0.481	0.033	0.024	0.033	0.005

자료: Penn World Table Version 9.0에서 작성

총비용(TC)가운데 근로자들이 가져가는 부분인 피용자 보수(wL)가 차지하는 비중이 노동 분배율인 S^L이 되고, 자본가가 가져가는 부분인 자본소득(rK)이 차지하는 비중이 자본 분배율 S^K가 된다. 여기서 자본의 사용자 비용(user cost of capital)은 자본재의 가격지수가 아니라 자본재를 사용하는 생산자가 지급해야 하는 사용자 비용이다. 그 개념이 다소 혼란스러울 수 있으나 다음에 다시 설명한다.

이런 설명은 한 나라의 전체 차원에 해당하는 생산함수가 존재한다는 것을 전제로 한 것인데, 이런 생산함수를 "집계생산함수(aggregate production function)"라고 한다. 결국, 이런 집계생산함수를 추정하기 위한 자료가 만들어지는 것이다.

한편, 이런 자료가 작성되는 과정에서는 투입-산출자료 외에 임금률(w), 자본의 사용자 비용(r)과 더불어 총비용(TC)이 계산된다. 그렇지만 이런 비용 측면의 자료는 여기에 제시하지 않았다. 나중에 배우게 되겠지만 생산함수와 비용함수는 같은 정보를 가지고 있다는, 소위 쌍대이론(雙對理論, duality theory)에 의해 비용함수를 정의하는 데 필요한 이 자료들 역시 총요소생산성을 측정하기 위한 자료로 활용될 수 있다.

전술한 내용은 투입물과 산출물 자료의 작성과정에서 임금율, 노동투입, 자본의 사용자 비용, 자본 스톡이 각각 독립적으로 측정되어야 한다는 점을 강조하기 위함이다. 노동소득을 노동투입으로 자본소득을 자본투입으로 해석하고, 이를 이용하여 총요소생산성을 측정하거나 생산함수를 추정하려는 잘못된 시도가 이루어지는 경우를 자주 볼 수 있다. 자료구성의 이런 측면을 염두에 둔다면 이런 실수를 방지할 수 있다.

2. 총요소생산성 증가율의 측정

『생산성의 경제학』에서 총요소생산성 증가율을 계산하는 과정은 지수작성 방법을 통해 발전하였다. 지수이론(index number theory)은 개별 소비자, 개별 기업 등의 하위단위에서 일어나는 경제활동을 한 나라 전체수준에서 요약할 수 있는 자료를 만드는 방법이다.

그래서 우선은 솔로우(Solow Robert)의 성장회계식에 의해 총요소생산성 증가율을 측정하는 과정을 살펴보고자 한다. 앞으로 『생산성의 경제학』에서의 솔로우 성장회계식의 위상과 방법론상의 문제점과 그 해결방안이 본서의 중요 내용이 될 것이다.

솔로우의 성장회계식 유도과정은 생략하고, 다음과 같은 식에 의해 연도별 총요소생산성 증가율을 계산해 보도록 하자. 그 절차는 다음과 같다.

첫째, 투입물과 산출물을 나타내는 지표인 생산량과 노동투입, 자본투입의 연간 증가율을 구한다.

둘째, 노동투입과 자본투입의 증가율에 각각의 비용 몫 즉, 노동 분배율과 자본 분배율을 곱한다.

셋째, 총요소생산성 증가율을 구하기 위해, 생산량 증가율에서 노동투입과 자본투입 증가율에 각각의 비용 몫을 곱한 항을 빼준다. 그렇게 되면 결국 총요소생산성 증가율은 “요소투입에 기인하지 않은 생산량 증가율”이 된다.

이상의 과정을 나타내는 수식의 유도과정은 다음 제2부에서 살펴볼 중요한 내용이지만 미리 살펴보면 다음과 같다.

$$T\dot{FP} = \frac{\dot{Q}}{Q} - S^K\frac{\dot{K}}{K} - S^L\frac{\dot{L}}{L} \quad \cdots\cdots 1$$

여기서 $\dot{Q}/Q$는 생산량 증가율, $\dot{K}/K$는 자본투입 증가율, $\dot{L}/L$은 노동투입 증가율, $T\dot{FP}$는 총요소생산성 증가율 나타낸다. 각각 계산된 결과는 〈표 1〉에서 제시되어 있다.

그런데 이 식을 통해서 구한 총요소생산성 증가율은 생산증가에서 요소투입에 의하지 않은 “잔차(殘差, residuals)”의 형태로 구해진다는 점에 유의하자. 솔로우의 방법론에 의하면 이 잔차는 기술변화를 나타냄으로써 생산함수를 이동시키는 요인으로 해석된다. 하지만 이에 대한 많은 비판이 결국 총요소생산성 측정방법의 개선을 가져오게 된다. 이런 내용 역시 『생산성의 경제학』의 주요 내용을 구성하게 된다.

3. 추정결과의 리포트 방법과 해석

이상의 절차에 따라 총요소생산성 증가율을 구했다고 하자. 그러면 잔차의 형태로 구해진 이 지표의 의미를 찾기 위해서는 이를 적절한 방법으로 설명하기 위한 리포트 자료를 작성하고, 이를 해석하는 것이 필요하다. 통상적으로 많은 연구가 제시하고 있는 리포트 방법을 보면, 4가지 방법으로 총요소생산성 지표를 보여주면서 이를 해석하고 있다.

(1) 연도별 성장률

첫째는 연도별 총요소생산성 증가율을 그대로 보여주면서, 특정 기간 또는 전반기와 후반기 총요소생산성 증가율의 변화추세에서 어떤 특징들이 발견되는가를 살펴보는 방법이다. 호경기에 총요소생산성 증가율이 높다는 점, 즉 총요소생산성 증가율의 경기 순응성(procyclicality)을 살펴보거나, 외환위기나 세계 금융위기와 같은 특별한 충격이 있을 때, 또는 특별한 경제 호황기의 총요소생산성의 변화추이를 살펴볼 수 있다.

그림 1 한국의 연도별 총요소생산성 증가율

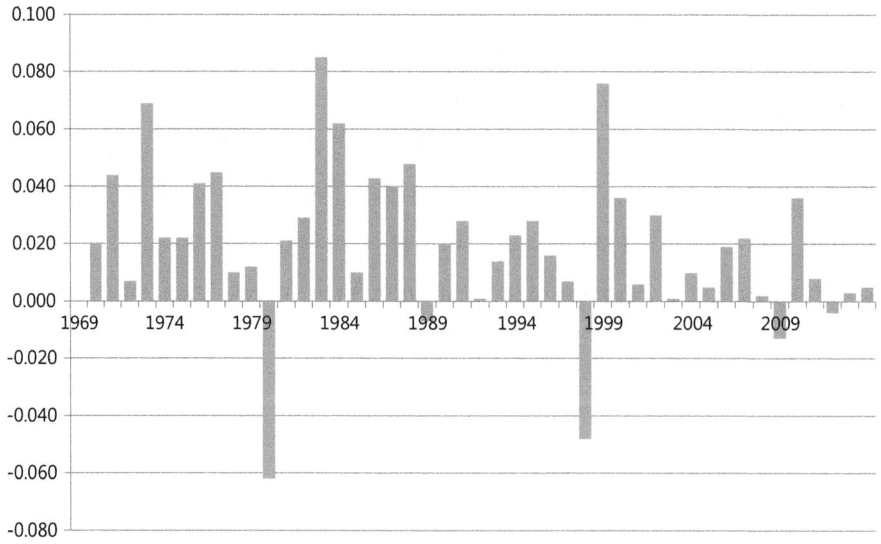

실제 한국의 총요소생산성 증가율의 장기적 추세를 보면, 1979년 석유파동(oil shock), 1997년 외환위기, 2009년 세계 금융위기 때 총요소생산성 증가율이 급격히 하락하는 모습을 볼 수 있다. 또한 1980년대 중반 한국이 맞이한 3저(三低, 저달러, 저유가, 저금리) 현상에 따른 경기활황기간 총요소생산성 증가율이 높은 수준을 보이는 것을 관찰할 수 있다.

(2) 구간별 기여도

두 번째 방법은 생산량 증가율을 노동투입, 자본투입 및 총요소생산성 증가율이 기여한 부분으로 나누어서 어떤 요인이 생산증가에 얼마나 기여했느냐를 보여주는 방법이다. 이때 전체 분석 기간을 의미 있는 몇 개의 구간으로 나누어 각 요인이 기여한 정도를 보여주는 것인데, 이를 생산량 증가에 대한 기간별 요소투입의 "기여도(degree of contribution)"라고 부른다.

여기서 기여도라고 하는 것은 실제 기여한 정도를 증가율 자체로 보여주는 것이다. 가령 〈표 1〉에서 마지막 칸은 1970~2014년간 한국의 GDP는 7.2% 증가하였는데 이 중 1.4%는 노동투입 증가로, 3.8%는 자본투입 증가로, 그리고 나머지 2.0%는 총요소생산성 증가로 인해 달성되었다고 리포트하는 방법이다. 나머지 기간에 대해서도 마찬가지로 해석할 수 있다.

이를 그래프로 그리게 되면 〈그림 2〉와 같이 된다. 여기서 그래프의 높이는 생산량, 즉 GDP의 증가율을 나타내고, 각 구성요인은 노동투입, 자본투입, 총요소생산성 증가율이 기여한 부분을 나타내게 된다. 주의해야 할 것은 노동투입, 자본투입의

표 2 한국 경제성장에서 기간별 요소투입의 기여도(%)

기간	산출량 증가율 $\left[\frac{\dot{Q}}{Q}\right]$	노동투입 $\left[S^L \cdot \frac{\dot{L}}{L}\right]$	자본투입 $\left[S^K \cdot \frac{\dot{K}}{K}\right]$	총요소생산성 증가율 $[\dot{TFP}]$
1970~1980	9.2	2.5	4.6	2.1
1980~1990	8.9	1.6	4.6	2.6
1990~2000	7.3	0.9	4.6	1.8
2000~2010	4.8	0.9	2.6	1.4
2010~2014	3.7	1.0	1.8	0.9
1970~2014	7.2	1.4	3.8	2.0

그림 2 **한국 경제성장에서 기간별 요소투입의 기여도(%)**

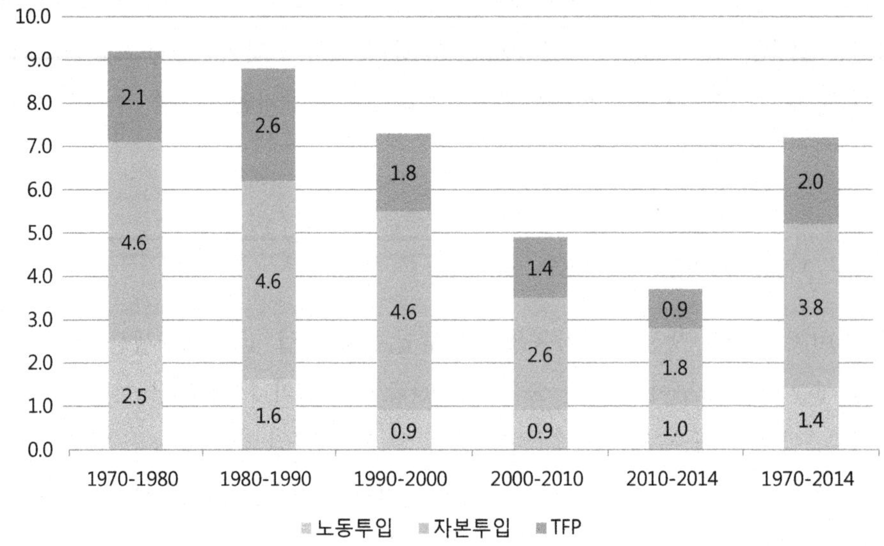

증가율 자체가 아니고 여기에 각각의 소득 분배율(비용 몫)을 곱한 것이 기여한 정도라는 것이다.

(3) 구간별 기여율

세 번째 방법은 생산량 증가율에서 노동투입, 자본투입 및 총요소생산성 증가율이 기여한 "기여율(rate of contribution)"로 리포트 하는 방법이다. 총요소생산성 증가율 측정치는 때로는 높고, 때로는 낮을 수 있다. 국가별로 비교할 때에도 어떤 나라는 높고, 어떤 나라는 낮을 수 있다. 그런데 흥미로운 것인 이미 발전하여 성숙기에 있는 산업이나, 규모가 큰 기업, 선진국처럼 경제 규모가 큰 나라에 있어서 총요소생산성 증가율은 그렇지 못한 그룹에 비해 일반적으로 낮게 나타난다는 점이다. 이미 산업, 기업 및 경제 규모가 크기 때문에 생산량(GDP) 증가율이 낮고, 그에 따라 총요소생산성 증가율이 낮게 측정될 수밖에 없기 때문이다.

그래서 총요소생산성 증가율 자체만 볼 때는 이제 발전단계에 있는 산업이나 기업, 공업화 초기에 있는 국가들의 생산량 증가율이나 총요소생산성 증가율이 높게 나타난다. 이런 문제는 생산량 증가율 대비 각 요소의 비중을 리포트 함으로써 성장

표 3 한국 경제성장에서 기간별 요소투입의 기여율(%)

기간	산출량 증가율 $\left[\frac{\dot{Q}}{Q}\right]$	노동투입 $\left[S^L \cdot \frac{\dot{L}}{L}\right]$	자본투입 $\left[S^K \cdot \frac{\dot{K}}{K}\right]$	총요소생산성 증가율 $[\dot{TFP}]$
1970~1980	100.0	27.2	50.1	22.7
1980~1990	100.0	18.5	51.8	29.7
1990~2000	100.0	12.3	62.5	25.1
2000~2010	100.0	17.8	53.4	28.8
2010~2014	100.0	27.6	47.3	25.1
1970~2014	100.0	19.9	53.0	27.1

이 어디에서 초래되고 있는가를 비교하면 해소된다. 나중에 살펴보겠지만 이는 『생산성의 경제학』에서 "수렴화 논쟁(convergence controversy)" 또는 "추급 논쟁(catch up controversy)"이라는 매우 중요한 주제가 된다.

〈표 3〉은 앞에서 살펴본 〈표 2〉에서 생산량 증가율을 100으로 하였을 때 노동투입, 자본투입, 총요소생산성 증가율이 기여한 비중을 보여주고 있다. 가령 〈표 3〉에서 마지막 줄을 보면 1970~2014년간 생산량 증가율의 19.9%는 노동투입, 53%는 자본투입, 그리고 나머지 27.1%는 총요소생산성 증가율에 의해 달성되었다는 것을 알 수 있다.

이런 리포트 방식은 국가 간, 지역 간 생산량 증가율의 원천이 무엇인지를 보여주는 편리한 방법이다. 국가 간 비교의 경우 개도국에서 총요소생산성 증가율이 높아 기여도는 높을 수 있지만, 기여율은 선진국에 비해 낮은 것이 일반적이다. 그만큼 선진국이 될수록 기술혁신이 생산증가에 기여하는 정도가 크다는 것을 의미한다. 또한 한 나라의 총요소생산성 증가율이 시대별로 기여한 역할을 보게 되면 공업화 초기에는 총요소생산성의 성장에 대한 역할이 적다가 점차 커지는 현상도 관찰할 수 있다.

같은 내용을 도표로 표시하면 〈그림 3〉과 같다. 여기서 생산량 증가율을 100으로 하였기 때문에 구간별 막대 그래프의 높이가 같다. 다만 구성요인의 크기가 각 요인의 중요도를 말해주고 있다.

그림 3 한국 경제성장에서 기간별 요소투입의 기여율(%)

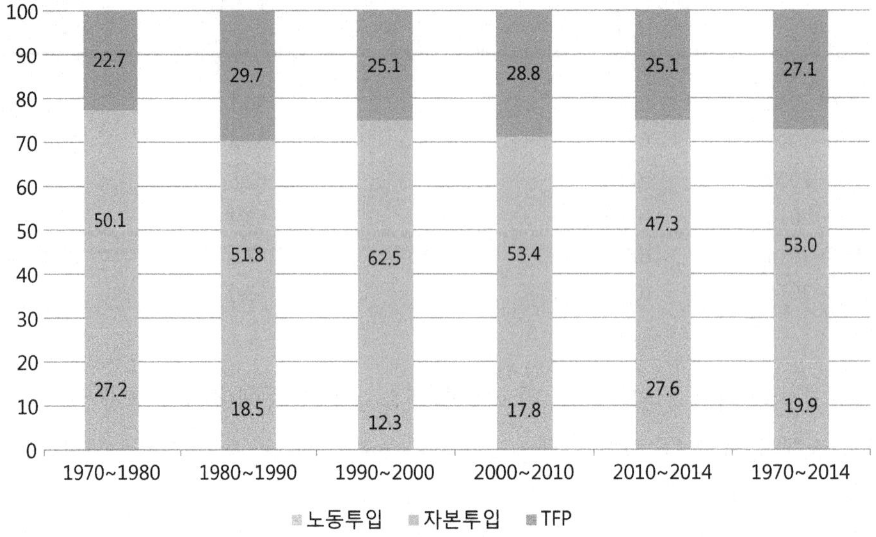

(4) 비교구간의 설정

이상에서는 총요소생산성 증가율을 다양하게 리포트하는 방법을 설명하면서 연도의 구간을 편의상 10년 단위로 구분하였다. 이런 구간의 구분은 상당히 자의적이다. 특별히 이를 구분할 기준이나 방법은 없지만 많은 연구자는 경제 상황에서 특별한 사건이 일어남으로써 경제에서 특별한 구조변화가 일어난 시점을 기준점으로 선택하는 경우가 많다. 가령 한국의 경우에는 석유파동, 외환위기, 세계 금융위기의 발생과 같은 시점이 좋은 구분점이 될 수 있다.

이때 주의할 점은 경제 상황에 커다란 충격이 발생하는 연도의 경우 일반적으로 경기가 불황이어서 총요소생산성 증가율이 낮은 경우가 많다는 것이다. 따라서 이런 기준으로 비교구간을 설정할 경우 비교 대상 시점이 시계열의 전체 추세에서 하방에 치우친 특이치(outlier)가 되기 쉽다. 따라서 이를 기점으로 평균 증가율이나 복합 또는 지수적 증가율을 구하게 되면 실제 추세를 왜곡하는 리포트가 될 가능성이 크다. 따라서 시대구분에서 이런 왜곡이 일어나지 않도록 그 기준의 선정과 설명에 유의할 필요가 있다.

(5) 총요소생산성 지수

네 번째 방법은 측정된 연도별 총요소생산성 증가율을 특정 측정 시점을 기준으로 지수화하여 전반적인 추세를 보여주는 방법이다. 통상 특정 연도의 값을 1 또는 100으로 한 다음 연도별 증가율을 이용하여 지수화하는 것이다.

〈그림 4〉는 앞에서 계산한 총요소생산성 성장률을 2010년=1로 하여 계산한 총요소생산성 지수이다. 총요소생산성 지수를 보게 되면 특정 연도에서의 호황, 불황, 경제 상황에서의 커다란 변화, 경제의 구조변화와 전환점 등을 파악하는 데 도움이 된다. 〈그림 4〉에서도 과거 석유파동이나 1997년 외환위기, 2009년 세계 금융위기와 같은 충격이 총요소생산성 지수의 장기적 추세에서 큰 영향을 미치고 있음을 알 수 있다.

그림 4 한국의 총요소생산성 지수(2010=1)

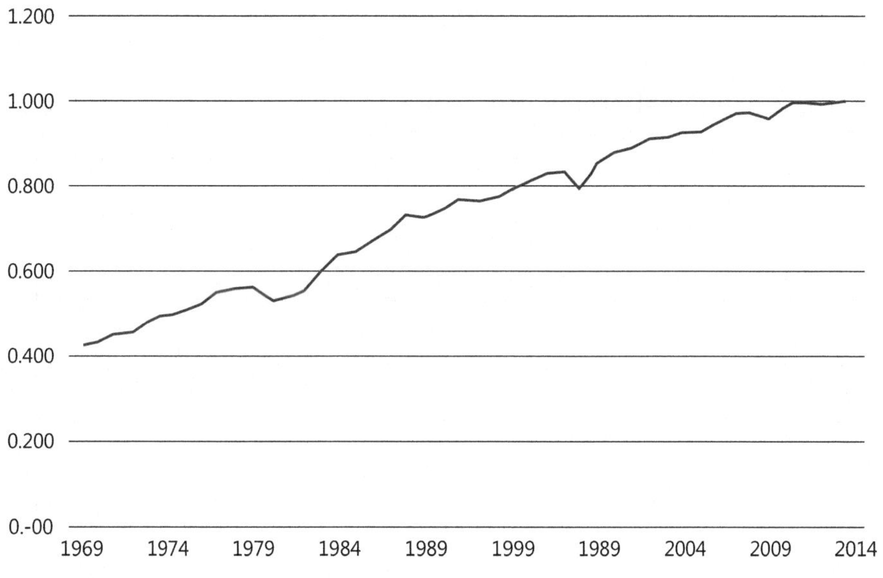

4. 총요소생산성 수준의 비교

총요소생산성과 관련된 많은 연구는 그동안 총요소생산성 증가율의 측정에 집중하였다. 하지만 일단의 연구자들은 국가 간 총요소생산성 수준을 비교했다.

총요소생산성 증가율이 아닌 총요소생산성 수준을 비교하고자 하는 연구는 선진국과 개도국의 총요소생산성 증가율을 비교할 때 선진국이 기술 수준이 높음에도 불구하고 증가율이 낮게 측정됨으로 인한 오해의 문제를 피하고, 총요소생산성 수준이 상대적으로 높다는 점을 보여주는 방법이 되었다.

총요소생산성 수준을 측정하는 방법은 기존 솔로우의 성장회계식을 약간 변형하여 계산하는 것이 가능하고, 생산함수를 추정해서 비교할 수도 있다. 그리고 맘퀴스트 지수(Malmquist index)를 이용하거나, 자료포락법(Data Envelope Method: DEA) 등의 다양한 방법을 사용하기도 한다.

〈그림 5〉는 미국의 총요소생산성 수준을 1로 하였을 때 한국의 총요소생산성

그림 5 한국의 미국대비 생산성 수준

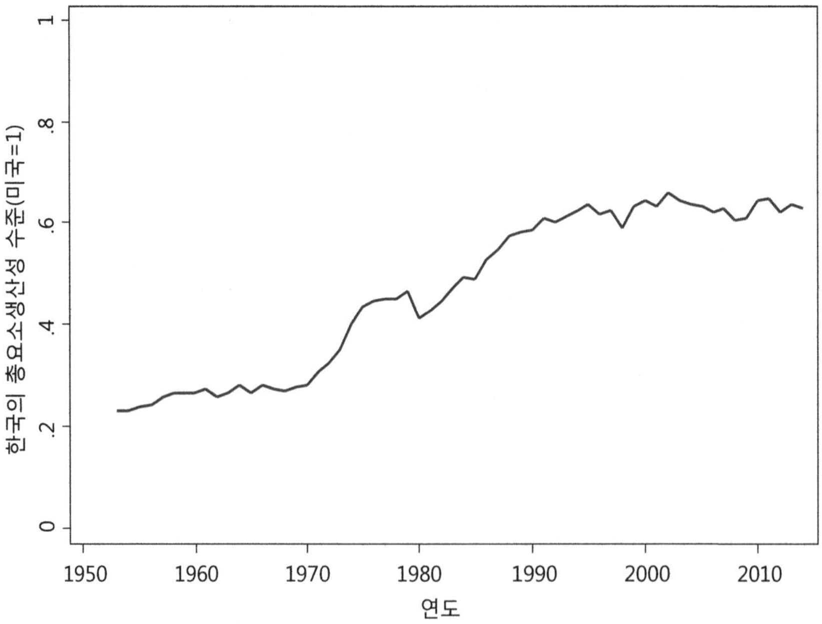

자료: Penn World Table Version 9.0

수준을 보여주고 있다. 한국의 총요소생산성 수준은 1950년대 미국의 25% 수준에 미치지 못하였지만 2000년대에 들어와서는 60~70% 수준에 이르고 있음을 보여주고 있다.

총요소생산성 수준을 측정하는 방법은 국가 간 비교, 산업간 비교, 유럽연합(EU)회원국 간, OECD 회원국 간, 미국의 개별 주, 중국의 성별 생산성 수준의 비교와 같이 적절한 비교 대상이 있는 경제단위의 비교에 많이 사용된다.

5. 총요소생산성과 소비자 후생

총요소생산성의 측정과 관련해서 생산성이란 용어 외에도 생산함수, 생산요소, 규모에 대한 수확 불변 등과 같은 용어들을 빈번하게 사용한다. 이 모든 용어는 모두 “생산(product)”이란 말과 연계된 용어들이다.

일반적으로 경제이론에서 자주 언급하게 되는 소비자 효용의 극대화의 문제를 생각해본다면, 소비자는 예산제약조건 아래에서 생산된 상품을 소비함으로써 자신의 효용을 극대화하는 것이다. 이때 생산은 소비자 효용 극대화의 문제에 있어서 제약조건을 구성하는 요인이다. 그런 측면에서 총요소생산성에 대한 이론은 소비자 후생 측면을 도외시하고 있다.

국민소득에서도 지출 측면에서 국민소득을 추계하고 있다는 점에서 이를 총요소생산성 연구에 반영할 필요가 있다. 이때에는 생산량을 어떻게 정의하느냐의 문제가 있다. 총생산이냐? 순생산이냐의 논란이 바로 그것이다.

〈그림 6〉은 한국의 총요소생산성 지수를 지출 측면과 생산 측면의 산출량으로부터 측정한 결과이다. 전반적인 추세는 비슷하지만, 그 수준에서는 상대한 차이가 있다. 따라서 총요소생산성에 관한 연구에서도 소비자를 고려해야 할 필요가 있다.

그림 6 한국에서 지출 측면과 생산 측면에서의 총요소생산성 지수

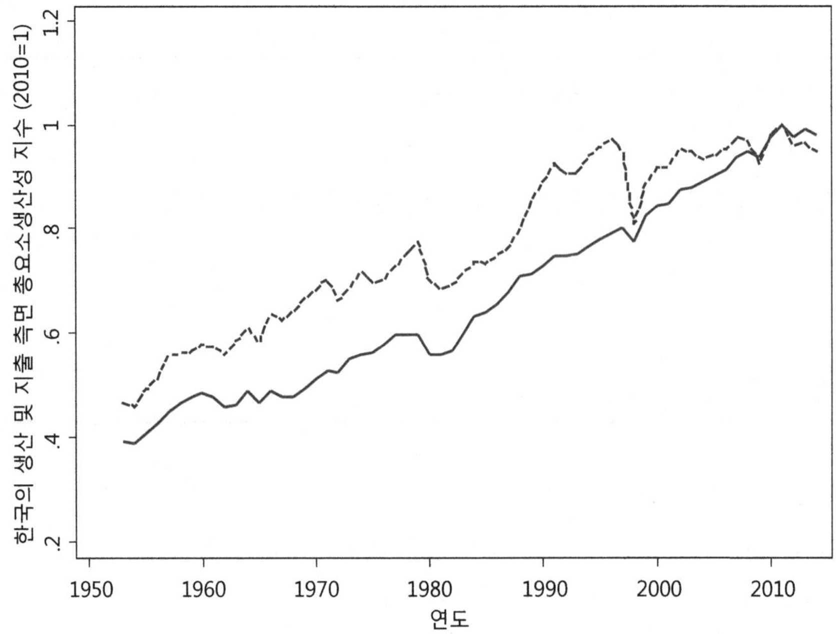

자료: Penn World Table Version 9.0

6. 총요소생산성 연구와 관련된 다양한 측면

이상에서 설명한 내용은 총요소생산성 연구에서 필요한 기본적인 방법론과 측정결과의 리포트 및 해석에 대한 것이다. 가장 일반적으로 다루어지는 내용이기는 하지만 이게 전부가 아니다.

본서의 주요 내용을 구성할 주제들을 개괄적으로 정리하기 위해 이상에서 살펴본 내용에 대해 다음의 의문을 가져보도록 하자. 그리고 이런 내용이 어떻게 해결될 수 있는지 생각해보자. 이 책을 학습한 후 이 부분에서 제기된 의문을 다시 생각해 보자. 그 생각의 차이만큼 독자 여러분들의 『생산성의 경제학』에 대한 이해도가 높아졌다고 보면 된다.

(1) 자료는 어떻게 구할 것인가?

- 산출량과 노동투입, 자본투입, 때로는 중간투입을 어떻게 정의할 것인가?
- 각 지표를 불변 가격화하기 위해 가격자료는 어떻게 구할 것인가?
- 자본 스톡은 어떻게 구할 것인가? 가동률은 어떻게 반영하는가? 자본서비스는?
- 노동소득 비중, 자본소득 비중은 어떻게 구할 것인가.
- 시장의 불완전성을 가정할 경우 자료의 작성방법도 달라져야 하는가?
- 한국은행이나 통계청, 기타 공공기관으로부터 생산성 측정을 위한 통계자료가 쉽게 구해질 것인가? 이런 자료를 작성하는 국내외 기관은 없는가?
- 한국과 다른 나라의 생산성을 비교할 수 있는 자료는 있는가?

(2) 총요소생산성은 어떻게 측정할 것인가?

- 총요소생산성 측정에 솔로우(Solow) 방법밖에 없는가?
- 솔로우 방법을 비롯한 다른 총요소생산성 측정치는 증가율을 나타낸다. 그럼 같은 자료를 이용해서 총요소생산성 수준은 측정하고 비교할 방법은 없는가?
- 증가율을 계산할 때 선형증가율을 사용할 것인가? 지수형 증가율을 사용할 것인가? 우리가 사용하는 증가율의 개념은 정확한가?
- 혹시 규모에 대한 수확 불변의 가정하에서 데이터를 작성한 후 규모의 경제효과를 측정한다면 어떤 문제가 생기는가?

(3) 성장이론에 따라 총요소생산성 측정치의 의미는 어떻게 해석될 것인가?

- 솔로우 모형에서 총요소생산성은 기술변화이고 기술변화는 "하늘에서 떨어진 만나"인가? 왜 솔로우는 성장의 70% 이상이 총요소생산성 증가에서 온다고 했고, 이로 인한 문제는 무엇인가?
- 경제성장 이론에서 인적 자본은 어떻게 다루어지는가? 총요소생산성에 대한 인적 자본의 의미는 무엇인가?
- 만약 기술변화가 자본재에 체화되어 나타난다면 생산성은 어떻게 측정하고, 이는 무엇을 의미하는가?
- 경제성장이론과 총요소생산성은 구체적으로 어떻게 관련되어 있는가? 단지

기술변화를 설명하기 위한 이론인가?

(4) 생산함수를 이용한 총요소생산성 측정의 장단점과 조건은?

- 생산함수와 비용함수는 같은 정보를 가진다. 총요소생산성 측정에서는 어떻게 사용되는가?
- 생산함수에 동조성과 동차성은 어떻게 부여할 것이며, 이는 타당한 것인가?
- 기술변화의 형태, 즉 노동 사용적, 자본 사용적 기술변화를 구분할 수 있는가?
- 좀 더 개선된 방법을 이용하여 총요소생산성을 규모의 경제, 순수한 기술변화, 기술적 효율성, 배분적 효율성으로 나눌 수 있는가?
- 생산함수, 비용함수는 이윤 극대화 조건을 충족하고 있는가?

(5) 총요소생산성의 해석은 어떻게 할 것인가?

- 잔차를 전부 기술변화로 해석해도 좋은가?
- 잔차에는 기술변화 외에 규모의 경제효과, 기술적 효율성 개선이 포함되어 있다는데 이는 어떻게 측정할 것인가?
- 경제성장의 원천은 무엇이고, 총요소생산성의 역할은 어떤 것인가?

이상의 내용이 앞으로 『생산성의 경제학』에서 다룰 전반적 내용이 될 것이다. 이 중 일부는 행간에 숨어서 전혀 언급되지 않거나, 한두 문단으로 설명되기도 할 것이며, 어떤 것은 너무 전문적이어서 개괄적으로 설명될 수도 있다. 그리고 어떤 부분은 더욱 구체적으로 언급될 수도 있다.

이 중 매우 구체적으로 언급될 부분은 독자들이 직접 실습까지 해보게 되는 부분으로 『생산성의 경제학』에 대한 보다 깊은 연구를 시도하고자 하는 독자들을 위한 것이다. 일부 컴퓨터 통계 소프트웨어를 이용하는 실습사례는 더욱 전문적인 연구논문을 작성하려는 독자들을 위한 것이다.

지나치게 수학적이거나 간단히 설명하기 어려운 전문적인 부분들에 대해서는 생략한다. 아마 이 책의 다른 부분을 이해할 수 있는 독자들이라면 스스로 원 저술을 통해 관련 내용을 이해할 수 있을 것이다. 다만 이런 주제들이 『생산성의 경제학』에서 다루어지고 있다는 정도로만 이해하면 나중에 큰 도움이 될 것이다.

전체적으로 이상에서 언급한 의문들은 필자가 직접 연구하면서 고민했던 내용이다. 주의 깊게 읽고 해당 내용에 대해 독자 나름의 답을 찾기 위해 고민한다면 『생산성의 경제학』을 제대로 이해하는 데 도움이 될 것이다.

성장률과 미분의 이해

1. 부정확한 개념

한국에서는 특정 경제변수의 변화를 나타내는 용어로서 성장률(growth rate), 증가율(rate of increment), 변화율(rate of change)이라는 용어들이 분별없이 사용되는 것 같다. 경제증가율, 경제변화율보다는 경제성장률이란 용어가 익숙하다. GDP 변화율, GDP 성장률보다는 GDP 증가율이 더 익숙하다. 수출성장률보다는 수출증가율이 익숙하다. 그 외 국가부채나 가계부채 증가율, 매출 증가율, 법인세 증가율, 중소기업 수 증가율, 벤처기업 증가율과 같이 주로 증가율만 사용하는 경제변수도 있다.

정부에서 발간한 『시사경제용어사전』에는 연평균복합성장률(Compound Annual Growth Rate)이란 용어가 나온다. 여러 해 동안의 성장률을 평균한 것으로 매년의 성장률을 산술평균이 아닌 기하평균으로 계산한다. 왜냐하면, 연도별 성장률(증가율)을 산술평균하면 인접한 기간별 평균성장률이 전체 성장률 추이와 달라지기 때문이다.[1]

산술평균, 기하평균은 연도별 성장률의 평균을 구하는 방법에 대한 것이다. 하지만 정부의 『시사경제용어사전』에서는 여러 해에 걸쳐서 복합 성장률로 증가한 연성장률을 구해놓고 이를 기하 평균했다고 한다. 그리고 여기에 연평균복합성장률이라고 이름을 붙여 놓았다. 국내에서는 자주 사용되지 않지만, 외국에서는 자주 사용

1 http://www.mosf.go.kr/mi/socecowd/TbCurEcnmyWordList.do

된다고 한다. 그런데 영어표현에는 “평균(average)”이란 말이 없다.

우선 산술평균과 기하평균을 구하는 식을 보면 아래와 같다. 같은 x_i값을 가지고 평균을 구하는 것이다.

$$\text{산술평균 } \overline{x_A} = \frac{x_1 + x_2 + \ldots + x_n}{n} = \frac{1}{n}\sum_{i=1}^{n} x_i \quad \cdots\cdots \ 1$$

$$\text{기하평균 } \overline{x_G} = \sqrt[n]{x_1 \cdot x_2 \cdot \cdots \cdot x_n} = \left(\prod_{i=1}^{n} x_i\right)^{\frac{1}{n}} \quad \cdots\cdots \ 2$$

다음 표를 이용해서 설명해 보자. 우선 2010~2014년간 연 매출액이 1000, 1200, 1300, 1400으로 증가하다가 1000으로 원래 상태로 되돌아온 경우를 가정해 보자.

표 1 성장률 개념의 이해

연도	매출액	연증가율 (퍼센트 변화)	연간 퍼센트 변화의 기하평균	기간별 복합 증가율	연간 지수 성장률과 기간별 평균	5년간 지수 증가율
2010	1,000					
2011	1,200	20.00%			18.23%	
2012	1,300	8.33%			8.00%	
2013	1,400	7.69%			7.41%	
2014	1,000	-28.57%			-33.65%	
2010~2013년		12.01%	10.86%	11.87%	11.22%	11.22%
2010~2014년		1.86%	구할 수 없음	0.00%	0.00%	0.00%

우선 영어표현으로는 퍼센트 변화(percent change)라고 하는 연간 증가율을 다음 식을 이용해 구하면, 2011년 20.0%, 2012년 8.3%, 2013년 7.7%, 2004년 -28.6%가 된다.

$$g = \frac{y_t - y_{t-1}}{y_{t-1}} = \frac{y_t}{y_{t-1}} - 1 \quad \cdots\cdots \ 3$$

이렇게 구해진 연간 증가율을 산술평균하여 평균 연간 증가율(연평균증가율이 아님)을 구하면 2010~2013년간은 12.0%가 되고, 2010~2014년간은 1.9%가 된다. 2010년의 매출은 1,000, 2014년의 매출은 역시 1,000이니까 이 기간의 평균 연간 증가율은 0%여야 한다. 그래서 수년에 걸친 연간 증가율을 산술평균한 것은 전 구간에 대한 평균 연 증가율과 틀린 문제가 발생한다. 그럼 이를 기하평균으로 하면 어떨까? 역시 정확하게 일치하지 않는다. 더구나 연간 증가율 가운데 마이너스(−) 값이라도 포함되면 기하평균은 아예 구할 수 없게 된다.

이런 문제를 해결하기 위해 복합 연간 성장률(Compound Annual Growth Rate)이란 방법이 나오게 되었다. 첫해 매출액에서 마지막 해의 매출액까지 연간 얼마씩 성장했느냐를 보는 것이다. 다음 여러 식을 아래 식에 차례대로 대입하면 제일 마지막 식이 구해진다.

$$y_1 = y_0(1+g)$$
$$y_2 = y_1(1+g)$$
$$\cdots$$
$$y_n = y_{n-1}(1+g) \quad \cdots\cdots\cdots 4$$

이를 이용하면 두 구간의 마지막 값은 다음과 같이 구해진다.

$$y_n = y_0(1+g)^n \quad \cdots\cdots\cdots 5$$

따라서 증가율은 다음과 같이 구해진다.

$$g = \left(\frac{y_n}{y_0}\right)^{\frac{1}{n}} - 1 \quad \cdots\cdots\cdots 6$$

이렇게 구한 2010~2013년간 복합 연간 성장률은 11.9%이고, 2010~2014년간의 복합 연간 성장률은 0%이다. 따라서 2010~2014년간 매출이 변화가 없다는 것을 정확히 보여준다.

또 다른 성장률 계산방법은 지수 성장률(exponential growth rate) 방법을 이용하는 것이다. 매출액이 다음 식이 보여주는 바와 같이 지수적으로 증가한다고 하자.

$$y_t = y_0\, e^{gt} \qquad \cdots\cdots 7$$

양변에 로그를 취하여 정리하면, 연간 증가율(영어로 이는 로그변수의 변화, change in log variable라고 한다)은 다음과 같이 구해진다.

$$g = \frac{\ln(y_t) - \ln(y_0)}{n} \qquad \cdots\cdots 8$$

이렇게 구해진 연간 성장률은 2011년 18.2%, 2012년 8.0%, 2013년 7.4%, 2004년 −33.7%가 된다. 이를 산술평균하면 2010~2013년간은 11.2%, 2010~2014년간은 0.0%가 된다. 2010~2014년간의 매출액에서 전혀 변화하지 않았기 때문에 연간 성장률이 0%라는 것을 정확하게 계산해 준다. 그리고 편리한 것은 연간 성장률의 산술평균이 2010년, 2014년간 두 시점 간 매출이 지수적으로 성장한다고 했을 때의 연간 성장률과 정확하게 일치한다.

보통 총요소생산성 증가율을 계산할 때, 이는 연도별 총요소생산성 증가율을 나타내는 수치이다. 총요소생산성 증가율을 구할 때 생산량, 노동투입, 자본투입의 증가율을 연간 증가율(퍼센트 변화율)로 구했다면 나중에 이를 단순 산술평균할 때 전술한 바와 같은 문제가 생긴다.

따라서 투입-산출량이 지수적으로 증가한다고 가정하고 전술한 가장 마지막 방법을 사용할 경우, 연도별 성장률의 산술평균이 처음과 마지막 연도를 기준으로 지수적으로 성장했다고 하는 연간 증가율과 같아진다. 독자들은 앞의 설명을 잘 생각해보기 바란다.

이하에서는 『생산성의 경제학』을 이해하는 데 있어서 가장 기초적인 성장률의 의미를 살펴보고자 한다. 또한 본서의 다른 부분에서 다루게 될 내용의 이해를 위해 아주 단순한 형태의 미분방법에 대해서도 살펴보기로 한다.[2]

---

2 이하 몇 개 단원에서는 Jones and Vollrath(2013), "Appendix A. Mathematical Review," in

어떤 함수, 가령 생산함수 $f(K)$를 자본투입 K에 대해 "미분(derivative)"한다는 것은 K의 미미한 변화에 대해 함수 $f(K)$가 얼마나 변화하는가를 보여준다. 만약 K가 증가함에 따라 함수 $f(K)$가 증가한다면 $df/dK > 0$이고, 반대로 K가 증가함에 따라 함수 $f(K)$가 감소한다면 $df/dK < 0$이 된다. 이를 보다 구체적으로 설명하기 위해 $f(K) = 2K$라는 생산함수를 생각하면 $df/dK = 2$ 된다. 따라서 K의 작은 변화에 따라 $f(K)$는 2배씩 증가한다는 의미이다.

아래에서는 몇 가지 용어를 통해 미분과 성장률의 의미를 살펴보고자 한다. 『생산성의 경제학』에는 변화(change)와 변화율(change rate) 또는 성장률(growth rate)의 개념을 잘 이해할 필요가 있다.

2. 미분과 변화

먼저 "변화(change)"에 대해 살펴보자. 경제학에서 자주 사용하게 되는 미분은 주로 시간 t에 대한 미분의 개념을 사용하는 경우가 많다. 예를 들어 자본 스톡(capital stock), K가 시간 t의 함수라고 하면 시간의 변화에 따라 자본 스톡이 어떻게 변화할 것인가를 생각해보자. 이것은 기본적으로 K를 t에 대해 미분하는 것 즉, dK/dt를 구하는 것이다. 만약 시간의 변화에 따라 자본 스톡이 증가한다면 $dK/dt > 0$이라는 의미가 된다.

보통 시간 t에 대한 어떤 변수의 변화는 해당 변수 위에 점(·)을 붙임으로써 표기를 단순하게 한다. 즉, $dK/dt = \dot{K}$으로 표기한다. $\dot{K} = 2$라면 시간이 한 단위 변화할 때 자본 스톡이 2단위 증가한다는 "변화"의 의미가 된다.

만약 자본 스톡에 대한 연간자료가 있다고 해보자. 즉 2014년의 자본 스톡을 K_{2014}, 2015년의 자본스톡을 K_{2015}라고 하면 2014년에서 2015년까지 자본 스톡의 변화는 $K_{2015} - K_{2014}$가 되는데 이는 $K_{t+1} - K_t$, $t = 2014$과 같은 표기방법이다. 이때 시간의 단위가 점차 축소된다고 하면 이는 특정 구간(가령, 연, 분기, 월)에 대한 변

Introduction to Economic Growth, W. W. Norton & Company, pp. 261-274의 내용과 표기법을 참조하였다.

화가 아니라 "순간적인 변화(instantaneous change)"가 된다. 따라서 전술한 dK/dt는 다음과 같이 표기할 수 있다. 이 수식은 미분이 무엇인가를 정의하는 식이 된다.

$$\lim_{\Delta t \to 0} \frac{K_t - K_{t-\Delta t}}{\Delta t} = \frac{dK}{dt} = \dot{K} \quad \cdots\cdots \quad 9$$

3. 퍼센트 변화(변화율, 증가율, 성장률)

경제통계 가운데 일인당 경제성장률, 인플레이션율, 인구증가율 등과 같이 변화율을 나타내는 통계자료는 다양하다. 전술한 바와 같이 성장률, 증가율, 변화율이란 혼재되어 사용된다는 점도 지적한 바 있다.

하지만 더 엄밀한 측면에서 살펴보면, 이상의 모든 용어는 성장률(growth rate)이란 용어로 대표될 수 있다. 다만 성장률을 구하는 방법에 따라 변화율이란 용어가 이를 설명하기 위해 사용된다.

우선 성장률을 가장 쉽게 표현하는 방법은 이를 퍼센트로 나타내는 것이다. 만약 자본 스톡(K)이 지난해에 비해서 10% 증가하였다고 하자. 따라서 성장률을 다음과 같이 표시할 수 있다. 이렇게 성장률을 구했을 때, 이는 "퍼센트 변화(percent change)"라는 계산방법을 사용한 것이다.

즉,

$$\frac{K_t - K_{t-1}}{K_{t-1}} = 0.1 \quad \cdots\cdots \quad 10$$

『생산성의 경제학』에서 자주 사용되는 표기법에 따라 성장률을 나타내면 이상과 같은 특정 기간(일 년)에 대한 성장률이 아니라 순간적인 성장률(instantaneous growth rate)로 나타내는 것이다. 따라서 전술한 예를 따르면 자본 스톡의 순간적인 성장률은 자본 스톡을 시간에 대해 미분한 $dK/dt = \dot{K}$를 K로 나눈 값이 된다. 즉,

$$\frac{dK/dt}{K} = \frac{\dot{K}}{K} \qquad \cdots\cdots \quad 11$$

따라서 앞으로 본서에서 이런 표기법을 사용할 경우 이는 "퍼센트 변화(percent change)"라는 개념이라고 이해하길 바란다. 하지만 이는 퍼센트 변화에 100을 곱해서 퍼센트(%)로 바꾸었다는 의미가 아니라 전술한 "변화(change)"를 "변화 초기의 값에 대한 상대적 비율"로 표시한 것으로 이해해야 한다. 즉 퍼센트 변화는 그냥 숫자로 나타낼 수도 있고, 퍼센트로 표기할 수 있지만 모두 "퍼센트 변화"의 의미이다. 예를 들면 $\dot{K}/K = 0.1$은 자본 스톡이 매년 10%씩 성장한다. $\dot{L}/L = 0.02$는 노동투입이 매년 2%씩 성장한다고 이해하면 된다.

4. 자연 대수와 성장률

다음과 같은 자연 대수(natural logarithm)의 특징을 이용하면 성장률 계산이 매우 편리하다. 즉,

1. 만약 $Z = X \cdot Y$라면 $\ln Z = \ln X + \ln Y$이 된다.
2. 만약 $Z = X/Y$라면 $\ln Z = \ln X - \ln Y$이 된다.
3. 만약 $Z = X^{\alpha}$라면 $\ln Z = \alpha \ln X$이 된다.
4. 만약 $Y = f(X) = \ln X$라면 $dY/dX = 1/X$이 된다.
5. 만약 $Y(t) = \ln X(t)$라면 $\frac{dY}{dt} = \frac{dY}{dX} \cdot \frac{dX}{dt} = \frac{\dot{X}}{X}$이 된다. 즉 어떤 변수의 로그변수를 시간에 대해 미분하면 이는 해당 변수의 순간적 성장률이 된다.

바로 이런 자연 대수의 특징으로부터 해당 변수의 성장률이 쉽게 계산된다는 점을 이용하면 앞으로 『생산성의 경제학』을 보다 쉽게 이해할 수 있다.

만약 이런 특징을 『생산성의 경제학』에서 자주 사용하게 되는 생산액(Q), 노동투입(L), 자본투입(K), 총요소생산성(A)을 나타내는 변수에 적용하면 다음과 같아진다. 즉,

$$\frac{d\ln Q}{dt}=\frac{\dot{Q}}{Q},\ \frac{d\ln L}{dt}=\frac{\dot{L}}{L},\ \frac{d\ln K}{dt}=\frac{\dot{K}}{K},\ \frac{d\ln A}{dt}=\frac{\dot{A}}{A} \quad \cdots\cdots 12$$

5. 로그를 취한 후 미분

이상의 자연 대수에 대한 특징들을 바탕으로 "로그를 취한 후 미분한다(take log and derivatives)"라는 방식이 『생산성의 경제학』에 어떻게 활용되는지를 살펴보자.

경제학 분야에서 매우 자주 활용되는 콥-더글러스 생산함수(Cobb-Douglas production function)를 사례로 살펴보자. 이 생산함수는 규모에 대한 수확 불변의 형태이고, 생산함수의 이동(shift)을 나타내는 파라미터를 A, 자본 분배율을 α라고 할 때 다음 식으로 나타낸다.

$$Q=A\,K^{\alpha}L^{1-\alpha} \quad \cdots\cdots 13$$

양변에 미분을 취하면 이상의 함수는 다음과 같이 표시된다.

$$\begin{aligned}\ln Q &= \ln A + \ln K^{\alpha} + \ln L^{1-\alpha}\\ &= \ln A + \alpha\ln K + (1-\alpha)\ln L \quad \cdots\cdots 14\end{aligned}$$

따라서 이 식의 양변을 시간(t)에 대해 미분하면 다음 식이 된다. 즉

$$\frac{d\ln Q}{dt}=\frac{d\ln A}{dt}+\alpha\frac{d\ln K}{dt}+(1-\alpha)\frac{d\ln L}{dt} \quad \cdots\cdots 15$$

이를 다시 퍼센트 변화로 표기하면 다음과 같다. 즉

$$\frac{\dot{Q}}{Q}=\frac{\dot{A}}{A}+\alpha\frac{\dot{K}}{K}+(1-\alpha)\frac{\dot{L}}{L} \quad \cdots\cdots 16$$

따라서 이 식의 의미는 생산량 증가율(경제성장률)은 노동과 자본 증가율을 각각의 비용 몫으로 가중평균한 가중 요소투입증가율과 총요소생산성 증가율의 합이라는 것이다. 앞으로 『생산성의 경제학』 전반에 활용되는 아주 중요한 개념이 된다.

6. 두 변수의 비율과 성장률

만약 어떤 변수, Z가 두 변수, X, Y의 상대적 비율 즉, X/Y로 정의되면 이 상대적 비율이 일정할 때 그 성장률을 어떻게 나타낼 수 있을까?

즉, $Z=\dfrac{X}{Y}$이고, 이것이 일정하다면 $\dot{Z}=0$가 된다.

따라서 양변에 로그를 취한 다음 시간(t)에 대해 미분하면 다음과 같이 표기할 수 있다. 즉,

$$\frac{\dot{Z}}{Z}=\frac{\dot{X}}{X}-\frac{\dot{Y}}{Y}=0,\ \text{또는}\ \frac{\dot{X}}{X}=\frac{\dot{Y}}{Y} \quad \cdots\cdots 17$$

따라서 두 변수의 상대적 비율이 일정하다면 즉, Z가 일정하여 성장률이 0이라면, 두 변수의 증가율은 같아야 한다. 만약 분자가 분모보다 빨리 증가한다면 상대적 비율은 점차 증가할 것이고, 반대라면 상대적 비율은 점차 감소할 것이기 때문이다.

7. 로그변수의 변화와 성장률

만약 일인당 소득수준, $y=Y/L$가 지수적으로 증가한다고 가정하면, 이는 다음과 같은 수식으로 나타낼 수 있다. 즉,

$$y(t)=y_0e^{gt} \quad \cdots\cdots 18$$

여기에 로그를 취하면,

$$\ln y(t) = \ln y_0 + gt \quad \cdots\cdots \quad 19$$

이 식을 다시 g에 대해 정리하면 이는 바로 일인당 소득의 증가율이 된다.

$$g = \frac{\ln y(t) - \ln y_0}{t} \quad \cdots\cdots \quad 20$$

이 식에서 분자는 로그 변환된 변수, 즉 $\ln y$의 두 시점에서의 변화를 나타내고, 이를 두 시점 간의 시간 t로 나누면 해당 기간의 연간 성장률이 된다는 것을 알 수 있다. 따라서 이 식은 앞서 언급한 "퍼센트 변화(percent change)"가 아니라 "로그변수의 변화(change in the log of a variable)"가 된다. 두 개념을 잘 이해해야 본 장의 도입부에서 설명한 내용을 제대로 이해할 수 있다.

이번에는 인접한 두 시점 간의 지수적 성장률을 나타내는 "로그변수의 변화"와 "연도별 퍼센트 변화"의 관계를 살펴보자. 인접한 두 시점 간의 지수적 성장률은 다음과 같이 "로그변수의 변화"로 표현할 수 있다. 비교의 편의를 위해서 $y_t = y(t)$라고 하였다. 즉,

$$g = \ln y(t) - \ln y(t-1) = \ln\left(\frac{y(t)}{y(t-1)}\right) \text{ 혹은 } e^g = \frac{y(t)}{y(t-1)} \quad \cdots\cdots \quad 21$$

퍼센트 변화에 이를 대입하면 다음과 같이 표현할 수 있다.

$$\frac{y(t) - y(t-1)}{y(t-1)} = \frac{y(t)}{y(t-1)} - 1 = e^g - 1 \quad \cdots\cdots \quad 22$$

그런데 여기서 지수함수의 테일러 근사치(Taylor approximation)는 g가 작을 때 $e^g \approx 1 + g$가 된다. 이를 위의 식에 적용하면 "퍼센트 변화"와 "로그변수의 변화"는 근사적으로 같은 식이 된다. 즉,

$$\frac{y(t)-y(t-1)}{y(t-1)} \approx g \quad \cdots\cdots 23$$

총요소생산성 측정은 연도별로 구해지는 것이 일반적인데, 필자의 경험상 이를 특정 구간별로 나누어 리포트 할 때 식 23에는 매우 중요한 의미가 있다. 왜냐하면, 하위수준, 즉 산업별, 또는 기업, 공장 단위에서 총요소생산성을 측정할 경우 일반적으로 생산량뿐만 아니라 요소투입량의 연도별 증가율의 변동이 심한 경우가 많다. 따라서 위에서 언급한 지수적 성장률 g의 값이 변동이 크기 때문에 "퍼센트 변화"는 "로그변수의 변화"에 근사치가 되기 힘들다. 따라서 두 가지 방법으로 구한 성장률은 큰 차이가 난다.

따라서 필자는 총요소생산성 증가율의 계산에서 주로 지수적 성장률 계산법을 이용하여 생산량과 요소투입의 증가율을 계산하고 있다. 이렇게 하면 나중에 연도별 총요소생산성 증가율을 이용하여 특정 구간의 평균을 구하더라도, 이 구간의 처음과 나중 두 시점만을 고려하여 해당 자료가 지수적으로 성장했다고 했을 때의 성장률과 일치하는 결과를 얻을 수 있기 때문이다.

8. 소득 2배 달성 기간의 계산

우리는 전 장에서 매디슨 프로젝트(Maddison Project, 2016)의 조사결과를 이용하여 서구 12개국의 AD 1년 일인당 소득이 599달러에서 1820년 1,234달러로 2배 증가하는 데 무려 1,800년이 걸렸다고 했다. 산업혁명 이후에도 오늘날 주요 선진국의 일인당 소득이 2배 되는 데에는 50~70년이 걸렸다고 했다. 1960년대 이후 한국, 홍콩, 싱가포르는 불과 10년 만에, 최근 중국은 8년 만에 소득이 2배 되었다고 했다.

그러면 소득이 2배 증가하는 데 걸리는 시간(doubling time)은 어떻게 계산하는 것일까? 앞에서 살펴본 지수적 성장을 나타내는 식을 이용하면 된다. 즉, 소득이 2배 되는 지수적 성장식은 다음과 같다.

$$2 \cdot y_0 = y_0\, e^{gt} \quad \cdots\cdots 24$$

양변에 로그를 취하고 정리하면, 소득이 2배 되는데 필요한 시간은 다음과 같이 0.6931을 성장률로 나누면 된다.

$$t = \frac{\ln 2}{g} = \frac{0.6931}{g} \quad \cdots\cdots 25$$

만약 복합 성장률로 증가한다고 하면 소득이 2배 되는 식은 다음과 같이 나타낼 수 있다.

$$2 \cdot y_0 = y_0 \left(1+g\right)^t \quad \cdots\cdots 26$$

역시 양변에 로그를 취하고 재정리하면 다음과 같은 근사 식을 구할 수 있다. 즉,

$$t = \frac{\ln 2}{\ln(1+g)} \approx \frac{0.72}{g} \quad \cdots\cdots 27$$

이 식은 간혹 "69.3의 법칙(rule of 63.9)", 이를 반올림하여 "70의 법칙(rule of 70)", 또는 "72의 법칙(rule of 72)"으로 불린다. 마지막 72의 법칙은 증가율이 조금 높을 때 사용한다고 한다.[3]

9. 기여율과 기여도

『생산성의 경제학』에서 기여율(rate of contribution)과 기여도(degree of contribution)는 구해진 성장률의 구간별 요약표를 보다 이해하기 쉽게 리포트하는 방법이다.

앞서 살펴본 콥-더글러스 생산 함수식으로부터 구해진 경제성장률은 노동증가율

3 https://en.wikipedia.org/wiki/Doubling_time

($\dot{L}/L$)에 노동 분배율($1-\alpha$)을 곱한 항과 자본증가율($\dot{K}/K$)에 자본 분배율(α)을 곱한 항, 그리고 총요소생산성 증가율($\dot{A}/A$)의 합으로 구성되어 있다. 이때 $(1-\alpha)\dot{L}/L$ 이나 $\alpha\dot{K}/K$값 자체는 경제성장에 대한 노동투입 또는 자본투입의 기여도가 된다. 가령 경제성장률이 10%일 때 노동투입에 의한 부분, $(1-\alpha)\dot{L}/L$이 3%, 자본투입에 의한 부분, $\alpha\dot{K}/K$이 5%, 그리고 총요소생산성 증가에 의한 부분, $\dot{A}/A$이 2%라면 3%, 5%, 2%는 경제성장에 대한 기여도가 된다.

반면 경제성장률을 100%로 하였을 때 이들 요인이 기여한 정도를 백분율로 표시하면 30%, 50%, 20%는 노동투입, 자본투입, 총요소생산성 증가의 기여율이 된다.

생산성을 측정하고 있는 많은 연구에서 기여도와 기여율을 제시하면서, 기여율은 별도의 표를 만들거나, 괄호 내에 표기하기도 한다. 이는 후술하겠지만 경제성장의 원인이 어디에서 오는가를 살펴보려는 방법이다.

국가 간 경제성장 원천을 비교할 경우 경제성장 단계가 달라, 개발도상국의 경우 높은 경제성장률과 함께 노동, 자본, 생산성의 증가율이 높지만, 선진국의 경우 이 모든 지표의 크기가 작게 된다. 이때 적절한 비교를 위해서는 기여도보다는 기여율을 사용하는 것이 국제비교의 의미를 제대로 전달할 수 있다.

10. 『생산성의 경제학』 이해를 위한 간단한 미분 사례

『생산성의 경제학』에서 자주 이용되는 콥-더글러스 생산함수의 양변에 로그를 취한 후 미분함으로써 총요소생산성 측정을 위한 성장회계식을 구할 수 있음을 보았다. 본서의 뒷부분이나 생산성이란 주제의 관련 논문을 읽을 때 보다 일반적인 형태의 생산함수나 비용함수를 미분하여 총요소생산성의 측정이나 그 구성요인을 유도하는 것을 볼 수 있다.

여기에서는 일반적인 형태의 생산함수나 비용함수를 이용하여 로그를 취한 후 미분하는 사례를 살펴본다. 『생산성의 경제학』에서 자주 사용되는 미분 사례이기 때문에 익혀두면 유용하게 사용된다.

첫째, 다음과 같은 생산함수를 생각해보자. 생산함수의 이동을 나타내는 총요소생산성 지표가 생산함수에 붙어있는 형태이다.

$$Q = Af(L, K) \qquad (28)$$

이 식의 양변에 로그를 취하면 다음 식이 된다.

$$\ln Q = \ln A + \ln f(L, K) \qquad (29)$$

이 식을 전 미분하면 다음과 같이 식이 된다.

$$\frac{d\ln Q}{dt} = \frac{d\ln A}{dt} + \frac{\partial \ln f}{\partial L}\frac{dL}{dt} + \frac{\partial \ln f}{\partial K}\frac{dK}{dt} \qquad (30)$$

$$\frac{dQ/dt}{Q} = \frac{dA/dt}{A} + \frac{\partial f}{\partial L}\frac{dL}{dt}\frac{1}{f} + \frac{\partial f}{\partial K}\frac{dK}{dt}\frac{1}{f} \qquad (31)$$

식 31의 두 번째 항의 분자, 분모에 PL을, 세 번째 항의 분자, 분모에 PK를 곱한 다음, 노동과 자본의 한계생산물의 가치가 각각 임금률, 자본의 사용자 비용이 되고, 총수입 가운데 노동소득과 자본소득이 노동 분배율과 자본 분배율이 된다는 사실을 이용하면 다음과 같이 나타낼 수 있다. 즉,

$$\frac{\partial f}{\partial L}P\frac{L}{Pf}\frac{dL}{dt}\frac{1}{L} = \frac{wL}{Pf}\frac{dL/dt}{L} = s^L\frac{\dot{L}}{L} \qquad (32)$$

$$\frac{\partial f}{\partial K}P\frac{K}{Pf}\frac{dK}{dt}\frac{1}{K} = \frac{rK}{Pf}\frac{dK/dt}{K} = s^K\frac{\dot{K}}{K} \qquad (33)$$

따라서 이상의 일반적인 생산함수로부터 다음과 같은 성장회계식을 구할 수 있다. 즉,

$$\frac{\dot{Q}}{Q}=\frac{\dot{A}}{A}+s^{L}\frac{\dot{L}}{L}+s^{K}\frac{\dot{K}}{K} \quad \cdots\cdots 34$$

또는

$$\frac{\dot{A}}{A}=\frac{\dot{Q}}{Q}-[s^{L}\frac{\dot{L}}{L}+s^{K}\frac{\dot{K}}{K}] \quad \cdots\cdots 35$$

둘째, 다음과 같은 보다 일반화된 생산함수를 생각해보자. 여기에서는 생산함수의 이동을 나타내는 변수 t가 생산함수에 포함되어 있다.

$$Q=f(L,K;t) \quad \cdots\cdots 36$$

양변에 로그를 취하면 다음과 같이 된다.

$$\ln Q=\ln f(L,K;t) \quad \cdots\cdots 37$$

이 식을 변수 t에 대해 전 미분하면 다음과 같이 표시할 수 있게 된다. 즉,

$$\frac{d\ln Q}{dt}=\frac{\partial \ln f}{\partial L}\frac{dL}{dt}+\frac{\partial \ln f}{\partial K}\frac{dK}{dt}+\frac{d\ln f}{dt}$$

$$\frac{dQ/dt}{Q}=\frac{\partial f}{\partial L}\frac{dL}{dt}\frac{1}{f}+\frac{\partial f}{\partial K}\frac{dK}{dt}+\frac{\partial f}{\partial t}\frac{1}{f} \quad \cdots\cdots 38$$

첫 번째 형태의 생산함수에서와 같은 방법을 적용하면, 다음과 같은 식이 구해진다. 여기서 ϵ_{Yt}는 시간의 변화에 따른 산출량의 탄력성을 나타내기 때문에 총요소생산성과 같은 의미가 된다.

$$\frac{\dot{Q}}{Q}=s^{L}\frac{\dot{L}}{L}+s^{K}\frac{\dot{K}}{K}+\epsilon_{Yt} \quad \cdots\cdots 39$$

또는

$$\epsilon_{Yt} = \frac{\dot{Q}}{Q} - [s^L \frac{\dot{L}}{L} + s^K \frac{\dot{K}}{K}] \quad \cdots\cdots \quad 40$$

셋째, 일반화된 형태의 총비용함수를 미분하는 방법에 대해 살펴보자. 비용함수는 임금율과 자본의 사용자 비용 및 비용함수의 이동을 나타내는 변수 t의 함수이다. 즉

$$C = C(w,\ r;\ t) \quad \cdots\cdots \quad 41$$

양변에 로그를 취하면 다음과 같이 된다.

$$\ln C = \ln C(w,\ r;\ t) \quad \cdots\cdots \quad 42$$

이 식을 변수 t에 대해 전 미분하면 다음과 같다.

$$\begin{aligned}\frac{d\ln C}{dt} &= \frac{\partial \ln C}{\partial w}\frac{dw}{dt} + \frac{\partial \ln C}{\partial r}\frac{dr}{dt} + \frac{d\ln C}{dt} \\ &= \frac{\partial C}{\partial w}\frac{dw}{dt}\frac{1}{C} + \frac{\partial C}{\partial r}\frac{dr}{dt}\frac{1}{C} + \frac{\partial C}{\partial t}\frac{1}{C} \quad \cdots\cdots \quad 43\end{aligned}$$

첫째 항의 분자, 분모에 w를, 둘째 항의 분자, 분모에 r을 곱해주고, 비용함수를 요소가격으로 미분하면 요소 수요함수가 된다는 사실(일명, 쉐퍼드 정리, Shephard's lemma)을 이용하여 재정리하면 다음 식이 구해진다. 즉,

$$\frac{\dot{C}}{C} = c^L \frac{\dot{w}}{w} + c^K \frac{\dot{r}}{r} + \epsilon_{Ct} \quad \cdots\cdots \quad 44$$

또는

$$\epsilon_{Ct} = \frac{\dot{C}}{C} - \left[c^L \frac{\dot{w}}{w} + c^K \frac{\dot{r}}{r} \right] \qquad \cdots\cdots 45$$

넷째는 다음과 같은 총비용을 나타내는 정의식의 전 미분 방법에 대한 것이다. 총비용은 노동소득과 자본소득의 합으로 구성되어 있다.

$$C = wL + rK \qquad \cdots\cdots 46$$

양변을 t에 대해 전 미분하고, 첫째 항의 분자, 분모에 w, 셋째 항의 분자, 분모에 r을 곱해주고, 둘째 항의 분자, 분모에 L을, 넷째 항의 분자, 분모에 K를 곱해주면 다음 식이 된다.

$$\begin{aligned} \frac{dC}{dt} &= \frac{dw}{\partial t} L + w \frac{dL}{\partial t} + \frac{dr}{\partial t} K + r \frac{dK}{\partial t} \\ &= \frac{dw}{\partial t} \frac{wL}{w} + \frac{wL}{L} \frac{dL}{\partial t} + \frac{dr}{\partial t} \frac{rK}{r} + \frac{rK}{K} \frac{dK}{\partial t} \qquad \cdots\cdots 47 \end{aligned}$$

이 식의 양변을 C로 나눠주면 다음 식을 얻을 수 있다.

$$\frac{\dot{C}}{C} = \frac{wL}{C} \frac{\dot{w}}{w} + \frac{wL}{C} \frac{\dot{L}}{L} + \frac{rK}{C} \frac{\dot{r}}{r} + \frac{rK}{C} \frac{\dot{K}}{K} \qquad \cdots\cdots 48$$

일견 복잡해 보이는 이상의 미분 방법들을 이해한다면 생산성 관련 다른 논문의 이해나 본서의 뒷부분에 있는 일부 식의 유도과정을 더욱 쉽게 이해할 수 있다.

『생산성의 경제학』 발전사

PART

02

제2부에서는 『생산성의 경제학』의 발전과정에 대한 역사를 살펴보고 있다. 그 역사는 경제성장에서 총요소생산성의 역할에 대한 것이고, 총요소생산성을 무엇이 결정하느냐에 대한 것이다. 그리고 총요소생산성의 측정방법에 대한 계량경제학의 발전에 대한 것이다.

제1장에서는 『생산성의 경제학』의 발전 계기가 된 국민소득의 추정과 경제성장의 원천에 관해 설명하고 있다. 쿠즈네츠에 의한 국민소득의 추계, 이들 자료를 이용한 경제성장 원천의 규명과정에서 솔로우의 성장회계식의 개발과 발전, 에드워드 데니슨의 솔로우 방법론 개선, 졸겐슨과 그릴리커스의 공헌 등이 설명된다. 1970년대 주요 선진국에서 일어났던 생산성 저하의 원인을 규명하는 과정에서 생산성 이론은 더욱 발전하게 되고, 정보화를 반영한 총요소생산성 측정방법의 개선이 있었음을 살펴본다.

제2장에서는 『생산성의 경제학』 발전과정에서 대두된 생산성의 결정요인의 다양한 측면을 살펴본다. 이들 결정요인의 상당수는 바로 생산성의 저하 원인을 규명하는 과정에서 발전되었다. 연구개발, 기업가 정신, 사회간접자본, 제도, 기술이전과 인적 자원 등이 주요 결정요인으로 설명된다.

제3장에서는 『생산성의 경제학』 분석 방법론의 발전에 관해 설명한다. 분석방법론은 더욱 세련된 이론적 배경을 갖게 되고, 계량경제학이 광범위하게 도입되며, 총요소생산성의 구성요인의 이론적 규명과 함께 이를 보다 정확하게 추정하려는 시도가 있었음을 살펴본다.

경제성장의 원천

총요소생산성(Total Factor Productivity: TFP)의 분석과 관련된 본격적 연구의 역사가 60여 년을 넘어서고 있다. 수많은 저명 경제학자들의 노력 덕분에 그 내용과 범위가 크게 확대되어 『생산성의 경제학』이라는 이름의 각론을 형성할 정도로 다양한 분야의 내용이 서로 융합되었다. 따라서 『생산성의 경제학』을 전반적으로 이해하기 위해서는 생산성 관련 연구가 시작된 시점부터 오늘날까지의 중요한 연구결과를 체계적으로 살펴볼 필요가 있다.

이는 『생산성의 경제학』 전반을 이해하는 데 매우 중요한 일이지만, 때로는 매우 방대한 내용에 대한 간략한 역사로서 이해가 어려울 수도 있다. 『생산성의 경제학』의 간략한 역사를 기술하기 위해서는 많은 전문가가 수긍할 만한 통일된 체계를 갖는 것이 필요하다. 하지만 이런 통일된 체계를 세울 방법은 가능하지 않다고 본다.

따라서 필자는 가능한 한 독자의 이해가 쉽도록 본 장의 내용을 구성하고자 하였다. 초반부에서는 『생산성의 경제학』의 발전에 결정적 역할을 한 경제학자들의 업적을 위주로, 그 다음은 이 과정에서 중요한 논쟁의 대상이 된 주제 중심으로 서술하고자 한다.[1]

---

1 전체 주제의 범위는 다음 3개의 논문을 주로 참조하였다. Jorgenson Dale W.(2009), "1. A Brief History of Productivity Measurement" in *The Economics of Productivity*, Edward Elgar Publishing Limited, pp. xi-xxiii.; Charles R. Hulten(2001), "Total Factor Productivity: A Short Biography," in *New Developments in Productivity Analysis*, Charles R. Hulten, Edwin R. Dean, and Michael J.

1. 국민 계정의 등장

『생산성의 경제학』에서 중요한 주제어는 총요소생산성(Total Factor Productivity: TFP)이란 용어이다. 총요소생산성이란 지표를 측정하게 된 계기는 최종재와 서비스의 집계된 가치(국내총생산, GDP)와 해당 재화의 생산에 사용된 노동과 자본의 총 가치(국내 총소득, GDI)를 측정하는 국민회계 항등식(national accounting identity)의 개념이 발명되면서 시작되었다.

당시 한 나라의 경제 규모를 측정하기 위한 지표로서 개발되었으나 오늘날 아주 광범위하게 사용되고 있는 국민 총생산액의 추계작업은 사이먼 쿠즈네츠(Simon Kuznets)의 노력으로 그 개념적 토대가 완성되었다.

(1) 쿠즈네츠의 등장

1929년 미국에서 대공황이 일어나자 미국 정부는 당시에 전례가 없었던 경제정책을 도입하고자 하였다. 이때 주식시장 붕괴, 실업급증과 같은 사실은 쉽게 관찰되었지만, 거시적으로 어느 정도의 소득이 감소했는지 파악할 수 없었다.

대공황으로 인한 피해를 집계할 수 없으니 정부가 경제정책을 집행하고자 해도 지출해야 할 자금의 규모를 결정하기 힘들었다. 이런 문제에 직면해서 1932년 미국 상원의 요청으로 미국 상무부(United States Department of Commerce)에서 국민소득 측정방법의 개발에 착수하게 되었고, 당시 통계학자로 유명했던 쿠즈네츠에게 체계적인 통계를 만들어 달라고 요청했다.

쿠즈네츠가 만든 국민소득 통계를 바탕으로 미국 정부는 경제 상황을 분석하고 정책 결정에 활용할 수 있게 되었다. 따라서 쿠즈네츠는 경제학 분야에서 20세기 위대한 업적의 하나로 평가받는 국민소득계정과 국내총생산(GDP)의 개념을 개발하였다. 쿠즈네츠는 이 작업을 통해 18세기 이후 약 200년에 걸친 미국경제의 발전 과정과 소득변화를 추계하고 분석함으로써 역사를 통찰하는 경제 현상들을 수량화

Harper, eds., *Studies in Income and Wealth*, Vol. 63, The University of Chicago Press for the National Bureau of Economic Research, Chicago, pp. 1-47.; Hulten, Charles B.(2010), "Chapter 23. Growth Accounting," in *Handbook in Economics*, Vol. 02, pp. 987-1031.

하였다.

오늘날 국민총생산, 국내총생산, 국민 계정과 같은 용어와 통계자료는 일상적으로 접하게 되는 경제통계가 되었다. 하지만 쿠즈네츠가 그 개념과 추계방법을 개발한 이후 상당 기간 국가 경제의 소득수준을 숫자로 집계하는 의미에 대한 이해도가 낮았다. 국내총생산(GDP)의 개념도 만족스럽지 못하였기 때문에 많은 사람은 이런 통계에 기초하여 경제정책을 수행하는 것이 위험하다고 생각했다.

따라서 당시 쿠즈네츠에 대한 세인들의 평가는 냉혹했다. 1960년대 말 존 에프 케네디(John Fitzgerald Kennedy) 대통령의 동생인 로버트 케네디(Robert Francis Kennedy)는 "쿠즈네츠의 국민소득계정은 삶을 가치 있게 만드는 것은 빼고 모든 것을 측정한다"라고 비판한 적도 있다. 1971년 비즈니스위크(Businessweek)는 쿠즈네츠를 "숫자로 노래하는 사람"이라고 깎아내리기도 하였다.

어쨌든 미국에서 경제성장에 대한 지표로 이를 사용하기 시작하였고, 경제성장률을 높이고자 하는 것이 정부의 정책목표가 되면서 세계적으로 이를 활용하게 되었다. 당시 케인스 경제학(Keynesian economics)도 대부분 쿠즈네츠의 국민소득통계에 의존하였다. 생산성 추계와 관련된 솔로우를 비롯한 많은 경제학자의 초기 생산성 연구에서도 한 나라 전체의 집계된 생산량을 바탕으로 생산성을 측정하기 시작하였다. 따라서 쿠즈네츠는 『생산성의 경제학』 초기의 발전에 있어서 큰 역할을 하였다.

1971년 쿠즈네츠는 자신의 경제성장에 대한 수십 년의 실증연구들을 집약해서 『국가의 경제성장(Economic Growth of Nations)』이란 책을 출간하였다. 쿠즈네츠는 이 저술에서의 경제성장에 대한 실증적 해석이 경제 사회구조와 개발과정에 대한 새로운 통찰력을 제시해 주었다는 점, 미국과 다른 경제 선진국들의 오랜 역사적 경제성장의 경험을 매우 설득력 있게 계량화하였고, 특히 제2차 세계대전 이후 선진국과 개도국 경제를 수량적으로 비교한 점을 인정받아 노벨 경제학상을 수상했다.

쿠즈네츠의 『국가의 경제성장』에서는 경제성장의 원천을 국제비교하고 있는데 이는 당시 Abramovitz(1956), Kendrick(1956)과 Solow(1957)가 미국경제의 성장 원천에 대해 평가했던 내용을 보다 강화하는 데 도움을 주었다. 쿠즈네츠에 의하면 경제성장은 주로 생산증가율과 자본 및 노동투입의 증가율의 차이인 잔차(residuals)에 기인한다는 사실이었다. 비록 쿠즈네츠는 잔차라는 용어를 사용하지는 않았지만 이런 실증분석 결과의 의미에 대해서 확신을 가졌던 것 같다.

• **경제학자 소개 1**

사이먼 쿠즈네츠
Simon Kuznetz

사이먼 쿠즈네츠는 1901년 벨라루스(Belarus)에서 출생하였으며 1985년 84세로 사망하였다. 하르키우 대학(National University of Kharkiv)에서 수학했고, 여기서 경제학을 공부하면서 특히 슘페터의 혁신과 경기순환이론에 관해 관심을 가졌다. 이후 미국 컬럼비아 대학(Columbia University)에서 공부하였고 1926년 박사학위를 받았다. 경제학자, 통계학자, 인구학자, 경제사학자라고 할 만큼 여러 분야에서 큰 업적을 남겼다.

쿠즈네츠는 볼셰비키 정권하에서 우크라이나 지방의 통계국 국장으로 근무한 적이 있으나, 1922년 미국으로 이주해 컬럼비아 대학에 입학하였다. 당시 지도교수는 경기변동에 관한 연구로 유명했던 경제학자 미첼(Wesley Clair Mitchell)이었다. 미첼은 전미경제조사국(National Bureau of Economic Research, NBER) 설립에 참여한 인물로서 쿠즈네츠를 전미경제조사국 연구원으로 근무케 하였다.

1932년 미국 상무부(Department of Commerce)가 국민소득 측정방법의 개발에 착수하면서 이를 쿠즈네츠에게 의뢰하였다. 쿠즈네츠는 이 작업을 통해 18세기 이후 약 200년에 걸친 미국경제의 발전과정과 소득변화를 추계하고 분석함으로써 역사를 통찰하는 경제 현상을 수량화하였다. 쿠즈네츠가 만든 국민소득 통계를 바탕으로 미국 정부는 경제상태를 분석하고 정책 결정에 활용할 수 있다.

1971년 자신의 경제성장에 대한 수십 년의 실증연구들을 집약해서 『국가의 경제성장(Economic Growth of Nations)』이란 책을 출간하였고, 이를 통해 노벨 경제학상을 수상했다. 이 책은 7개의 장으로 구성되어 있는데, 근대국가의 경제성장에 관한 자신의 연구결과를 요약한 것이다. 약 20년간 그는 국민생산(National Product)과 그 구성요인, 총생산량의 증가와 생산 구조상 노동력 변화의 장기적인 추세에 관해 연구했다.

그가 만든 매우 광범위한 데이터는 양적 측면에서 여러 나라의 경제성장을 분석하는 데 필수적인 자료들로서 경제성장의 특징을 비교함으로써 일반적인 현상들을 찾아내는 데 사용되었다. 쿠즈네츠는 비록 "잔차(residuals)"라는 용어를 사용하지는 않았지만, 경제성장은 주로 생산증가율과 자본 및 노동투입의 증가율의 차이에 기인한다고 하였다.

(2) 국민 계정과 총요소생산성이란 용어의 등장

총요소생산성(Total Factor Productivity: TFP)이란 이론적 개념에 바탕을 둔 지표가 아니라, 단지 생산 활동을 할 때 노동, 자본과 같은 생산요소의 투입물 단위당 생산량을 나타낸다. 경제원론에서 언급하고 있는 국민소득의 순환 흐름 모형을 다른 측면에서 살펴본 것에 불과하다.

상품시장에서는 특정 t시점에 소비자에게 판매되는 재화와 용역의 가격(P_t)과 공급량(Q_t)이 결정된다. 이때 거래되는 재화와 용역의 총가치는 가격과 공급량을 곱한 것, 즉 $P_t Q_t$로서 이는 생산자의 수입(revenue) 또는 소비자의 지출액(expenditure)이 된다.

생산요소 시장에서는 요소투입의 공급량, 즉 노동 L_t과 자본 K_t와 이들의 가격, 즉 생산요소가격인 w_t와 r_t가 결정된다. 이때 각 투입요소에 대한 지급액의 합($w_tL_t + r_tK_t$)은 상품을 생산한 생산자에게는 총비용(total cost), 생산요소를 공급한 소비자에게는 총소득(total income)이 된다. 상품시장과 생산요소의 두 시장에서는 생산자 측면의 수입과 비용, 소비자 측면의 총소득과 총지출이 같다. 이것이 바로 국민소득계정에서 가장 기본적인 항등 관계를 나타내는 다음의 식이다.

$$P_t Q_t = w_t L_t + r_t K_t \quad \cdots\cdots 1$$

이식은 사실 자본, 노동 및 기술과 같은 부존자원이 제한된 경제에서의 예산제약(budget constraint) 조건을 나타낸다.

방정식 1에 의해 측정된 생산 활동의 양(量)은 가격 또는 물가가 상승하거나 하락한다면 변하게 된다. 따라서 이렇게 계산된 지표는 시간의 경과에 따라 소득증가, 즉 경제성장의 여부를 판단하기 위한 지표로는 부정확하다. 이를 정확하게 판단하기 위해서는 가격수준을 일정하게 유지한 상태에서 시간의 변화에 따른 경제활동의 양을 측정할 필요가 있다. 이를 위해서는 보통 특정 연도를 기준연도로 하고 기준연도의 가격을 사용하여 현재의 생산량과 요소 투입량을 평가한다. 그러면 식 1은 다음 식 2와 같이 수정되어야 한다.

$$P_0 Q_t = S_t (w_0 L_t + r_0 K_t) \quad \cdots\cdots 2$$

여기서 특정 연도의 불변가격 산출물의 가치가 투입물의 불변 가치와 같다고 하더라도 만약 다음 해에 생산성의 개선이 이루어진다면 이런 항등 관계는 성립할 수 없다. 그래서 이를 반영하기 위한 스케일링 팩터(scaling factor), S_t를 이용하여 양변을 일치시키는 것이 필요하다. 즉, 불변가격으로 표시한 형태의 항등식은 다음과 같다.

따라서 S_t는 기준연도에서는 1의 값을 갖지만, 자본과 노동투입의 생산성이 변화한다면 시간의 경과에 따라 변화하게 된다. 식 2의 양변을 $(w_0L_t + r_0K_t)$로 나누면 S_t는 총요소투입 단위당 산출량의 비율을 나타내게 되는데, 이것이 바로 총요소생산성(Total Factor Productivity: TFP)이라는 지표가 된다. 즉,

$$S_t = \frac{P_0 Q_t}{(w_0L_t + r_0K_t)} \quad \cdots\cdots 3$$

따라서 총요소생산성을 측정한다는 것은 S_t를 측정하는 것이다. 만약 이 식에서 요소투입에 의한 부분을 구할 수 있다면 실질생산량 증가를 생산성에 의한 부분과 요소투입에 의한 두 가지의 구성요소로 분리하여 그 의미를 찾는 것이 가능하다.

총요소생산성을 측정한 역사를 볼 때, 나중에 설명할 솔로우(Solow)의 총요소생산성의 측정을 위한 정교한 기법이 나오기 전 이미 Copeland(1937)와 Copeland and Martin(1938)과 같은 연구에서 처음으로 투입물 단위당 산출물 지수에 대해 언급한 바 있다.[2] 그리고 투입물 단위당 산출물 지수에 관한 실증연구도 Stigler(1947)에 의해 처음으로 이루어졌다.[3] 스티글러(Stigler)는 이 연구에서 처음 생산성(productivity) 또는 효율성(efficiency)이란 용어를 사용하였다.

만약 위의 식 3을 이용하여 기준연도 0와 비교연도 t에 있어서 스케일링 팩터 S_t의 비율을 구하면 다음 식과 같이 나타낼 수 있다. 자세히 보면 이 식은 고정된 가중치를 갖는 라스파이레스지수(Laspeyres index)의 형태이다. 라스파이레스지수는 소비자 물가지수(CPI) 등을 계산하는 데 사용되는 지수계산 방법이다. Abramovitz(1956)에서는 바로 이 방법을 통해 총요소생산성을 측정한 바 있다.[4]

---

2 Copeland, Morris A.(1937), "Concepts of national income," *Studies Income and Wealth*. Vol. 1, pp. 3-63. New York: National Bureau of Economic Research.; Copeland, Morris A. and E. M. Martin(1938), "The correction of wealth and income estimates for price changes," *Studies Income and Wealth*. Vol. 2, pp. 85-135. New York: National Bureau of Economic Research.

3 Stigler George J.(1947), *Trends in Output and Employment*, New York: National Bureau of Economic Research.

4 Abramovitz, Moses(1956), "Resource and output trends in the United States since 1870," *American Economic Review* 46(2): pp. 5-23.

$$\frac{S_t}{S_0} = \frac{Q_t \,/\, Q_0}{(w_0 L_t + r_0 K_t) \,/\, (w_0 L_0 + r_0 K_0)} \quad \cdots\cdots 4$$

• 경제학자 소개 2

모세 애브라모비쯔
(Moses Abramovitz)

모세 애브라모비쯔는 1912년 미국에서 출생하였고, 2000년 88세에 사망하였다. 하버드 대학(Harvard University)을 졸업한 후 1939년 컬럼비아 대학(Columbia University)에서 박사학위를 받았다.
졸업 후 NBER에서 근무하면서 재고투자와 경기에 관한 연구를 하였으며, 1948년 스탠퍼드대학(Stanford University) 교수로 30년간 재직했다. 거시경제학과 장기적 성장에 대한 수많은 연구업적을 쌓았는데 추격성장, 경기변동에서 재고의 역할과 같은 분야의 발전에 큰 역할을 하였다.
특히 1986년에 쓴 "Catching up, forging ahead and falling behind"는 아주 유명한 논문이다. 1956년에 쓴 "Resource and output trends in the United States since 1870"에서 일인당 GDP 증가와 이에 대한 노동, 자본, 생산성의 기여한 정도에 관해 연구했다. 이렇게 구한 생산성(잔차)을 "우리의 무지의 척도(a measure of our ignorance)"라고 하였다. 여기서 작성된 자료는 후일 솔로우의 논문에서 사용된다.
애브라모비쯔는 그 업적에 비해 경제학계의 평가를 제대로 받지 못하고 있는 것 같다. 경제학 분야에서 생산성의 경제성장에 대한 기여도를 측정한 사실이나. 잔차에 대해 정의를 내린 것은 솔로우의 성장회계식 발전에 큰 기여를 했다. 『생산성의 경제학』에서 중요한 부분을 차지하는 추급 이론(catch-up theory)의 원조로서 평가할 만하다.

2. 총요소생산성 측정을 위한 솔로우의 성장회계식

1970년 로버트 솔로우(Robert Solow)는 1956년에 발표한 그의 유명한 "경제 성장이론의 공헌(A Contribution to the Theory of Economic Growth)"이란 논문과 그 이후의 연구결과를 집약하여 『경제성장(Economic Growth, 1970)』이란 책을 출간하였다. 이 저술은 1971년 쿠즈네츠가 저술한 『국가의 경제성장(Economic Growth of Nations)』보다 일찍 출간된 역작이었지만 쿠즈네츠보다 한참 늦은 1987년 노벨 경제학상을 수상케 해주었다.

사이먼 쿠즈네츠와 로버트 솔로우란 두 명의 천재 경제학자가 비슷한 시기에 발간한 책들에 의해[5] 해로드(Roy Harrod, 1939)나 도마(Evsey Domar, 1946)의 성장이론에서 시작된 경제성장에 대한 다양한 경제학자들의 견해들이 점차 구심점을 찾기 시작했다.[6] 특히 솔로우의 경제성장에 대한 신고전파 이론은 일정한 경제성장률을 가진 "정상상태(steady state)"라는 개념을 제시한다는 점에서 개념적으로 매우 분명한 이론적 근거를 제공하고 있다.

비록 두 경제학자의 경제성장에 대한 선구적인 업적은 오늘날 기준으로 볼 때는 다소 낡은 측면이 있지만 이후 수십 년간 경제성장과 총요소생산성의 개념적 발전이나 실증적 연구에서 하나의 지침이 되어 왔다는 점에서 커다란 의미가 있다.

(1) 솔로우 모형의 생산함수적 접근

총요소생산성을 측정하는 방법은 솔로우(Solow)의 생산 함수적 접근방법에 따른 지수 계산법에 따라 더욱 명확하게 정의되고 발전되었다. 솔로우가 사용한 생산함수는 개별 기업 단위에서 존재하는 생산함수를 한 나라 전체로 집계할 때 존재한다고 가정한 국가 전체의 생산함수, 즉 집계생산함수(aggregate production function)이다. 솔로우는 바로 이 집계생산함수를 이용하여 한 나라 전체의 총요소생산성을 측정하고, 이를 통해 경제성장의 원천을 분석하였다.[7]

솔로우가 총요소생산성의 측정과 해석에서 이룩한 큰 공헌은 생산함수로부터 단순한 방식의 총요소생산성 지수 계산법을 개발함으로써 그 이론적 기반을 확립했다는 점이다. 총요소생산성 측정을 위한 초기의 지수적 연구방법은 그 결과를 해석할 때 생산함수의 의미를 원용했다고 볼 수 있지만, 솔로우(Solow)는 생산함수로부터 직접 생산성 지수를 계산하기 위한 식을 유도했다는 데 큰 의의가 있다.

---

5 두 천재 경제학자가 같은 시대, 바로 인접한 지역에서, 서로 같은 주제에 대해, 같은 분석틀을 가지고 연구를 하면서 서로 협조하였더라면 더 좋은 연구결과가 나올 수 있었겠지만 불행하게도 둘은 서로 상대방의 주요 연구내용을 인용하지 않았다.

6 Roy Harrod(1939), "An Essay in Dynamic Theory," *Economic Journal* 49, pp. 14-33.; Evsey Domar(1946), "Capital Expansion, Rate of Growth, and Employment," *Econometrica*, Vol. 14, No. 2, pp. 137-147.

7 하지만 실제 생산함수를 생산성 분석에 처음 사용한 사람은 Tinbergen(1942)이라고 할 수 있다. 독일어로 쓰여진 틴버르헨의 논문은 당시에는 큰 주의를 끌지 못하였으나 생산성 분석에 대한 이론이 크게 발전한 40년 후에 그 진가를 인정받게 된다(Tinbergen, Jan.(1942), "Zur theorie der langfristigen wirtschaftsentwick lung," *Weltwirtschaftliches Archiv* 55(1): pp. 511-549).

• **경제학자 소개 3**

로버트 솔로우
(Robert Solow)

로버트 머튼 솔로우(Robert Merton Solow)는 1924년 뉴욕의 유대인 가정에서 태어났다. 1940년 16세의 나이로 하버드 대학에 입학하여 처음에는 사회학, 인류학, 기초경제학을 공부했다. 1942년 군에 입대하여 북아프리카, 시칠리아, 이탈리아에서 제2차 세계대전에 참가했다.

1945년 하버드 대학(Harvard University)으로 돌아와 웨슬리 레온티예프(Wassily Leontief)의 조교로 투입–산출모형의 자본계수 작성에 참여하였다. 1949~1950년 컬럼비아 대학에서 통계학을 공부했으며, 이때부터 박사논문을 작성하기 시작하여 하버드 대학에서 박사학위를 받았다.

이후 MIT대학 경제학과 교수가 되어 통계학과 계량경제학을 가르쳤다. 당시 폴 사무엘슨(Paul Samuelson)과 친하게 지내면서 친구로서 영향을 주고받았다. 당시 사무엘슨의 "Economics: An Introductory Analysis" 6판(1964)부터 경제 성장이론에 대한 새로운 장이 추가되었다. 사무엘슨과 함께 저술한 책들에는 "von Neumann growth theory(1953)", "Theory of capital(1956)", "Linear programming(1958)", "The Phillips curve(1960)"가 있다.

Solow의 경제 성장모형은 Solow–Swan의 신고전파 성장모형으로 알려져 있는데, 이는 Trevor W. Swan이 독자적으로 발견한 모형과 같기 때문이다. 그 내용은 1956년 "The Economic Record"에 발표되었다. 여기서 경제성장의 결정요인을 투입물 증가와 기술진보로 구분했다. 솔로우의 1957년 논문, "Technical change and the aggregate production function"에서 미국 일인당 국민소득 증가의 약 80% 정도가 기술진보에 기인한다고 주장함으로써 커다란 반향을 일으켰다.

솔로우의 경제 성장이론은 기술변화의 역할을 강조하는 방향으로 전개되어 신성장이론 또는 내생적 성장이론이 발전하게 되는 계기가 되었다. 그리고 솔로우의 성장회계식은 오늘날에도 여전히 경제성장의 원인을 노동과 자본, 그리고 기술변화로 나누는 방법론으로 활용되고 있다.

솔로우는 또한 유명한 경제학자들을 다수 배출했다. 박사학위를 지도한 유명한 경제학자들 가운데에는 Ronald Findlay, Peter Diamond, George Akerlof, Joseph Stiglitz, Robert J. Gordon, William Nordhaus, Avinash Dixit, Ray Fair, Alan Blinder, Halbert White 등이 있다.

또한 솔로우는 생산함수를 정의하면서 힉스 중립적 기술변화(Hicks neutral technical change), 규모에 대한 수확 불변(Constant Returns to Scale: CRS)의 가정이 내포된 집계생산함수를 이용하였다. 솔로우가 인식했던, 인식하지 못했든 간에 이런 가정들은 나중에 성장회계식이 가진 문제점들에 대한 비판에서 솔로우를 자유롭게 해주었다.

솔로우가 사용한 집계생산함수는 다음과 같이 나타낼 수 있다.

$$Q_t = A_t\ F(L_t,\ K_t) \quad \cdots\cdots \quad 5$$

이 식에서 힉스 중립성을 나타내는 A_t은 주어진 노동 및 자본투입 수준에서 생산함수의 이동 정도를 측정한다. 따라서 이 파라미터는 "기술변화(technological change)"를 나타내는 것으로 간주한다. 하지만 나중에 살펴보게 되듯 이는 반드시 적절한 해석이라고 할 수 없다.

솔로우는 총요소생산성의 측정에서 A_t를 모수적 방법으로 직접 측정한 것이 아니라, 이를 측정하기 위해 비모수적 방법인 새로운 지수접근방법을 개발했다.

이 과정을 살펴보기 위해 식 5의 생산함수의 양변에 로그(log)를 취한 후 전 미분(total logarithmic differential)을 하게 되면 다음과 같이 나타낼 수 있다. 즉

$$\frac{\dot{Q}_t}{Q_t} = \frac{\partial Q}{\partial L}\frac{L_t}{Q_t}\frac{\dot{L}_t}{L_t} + \frac{\partial Q}{\partial K}\frac{K_t}{Q_t}\frac{\dot{K}_t}{K_t} + \frac{\dot{A}_t}{A_t} \quad \cdots\cdots \quad 6$$

여기에서 좌변은 실질생산량(Q)의 증가율을 나타낸다. 그리고 우변의 처음 2개 항은 노동(L)과 자본(K)의 증가율을 각각의 산출 탄력성(output elasticity)으로 가중평균한 것이고, 세 번째 항은 힉스 중립적 효율성 지수인 A_t의 증가율을 나타낸다.

따라서 이 식은 실질생산 증가율이 노동과 자본 성장률을 각각의 산출 탄력성으로 가중한 성장률과 힉스 중립적 효율성 증가율의 합으로 구성된다는 것을 의미한다. 이것이 생산함수에서 의미하는 바는 생산증가가 생산요소의 투입증가에 따라 "생산함수를 따라서(movement along the production function)" 나타나는 생산증가와, "생산함수의 이동(shift of the production function)"에 따라 나타나는 생산증가로 구성되어 있다는 것이다.

그런데 여기서 노동과 자본의 산출 탄력성은 직접 관찰할 수 없는 값이다. 따라서 이를 대체할 수 있는 다른 방법이 필요하다. 이는 생산자가 노동과 자본투입이란 생산요소의 수요량을, 각 요소의 한계생산물의 가치(value of marginal product)가 각 생산요소의 요소가격(임금율, 자본의 사용자 비용)과 일치하는 수준에서 결정한다는 사실을 이용하는 것이다. 즉,

그림 1 솔로우의 "경제 성장이론의 공헌"

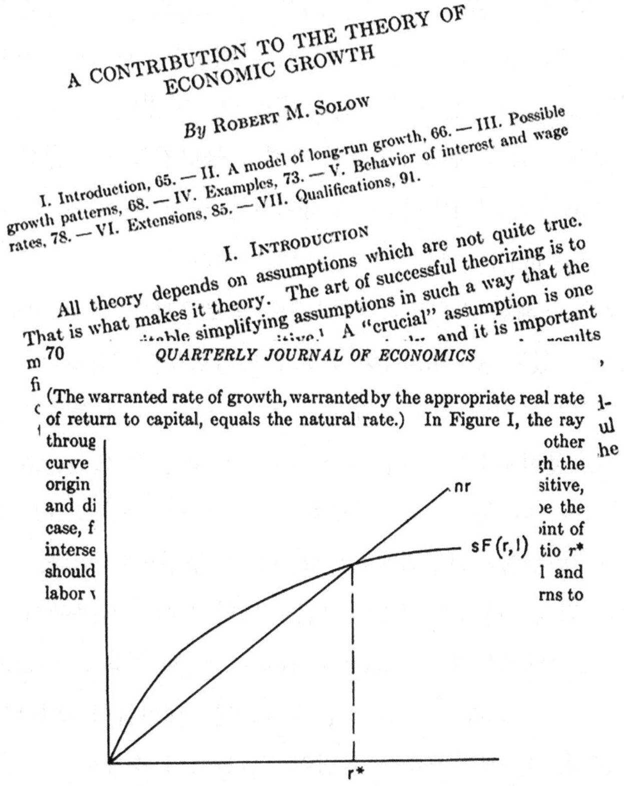
A CONTRIBUTION TO THE THEORY OF ECONOMIC GROWTH

By ROBERT M. SOLOW

I. Introduction, 65. — II. A model of long-run growth, 66. — III. Possible growth patterns, 68. — IV. Examples, 73. — V. Behavior of interest and wage rates, 78. — VI. Extensions, 85. — VII. Qualifications, 91.

I. INTRODUCTION

All theory depends on assumptions which are not quite true. That is what makes it theory. The art of successful theorizing is to ... simplifying assumptions in such a way that the ... A "crucial" assumption is one ... and it is important ...

70 QUARTERLY JOURNAL OF ECONOMICS

(The warranted rate of growth, warranted by the appropriate real rate of return to capital, equals the natural rate.) In Figure I, the ray throug... other curve ... h the origin ... sitive, and di... e the case, f... int of interse... tio r^* should ... l and labor ... rns to

FIGURE I

$$\frac{\partial Q_t}{\partial L_t} = \frac{w_t}{p_t}, \quad \frac{\partial Q_t}{\partial K_t} = \frac{r_t}{p_t} \quad \cdots\cdots 7$$

여기서 w_t는 임금률, r_t는 자본의 사용자 비용, p_t는 산출물 가격을 나타낸다. 이처럼 만약 각 요소 투입물에 대해 한계생산물의 가치가 지급된다면 식 6에서 요소 가격과 산출물 가격의 상대비율은 한계생산물로 대체될 수 있다. 즉

$$TFP_t = \frac{\dot{A}_t}{A_t} = \frac{\dot{Q}_t}{Q_t} - \frac{w_t}{p_t}\frac{L_t}{Q_t}\frac{\dot{L}_t}{L_t} - \frac{r_t}{p_t}\frac{K_t}{Q_t}$$

$$= \frac{\dot{Q}_t}{Q_t} - S_t^L\frac{\dot{L}_t}{L_t} - S_t^K\frac{\dot{K}_t}{K_t} \quad \cdots\cdots 8$$

여기서 S_t^L과 S_t^K는 각각 수입 몫(revenue share), 소득 몫(income share) 또는 비용 몫(cost share)이라고 부른다. 그리고 $\dot{TFP}$는 총요소생산성 증가율 또는 솔로우 잔차(Solow's residual)라고 부른다. 따라서 이 식은 의미상 산출물 증가율 가운데 투입물의 증가로 설명되지 않는 잔여 증가율이라고 할 수 있다.

솔로우는 바로 이 식을 유도함으로써 가격과 물량자료를 이용하여 생산성 증가, 즉 힉스 중립적인 효율성 파라미터 A_t의 증가율을 구할 수 있게 된 것이다. 이 식은 디비지아 지수(Divisia index) 계산식과 같은 형태이다.

하지만 이렇게 구해진 잔차라고 하더라도 솔로우보다 먼저 지수계산 방법으로 생산성을 측정한 바 있는 Abramovitz(1956)가 언급했듯이 "잔차는 말 그대로 잔차"이기 때문에 "우리의 무지의 척도(measures of our ignorance)"를 나타낼 뿐이다.

하지만 나중에 살펴보겠지만 이런 잔차는 많은 복합적 요인들로 구성되어 있다. 생산성 연구자들이 기대하는 순수한 기술혁신이란 요인 외에도 규모의 경제효과, 경제의 비효율성, 시장의 불완전성과 같은 요인들로 구성되어 있다.

또한 자료의 작성이나 그 근거가 되는 모형설정의 잘못에서 오는 측정오류(measurement error), 누락된 변수(omitted variables), 집계 편의(aggregation bias) 및 모형설정 오류(model specification error)와 같은 다양한 요인들이 포함되어 있을 수 있다. 결국, 이런 요인들을 분리해내는 작업이 『생산성의 경제학』 발전과정에서 중요한 위치를 차지하게 된다.

(2) 솔로우 모형에 의한 미국경제의 성장원천

앞에서는 경제학계의 유명한 저널인 *Review of Economics and Statistics*에 실린 솔로우의 "기술변화와 집계생산함수(Technical Change and the Aggregate Production Function)"에서 설명하고 있는 성장회계식의 유도과정과 의미, 그 한계에 대해 살펴보았다.

솔로우를 더 유명하게 만든 것은 정작 그의 논문에서 찾을 수 있는 미국 경제성장에 대한 시사점이라고 할 수 있다. 이는 미국 경제성장의 많은 부분이 총요소생산성을 나타내는 "잔차(residual)"의 증가에 기인한다는 주장 때문이었다. 이런 시사점의 발견은 당시에는 매우 놀라운 것으로서 "솔로우의 놀라움(Solow's Surprise)"이라고 표현되기도 하였다. 하지만 이후에는 경제성장에서 하나의 "정형화된 사실들

그림 2 솔로우의 기술변화와 집계생산함수 논문

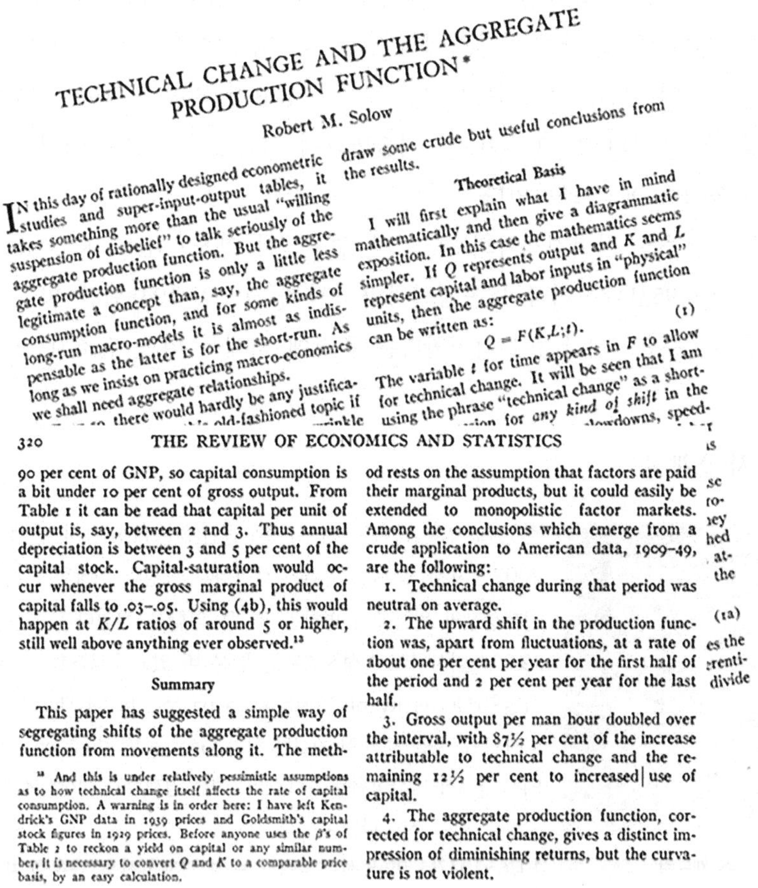

TECHNICAL CHANGE AND THE AGGREGATE PRODUCTION FUNCTION*

Robert M. Solow

IN this day of rationally designed econometric studies and super-input-output tables, it takes something more than the usual "willing suspension of disbelief" to talk seriously of the aggregate production function. But the aggregate production function is only a little less legitimate a concept than, say, the aggregate consumption function, and for some kinds of long-run macro-models it is almost as indispensable as the latter is for the short-run. As long as we insist on practicing macro-economics we shall need aggregate relationships.

draw some crude but useful conclusions from the results.

Theoretical Basis

I will first explain what I have in mind mathematically and then give a diagrammatic exposition. In this case the mathematics seems simpler. If Q represents output and K and L represent capital and labor inputs in "physical" units, then the aggregate production function can be written as:

$$Q = F(K,L;t). \quad (1)$$

The variable t for time appears in F to allow for technical change. It will be seen that I am using the phrase "technical change" as a short-hand expression for *any kind of shift* in the

320 THE REVIEW OF ECONOMICS AND STATISTICS

90 per cent of GNP, so capital consumption is a bit under 10 per cent of gross output. From Table 1 it can be read that capital per unit of output is, say, between 2 and 3. Thus annual depreciation is between 3 and 5 per cent of the capital stock. Capital-saturation would occur whenever the gross marginal product of capital falls to .03–.05. Using (4b), this would happen at K/L ratios of around 5 or higher, still well above anything ever observed.[13]

Summary

This paper has suggested a simple way of segregating shifts of the aggregate production function from movements along it. The method rests on the assumption that factors are paid their marginal products, but it could easily be extended to monopolistic factor markets. Among the conclusions which emerge from a crude application to American data, 1909–49, are the following:

1. Technical change during that period was neutral on average.
2. The upward shift in the production function was, apart from fluctuations, at a rate of about one per cent per year for the first half of the period and 2 per cent per year for the last half.
3. Gross output per man hour doubled over the interval, with 87½ per cent of the increase attributable to technical change and the remaining 12½ per cent to increased use of capital.
4. The aggregate production function, corrected for technical change, gives a distinct impression of diminishing returns, but the curvature is not violent.

[13] And this is under relatively pessimistic assumptions as to how technical change itself affects the rate of capital consumption. A warning is in order here: I have left Kendrick's GNP data in 1939 prices and Goldsmith's capital stock figures in 1929 prices. Before anyone uses the β's of Table 2 to reckon a yield on capital or any similar number, it is necessary to convert Q and K to a comparable price basis, by an easy calculation.

(stylized facts)"로서 간주되었다.8

노동생산성 대부분이 총요소생산성이라는 잔차로부터 초래된다는 그의 주장은 그 이전 솔로몬 패브리컨트(Solomon Fabricant, 1954)9나 모세 아브라모비츠(Moses abramovitz, 1956)에서 내린 결론과 비슷하다. 하지만 솔로우의 방법론은 이론적 정교함과 더불어 그 결과 역시 더욱 설득력이 있는 연구였다.

8 William Easterly(2001), *The Elusive Quest for Growth*, Cambridge, MA: The MIT Press.; Robert King and Sergio Rebelo(1999), "Resuscitating Real Business Cycles," in John B. Taylor and Michael Woodford(eds), *Handbook of Macroeconomics*, 1B, Amsterdam: North-Holland, pp. 927-1008.

9 Solomon Fabricant(1954), *Economic Progress and Economic Change*, NBER.

글릴리커스(Zvi Griliches)는 솔로우의 "이 논문은 이전 상대적으로 애매한 지수 계산에 의한 의미를 분명히 하고, 이 주제를 주변부에서 중심부로 가져오는 역할"을 하였다고 하였다. 비록 잔차가 어디에서 왔던 생산함수의 이동을 가져온 것을 측정한 것은 명백하지만 솔로우 논문이 내린 결론의 중요한 의미는 "1909~1949년간 미국 노동생산성 증가의 약 70~80%가 기술변화에 기인했다는 결론"이었다고 하면서 "솔로우의 놀라움"에 동조하였다.

이런 주장들은 전미경제학회(NBER)의 연구에서 켄드릭(John Kendrick, 1961)이 주장한 1869~1953년간 미국 노동생산성의 80%가, 1909~1948년간 미국 노동생산성의 88.9%가 총요소생산성에 기인한다는 주장에 의해서 더욱 강조된 바 있다.[10]

• **경제학자 소개 4**

존 캔드릭
(John W. Kendrick)

존 캔드릭은 1917년 뉴욕 브루클린(Brooklyn)에서 출생하였으며, 2009년 92세로 사망하였다. 생산성의 측정과 성장회계식을 이용한 경제성장의 원천을 규명하는 데 큰 역할을 하였다.[11]
1937년 역사학에서 석사학위를 받은 바 있고 1937년 노스 칼로리나 차펠힐(University of North Carolina at Chapel Hill)에서 경제학 석사학위, 1955년 조지 워싱턴 대학(George Washington University)에서 경제학 박사학위를 취득했다. 생전 경제학과 생산성에 대한 10권 이상의 책을 저술하였다.
1976~1977년 미국 상무부에서 수석 경제학자로 근무한 바 있으며, 1955년부터 1988년 퇴임 때까지 조지워싱턴 대학 교수로 지내면서 국민소득계정과 생산성에 대해 강의를 하였다.

(3) 솔로우 모형의 전제조건의 타당성

생산함수로부터 총요소생산성 증가율을 잔차로 추계하는 솔로우의 방법론은 『생산성의 경제학』을 태동시킨 위대한 시도하고 할 수 있다. 하지만 이후 솔로우의

10 Kendrick, John(1961), *Productivity trends in the United States*, New York: National Bureau of Economic Research.

11 https://www.bea.gov/scb/pdf/2010/02%20February/0210_kendrick.pdf.

그림 3 솔로우가 계산한 미국의 총요소생산성 증가율과 그 지수(1909~1949)

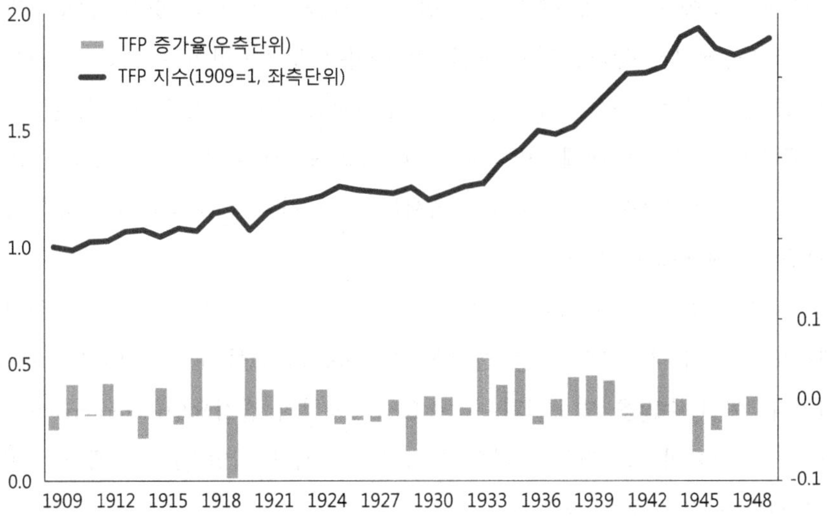

성장회계식(growth accounting formula)은 사용된 자료, 측정결과로 본 경제성장에 대한 기여도, 모형의 기본가정 등 다양한 측면에서 신랄한 비판에 직면하게 된다. 하지만 이런 비판의 역사가 바로 『생산성의 경제학』의 발전사라고 할 수 있다.

솔로우 이후 『생산성의 경제학』에서 엄청난 발전이 있었음에도, 여전히 솔로우의 성장회계식에 의한 잔차로서의 총요소생산성 증가의 의미는 여전히 유효하다. 그리고 나중에 발전된 모형의 평가를 위한 하나의 지침이 되고 있다.

솔로우 모형을 수학적으로 엄밀히 비판한 Hulten(2001)조차도 "지수 방법에 따른 생산성 측정치나 계량경제학적 방법론을 이용한 생산성 측정치는 서로 경쟁 관계에 있는 것으로 보아야 한다. 계량경제학 방법에 따른 생산성 측정치의 의미를 설명할 때 지수적 방법에 따른 생산성 측정치는 매우 생산적인 시너지 효과를 발휘한다"라고 하였다. 이는 "우리의 무지의 척도" 가운데 무지의 정도를 줄여주는 역할을 한다고 본 것이다. 바로 생산성 연구에서 솔로우 성장회계식의 변함없는 위상을 보여주는 말이라고 할 수 있다.[12]

---

12 Charles R. Hulten(2001), "Total Factor Productivity: A Short Biography," in *New Developments in Productivity Analysis*, Charles R. Hulten, Edwin R. Dean, and Michael J. Harper, eds., *Studies in Income and Wealth*, Vol. 63, The University of Chicago Press for the National Bureau of Economic Research, Chicago, pp. 1-47.

「생산성의 경제학」 발전사 PART 02

1) 잔차의 구성요소

솔로우 모형에 대해 제기되는 중요한 비판들을 살펴보자. 첫째, 솔로우의 방법에 의한 총요소생산성 증가율의 측정치, 즉 잔차는 분석모형이 제대로 설정되었다면 확률적으로 분포하는 오차의 형태를 보여야만 한다. 하지만 많은 생산성 분석가들은 이렇게 구해진 잔차에는 체계적인 부분(systematic part)이 존재한다고 생각하고 있다. 그래서 『생산성의 경제학』의 발전과정에서는 이런 잔차의 구성요인을 규명하는 작업이 광범위하게 발전하게 된다.

비모수적 방법인 지수이론에서뿐만 아니라 계량경제학 방법론을 동원한 모수적 방법에서도 잔차의 구성요인 또는 잔차를 결정하는 요인들에 관한 연구가 다양하게 시도되었다. 이런 수많은 연구결과는 "총요소생산성의 결정요인(determinants of total factor productivity)"의 연구라는 하나의 분야를 구성하게 되었다. 본서에서는 이 부분에 대해 별도의 장을 통해 설명한다.

2) 규모에 대한 수확 불변의 가정

둘째, 솔로우 모형은 "규모에 대한 수확 불변"이란 가정과 불가분의 관계에 있다. 이는 전술한 식 1에 나타난 국민소득 회계 항등식과 생산함수 사이의 밀접한 관계에서 초래한다. 만약 생산함수가 규모에 대한 수확 불변이고, 노동과 자본이란 생산요소가 식 6에서처럼 자신의 한계생산물의 가치만큼 요소소득을 받는다면 산출물의 가치는 생산요소 투입에 지급된 가치의 합과 같다.

이런 "생산물 소진(product exhaustion)"의 조건은 경제학에서 오일러 정리(Euler's theorem)가 의미하는 바이기도 하다. 또한 여기서 생산성 추계와 관련해서 중요한 것은 노동과 자본의 수입 몫, 소득 몫 또는 비용 몫의 합은 1이 된다는 것이다.

이상에서 살펴본 솔로우의 방법은 생산함수가 규모에 대한 수확 불변이어야 한다는 전제조건이 필요하지 않은 상태에서 잔차를 구하는 방법, 즉 솔로우의 성장회계식을 구하는 과정이다.

오히려 규모에 대한 수확 불변의 가정은 Jorgenson and Griliches(1967)에서 처럼 사실상 다른 목적, 즉 자본에 대한 사용자 비용(user cost of capital)을 잔차로서 구하는 방법으로 활용되었다.[13] 생산성 연구에서 정확한 자본의 사용자 비용, r을 구하

---

13 Jorgenson, Dale W. and Zvi Griliches(1967), "The explanation of productivity change," *Review*

는 방법은 간단하지 않다. 그래서 식 1을 이용하여 다음과 같이 자본의 사용자 비용을 구한다면 매우 편리하다.

$$r_t = \frac{P_t Q_t - w_t L_t}{K_t} \quad \cdots\cdots 9$$

만약 자본에 대한 사용자 비용을 다른 독립적인 방법을 통해 구할 수 있다면 이는 자본의 비용 몫을 계산하는 데 사용될 수 있으며, 따라서 생산성을 나타내는 잔차는 규모에 대한 수확 불변의 가정 없이도 측정이 가능할 것이다. 하지만 후술하는 바와 가변수확의 가정은 시장의 불완전성이란 또 다른 문제를 발생시킬 여지가 있다.

3) 시장의 불완전성(imperfect market competition)

셋째, 솔로우 방법에 따라 구한 잔차의 또 다른 문제는 한계비용 가격책정의 가정, 즉 식 6과 식 7이 나타내고 있는, 생산요소의 수요는 해당 생산요소의 한계생산물 가치가 생산요소 가격과 같아지는 수준에서 결정된다는, 소위 한계 생산성 조건과 관련된 것이다.

만약 불완전 경쟁 시장(imperfect market competition)을 가정하면 가격은 한계비용보다 높은 수준에서 결정된다. 이를 이해하기 위해 식 1을 다음과 같이 이윤함수로 표시해보자. 물론 한나라 경제가 단일상품을 경쟁 시장에서 공급할 때 총수입과 총비용의 차이인 이윤이 0이라는 의미이다.

$$\pi_t = P_t Q_t - (w_t L_t + r_t K_t) = TR - TC = 0 \quad \cdots\cdots 10$$

여기서 π_t는 이윤을 TR은 총수입(total revenue), TC는 총비용을 나타낸다.

만약 불완전 경쟁 시장이라면 이상의 식 10에서 이윤은 영(0)이 아니다. 만약 정(+)의 이윤을 가지게 된다면 이는 가격이 한계비용보다 높은 수준에서 결정된다는 즉, 규모에 대한 수확 체증이 존재한다는 것이다. 이렇게 되면 여러 가지 문제가 생

---

of Economic Studies 34, pp. 349-383.

긴다.

중요한 문제의 하나는 이미 언급한 수입 몫, 소득 몫 또는 비용 몫의 개념이 달라진다는 것이다. 이제 수입 몫, 즉 총수입에서 해당 생산요소 소득이 차지하는 비중의 합은 1이 되지 않는다. 즉,

$$\frac{w_t L_t}{P_t Q_t} + \frac{r_t K_t}{P_t Q_t} = M_t^L + M_t^K \neq 1 \quad \cdots\cdots \quad 11$$

여기서 등호(=) 좌측은 총수입에서 노동소득과 자본소득이 차지하는 수입 몫(revenue share), M^L, M^K를 나타낸다. 그러나 여전히 소득 몫(income share) 또는 비용 몫(cost share)의 합은 1이 된다. 소득 몫이란 노동소득과 자본소득의 합에서 각 요소소득이 차지하는 비중이란 의미이고, 비용 몫이란 이런 요소소득이 생산자의 총비용 TC에서 차지하는 비중이란 의미이다.

$$\frac{w_t L_t}{w_t L_t + r_t K_t} + \frac{r_t K_t}{w_t L_t + r_t K_t} = S_t^L + S_t^K = 1 \quad \cdots\cdots \quad 12$$

이런 점을 고려해서 Hall(1988)은 잔차는 힉시안(Hicksian) 이동 파라미터 A_t에 대해 편의(bias)가 있는 추정치를 제공해 준다는 점을 지적하면서, 불행하게도 솔로우 방법론에 의한 지수 이론적 접근법에 의해서는 이런 문제를 해결할 수 없다고 했다.[14] 왜냐하면 솔로우의 방법론은 가격과 물량자료로 부터 직접 A_t의 추정치를 찾는 비모수적 방법이기 때문이다.

솔로우 방법의 본질은 생산함수를 이용하여 성장회계식을 유도했음에도 불구하고, 모든 요소투입 범위에서 정의된 생산함수의 전체 모양을 추정하여 생산기술을 나타내는 생산함수의 모든 파라미터를 추정하지 않고, 관측된 투입/산출 관계에서 다만 가격을 통해 구하는 방법이다. 즉 솔로우의 잔차는 생산함수의 이동 정도를 추정하기 위한 간결한 방법으로 한계생산물의 대용품으로서 가격을 사용하고 있다.

---

14 Hall, Robert E.(1988), "The relation between price and marginal cost in U.S. industry," *Journal of Political Economy* 96, pp. 921-947.

4) 기술변화의 형태

넷째 문제는 솔로우 모형이 제시하고 있는 잔차가 총요소생산성 증가를 나타내는 기술변화(technological change)라는 의미에 관한 것이다. 일반적으로 솔로우의 성장회계식, 식 8이 전제하는 생산함수에서 힉시안(Hicksian) 기술변화는 모든 투입물의 한계 생산성을 같게 증가시킨다는 것이다. 왜냐하면, 생산함수는 모든 노동과 자본의 모든 조합에서 같은 비율로 이동하기 때문이다.

그런데 이상의 가정은 매우 강한 가정이고, 위반 시 총요소생산성 측정에 많은 편의를 유발할 수 있게 된다. 따라서 이런 문제를 해결하는 과정에서 『생산성의 경제학』이 이론적, 실증적으로 발전하게 된다.

우선 보다 일반적인 생산함수의 형식을 빌려서 기술변화가 각 투입요소에 부가되어 일어나게 되는, 소위 "요소투입에 부가된 기술변화(factor augumented technological change)"를 반영한 생산함수를 생각해보자.

$$Q_t = F(a L_t, bK_t) \quad \cdots\cdots 13$$

여기에서는 식 1의 A_t 대신 각 생산요소에 파라미터 a_t, b_t가 직접 부가된 형태이다. 약간의 대수 조작을 하게 되면 이런 생산함수를 전제로 한 총요소생산성 측정식은 다음과 같이 나타낼 수 있다.

$$\dot{TFP_t} = S_t^L \frac{\dot{a_t}}{a_t} + S_t^K \frac{\dot{b_t}}{b_t} \quad \cdots\cdots 14$$

여기서 잔차로 구해진 총요소생산성 증가는 각 요소에 부가된 파라미터의 증가율을 비용 몫으로 가중평균한 것이 된다. 이 식에서 만약 요소에 부가된 파라미터가 같고, 비용 몫이 일정하다면 솔로우의 성장회계식과 같은 결과가 된다.

만약 요소에 부가된 파라미터가 같지 않을 경우, 이를 "힉스 편향된 기술변화(Hicks factor-biased technological change)"라고도 부른다. 이때 생산성 증가는 생산요소 투입의 비용 몫과 혁신을 나타내는 파라미터에 의해 결정된다.

편향된 기술변화에 의해 소득 분배율이 변화할 수 있으므로 각 요소의 요소부가 파라미터가 변화하지 않더라도 잔차는 변화할 수 있다. 이런 사실은 잔차로서 구해진 총요소생산성 증가가 기술변화와 같은 것이 아닐 수도 있다는 근본적 문제를 제기한다.

5) 경로 의존성의 문제

다섯째, 솔로우 모형의 타당성을 보여주는 것일 수도 있고, 반대로 그 한계를 보여줄 수 있으며, 또한 솔로우 모형에 의문을 제기한 보다 개선된 다른 모형들의 한계를 보여줄 수도 있는 아주 중요한 개념이 바로 "경로 의존성(path dependence)"의 문제이다.

솔로우의 성장회계식은 생산함수로부터 적절한 지수형태의 식을 추론한 것인데, 이는 지수 계산식 가운데 라스파이레스(Laspeyres) 지수의 형식이 아니라 연속된 시간에 대한 디비지아(Divisia) 지수의 형식으로 표시된 증가율이다. 이는 솔로우가 성장회계식을 유도할 때 상정했던 시간에 대해 연속적인 생산함수로부터, 역시 시간에 대해 연속적인 생산성 증가율을 측정하기 위한 수식이다.

그러나 실제 이 식을 이용하여 잔차를 계산할 때에는 이산시간(discrete time), 즉 많은 경우 연간자료를 사용하게 된다. 그런데 정작 잔차를 이론적으로 해석할 때는 이를 집계생산함수의 연속적인 이동으로 해석한다는 점이다.

바로 이런 점을 고려해서 Hulten(1973)은 경로 의존성이 존재하지 않는 필요충분조건을 제시하였다.[15] 그것은 ① 생산함수가 기업 단위에서 산업 단위, 국가 전체 단위로 집계될 때 집계 편의가 없어야 한다는 조건, 즉 약 분리성(weak seperability)을 가져야 한다는 것, ② 생산함수는 1차 동차성(linear homogeneous)을 가져야 하며, ③ 1계 균형조건(first order equilibrium conditions)을 충족해야 한다는 것이다.

집계이론(aggregation theory)에 의하면, 이런 조건을 충족하는 생산함수는 매우 제한적인 조건하에서 존재하며,[16] 경제에서 모든 미시 생산단위(공장, 기업, 산업)가 몇 단계의 상위수준에 이를 때까지 같은 형태의 생산함수를 가져야 한다는 것이다.[17]

---

15 Hulten, Charles R.(1973), "Divisia index numbers," *Econometrica* 41, pp. 1017-1025.

16 Fisher, Franklin(1965), "Embodied technical change and the existence of an aggregate capital stock," *Review of Economic Studies* 32: pp. 326-388.

17 Diewert, W. Erwin(1980), "Aggregation Problems in the Measurement of Capital," in Dan Usher, ed., *The Measurement of Capital*, National Bureau of Economic Research, Studies in Income and Wealth, Vol. 45, University of Chicago Press, Chicago, pp. 433-528.

경로 의존성이 존재하지 않기 위한 이런 조건들에 관한 논란은 후일에도 지속적으로 제기되면서 오히려 확대되고 있다.[18] 사실상 이상의 집계조건이 맞지 않으면 A_t자체의 이론적 의미가 모호해지는 면이 있음에도 불구하고 많은 생산성 연구자들은 이런 문제에 대해 크게 개의치 않는 것 같다.

Hulten(1973)은 또한 경로 의존성의 문제는 나중에 설명하게 될 산출량과 자본의 총량(gross), 순량(net)에 대한 논쟁의 문제를 해결해 준다고 하였다. 만약 솔로우 잔차를 계산하기 위해 생산량으로 순산출량을 선택했다면 생산과정에서 자본과 노동으로부터 순생산량이 산출량의 지표가 되어야 하고, 요소가격은 한계생산물의 총가치보다는 한계생산물의 순가치와 같아야 한다는 것이다.

가계를 구성하는 근로자는 실제 총생산량을 생산하게 된다. 공장 출구에서 나오는 생산물은 감가상각을 차감하지 않은 총생산량이기 때문에 순산출량을 생산성 분석에 사용하는 것은 실제 생산과정과 괴리가 있다. 또한 순산출량의 가격지표도 확인하기 쉽지 않다. 마찬가지로 자본 스톡의 자본 가치 하락을 제외한 순 개념의 자본 스톡에서도 비슷한 논리가 적용될 수 있다. 그런 점에서 생산성 연구에서의 경로의존성의 문제는 피하기 힘든 부분이라고 할 수 있다.

• 경제학자 소개 5

찰스 레이드 훌텐
(Charles Reid Hulten)

찰스 레이드 훌텐은 1942년 미국 오리건(Oregon)에서 출생하였다. 1965년 캘리포니아 버클리 대학(University of California, Berkeley)에서 통계학을 공부하였으며, 1973년 같은 학교에서 경제학 박사학위를 받았다. 1971~1978년간 존스 홉킨스 대학교(Johns Hopkins University)에서 경제학을 가르친 바 있고, 1985년부터는 메릴랜드 대학(University of Maryland) 경제학과 교수로 재직하고 있다.[19]

주요 연구 분야는 생산성 연구, 경제성장과 개발, 자본형성과 경제적 감가상각의 측정, 경제성장에 대한 무형자산의 효과 등이다.

---

18 Murray Brown and Richard Greenberg(1983), "The Divisia Index of Technological Change, Path Independence and Endogenous Prices," in *The Scandinavian Journal of Economics*, Vol. 85, No. 2, *Topics in Production Theory*, pp. 239-247.

19 http://econweb.umd.edu/~hulten/

훌텐(Hulten)은 이상의 분야에서 통계학, 수학적 능력을 발휘하여 미국의 유명저널에 총요소생산성 연구와 관련된 기존 연구에 엄밀성을 추구하는 많은 논문을 발표하고 있다. 솔로우의 성장회계식에 대한 "경로 의존성"의 문제를 제기하여 수학적 엄밀성을 부가하였다.

또한, 경로 의존성이 존재하지 않을 조건으로 집계 편의의 문제, 생산함수의 1차 동차성 등의 조건과 생산성 측정을 위한 자료작성에 있어서 이를 방지하기 위한 개념을 규정했다. 이런 그의 업적은 간접적으로 다른 생산성 연구자들에게 많은 영향을 미치고 있다.

특히 필자는 박사학위 논문의 작성과정에서 훌텐(Hulten)의 논문으로부터 많은 영감을 얻은 바 있다. 그리고 본서 『생산성의 경제학』 집필 과정에서도 그의 "Total Factor Productivity: A Short Biography"는 제Ⅱ부의 구성에 많은 역할을 했다. 필자가 판단하는 한 훌텐(Hulten)의 이 논문[20]과 이를 더욱 보완한 논문 "Growth Accounting" 만큼 총요소생산성 연구에 대한 완벽한 서베이 논문을 작성한 사례를 발견할 수 없었다.[21]

6) 디비지아 지수(Divisia Index)와 통크비스트 지수(Tornqvist Index)

솔로우의 성장회계식은 연속적인 시간에 대해 총요소생산성을 측정하기 위한 수학적 표현이다. 그러나 이를 실제에 적용할 때 대부분 연구자가 접하게 되는 문제는 관련 자료들이 연속적인 시간에 대한 것이 아니라 대부분 연도별 자료(yearly data)라는 점이다. 그래서 필요한 것이 이산적 시간을 이용하여 연속적 시간에 대한 근사치를 구하는 것이다.

대표적인 것이 Tornqvist(1936)에서 개발된 통크비스트 지수(Tornqvist index)이다. 이 식은 시간에 대해 연속인 형태의 식 8을 대체하여 비연속적인 변수의 자연 대수의 차분으로 대체하고 비용 몫은 두 시점의 평균값을 사용하는 것이다.[22] 이 식을 사용하는 데에는 특별한 경제 이론적 근거가 없다.

---

20 Charles R. Hulten(2001), "Total Factor Productivity: A Short Biography," in *New Developments in Productivity Analysis*, Charles R. Hulten, Edwin R. Dean, and Michael J. Harper, eds., *Studies in Income and Wealth*, Vol. 63, The University of Chicago Press for the National Bureau of Economic Research, Chicago, pp. 1-47.

21 Hulten, Charles B.(2010), "Chapter 23. Growth Accounting," in *Handbook in Economics*, Vol. 02, pp. 987-1031.

22 Tornqvist, Leo(1936), "The Bank of Finland's Consumption Price Index," Bank of Finland Monthly Bulletin 10, pp. 1-8.

$$\ln\left[\frac{A_t}{A_{t-1}}\right] = \ln\left[\frac{Q_t}{Q_{t-1}}\right] - \left[\frac{S_t^K + S_{t-1}^K}{2}\right]\ln\left[\frac{K_t}{K_{t-1}}\right] - \left[\frac{S_t^L + S_{t-1}^L}{2}\right]\ln\left[\frac{L_t}{L_{t-1}}\right] \quad \cdots\cdots 15$$

그런데 Diewert(1976)는 솔로우가 사용했던 일반적인 생산함수인 식 5가 Christensen, Jorgenson and Lau(1973)[23]에 의해 개발된 초월 대수(translog) 형식을 가지면 Divisia 지수에 대한 Tornqvist 근사치는 정확한 지수(exact index number) 또는 "최상의 지수(superlative index number)"가 된다고 하였다.[24] 지수의 이런 의미에 대해서는 각론에서 더욱 자세히 살펴보게 된다.

• 경제학자 소개 6

월터 어윈 디워트
(Walter Erwin Diewert)

월터 어윈 디워트는 1941년 캐나다 밴쿠버에서 태어났다. 1963~1964년 브리티시 컬럼비아 대학(University of British Columbia)에서 학부, 대학원에서 수학석사를 마치고 1968년 미국 버클리대학에서 다니엘 맥파든(Daniel L. McFadden) 교수의 지도로 경제학 박사학위를 받았다. 현재 캐나다 브리티시 컬럼비아 대학 경제학 교수로 재직하고 있다.

디워트는 물가지수와 생산성의 측정과 관련해서 매우 다양한 분야에서 뛰어난 업적을 남기고 있다. 지수의 경제이론과 투입, 산출 및 생산성의 측정, 정확한 그리고 최상의 지수(exact and superative index number), 쌍대이론의 응용, 신축적 함수와 오목성 조건, 헤도닉 회귀분석(hedonic regression analysis) 등 생산성 관련 연구에서 그의 이름이 빠지는 곳이 없을 정도이다. 그의 논문은 현재 28,000회의 피인용 횟수를 기록하고 있는데 2012년 이후에만 6,942건의 피인용 횟수를 보여주고 있다.[25]

---

23 Christensen, L. R., Jorgenson, D. W., Lau, L. J.(1973). "Transcendental logarithmic production frontiers," *Review of Economics and Statistics* 55, pp. 28-45.

24 Diewert, W. E.(1976). "Exact and Superlative Index Numbers," *Journal of Econometrics* 4, pp. 115-145.

25 https://scholar.google.com/citations?user=zfxMofIAAAAJ&hl=en

3. 에드워드 데니슨의 도전

솔로우의 이런 방법론은 1962년도에 발간된 데니슨(Denison)의 역작, 『왜 성장률은 다른가?(Why Growth Rates Differ?, 1967)』에서 처음으로 도전을 받게 된다.[26] 데니슨은 1950~1962년간 산업화한 9개 국가의 경제성장의 특징을 비교하였는데, 국민생산의 척도로 순국민생산(NNP)을 사용하였고 자본투입의 척도로는 자본 스톡을 사용하는 등 쿠즈네츠와 솔로우의 방법을 따랐다. 하지만 노동투입에 있어서 노동시간을 사용한 이들과 달리 나이, 성별, 교육수준과 같은 노동투입의 질(labor quality)을 활용하여 미국의 노동생산성 증가에 기여하는 정도를 보다 정확하게 측정하였다.

이를 위해 데니슨은 총요소생산성 계산을 위한 성장회계식의 발전에 있어서 더욱 새로운 방법론을 사용하여, 교육이 개인의 수입에 미치는 효과를 통해 노동생산성 증가에 대한 잔차의 기여정도를 측정하였다. 그리고 노동생산성 증가에 총요소생산성 증가가 기여하는 정도는 잔차의 절반 이하이며, 잔차의 절반 정도는 규모의 경제(economies of scale) 효과에 의해 설명된다고 하였다. 아울러 Denison(1967)은 같은 방법론을 사용하여 전후 유럽국가들의 성장 원천을 분석하면서 잔차를 규모의 경제와 자원배분의 개선으로 분해하였다.

데니슨이 수행한 이런 일련의 연구들은 노동생산성 증가에 있어서 기술변화의 기여 정도가 낮다는 것을 보여주었다. 솔로우가 미국 노동생산성의 70~80%가 총요소생산성, 즉 잔차에 의해서 설명된다고 하였던 것과 달리 데니슨의 연구는 잔차의 노동생산성 증가에 대한 기여정도가 솔로우에 비해 훨씬 낮다는 것을 보여주었다는 점에서 솔로우의 연구에 대한 첫 도전이라고 할 수 있다.

〈표 1〉은 데니슨의 저서, 『왜 성장률은 다른가?』에 있는 데니슨의 방법에 따른 미국 국민소득 증가의 원천(1929~1957년, 1950~1962년)을 보여주고 있다.

데니슨의 성장회계식에서는 우선 요소투입 가운데 노동투입을 근로자 수, 근로시간, 나이/성의 비율, 교육수준을 고려하여 측정하였고, 각각의 요인이 국민소득의 증가에 미치는 효과를 보여주고 있다. 자본투입은 주거, 해외자산, 비주거용 구축물이나 장비, 재고 등과 같은 여러 요인으로 나누어 측정하였다.

---

26 Denison, Edward F.(1967), *Why growth rates differ: Postwar experiences in nine western countries*, Washington, D. C.: Brookings Institution.

• **경제학자 소개 7**

에드워드 데니슨
(Edward Denison)

에드워드 데니슨은 1915년 미국 네브래스카 오마하(Omaha)에서 출생하였으며 1992년 사망하였다. 1936년 오버린 대학(Oberlin College)을 졸업하고, 1941년 브라운 대학(Brown University)에서 경제학 박사학위를 받았다.

미국 국민소득 추계의 선구자이면서 총요소생산성 추계를 위한 성장회계식의 개발자 중 한 명이다. 브라운 대학에서 잠시 강의를 한 후 내외상무국 국민소득과(National Income Division of the Bureau of Foreign and Domestic Commerce)에서 근무하였다. 1942년 GNP 추계치가 "Survey of Current Business, covering the years 1929~1941"에 발표되는 데 기여하였다. 이후 OECD와 UN에서 채택된 국민소득계정 표준체계를 발전시키는 데 주도적 역할을 하였다.

1952년 경제개발위원회(Committee for Economic Development)에서 경제성장 원천과 성장촉진을 위한 정책개발 관련 연구에 관여하였다. 이때 경제성장률을 물적 자본과 총요소생산성을 나타내는 잔차로 나누고, 잔차의 결정요인에 대한 언급이 없었던 당시의 연구를 비판하고, 잔차를 기술변화 외에 다른 다양한 요인들로 나누는 연구를 수행했다.

아울러 경제성장률을 높이기 위한 정책수단이 많지 않다는 점과 이를 위한 비용이 매우 크다는 현실적 한계를 지적하였다. 이런 연구결과는 1962는 "The Sources of Economic Growth in the United States and the Alternatives Before Us"라는 유명한 보고서로 출간되었다. 데니슨의 방법론은 Maddison의 연구, "Growth and Slowdown in Advanced Capitalist Economies(*Journal of Economic Literature*, June 1967)"에서도 거의 그대로 적용되었다.

1963년 데니슨은 부루킹스 연구소(Brookings Institution)로 자리를 옮겼다. 여기서 새로운 성장 회계방법을 사용, 8개 OECD 국가의 성장 원천을 연구하여 "Why Growth Rates Differ(1967)"를 발간했다. 그 다음 1976년에는 "How Japan's Economy Grew So Fast"라는 저술을 통해 당시 산업화를 추진하고 있던 나라들에 대한 경제학자들의 관심을 끌었다.27

또한 총요소생산성 증가도 기술변화를 나타내는 지식 증가 외에 자원 배분의 개선, 규모의 경제와 같은 요인들로 구분하여 각 요인이 국민소득 증가에 미친 영향을 측정하고 있다. 데니슨은 이처럼 국민소득의 증가를 보다 세분화된 요인으로 구분하여 측정함으로써 국민소득을 증가시키기 위한 다양한 정책대안들에 대한 시사점을 찾을 수 있도록 해주었다.

데니슨의 미국 경제성장의 요인별 분해결과는 전술한 솔로우의 분해결과와 아주 다른 의미를 제공해 주고 있다. 솔로우의 성장회계식에 의한 총요소생산성 증가

표 1 데니슨에 의한 미국 국민소득의 성장원천 측정치(1929~57년, 1950~1962년)

구분	1929~1957년 (기여도)	기여율	1950~1962년 (기여도)	기여율
국민소득	2.93	100.0	3.32	100.0
요소투입	2.00	68.3	1.95	58.7
노동투입	1.57	53.6	1.12	33.7
근로자 수	1.00	34.1	0.90	27.1
근로시간	-0.20	-6.8	-0.17	-5.1
나이-성 비율	0.10	3.4	-0.10	-3.0
교육	0.67	22.9	0.49	14.8
자본투입	0.43	14.7	0.83	25.0
주거	0.05	1.7	0.25	7.5
해외자산	0.02	0.7	0.05	1.5
비주거용 구축물 및 장비	0.28	9.6	0.43	13.0
재고	0.08	2.7	0.10	3.0
토지	0.00	0.0	0.00	0.0
총요소생산성 증가	0.93	31.7	1.37	41.3
지식의 증가	0.58	19.8	0.76	22.9
자원 배분의 개선	0.05	1.7	0.29	8.7
농업에 대한 투입	0.05	1.7	0.25	7.5
비농업 부문 자가고용	n.a.	n.a.	0.04	1.2
국제무역장벽	0.00	0.0	0.00	0.0
규모의 경제	0.34	11.6	0.36	10.8
국내시장 성장	0.27	9.2	0.30	9.0
지역시장 성장	0.07	2.4	0.06	1.8
기타	0.00	0.0	-0.04	-1.2
수요압력	0.00	0.0	-0.04	-1.2
농업부문	0.00	0.0	0.00	0.0

자료: Sources of Economic Growth in the United States, p.298.; Why Growth Rates Differ, p. 266.

율은 국민소득 증가의 70~80%를 차지하는 것으로 측정되어 경제성장의 가장 중요한 원천이 기술변화였다는 것을 의미하였지만, 데니슨의 측정결과는 이와 상반된, 다시 말하면 미국의 경제성장에서 총요소생산성 증가의 역할은 크지 않았다는

27 Kendrick, John W.(1993), "In Memoriam Edward F. Denison 1915~1992," *Review of Income and Wealth Series* 39, No. 1.

것이었다.

우선 1929~1957년간 미국의 국민소득은 2.93% 증가하였는데 이 중 68.3%에 해당하는 2%가 노동과 자본 투입에 의해 달성되었다는 것이다. 총요소생산성 증가는 이 중 31.7%에 해당하는 0.93% 증가하는 것에 그친 것이다. 그런데 총요소생산성 증가 가운데 기술변화에 해당되는 지식의 증가는 0.58%이고 나머지 0.34%는 규모의 경제효과에 의해 달성되었다는 것이다. 1950~1962년간 국민소득은 3.32% 성장하였는데 이 중 58.7%가 요소투입, 41.3%가 총요소생산성 성장에 의해 달성되었고, 총요소생산성 증가 가운데 절반 정도는 기술변화, 나머지의 절반 정도는 규모의 경제효과에 의해 달성되었다고 하였다.

데니슨의 방법론에 의한 연구는 그 후 OECD에서도 시도되었고, 1913년 이후 여러 나라의 성장 원천을 비교하는 데 사용되었다. 그 중 대표적인 것은 Maddison (1987)[28]과 이보다 더욱 진전된 Maddison(1996)[29]의 연구이다. 이후 세계 여러 나라에 대한 역사적 국민소득 추계 결과를 보여주는 연구인 Maddison(2001)은 경제 사학자들을 비롯한 많은 학자가 애용하는 데이터 세트가 되고 있다.[30]

에드워드 데니슨(Edward Denison)은 한국과도 인연이 매우 깊다. 한국개발연구원(KDI)은 1977년 미국 브루킹스 연구소의 데니슨 박사를 초빙하여 한국경제의 성장요인의 분석에 대한 자문을 받은 바 있다. 이를 바탕으로 1979년 김광석·박준경 박사에 의해 『한국경제의 고도성장요인』이라는 연구결과가 발표되었다. 이 저서에서 처음으로 한국경제의 성장요인을 생산 요소투입과 총요소생산성으로 분해하여 한국경제의 성장요인을 계량적으로 분석하였다고 할 수 있다. 이후 한국개발연구원(KDI)은 지속해서 같은 방법으로 한국경제의 성장요인을 조명해오고 있다.[31]

---

28 Maddison, Angus(1987), "Growth and slowdown in advanced capitalist economies: Techniques and quantitative assessment," *Journal of Economic Literature* 25(2): pp. 649-698.

29 Maddison, Angus(1995), *Monitoring the World Economy*, OECD Development Centre, Paris.

30 Maddison, Angus(2001), *The World Economy: A Millennial Perspective*, OECD Development Centre, Paris.

31 김광석·박준경(1979), 『한국경제의 고도성장요인』, 연구총서 25, 한국개발연구원.; Kim, K. and J. Park(1985), *Sources of Economic Growth in Korea,* 1963~1982, Korea Development Institute.; 홍성덕(1991), 『한국경제의 총요소생산성 성장요인 추정』, 한국개발연구원.; Kim and Hong(1997), *Accounting for Rapid Economic Growth in Korea*, 1963~1995, Korea Development Institute.; 김동석·이진면·김민수(2002), 『한국경제의 성장요인 분석: 1963~2000』, 한국개발연구원.; 김동석·김민수·김영준·김승주(2012), 『한국경제의 성장요인 분석: 1970~2010』, 한국개발연구원.

표 2 데니슨 방법에 의한 한국 국민소득의 성장 원천의 분해(1970~2010년)

항목	1970~1980	1980~1990	1990~2000	2000~2010	1970~2010	기여율
국민소득	7.8	9.3	5.8	4.6	6.9	100.0
총요소투입	5.0	5.1	3.0	1.7	3.6	52.2
노동	3.1	3.4	1.8	1.0	2.2	31.9
취업자수	2.8	3.2	1.5	1.0	1.9	27.5
주당 취업시간	0.4	0.0	-0.3	-0.7	-0.1	-1.4
성-연령별 구성	0.0	0.1	0.1	0.1	0.1	1.4
교육	0.1	0.5	0.4	0.3	0.3	4.3
근로시간 효율	-0.1	0.0	0.2	0.2	0.1	1.4
비배분	-0.1	-0.4	0.0	0.0	-0.1	-1.4
자본	1.9	1.7	1.1	0.8	1.4	20.3
고정자본	1.7	1.2	0.9	0.5	1.1	15.9
재고자산	0.2	0.1	0.0	0.0	0.1	1.4
해외자산	-0.4	0.0	-0.1	0.1	0.0	0.0
주택소유	0.3	0.3	0.4	0.1	0.2	2.9
토지	0.0	0.0	0.0	0.0	0.0	0.0
총요소생산성	2.8	4.2	2.8	2.9	3.3	47.8
자원재배분	0.7	0.2	-0.6	0.8	0.3	4.3
농업부문 감소	0.2	0.2	0.2	0.1	0.2	2.9
무급자 감소	0.4	0.0	-0.8	0.7	0.1	1.4
규모의 경제	1.4	1.8	1.1	0.8	1.3	18.8
미국가격	0.7	0.8	0.5	0.4	0.7	10.1
소득탄력성	0.6	1.0	0.6	0.4	0.7	10.1
기술진보	0.7	2.2	2.3	1.3	1.6	23.2

자료: 김동석 · 김민수 · 김영준 · 김승주(2002), 『한국경제의 성장요인 분석: 1970~2010』, 한국개발연구원, 연구보고서 2012-08, p. 147.

4. 졸겐슨과 그릴리커스의 "잔차는 없다"

실증적으로 경제성장을 연구하는 데 있어서 쿠즈네츠나 솔로우 등 초기 경제학자를 비롯하여 많은 경제학자는 국민소득과 더불어 노동과 자본투입에 대한 과거 시계열 자료를 만드는 일에 많은 시간을 투입해 왔다. 그리고 이렇게 작성된 자료를 이용하여 국민소득의 성장 가운데 어느 정도가 자본형성, 노동투입, 생산성 증가에 의해 달성되었는가를 분석하였다.

이런 과정에서 솔로우는 성장회계식을 미국의 국민소득 증가의 원인분석에 적용한 결과, 미국 국민소득 증가의 80% 내외가 총요소생산성 증가 즉, 기술혁신에 의해 달성되었다는 주장을 함으로써 큰 주의를 끌게 되었다.

그런데 데니슨은 자료의 작성 방법을 달리하고 수정된 자신의 성장회계식을 이용하여 분석한 결과, 솔로우의 주장과 달리 미국 국민소득 증가의 절반 이상이 요소투입에 의해 달성되었고, 총요소생산성 성장 가운데 기술혁신에 의한 부분은 절반, 그 나머지의 절반 정도는 규모의 경제효과에 의해 달성되었다는 주장을 하게 된다.

이런 과정에서 많은 경제학자가 경제성장의 원천을 다양한 요인별로 더욱 정확하게 측정해보고자 하는 시도를 하게 된다. 이후 이런 시도는 "경제성장의 원천(sources of economic growth)", "경제성장의 엔진(engine of economic growth)"이란 주제의 연구 분야가 되었다. 이런 과정에서 경제성장에 대한 총요소생산성, 즉 기술변화의 역할이 점차 축소되는 연구결과들이 대거 출현하면서 "솔로우 잔차(Solow residual)"는 점차 종말을 고하게 된다.[32]

물론 솔로우의 잔차가 출현하기 오래전 전통적인 성장 회계법의 한계를 보여준 연구가 있었는데, 이는 덴마크 경제학자 얀 틴버르헨(Jan Tinbergen)의 논문이다. 상당히 주목을 받을 만한 연구였으나 당시에는 완전히 무시되었다. 이 논문은 제2차 세계대전 중에 독일에서 발표되었는데, 여기서 틴버르헨은 1870~1914년간 미국 경제성장의 원천을 분석하고, 미국 경제성장에서의 효율성은 경제성장의 1/4보다 작은 부분을 설명해줄 뿐이며, 나머지는 자본과 노동투입에 의해 설명된다고 하였다. 그의 이런 주장은 약 30년 뒤 Kuznets(1971)나 Solow(1970)가 내린 결론과 정반대되는 결과이긴 하였지만, 오늘날 경제성장에 있어서 총요소생산성의 역할에 대한 평가와 아주 근사한 연구였다.

---

32 경제성장의 원천에 대한 자세한 서베이 자료는 다음 참조. Jorgenson(1990), "Productivity and Economic Growth," in Ernst R. Berndt and Jack E. Triplett(eds) *Fifty Years of Economic Measurement*, Chicago, IL: University of Chicago Press, pp. 19-118.; Zvi Griliches(2000), *Posthumous book, R&D, Education, and Productivity*, Cambridge, MA: Harvard University Press.; Charles Hulten(2001), "Total Factor Productivity: A Short Biography," in Hulten, Edwin R. Dean and Harper(eds), *New Developments in Productivity Analysis*, Chicago, IL, University of Chicago Press, pp. 1-47.

• **경제학자 소개 8**

얀 틴버르헨
(Jan Tinbergen)

얀 틴버르헨(Jan Tinbergen)은 1903년 네델란드 헤이그(Hague)에서 출생하였으며 1994년 92세의 나이로 사망하였다. 라이덴 대학(Leiden University)에서 수학과 물리학을 공부하였고, 1929년 같은 학교에서 "물리학과 경제학에서 최소화의 문제"라는 주제로 박사학위를 받았다. 거시 계량경제 모델링, 경기순환, 경제정책, 개발경제, 소득분배, 국제경제통합 등 너무나 많은 분야에서 천재성을 발휘하였다.
암스테르담 대학(University of Amsterdam), 네덜란드 경제학교(Netherlands School of Economics) 교수로 재직하였다. 1969년 최초로 노벨 경제학상을 수상하였다. 1973년 그의 동생 Nikolaas Tinbergen이 노벨의학상을 수상함으로써 형제 2명이 노벨상을 받았다.
얀 틴버르헨의 모델링 접근방법은 케인스의 저작으로부터 활기를 갖게 되었다. 정작 케인스는 틴버르헨의 계량경제학 모형의 파라미터 추정이나 이를 이용한 정책 시나리오 효과분석을 완전히 이론적 분석을 통해 이미 알고 있는 것에 정확한 수치를 제공하는 수단에 불과하다고 주장하면서 "통계적 연금술사(statistical alchemy)"라고 혹평을 하였다.
1919년 케인스는 사전적으로 가정한 수출수요의 가격탄력성에 근거하여 제1차 세계대전 이후 독일의 전쟁배상금이 너무 과도하다고 주장한 바 있다. 나중에 틴버르헨이 실증분석을 통해 케인스가 가정했던 숫자와 정확히 일치하는 결과를 발표하자 케인스는 그를 "멋있는 친구"라고 한 바 있다.
틴버르헨은 처음 생산함수를 이용하여 총요소생산성을 측정한 것으로 유명하다. 독일어로 쓴 당시 논문은 매우 중요한 의미가 있었지만, 평가를 제대로 받지 못하다가 솔로우의 성장회계식이 나온 후 약 20년 뒤에 제대로 평가받게 된다. 총요소생산성을 계량경제학적으로 분석한 최초의 연구라고 할 수 있다.

하지만 보다 본격적으로 솔로우의 주장과 심지어 데니슨의 주장에 대해 반기를 든 연구가 있었으니 이는 바로 Jorgenson and Griliches(1967)에서의 연구이다.[33] 졸겐슨과 그릴리커스의 연구에서는 자본 서비스(capital service)의 측정을 매우 중요시하였으며, 더욱 엄밀한 지수 계산법을 이용하여 자본 투입을 계산하였다. 또한 노동투입에서도 데니슨이 시도한 비슷한 방법으로 교육 변화에 따른 노동의 질 변화를 반영한 자료를 작성하여 성장회계식에 적용하였다.

그 결과 1945~1965년간 미국의 노동생산성에 대한 잔차의 기여도는 기존의 방

33 Jorgenson, Dale W., and Zvi Griliches(1967), "The explanation of productivity change," *Review of Economic Studies* 34, pp. 349-383.

그림 4 졸겐슨 등의 "생산성 변화의 설명"

The Explanation of Productivity Change[1]

But part of the job of economics is weeding out errors. That is much harder than making them, but also more fun.—R. M. Solow

1. INTRODUCTION

Measurement of total factor productivity is based on the economic theory of production. For this purpose the theory consists of a production function with constant ...o scale together with the necessary conditions for producer equilibrium. Quantities ...ut entering the production function are identified with real product and ...red for social accounting purposes. Marginal rates of sub- ...esponding price ratios. Employing data on both ...roduction function may be separated from ...tion function are identified with ...asurement of ...

272 REVIEW OF ECONOMIC STUDIES

TABLE IX

Total output, input, and factor productivity, U.S. private domestic economy, 1945-65, average annual rates of growth

	Output	Input	Productivity
1. Initial estimates	3·49	1·83	1·60
Estimates after correction for:			
2. Errors of aggregation	3·39	1·84	1·49
3. Errors in investment goods prices	3·59	2·19	1·41
4. Errors in relative utilization	3·59	2·57	0·96
5. Errors in aggregation of capital services	3·59	2·97	0·58
6. Errors in aggregation of labour services	3·59	3·47	0·10

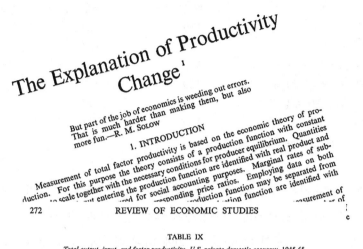

법으로 하였을 경우 1.6%였으나 노동투입과 자본투입의 오차를 수정한 후에는 0.1%에 불과하다는, 즉 "잔차가 사라졌다"는 연구결과를 발표했다.

Jorgenson and Griliches(1967)는 총요소생산성 측정이론의 발전에 있어서 매우 중요한 이정표가 되는 논문으로 총요소생산성 측정과 관련된 변수들을 정확하게 측정하게 되면 솔로우의 총요소생산성 측정치인 잔차가 사라지게 된다는 것, 즉, 잔차는 노동생산성 증가의 극히 작은 부분만 설명해준다는 의미를 제공해 준다.[34]

이들은 솔로우의 방법에 의해 구해진 외생적 요인인 총요소생산성 증가가 경제성장의 대부분을 설명한다는 것, 즉 기술변화를 "하늘에서 떨어진 만나(manna from

---

34 본문에서 간혹 생산량이 아니라 일인당 생산량인 노동생산성 증가에 총요소생산성과 자본 스톡이 어떤 역할을 하였느냐에 대해 언급하는 연구결과들이 많다. 이는 식 1의 생산함수가 만약 규모에 대한 수확 불변이라면 이 생산함수는 일인당 산출량이 함수의 이동을 나타내는 생산성 부분과 자본집약도(자본/노동)의 함수로 표시할 수 있게 된다. 따라서 일인당 생산량, 즉 노동생산성 증가는 총요소생산성과 자본 심화(capital deepening) 때문이라는 사실을 이해하면 노동생산성의 증가에 대한 이런 설명의 의미를 이해할 수 있을 것이다.

표 3 졸겐스과 그릴릴커스의 미국 총요소생산성 추계치(1945~1965년)

구분	생산량	요소투입	총요소생산성
1. 초기 추정치	3.49	1.83	1.60
2. 집계오차 수정 후	3.39	1.84	1.49
3. 투자재 가격오차 수정 후	3.59	2.19	1.41
4. 상대적 가동율 오차 수정 후	3.59	2.57	0.96
5. 자본서비스 집계오차 수정 후	3.59	2.97	0.58
6. 노동서비스 집계오차 수정 후	3.59	3.47	0.10

자료: Jorgenson and Griliches(1967), p. 272.

heaven)"라고 하는 것은 매우 심각한 문제점을 가지고 있다는 점을 지적한 것이었다.

하지만 전통적인 솔로우의 연구결과에 대한 졸겐슨과 그릴리커스의 이런 도전은 데니슨의 또 다른 연구인 Denison(1972)에 의해 해소되었다고 볼 수 있다.[35] 데니슨은 졸겐슨과 그릴리커스의 연구의 방법론과 자신의 분석방법론을 자세히 비교하면서, 두 연구결과의 차이는 분석기간의 차이와 전기 사용량에 근거한 가동률을 고려하였기 때문에 발생하였다고 했다.

따라서 이런 점을 고려할 경우 Jorgenson and Griliches(1967)에서 측정된 잔차는 상당히 커지게 된다는 사실을 지적하였다. 그리고 데니슨의 이런 지적에 대해 Jorgenson and Griliches(1972)에서는 자신들이 측정한 잔차의 크기는 다른 연구자들에 비해 규모가 작은 것은 사실이나, 노동생산성 증가에서 그 역할이 지나치게 미미하였다는 처음의 주장을 포기함으로써 논쟁은 해소되었다.[36]

Denison(1972)과 Jorgenson and Griliches(1967, 1972)의 논쟁은 경제성장의 원천에 대한 논쟁보다도 생산성 연구의 실증적 방법론에서 커다란 발전을 이루었다. 이를 통해 생산성 측정에서 주요한 혁신, 생산이론과 성장회계식의 간의 연계성을 분명히 할 수 있었다.

이 중에서 중요한 것을 살펴보면 다음과 같다.

첫째, 졸겐슨과 그릴리커스는 Jorgenson(1963)에서 개발된 신고전파 투자이론

---

35 Denison, Edward F.(1972), "Some Major Issues in Productivity Analysis: An Examination of the Estimates by Jorgenson and Griliches," *Survey of Current Business*, 49(5, Part II), pp. 1-27.

36 Jorgenson, Dale W. and Zvi Griliches(1972), "Issues in Growth Accounting: A Reply to Edward F. Denison," *Survey of Current Business*, 52, pp. 65-94.

- **경제학자 소개 9**

데일 졸겐슨
(Dale Weldeau Jorgenson)

데일 졸겐슨은 1933년 미국 몬태나(Montana)주에서 태어났다. 1955년 리드대학(Reed College)에서 석사학위, 1959년 하버드 대학(Harvard University)에서 웨슬리 레온티예프(Wassily W. Leontief) 교수의 지도하에 박사학위를 받았다. 경제이론, 정보기술과 경제성장, 에너지와 환경 등등 다양한 분야에서 연구 활동을 하고 있다.

졸겐슨은 정보기술 및 경제성장, 에너지 및 환경, 조세정책 및 투자행위, 응용 계량경제학 분야에서 탁월한 연구를 수행했다. 그는 경제학 분야에서 300편이 넘는 논문을 집필했으며, 37권의 저서를 저술 또는 편집하였다. 2016년에는 "World Economy: Growth or Stagnation" 이 케임브리지 대학(University of Cambridge)에서 출판되었다. 이 책에서는 40개 이상의 국가에 대한 생산성 및 경제성장에 대한 새로운 정보를 제공하고 있다.

생산성 연구 분야에서 졸겐슨의 역할은 매우 지대하다고 할 수 있다. 생산성 분야에 관한 초기의 연구에 이어서 정보통신기술의 생산성에 대한 역할을 분명히 하였으며, 관련 논문들을 편집하여 2009년 "생산성의 경제학(Economics of Productivity)"이라는 책을 편집하였다.

생산성 측정과 관련된 졸겐슨의 연구는 결국 미국 노동통계국(BLS)의 기준이 되었으며, 이제는 생산성 측정을 위한 국제표준이 되어 세계 각국의 공식통계로서 위상을 정립하는데 기여하였다. 세계 각국의 경제성장과 생산성 분석을 촉진하기 위한 노력은 세계 KLEMS 이니셔티브(World KLEMS Initiative)를 통해 결실을 보았다. 동일한 개념과 공통의 표준 및 산업분류를 통해 세계 여러 나라의 산업 수준에서 투입, 산출, 생산성 관련 데이터베이스를 구축하고 정보와 지식을 공유하고 있다.[37]

또한 졸겐슨은 M. Ishaq Nadiri, Lawrence Lau. Ajit Singh, Fumio Hayashi, Charles Horioka, Xavier Sala-i-Martin, William Perraudin과 같은 저명한 경제학자의 박사학위 논문을 지도하였다.

(neoclassical investment theory)을 생산성 분석에 활용하였다.[38] 우선 국민소득계정에서 가장 기본적인 항등 관계를 나타내는 식 1에서 등호(=) 좌측의 산출물의 가치를 소비재의 가치($P_C C$)와 투자재의 가치($P_I I$)로 구분했다. 그래서 기본적인 항등 관계식은 다음과 같이 나타낼 수 있게 된다. 즉

---

37 http://www.worldklems.net/

38 Jorgenson, Dale W.(1963), "Capital theory and investment behavior," *American Economic Review* 53(2), pp. 247-259.

$$PQ = P^C C + P^I I = wL + rK \quad \cdots\cdots \quad 16$$

여기서 투자재의 가격, P_I는 투자로 인해 발생하게 되는 미래수익(자본의 감가상각을 조정)의 현재가치와 동일하다고 가정했다. 이로부터 자본의 사용자 비용(user cost of capital)은 다음과 같은 식으로 나타낼 수 있다.

$$r = (i + \delta)P^I - \Delta P^I \quad \cdots\cdots \quad 17$$

이 식 또는 이 식의 근사 식은 실제 실증분석에 많이 활용되게 된다. 가령 투자로 인한 수익률은 i는 이자율이나 주식 또는 채권 수익률, 감가상각률 δ는 다른 연구결과의 감가상각률 추정치나 5~10%의 임의의 감가상각률, 투자재의 가격 P^I는 국민 계정에서 발표되는 자료(명목 총자본형성/실질 총자본형성)를 사용하게 된다.

실증분석에서 이 식을 이용하여 자본의 사용자 비용을 구할 때 규모에 대한 수불변의 가정을 전제로 하지 않는다는 점에서 매우 유용한 분석을 가능하게 한다. 즉, 시장의 불완전성, 규모의 경제 효과의 측정, 이윤함수의 활용 등 다양한 분석을 가능하게 한다. 만약 규모에 대한 수확 불변의 가정이 성립한다고 할 때는 앞에서 설명한 식 9를 활용하게 된다. 실제 졸겐슨과 그릴리커스도 이 방법을 따라 자본의 사용자 비용을 계산한 바 있다.

둘째, 졸겐슨과 그릴리커스는 영구재고법(perpetual inventory method)을 통해 자본스톡과 투자의 관계를 분명히 하였다. 현재의 자본 스톡은 자본의 감가상각을 제외한 과거 투자의 합계와 현재의 투자를 합한 것으로 다음과 같은 식으로 표시할 수 있다.

$$K_t = (1-\delta)K_{t-1} + I_t \quad \cdots\cdots \quad 18$$

따라서 졸겐슨과 그릴리커스가 사용한 자본의 개념은 총자본 스톡(gross capital stock)이 아니라 감가상각을 제외한 순자본 스톡(net capital stock)의 개념이 된다. 이 식 역시 생산성의 측정과 관련된 연구에서 앞으로 자주 접하게 될 것이다.[39]

---

39 "영구재고법"에 의한 자본 스톡의 계산방법에 대해서는 부록 참조.

셋째, 졸겐슨과 그릴리커스는 자본과 노동을 세부 항목으로 세분하여 투입물의 내부구성의 변화에 따른 "집계 편의(aggregation bias)"를 줄이기 위해 노력했다. 가령 자본의 수명 변화, 노동력에서 교육의 효과를 충분히 반영하려고 하였다.

이처럼 졸겐슨과 그릴리커스는 생산성 측정을 위한 데이터의 개발, 성장회계식과 생산이론을 결합하는데 기여하였고, 이후 Christensen and Jorgenson(1969, 1970)에서 이를 더욱 발전시켰다.[40]

5. "생산성 저하"의 원인

전술한 "경제성장의 원천"을 규명하려는 노력은 그 전개과정에서 새로운 분야로 옮겨가게 되었다. 새로운 논란은 1960년대 후반에서 1970년대 초반 주요 선진국에서 처음 나타나기 시작한 "생산성 저하(slowdown in productivity)"가 어디에서 초래되었는가를 규명하려는 방향으로 전개되었기 때문이다.[41]

미국의 생산성 저하에 대한 당시 상황을 보면 다음과 같다.[42] "미국 노동통계국(BLS)에 따르면, 1948~1968년간 비농업 부문의 노동생산성은 연평균 2.57% 증가했다. 이런 성장률은 1968~1973년간 1.64%로 하락했다. 1973~1977년에는 0.92%로 다시 떨어졌고, 노동생산성 수준은 1977~1979년 실제 다소 하락했다"라는 것이었다.

필자가 미국 노동통계국의 최근 자료를 이용하여 위와 같은 기간에 대한 총요소생산성 증가율을 비교해 보았다. 1948~1968년간 2.2%이었으나 1968~1973년간 1.6%로 하락했고, 1973~1977년에는 0.6%로 다시 하락하였으며, 1977~1979년간에는 0.5% 수준으로 하락하였다. 이런 사실을 볼 때 당시 생산성의 하락은 매우 특이

40 Christensen, Laurits R., and Dale W. Jorgenson(1969), "The measurement of U.S. real capital input, 1929~1967," *Review of Income and Wealth* 15(December): pp. 293-320.; Christensen, Laurits R., and Dale W. Jorgenson(1970), "U.S. real product and real factor input, 1929~1969," *Review of Income and Wealth* 16, pp. 19-50.

41 Denison Edward F.(1978), "Effects of Selected Changes in the Institutional and Human Environment Upon Output Per Unit of Input," *Survey of Current Business*, Vol. 58, pp. 21-44.

42 Martin Neil Baily(1981), "The Productivity Growth Slowdown and Capital Accumulation," *American Economic Review*, Vol. 71, No. 2, pp. 326-331.

한 현상으로서 경제학자들의 많은 관심을 끌 만했다고 볼 수 있다.

물론 상당한 연구 노력을 통해 1973, 1978년 2차례에 걸친 석유 파동, 제조업에서 서비스업으로 노동력의 구성과 산업구성의 변화, 자본집약도 감소, 연구개발 투자의 위축, 가동률 저하, 수요부족, 공공규제, 사회간접자본 부족과 같은 다양한 요인들이 그 원인으로 지적되었으나 이 문제는 여전히 만족스럽게 해결되지 않고 있다.

〈그림 5〉에 의하면 1960년대 말부터 시작된 생산성의 저하 현상과 정보혁명으로 초래된 1995년 이후 미국의 신경제 국면에 대한 개괄적 모습을 찾을 수 있다. 『생산성의 경제학』의 발전과정에서 본다면 생산성 저하의 원인을 찾는 이런 시도들은 또 다른 논란으로 옮겨가게 된다. 즉 1970~1980년대의 정보혁명(IT revolution)에도 불구하고 생산성의 하락이 멈추거나, 오히려 증가하지 않은 이유의 원인을 규명하는 작업이 바로 그것이다.

그림 5 미국의 총요소생산성 추이와 생산성의 저하

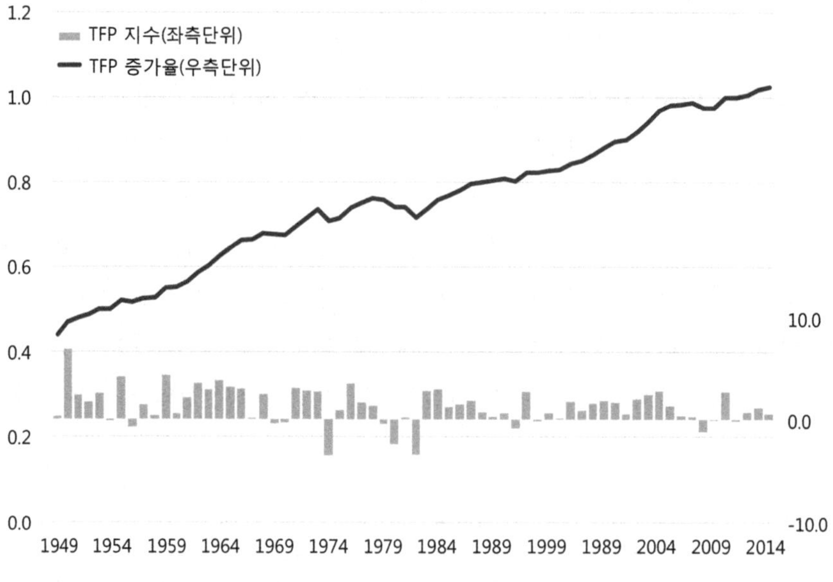

자료: Bureau of Labor Statistics, U.S.(2015)

6. 정보화와 신경제

"경제성장의 원천"에 대한 연구는 "생산성의 저하"의 원인을 규명하는 연구로 진전되었고, 이는 다시 "정보화의 역설" 문제로 더욱 논란이 커지면서 『생산성의 경제학』이 더욱 발전할 수 있는 계기가 된다. 정보화의 역설이란 1970~1980년대 정보화 혁명이 크게 진전되었음에도 왜 그동안 관심의 대상이었던 생산성의 둔화추세가 역전되지 않았느냐 하는 문제이다.

솔로우 조차도 1987년 뉴욕 타임스(New York Times)에 기고한 글에서 "우리는 곳곳에서 컴퓨터 시대의 도래를 보고 있지만, 생산성 통계에서만은 그렇지 않다(You can see the computer age everywhere but in the productivity statistics)"라고 했다.[43] 정보혁명으로 인해 컴퓨터 시대에 살면서도 생산성 통계에는 이것들이 반영되지 않고 있다는 의미에서 이를 "솔로우의 역설(Solow's paradox)"이라고 부른다.

1990년대 중반에 들어와 미국경제는 빠른 생산성 증대의 영향으로 높은 경제성장률, 낮은 실업률, 낮은 물가상승률과 같은 활황기를 겪게 된다. 그 원인은 컴퓨터 등 정보통신 분야의 기술혁신으로 생산성이 향상되었기 때문이다. 이를 강조하여 정보화가 경제성장을 견인하는 시대를 "신경제(New Economy)"라 부르게 되었다. 이를 반영하듯 Oliner and Sichel(2000)이나 Jorgenson and Stiroh(2000), Jorgenson, Ho, Samuels, and Stiroh(2007)는 1990년대 후반의 생산성 증대가 정보통신기술(ICT) 혁명과 아주 밀접한 관계에 있다는 점을 보여주고 있다.[44]

정보통신 혁명을 가능하게 했던 여러 요인 가운데 반도체 가격지수의 하락 추이를 보면, DRAM의 경우 1974~1996년 22년간 연평균 42.1%씩 가격이 하락하여 1/10,000 이상으로 하락하였으며, 메모리칩의 경우 연 37.4% 감소하여 약 1/3,700수준으로 하락하였다.

정보혁명이 생산성에 미친 영향에 관한 연구 가운데에는, 정보화로 인한 기술혁신의 질적 측면을 간과함으로써 발생하게 되는 공식통계의 문제점을 제기하는 연구도 있다. 가령 Nordhaus(1997)는 컴퓨터에만 국한되어 "솔로우의 역설"이 발생한 것

43 New York Times(1987. 7. 12) p. 36.

44 정보화와 생산성에 대한 다양한 논문은 Jorgenson Dale W.(2009), *The Economics of Productivity*, Edward Elgar Publishing Limited 참조.

그림 6 반도체(메모리칩과 DRAM) 가격지수 추이(1974~1996년)

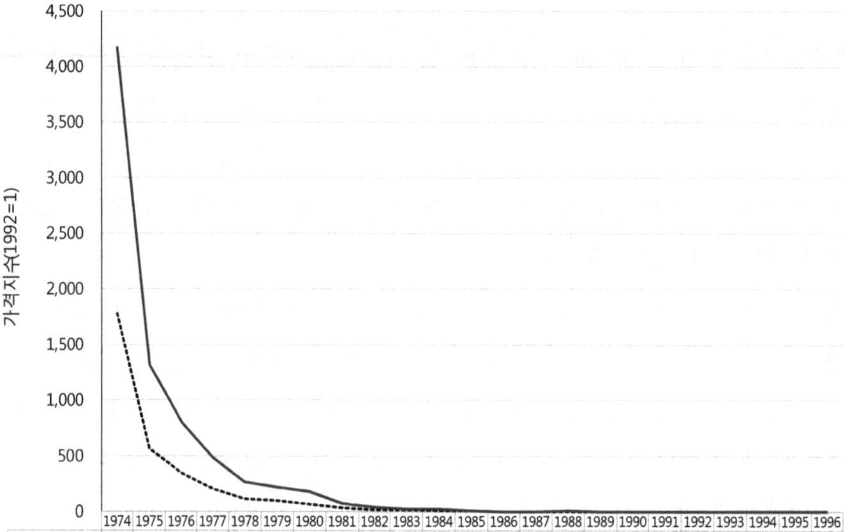

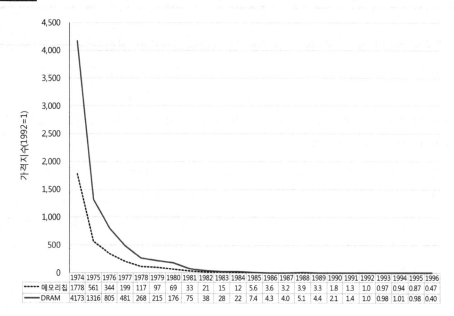

	1974	1975	1976	1977	1978	1979	1980	1981	1982	1983	1984	1985	1986	1987	1988	1989	1990	1991	1992	1993	1994	1995	1996
메모리칩	1778	561	344	199	117	97	69	33	21	15	12	5.6	3.6	3.2	3.9	3.3	1.8	1.3	1.0	0.97	0.94	0.87	0.47
DRAM	4173	1316	805	481	268	215	176	75	38	28	22	7.4	4.3	4.0	5.1	4.4	2.1	1.4	1.0	0.98	1.01	0.98	0.40

자료: Bruce T. Grimm(1998), "Price Indexes for Selected Semiconductors," *Survey of Current Business.*

이 아니라 공식적 가격통계와 산출물 통계자료뿐만 아니라 소비자물가지수에 이런 정보화의 영향이 반영되지 않고 있다고 하면서 "경제사에서 가장 중요한 기술 혁명을 놓치고 있다"라고 주장하였다. 그는 이런 과정에서 소비자 물가가 0.6%포인트 높게 추계됨으로써 그 결과 생산량을 과소평가하게 되었다고 주장하였다.45

아무튼, 1990년대 제3차 산업혁명이라 불리는 정보화 혁명은 생산성 추계에도 불가피하게 많은 영향을 미쳤으며, 이로 인해 전통적인 총요소생산성 측정방법에서 커다란 변화가 초래되는 일대 혁신을 이루게 된다.

45 Nordhaus, William D.(1997), "Traditional productivity estimates are asleep at the (technological) switch," *Economic Journal*, Vol. 107, Issue 444, pp. 1548-1559.

총요소생산성의 결정요인

총요소생산성의 결정요인에 관한 연구는 수없이 많다. 총요소생산성의 정확한 측정을 위한 자료의 작성 방법론, 측정된 총요소생산성의 경제성장에 대한 역할의 의미, 총요소생산성의 시대별 추세에 대한 논쟁 등 지금까지 서술했던 내용도 『생산성의 경제학』에서 중요한 부분을 차지하지만, 이렇게 측정된 총요소생산성의 결정요인이 무엇이냐를 연구하는 것도 아주 중요한 연구주제가 되고 있다.

총요소생산성의 결정요인에 대한 많은 연구결과를 취합해 볼 때, 연구개발, 교육, 보건, 사회간접자본, 무역(수입), 제도, 개방정도, 경쟁환경, 금융 제도의 발전, 지리적 위치, 자본집약도, 기술흡수 능력 등 다양한 요인들이 총요소생산성에 영향을 미치고 있다는 선행연구들을 발견할 수 있다.[1]

또한 기업 차원에서는 기업 내부요인으로 경영자의 능력, 고급노동력, 정보기술, 연구개발, 시행착오, 제품혁신, 기업구조 등이, 기업 외부요인으로 생산성의 이전, 경쟁환경, 규제, 탄력적 요소시장 등이 지적되기도 한다.[2]

여기에서는 이상의 총요소생산성 결정요인들 가운데 특히 『생산성의 경제학』에

1 Anders Isaksson(2007), *Determinants of total factor productivity: a literature review,* Research and Statistics Branch United Nations Industrial Development Organization, Staff working paper 02/2007.

2 Chad Syverson(2011), “What Determines Productivity?” *Journal of Economic Literature* 49:2, pp. 326-365.

서 특별히 중요한 주제가 되는 연구개발, 사회간접자본, 제도, 무역에 대해서 살펴보기로 한다.

표 1 총요소생산성의 주요 결정요인

항목	TFP 결정요인
지식의 창조, 전파 및 흡수	- 경영자 능력과 재능 - 연구개발(R&D) - 지식의 이전 및 확산(무역) - 시행착오 - 신제품 개발 - 기업구조
요소공급 및 효율적 자원배분	- 인적자본 - 정보기술 - 사회간접자본(도로, 전기) - 산업구조변화 또는 자원배분 - 금융제도
제도, 경제통합, 지정학적 위치	- 정치제도 - 경제제도(재산권 등) - 무역 - 국가 위치
경쟁환경, 환경규제	- 경쟁환경 - 환경규제

1. 연구개발

경제학에서는 연구개발(Research and Development: R&D) 투자와 관련해서 다음과 같은 주제들이 주로 언급된다. ① 발명을 위한 활동에 대한 수익감소 여부, ② R&D와 총요소생산성의 관계, ③ 기업 또는 산업 차원에서 R&D 투자의 수익성, ④ 특정 회사나 산업 및 국가의 R&D 활동이 다른 회사나 산업 및 국가에 어느 정도, 얼마나 빨리 이전되는가에 대한 것들이다.[3] 이 중 『생산성의 경제학』과 관련되는 부분은 총요소생산성과 연구개발 투자의 관계나 부분적으로 기술이전 관련 주제가 될

3 Nadiri, M. Ishaq(1993), *Innovations and technological spillovers*, NBER Working Paper No. 4423. Cambridge, Mass.: National Bureau of Economic Research, August.

것이다.

연구개발 투자가 생산량 또는 총요소생산성의 증가와 강한 인과관계가 있다는 것은 일반적으로 잘 알려진 사실이다. 주로 총요소생산성 가운데 순수한 기술변화의 결정요인으로 간주한다. 국가 간 무역은 수출, 해외직접 투자 및 다국적 기업의 연구활동 등을 통해 해당국의 생산성 증대에 긍정적인 영향을 미친다.

『생산성의 경제학』에서 연구개발과 관련된 초기의 시도는 Jorgenson and Griliches(1967)에 의한 것으로 제한된 성공을 거둔 연구시도이다. 생산요소로서 자본스톡과 노동투입을 집계할 때 기술혁신을 위한 연구개발 프로그램에 투입된 생산요소가 여기에 포함되어 있다는 점을 인식한 것이었다. 그래서 잔차의 일부를 설명할 혁신(innovation)은 이미 데이터에 반영되어 있다고 보았다.

결과적으로, 요소투입 자료에 포함된 R&D 투자에 대한 사회적 수익률이 사적 수익률과 같다면 R&D의 효과가 충분히 반영되었을 것이기 때문에 잔차에서 혁신을 나타내는 요인은 사라지게 된다. 반면 사회적 수익률과 사적 수익률 사이에 괴리가 있다면 잔차에 반영된 혁신요소는 외부성(externality)을 반영하는 것이다. 이것은 내생적 기술혁신을 강조하는 신성장이론이 의미하는 바와 같다.

연구개발투자를 총요소생산성 측정을 위한 성장회계식에 명시적으로 도입하려는 시도는 그렇게 성공적이지 못하였다. 주된 이유는 Griliches(1988)가 언급했듯이 직접적 R&D 지출은 본질적으로 기업의 내부적 투자로서 투자재와 관련된 자산가격을 관찰할 수가 없고, R&D 자본 스톡과 관련한 소득 흐름을 관찰할 수 없기 때문이다. 즉 성장회계식을 이용하는 데 필요한 지적 자본 스톡의 양에 대한 추정치가 존재하지 않아서 그 증가율을 구할 수 없으며, 또한 이에 해당하는 비용 몫 자료가 존재하지 않기 때문이다.

아울러 민간기업의 연구개발 투자의 상당 부분은 생산과정(프로세스)에서의 생산성을 높이기 위한 것이 아니라 신제품개발(제품품질의 향상)에 사용되기 때문이다.

하지만 제한적으로 연구개발투자 시계열 자료를 이용하여 초기 R&D 스톡을 계산하고, 이를 생산함수의 생산요소의 하나로 도입하여 계량경제학적인 방법으로 총요소생산성 증가에 대한 역할을 조명하는 방법이 있다. 그래서 연구개발투자와 총요소생산성의 관계에 관한 연구들에서는 계량경제학적 연구방법이 많이 활용된다.[4]

---

4 Griliches, Zvi(1994), "Productivity, R&D, and the data constraint," *American Economic Review*

• **경제학자 소개 10**

모하메드 나디리
(Mohammed Ishaq Nadiri)

모하메드 나디리는 1935년 아프가니스탄에서 출생하였으며, 19세 때 미국으로 이주하였다. 네브래스카 대학(University of Nebraska)을 거쳐, 캘리포니아 버클리 대학(University of California, Berkeley)에서 석사, 박사학위를 받았다.
Dale W. Jorgenson의 지도로 "Investigation of the Predictive and Forecasting Ability of Econometric Investment Functions"이란 제목으로 박사학위를 받았다. 버클리 대학, 노스웨스턴 대학(Northwestern University), 시카고 대학(University of Chicago), 컬럼비아 대학(Columbia University in the City of New York)에서 강의한 바 있고, 1970년부터 뉴욕대학(New York University) 교수로 있다.
나디리는 기술변화와 경제성장에 대한 100편 이상의 논문을 유명저널에 발표한 바 있고, 10여 권의 저서를 저술했다.[5]

연구개발과 총요소생산성 간의 밀접한 인과관계를 조명한 연구로 중요한 것은 Lichtenberg(1993), Coe and Helpman(1995), Coe, Helpman and Hoffmeister(2009), Bassanini et al.(2001), Guellec and Van Pottelsberghe de la Potterie(2004), Khan and Luintel(2006) 등에서 발견된다.[6] 본서에서는 이에 대한 자세한 설명은 생략하기로 한다. 『생산성의 경제학』의 범주 바깥에서 또 다른 새로운 영역으로 발전하고 있기 때문이다.

84(1): pp. 1-23.

5 http://www.econ.nyu.edu/dept/vitae/nadiri.htm

6 Bassanini, A. and S. Scarpetta(2001), *Does human capital matter for growth in OECD countries? Evidence from pooled mean-group estimates*, OECD, Economics Department Working Papers, No. 282, Paris.; Coe, D. T. and E. Helpman(1995), "International R&D spillovers," *European Economic Review*, 39(5), pp. 859-887.; Coe, D. T., E. Helpman and A.W. Hoffmaister(2009), "International R&D spillovers and institutions," *European Economic Review* 53(7), pp. 723-741.; Guellec, D. and B.P. van Pottelsberghe de la Potterie(2004), "From R&D to productivity growth: do the institutional settings and the source of funds of R&D matter?" *Oxford Bulletin of Economics and Statistics*, 66(3), pp. 353-378.; Khan, M. and K.B. Luintel(2006), *Sources of knowledge and productivity: how robust is the relationship?* OECD, STI/Working Paper 2006/6, Paris.; Lichtenberg, F. R.(1993), "R&D investment and international productivity differences," in: H. Siebert(ed.), *Economic Growth in the World Economy*, Mohr, Tubingen, pp. 1483-1491.

• **경제학자 소개 11**

즈비 그릴리커스
(Griliches, Zvi)

즈비 그릴리커스는 1930년 리투아니아(Lithuania)의 유태인 가정에서 태어났으며 1999년 69세로 사망하였다. 제2차 세계대전 기간에는 다하우(Dachau) 강제수용소에서 보냈고 1947년 팔레스타인으로 이주하여 이스라엘 군에 입대하였다.

이후 캘리포니아 버클리 대학(University of California, Berkeley)에서 농업경제를 공부하였고, 1957년 시카고 대학(University of Chicago)에서 Theodore Schultz 교수의 지도로 "Hybrid Corn: An Exploration in the Economics of Technological Change"란 논문으로 경제학 박사학위를 받았다.[7]

여러 분야에서 연구업적을 보였지만 기술혁신, 기술확산, R&D, 특허, 생산함수, 성장회계 등의 분야에서 큰 업적을 남겼다.

많은 유명 경제학자들도 배출하였는데 그가 박사학위 논문을 지도한 학생들 가운데에는 Yehuda Grunfeld, Gangadharrao Maddala, Edgar Thornber, Robert Barro, Ariel Pakes, Mark Schankerman, David Neumark, Clint Cummins 등이 있다.

2. 기업가 정신

연구개발투자와 생산성 간에 아주 강한 실증적 관계가 있다는 점은 많은 연구에서 잘 알려져 있다. 하지만 보다 정확한 인과관계는 연구개발 투자가 아니라 혁신과 생산성 증대와의 관계에 대한 것이다. 바로 연구개발 투자를 혁신으로 연결하는 과정에서 조직과 기업가 정신(entrepreneurship)이 중요한 요인으로 등장하게 된다.[8]

경제성장이나 고용에 대한 기업가 정신의 역할에 대해서는 광범위한 연구조사가 이루어진 바 있으나 기업가 정신의 장기적 경제성장 또는 생산성과의 관계를 보

7 https://www.nap.edu/read/10269/chapter/6

8 Audretsch, D. B. and M. Keilbach(2004a), "Does entrepreneurship capital matter?" *Entrepreneurship Theory and Practice*, 28(5), pp. 419-429.; Audretsch, D. B. and M. Keilbach(2004b), "Entrepreneurship and regional growth: an evolutionary interpretation," *Journal of Evolutionary Economics*, 14(5), pp. 605-616.; Michelacci, C.(2003), "Low returns in R&D due to the lack of entrepreneurial skills," *The Economic Journal*, 113(484), pp. 207-225.

여주는 연구는 찾기 힘들다.[9]

기존 연구에서 기업가 정신과 경제성장 또는 총요소생산성 간의 장기적 인과관계를 찾기 힘들었기 때문에 정부 정책수행의 근거로서 기업가 정신의 중요성을 강조하는 것은 다소 근거가 취약하다. 심지어 OECD에서도 공공정책에서 기업가 정신의 중요성이 관심을 끌면서도 경제성장에 있어서 기업가 정신의 중요성은 여전히 애매하다고 했다. 즉, "많은 연구자는 기업가 정신과 성장 간의 인과관계에 대해 논의를 한다. 그러나 여전히 그 관계가 애매하지만 대부분 기업가 정신을 원하고 있다"라고 하였다.[10]

기업가 정신이 경제성장 또는 생산성 증가에 매우 중요한 요인임에도 불구하고 이처럼 그 인과관계가 제대로 밝혀지지 않고 있는 것은 체계적으로 작성된 양질의 기업가 정신에 대한 데이터가 부족하기 때문이다.[11] 또 다른 이유는 경제발전의 단계에 따라 기업가 정신이 현실화되는 관계가 아주 복잡하기 때문이다.[12]

기업가 정신에 관한 광범위한 연구를 수행한 Parker(2009)에서 저자는 기업가 정신이 장기적인 성장으로 이어진다는 사실을 받아들이기를 주저하였다. 경제변수와 경제성장 또는 총요소생산성 간의 장기적인 관계를 조사하는 연구에서는 기업가 정신을 고려하지 않고 있거나, 있다 하더라도 그 효과가 장기적으로 의미가 없거나 오히려 부(-)의 관계에 있는 경우가 많다고 하였다.[13]

---

9 Bleaney, M., and A. Nishiyama(2002), "Explaining growth: a contest between models," *Journal of Economic Growth*, 7(1), pp. 43-56.

10 OECD(2006), *Understanding entrepreneurship: developing indicators for international comparisons and assessments*, STD/CSTAT(2006)9, Paris.

11 최근에는 몇몇 기구(GEM, GEDI, OECD)에서 기업가 정신에 대한 체계적인 자료들을 발표하고 있다.

12 Carree, M. A., A. J. Van Stel, A. R. Thurik and A. R. M. Wennekers(2007), "The relationship between economic development and business ownership revisited," *Entrepreneurship and Regional Development,* 19(3), pp. 281-291.; Thurik, A. R., M. A. Carree, A. J. van Stel and D. B. Audretsch(2008), "Does self-employment reduce unemployment?" *Journal of Business Venturing,* 23(6), pp. 673-686.

13 Parker, S. C.(2009), *The Economics of Entrepreneurship*, Cambridge University Press, Cambridge. pp. 324-330.

3. 사회간접자본

사회간접자본(도로, 항만, 철도, 상하수도, 전기공급 등)의 개선이 생산성 증대에 큰 역할을 할 것이라는 것은 의심의 여지가 없다. 하지만 다른 연구주제에 비해 사회간접자본과 총요소생산성의 관계를 정량화하는 작업은 활발하지 않았다.

하지만 대표적으로 사회간접자본과 생산성의 관계를 연구한 예는 Aschauer(1989)에서 발견된다. 여기서는 미국에서 사회간접자본에 대한 공공투자의 투자수익이 매우 큰 것으로 보았다.[14] 이는 사회간접자본 투자가 빈약할 경우 투자수익률이 당연히 높을 것으로 추측한 것이다.[15]

특별히 여기에서 사회간접자본의 생산성 증대와의 관계에 대해 언급하는 이유는 이 연구에서 1970년대의 총요소생산성 둔화가 공공투자 감소율과 관련이 있다고 주장하였기 때문이다. 사회간접자본의 부족이 총요소생산성 둔화의 원인으로 지적되었던 것이다.

우리나라도 1980년대 사회간접자본 부족을 경험한 바 있다. 박승록 외(1997)에서는 1973~1992년간 사회간접자본의 산출탄력성이 자본스톡의 산출탄력성 0.17보다 큰 0.20을 보였으며, 당시 사회간접자본은 사회가 필요한 것의 68.6%밖에 충족하고 있지 못하다고 평가한 바 있다.[16]

Munnell(1992)에서도 공공투자가 민간투자, 생산 및 고용증대에 긍정적인 영향을 미친다고 주장하였다.[17] 또한 Eisner(1993), Nadiri and Mamuneas(1994), Easterly, W. and S. Rebelo(1993) 같은 연구에서도 사회간접자본이 생산 및 생산성 증가에 긍정적 영향을 미친다고 주장한 바 있다.[18]

---

14 Aschauer, D. A.(1989), "Is Public Expenditure Productive?," *Journal of Monetary Economics*, 23, pp. 177-200.

15 Aschauer(1989), Munnel(1990), Holtz-Eakin(1988)은 사회간접자본의 산출탄력성을 0.3-0.4로 추계하고 있으며, Ford and Poret(1991)은 9개의 OECD 국가를 대상으로 한 횡단면분석에서 사회간접자본의 총요소생산성 증가에 대한 탄력성의 크기를 0.45로 추계하고 있다.

16 박승록 · 이상권(1996), 한국에서 사회간접자본의 경제적 의미, 『국제경제연구』, 제2권 1호, pp. 15-34.

17 Munnell, A. H.(1990), "Why has Productivity Growth Declined? Productivity and Public Investment," *New England Economic Review*, January/February, pp. 3-22.

18 Eisner, R.(1993), *Real Government Saving and the Future*, Presented at the session of the American Economic Association Annual Meetings of Public Investments, Infrastructure and Economic Growth, Anaheim, California.; Nadiri, I. M. and M. Schankerman(1981), "Technical

표 2 한국에서 사회간접자본의 역할

	1973-80	1980-92	전체(1973-92)
자본스톡의 산출탄력성(εQK)	0.085	0.251	0.170
사회간접자본의 산출탄력성(εQG)	0.199	0.215	0.208
자본스톡의 충족도(K/K*)	0.707	1.102	0.920
사회간접자본 충족도(G/G*)	0.759	0.624	0.686
배분적 비효율성(AI)	0.080	0.119	0.101

자료: 박승록·이상권(1996), 한국에서 사회간접자본의 경제적 의미, 『국제경제연구』, 제2권 1호.

투자자의 관점에서 볼 때 사회간접자본에 대한 공공투자는 민간자본 투자와 대체관계에 있어서 민간투자를 구축(crowding out)할 수도 있다는 연구결과도 있다. Aschauer and Lachler(1998)는 1970~1990년간 세계 46개 개도국 경제에 있어서 낮은 수준의 사회간접자본에 대한 공공투자는 민간투자를 유발하는 효과가 있지만, 과도한 부채를 가진 나라에서의 공공투자는 그 반대 효과를 가져왔다고 하였다.[19]

그리고 Dessus and Herrera(2000)에서는 1981~1991년간 28개 개도국을 대상으로 한 연구에서 공공투자의 축적은 장기적으로 국민소득 증가를 가져오는데 공공자본과 사적 자본 스톡의 한계 생산성은 거의 같은 크기를 보인다고 했다. 그렇지만 과도한 공공 투자는 경제성장에 해를 끼치는 것으로 분석하고 있다.[20]

Hulten(1996)은 중·저소득 국가에서 사회간접자본이 더욱 중요하다는 주장하고 있다. 1970~1990년간 이들 국가를 대상으로 한 연구에서 비효율적인 사회간접자본이 실질 GDP에 미치는 악영향은 공공투자 증가율의 7배나 된다고 하였다. 또한 사회간접자본이 비효율적으로 구축된 국가는 새로운 사회간접자본을 투자하더라고 그 효과가 작아서 성장에 제약을 가한다고 하였다. 가령, 4개의 동아시아 국가(연평균 3.26% 경제성장)와 17개 아프리카 국가(연평균 성장률 -0.2%)를 비교할 때 성장률 차이의 25%(부분적으로 총요소생산성의 차이)는 비효율적인 사회간접자본에 기인한다고 하

Change, Returns to Scale and Productivity Slowdown," *American Economic Review,* 71(2), pp. 314-319.; Easterly, W. and S. Rebelo(1993), "Fiscal Policy and Economic Growth: An Empirical Investigation," NBER Working Paper No. 4499, Cambridge, MA: NBER.

19 Aschauer, D.A. and Lachler, U.(1998), "Public Investment and Economic Growth in Mexico", Policy Research Working Paper No. 1964, Washington, DC: The World Bank.

20 Dessus, S. and R. Herrera(2000), "Public Capital and Growth Revisited: A Panel Data Assessment, *Economic Development and Cultural Change*, Vol. 48(2), pp. 407-418.

였다.[21]

이런 점에서 볼 때 총요소생산성의 결정요인으로서 사회간접자본의 역할은 매우 중요하다. 특히 개도국의 경우 사회간접자본과 경제성장, 또는 총요소생산성 증가와의 관계는 『생산성의 경제학』 매우 중요한 주제가 될 수 있다.

4. 제도

오늘날 경제학자 대부분은 경제성장에서 제도(institutions)의 역할과 그 중요성에 대해서 의문을 갖지 않는다. 제도와 경제성장 또는 총요소생산성의 관계에 관해서는 많은 연구가 있지만[22] 다양한 제도를 통합적으로 설명한 사례는 찾기 힘들다. 다만 최근 여러 국제기구가 제도 관련 변수들을 작성하기 시작함으로써 생산성 연구에서도 제도 관련 연구가 점차 활발해질 것으로 기대된다.

제도 가운데 특히 중요한 재산권에 대해 North(1981)는 다음과 같이 언급한 바 있다.

"무엇이 신기술과 순수 과학지식의 발전속도를 결정할까? 기술변화의 경우, 새로운 기술개발에 따른 사회적 수익률은 항상 높을 것이다. 그러나 새로운 기술개발에 따른 사적 수익률을 높이는 수단이 갖추어질 때까지 새로운 기술을 생산하는 데 있어서 진전이 느릴 것으로 예상할 수 있다. 인류 역사를 통해 인간들은 지속해서 새로운 기술을 개발해 왔다. 그러나 그 속도는 느렸고, 간헐적이었다. 주된 이유는 신기술 개발에 대한 유인이 단지 산발적으로 일어났기 때문이다. 일반적으로 혁신은 다른 사람들이 아무런 비용을 들이지 않고 해당 혁신을 달성한 발명자 또는 혁신자에 대한 보상 없이 복제할 수 있다. 불과 최근까지 혁신에 대한 체계적인 재산권을 보장하는 데 실패하였기 때문에 기술변화의 속도가 아주 느렸다."[23]

---

21 Hulten, C. R.(1996), "Infrastructure Capital and Economic Growth: How Well You Use It May Be More Important Than How Much You Have,"NBER Working Paper No. 5847, Cambridge, MA: NBER.

22 주로 Jones and Vollrath(2013), "7.7 The Choice of Social Infrastructure," in *Introduction to Economic Growth*, W. W. Norton & Company, pp. 171-174를 인용하였다.

아울러 경제성장을 연구한 Jones(2002)는 재산권의 하나로서 특허와 저작권에 대해 다음과 같이 언급하면서 재산권이 경제성장에 매우 큰 역할을 하였다는 점을 지적하고 있다. "특허와 저작권은 발명가에게 새로운 아이디어의 개발에 필요한 초기비용을 부담할 이윤을 누릴 수 있게 해주는 제도이다. 지난 2세기 동안 세계 경제는 역사적으로 경험해 보지 못한 인구, 기술, 일인당 소득의 지속적인 고도성장을 경험했다. 만약 재산권이 없는 경제를 생각해보자. 우선 발명가는 연구를 시도할 유인이 되는 이윤을 누릴 수 없으므로 연구 활동을 하지 않게 된다. 연구가 없으면 새로운 아이디어가 창조되지 않고, 기술발전이 없을 것이며, 일인당 소득의 증가도 없을 것이다. 산업혁명 전 세계의 모습이 바로 이런 상황이었다."[24]

올슨(Mancur Olson)의 연구는 제도의 중요성에 대해 단정적으로 말해준다. 올슨은 역사적으로 전쟁과 같은 큰 사건의 경험에서부터 얻은 제도나 정부정책과 관련된 자연적 실험(natural experiment)의 결과를 언급하고 있다. "가령 남한과 북한, 통일 전 서독과 동독, 홍콩과 중국은 과거 역사적으로 하나의 나라였으며, 각 지역의 사람들은 비슷한 문화를 가지고 있고, 지리적 조건에서도 서로 큰 차이가 없었다. 더욱 중요한 것은 두 지역의 국민은 상대적으로 비슷한 수준의 소득을 가지고 있었다. 이들 국가는 전쟁을 통해 별개의 나라로 분리되었으며, 그로 인해 다른 형태의 정부와 제도를 가지게 되었다. 불과 몇 세대 만에 남한은 극적인 경제 기적을 달성한 나라가 되었고 북한은 세계에서 가장 가난한 나라의 하나가 되었다. 1989년 베를린 장벽이 무너지기 전까지 동독의 생활 수준은 서독의 생활 수준과 비교할 수 없을 정도로 낮았다. 그리고 중국은 최근 20~30년간 고도성장을 하였음에도 불구하고 중국의 일인당 GDP는 홍콩의 1/5에 지나지 않는다. 경제적 성과에서 인접한 이들 국가의 극적인 차이는 정부정책과 경제학자들이 제도라고 부르는 규칙과 규정의 차이에서 온다."[25]

재산권, 법에 따른 통치, 계약과 집행, 권력의 분산과 같은 제도적 여건이 경제

---

23 North Douglas C.(1981), *Structure and Change in Economic History*, New York: W. W. Norton, p. 164.

24 Jones C. I.(2002), *Introduction to Economic Growth*, W. W. Norton & Company, p. 121.

25 Olson, Mancur(1996), "Distinguished Lecture on Economics in Government: Big Bills Left on the Sidewalk: Why Some Nations Are Rich, and Others Poor," *Journal of Economic Perspectives*, Vol. 10, No. 2, Spring, pp. 3-24.

적 성공에 있어서 필수적이다. 이런 것들이 보장되지 않으면, 물적 자본, 인적 자본, 기술개발을 위한 투자비용이 너무 커지게 되어 그 편익을 초과하게 된다. 그 결과 투자가 방해를 받게 된다. 이런 제도적 차이 때문에 국가 간 총요소생산성 수준이나 자본축적에서 차이가 생기게 된다.

제도와 경제적 성과, 즉 경제성장이나 총요소생산성의 관계에 관한 연구는 최근에 더욱 활발해지고 있다. 국제기구에서 제도 관련 변수들도 다양하게 발표되고 있어서 연구기반도 잘 갖추어지고 있다. 따라서 앞으로 총요소생산성의 결정요인으로서 제도의 역할에 관한 많은 연구가 기대되고 있다. 본서에서도 이런 점을 고려하여 관련 자료의 활용과 방법론에 대해 별도의 장에서 설명할 것이다.

5. 기술이전

기술적 측면에서의 지식은 소수의 선진국에서 주로 창출된다. 많은 국가는 직접 최첨단 기술을 창출할 수 없으므로 다른 곳에서 취득해야 한다. 그래서 어떤 나라의 총요소생산성은 다른 나라로부터의 기술이전에 의해 증가하게 된다. 동아시아 여러 나라의 경제 기적도 이 같은 기술이전에 의해 달성된 측면이 있다.

지식이 국경을 넘는 방법에는 여러 가지 방법이 있다. 가령 기술은 종종 상품 자체에 포함되어 있다. 따라서 상품의 수입을 통해 상대적으로 높은 지식이 이전될 수 있다. 무역은 일반적으로 국제적인 접촉을 증가시킴으로써 기술을 배울 기회를 제공해 준다. 선진국들이 다른 나라에 직접 공장을 세우는 외국인 직접투자 역시 해당국에 기술이전을 수반하게 된다. 지식의 운반자로서의 무역과 외국인 직접투자는 총요소생산성 증가에 간접적인 영향을 미치게 된다.

전통적으로 외국인 직접투자는 선진기술과 우수한 조직형태를 산업화한 국가에서 개발도상국으로 이전하는 핵심통로가 되어 왔다. 또한 외국인 직접투자는 현지공급 업체나 고객과 접촉함으로써 해당국으로 지식의 유출이란 외부효과를 창출했다. 해당국에서는 이런 긍정적인 효과를 보다 강화하기 위해 조세감면 등 여러 인센티브를 제공하기도 했다.

또한 무역은 해외로부터 지식을 조달하는 운반체의 역할을 한다. 많은 나라는 상대적으로 진보된 외국의 생산기술을 국내생산에 활용하는 방법으로서 수입을 활용하고 있으므로 이로 인해 총요소생산성 증가에 긍정적 역할을 미친다. 특히 외국의 연구개발투자 효과가 체화된(embodied) 기계류나 장비 등 자본재 수입은 수입국에 많은 기술 이전을 가져온다.

자본재를 통한 해외 기술이전은 개도국의 성장에 기여하고 있다. 총요소생산성의 경제성장에 대한 기여를 평가할 때 개도국의 총요소생산성 크기에 대한 해석에서 많은 논란이 있었다. 개도국은 해외에서 수입된 자본재를 활용하여 성장하게 되는데 이때 기술혁신은 자본에 체화되어 나타나게 된다. 따라서 솔로우의 성장회계식에서 추정하는 체화되지 않은 기술변화는 매우 낮을 수밖에 없다는 것이다. 이런 점에 대해서는 동아시아 경제성장의 기적이란 별도의 장에서 자세히 살펴본다.

6. 인적 자본

물적 자본 스톡이란 생산 활동에 도움이 되도록 경제가 축적하는 기계나 장비, 건물의 축적된 양(스톡, stock)을 말한다. 반면 인적 자본이란 더욱 생산적인 근로자가 되기 위해 개인이 축적하게 되는 기술의 축적이다. 대표적인 인적 자본의 사례는 대학교육으로서 이를 통해 얻은 지식과 기술은 노동력을 보다 생산적인 사회의 구성원으로 만든다.

인적 자본은 대학교육뿐만 아니라 초등학교에서 글을 배운다거나, 근로자가 작업현장에서 활용되는 타워크레인의 조작법을 익힌다거나, 의사가 특별한 수술방법을 배우는 것을 통해서도 축적된다. 국가 간 총요소생산성 수준에서의 차이는 부분적으로 근로자가 다른 수준의 인적 자본을 가지고 있기 때문이다.

총요소생산성의 측정에서 이제 노동투입은 인적 자본을 포함해서 측정되는 것이 일반화되었다. 따라서 인적 자본은 총요소생산성의 결정요인으로 추계하기보다 노동투입 일부로서 추계하는 것이 생산성 연구에서의 현실이다.

인적 자본에 대한 대표적인 데이터 세트는 Barro and Lee(2013)의 자료인데 세계 146개국의 1950~2010년간 5년 단위로 성인인구의 교육기간을 지표화한 자료로서 그동안 많은 연구에서 활용되고 있다.[26] 하지만 이 자료의 문제점이 제기되면서 Cohen and Leker(2014)는 95개 국가에 대해 1960~2020년간 10년 단위로 인적 자본을 측정하고 있다.[27] 또한 펜 월드 테이블에서는 최근 pwt 9.0부터 이 두 자료를 결합하여 새로운 인적 자본 지수를 작성하고 있다.[28]

7. 자원 배분의 왜곡

국가나 기업 등 경제주체 간의 총요소생산성의 차이는 자원 배분의 왜곡에서 올 수 있다. 자원 배분의 왜곡이란 국가, 산업, 또는 기업에서 노동과 자본투입을 적절히 배분하여 사용하지 못함으로 인해 초래되는 비효율이다. 자원이 효율적으로 배분된다면 경제 주체들 간에 노동과 자본의 한계생산물 가치가 같아야 한다. 따라서 자원이 효율적으로 배분된다면 당연히 총요소생산성이 증가할 수 있다.

Chang-Tai Hsieh and Pete Klenow(2009)에 의하면 국가 간 자원 배분의 왜곡 효과가 상당한 수준이라고 한다. 중국과 인도 제조업의 노동과 자본투입의 한계생산물을 추정한 결과 자원 배분의 왜곡이 시정된다면 총요소생산성을 약 40% 증가시킬 수 있다고 하였다.[29]

총요소생산성에 관한 연구가 발전하면서 총요소생산성의 구성요인으로 자원 배분의 왜곡을 측정하는 방법까지 개발되고 있다. 자원 배분의 왜곡에 따른 생산성 하락 정도는 본서의 별도의 장에서 언급하게 된다.

26 http://www.barrolee.com/; Barro, R. J. and Lee, J. W.(2013), "A new data set of educational attainment in the world, 1950~2010," *Journal of Development Economics,* 104: pp. 184-198.

27 Cohen, Daniel and Marcelo Soto(2007), "Growth and human capital: good data, good results," *Journal of Economic Growth* 12(1): pp. 51-76., Cohen, Daniel and Laura Leker(2014), "Health and Education: Another Look with the Proper Data," mimeo, Paris School of Economics.

28 이에 대한 자세한 설명은 http://www.rug.nl/ggdc/docs/human_capital_in_pwt_90.pdf 참조.

29 Chang-Tai Hsieh and Pete Klenow(2009), "Misallocation and Manufacturing TFP in China and India," *Quarterly Journal of Economics*, Vol. 124, pp. 1403-1448.

8. 자본 스톡과 가동률

생산함수는 식 1에서 보듯이, 종속변수가 산출물, 독립변수가 자본과 노동투입으로 정의된다. 자본과 노동을 생산요소로 투입하여 산출물을 생산한다는 의미이다. 그런데 산출물과 노동투입은 특정 기간에 생산된 양과 투입된 양을 나타내기 때문에 유량(flow)의 개념이지만 자본투입은 과거부터 축적된 양으로 저량(stock)의 개념이다. 생산함수를 이용하여 총요소생산성 증가율을 의미하는 잔차를 구하게 되면 이 유량의 개념이 되고, 생산함수에서 의미를 찾는다면 생산함수의 이동을 나타낸다.

물론 생산에 투입되는 자본재가 특정 기간(년) 단위로 임대된다면 자본투입은 문제가 되지 않는다. 따라서 자본투입을 노동투입과 구분할 이유가 없다. 하지만 자본재는 종종 소유자가 직접 사용하는 생산요소이다. 따라서 자본의 스톡 자체나 자본으로부터 나오는 자본서비스의 흐름은 관측하기 힘들다. 때로는 자본 스톡을 영구재고법을 사용하여 계산할 수도 있다. 하지만 자본으로부터의 서비스 흐름을 제대로 파악하는 방법은 없다.

경제활동은 경기순환에 따라 호황과 불황을 겪게 된다. 공장, 기계 등 자본재의 신증설에는 시간이 필요하므로 자본 스톡은 노동투입과 같이 신속하게 수요량을 조정할 수 있는 것이 아니다. 따라서 불황기에는 자본의 활용도, 즉 가동률이 하락한다.

만약 이때 자본 스톡 데이터를 사용하여 잔차를 계산한다면 잔차는 가동률과 함께 같은 주기(procyclicality)로 변동하게 된다. 만약 잔차가 가동률에 영향을 받게 된다면 잔차의 장기적 변동요인의 동태나 추세 변화에서 의미있는 구조변화를 확인하기 어렵다.

자본 스톡에서 나오는 자본서비스의 흐름을 이용하지 않고, 자본 스톡을 이용하여 잔차를 계산한다면 경제가 불황일 경우 생산성이 줄어든다. 따라서 1970년대의 전반적인 생산성 둔화가 바로 이런 점을 고려하지 않은 측정상의 오류 때문에 발생했다고 할 수도 있다.

이런 문제를 고려해서 Jorgenson and Griliches(1967)는 전기 사용량의 변동을 기준으로 측정한 가동률 측정치를 이용하여 조정된 자본 스톡을 사용했다.[30] 데니슨

30 Jorgenson, Dale W. and Zvi Griliches(1967), "The Explanation of Productivity Change," *Review*

과 이에 대한 논쟁이 있었지만, 본질적인 문제는 어떤 형태의 가동률 척도를 사용하느냐는 것이었다. 그럼에도 자본의 가동률 측정치를 직접 자본의 사용자 비용에 반영하는 방법이나 실제로 활용되지 않은 자본의 기회비용의 처리방법은 해결하지 못했다.

이런 문제는 계량경제학적인 방법론에 의해 해결되었다. Berndt and Fuss(1986)는 자본 스톡을 단기적으로 준 고정된(quasi-fixed) 투입물이라고 간주하고, 자본소득은 현재 사용된 요소투입에 대한 대가를 지불한 후 남게 되는 잔차(residuals)라고 보았다.[31] 기본적인 국민소득 결정 항등식에서 자본소득은 $rK = PQ - wL$와 같이 잔여로 계산된다. 여기서 K는 자본 스톡이고 r은 한 기간의 자본에 대한 사후적 사용자 비용이 된다.

만약 경기변동이 있다면 자본에 대한 사후적 수익률은 변동할 것이다. Berndt and Fuss(1986)의 관점은 바로 이런 사후적 사용자 비용이 자본의 실제 단기적 한계생산물을 반영하므로 총요소생산성 증가라는 잔차를 계산하는 데 적절하다는 것이었다. 또한 자본의 사후 사용자 비용은 이미 수요변동을 반영하고 있으므로 별도의 조정이 필요하지 않다는 것이었다.

하지만 이런 접근방법도 경기순환과정에서 기업의 진입 및 퇴출이란 점을 고려하지 않았기 때문에 자본에 대한 부분적인 조정에 불과하다고 할 수 있다. Berndt and Fuss(1986)에서의 이런 통찰력은 계량경제학적 접근법에서 단기 비용함수 접근법을 통해 활용되고 있다.

of Economic Studies, 34, pp. 349-383.

31 Berndt, Ernest R. and Melvyn A. Fuss(1986), "Productivity Measurement With Adjustments for Variations in Capacity Utilization, and Other Forms of Temporary Equilibrium," *Journal of Econometrics*, 33, pp. 7-29.

총요소생산성 분석의 다양한 주제

1. 쌍대 이론과 비용 측면의 성장회계식

지금까지 살펴보았던 솔로우(Solow)의 성장회계식은 집계생산함수에서 정의된 산출물과 투입물로부터 유도된 것이었다. 그러나 성장회계식은 솔로우나 졸겐슨과 그릴리커스(Jorgenson and Griliches)가 전제로 했던 동일한 가정하에서 투입물의 가격변수를 이용하여 정의할 수 있다.

Jorgenson and Griliches(1967)는 제1장 식 1의 국민회계 항등식으로부터 다음 식 1을 유도했다.[1] 이 식은 총요소생산성 계산을 위한 성장회계식이 수량지표나 가격지표로부터 각각 구해질 수 있다는 사실과 더불어 생산함수에 대응하는 비용함수로부터도 구해질 수 있다는 것을 의미한다. 그래서 생산함수로부터 성장회계식을 정의하는 것을 수입 측면(revenue side 혹은 primal side)의 성장회계식이라고 하고, 비용함수로부터 성장회계식을 정의하는 것을 비용 측면(cost side 혹은 dual side)의 성장회계식이라고 한다.

1 Jorgenson, Dale W. and Zvi Griliches(1967), "The Explanation of Productivity Change," *Review of Economic Studies*, 34, pp. 349-383.

$$TFP_t = \frac{\dot{A}_t}{A_t} = \frac{\dot{Q}_t}{Q_t} - S_t^L \frac{\dot{L}_t}{L_t} - S_t^K \frac{\dot{K}_t}{K_t}$$

$$= -\frac{\dot{p}_t}{p_t} + S_t^L \frac{\dot{w}_t}{w_t} + S_t^K \frac{\dot{r}_t}{r_t} \quad \cdots\cdots\cdots 1$$

Hsieh, C. T.(2002)는 이런 접근법이 개도국의 생산성 측정에서 그 유용성을 찾을 수 있나고 하였나.[2] 즉, 새도국의 경우 가격사료가 물량사료보나 신뢰성이 있으므로 가격자료를 이용할 경우보다 정확한 생산성 추계가 가능하다는 것이다. 따라서 이런 연구는 개도국의 총요소생산성 증가가 미미하다는 Young(1992, 1995)의 주장을 비판하는 데 이용되기도 하였다.[3] Hall(1968)에서는 비용 측면의 생산성 측정방법이 자본재의 질적 개선, 즉 자본에 체화된 기술변화가 일어날 때 이것이 가격에 반영되기 때문에 자본에 체화된 기술변화를 반영한 총요소생산성의 측정이 가능하다고도 하였다.[4]

전술한 바와 같이 수입 측면과 비용 측면의 성장회계식은 매우 제한적인 조건에서는 같은 측정치를 제공해 주지만, 만약 후술하는 바와 같이 시장의 불완전성, 규모에 대한 수확체증의 조건이 도입되면 서로 다른 측정치를 제공한다. 그래서 성장회계식에서도 이런 상황을 고려하여 일반화된 성장회계식을 정의할 필요가 있게 된다. 이는 별도의 장에서 다시 살펴보게 된다.

2 Hsieh, C. T.(2002). "What explains the industrial revolution in East Asia? Evidence from the factor markets," *American Economic Review* 92(3), pp. 502-526.

3 Young, A.(1992), "A tale of two cities: Factor accumulation and technical change in Hong Kong and Singapore," In: Blanchard, O. J., Fisher, S.(Eds.), *NBER Macroeconomics Annual*. MIT Press, Cambridge, MA, pp. 13-53.; Young, A.(1995), "The Tyranny of numbers: Confronting the statistical realities of the east Asian experience," *Quarterly Journal of Economics* 110(3), pp. 641-680.

4 Hall, R. E.(1968). "Technical change and capital from the point of view of the dual," *Review of Economic Studies* 35, pp. 34-46.

2. 시장의 불완전성과 총요소생산성

총요소생산성의 측정을 위한 성장회계식은 매우 제한적인 가정하에서 유도된 것이다. 이런 전제조건 중에서 중요한 것은 규모에 대한 수확 불변, 완전경쟁 시장의 조건이다. 성장회계식을 유도하는 데 사용되는 생산함수는 노동과 자본을 모두 가변 생산요소로 간주하기 때문에 자본에 대한 수요 역시 즉각적으로 조정할 수 있다는 것이다. 따라서 자본이 항상 완전가동된다는 것을 의미한다. 그런데 이런 가정을 완화하여 시장의 불완전성, 규모에 대한 수확체증 또는 체감, 자본의 가동률을 고려하게 되면 성장회계식은 그 형태가 더욱 복잡해지게 된다.

Morrison(1990)은 이런 점을 고려하여 성장회계식을 보다 일반화하고 있다.[5] 우선 Solow(1958)에서 소개된 수입 측면에서의 총요소생산성 측정법에서 시작해보자. 보다 일반적으로 표기하기 위해 수학적 표기법을 약간 달리하기로 한다.

$$\frac{\partial \ln Q}{\partial t} = \frac{\dot{Q}}{Q} - M^L \frac{\dot{L}}{L} - M^K \frac{\dot{K}}{K} = \epsilon_{Qt} \quad \cdots\cdots 2$$

여기서 다른 모든 표기는 전술한 바와 같지만, 총요소생산성 증가율은 생산함수의 이동을 나타낸다는 측면에서 $\partial \ln Q / \partial t$ 또는 시간의 변화에 따른 생산량의 탄력성, ϵ_{Qt}로 표기하였다. 또한, 생산 측면에서 총요소생산성을 측정하는 성장회계식이므로 수입 몫(revenue share)은 M^L, M^K로 표기하였다.

같은 가정하에서 비용 측면에서 총요소생산성 증가를 표현하면 다음과 같이 나타낼 수 있다. 즉,

$$\frac{\partial \ln C}{\partial t} = \frac{\dot{C}}{C} - \frac{\dot{Q}}{Q} - S^L \frac{\dot{L}}{L} - S^K \frac{\dot{K}}{K} = \epsilon_{Ct} \quad \cdots\cdots 3$$

여기서 총요소생산성 증가는 비용함수의 이동을 나타낸다는 측면에서 $\partial \ln C / \partial t$

5 Catherine J. Morrison(1990), *Market Power, Economic Profitability and Productivity Growth Measurement: An Integrated Structural Approach*, NBER Working Paper No. 3355.

또는 시간의 변화에 따른 비용의 탄력성, ϵ_{Ct}로 표기하였다. 또한, 비용 측면에서 총요소생산성을 측정하는 성장회계식이므로 비용 몫(cost share)은 S^L, S^K로 표기하였다.

이미 살펴본 바와 같이 완전경쟁 시장, 규모에 대한 수확 불변, 가변 생산요소로서 자본의 수요량이 즉각적으로 조정된다면 수입과 비용은 같아지므로 $PQ = C$가 된다. 그런데 이런 전제조건이 성립되지 않는다고 하면 수입과 비용은 이제 같아질 수가 없으므로 $PQ \neq C$이 된다. 따라서 이상에서 살펴본 수입 측면에서의 총요소생산성 측정치와 비용 측면에서 총요소생산성 측정치는 서로 달라진다.

이는 지금까지 전제로 해왔던 가격이 한계비용과 같다는 조건, $P = MC$와 평균비용과 한계비용이 같다는 조건 $AC = MC$의 조건이 성립하지 않는다는 것을 의미한다. 이런 점을 고려하여 수입과 비용이 같다는 조건은 다음과 같이 변형할 수 있다.

$$PQ = C \cdot \frac{MC \cdot Q}{C} \cdot \frac{P}{MC}$$

$$= C \cdot \frac{\epsilon_{CQ}}{1 + \epsilon_{PQ}} \quad \cdots\cdots 4$$

여기에서 총수입(TR)은 2개의 탄력성 표현을 포함하는 수식으로 표현되었다. ϵ_{CQ}는 비용의 산출 탄력성(cost elasticity of output)을 나타내고, ϵ_{PQ}는 역 수요탄력성(inverse demand elasticity)을 나타낸다.

이상의 식에서 비용의 산출 탄력성, ϵ_{CQ}는 다음과 같이 장기적 규모의 경제효과(long-run returns to scale), ϵ_{CQ}^L와 가동률(capacity utilization) CU가 결합한 형식으로 표현할 수 있다. 즉

$$PQ = C \cdot \epsilon_{CQ}^L \cdot \frac{CU}{1 + \epsilon_{PQ}} \quad \cdots\cdots 5$$

이 식은 시장이 경쟁적이지 않을 때 시장지배력과 규모의 경제효과 때문에 총요소생산성 추계를 위한 수입 측면과 비용 측면의 추계치가 서로 달라진다는 매우 중

요한 의미를 보여준다.

3. 계량경제학의 활용

총요소생산성 측정을 위한 방법론으로 계량경제학을 도입하려는 노력은 솔로우(Solow, R. M.), 켄드릭(Kendrick, J. W.), 졸겐슨-그릴리커스(Jorgenson, D. W. and Griliches, Z.)나 데니슨(Denison, E. F.)에 의해 개발된 비모수적 접근(non-parametric approach)방법에서 벗어나 모수적 접근방법(parametric approach)을 활용하려는 시도라고 할 수 있다.

따라서 최근 총요소생산성 변화의 측정과 그 결정요인의 분석에서 계량경제학적 기법을 사용하는 것이 일반적이다. 한 나라 전체 수준, 산업 수준에 대한 생산성 분석에서 벗어나 기업 또는 공장 수준에서의 생산성 연구가 보다 활발해지면서 컴퓨터를 이용한 방대한 계산능력이 필요해졌으며, 여기에 모수적 방법을 동원해야 할 필요성이 증가하였기 때문이다.

또한 불완전 경쟁 시장 조건에서의 생산성 분석을 하는 과정에서 생산함수나 비용함수를 추정해야 할 필요성도 커졌다. 그리고 총요소생산성의 결정요인으로 중요한 연구개발(R&D)의 역할을 내생화하려는 시도가 이루어지는 과정에서 계량경제학적 방법론을 활용하지 않을 수 없게 되었다.

총요소생산성 분석에 이처럼 계량경제학적 방법론을 도입하는 것은 결국 잔차의 계산을 통해 총요소생산성을 측정하였던 방식에 내재되어 있는 문제점, 즉 "우리의 무지의 측정치(measures of our ignorance)"를 점차 없애는 데 큰 역할을 하였다.

총요소생산성 분석에 계량경제학을 활용하고자 할 때 접하게 되는 경제이론은 쌍대이론(duality theorem)이다. 쌍대이론은 미시경제이론의 발전에 크게 기여하였는데 생산성 분석에도 광범위하게 활용되었다.

계량경제학적으로 생산함수를 추정할 때 문제시되는 것은, 우선 노동, 자본투입이 외생적이 아니라는 것이다. 소위 연립방정식 편의(simultaneous equation bias)의 문제가 생긴다는 것이다. 따라서 생산함수와 쌍대 관계에 있는 비용함수를 이용하게 되면 이런 문제를 피하면서 생산구조와 생산성에 대한 보다 유용한 정보를 많이 활용할 수 있다.

하지만 생산함수 자체의 추정에서도 많은 시사점을 성공적으로 찾을 수 있으며, 후술할 변경생산함수 접근법으로 분석방법이 확대될 경우 생산성 분석에 대한 더욱 유용한 수단을 제공해 주게 된다. 이런 문제에 대해서는 본서의 별도의 장에서 자세히 설명하게 될 것이다.

경제성장 이론뿐만 아니라 미시경제 이론, 산업조직 이론, 그리고 본서와 같은 『생산성의 경제학』에서 자주 언급되는 생산함수는 콥-더글러스 함수(Cobb-Douglas function)나 초월대수 함수(transcendental logarithmic function)이다. 하지만 콥-더글러스 함수나 초월대수 함수 외에도 일반화된 레온티예프 함수(generalized Leontief function) 등의 함수형태도 많은 연구에서 활용되고 있다. 다양한 함수의 형태에 대해서는 별도의 장에서 언급하게 된다.

계량경제학의 발전은 생산함수나 비용함수의 추정방법에도 큰 발전을 가져왔다. 단순한 최소자승법 외에도 생산함수나 비용함수에 쉐퍼드 정리(Shephard's lemma)를 이용하여 요소 수요함수를 유도한 후 이들 방정식을 연립방정식 추정법으로 추정하는 방법도 발전되었다. 그리고 변경생산함수, 변경비용함수의 추정과정에서는 다양한 모형의 발전과 더불어 최우법(maximum likelihood method)이 활용되고 있다. 이런 내용 역시 본서의 다른 장에서 중요하게 다루어진다.

총요소생산성 증가는 생산함수의 이동(shift), 생산가능곡선의 외연 확장을 의미한다. 장 밥티스트 세이(Jean Baptiste Say)는 기업가 정신(entrepreneurship)을 관리자(manager)로 정의하여 주어진 생산자원으로 최대한의 생산량을 달성하는 존재로 보았다. 나중에 슘페터는 기업가 정신을 혁신자(innovator)로 정의하였는데 이는 같은 생산자원으로 달성 가능한 생산량을 증대시키는 것 즉, 생산가능곡선을 바깥쪽으로 이동하여 그 외연을 확장하는 것으로 보았다.

생산가능곡선 내부에서 생산가능곡선 위로의 이동과 생산가능곡선 자체의 이동이란 두 개념을 합치게 되면, 이는 이른바 하비 라이벤슈타인(Harvey Leibenstein)의 기술적 효율성(X-효율성)과 배분적 효율성의 개념으로 발전하게 되어 종래의 방법론으로 측정되던 총요소생산성의 개념과 기술혁신이 다르게 정의된다. 이런 일련의 발전과정은 변경함수(frontier function)를 통한 총요소생산성 분석을 가능하게 하였고, 총요소생산성을 다른 요인들, 가령 순수한 기술혁신, 규모의 경제효과나 기술적 효율성 등의 다양한 요인으로 분해함으로써 그동안 잔차로 측정되었던 "우리들의 무지의 척도"를 줄이는 데 기여하게 된다.

과거 잔차로 측정되어 총요소생산성 측정결과가 비교적 높은 것으로 인식되었으나 계량경제학적 방법론을 이용하여 측정한 총요소생산성 추계치가 보다 낮아지는 연구사례를 보자. 계량경제학적 방법에 따라 총요소생산성을 측정한 초기의 사례는 Denny, Fuss, Waverman(1981)에서 시작되었다.[6] 이런 계량경제학적 접근법의 강력함은 1981년 미국의 전기기기 산업에 대한 Prucha and Nadiri(1981)의 논문에서 입증되었다.[7] 여기서 이들은 미국의 전기기기 산업에서 총요소생산성이 1960~1980년간 평균 1.99% 증가했는데 이 중 35%는 기술혁신, 42%는 규모의 경제, 21%는 생산요소의 조정비용에 기인했다고 하였다. 단지 2%만은 설명할 수 없는 요인, 즉 잔차에 의한 것으로 분석하였다.

이처럼 계량경제학이 총요소생산성 분석에 활용되면서 아브라모비쯔(Abramovitz Moses)가 명명했던 "우리의 무지의 척도"를 정확하게 측정하는 데 큰 도움이 되었다. 또한 이론적으로 엄밀했던 데니슨(Denison, Edward F.)의 방법론에 대한 좋은 대안을 제공해 주기도 하였다. 아울러 졸겐슨과 그릴리커스(Jorgenson and Griliches)가 주장했던 가설, 즉 모든 설명요인을 측정할 수 있다면 잔차는 사라지게 된다는 가설에 대한 설명이 가능하게 되었다.

4. 총요소생산성 수준의 측정

지금까지 설명한 바와 같이 총요소생산성의 추계에서 많은 연구가 시도한 것은 총요소생산성의 증가율을 측정하는 것이었다. 이를 통해 총요소생산성 증가율의 크기를 비교함으로써 비교 대상이 되는 국가, 지역, 산업 또는 기업 수준에서 생산성

6 Denny, Michael, Melvyn Fuss, and Leonard Waverman(1981), "The measurement and interpretation of total factor productivity in regulated industries, with an application to Canadian telecommunications," in *Productivity measurement in regulated industries*, ed. T. Cowing and R. Stevenson, Academic Press, pp. 179-218.

7 Prucha, Ingmar R. and M. Ishaq Nadiri(1981), "Endogenous capital utilization and productivity measurement in dynamic factor demand models: Theory and an application to the U.S. electrical machinery industry," *Journal of Econometrics* 15: pp. 367-396.

수준의 격차가 감소하고 있는지를 평가할 수 있다.

많은 연구에 의하면, 높은 총요소생산성 성장률을 보이는 나라들은 세계의 다른 부유한 나라들과 비교할 때 상대적으로 낮은 소득수준을 가진 나라들이다. 높은 총요소생산성 증가율은 초기 출발 시점에서의 낮은 소득수준과 관련되어 있다. 이런 문제들은 총요소생산성 연구에서 "수렴화(convergence) 또는 추급(catch up)"이라는 주제로 다루어진다.

하지만 총요소생산성 수준을 측정하고자 하는 시도는 비록 같은 데이터 세트에서 측정할 수 있음에도 불구하고 그동안 많은 연구에서 등한시되었다. 큰 이유 중의 하나는 특정 국가의 생산성 수준은 특정 연도를 기준으로 한 지수(index number)의 수준을 나타내게 되는데, 국가 간에 이를 비교하게 될 때 특정 기준연도의 생산성 수준은 국가 간 상대적인 생산성 격차가 있음에도 불구하고 같은 수준이 되어버리는 문제점이 있기 때문이다.

이런 문제를 해결하여 국가 간 생산성 수준을 비교하고자 하는 노력은 Jorgenson, Dale W. and Mieko Nishimizu(1978)에 의해 시도되었다.[8] 이 방법은 초월대수 함수를 전제로 하고 비모수적 방법으로 2개 국가의 총요소생산성 수준을 측정한 것이다. 이 방법에 따르면 특정 국가를 비교 대상으로 하여 다른 나라의 생산성 수준을 비교하는데 비교 대상이 되는 국가의 선정, 비교 대상 국가의 경제 상황 변화에 따라 생산성 수준의 차이에 있어서 많은 변이가 있을 수 있다는 문제점이 있다.

이런 문제점을 해결하여 국가 간 생산성 수준을 측정하고자 하는 더욱 일반화된 방법은 Caves, Christensen and Diewert(1982)에 의해 제시되었다. 이 방법에 의하면 특정 국가의 생산 및 투입수준은 분석에 사용된 모든 국가의 생산량과 투입물의 평균으로부터의 차이로 변환되어 생산성 측정에 사용된다.

국가 간 총요소생산성 수준을 직접 비교하려는 이런 노력은 총요소생산성 증가율을 측정하는 방법이 성장회계식(growth accounting formula)이라고 불리는 데 비해 발전회계식(development accounting formula)이라고 불리기도 한다. 이 방법에 의하면 분석대상 국가의 전체 평균 총요소생산성 수준을 1로 하였을 때 해당 국가의 총요소생산성 수준을 평가하게 되는 것이다.

---

8 Jorgenson, Dale W. and Mieko Nishimizu(1978), "U.S. and Japanese Economic Growth, 1952~1974: An International Comparison," *Economic Journal*, 88, pp. 707-726.

$$\ln\left[\frac{A_i}{A^D}\right]=\ln\left[\frac{Q_i}{Q^D}\right]-\left[\frac{s_i^K+\overline{s}^K}{2}\right]\ln\left[\frac{K_i}{K^D}\right]-\left[\frac{s_i^L+\overline{s}^L}{2}\right]\ln\left[\frac{L_i}{L^D}\right] \quad \cdots\cdots 6$$

여기서 A는 생산성 수준, Q는 생산량, K는 자본스톡, L은 노동투입 s^L, s^K은 노동, 자본, 중간투입의 비용 몫(cost share)을 나타낸다. 모든 기호에서 첨자 i는 지역, 첨자 D는 전체평균을 나타낸다. 비용 몫의 바(bar)는 각 비용 몫의 전체평균이다. 따라서 좌측변수는 전체 평균 총요소생산성 수준에 비해 특정 국가의 생산성 수준이 어느 수준인지를 측정하는 것이다.

또 다른 방법은 Wolff(1991)가 시도한 방법으로 다음과 같은 식을 이용하여 특정 비교대상 없이 절대적 크기만을 비교하는 방법이다.9

$$A_i=\frac{Q_i}{[\alpha_i K_i+(1-\alpha_i)L_i]} \quad \cdots\cdots 7$$

새로운 지수작성법을 이용하여 총요소생산성의 수준을 비교하는 방법도 활용되고 있다. Caves, Christensen, Diewert(1982)에서는 국가 간 상대적인 생산성 수준의 비교를 위해 맘퀴스트 지수(Malmquist index)를 이용하였다.10

맘퀴스트 지수의 의미를 두 시점을 비교하는 것이 아닌 두 나라를 비교하는 것으로 단순화하여 살펴보자. A국과 B국의 두 나라의 총요소생산성 수준을 비교한다고 하자. 그러면 B국의 기술을 이용하되 자신이 가진 요소투입을 사용하여 A국이 생산할 수 있는 생산량은 어느 정도일까? 또 A국의 기술을 가지고 B국이 자신이 가진 요소투입을 이용해 생산한다면 얼마나 생산할 수 있을까?

맘퀴스트 생산성 지수는 이 두 가지 질문에 대한 답을 기하 평균한 것이다. 가령, A국의 산출량이 만약 B국의 기술을 사용하여 생산할 때 절반으로 하락하고, B국이 A국의 기술을 사용하여 생산량이 두 배가 된다면 맘퀴스트 지수는 A국의 기

9 Edward N. Wolff(1991), "Capital Formation and Productivity Convergence Over the Long Term," *American Economic Review*, Vol. 81, No. 3, pp. 565-579.

10 Caves, D. W., Christensen, L. R., Diewert, W. E.(1982), "Multilateral comparisons of output, input, and productivity using Superlative Index Numbers," *Economic Journal* 92, pp. 73-86.

술이 두 배의 생산성을 가진다는 것을 의미한다.

만약 두 나라의 생산함수가 힉스 중립적인 효율성 지수 A_A와 A_B에서만 차이가 난다면 맘퀴스트 지수는 두 효율성 지수의 상대적인 비율 A_A/A_B이라고 할 수 있다. 이는 본질적으로 솔로우의 모형을 다른 측면에서 본 것에 불과하다. Caves, Christensen and Diewert(1982)에 의하면 만약 생산기술을 나타내는 생산함수가 초월 대수 함수의 형식을 가진다면 통크비스트 지수(Tornqvist index)와 맘퀴스트 지수(Malmquist index)는 같은 결과를 제공한다고 하였다.[11]

하지만 여기서 생산함수의 효율성 차이가 힉스 중립적이지 않거나, 규모에 대한 수확체증 현상이 있다면 두 접근법은 다른 결과를 제공한다. 이런 상황에서 효율성의 상대적인 수준은 비교되는 투입물 수준에 따라 결정된다. 그래서 생산함수가 같더라도 A국과 B국의 요소투입 수준이 다르면 맘퀴스트 지수는 다른 값을 가지게 된다.

맘퀴스트 지수는 주로 비모수적 방법으로 변경분석(frontier analysis)을 통해 생산성을 측정하는 방법이다.[12] 프런티어 분석은 초과할 수 없는 최상의 기술 수준과 비교하는 기술적 효율성의 개념에 기초하고 있다. 경제 전체, 산업 또는 기업은 진부한 기술, 관리상의 문제, 자원사용에서의 제약 등 여러 가지 이유로 최상의 기술 수준보다 낮은 수준에서 생산할 수밖에 없다. 따라서 측정된 효율성 수준의 변화는 최고의 능력을 발휘한 기술과 대비하여 현재의 기술 수준이 개선될 수 있는 정도를 측정한다.

이러한 프론티어 분석에서는 선형 프로그래밍 기법(linear programming technique)을 사용하여 데이터를 "포괄(envelope)"함으로써 최상의 성과를 달성한 외연을 찾아낸 다음 특정 경제주체의 미치지 못하는 정도를 측정한다.

이 방법에는 여러 가지 장점이 있다. 첫째, 프론티어 분석 기법은 총요소생산성(TFP)의 관측된 변화를 프론티어의 변화, 또는 프론티어의 외연 확장으로 측정할 수 있게 한다. 둘째, 이 방법은 복수의 산출물이 있고, 특정상품에 대한 가격이 관찰되

11 Caves, Douglas W., Laurits R. Christensen, and W. Erwin Diewert(1982), "The economic theory of index numbers and the measurement of input, output, and productivity," *Econometrica* 50(6), pp. 1393-1414.

12 Fare, R., Grosskopf, S., Norris, M., Zhang, Z.(1994), "Productivity growth, technical progress, and efficiency change in industrialized countries," *American Economic Review* 84(1), pp. 66-83.

지 않을 때에도 사용할 수 있다. 예를 들어 공해와 같은 부정적 외부효과가 생산물과 함께 생산될 때, 그리고 그 가격이 관찰되지 않을 때도 적용할 수 있다.

반면 주요한 단점은 측정오류로 인해 데이터에 프론티어의 범주를 벗어난 특이치(outlier)가 있을 때 프론티어의 외연을 잘못 정의함으로써 분석결과의 오류를 초래할 수 있다는 것이다. 최근 이런 방법론 역시 생산성 분석에서 다양하게 사용되기 때문에 본서의 다른 독립된 장에서 자세히 다루게 된다.

5. 수렴화 논쟁

경제학 분야에서 국가 간 소득의 수렴화 현상에 대한 논의는 오래된 주제이다. 특히 William Baumol(1986)에 의해 시작된 일인당 소득수준의 수렴화에 대한 논쟁은 DeLong(1988)의 비판과 Baumol and Wolff(1988) 재반박 등을 거쳐, Minkiew et al.(1992)의 조건부적인 수렴화 가능성으로까지 논의가 전개된다.[13]

이후 국가 간 소득 수렴화 현상에 대한 주제는 수많은 이론적, 실증적 연구들을 촉발했다.[14] 여기에는 크게 국가 간 소득수준 수렴에 관한 연구, 특정 국가 내 지역 간 또는 특정 국가 그룹 간의 수렴화 연구, 그리고 수렴화 여부를 판단하기 위한 다양한 방법론들의 발전이 포함된다.[15]

---

13 Vernon W. Ruttan(2001), "Chapter 2. Catching up and Falling Behind," in *Technoloy, Growth and Development*, Oxford, pp. 15-23.; Baumol, W. J.(1986), "Productivity Growth, Convergence and Welfare: What the long-Run Data Show," *American Economic Review* 76, pp. 1072-1085.; DeLong, J. B.(1988), "Productivity Growth, Convergence and Welfare: Comment," *American Economic Review* 78, pp. 1138-1154.; Baumol, W. J., E.N. Wolff(1988), "Productivity Growth, Convergence and Welfare: Reply," *American Economic Review* 78, pp. 1155-1159.; Mankiew, N. G., D. Romer, and N. Weil(1990), "A Contribution to the Empirics of Economic Growth," *Quarterly Journal of Economics* 107, pp. 3-22.

14 이에 대한 자세한 서베이 논문은 다음 참조. Nazrul Islam(2003), "What have We Learnt from the Convergence Debate?" *Journal of Economic Survey*, Vol. 17, Issue 3, pp. 309-362.

15 Ben-David, D.(1994), Convergence clubs and diverging economies, Working paper, Ben Gurion University.; Greasley, D. and Oxley, L.(1997), "Time-series based tests of the convergence hypothesis: some positive results," *Economics Letters*, 56, pp. 143-147.; Rassekh, F., Panik, M. J. and Kolluri, B. R.(2001), "A test of convergence hypothesis: the OECD experience, 1950~1990," *International Review of Economics and Finance*, 10, pp. 147-157.; Carlino, A. G. and Mills,

집계된 수준에서 노동생산성의 수렴화에 대해서는 Baumol(1986), Mathews, Fein stein, and Odling-Smee(1982), Abramovitz(1986)와 Maddison(1987)에서 연구되었다.[16] Wolff(1991)는 2차대전 이후 G-7 국가의 집계된 수준에서 총요소생산성이 수렴화되고 있다는 사실을 발견했다.[17] Dowrick and Nguyen(1989) 역시 1950~1985년간 24개 OECD 국가들의 총요소생산성 수준에서 의미 있는 추급 현상이 발견된다고 하였다.[18] 또한 Wolff(1991)는 집계된 수준에서 자본/노동비율이 G-7 국가간에 비슷해지고 있다고 하였다. Bowen(1983)은 또한 자본이 풍부한 나라로서 미국의 위상이 상대적으로 산업화된 다른 국가에 비해 하락하고 있다고 하였다.[19]

이처럼 수렴화의 형태나 수렴 여부를 판단하기 위한 방법론의 발전 외에도 수렴화를 가져오는 원인이 무엇인가에 관한 연구에서도 많은 진전이 있었다.

수렴화의 원인에 관한 선행연구들을 다음과 같은 요인들을 제시하고 있다. 첫째는 무역 또는 개방화에 따라 수렴화 또는 비 수렴화 현상을 초래될 수 있다는 상반된 주장이 있다. 둘째는 인적 자본의 축적이 수렴화를 가져온다는 주장이다. 셋째는 생산요소의 이동성(factor mobility)이 소득수준의 수렴화 원인이라는 주장도 있다. 넷째는 연구개발 활동이 수렴화의 원인이라고 주장한다.

경제성장 또는 생산성 연구 분야에서의 이러한 수렴화 논쟁은 중요한 연구주제를 형성하고 있다. 그래서 본서의 별도의 장에서 이에 대해 살펴보게 된다.

L.(1996), "Testing neoclassical convergence in regional incomes and earnings," *Regional Science and Urban Economics*, 26, pp. 565-590.; Zhang, Z., Liu, A. and Yao, S.(2001), "Convergence of China's regional incomes 1952~1997," *China Economic Review,* 12, pp. 243-248.; Dobson, S. and Ramlogan, C.(2002), "Convergence and divergence in Latin America, 1970~1998," *Applied Economics*, 34, pp. 465-470.; Linden, M.(2002), "Trend model testing of growth convergence in 15 OECD countries, 1946~1997," *Applied Economics,* 34, pp. 133-142.; Lee, M., Longmire, R., Matyas, L. and Harris, M.(1998), "Growth convergence: some panel data evidence," *Applied Economics,* 30, pp. 907-912.

16 Baumal, W. J.(1986), "Productivity Growth, Convergence and Welfare: What the long-run Data Show," *American Economic Review* 76, pp. 1072-1085.; Abramovitz, Moses(1986). "Catching up, forging ahead, and falling behind." *Journal of Economic History* 46: pp. 385-406.

17 Matthews, R. C. O., Feinstein, C. H., and Odling-Smee, J.(1982), *British Economic Growth 1956~1973*, Stanford University Press.

18 Dowrick, Steve and Duc Tho Nguyen(1989), "OECD Comparative Economic Growth 1950~1985: Catch-Up and Convergence." *American Economic Review* 79(5), pp. 1010-1030.

19 William J. Baumol, Richard R. Nelson and Edward N. Wolff(1991), *Convergence of Productivity: Cross-National Studies and Historical Evidence*, Oxford University Press.

6. 경제성장 이론과 총요소생산성

(1) 신고전파 경제성장 이론

전통적으로 생산성을 측정하기 위해 성장회계식을 사용해 왔는데, 성장회계식만으로 본 총요소생산성의 경제성장에 대한 역할과, 경제성장 이론의 의미로 본 그 역할에 대한 해석은 서로 틀리다. 이는 『생산성의 경제학』의 본질적인 면을 이해하는데 매우 중요하기 때문에 경제 성장이론과 더불어 총요소생산성을 이해할 필요가 있다.

총요소생산성의 측정을 위한 성장회계식은 생산함수와 한계생산물 조건을 통해 경제성장의 원천을 분해하여 설명하고 있다. 따라서 생산 함수식의 오른쪽에 있는 독립변수, 즉 노동과 자본투입 그리고 기술의 시간의 경과에 따른 변화나 진화에 관해 설명하지 않고 있다. 그래서 그 자체로는 경제 성장이론이라고 할 수 없다.

성장회계식을 정립한 솔로우 자신은 이런 변수들의 진화에 대해서 Solow(1956)에서 별도로 설명한 바 있다. 여기서 솔로우는 노동과 기술은 모형 밖에서 결정되는 외생적 요인이며, 생산액의 일정 부분이 투자된다고 하였다. 만약 기술변화가 노동투입에 부가되어 일어나고, 또 생산함수가 잘 정의된다면 경제는 근로자 일인당 생산량과 근로자 일인당 자본량 증가가 기술변화율과 같은 수준으로 증가하게 되는, 일명 "정상상태(steady state)"에 도달한다고 하였다.

신고전파 성장모형(neoclassical growth model)은 경제성장 과정에서의 기술변화의 중요성에 대해 성장회계식이 제시하는 것과 매우 다른 의미를 제공하고 있다. 신고전파 경제 성장모형에서 자본의 축적은 자체로 내생적이며 기술변화에 의해 유발되기 때문에 장기적 정상상태의 경제성장에 영향을 미칠 수 없다.

즉, 기술혁신은 생산량을 증가시키고, 이는 다시 투자를 증가시킴으로써 자본스톡의 지속적인 축적을 유도하게 된다. 이처럼 유도된 자본축적은 총요소생산성 증가의 직접적인 결과가 되는 것이다. 따라서 정상상태의 성장에서 모든 자본축적과 생산량 증가는 총요소생산성 증가로 인해 일어나게 된다.

이런 점에서 경제성장 이론은 총요소생산성의 측정과 경제성장의 원천에 대한 설명에 있어서 다른 의미를 제공해 준다. 잔차는 솔로우의 모형에서의 가정상 생산함수의 이동을 나타내는 척도이지만 성장회계식에서는 자본형성을 전적으로 외생적인 요인으로 간주하기 때문에 자본의 경제성장에 대한 역할을 과대평가하게 되고, 그럼으로써 혁신의 역할을 과소평가하게 되는 문제가 있게 된다.

이는 결국 관찰된 자본축적의 일부분은 총요소생산성에 의해 유발된 효과이기 때문에 경제성장에 대한 혁신의 영향을 평가할 때에는 총요소생산성 증가와 함께 설명되어야만 한다. 즉 자본축적의 일부 만을 생산증가에 대한 독자적 역할로 간주하여야 한다는 것이다.

이런 설명은 여러 나라의 경제성장을 비교 분석한 연구에서 동아시아 국가들의 큰 성공은 총요소생산성 증가보다는 노동과 자본투입의 증가에 주로 기인하고 있기 때문에 자본에 대한 한계수익이 점차 감소하면서 자본의 결정적 역할이 축소될 것이므로 지속 가능하지 않고 궁극적으로 끝날 것이라는 잘못된 주장을 반박할 수 있게 해준다.[20] 이런 연구들의 결론은 유도된 자본축적의 효과를 전혀 고려하지 않음으로써 생기게 된 오해라고 할 수 있다.[21]

자본축적에서 총요소생산성에 의해 유도된 구체적 효과의 정도는 기술변화의 편향성이나 자본과 노동 간의 대체 탄력성과 같은 다양한 요인들에 의해 결정되기 때문에 이를 정확하게 측정하는 것은 매우 힘들다. 하지만 Hulten(1975)에 의하면, 생산성의 자본축적에 대한 효과를 고려하여 측정한 결과는 매우 시사하는 바가 크다.[22] 1948~1966년간 연간 생산량 증가율 4.15% 가운데 잔차는 1.42%로서 잔차로 본 기술변화는 미국의 생산증가율의 34%를 차지하는 데 그쳤다. 하지만 만약 유도된 자본축적 효과를 고려한다면 기술변화는 실제로 산출량 증가의 64%를 차지했다

---

20 다음 저술들이 대표적인 것임. Young, Alwyn(1992), A tale of two cities: Factor accumulation and technical change in Hong Kong and Singapore. In NBER macroeconomics annual.; Young, Alwyn(1995), "The tyranny of numbers: Confronting the statistical realities of the East Asian experience," *The Quarterly Journal of Economics* 110(3), pp. 641-680.; Kim, Jong-Il, and Lawrence J. Lau(1994), "The sources of economic growth of the East Asian newly industrialized countries," *Journal of Japanese and International Economies* 8, pp. 235-271.; Nadiri, M. Ishaq, and Seongjun Kim(1996), R&D, production structure, and productivity growth: A comparison of U.S., Japan, and Korean manufacturing sectors. NBER Working Paper No. 5506.; Collins, Susan M., and Barry P. Bosworth(1996), Economic growth in East Asia: Accumulation versus assimilation, Brookings Papers on Economic Activity, Issue No. 2: pp. 135-191.

21 이런 주장의 대표적인 것으로 한국인들에게 매우 인상 깊게 남아 있는 것은 폴 크루그먼의 주장이다. Krugman, Paul(1994), "The myth of Asia's miracle," *Foreign Affairs* 73(6), pp. 62-77 참조.

22 Hulten, Charles R.(1975), "Technical change and the reproducibility of capital," *American Economic Review* 65(5): pp. 956-965.

고 한다. 이는 경제성장에 있어서 총요소생산성 증가의 중요성에 관한 기존의 연구 결과보다 거의 두 배나 높은 것이었다.

(2) 신성장이론

신고전파 성장모형에서 기술혁신은 외생적 요인이라고 가정하기 때문에 연구개발 투자는 산출량 증가에 어떤 체계적이고, 예측 가능한 효과를 미치지 못한다고 가정한다. 현실적으로 경제계에서 일어나는 연구개발투자가 수익에 대한 기대 없이 이루어진다고 보기는 어렵다. 따라서 더욱 합리적인 생각은 기술혁신이 경제체제에 있어서 외생적이라기보다는 혁신의 상당 부분이 사실상 자본축적의 형태를 가진다고 보는 것이다.

이런 견해는 Romer(1986)와 Lucas(1988)와 같은 경제학자들이 제시하고 있는 일명, 내생적 성장이론(endogenous growth theory)에서 제시하는 견해이다.[23] 여기에서 자본의 개념에는 기존의 전통적 고정자본과 함께 지식 자본과 인적 자본을 포함된다. 따라서 지식의 증가는 다른 모든 형태의 투자와 동등한 것으로 간주하므로 기술혁신은 신고전파 성장모형에서와 달리 내생적으로 결정되는 변수가 된다.

내생적 성장이론에서는 연구개발과 인적 자본의 증가가 생산량 증가의 중요한 결정요인이라는 것만 핵심내용이 아니다. 내생적 성장이론에서 새로운 점은 신고전파 이론에서처럼 자본의 한계생산물이 감소하지 않고 일정하다는 가정이다. 신고전파 성장이론에서 경제가 정상상태로 수렴하게 되는 것은 바로 자본에 대한 한계수익이 감소하기 때문인데, 만약 자본의 한계수익률이 일정하다고 가정하게 되면 자본에 대한 유도된 축적 효과가 무한대로 계속된다고 볼 수 있다. 내생적 성장이론에는 다양한 형태가 있다. 별도의 장에서 살펴보게 된다.

내생적 성장모형 역시 총요소생산성 증가의 측정치로서 잔차의 의미를 해석하는 데 새로운 논리를 제공해 준다. 하지만 내생적 성장이론 역시 『생산성의 경제학』의 발전에 있어서 매우 중요한 주제인 생산성 둔화의 원인을 설명하는 데에는 한계가 있다. 내생적 성장모형은 대부분 수확체증을 전제로 하고 있는데 국내총생산

23 Lucas, Robert E., Jr.(1988), "On the mechanics of economic development," *Journal of Monetary Economics* 22, pp. 3-42.; Romer, Paul M.(1986), "Increasing returns and long-run growth," *Journal of Political Economy* 94(5), pp. 1002-1037.

(GDP) 대비 연구개발 투자의 비율은 생산성 둔화 기간 상대적으로 일정하였고, 고정자본의 증가율은 잔차의 하락과 어떤 상관관계를 보이지 않았다. 많은 연구결과는 내생적 성장이론에서 중요시되는 외부효과의 감소가 생산성 둔화의 원인이라는 사실을 설명하지 못하고 있다.

- **경제학자 소개 12**

로버트 루카스
(Robert Lucas Jr.)

로버트 루카스는 1937년 미국 워싱턴에서 태어났다. 1959년 시카고 대학(University of Chicago)에서 역사학 석사, 1964년 같은 대학에서 경제학 박사학위를 받았다. 당시 Arnold Harberger와 H. Gregg Lewis의 지도로 "Substitution between Labor and Capital in U.S. Manufacturing: 1929~1958"이란 제목의 박사학위 논문을 작성했다. 졸업 후 카네기멜런 대학(Carnegie Mellon University)에서 강의한 이후 시카고 대학으로 돌아왔다. 1995년 노벨 경제학상을 수상했다.[24]
루카스는 경제학의 여러 분야에서 신조어를 만들었다. "합리적 기대가설(rational expectations hypothesis)"을 주장하였다. 1972년 이를 바탕으로 경제주체는 합리적이므로 가능한 정보에 기초해서 미래의 가격과 물량에 대한 기대를 형성하고 이런 기대하에 평생의 기대효용을 극대화한다고 하였다. 루카스는 또한 경제정책 수립에서 "루카스의 비평(Lucas critique)"이란 용어를 만들었다. 경제변수들의 관계(가령 인플레이션과 실업률)가 경제정책에 의해 바뀔 수 있다고 하였다.
루카스의 더욱 큰 업적은 경제성장과 관련하여 로머(Paul Michael Romer)와 더불어 내생적 성장이론(endogenous growth theory)을 태동시켜 1980~1990년대 경제 성장이론에 대한 많은 경제학자의 연구를 촉발한 점이다. 루카스는 1983년 로머의 박사학위를 지도하면서 기술변화가 인간의 의도된 행동, 즉 연구개발의 결과라는 경제모델을 세웠다. 경제성장에서 아이디어의 중요성을 강조한 신성장 이론은 『생산성의 경제학』에도 큰 영향을 미치고 있다.
루카스는 Milton Friedman, Paul Anthony Samuelson의 영향을 받은 바 있다. 그리고 Thomas J. Sargent, Robert Barro, Neil Wallace, Lawrence Summers와 같은 유명한 경제학자들에게 커다란 영향을 미쳤다.

---

24 https://en.wikipedia.org/wiki/Robert_Lucas_Jr

7. 공정혁신과 신제품 개발

생산함수에 기반을 둔 총요소생산성의 측정은 생산공정에서 일어나는 기술변화를 측정하고 있다. 즉 총요소생산성 증가는 생산요소를 산출물로 변환시키는 과정의 개선을 통해 일어난다는 공정 혁신(process innovation)을 나타낸다. 혁신이 일어나는 또 다른 원천인 상품의 품질개선이나 신제품의 출현(product innovation)과 같은 혁신에 대해서는 명확하게 언급하지 않고 있다.

이런 혁신은 생산자들에게 좋은 품질 또는 신제품을 생산하게 하며, 소비자들에게는 새로운 소비재를 소비할 수 있게 한다. 사실상 혁신으로부터 얻게 되는 후생증가의 대부분은 "더 많은 상품"의 생산이 아니라 "상품 다양성(product variety)" 또는 "품질의 사다리(quality ladder)"를 올라가면서 일어나는 "더 좋은 상품"의 생산에서 비롯된다.[25] 양질의 상품을 생산하는 혁신은 그동안 총요소생산성 측정에서 다루는 부분이 아니었다.

간단한 예를 통해 신제품의 개발을 고려하지 않고 총요소생산성을 측정할 때 예상되는 문제를 살펴보자. 같은 기술을 보유하고 100단위의 요소투입으로 100개의 산출물을 생산하는 두 나라가 있다고 하자. 만약 A국의 어떤 천재가 100단위의 요소투입으로 2배의 생산물을 생산하는 방법을 발견했다고 하자. 그리고 B국의 어떤 천재는 생산된 100단위의 산출물의 효용을 2배 높이는 방법을 발견하였다고 하자. 이때 B국 주민은 한 단위의 신규 생산물과 두 단위의 이전 상품을 교환한다고 하자. 그러면 물리적 단위의 생산량을 기초한 A국의 생산성은 두 배가 증가하였지만 B국의 주민 역시 혁신의 결과로 똑같이 후생이 증진하였으나 총요소생산성 수준에는 전혀 변화가 없게 된다.

이런 문제를 해소하는 방법은 산출량을 소비의 효율성이란 단위로 측정하는 것이다. 즉 구제품과 신제품 사이의 한계대체율을 반영하는 단위로 측정하는 것이다. 이런 효율을 단위로 한 접근방법에서는 A국과 B국 모두 산출량이 두 배 증가하고, 측정된 총요소생산성 역시 증가하게 된다. 따라서 만약 생산량을 효율 단위로 측정한다면 이는 공정혁신과 상품혁신 모두를 측정하는 총요소생산성 측정모형이 될 수 있다.

25 Barro R. J.(1999), "Notes on growth accounting," *Journal of Economic Growth* 4, pp. 119-137.

상품혁신을 생산성 측정에 반영하기 위한 노력은 체화된 기술변화 모형과 품질변화를 가격자료에 반영하는 방법으로 발전하였다. 첫째, 체화된 기술변화 모형은 1950년대에 Johansen(1959), Salter(1960), Solow(1960) 등에 의해 이론적인 발전이 이루어졌다.[26] 체화된 기술변화란 기술혁신이 새로운 기계의 디자인을 통해 나타나게 되므로 각각 다른 빈티지(vintage)를 가진 자본은 각각 다른 양의 한계생산물을 생산한다는 의미이다. 하지만 자본에 체화된 기술변화(capital embodied technical change) 모형은 실증연구에서 큰 역할을 하지 못하는 것으로 판명되었다. 특히 Denison(1964)에 의해서는 크게 중요하지 않은 것으로 평가되기도 하였다.[27]

하지만 1980년대 Cole et al.(1986)에 의해 다양한 특성을 가진 상품의 가격을 통합하는 방법으로 사용되는, 소위 헤도닉 가격(hedonic price)의 연구로 부활했다.[28] 이들의 연구에 의해서, 공식적으로 발표되는 투자가격에 대한 통계가 컴퓨터 혁명을 반영하지 못함으로써 과대평가되었고, 그로 인해 효율성 단위로 측정된 생산량은 과소평가되었다는 점이 드러났다. 미국경제분석국(Bureau of Economic Analysis: BEA)은 미국의 국민소득 및 국민생산 계정에서 이를 반영하기도 하였다.

이런 연구는 나중에 Gordon(1990)에 의해 더욱 발전되어 상품의 품질변화를 반영하기 위해 소비자 가격 및 생산장비의 가격에 대한 광범위한 조정이 이루어졌다.[29] 이런 Gordon의 연구에서 공식적 가격통계가 체계적으로 과대평가됨으로써 효율성이 조정된 투자나 자본 스톡의 양은 과소평가되었다는 사실이 발견되었다.

또한 소비자 물가(CPI) 역시 상품의 품질변화를 일정하게 반영하여 수정되었다. 소비자물가지수는 일년에 약 0.6%씩 높게 평가됐다는 것이다. 그로 인해 산출량이

---

26 Johansen, Leif(1959), "Substitution versus fixed production coefficients in the theory of economic growth: A synthesis," *Econometrica* 27, pp. 157-176.; Salter, W. E. G.(1960), *Productivity and technical change,* Cambridge: Cambridge University Press.; Solow, Robert M (1960), "Investment and technical progress," In *Mathematical methods in the social sciences*, ed. K. Arrow, S. Karlin, and P. Suppes(1959), Stanford: Stanford University Press, pp. 89-104.

27 Denison, Edward F.(1964), "The unimportance of the embodiment question," *American Economic Review* 79(5), pp. 90-94.

28 Cole, Rosanne, Y. C. Chen, J. A. Barquin-Stolleman, E. Dullberger, N. Helvacian, and J. H. Hodge(1986), "Quality-adjusted price indexes for computer processors and selected peripheral equipment," *Survey of Current Business* 66, pp. 41-50.

29 Gordon, Robert J.(1990), *The measurement of durable goods prices*. Chicago: University of Chicago Press.

과소평가됨으로써 전반적 생산성 추계에 많은 문제점이 있었다는 것을 인정하게 된 것이다. 어쨌든 신제품개발의 효과를 생산성 추계에 반영하는 노력은 여전히 진행 중이라고 할 수 있다.

신제품 개발과 공정혁신을 구분한 것은 생산성 측정뿐만 아니라 경제성장 문제에서도 매우 중요한 주제가 된다. 신성장이론에서 로머와 루카스 모형과 달리 아이디어의 활용이 과거부터 축적된 것을 이용하는 것이 아니라 가장 최근에 개발된 아이디어가 성장에 기여한다는, 즉 창조적 파괴(creative destruction)에 의한 아이디어가 성장에 기여한다는 이론이 이런 주제를 다룬다. 이에 대해서는 별도의 장에서 살펴본다.

신제품 개발과 공정혁신의 개념을 명쾌하게 정의한 것은 조지프 슘페터(Joseph Schumpeter)이다. 1911년에 발간된 『경제개발이론(The Theory of Economic Development)』에서 기업가 정신에 대해 탁월한 생각을 제시하였다. 그는 당시 기업가 정신에 대한 지배적 개념이었던 위험 감수자인 회사의 관리자로서 기업가를 정의하지 않고 다음의 5가지 과업, 즉 신결합(new combinations)을 수행함으로써 시장의 변화를 수행하는 혁신가(innovator)로 정의하였다.

즉, ① 새로운 상품 혹은 새로운 품질의 창조, ② 새로운 생산방법의 도입, ③ 새로운 시장의 개척, ④ 새로운 중간재, 부품의 새로운 공급원의 정복, 그리고 ⑤ 어떤 산업에서 새로운 시장조직의 수행이다.30

따라서 슘페터가 정의한 기업가는 신결합을 인지하고 이들로부터 이윤을 얻기 위한 지도력을 발휘하는 존재이다. 즉, 기업가는 반드시 신결합을 발명하는 존재일 필요는 없고, 어떻게 이런 신결합을 생산과정에 적용할 수 있는가를 인지할 수 있는 존재라고 할 수 있다. 슘페터의 기업가 정의에 의하면 기업소유자는 단지 "신결합을 수행"할 때만 기업가가 된다고 할 수 있다.

슘페터가 정의한 혁신가로서의 기업가와 장 밥티스트 세이(J. B. Say)가 정의한 관리자로서 기업가의 역할은 생산함수를 이용하여 설명하면 이해가 쉽다. 즉 세이의 관리자로서 기업가는 주어진 생산함수에서 생산요소를 결합하여 최대의 기술적인 효

30 Schumpeter, Joseph A.(1949), "Economic theory and entrepreneurial history," in Wohl, R. R., *Change and the entrepreneur: postulates and the patterns for entrepreneurial history*, Research Center in Entrepreneurial History, Cambridge, Massachusetts: Harvard University Press, p. 66 참조.

• 경제학자 소개 13

죠지프 슘페터
(Joseph Schumpeter)

조지프 슘페터는 현재 체코 지역인 모라비아(Moravia)에서 출생하였다. 비엔나(Vienna) 대학에서 뵘바베르크(Eugen von Böhm Bawerk) 지도로 법률공부를 하였으며, 1906년 박사학위를 취득하였다. 1909년 체르노위츠(Czernowitz) 대학, 1911년부터 그라쯔(Graz) 대학에서 교수로 지냈다. 1919~1920년 오스트리아 재무장관, 1920~1924년간 비더만 은행(Biedermann Bank) 총재를 지냈다. 1925~1932년간 본 대학(University of Bonn) 학장을 지냈다. 나치의 등장과 함께 미국으로 이주해서 1932~1950년까지 하버드(Harvard) 대학교수로 재직하였다. 하버드 대학 시절 훌륭한 교수로서 평가받지도 못했으며, 그의 견해는 진부하고 당시 인기 있었던 케인지안 경제학과 동화되지 못했기 때문에 동료들로부터 높은 평가를 받지 못했다. 그의 경제학적 사상은 많은 열성에도 불구하고 커다란 주의를 끌지 못했다.

슘페터는 당시 젊은 수리 경제학자들을 고무시키기도 하였고, 심지어 계량경제학소사이어티(Econometric Society)의 초대(1940~1941) 회장을 지내기도 했으나, 그는 경제학자로서 경제이론에 사회학적 관점을 통합하는 데 노력했다. 현재 기준으로 볼 때 당시 슘페터의 경기변동, 경제발전에 관한 사상은 수학의 틀 내로 통합될 수 없었다.

슘페터 사후, 그의 사상은 많은 경제학자에게 큰 영향을 미쳤다. 특히 산업조직, 진화론, 경제발전에 관심을 가진 많은 유럽의 경제학자들과 케인스, 마르크스, 베블렌 등의 영향을 받은 사람들로서 정치적으로 슘페터와 반대진영에 있었던 사람들에게 큰 영향을 주었다.

슘페터는 1911년 약관 28세 때 쓴 『경제개발이론(The Theory of Economic Development)』에서 기업가 정신에 대한 대부분의 자기 생각을 정리하였다. 여기에서 공정혁신, 신제품 개발과 같은 혁신방법의 유형이 제시되었다. 그래서 현재 혁신에 관한 대부분의 연구는 직간접적으로 슘페터의 영향을 받고 있다.

슘페터의 제자 가운데에는 『세속의 철학자들(The Worldly Philosophers)』을 저술한 하일브루너(Robert Heilbroner)를 비롯하여 경제학자 조지스쿠 로겐(Nicholas Georgescu-Roegen), 미연방은행 총재였던 앨런 그리스펀(Alan Greenspan), 노벨 경제학상 수상자로서 슘페터 이론을 확장한 솔로우(Robert Solow) 등이 있다.

율성(the highest technical efficiency)을 달성하는 기능을 수행한다. 반면 슘페터의 혁신가로서 기업가는 혁신을 통해 생산함수를 이동시키는 역할을 한다.

따라서 슘페터의 혁신가로서 기업가는 새로운 상품이나 생산방법을 창조함으로써, 그래서 다른 기업을 진부화시킴으로써 경제체제(economic system)를 정적인 균형(static equilibrium)상태에서 이탈시키게 된다. 이것이 슘페터가 경제발전의 동력으로 본 "창조적 파괴(creative destruction)" 과정이다. 그의 창조적 파괴라는 아이디어는 당시 왈라스(Walras, Léon)의 일반균형이론이 경제학계에서 대세였기 때문에 이런 일반균형을 깨뜨리는 생소한 이론이란 점에서 주류 경제학에서는 하나의 이단으로 간주하였다.

슘페터의 이런 관점은 기업가 정신의 정의, 혁신의 의미와 범위를 보다 명확하게 하였고, 생산성 측정의 문제뿐만 아니라 최근의 경제성장 이론에도 영향을 미치고 있다. 특히 『생산성의 경제학』 발전과정에서 계량경제학적 방법론이 활발히 도입되면서 총요소생산성 증대를 기술혁신과 기술적 효율성 등으로 구분하는 이론적 기초를 만들었다고 할 수 있다.

8. 소비자 후생 측면의 총요소생산성

지금까지 총요소생산성의 측정 또는 생산함수에서 산출물을 정의할 때 산출물은 감가상각을 포함하고 있었다. 그런데 초기 총요소생산성 분석, 특히 Denison(1962)에서는 후생 측면에서 산출물을 정의하였는데 여기서는 감가상각을 제외한 산출물로 정의하였다. 따라서 데니슨은 "사회의 목표와 정책의 목적은 감가상각을 포함한 총산출보다 자본의 감가상각을 제외한 순 생산량의 극대화"라고 하였다.[31]

이처럼 소비자 후생 측면에서 순 산출물을 산출량으로 정의하여 총요소생산성을 측정하려는 시도는 여러 생산성 연구자들에 의해 이루어졌다.[32] 하지만 여전히 총요소생산성에 관한 연구들은 소비자 후생 측면의 연구에 인색하다.

---

31 Denison, E. F.(1962), *The Sources of Economic Growth in the United States and the Alternatives Before Us*. Committee for Economic Development, New York.

32 Diewert, W. E., Fox, K.(2005), *The New Economy and an Old Problem: Net versus Gross Output,* Center for Applied Economic Research Working Paper 2005/02, University of New South Wales, Australia(January).; Sefton, J. A. and Weale, M. R.(2006), "The concept of income in a general equilibrium," *Review of Economic Studies* 73, pp. 219-249.

9. X-비효율성

라이벤슈타인(Harvey Leibenstein)은 "배분적 효율성과 X-효율성(allocative efficiency vs. X-efficiency')"에서 X-효율성이란 기업 내의 자원 활용에서의 비효율성 정도를 나타낸다고 하였다. 즉, 기업이 최대의 생산 잠재력을 달성하지 못하는 정도를 나타내는 지표라고 할 수 있다. 신고전파 경제학 이론에 의하면 생산요소의 부존량이 주어졌을 때 최대 생산 가능한 잠재력은 생산가능곡선 위에 있는 하나의 점이 된다. 따라서 X-비효율성은 기업이 자신이 가진 자원을 잘못 사용하거나, 낭비할 때 발생한다.

지금은 특별하게 새로운 것이 아니지만 당시 하비 라이벤슈타인의 X-효율성 이론은 신고전파 경제학의 패러다임과 확연히 구별되는 새로운 것이었다. 신고전파 경제이론은 의사결정자가 자신의 문제를 극대화 원리에 따라 해결하기 때문에 완전한 합리성(full rationality)을 가정하고 있었지만, X-효율성 이론은 여러 가지 이유로 합리적이지 못하다는 점을 강조하였다.

고용계약의 불완전성, 자원 배분에 있어서 필요한 비용, 기업은 다양한 목적과 의견을 가진 개인의 조직이란 점 등이 생산을 생산가능곡선 위에서 이루어지지 못하게 한다는 것이다. 하비 라이벤슈타인은 바로 기업가 정신을 X-효율성에 대한 창조적인 반응(creative response to X-efficiency)으로 보았다. 고용된 사람들의 노력 부족, 이들을 고용한 조직의 비효율성이 바로 기업가들에게 기회를 제공하게 되는데 이때 기업가적인 활동은 비효율적인 조직에 경쟁위협을 제공함으로써 효율적인 방향으로 유도한다고 보았다.

그래서 하비 라이벤슈타인은, 기업가들은 첫째, 현존하는 생산방법의 효율성을 개선하거나, 새로운 생산방법의 도입을 용이하게 하도록 생산요소를 이용 가능하게 하는 소위, "요소투입완결(input completion)"의 기능과, 둘째, 시장의 결함(market deficiencies)을 보완하는 "충전기능(gap filling)"을 수행한다고 보았다.[33] 라이벤슈타인의 이런 견해들은 결국 최근 생산성 분석에서 기술적 효율성, 배분적 효율성의 개념을 도입하게 하는 근거가 되었다고 필자는 해석한다.

---

33 Leibenstein H.(1978), *General X-efficiency Theory and Economic Development*, p. 45.

10. 집계문제

원칙적으로 총요소생산성 측정을 위한 성장회계식은 기업의 공장 단위, 기업 단위, 산업 수준 그리고 전체 경제에 이르는 모든 수준의 경제활동에 적용될 수 있다. 따라서 경제활동 수준별로 구해진 잔차는 서로 연관성을 가지게 된다. 가령 한 회사의 생산성은 그 회사소속 공장 단위의 생산성을 반영할 것이고, 한 산업 수준에서의 생산성은 그 산업을 구성하는 개별회사의 생산성과 관련이 있을 것이다.

또한 최종적으로 집계된 전체 경제에서의 생산성은 산업 수준에서의 생산성에 의해 결정된다. 따라서 각 구성 산업의 생산성이 증가하거나, 생산성이 높은 산업의 비중이 높아지면 집계된 경제 전체 수준에서의 생산성이 증가하게 된다.

총요소생산성의 측정치로서 경제 활동별 잔차의 이런 계층구조를 고려할 때 제기되는 문제는 생산성 분석에 바로 중간재의 존재를 인식해야 한다는 점이다. 이는 Domar(1961)가 처음으로 인식하였던 문제인데, 산업 수준이나 기업 및 공장 단위에서 생산되는 상품은 다른 산업, 기업, 공장에서 사용될 중간재 또는 중간 투입물로 사용되기 때문에 생산성 추계에서 중간재를 생산요소로 간주해야 한다는 것이었다. 반면 최종적으로 집계된 경제 전체 수준에서는 오로지 하나의 산업만 존재하게 되고, 산업간 중간재의 흐름은 서로 상쇄되기 때문에 중간재가 존재하지 않게 된다는 것이다.[34]

따라서 한나라 전체 수준에서 총요소생산성을 측정할 때에는 중간재 투입이 생산요소로 고려되지 않지만, 산업 수준 또는 기업, 공장 단위에서 총요소생산성을 측정하고자 할 때는 중간재 투입을 고려하여야 한다는 것이다. 이런 점을 고려한다면 경제 전체 수준에서는 부가가치(value added)를 산출물로 간주하여 생산요소로서 노동과 자본투입이 고려되지만, 산업 수준 이하에서는 총산출(gross output)이 산출물로 고려되고 생산요소로서는 노동, 자본투입 및 중간재 투입이 사용되어야 한다는 것이다.

---

34 Domar, Evsey D.(1961), "On the measurement of technical change," *Economic Journal* 71:7 pp. 10-29.

11. 기업 수준에서의 총요소생산성

기업 차원에서 총요소생산성을 분석할 경우 각 기업은 매우 이질적인 생산단위라는 점을 인식하고, 연구개발 투자나 특허보유, 또는 기업이 직면한 산업구조와 금융 접근성의 차이와 같은 다양한 요인들이 생산성에 영향을 미치게 된다는 점을 고려해야 한다.

최근 기업 차원에서 총요소생산성을 분석하려는 시도가 매우 활발하다. 이는 컴퓨터의 발전에 따라 연산능력이 획기적으로 개선되었고, 통계수집 능력이 발전하면서 방대한 패널 데이터베이스(panel database)가 구축되어 보다 정교한 계량경제학적 방법론의 적용을 통한 생산성 연구가 가능해졌기 때문이다.

하지만 서로 이질적인 기업 또는 공장 단위에서 생산성을 측정하는 데는 많은 어려움이 있고, 일부 성공적인 연구라고 할지라도 많은 문제점을 가지고 있다. 또한 미시적인 데이터를 통한 분석결과로부터 어떤 일반적인 시사점을 찾기 어려운 경우도 자주 발생한다. 아울러 다양한 계량경제학 방법론에 의한 연구결과가 다양한 결과를 보여주기도 하지만, 때로는 서로 모순된 연구결과를 보여주기도 한다.

기업 차원에서의 총요소생산성 측정을 위한 큰 노력이 이루어지고 있지만, 미시적, 거시적 수준 간의 강력한 연계를 구축할 수 있는 모형의 개발은 아직 요원하다. 이런 점에서 기업 차원의 연구와 거시차원의 연계성을 보여줄 수 있는 연구 분야는 생산성 연구자들에게 중요한 도전과제가 될 것이다. Baily, Hulten, and Campbell(1992)은 미국의 대표적인 패널 데이터인 LRD(Longitudinal Research Database)의 데이터를 사용하여 산업 수준에서 구한 잔차를 검토한 결과 데이터를 통해 거시수준과 미시수준을 제대로 일관되게 연결하는 것이 매우 어렵다는 점을 발견하였다.[35]

우리나라에도 공장 단위에서 투입과 산출을 조사한 통계청의 마이크로데이터(MDIS)와 같은 자료는 기업 차원의 생산성 연구에 좋은 기반이 될 것이기 때문에 향후 많은 활용이 기대된다.[36]

---

35 Baily, Martin N., Charles R. Hulten, and David Campbel(1992), "Productivity dynamics in manufacturing plants. Brookings Papers on Economic Activity," *Microeconomics,* Washington, D. C.: Brookings Institution, pp. 187-249.

36 https://mdis.kostat.go.kr/index.do

2-3

『생산성의 경제학』 각론

PART

03

제3부에서는 『생산성의 경제학』의 보다 잘 이해하기 위해 경제 성장론, 지수이론, 생산성 측정의 일반이론, 제도와 생산성, 동아시아 경제성장, 기업가 정신, 생산성 수준의 수렴화 가설에 대해 살펴본다.

제1장에서는 『생산성의 경제학』과 아주 밀접한 관계가 있는 경제성장 이론에 대해 살펴본다. 특히 총요소생산성의 측정과 의미해석에 있어서 중요한 솔로우의 신고전파 성장이론을 설명한다. 아울러 총요소생산성의 결정요인으로서 중요한 인적 자원의 중요성과 규모에 대한 수확체증을 강조하는 신성장이론을 설명한다.

제2장에서는 『생산성의 경제학』의 발전 초기 총요소생산성의 측정에 사용되었던 지수이론에 관해 설명한다. 특히 총요소생산성의 측정과 밀접히 관련된 디비지아 지수와 통크비스트 지수, 맘퀴스트 지수에 관해 설명한다.

제3장에서는 『생산성의 경제학』에서 총요소생산성의 측정과 관련된 변수, 시장형태, 비용 측면과 수입 측면에서의 정의방법 등을 통합하여 이들의 관계를 일반화할 수 있는 총요소생산성 측정방법에 관해 설명한다.

제4장에서는 『생산성의 경제학』에서 총요소생산성의 결정요인으로서 중요한 제도에 관해 설명한다. 제도와 생산성의 밀접한 관계에 관한 실증연구의 중요성을 설명한다.

제5장에서는 『생산성의 경제학』에서 동아시아 성장과 경제성장에서 생산성의 역할에 대한 오랜 논란에 관해 설명한다. 경제성장의 원천, 총요소생산성의 결정요인에 대한 다양한 해석을 종합하여 설명한다.

제6장에서는 『생산성의 경제학』에서 그동안 등한시되었으나 기술혁신과 경제성장의 연결고리로서 기업가 정신과 생산성의 관계에 관해 설명한다.

제7장에서는 『생산성의 경제학』에서 최근 중요성이 강조되고 있는 소득수준이나 생산성 수준의 수렴화 가설과 관련된 논란과 검증방법에 관해 설명한다.

Economics of Productivity

경제성장 이론과 총요소생산성

1. 고전파 성장이론

(1) 애덤 스미스의 경제성장론

애덤 스미스(Adam Smith)는 경제학자 가운데 처음으로 인적 자본의 축적에 관해 이야기하였다. 애덤 스미스는 『국부론』에서 "노동의 분업화(division of labor)"에 대해 언급하고 있는데 이는 국부론에서 가장 중요한 부분이 될 것이다.

애덤 스미스는 핀(pin) 공장의 사례를 들면서 "만약 열 사람이 각각 20개의 핀을 생산한다면 하루에 200개의 핀을 생산할 수 있다고 했다. 하지만 노동의 분업화, 즉 첫 번째 사람은 철사를 뽑고, 두 번째 사람은 이를 펴고, 세 번째 사람은 이를 자르고, 또 다른 사람은 기계의 발명을 통해 핀을 생산한다면 열 사람이 4만 8천 개의 핀을 생산할 수 있다"라고 하였다. 이처럼 노동의 분업화는 200배 이상 생산성을 증가시킬 수 있다고 했다. 따라서 애덤 스미스가 지적한 노동의 분업화는 생산성 증대를 통해 경제성장에 큰 기여를 할 수 있다.

노동의 분업화가 생산성을 증가시킬 수 있는 이유는 다음과 같다. 첫째, 시간을 절약할 수 있기 때문이다. 즉 노동자는 핀을 만드는 다양한 작업에 동원되지 않음으로써 각 생산단계에서 필요한 비용(setup cost)을 줄일 수 있기 때문이다. 둘째는 특정 작업에만 종사함으로써 시행착오(learning by doing)를 통해 솜씨를 발휘할 수 있고, 또 이를 위한 교육을 쉽게 받을 수 있기 때문이다. 같은 일을 반복함으로써 이런 일이 가능하다. 셋째, 기계를 발명할 수 있다. 특정한 작업에 전문화함으로써 노동을 절약할 수 있는 기계를 발명할 가능성이 커진다.

노동의 분업화는 거래행위가 커질 때 가능하다. 노동의 분업화는 시장의 크기에 의해 제한된다. 큰 시장일수록 거래행위가 많아져서 노동의 분업화가 증가할 수 있다. 큰 시장은 또한 전문화의 유인을 증가시킨다. 더 큰 시장은 기계(또는 새로운 기술)에 투자할 유인을 증가시켜 자본축적을 가능하게 한다. 또한 신용과 좋은 정부, 자유무역 거래, 지리적 위치(도시 또는 해안지역), 자유에 대한 보상은 큰 시장을 형성할 수 있게 한다.

천부인권(天賦人權)도 시장을 크게 한다. 자유는 자신의 사적 이윤 추구를 가능하게 하고, "보이지 않은 손(invisible hand)"을 작동하게 하는 사회적 재화이다. 이들은 사회를 부유하게 번영시킬 뿐만 아니라 간혹 인간이 만든 법의 잘못으로 일어날 수 있는 많은 장벽을 해소하기도 한다.

애덤 스미스의 경제 성장론은 오늘날 생산성 관련 이론의 발전에도 많은 시사점을 준다. 분업에 따른 노동력의 인적 자본축적, 규모의 경제 효과, 자본축적, 그리고 제도의 중요성을 강조하고 있기 때문이다.[1] 하지만 애덤 스미스의 경제 성장론에서는 과학, 신기술 등에 의한 생산성의 외생적 향상에 대해서는 크게 평가하지 않고 있다.

(2) 맬서스의 인구론

제1부 서론에서 언급한 바와 같이, 기원 이후 오랜 역사를 통해 볼 때, 경제성장과 인구가 급격히 증가하기 시작한 것은 최근 2~3세기에 불과하다. 역사적으로 인구와 소득이 정체되었던 현상을 잘 설명해주고 있는 책은 1798년 토머스 맬서스(Thomas Malthus)가 저술한 『인구론(Essay on the Principle of Population)』이다.

맬서스의 『인구론』의 핵심내용은, 이용할 수 있는 토지에 비해 상대적으로 인구

---

1 『국부론』이 출간된 130년 뒤, 미국의 헨리 포드(Henry Ford)는 분업의 원리를 이용하여 일명 T형 생산공정을 조직하여 자동차 대량생산 시대를 열었다. 그 결과 자동차 본체를 조립하는 시간은 12시간에서 93분으로 축소되었고, 850달러이던 자동차 가격은 1915년 440달러로 절반 정도 하락했다. 1906년 당시 미국 전체에서 43,000대 생산되던 T형 자동차는 1917년 170만대나 생산되면서 자동차 산업은 대규모 산업으로 발전하게 되었다(Bernheim B. Douglas and Michael D. Whinston(2014), *Microeconomics*, 2nd Edition, McGraw-Hill, 강태훈 외 번역, 맥그로힐에듀케이션코리아 pp. 197-200).

가 적을수록 사람들의 생활은 풍족해지고 인구가 빠르게 증가한다는 것이다. 만약 인구가 증가하여 일인당 사용할 수 있는 토지의 양이 감소하게 되면 인간의 생활은 빈곤해진다. 따라서 사회는 일정 수의 인구에 상응하는 소득수준을 유지할 수밖에 없다는 것이다.

맬서스의 『인구론』은 후대의 사람들에 의해 가혹한 비판을 받았다. 그가 『인구론』에서 밝힌 내용은 인간의 미래에 대한 비관적인 내용이어서 경제학을 "음울한 과학(dismal science)"이라는 평가를 받게 하였다. 독일의 경제학자이자 사회학자인 베르너 좀바르트(Werner Sombart)는 1938년에 저술한 『정신과학으로서의 인류학』에서 맬서스의 『인구론』을 "세계의 문헌 중 가장 멍청한 책"이라고 평가하기도 했다.[2]

하지만 맬서스의 『인구론』은 인간 역사의 대부분을 정확하게 설명하고 있다. 애덤 스미스의 『국부론』이 1776년에 저술되어 경제학이란 학문 분야의 형성과 경제현상의 설명에 커다란 역할을 한 것은 250여 년에 불과하다. 맬서스의 『인구론』은 기원후 약 1,700여 년, 인간이 출현한 25만 년의 인간 역사에 대해 잘 설명하고 있다.[3] 불행하게도 『인구론』이 저술된 이후 산업혁명 때문에 일인당 소득과 인구가 증가하면서 그 예측력이 소실되었다.

대표적으로 맬서스의 『인구론』이 최근 인간의 역사에서 잘 설명해주고 있는 2가지 사례가 있다.[4] 첫째는 서기 1000년경 중국은 세계에서 가장 발전된 기술을 가지고 있었지만 높은 인구밀도로 인해 기술적으로 중국보다 뒤져 있던 유럽인들과 마찬가지로 최저생계비 수준의 비참한 생활을 하였다고 한다.

둘째는 아메리카가 원산지인 감자가 아일랜드에 도입되었을 때 감자는 비슷한 규모의 토지에서 약 2~3배의 많은 사람을 먹여 살릴 수 있었다고 한다. 감자는 아일랜드의 농업 생산량을 획기적으로 증가시켰지만, 나중에 인구가 3배로 증가함으로써 주민들의 생활 수준은 크게 향상되지 못하였다고 한다.[5]

---

2 헤르비히 비르크(2006), 『사라져가는 세대』, 조희진 번역, 플래닛미디어.

3 1882년, 구스타프 콘은 『인구론』을 "지금까지 모든 국가 경제에 기반이 되는 중요한 자연법"이라고 평가했다(https://ko.wikipedia.org/wiki/인구론 참조).

4 David N. Weil(2013), 『경제성장론』, 백웅기 · 김민성 번역, 시그마프레스, p. 101.

5 1500년경 3백만 명에서 1840년경 8백만 명으로 증가했다. 1845년경 감자경작지에 곰팡이가 전염되면서 감자 농사에 흉년이 들자 "감자흉년(potato famine)"으로 백만 명이 아사하고 또 다른 백만 명이 해외로 이주했다고 한다(Bernheim and Whinston(2014), *Microeconomics*, 2nd ed., 강태훈 외 번역, 맥그로힐에듀케이션코리아, p. 171).

2. 케인지안 성장모형: 해로드-도마 모형

경제 성장이론에서 해로드-도마 모형(Harrod-Domar model)의 개발은 외생적 성장이론(exogeneous growth theory)의 시작이라는 사실 때문에 많은 경제학자의 시선을 끌었다. 이 모형에서 생산은 자본의 함수라고 규정하고 있으며, 생산함수는 규모에 대한 수확 불변의 특성을 가진다고 가정한다. 해로드-도마 모형이 시사하는 것은 경제는 지속적인 경제성장과 완전고용을 달성할 수 없다는 것이다. 경제성장은 저축률을 증가시켜 투자를 촉진하고, 그 투자가 가져오는 적절한 기술발전을 활용할 수 있게 하는 것은 정부의 정책에 달려있다고 했다.

집계생산함수는 여러 경제성장 모형에서 중요한 역할을 하는데, 그 형태는 생산요소와 생산량의 관계에 따라 결정된다. 경제성장 모형에 대한 학술 논의에 있어서 이론적 논쟁의 많은 부분은 실제 생산함수가 집계수준에서의 생산과정을 얼마나 잘 설명하는가에 대한 것이다.

해로드-도마 성장모형에서는 특별한 형태의 생산함수를 가정하고 있다. 고정계수 생산함수(fixed coefficient production function)라고 알려진 함수형태로서 L자형의 등생산량곡선(isoquant)을 가진다. 즉 다른 생산량 수준에서 노동과 자본의 사용비율(capital/labor ratio)은 항상 같은 형태의 함수이다. 〈그림 1〉에서 일정한 자본/노동비

그림 1 해로드-도마 모형의 등량 곡선

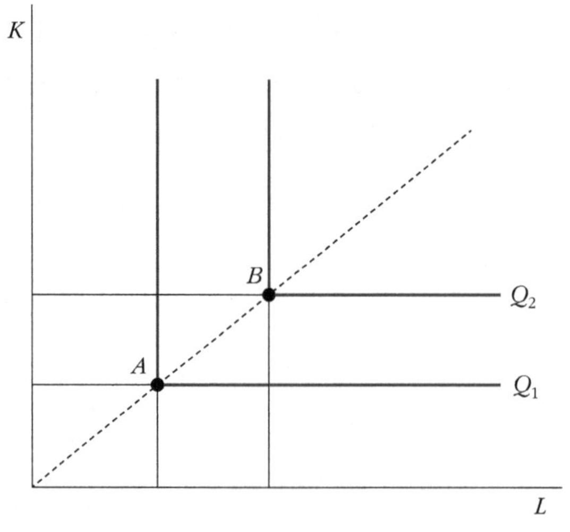

율은 원점에서 등생산량곡선의 꼭짓점(A와 B)을 이은 선으로 표시된다.

이 꼭짓점은 주어진 생산량을 생산하는 데 있어서 최소비용으로 생산할 수 있는 점, 즉 노동과 자본의 가장 효율적인 조합을 나타낸다. 이런 생산함수에서는 자본을 증가시키는 추가적 투자 없이 노동력이 추가된다고 하더라도 생산량은 증가하지 않는다. 노동과 자본이 같은 비율로 증가하지 않는다면 추가되는 다른 생산요소는 활용될 수 없다.

또한 이 생산함수는 규모에 대한 수확 불변을 나타낸다. 가령 노동과 자본이 2배 될 때 생산량도 정확히 2배 증가하게 된다. 그래서 자본/산출량, 노동/산출량의 비율도 일정하다.

1940년대 영국의 로이 해로드(Roy Harrod)와 미국 MIT대학의 에브시 도마(Evsey Domar)가 선진국의 경제성장과 실업의 관계를 살펴보기 위해 각자 개발하였던 초기 경제성장 모형에서의 특징은 생산함수가 고정계수, 규모에 대한 수확 불변의 형태를 가진다는 것이었다.

해로드-도마 모형은 성장 과정에서 자본축적의 역할을 중시한다. 이 모형은 경제성장과 자본축적의 관계를 보기 위해 개도국에서 광범위하게 적용된 바 있다. 개도국의 경우 많은 노동력이 실업 상태에 있고 생산과 성장에 자본이 제약요인으로 작용하고 있다는 점이 관찰되었기 때문이다.

자본/산출량이 일정하다는 전제조건에서 출발하면 생산함수는 다음과 같이 표시할 수 있다.

$$Y = \frac{K}{v} \qquad \cdots\cdots \quad 1$$

여기서 v는 자본/산출계수이다. 해로드-도마 모형에서 자본/산출계수는 매우 중요한 의미를 갖는다. 이는 자본 또는 투자의 생산성 척도가 되기 때문이다.

자본/산출계수, v가 높을수록 주어진 산출량을 생산하기 위해서는 더 많은 자본이 필요하다. 그래서 이는 생산과정에서의 자본집약도를 나타낸다.

다음과 같은 3가지 이유에서 자본/산출계수는 국가 간에 서로 다르다. 첫째, 같은 상품을 생산하기 위해 다른 기술을 사용하거나, 둘째, 각국이 다른 상품조합을 생산하기 때문이다. 자본 집약적 상품을 많이 생산하는 나라는 노동집약적 상품을 많이 생산하는 나라보다 자본/산출계수가 높다. 셋째, 효율성의 차이 때문이다. 높은 자본/산출계수는 자본이 생산적으로 사용되지 않아서 상품이 비효율적으로 생산된다는 것이다. 많은 기계가 가동되지 않거나 효과적으로 구축되지 못한 생산과정은 더욱 효율적으로 관리되는 공장에 비해 더욱 높은 자본/산출계수를 갖게 된다.

이상의 생산함수를 자본 스톡의 변화에 대한 산출량의 변화를 나타내는 식으로 바꾸면 다음과 같다.

$$\Delta Y = \frac{\Delta K}{v} \quad \cdots\cdots \quad 2$$

또한 생산량의 증가율을 g라고 하면 이는 생산량 증가를 전체 생산량으로 나눈 $\Delta Y / Y$ 가 된다. 따라서 생산량 증가율을 산출량의 변화와 자본 스톡의 변화에 대한 식과 결합하면 다음과 같은 식이 된다.

$$g = \frac{\Delta Y}{Y} = \frac{\Delta K}{Y \nu} \quad \cdots\cdots \quad 3$$

여기서 자본의 변화 ΔK는 저축에서 감가상각을 빼준 것이므로 다음 식으로 표시할 수 있다.

$$\Delta K = s\,Y - \delta K \quad \cdots\cdots \quad 4$$

이상의 식을 조합하면 해로드-도마 성장모형의 핵심이 되는 다음 식이 구해진다.

$$g = \frac{s}{v} - \delta \quad \cdots\cdots \quad 5$$

따라서 이 식은 투자로 이루어지는 자본이 생산증가의 주된 결정요인이고, 저축이 투자를 가능하게 한다는 것이다. 따라서 경제가 성장하려면 더욱 많이 저축하고, 생산적인 투자를 해야 한다는 것이다.

해로드-도마 모형은 매우 단순하고 안정적인 상태의 경제에서 단기적인 성장률을 예측하는 데 도움이 된다. 또한 투자재원을 마련하기 위해 소비를 줄이고 많이 저축할수록 경제성장에 도움이 된다는 시사점을 제공한다. 그래서 초기 개도국의 경제개발모형으로 활용되었다.

하지만 해로드-도마 모형은 몇 가지 단점을 가지고 있다. 첫째는 저축의 역할을 지나치게 강조하고 있다. 저축을 통해 확보된 자금이 반드시 생산적으로 활용된다는 보장이 없다. 해로드-도마 모형에는 기본적으로 하나의 상품만 존재하는데, 만약 여러 상품이 존재한다면 투자재원의 효율적 배분이 중요하게 된다는 점을 간과하고 있다.

둘째는 가장 큰 단점으로 솔로우(Robert Solow)의 신고전파 성장모형이 대두된 배경이 된 것이다. 즉 자본/노동, 자본/산출, 노동/산출 비율이 일정하다는 매우 경직된 가정에 의존하고 있다. 만약 이 가정이 타당하다면 경제가 성장할 때 노동, 자본, 산출량이 같은 비율로 증가해야 하는데 이는 실제 경제에서 일어나기 힘든 현상이다.

셋째, 이 모형에서는 노동과 자본이 항상 완전고용, 완전활용되고 있다고 가정한다. 경제성장률과 노동 및 자본이 같은 비율로 증가해야 한다. 그래서 인구증가율 n은 경제성장률 g와 같아야 하므로 다음과 같이 나타낼 수 있다.

$$n = g = \frac{s}{v} - \delta \quad \cdots\cdots \quad 6$$

만약 이런 조건이 충족되지 않는다면 노동이나 자본은 완전고용되지 못하고 경제는 안정적인 균형상태에 있을 수 없게 된다. 해로드-도마 모형이 가진 이런 특징을 "면도날 문제(knife-edge problem)"라고 한다.

넷째, 해로드-도마 모형에서 일정하다고 가정한 자본/산출계수는 시간의 변화에 따라, 또는 어떤 나라가 경공업에서 중화학공업으로 산업구조를 변화시킴에 따라 변화할 수 있다는 점을 반영하지 못한다. 따라서 장기적인 경제성장 과정을 설명하는 데에는 부적합하다.

다섯째, 해로드-도마 모형은 생산성 증대에 관해서는 어떤 시사점도 제공해주지 못한다. 모형이 전제하고 있는 등생산량곡선의 원점으로부터 이동에 관한 어떤 시사점도 찾을 수 없다.

해로드-도마 모형의 이런 약점에도 불구하고 세계은행(World Bank)이나 몇몇 국제기구에서는 저축에 의해 확보 가능한 투자재원과 목표 경제성장률 달성을 위해 필요한 투자액의 차이를 예측하기 위해 사용해 왔다.

1950년대 말 모형의 약점에 대해 도마(Evsey Domar) 자신도 언급한 적이 있는데, “이 모형은 원래 경제성장보다도 선진국에서의 고용문제를 탐구할 목적으로 개발되었다고 한다. 그리고 너무 경직된 모형으로 장기적인 경제성장을 설명하는 데 있어서 유용하지 못하다”라고 한 바 있다.[6]

3. 신고전파 성장모형: 솔로우의 경제성장 모형

1956년 로버트 솔로우(Robert Solow)는 “경제성장이론에 대한 공헌(A Contribution to the Theory of Economic Growth)”이라는 논문에서 해로드-도마 모형을 개선한 새로운 경제성장 모형을 소개한다. 솔로우는 해로드-도마 모형의 경직적인 생산함수에 의존하면서 일어나는 문제점을 인식하고 자본/노동, 자본/산출 비율이 일정하다는 고정계수 생산함수를 탈피하여 생산요소 간 대체가 가능한, 그래서 더 유연한 신고전파 생산함수(neoclassical production function)를 사용하기로 하였다. 따라서 솔로우 성장모형에서는 경제의 노동과 자본의 부존량이나 생산과정에 따라 자본/노동, 자본/산출 비율이 변화할 수 있게 되었다.

솔로우 모형 역시 해로드-도마 모형과 마찬가지로 선진국의 경제성장을 설명하기 위해 개발되었으나, 세계 모든 나라의 경제성장을 설명하는 데 활용되고 있다. 솔로우 모형은 개도국의 경제성장을 설명하는 데에서도 영향력을 발휘하고 있다.

솔로우는 후속 연구를 통해 경제성장에 대한 이해를 돕는 데 큰 기여를 하였다. 이런 공헌으로 1987년 노벨경제학상을 받았는데 솔로우의 성장이론은 제1부에서 설명한 바와 같이 국가 간 경제성장과 개발에 대한 정형화된 사실들을 설명하는 데 높은 통찰력을 제공해주었다. 그럼으로써 경제성장의 본질을 이해하는 데 있어서 하나

---

6 Evsey Domar(1957), *Essays in the Theory of Economic Growth*, Oxford University Press.

그림 2 솔로우 성장모형의 등량곡선

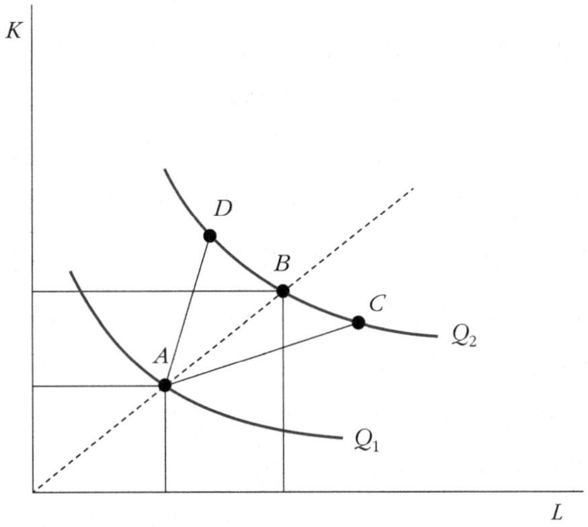

의 이정표를 제공하였다.

신고전파 성장모형은 기본적으로 해로드-도마 모형의 연장이므로 외생적 성장모형으로 불린다. 신고전파 생산함수를 등생산량곡선으로 나타내면 〈그림 2〉와 같이 해로드-도마모형의 L자형과는 다른 유연한 곡선의 형태를 가진다.

먼저 그림의 점 A에서 Q_1을 생산하였다고 하자. 여기에서부터 생산량을 늘려 Q_2를 생산하는 방법에는 3가지가 있다. 자본/노동의 비율이 같게 되는 생산방법은 점 B로 가는 것이다. 솔로우 모형은 해로드-도마 모형에서와 마찬가지로 규모에 대한 수확 불변을 가정하고 있으므로 생산요소 투입을 2배 증가시키면 생산량도 2배 증가하게 된다. 하지만 솔로우 모형에서는 해로드-도마 모형에서 가정했던 자본/노동비율이 일정하다는 가정을 버렸기 때문에 다른 노동과 자본의 조합, 즉 다른 자본/노동의 비율을 사용하여 같은 생산량을 생산할 수 있다. 따라서 〈그림 2〉에서 기업은 자본을 더욱 많이 사용하는 점 D에서 Q_2를 생산할 수도 있고, 노동을 더 많이 사용하는 점 C에서 생산할 수도 있다.

(1) 기본모형

아주 간단한 형태의 솔로우 모형을 생각해보자. 한 나라 경제를 간단하게 설명해줄 수 있는 수학적 표현을 사용하여 설명하면 쉽게 이해할 수 있다.[7] 솔로우 성장 모형은 『생산성의 경제학』에서의 총요소생산성의 측정과 해석, 경제성장에 대한 의미의 해석과 관련하여 중요한 기초가 된다. 심지어 모형의 단점에도 불구하고 신성장이론보다도 많은 시사점을 제공해주기 때문에 제대로 이해하는 것이 필요하다.

우선 다음과 같은 단순한 경제를 가정해 보자.[8] 첫째, 분석대상이 되는 국가는 하나의 동질적인 상품을 생산한다. 따라서 국제무역은 존재하지 않는다.

둘째는 기술혁신은 외생적으로 주어진다고 가정한다. 기술 수준은 기업의 연구개발 활동으로 영향받지 않는다. 이 가정은 후속되는 모형에서 완화될 것이다. 솔로우 모형은 매우 단순하다. 하지만 솔로우 모형은 현실 세계가 작동하는 모습에 대해 다양한 시사점을 주고 있다. 따라서 현재의 경제성장을 설명하기 위해 시도되는 다른 모형, 가령 신성장이론의 근간이 되는 것이다.

셋째, 솔로우 모형에서의 생산함수는 규모에 대한 수확 불변의 조건을 갖추고 있다. 노동과 자본을 2배 투입하면 산출량도 정확하게 2배 증가한다.

이상에서 생산함수가 규모에 대한 수확 불변이라면 생산함수는 일인당 변수, 즉 일인당 생산량은 일인당 자본량의 함수로 표시할 수 있다.[9] 즉

$$Y = F(K,\ L)$$

$$\frac{Y}{L} = F\left(\frac{K}{L},\ 1\right)$$

$$y = f(k) \quad \cdots\cdots \quad 7$$

솔로우 모형에서는 생산함수가 자본에 대해 한계생산물 체감(diminishing returns to capital)의 특성을 가진다고 가정한다. 따라서 근로자가 점차 많은 기계를 가지고

7 Jones Charles I. and Dietrich Vollrath(2013), "2. The Solow Model," in *Introduction to Economic Growth*, W. W. Norton & Company, pp. 20-53의 내용을 주로 참조하였다.

8 "모든 이론은 진실과 상당히 먼 가정에 의존하고 있다. 그래서 이론이라는 것이다. 성공적인 이론을 만드는 능력은 최종결론에 큰 영향을 미치지 않는 방법으로 불가피하게 단순화된 가정을 만드는 것이다(Robert Solow, 1956, p. 65)"

9 간혹 "집약형 생산함수"라고 불리는 이 생산함수의 형태는 바로 규모에 대한 수확 불변이라는 특성에서 온다. 즉, 모든 생산요소 투입을 $1/L$배 하게 되면 산출량 역시 $1/L$배 증가하게 되므로 이렇게 표시할 수 있다.

일하게 되면 추가적인 생산량, 즉 한계생산물이 점차 감소하게 되는 것이다.

여기서 개별 생산요소 투입으로 인한 한계생산물 체감과 규모에 대한 수확(returns to scale)을 구분할 필요가 있다. 자본의 한계생산물이 체감한다는 것은 노동투입이 일정하다고 할 때 일어나는 현상이다. 이때에도 여전히 생산함수의 규모에 대한 수확 불변의 가정은 성립한다.

이런 특성을 가진, 한 나라의 집계생산함수는 〈그림 3〉에서와 같은 모습을 갖게 된다. 여기서 X축은 일인당 자본량 k를 나타내고, Y축은 일인당 생산량 y를 나타낸다. 일인당 자본량이 증가하면 추가적인 생산량이 체감하는 자본의 한계생산물 체감의 특성을 반영하여 생산함수의 기울기는 점차 감소하게 된다. 솔로우 모형의 생산함수는 해로드-도마 모형에서의 생산함수가 원점을 지나는 직선이라는 사실과 차이가 난다.

그림 3 **솔로우의 다이어그램**

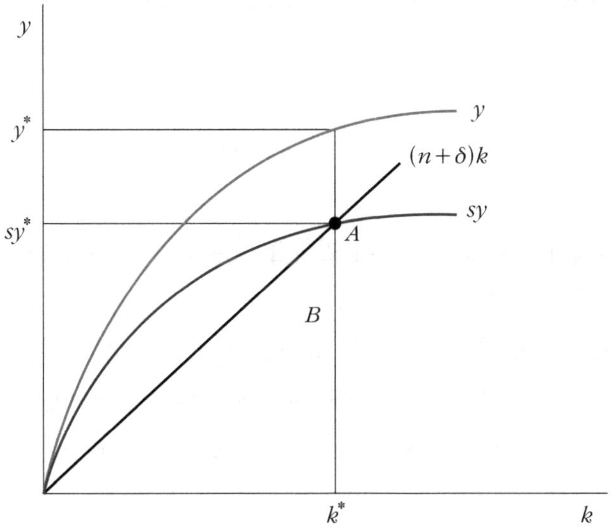

통상 솔로우 모형에서 생산함수는 다음과 같은 콥-더글러스(Cobb-Douglas)함수 형태를 가진다고 가정한다.

$$Y = F(K, L) = K^{\alpha} L^{(1-\alpha)} \quad \cdots\cdots 8$$

여기서 α는 0과 1 사이의 값을 갖는 파라미터이다. 생산함수는 규모에 대한 수확 불변이라고 가정한다. 양변을 L로 나누어주고 정리하면 다음과 같이 일인당 생산량($y = Y/L$)은 일인당 자본량($k = K/L$)의 함수로 표시된다.

$$y = k^{\alpha} \quad \cdots\cdots \quad 9$$

따라서 이 생산함수를 그래프로 그리게 되면 〈그림 3〉과 같아진다. 이는 일인당 자본량, 즉 k가 증가함에 따라 더욱 많은 일인당 산출량 y가 생산되지만, 추가적인 일인당 자본량의 증가에 대해서는 산출량의 증가 정도가 점차 하락하는, 즉 일인당 자본투입에 대해 수확체감(diminishing returns to capital per worker)의 현상이 나타난다는 것을 보여준다.

두 번째 식은 솔로우 모형에서 매우 중요한 일인당 자본량의 변화가 어떤 요인의 영향을 받는가를 나타낸다. 이미 살펴보았듯이 자본의 변화 ΔK는 저축(sY)에서 감가상각(δK)을 빼준 것이므로, 이를 일인당 자본량의 변화로 나타내면 다음과 같이 된다.[10] 즉,

$$\Delta k = sy - (n + \delta)k \quad \cdots\cdots \quad 10$$

솔로우 모형에서 일인당 자본량의 변화를 나타내는 이 식은 매우 중요하므로 그 구성요인을 자세히 살펴볼 필요가 있다.

첫째, 일인당 자본량의 변화(Δk)는 일인당 저축량과 정(+)의 관계에 있다. s는 저축률, y는 일인당 소득을 나타내기 때문에 sy는 일인당 저축량을 나타낸다. 근로자들이 더욱 많이 저축하면 일인당 투자가 증가하고, 그에 따라 일인당 자본량이 증가한다.

둘째, 일인당 자본량의 변화(Δk)는 인구증가와 부(−)의 관계에 있다. 매년 인구가 증가하여 노동력이 증가할 때 새로운 투자가 일어나지 않으면 일인당 자본량은

10 일인당 자본량, $k = K/L$이므로 $\Delta k/k = \Delta K/K - \Delta L/L$이 된다. 여기에 $\Delta K = sY - \delta K$를 대입하면 $\Delta k/k = (sY - \delta K)/K - \Delta L/L$가 된다. 인구증가율을 n이라고 하면 이 식은 $\Delta k/k = sY/K - (\delta + n)$이 된다. 여기서 우변 첫째 항의 분자, 분모를 각각 L로 나누어주고 정리하면 $\Delta k = sy - (n + \delta)k$을 얻을 수 있다.

nk만큼 감소하게 된다.

셋째, 자본 스톡에는 감가상각이 일어난다. 일인당 자본량은 매년 자본 스톡의 가치손실, 즉 감가상각 때문에 δk만큼 감소하게 된다.

따라서 일인당 저축액이 노동력 증가와 감가상각에 의한 일인당 자본량의 감소분을 보충하는 데 필요한 자본액보다 크다면 Δk는 0보다 크게 되고, 이는 일인당 자본량 k의 증가를 통해 일인당 생산량의 증가를 가져온다.

경제가 일인당 자본량을 증가시키는 과정을 "자본의 심화(capital deepening)"라고 한다. 근로자들이 더욱 많은 기계장비, 컴퓨터, 차량, 기타 장비들을 보유하게 됨으로써 그렇지 못한 경제의 근로자보다 자본량이 많아지므로 더욱 많은 생산이 가능하다는 것을 의미한다.

하지만 어떤 경제에서 저축은 새로운 근로자와 감가상각을 보충할 만큼만 공급될 수가 있다. 일인당 자본량이 이런 수준일 때를 총 자본량과 총근로자 수가 동시에 확대된다는 것을 의미하는 "자본의 확대(capital widening)"라고 한다. 자본의 확대는 sy가 $(n+\delta)k$와 같아서 일인당 자본량의 변화가 없는 상황을 나타낸다. 그래서 "자본의 심화(Δk)는 일인당 저축(sy)에서 자본의 확대에 필요한 양($(n+\delta)k$)을 빼준 것"이라고 할 수 있다.

이상에서 설명한 두 개의 방정식, 즉 생산함수와 자본 심화를 나타내는 식이 솔로우 모형의 핵심이 된다. 해로드-도마 모형과 비교할 때 솔로우 모형에서도 저축이 중요한 역할을 한다. 하지만 저축과 성장의 관계는 생산함수의 자본에 대한 한계생산물 체감 때문에 선형관계에 있지 않다. 또한 솔로우 모형에서는 경제성장에 대한 인구증가의 효과를 분석하고 있고, 성장 과정에서 자본과 노동의 대체관계를 허용하고 있다.

(2) 솔로우 다이어그램(Solow diagram)

이상에서 설명한 생산함수, 저축함수, 인구증가와 감가상각으로 인한 일인당 자본량의 감소를 나타내는 함수식을 그래프로 표현하면 〈그림 3〉과 같다. 첫째, 곡선으로 나타낸 제일 위의 그래프는 생산함수 y를 나타낸다. 일인당 생산량이 일인당 자본투입 증가에 따라 늘어난다. 둘째, 또 다른 곡선은 일인당 투자량, 즉 sy을 나타낸다. 이는 생산함수와 같은 모양이지만 일정한 비율 즉 저축률 s만큼 줄어든 것이다. 셋째, 직선으로 표시된 그래프, $(n+\delta)k$는 근로자 일인당 자본량을 일정하게 유지하는 데 필요한 일인당 투자량을 나타낸다. 즉, 감가상각과 인구증가는 일인당 자본량을 감소시키기 때문에 이를 고려하여 일인당 자본량을 일정하게 유지하는 데 필요한 투자량을 나타내는 것이다.

이를 하나의 그래프에 나타내면, 일인당 투자량 sy와 일인당 자본량 감소 그래프$(n+\delta)k$의 차이는 바로 근로자 일인당 자본량의 변화, Δk를 나타낸다. 따라서 만약 이 값이 양(+)이면 근로자 일인당 자본량이 증가하게 되므로 "자본의 심화(capital deepening)"가 일어난다. 만약 이 값이 0이라면 근로자 일인당 자본량은 변화가 없지만, 인구증가 때문에 경제 전체의 자본스톡은 증가하게 되는, 소위 "자본의 확대(capital widening)"가 일어난다. 반면 이 값이 음(−)이라면 근로자 일인당 자본량은 감소한다.

두 함수, sy와 $(n+\delta)k$가 일치하는 점인 A에서의 자본량 k^*수준에서 생산량은 y^*이고, 저축량 또는 투자량은 sy^*가 된다. 따라서 일인당 자본량은 더 이상 변화하지 않는다. 다른 점에서는 sy와 $(n+\delta)k$의 차이가 발생하게 되므로 일인당 자본량은 변화한다. 만약 A점의 왼편에 있다면 저축량이 인구증가와 감가상각을 충당하는 데 필요한 투자액보다 많으므로 일인당 자본량이 증가하여 자본심화가 일어나고, 일인당 소득이 증가하게 된다.

반대로 만약 경제가 점 A의 우측에 있으면 이번에는 일인당 저축이 새로운 근로자와 감가상각을 보충하는 데 필요한 투자액보다 적기 때문에 일인당 자본량이 감소하고, 일인당 소득도 감소하게 된다. 따라서 점 A는 새로운 저축이 새로운 근로자와 감가상각을 보충하는데 필요한 투자액과 정확하게 일치하는 점이 되며, 여기에서 일인당 자본량은 일정하게 유지된다.

그래서 점 A를 솔로우 모형에서는 "정상상태(steady state)"라고 한다. 정상상태에서의 일인당 생산량 y^*는 일정하게 된다. 하지만 이때 주의할 것이 있다. 즉, 일인당 생산량은 일정하더라도, 전체 생산량 Y는 인구증가율 n만큼 증가한다는 것이다. 마찬가지로 일인당 자본량, 일인당 저축액은 일정하지만 총자본량과 총저축량은 증가하게 된다.

(3) 솔로우 모형에서 저축률, 인구증가율 변화

솔로우 모형과 해로드-도마 모형에서 저축과 투자 모두 경제성장의 핵심요소이다. 해로드-도마 모형에서 저축률 증가는 선형적으로 생산량을 증가시켰지만, 솔로우 모형에서 저축률 증가는 자본의 한계생산물 체감 현상때문에 점차 생산량을 적게 증가시킨다.

도표를 통해 저축률이 s에서 s'으로 증가할 경우의 효과를 살펴보자. 저축률 증가는 생산함수 y와 자본의 확대를 나타내는 $(n+\delta)k$는 그대로 유지한 채 저축함수를 sy에서 $s'y$로 이동시킨다. 그 결과 점 A점에서 일인당 저축액 또는 투자액 $s'y$는 $(n+\delta)k$보다 커지게 되므로 일인당 자본량이 늘어나고 그 결과 경제는 새로운 장기균형, 또는 새로운 정상상태인 점 B로 이동하게 된다. 그에 따라 일인당 생산량이 증가한다. 이때 새로운 정상상태로 가는 과정에서 초기에 성장률은 정상상태에서의 성장률 n보다 빠른 성장률을 보이다가 새로운 정상상태에 가까워지면서 점차 n으로 되돌아온다.

결과적으로 높은 저축률은 보다 많은 일인당 투자, 보다 높은 일인당 자본 스톡과 일인당 소득수준을 가져온다. 따라서 솔로우 모형에서는 더 많이 저축하는 경제가 더 적게 저축하는 경제보다 높은 생활 수준을 누리게 된다. 또한 저축률이 높아

그림 4 솔로우 모형에서 저축률의 변화와 균형성장

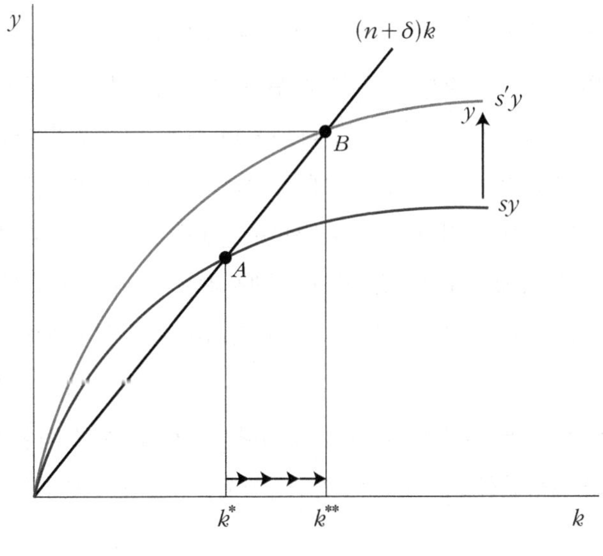

그림 5 **솔로우 모형에서 인구의 변화와 균형성장**

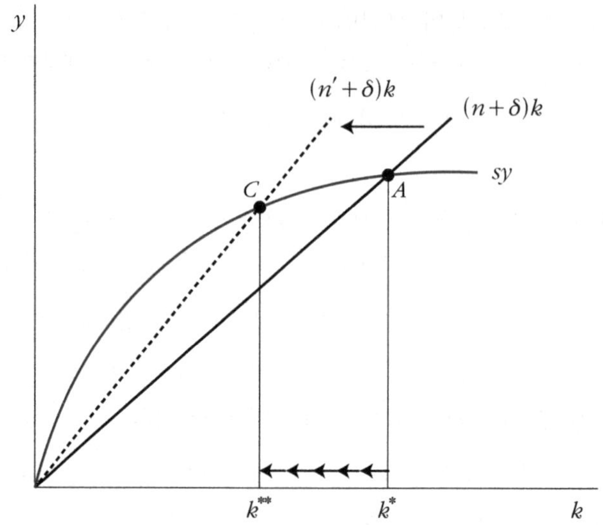

지면 정상상태가 A에서 B로 이동하면서 일시적으로 경제성장률이 높아진다. 하지만 저축률의 상승은 장기적으로 영원히 경제 성장률을 증가시키는 것이 아니고 인구증가율 n으로 다시 돌아오게 된다.

다음은 솔로우 모형에서 인구증가율이 높아지는 경우를 살펴보자. 만약 인구증가율이 n에서 n'으로 증가했다고 하자. 그러면 $(n+\delta)k$은 더 가파른 기울기를 가진 $(n'+\delta)k$이 보여주는 것처럼 좌측으로 회전하게 된다. 그러면 A에서 일인당 저축보다 $(n'+\delta)k$가 커지게 되므로 일인당 자본량은 감소하게 되고 새로운 균형점 C로 이동하게 되며 일인당 산출량도 감소하게 된다. 하지만 새로운 정상상태에서 전체 경제성장률은 n에서 n'으로 증가하게 된다. 즉 더 높은 인구증가율하에서 전체 경제 규모 Y는 일인당 소득수준 y를 일정하게 유지하기 위해 빨리 성장하게 된다. 반대로 인구증가율이 감소하게 되면 $(n+\delta)k$선은 원점을 중심으로 우측으로 회전하게 되면서 자본 심화를 가져오게 되며, 일인당 생산량을 증가시키게 된다.

솔로우 모형에 의하면 국가 간 성장률의 차이는 두 가지 이유로 발생한다.

첫째, 만약 같은 소득수준을 가진 두 나라가 서로 다른 정상상태의 소득수준을 가지고 있다면 서로 다른 성장률을 보일 것이다. 만약 같은 소득수준을 가진 두 나라가 서로 다른 집계생산함수, 저축률, 인구증가율, 생산성의 변화를 갖는다면 두 나라의 정상상태를 나타내는 소득수준은 차이가 나고, 그에 따라 각각의 정상상태로 움직이는 과정에서 서로 다른 경제성장률을 보일 수 있다.

둘째, 만약 두 나라가 같은 소득수준의 장기적 정상상태를 가진다 하더라도 서로 다른 전이 과정에 있다면 성장률이 서로 다를 수 있다. 가령 한 나라는 저축률이 높아서 정상상태보다 높은 소득수준을 누리면서 인구증가율 n만큼 성장하고 있을 때 다른 나라는 저축률이 낮아서 낮은 소득수준에 있다가 만약 정책적으로 저축률을 높인다면 높은 성장률을 보이면서 더 높은 소득수준을 가진 나라를 추격할 수도 있다. 따라서 같은 정상상태의 소득수준을 가지고 있더라도 경제성장률은 서로 다를 수 있다.

(4) 솔로우 모형에서 기술변화

지금까지 살펴본 바와 같이 솔로우 모형은 저축, 투자, 인구증가, 생산, 경제성장의 상호관계를 보여주는 매우 유용한 모형이다. 하지만 매우 중요한 단점은 일단 경제가 정상상태의 소득수준에 도달하게 되면 경제성장률은 단순히 인구증가율 수준에 머물게 되고, 일인당 소득수준은 계속 증가하지 않는다는 사실이다. 이런 사실은 산업혁명 이후 세계의 많은 나라의 일인당 소득이 계속 증가해온 사실과 부합하지 않는다. 이런 문제에 대한 솔로우의 입장은 오랫동안 일인당 소득수준이 계속 증가할 수 있었던 것은 바로 기술변화(technological change) 때문이란 것이다.

기술변화는 경제성장 또는 생산성 증대에 있어서 매우 중요한 요인의 하나이지만 유일한 것은 아니다. 역사적으로 볼 때 대부분의 기술혁신은 오늘날 선진국에서 일어난 것이다. 선진국에서 기술혁신은 생산성 증대에 있어서 매우 중요한 역할을 하였다. 기술혁신은 또한 오늘날 개발도상국의 경제발전에도 매우 중요하다. 개도국에서의 기술혁신은 선진국에서 개발된 기술을 채택하거나 이에 적응한 결과이다. 따라서 개도국에서 기술혁신의 생산성 증대 효과는 선진국에서보다 큰 역할을 하지 못했다.

개도국에서 생산성 증대는 물적 사회간접자본, 근로자의 교육향상, 규제환경과 유인제도(incentive system)의 개선을 통해 가능하다. 이런 것들이 갖춰지지 않으면 선진국 기술에 대한 개도국의 적응은 생산성을 증대시키는 데 있어서 제한적인 효과를 보이게 된다.

솔로우 모형에서 생산성 증대를 나타내기 위해 기술변화라는 변수를 도입해 보자. 같은 양의 노동과 자본을 투입해서 종전보다 많은 생산을 할 수 있는 경제의 능력을 반영한 모형은 생산함수에 기술진보를 나타내는 변수 A를 추가함으로써 다음과 같이 나타내는 것이다.

$$Y = F(K, AL) \quad \cdots\cdots \quad 11$$

여기에서 기술진보를 나타내는 변수 A는 노동투입 L과 곱해진 상태로 포함되어 노동투입의 질을 직접 향상시키는, 소위 "노동 부가적 기술변화(labor augmenting technological change)"를 나타낸다.[11] 기술이 변화하면 보다 많은 생산이 가능해지므로 노동의 효율성 또는 생산성이 증가하게 된다. A의 증가는 과학적으로 새로운 발명이나 공정혁신과 같은 기술개선으로 일어날 수도 있고, 건강, 교육수준, 기술의 개선과 같은 인적 자본(human capital)의 증가로 일어날 수도 있다.

노동투입과 기술진보가 결합한 항인 AL은 생산과정에서 노동투입의 양과 노동투입의 효율성을 결합한 것이므로 "효율단위 노동투입(effective unit of labor)"이라고 한다. 이때 기술변화가 일정한 비율, 즉 θ만큼 변화한다고 하자. 즉,

$$\theta = \frac{\Delta A}{A} \quad \cdots\cdots \quad 12$$

따라서 효율단위 노동투입의 증가율은 다음과 같이 나타낼 수 있다.

$$\frac{\Delta AL}{AL} = n + \theta \quad \cdots\cdots \quad 13$$

솔로우 다이어그램에 기술변화를 반영하기 위해서는 생산함수의 표기를 좀 바꾸어야 한다. 이제 산출량 Y과 자본투입 K를 효율단위 노동투입 AL로 나누게 되

---

11 다른 형태의 기술변화, 즉 자본 부가적 기술변화(capital augmenting technological change), $Y = F(AK, L)$나 힉스 중립적 기술변화(Hicks neutral technological change), $Y = F(AK, AL)$의 경우에도 솔로우 모형의 기본적인 결론에는 변함이 없다.

면 이제 생산함수는 다음과 같이 나타낼 수 있다. 즉

$$y_e = f(k_e) \quad \cdots\cdots 14$$

여기서 y_e는 효율단위 노동투입 단위당 생산액, k_e는 효율단위 노동투입 단위당 자본량이 된다. 그리고 효율단위 노동투입 단위당 자본량의 변화는 다음 식으로 표시할 수 있다. 즉

$$\Delta k_e = s\,y_e - (n+\delta+\theta)\,k_e \quad \cdots\cdots 15$$

이 함수를 이용하면 솔로우 성장모형에서 정상상태에서 벗어났을 경우 효율단위 노동투입 단위당 자본량의 변화를 파악할 수 있다. 또한 저축률 변화, 인구증가율 변화, 감가상각률 변화, 기술진보에 따른 효율단위 노동투입 단위당 생산량의 변화를 파악할 수 있다. 여기에서도 중요한 것은 정상상태에서 효율단위 노동투입 단위당 생산량은 일정하지만 총산출량은 $n+\theta$의 성장률로 증가한다는 것이다. 그래서 일인당 산출량, 즉 소득은 θ의 증가율로 성장한다는 것이다.

그림 6 솔로우 모형에서 기술변화

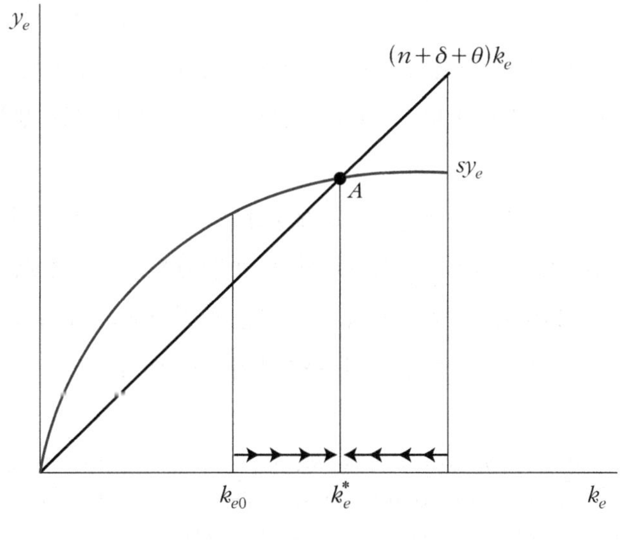

따라서 솔로우 모형에 기술변화를 도입함으로써 일인당 소득이 기술변화 때문에 지속적으로 증가할 수 있다는 사실을 알 수 있다. 따라서 산업혁명 이후 일인당 소득의 지속적인 성장을 설명할 수 있게 된다.

(5) 솔로우 모형의 강점과 약점

솔로우 성장모형은 해로드-도마 모형보다 복잡하지만, 경제성장의 과정을 이해하는데 매우 유용한 모형이다. 해로드-도마 모형의 고정계수 생산함수를 노동과 자본의 대체 가능성을 고려한 신고전파 생산함수로 대체함으로써 생산과정에서 보다 합리적인 요소투입의 유연성을 가능하게 하였다. 솔로우 모형에서는 해로드-도마 모형에서와 같이 자본축적 과정, 즉 저축을 중요시하지만, 자본의 한계생산물이 체감한다는 가정을 도입함으로써 현실성과 정확성을 보다 높였다. 솔로우 모형에서는 현재의 일인당 소득수준과 장기적인 정상상태의 소득수준을 구분함으로써 경제가 정상상태로의 움직이는 전이 과정을 설명할 수 있다. 이런 점 때문에 솔로우 모형은 현대 거시경제이론에서 취급하는 대부분 경제성장모형의 중심 역할을 하고 있다.

솔로우 성장모형의 강점과 약점에 대해 살펴보자.[12] 솔로우 성장모형에는 두 가지의 커다란 장점이 있다. 첫째, 솔로우 모형은 부유한 나라가 장기적으로 어떻게 정상상태에 있게 되는가를 보여주는 성장이론이다. 부유한 나라는 높은 투자율과 높은 총요소생산성 수준 및 낮은 감가상각률을 가진 나라이다. 솔로우 모형을 좀 더 확장한다면 교육이나 직업훈련을 포함하여 인적 자본에 대해 많이 투자한 나라가 부유하다고 할 수 있다. 여기서 투자율이 낮은 나라는 저축을 할 의지가 낮거나, 투자에 세금을 부과하는 정책 때문이 아니라 저축을 실제 투자재로 바꾸는 생산성이 낮기 때문이다.[13]

둘째, 솔로우 성장모형은 국가 간 경제성장률의 차이를 잘 설명해준다. 정상상태에서 멀리 벗어나 있는 나라일수록 더 빨리 성장한다. 한국, 중국, 아일랜드와 같은 나라들이 1960~2010년간 빠르게 성장한 것은 정상상태의 소득을 결정하는 요인인 투자율과 총요소생산성 수준이 빨리 증가했기 때문이다.

---

12 Jones Charles I.(2014), *Macroeconomics*, W. W. Norton & Company, 3nd ed. pp. 125-126.

13 Chang-Tai Hsieh and Pete Klenow(2009), "Misallocation and Manufacturing TFP in China and India," *Quarterly Journal of Economics*, Vol. 124, pp. 1403-1448.

반면 솔로우 성장모형에는 약점도 있다. 첫째는 솔로우 모형에서는 물적 자본에 대한 투자가 아주 중요한 역할을 한다. 하지만 실제 자료를 검토해 보면 국가 간 투자율의 차이는 소득 격차를 가져오는 아주 작은 부분에 불과하다. 총요소생산성의 차이가 국가 간 소득 격차를 설명하는 보다 중요한 요인이지만 이에 대한 설명이 충분하지 않다. 둘째, 왜 각 국가는 각기 다른 생산성 수준과 투자율을 가지는지 잘 설명할 수 없다.

셋째, 솔로우 모형의 가장 중요한 결점은 장기적인 성장의 이유를 설명하지 못한다. 저축이 컴퓨터, 공장, 기계장비에 대한 투자를 가져옴으로써 장기적으로 성장할 수 있을 것으로 생각할 수 있다. 하지만 솔로우 모형에서는 자본 축적에 따라 규모에 대한 수확체감의 법칙이 작용한다. 따라서 자본축적은 본질적으로 성장을 지속시킬 수 없다. 경제가 자본을 축적함에 따라 자본의 한계생산물이 점차 감소하게 되고, 그에 따라 추가적인 한 단위의 자본이 생산할 수 있는 생산량은 줄어들 수밖에 없다. 그래서 결국 투자에 의한 추가적인 생산은 단지 감가상각을 충당할 수준밖에 되지 않는다. 솔로우 성장모형에 의하면 바로 이 상태에서 성장이 멈추게 된다.

넷째, 솔로우 성장모형에 기술진보를 도입하면 생산성 증대를 통해 장기적으로 경제가 성장하는 이유를 설명할 수 있다. 하지만 여기서 생산성 증가는 외생적으로 결정된다는 것이다. 솔로우는 그 이유를 정확하게 설명하지 못했다. 이런 점에서 솔로우 모형에서의 생산성 증대를 "하늘에서 떨어진 만나(manna from heaven)" 또는 "하늘에서 떨어진 비(rain falling from the sky)"라고 한다.

솔로우 모형은 지난 2세기 동안 세계 여러 나라에서 생활 수준이 계속 증가해온 것을 설명하지 못하였다. 그래서 아이디어의 중요성을 강조하면서 아이디어에 의해 초래된 규모의 경제 효과로 인해 장기적인 성장이 가능하다는 이른바 내생적 성장모형이 출현하게 된다.

정상상태의 소득수준과 경제성장률에 영향을 미치는 요소축적과 생산성의 본질적인 결정요인을 규명하는 것은 정책 결정자들에게 매우 중요한 일이다. 빨리 성장하는 나라들에는 여러 가지 공통적인 특징이 있다. 정치 경제적 안정, 근로자들의 건강, 교육, 강한 정부와 제도, 수출 지향적 무역정책 등이다. 이런 점들은 총요소생산성의 결정요인에서 주로 언급한 내용이다.

(6) 솔로우 모형과 수렴화 논쟁의 시작

솔로우 모형의 전제가 된 신고전파 생산함수가 가진 규모에 대한 수확체감의 특징은 아주 중요하고, 논란의 여지가 있는 실증적 문제, 즉 초기에 가난한 나라는 초기에 부유한 나라보다 빨리 성장하게 되어 궁극적으로 부유한 나라를 "추급(catch up)"하게 될 것이라는 논란을 일으켰다. 이와 관련된 경제학자들의 논쟁을 일반적으로 "수렴화 논쟁(convergence controversy)"이라고 하는데 『생산성의 경제학』에서 매우 중요한 내용이므로 별도의 장에서 자세히 설명한다. 하지만 여기서는 솔로우 모형과 관련해서 중요한 의미만 살펴본다.

우선 솔로우 모형에서는 자본투입에 대한 수확체감의 법칙을 가정하고 있다. 비교 대상이 되는 나라들은 같은 조건 가령, 같은 저축률, 같은 인구증가율과 감가상각률, 그래서 같은 정상상태의 일인당 자본, 일인당 소득수준을 가지고 있다고 가정한다.

그러면 같은 투자를 하더라도 소득수준이 낮은 국가가 소득이 높은 국가보다 더 많은 생산을 할 수 있게 된다. 그리고 소득수준이 낮은 국가가 성장을 계속하게 되면 점차 경제성장률이 하락하게 된다. 따라서 가난한 나라는 부유한 나라보다 빨리 성장하기 때문에 추격하거나, 그 격차를 점차 줄여갈 수 있게 된다. 솔로우 성장모형에서 생길 수밖에 없는 이런 성장률의 수렴화 현상은 같은 생산함수와 비슷한 저축률, 같은 인구증가율, 같은 감가상각률, 같은 기술진보와 같은 조건을 가정하기 때문에 생기는 불가피한 현상이다. 그래서 솔로우 모형이 가진 이런 특성을 "조건 없는 수렴화(unconditional convergence)"라고 한다.

하지만 개별국가가 자신의 고유한 특성을 갖는다면, 이들 국가는 자신의 정상상태의 일인당 소득과 일인당 자본 수준을 가지게 될 것이다. 이처럼 자국의 고유한 특성을 가지고 있다는 조건하에서 수렴화가 일어나는 것을 "조건적 수렴화(conditional convergence)"라고 한다.

현실적으로 어느 것이 일반화된 사실인지를 검증하는 연구는 많이 진전되어 있다. 결론은 일부 국가 간에는 수렴화 현상이 관찰되고 있지만 모든 국가를 고려할 때 가난한 나라가 부유한 나라보다 빨리 성장하여 선진국을 추격하거나 그 격차를 줄여가는 것은 일반적인 현상이 아니라는 것이다. 오히려 일부 가난한 나라와 부유한 나라의 격차는 더욱 커지고 있다. 본서의 별도의 장에서 이에 대한 보다 실증적인 사실들을 살펴보게 될 것이다.

4. 내생적 성장이론과 총요소생산성

신고전파 성장모형은 경제성장을 자본축적이나 인적 자본의 축적이란 관점에서 설명하고 있다. 하지만 또 다른 측면에서 신고전파 성장이론은 기술변화의 중요성을 강조하고 있다. 가령 신고전파 성장모형에서는 기술진보가 없을 때 장기적인 성장은 불가능하다고 본다. 그래서 생산성의 차이가 결국 국가별 소득수준의 차이를 설명하게 된다. 이런 점에서 신고전파 성장모형의 부족한 점이 두드러진다. 기술진보가 신고전파 성장모형의 매우 중요한 요소이지만 기술진보가 어떻게 일어나는지에 대한 설명을 하지 못한다. 단지 기술진보는 일정한 증가율로 외생적으로 결정된다고만 가정한다. 따라서 국가 간 기술진보의 차이가 생기는 이유를 설명하지 못한다.

이처럼 솔로우 성장모형이 가정하고 있는 매우 제한적인 조건, 즉 저축률, 노동공급의 증가율, 투입 노동력의 기술 수준, 기술변화와 같은 한 나라의 성장을 결정하는 요인들이 외생적으로 결정된다는 조건이 도전을 받으면서 새로운 세대의 성장모형이 출현했다. 실제 이런 조건들을 나타내는 경제변수들은 외생적으로 주어지는 것이 아니라 부분적으로 정부 정책, 경제구조, 직면하고 있는 성장국면의 영향을 받는 변수들이라고 보는 것이다.

많은 경제학자가 이들 변수의 일부가 모형 내에서 결정되는, 즉 관련 변수를 내생화하는 보다 세련된 모형들을 개발하였는데 이것이 바로 "내생적 성장모형(endogenous growth model)"이다. 새로운 성장모형은 우선 솔로우 모형이 가정하고 있는 규모에 대한 수확 불변의 가정을 규모에 대한 수확체증(Increasing Returns to Scale: IRS)의 가정으로 바꾸어, 가령 요소투입을 2배 증가시킬 경우 생산량은 2배 이상 증가하는 상황을 설정하였다. 따라서 물적 자본이나 인적 자본에 대한 새로운 투자는 솔로우 성장모형이 제시하는 것보다 크게 나타나게 된다.

연구개발 활동이나 교육에 대한 투자를 생각해보면, 이는 투자한 개인이나 기업에 대한 긍정적 효과뿐만 아니라 경제 내의 다른 경제 주체들에 대한 파급효과(spillover effect)를 발생시킨다. 이런 파급효과를 흔히 정(+)의 외부성(externality)이라고 하는데 이는 경제 전체의 체질을 변화시켜 투자의 효과를 더욱 높이게 된다.

연구개발(R&D)에 대한 투자 활동으로 인해 새로운 지식이나 기술을 개발하게 되는데, 이는 직접 연구개발 활동에 종사한 경제주체뿐만 아니라 개발된 지식이나 기술에 접근할 수 있는 다른 경제 주체들에게도 혜택을 주게 된다. 교육에 대한 투자는 이에 투자한 과학자나 경영자 자신의 생산성을 높일 뿐만 아니라 사회 전체적으로 많은 교육받은 사람들에게 서로 학습할 기회를 제공해줌으로써 교육의 효과를 더욱 높여주게 된다. 바로 연구개발이나 교육에 대한 투자가 가지는 외부성 때문이다.

이런 외부성이 총요소생산성 분석에서 시사하는 바는 매우 크다. 바로 이런 외부성 때문에 솔로우 성장회계식을 통해 추정된 물적 자본, 인적 자본의 성장에 대한 기여도가 훨씬 클 수 있기 때문이다. 이는 많은 생산성 분석가들이 제시한 총요소생산성 증가율이 과대평가되었을 가능성을 보여준다.

내생적 성장이론이 전제하고 있는 규모에 대한 수확체증의 가정은 또 다른 중요한 의미를 제공해준다. 수확체증의 경제에서는 솔로우 모형이 제시하고 있는 정상상태에 반드시 도달하지 않는다는 것이다. 투자로 인해 강한 외부성이 나타난다면 자본투자의 한계생산물 체감현상이 상쇄되므로 성장률이 하락하지 않는다. 그리고 경제는 반드시 정상상태에 도달할 이유가 없게 된다. 저축률의 증가는 솔로우 모형이 제시하는 것처럼 일시적인 소득증가를 가져오는 것이 아니라 영원한 소득증가를 가져올 수도 있다. 따라서 내생적 성장모형은 많은 나라에서 외생적인 기술변화 없이도 지속해서 일인당 소득이 증가해온 이유를 잘 설명해줄 수 있다.

또한 내생적 성장모형에 의하면 솔로우 모형이 제시했던 가난한 나라는 부유한 나라를 추급하게 된다는 결론에 이르지 않아도 된다. 그래서 국가 간 소득 격차는 지속해서 유지될 수 있고, 만약 선진국에서 더 큰 외부성을 가져오는 투자를 계속한다면 이런 소득 격차는 오히려 더욱 확대될 수도 있다. 따라서 내생적 성장모형은 산업화한 선진국에서 정상상태에 도달함이 없이 경제성장이 지속할 수 있는 이유에 관해 설명할 수 있다.

내생적 성장모형을 개도국 경제에 적용하는 것은 효과가 의문시된다. 많은 저소득국가는 자신들이 직접 연구개발에 투자하는 것보다 양호한 연구역량을 가진 선진국에서 개발된 기술을 흡수함으로써 신속히 성장할 수 있기 때문이다. 많은 저소득국가에서는 외생적 기술변화와 규모에 대한 수확 불변의 가정을 전제로 한 솔로우 모형이 더 타당할 수 있다. 이런 국가들에 있어서 생산성 증대는 기술변화 자체보다는 적절한 보완투자와 정책에 의해 이루어질 수 있다.

(1) 내생적 성장이론의 기초 개념: 아이디어, 비경합성과 수확체증

내생적 성장이론을 이해하기 위해 우선 사물(objects)과 아이디어(ideas)의 개념부터 살펴보자.[14] 경제학적 개념으로 보면 사물이란 원자재, 중간재, 자본재, 최종소비재와 같이 물적 형상을 가진 존재라고 할 수 있다. 그러나 아이디어는 이런 사물들을 경제적으로 유용하도록 재배열하는 방법이라고 할 수 있다. 내생적 성장이론은 유한한 자원을 더욱 좋은 방법으로 활용하는 아이디어에 의해 지속적인 경제성장이 가능하다는 것을 보여주는 경제성장 모형이다.

아이디어는 "비경합성(non-rivalry)"을 가지고 있다. 비경합성은 규모의 경제를 발생시키고, 이는 다시 시장을 불완전 경쟁상태에 놓이게 한다. 우리가 일상생활에서 접하게 되는 재화와 용역은 경합재로서 어떤 한 사람이 소비하게 되면 다른 사람은 해당 제품의 소비로부터 배제된다. 하지만 아이디어는 내가 사용한다고 해서 해당 아이디어의 양이 줄어드는 것도 아니고 다른 사람이 해당 아이디어를 사용하는 것도 방해받지 않는다. 따라서 모든 사람이 아이디어가 가진 본질적인 유용성을 그대로 사용할 수 있다.

비경합성의 개념과 동시에 "배제성(excludability)"의 개념을 이해할 필요가 있다. 배재성은 어떤 사람이 해당 상품 또는 아이디어에 대해 재산권을 가지고 있을 때 나타난다. 이때 다른 사람이 이를 사용하는 데에는 법적 제약이 있을 수 있다. 종종 우리 사회는 아이디어의 사용을 제한하기 위해 해당 아이디어에 대해 지적 재산권을 부여하는 예도 있지만, 아이디어는 본질적으로 비경합성을 가지고 있다.

지금까지 살펴본 생산함수의 경우 규모에 대한 수확 불변의 가정이 일반적이었지만 아이디어라는 개념을 생산함수에 도입하게 되면 규모에 대한 수확체증이 발생한다. 가령, 보다 집적도가 높은 반도체를 생산하는 경우를 살펴보자. 해당 반도체를 개발하는 데 엄청난 자금이 들어가지만 일단 생산기술이 개발되고 나면 추가적인 큰 비용없이 많은 제품을 생산할 수 있다. 의약품, 음반 등 아이디어가 적용되는 상품 대부분에서 이런 현상을 발견할 수 있다.

---

14 Jones Charles I.(2014), *Macroeconomics*, W. W. Norton & Company, 3nd ed. pp. 136-141.

아이디어는 비경합재이기 때문에 상품생산에 있어서 해당 아이디어의 스톡을 이용하여 상품을 생산한다면 생산요소를 2배 증가시킬 때 생산량 역시 2배 증가하므로 규모에 대한 수확 불변의 가정이 성립한다. 하지만 요소투입을 2배 증가시키고, 아이디어의 스톡이 역시 2배 증가한다면 이제 생산량은 2배 이상 증가하는 규모의 경제 효과가 나타나게 된다.

많은 자금을 들여 새로운 상품을 개발한 기업이 만약 해당 상품의 가격을 한계비용과 일치시키는 가격설정을 한다면, 해당 기업은 새로운 아이디어를 개발하는 데 필요한 연구개발을 시도하지 않을 것이다. 따라서 새로운 아이디어를 개발한 기업은 연구개발 비용을 보전하기 위해 한계비용보다 높은 가격설정을 통해 이윤을 확보해야만 한다. 이런 사례들은 의약품, 컴퓨터, 소프트웨어, 음악, 자동차와 같은 많은 제품의 개발과 생산 및 판매에서 일반적으로 나타나는 현상이다. 따라서 새로운 상품이 개발되는 이유는 가격과 한계비용의 차이를 누릴 수 있는 유인이 있기 때문이다.

혁신이라는 것을 고려할 때 이처럼 한계비용보다 높은 가격을 설정할 수 있다는 것은 해당 시장이 순수한 경쟁 시장의 특징을 가질 수 없다는 의미이다. 새로운 아이디어 개발에 대한 유인을 제공하기 위해 특허, 지적 재산권을 부여하게 되는데 이는 시장에서 일정 기간 독점권을 인정해주는 것이다.

하지만 아이디어 개발에 대한 유인책으로 특허, 재산권을 부여하여 독점력을 인정해주는 것은 다른 측면에서 부정적인 결과를 초래한다. 즉 시장독점에 따른 사회적 후생손실(deadweight loss)이 발생하게 되는 것이다.

(2) 로머의 성장모형

로머(Romer)의 성장모형은 1990년에 발표된 "내생적 기술변화(endogenous technological change)"라는 논문을 포함한 일련의 후속 연구에서 시작되었다. 핵심내용은 신고전파 성장이론이 의미하는 바와 달리 기술변화와 경제성장은 본질적으로 경제의 내생적인 결과물로서 나타난다는 것이다.

여기에서는 로머의 내생적 성장이론의 본질을 이해하기 위해 조운즈(Jones, 2013)의 서술을 바탕으로 살펴보고자 한다.[15]

---

15 Charles I. Jones and Dietrich Vollrath(2013), *Introduction to Economic Growth*, W. W. Norton &

로머의 성장모형에서는 연구개발 투자를 통해 이윤을 얻게 되므로 연구자들의 새로운 아이디어 개발이란 요소를 도입하여 기술진보를 내생화하고 있다. 그래서 이윤이 존재하는 시장구조와 이를 보장하는 경제적 유인제도가 로머의 성장모형에 반영되어 있다. 연구개발 투자에 의한 기술진보가 선진국에서 주로 유발된다는 점에서 볼 때 선진국 경제를 대상으로 한 성장모형이라고 할 수 있다.

다른 성장모형에서와 마찬가지로 로머의 성장모형도 생산함수를 나타내는 방정식과 시간의 변화에 따른 생산요소의 변화과정을 나타내는 방정식으로 구성된다.

로머의 성장모형에서 생산함수는 생산량 Q가 자본스톡 K, 노동투입 L_q과 아이디어의 스톡 A의 함수로 정의되고 있다. 즉,

$$Q = K^{\alpha}(AL_q)^{1-\alpha} \quad \cdots\cdots \quad 16$$

여기서 α는 0과 1 사이의 값을 가지다. 이런 집계생산함수가 내포한 경제의 시장구조와 미시적 의미는 나중에 언급하게 될 것이다. 기술 수준 A가 주어졌을 때 생산함수는 K와 L_q에 대해 규모에 대한 수확 불변이라고 가정한다. 그렇지만 아이디어를 나타내는 A가 생산함수에 도입될 때에는 규모에 대한 수확체증을 나타내게 된다. 즉 생산함수는 3가지 생산요소에 대해서는 규모에 대한 수확체증을 나타낸다는 것이다.

로머 모형에서도 자본과 노동의 축적과정은 솔로우 모형에서와 같다고 가정한다. 즉, 자본축적은 사람들이 소비하고 일정한 비율만큼 저축함으로써 생기는 투자액과 감가상각액의 차이만큼 축적된다.

$$\dot{K} = s_K Q - \delta K \quad \cdots\cdots \quad 17$$

그리고 노동투입은 매년 인구증가율만큼 증가하게 된다. 즉,

Company Ltd., pp. 79-139.

$$\frac{\dot{L}}{L} = n \quad \cdots\cdots 18$$

로머 모형은 신고전파 성장모형이 생산성을 나타내는 A가 외생적으로 주어진다고 한 것과 달리 새로운 아이디어의 개발로 내생화된다는 점에서 차이가 있다. 그래서 로머 모형에서 A는 과거부터 현재까지 지식 스톡(knowledge stock) 혹은 아이디어의 수를 나타낸다. 단순화를 위해 $\dot{A}$는 새로운 아이디어를 발굴하려고 시도하는 사람의 수, L_A에 새로운 아이디어를 발견하는 비율, $\overline{\theta}$을 곱한 것이라고 가정한다. 즉

$$\dot{A} = \overline{\theta} L_A \quad \cdots\cdots 19$$

새로운 아이디어를 발굴한 연구자의 비율은 일정하다고 가정하고, 이는 다음과 같이 이미 개발된 아이디어의 스톡에 비례한다고 하자.

$$\overline{\theta} = \theta A^{\psi} \quad \cdots\cdots 20$$

여기서 θ와 ψ는 일정하다고 가정한다. 그리고 이미 개발된 아이디어의 스톡이 많을수록 새로운 아이디어의 발견이 더욱 쉬워질 수도 있고, 새로운 아이디어가 개발되고 나면 후속하는 아이디어의 개발이 더욱 어려워질 수도 있다.

여기서 만약 $\psi > 0$라면 연구개발 활동의 생산성이 이미 개발된 아이디어가 많을수록 높아진다는 것을 의미하고, 만약, $\psi < 0$이라면 그 반대, $\psi = 0$이라면 서로 관계가 없다는 것을 나타낸다.

또한 연구개발의 평균적인 생산성은 새로운 아이디어의 개발에 참여하고 있는 인력에 의존한다고 할 수 있다. 그런데 중복적인 연구는 오히려 그 효과를 하락시킬 수도 있다. 이런 점을 반영하여 아이디어에 대한 생산함수를 정의하면 다음과 같이 나타낼 수 있다. 즉

$$\dot{A} = \theta L_A^{\lambda} A^{\psi} \quad \cdots\cdots 21$$

여기서 λ는 0과 1 사이의 값을 나타내는 파라미터로서 연구개발 활동에서의 중복으로 인한 비효율을 반영하고 있다.

다음으로 한 나라에서 전체 노동력 가운데 일정비율, s_R만큼 연구개발 인력으로 배분된다고 하자. 그러면 $1-s_R$만큼의 노동력만 생산 활동에 참여하게 된다.

로머 모형에서는 솔로우 모형에서와 같은 전이 과정을 보여주지 않는다. 하지만 로머 모형에서는 성장률이 일정하다. 성장률이 변화하지 않음으로써 어떤 의미에서 경제는 출발부터 정상상태에 있다고 할 수 있다. 하지만 지속적인 성장 모습을 보여주고 있으므로 이를 정상상태라고 부르는 것도 이상하다.

그래서 많은 경제학자는 로머 모형의 이런 모습을 "균형성장경로(balanced growth path)"라고 부른다. 로머 모형이 상정하고 있는 경제는 항상 균형성장 경로에 있다. 하지만 로머 모형에서 일정한 성장률을 나타내는 수식의 개별 구성요소인 인구, 연구원 비중, 아이디어 축적을 나타내는 효율 계수가 변화하게 되면 로머 모형에서의 일인당 성장률도 변화하게 된다.

로머 모형에서는 전술한 바와 같이 경제재를 두 개의 범주 즉, 사물과 아이디어로 나누고 사물은 경제에서 사용 가능한 원자재이며, 아이디어는 이런 원자재를 다른 방법으로 사용하는 방법이라고 하였다. 솔로우 모형에서는 사물에 대해서만 언급함으로써 지속적인 경제성장의 가능성을 설명하지 못하였다. 로머 모형은 새로운 아이디어의 개발을 통해 지속적인 경제성장이 가능하다는 것을 보여주고 있다.

아이디어가 지속적인 경제성장을 가능하게 하는 것은 아이디어가 가진 비경합성 때문이다. 즉 여러 사람이 생산라인에서 같은 아이디어를 사용할 수 있기 때문이다. 단순히 복제함으로써 사물에 대해서는 규모에 대해 수확 불변이지만 사물과 아이디어 2가지에 대해서는 규모의 경제가 존재하게 되는 것이다.

비배제성과 규모의 경제 효과 때문에 새로운 아이디어는 경제를 구성하는 일인당 소득을 증가시킬 수 있는 잠재력을 가지게 된다. 개인소득이나 개인의 후생에 중요한 것은 개인당 아이디어가 아니라 경제 내에 존재하는 아이디어의 총 스톡이다. 지식의 스톡이 계속 증가할 때 일인당 GDP 역시 지속해서 증가할 수 있다는 것이다.

(3) 기타 내생적 성장모형[16]

1) AK모형

AK 모형은 일인당 자본투자에 대한 수렴화 및 수확체감의 가정을 완화하기 위한 이론으로 프랭클(Frankel, 1962)과 애로우(Arrow, 1962)의 이론을 바탕으로 하여 완전히 이론적 모형에서 시작되었다.[17] AK 모형은 해로드-도마(Harrod-Domar) 모형에서 출발한다.

$$Q = AK \quad \cdots\cdots \quad 22$$

이 모형은 콥-더글러스(Cobb-Douglas)함수에서 K의 지수를 1, L의 지수를 0으로 한 특별한 함수의 수학적 표현에서 유래한다. 여기서 만약 A가 일정하다고 하면 Y는 K의 성장에 비례하여 증가하게 되는 규모에 대한 수확 불변을 나타내게 된다. 만약 A가 증가하게 되면 K의 증가에 대해 수확체증을 나타내게 된다. 따라서 K에 대한 수확체감 현상은 나타나지 않는다. 이런 점에서 수확체감 현상이 불가피한 신고전파 성장모형과 완전히 다른 의미를 갖게 된다.

AK 모형은 아주 단순하지만 A의 증가에 대한 설명을 제공하므로 내생적 성장모형이라고 할 수 있다. 물적 자본은 사회에 지식과 기술의 개선이란 형태의 긍정적인 외부효과를 발생하므로 A는 K의 정(+)의 함수이다. 이는 규모의 경제 효과가 매우 중요하다는 의미이다. 부유한 국가는 일인당 같은 자본량 K를 가진 빈곤한 국가보다 높은 A의 값을 갖는다. 따라서 매우 복잡한 원인에 의해 결정되는 A는 내생변수가 된다. Aghion and Howitt(2009)가 지적하기를 이는 공적 교육, 현장 훈련, 기초과학에 관한 연구, 시행착오, 공정혁신이나 제품혁신과 같은 다양한 요인들에 의해 결정된다고 한다.[18]

---

16 신성장이론에 대한 좋은 서베이 자료는 Howard Pack(1994), "Endogenous Growth Theory: Intellectual Appeal and Empirical Shortcomings," *Journal of Economic Perspetives* 8, pp. 55-72.

17 Frankel, M.(1962), "The production function in allocation and growth: A synthesis," *American Economic Review*, 52(5): pp. 995-1022.; Arrow, K.(1962), "The economic implications of learning by doing," *Review of Economic Studies*, 29, pp. 155-173.

18 Aghion, P. & Howitt, P.(2009), *The economics of growth*. Cambridge(Massachusetts): MIT Press, p. 323.

이런 점에도 불구하고 AK 모형은 철저히 신고전파적인 측면을 가지고 있다. 즉 기업은 완전경쟁 상태에서 이윤 극대화에 직면해 있고 자본의 의도하지 않은 정(+)의 외부성에 의해 접근 가능한 공개적인 지식이 증가하는 상황에서 이를 이용할 수 있다. 하지만 슘페터 모형이 가정하고 있는 경쟁과 혁신 간의 모순에 대해서는 언급하지 않고 있다.

AK 모형에서의 생산함수를 자본축적 과정을 나타내는 식과 결합하면 다음과 같은 균형성장 방정식을 구할 수 있다.

$$g_q = s\,A - \delta \quad \cdots\cdots 23$$

2) 루카스 모형

루카스(Lucas, R. E.) 모형은 데니슨(Denison E. F.)이 솔로우 모형을 사용하여 미국의 경제성장에 관한 실증분석을 하는 과정에서 알려진 완전히 이론적인 모형이다.[19] Aghion and Howitt(2009)은 루카스 모형이 비수렴적인 구조로 되어 있다는 점에서 기본적으로 AK 모형이라고 판단하였다. 이는 또한 인적 자본의 스톡이 아닌 인적 자본의 축적을 강조하는 모형이다. 인적 자본의 축적과정을 중요시한다는 점에서 "부가된 솔로우 성장모형(augmented Solow model)"과 비슷하다.

루카스 모형은 AK 모형의 특성이 있음에도 불구하고 K에 대한 수확체감을 가정하고 있다는 점에서 다음과 같은 생산함수로 나타낼 수 있다.

$$Q = K^{\beta}(uH)^{1-\beta} \quad \cdots\cdots 24$$

여기서 u는 사람들이 일하는데 투입하는 시간의 비율을 나타낸다. 베타(β)는 1보다 작은 값을 가진다. 소득 Q는 물적 자본 K와 인적 자본 H의 추가적인 인적 자본의 개발에 투자되지 않은 인적 자본의 함수가 된다. 루카스가 생산함수를 이렇게 기술한 것은 거시경제 모형은 미시 경제이론의 기반(여기서는 가정 및 개인의 교육에 대

19 Lucas, R. E.(1988), "On the mechanics of economic development," *Journal of Monetary Economics*, 22: pp. 3-42.; Denison, E. F.(1974), *Accounting for United States economic growth 1929~1969*. Washington: The Brookings Institution.

한 투자 결정)을 가져야 한다는 인식과 성장모형에 인적 자본이란 요소를 반영하겠다는 주장을 반영하였기 때문이다.[20]

루카스의 생산함수에는 또 다른 중요한 요소, 즉 개인은 인식하지 못하나 전체 경제에서는 인식될 수 있는 소득증대 효과, 즉 인적 자본의 외부성이 반영되어 있다. 이는 개인의 교육에 대한 투자로부터 정(+)의 외부효과가 발생한다는 사실이다.

Lucas 모형에서 물적 자본은 다음의 방정식이 나타내는 바와 같이 감가상각(δK)을 고려하지 않은 상태로 축적된다.

$$\dot{K} = Q - C \quad \cdots\cdots 25$$

여기서 C는 집계된 소비수준을 나타낸다. 이 식은 결국 자본스톡이 신고전파 성장이론에서처럼 저축된 양만큼 성장한다는 것을 의미한다.

다음 방정식은 인적 자본의 축적과정을 보여주는 식이다. 즉,

$$\dot{H} = \gamma H(1-u) \quad \cdots\cdots 26$$

여기서 γ는 교육 시스템의 생산성을 나타낸다. 따라서 인적 자본의 교육에 많은 투자를 하고, 교육기관의 생산성을 높이게 되면 이는 증가하게 된다. 이 식은 또한 γ와 u가 일정할 경우 인적 자본의 증가 역시 일정하다는 것을 의미한다.

3) 제품 다양성 모형

Aghion and Howitt(2009)가 제시한 제품 다양성 모형은 혁신의 중요성을 나타내는 모형의 하나이다. 여기서는 AK모형보다 생산성을 나타내는 A의 결정요인을 더 자세히 설명하고 있다. 제품 다양성 모형은 슘페터 성장모형과 함께 제2기 내생적 성장모형의 대표적인 형태라고 할 수 있다.

Aghion과 Howitt(2009)의 성장모형을 제품 다양성 모델이라고 지칭한 것은 Dixit and Stiglitz(1977)의 "독점적 경쟁과 최적의 제품 다양성(monopolistic competition and

---

20 Lucas, R. E.(1988), "On the mechanics of economic development," *Journal of Monetary Economics*, 22, p. 15.

optimum product diversity)"이라는 이론적 모형에 근거하고 있다.[21] 이런 기본적인 인식 때문에 생산함수의 형태는 다음과 같이 정의된다.

$$Q = N^{1-\alpha}K^{\alpha} \quad \cdots\cdots \quad 27$$

여기서 함수형태는 콥-더글러스 형태이지만 N은 한 나라에 존재하는 산업의 수를 나타낸다.

이런 제품 다양성 모형은 한 나라의 산업정책은 산업의 다양성을 추구해야 한다는 것을 의미한다. 산업발전을 위해서는 새로운 산업을 육성하기 위해 경쟁환경보다는 일시적인 보호주의를 사용해야 한다는 시사점을 제공해주기도 한다.[22]

4) Nelson and Phelps의 초기 슘페터리언 모형

초기 슘페터리언 모형(early Schumpeterian model)이라고 불린 Nelson and Phelps (1966) 모형에서 생산량 Q의 증가는 생산성을 나타내는 A의 성장과 거의 동의어라고 할 수 있다.[23] 인적 자본 H는 생산성 A의 결정요인이 되는데 부가된 솔로우 모형이나 루카스 모형이 인적 자본의 축적을 중요시한 것과 달리 이들은 인적 자본의 스톡(stock)을 중요시하였다. 그래서 생산성 수준은 다음과 같은 방정식으로 표시할 수 있다. 즉

$$A_t = A^*_{t=0}\, e^{\lambda(t-w(H))} \quad \cdots\cdots \quad 28$$

여기서 A는 Nelson and Phelps(1966)가 "기술지수(index of technology)"라고 정의한 것으로 각 나라 고유의 기술 수준을 나타낸다. 그리고 A^*는 "글로벌 기술변경

---

21 Dixit, A. K. and Stiglitz, J. E.(1977), "Monopolistic competition and optimum product diversity." *American Economic Review*, 67(2), pp. 297-308.

22 Lin, J. and Chang, H. J.(2012), "Should industrial policy in developing countries conform to comparative advantage or defy it? A debate between Justin Lin and Ha-Joon Chang," *Development Policy Review*, 27(5), pp. 483-502.

23 Nelson, R. R. and Phelps, E. S.(1966), "Investment in humans, technological diffusion and economic growth," *American Economic Review*, 56(2), pp. 69-75.

(global technology frontier)"이라고 하는데 생산 활동에 있어서 "현재 상태에서 가장 최선의 방법(the currently known best way of doing things)"을 나타낸다. 어떤 특정 시점에서 특정 국가는 최상의 습득 가능한 기술을 적용하는 데 있어서 일정한 시간이 걸리기 때문에 다소의 시차를 가지고 신기술을 적용하게 되므로 A는 A^*보다 작게 된다.

이는 일부 산업 분야에서 가장 기술적으로 앞선 국가는 기술변경에 도달하였지만 다른 나라들은 도달하지 못했으므로 대부분 나라는 이런 새로운 기술을 습득하여 적용하는 데 시차가 필요하다는 것이다.

이 방정식에서 현재 시점 t에서의 A_t는 시점 $t=0$에서의 글로벌 기술변경 A^*와 글로벌 기술변경이 얼마나 빨리 증가하느냐를 나타내는 파라미터인 λ에 시간 t와 인적 자본의 감소함수인 시차 w를 빼준 값의 지수함수의 곱으로 표시되었다. 따라서 한 나라의 인적 자본이 더욱 교육을 많이 받을수록 새로운 기술을 적용하는 데 필요한 시차는 짧아지게 된다. 이는 교육을 더욱 많이 받음으로써 인적 자본의 스톡이 증가하여 그 시차가 짧아진다는 의미이다.

5) 창조적 파괴의 슘페터리언 모형

Aghion and Howitt(2009)가 제시한 "창조적 파괴의 슘페터리안 모형(Schumpeterian model with creative destruction)"은 다음과 같은 콥-더글러스 생산함수를 가정하고 있다.

$$Q = A^{1-\alpha} K^{\alpha} \quad \cdots\cdots \quad 29$$

여기서 생산성을 나타내는 A는 1보다 작은 지수, $1-\alpha$를 가지고 있으므로 A에 대해 규모에 대한 수확체감을 나타낸다. 이 모형에서 창조적 파괴(creative destruction)를 나타내는 요소는 A의 결정요인으로 나타난다. 즉,

$$A_t = A_{t-1} + \mu_n(\gamma - 1)A_{t-1} + \mu_m(A^*_{t-1} - A_{t-1}) \quad \cdots\cdots \quad 30$$

여기서 A^*는 한 산업에서의 글로벌 기술변경을 나타낸다. 산업을 나타내는 첨

자는 생략하였다. 한 나라의 산출량 증가는 개별산업의 성장을 집계한 것으로 볼 수 있다. μ_n, μ_m은 혁신(innovation)이나 모방(imitation)의 빈도를 나타낸다. 가령 한 나라에 20개 산업이 있다고 할 때 특정 연도에 이 중 어떤 한 산업에서 성공적인 기술의 모방이 일어났다고 하면 이는 $\mu_m = 1/20 = 0.05$라고 할 수 있다. 만약 특정 산업에서 기술혁신이 일어났다고 하면 이는 글로벌 기술경계에 더욱 가까워지는 것으로 표현할 수 있는데 이런 변경에 가까워지는 정도를 γ로 표시한다면 이는 $0.05(\gamma-1)$이 된다. 따라서 모방은 한 나라에 있어서 A의 변화로만 나타나지만, 기술혁신은 A뿐만 아니라 A^*의 변화를 통해서도 나타나게 된다.

균형성장 과정은 다음과 같이 글로벌 기술변경에 근접한 정도를 나타내는 A^*/A에 의해 결정된다. 즉,

$$q_q = \mu_n(\gamma-1) + \mu_m\left(\frac{A^*}{A} - 1\right) \quad \cdots\cdots \quad 31$$

그리고 이들이 제시한 슘페터리안 모형의 완전한 모습을 보면 혁신의 빈도는 다음과 같은 식으로 나타낼 수 있다. 즉,

$$\mu_n = \lambda\left(\frac{R}{A^*}\right)\sigma \quad \cdots\cdots \quad 32$$

여기서 R은 연구개발에 대한 투자를 나타낸다. 따라서 이 식은 연구부문의 생산성이 높을수록, 즉 λ가 높을수록 기술혁신의 확률이 높아진다는 것을 의미한다. 또한 연구개발 R과 글로벌 기술변경, A^*사이에도 아주 중요한 관계가 있게 된다. 즉 기술변경이 보다 확장될수록 연구개발 투자에 대한 수익이 체감한다는 것이다. 마지막으로 σ는 콥-더글러스 형태의 함수에서와같이 연구개발의 산출 탄력성을 나타낸다.

(4) 내생적 성장모형의 한계

이상에서는 솔로우의 신고전파 경제성장 모형의 한계, 특히 기술변화의 외생성

문제, 규모에 대한 수확 불변의 가정이 초래하는 다양한 문제를 해결하기 위해서 발전된 내생적 성장이론을 요약해서 살펴보았다. 내생적 성장이론은 기본시각의 참신함이나 분석모형의 정교함에도 불구하고 많은 비판을 받고 있다. 그리고 이를 입증하기 위한 다양한 실증분석도 활발하지 않다.

또한 총요소생산성이란 주제와 관련해서도 생산성 수준의 외생성 문제의 해결, 경제성장이나 생산성 수준의 수렴화 문제에 관한 내용 등에서 일부 활용되고 있으나 솔로우의 신고전파 성장모형보다 활발하게 활용되지 못하고 있다.

내생적 성장모형에 대한 일부 경제학자의 비판을 보면, 지금까지 살펴본 내생적 성장모형의 한계에 대해 공감할 수 있다. 우선 Sachs, Jeffrey D. and Warner, Andrew M.(1997)는 내생적 성장이론이 수많은 논문에서 언급하고 있는 경제성장의 조건부적인 수렴화 현상을 설명하는 데 실패하고 있다는 점을 강조하였다.[24]

또한 Parente, Stephen(2001)에서는 내생적 성장모형은 선진국과 개도국의 소득격차를 설명하는 데 있어서 특별히 외생적 성장모형보다 성공적이지 못하다고 평가하고 있다.[25] 아울러 폴 크루그먼(Paul Krugman)은 내생적 성장이론은 실증적 분석을 통해 이를 입증하는 것이 거의 불가능하다고 하였다. 내생적 성장모형은 측정 불가능한 변수들이, 또 다른 측정 불가능한 변수들에 어떻게 영향을 미치는가에 대해 너무 많은 가정을 하고 있다고 비판하였다.[26]

24 Sachs, Jeffrey D. and Warner, Andrew M.(1997), “Fundamental Sources of Long-Run Growth,” *American Economic Review,* 87(2), pp. 184-188.

25 Parente, Stephen(2001), “The Failure of Endogenous Growth,” *Knowledge, Technology & Policy,* 13(4), pp. 49-58.

26 Krugman, Paul(Aug. 18, 2013). “The New Growth Fizzle,” New York Times.

총요소생산성의 측정과 지수이론

『생산성의 경제학』을 보다 쉽게 이해하기 위해서는 지수이론(theory of index)을 제대로 이해해야 한다. 지수이론은 물가통계, 국민계정 등 실물경제를 대표하는 대부분의 경제통계 작성에 사용되는 자료의 집계방법이라고 할 수 있다. 하지만 의외로 경제학을 전공하는 사람들에게도 제대로 이해되지 못하고 있다.

총요소생산성의 측정에서도 지수이론이 활용되어 왔기 때문에 『생산성의 경제학』을 이해하기 위해서는 지수이론에 대한 이해가 필요하다. 『생산성의 경제학』의 역사에 대해 살펴보면서 독자 여러분들은 여러 가지 형태의 지수라는 용어를 접했을 것이다. 초기 총요소생산성을 측정하는 과정은 바로 이처럼 지수를 작성하여 생산성을 정의하고 측정하는 과정이었다.

본 장에서는 『생산성의 경제학』에서 자주 사용되는 지수의 개념을 살펴본다. 『생산성의 경제학』에서 지수이론이 적용되는 부분은 기업, 산업, 경제 전체로 생산물량이나 가격자료가 집계되는 과정에서 지수 작성법을 사용하는 경우이다. 또한 여러 가지 형태의 자본재를 하나의 자본 스톡으로 집계하거나, 질적으로 다른 여러 형태의 노동투입을 하나의 형태의 노동투입으로 집계할 때 사용하기도 한다. 어떤 경우에는 품질 수준을 반영하기 위해 특별한 지수작성법이 이용되기도 한다. 그리고 『생산성의 경제학』에서 총요소생산성의 측정 자체가 지수를 작성하는 과정이 되기도 한다.

경제학에서 자주 사용되는 지수는 라스파이레스 지수(Laspeyrses index), 파셰지수(Paasche index), 디비지아 지수(Divisia index), 통크비스트 지수(Törnqvist index), 맘퀴스트 지수(Malmquist index)와 같은 것들이다. 하지만 이 외에도 다양한 지수에 대해 그 개념을 이해하는 것이 필요하다. 『생산성의 경제학』에서 자주 언급되는 지수위주로 살펴보되 복잡한 수식이나 유도과정에 대한 자세한 설명은 생략하기로 한다.

1. 지수의 기본개념

지수(index, 복수형은 indexes 또는 indices)란 특정 상황에서 다른 상황으로서의 관찰할 수 없는 양적 변화를 비교하기 위한 개념이다. 비교 대상이 되는 상황이란 두 시점 간(inter-temporal)이 될 수도 있고, 두 공간 또는 두 주체(inter-spatial)가 될 수도 있다.

『생산성의 경제학』에서는 특정 연도에서 비교 대상 연도까지 생산, 노동투입, 자본투입, 총요소생산성이 얼마나 변화하였는가를 나타내는 두 시점 간 지수가 많이 사용된다. 하지만 국가 간 가령 미국의 생산성을 1이라고 하였을 때 특정 국가의 생산성 수준을 얼마인가를 나타내는 두 주체 간의 특정변수의 수준을 비교하는 지수가 사용되기도 한다. 그리고 이것을 시간의 변화에 따라 살펴보게 될 때는 두 시점, 두 주체 간의 양적 변화를 동시에 비교하는 것이 된다.

통상 지수는 특정 연도나 특정 주체를 1 또는 100으로 설정한 뒤 비교하게 되는데, 이를 "참고(준거) 기준(reference base)"이라고 한다. 일반적으로 지수가 두 시점 간 양적 변화를 비교하는 데 자주 사용되기 때문에 이를 중심으로 서술하고자 한다.

『생산성의 경제학』에서 많이 사용되는 지수로는 가격지수와 물량지수가 있다. 여러 경제 주체들이 상품이나 서비스를 생산하여 특정가격에 판매하고, 이를 생산하기 위해 임금과 자본의 사용자 비용을 지불하고 노동과 자본을 투입한다고 하자. 이들 여러 경제주체의 생산량, 노동 및 자본투입으로부터 전체 생산량, 노동, 자본투입 지수를 구한다면 이는 물량지수가 된다. 그리고 전체 생산물, 노동과 자본의 가격지수를 구한다면 이는 가격지수가 된다.

지금까지 매우 다양한 지수가 개발되어 있지만, 지수의 기본개념을 이해하기 위해 라스파이레스, 파셰지수를 살펴보고, 지수의 특정을 이해하기 위해 이 두 지수를 기하 평균한 피셔 지수(Fisher index)를 살펴본다. 피셔 지수 계산방법에서와 마찬가지로 각 지수를 평균할 경우 가중치를 어떻게 적용하느냐에 따라 다양한 지수가 정의된다. 이에 대해서는 용어 정도만 살펴보고자 한다.

또한 총요소생산성의 측정과 관련된 디비지아 지수와 통크비스트 지수를 살펴본다. 그 다음으로는 생산성의 수준을 비교하는데 사용되는 맘퀴스트 지수를 설명한다. 지수의 계산을 위한 복잡한 수식은 설명하지 않는다. 요즘 통계소프트웨어가 크게 발전하였기 때문에 대부분 간단하게 구하는 방법이 있기 때문이다.

『생산성의 경제학』에서 지수이론은 매우 중요한 부분이다. 하지만 생산성 분석에서 계량경제학 방법론이 도입되어 활용되고, 생산성 추계를 위한 국제적 규범이 만들어 지면서 연구자가 직접 자료를 작성해야 하는 일이 많이 줄어들었다. 따라서 본 장을 통해 그 개념 정도를 이해하는 것만으로 충분하다고 할 것이다.

2. 라스파이레스 지수와 파셰 지수

라스파이레스 지수(Laspeyrses index)는 1874년에 개발된 오래된 지수이다. 아래 수식이 보여주는 바와 같이 가격지수와 물량지수 모두 기준연도, $t=0$대비 비교 연도, $t=1$의 가격 또는 물량의 변화 정도를 나타낸다.

$$P_L^t = \frac{\Sum p_i^t q_i^0}{\Sum p_i^0 q_i^0} = \Sum \frac{p_i^0 q_i^0}{\Sum p_i^0 q_i^0}\left(\frac{p_i^t}{p_i^0}\right) \quad \cdots\cdots 1$$

$$Q_L^t = \frac{\Sum p_i^0 q_i^t}{\Sum p_i^0 q_i^0} = \Sum \frac{p_i^0 q_i^0}{\Sum p_i^0 q_i^0}\left(\frac{q_i^t}{q_i^0}\right) \quad \cdots\cdots 2$$

여기서 P는 가격지수, Q는 물량지수를 나타내며, 아래 첨자 L은 라스파이레스 지수임을, 위 첨자 t는 비교연도를 나타낸다. 그리고 p와 q는 개별품목 i의 가격과 물량을 나타낸다.

라스파이레스 지수의 특징을 살펴보자. 라스파이레스 가격지수는 기준연도의 각 품목의 물량(q_i^0)을 고정한 상태에서 각 품목의 가격변화에 따른 총금액의 비율증가를 나타낸다. 이를 다른 의미로 살펴보면, 각 개별품목의 가격비율을 기준연도의 총금액에서 차지하는 각 개별품목의 가액이 차지하는 비율(배분 몫)로 가중 평균한 것임을 알 수 있다.

마찬가지로 라스파이레스 물량지수는 기준연도의 각 품목의 가격(p_i^0)을 고정한 상태에서 각 품목의 물량변화에 따른 총금액의 비율증가를 나타낸다. 이는 역시 각 개별품목의 물량비율을 기준연도의 총금액에서 차지하는 비율(배분 몫)로 가중 평균한 것임을 알 수 있다.

파셰지수(Paasche index)는 1874년에 개발된 지수로서 다음과 같은 식으로 표시한다.

$$P_P^t = \frac{\sum p_i^t\, q_i^t}{\sum p_i^0\, q_i^t} = \sum \frac{p_i^0\, q_i^t}{\sum p_i^0\, q_i^t}\left(\frac{p_i^t}{p_i^0}\right) \quad \cdots\cdots 3$$

$$Q_P^t = \frac{\sum p_i^t\, q_i^t}{\sum p_i^t\, q_i^0} = \sum \frac{p_i^t\, q_i^0}{\sum p_i^t\, q_i^0}\left(\frac{q_i^t}{q_i^0}\right) \quad \cdots\cdots 4$$

여기서 P는 가격지수, Q는 물량지수를 나타내며, 아래 첨자 P는 파셰지수임을, 위 첨자 t는 비교연도를 나타낸다. 그리고 p와 q는 개별품목 i의 가격과 물량을 나타낸다. 파셰지수가 라스파이레스 지수와 다른 점은 기준연도가 아닌 비교연도의 물량과 가격을 고정한 상태에서의 각 품목의 가격변화 또는 물량변화를 나타낸다는 점이다. 또한 가중치를 각각 비교연도의 가격과 물량을 사용한다는 점이다.

라스파이레스 지수와 파셰지수는 상품의 가격변화가 급격할 때 많은 차이를 나타낼 수 있다. 가령, 생산성 분석에서 중요한 시사점을 주는 반도체의 가격하락 때문에 정보통신기기의 가격이 하락한다면 이는 라스파이레스 물량지수에는 반영되지 않지만, 파셰 물량지수에는 반영된다.

라스파이레스 지수와 파셰지수는 특별한 관계에 있다. 즉,

$$P_L Q_P = P_P Q_L \text{ 혹은 } \frac{P_P}{P_L} = \frac{Q_P}{Q_L} \quad \cdots\cdots 5$$

우리나라에서 소비자물가지수나 생산자물가지수 등 물가지수는 라스파이레스 가격지수 방법을 이용한다. 하지만 GDP 디플레이터는 명목 GDP를 라스파이레스 물량지수로 나누어서 구하므로 파셰 가격지수가 된다.[1]

3. 피셔의 이상적 지수

Allen(1975)에 의하면, 지수의 통계적 특성을 고려할 때 지수는 다음과 같은 몇 가지 조건, 즉 Fisher의 지수검정 기준을 충족하는 것이 바람직하다고 한다.[2] 그 조건을 살펴보면 다음과 같다. 이를 수식으로 증명하는 것은 생략한다.[3]

첫째, "비례성의 검증(proportionality test)"을 충족해야 한다. 비례성의 조건이란 지수를 구성하는 개별요소들이 모두 같은 비율로 증가하면 지수도 역시 같은 비율로 변화해야 한다는 조건이다. 라스파이레스 지수와 파셰지수 모두 이 조건을 만족한다.

둘째, "시간 환원성 검증(time reversal test)"을 충족해야 한다. 두 시점을 s, t라고 할 때 s기를 기준으로 t시점의 변화를 측정한 지수와 반대로 t기를 기준으로 s시점의 변화를 측정한 지수의 곱은 1이 되어야 한다는 조건이다. 라스파이레스 지수와 파셰지수 모두 이 조건을 충족하지 못한다.

셋째, "순환성 검증(circular test)"을 충족해야 한다. 3개의 연속적인 시점 0, s, t를 생각할 때 0기와 s기의 변화와 s기와 t기의 변화를 나타내는 지수를 곱하면 0기와 t기의 변화를 나타내어야 한다는 조건이다. 라스파이레스 지수와 파셰지수 모두 이 조건을 충족하지 못한다.

---

1 조용길(2002), 지수의 이론과 측정, 「(계간)국민계정」. 한국은행, pp. 19-60.

2 Allen, R. G. D.(1975), *Index numbers in theory and practice*, MacMillan, London.

3 김영식(2001), 『생산경제학』, 박영사, pp. 298-343 참조.

넷째, "요소 환원성 검증(factor reversal test)"을 충족해야 한다. 가격지수와 물량지수는 보통 짝을 이루어 계산된다. 요소 환원성의 조건이란 가격지수와 물량지수의 곱은 총가격(총지출)으로 구한 지수와 같아져야 한다는 조건이다. 즉, $PQ = V = \Sigma p_i^t q_i^t / \Sigma p_i^0 q_i^0$이다. 역시 라스파이레스 지수와 파셰지수 모두 요소 환원성의 조건을 충족하지 못한다.

라스파이레스 지수와 파셰지수의 이런 단점을 파악한 피셔(Irving Fisher)는 1922년 두 지수의 기하평균으로 정의되는 피셔지수(Fisher index)를 제시하였다. 이 지수는 이상에서 살펴본 지수의 조건 가운데 순환성의 조건을 제외한 비례성의 조건, 시간 환원성의 조건, 요소 환원성의 조건을 만족하고 있으므로 "피셔의 이상적 지수(Fisher ideal index)"라고 한다.[4]

4. 라스파이레스 지수와 파셰 지수의 변형

피셔의 지수가 라스파이레스 지수와 파셰지수를 평균하여 산출된다는 점에서 이들 두 지수를 평균하는 방법에 따라 여러 가지 명칭의 지수가 정의될 수 있다. 〈표 1〉

표 1 라스파이레스 지수와 파셰 지수의 변형형태

구분	산출평균	기하평균	조화평균
지수자체의 평균	Sidgwick(1883) 혹은 Bowley(1901) $P_S = 0.5\,(P_L + P_P)$	Fisher(1922) $P_F = \sqrt{P_L + P_P}$	$P_H = \dfrac{P_L\,P_P}{0.5(P_L + P_P)}$
가중치의 평균	Marshall and Edgeworth (1887) $P_{ME} = \dfrac{\Sigma p_i^t (q_i^0 + q_i^t)}{\Sigma p_i^0 (q_i^0 + q_i^t)}$	Walsh(1901) $P_W = \dfrac{\Sigma p_i^t \sqrt{q_i^0\, q_i^t}}{\Sigma p_i^0 \sqrt{q_i^0\, q_i^t}}$	Geary-Khamis $P_{ME} = \dfrac{\Sigma p_i^t \dfrac{q_i^0 q_i^t}{q_i^0 + q_i^t}}{\Sigma p_i^0 \dfrac{q_i^0 q_i^t}{q_i^0 + q_i^t}}$

4 Fisher, I.(1922), *The Making of Index Numbers*, Houghton-Miffin, Boston.

은 라스파이레스 지수와 파셰지수의 평균, 또는 두 지수계산에 사용된 가중치의 평균을 어떻게 구하느냐에 따라 다양한 지수가 정의될 수 있음을 보여주고 있다.[5]

이 외에도 라스파이레스 지수와 파셰지수를 로그변환된 식으로 정의할 수 있는데 이를 로그 라스파이레스 지수와 로그 파셰지수라고 한다. 그리고 이 두 지수의 기하평균이 바로 나중에 설명할 통크비스트 지수가 된다.

표 2 로그 라스파이레스 지수와 로그 파셰 지수 및 통크비스트 지수

구분	계산식	가중치
로그 라스파이레스 지수	$P_{LL}=\Pi\left(\frac{p_i^t}{p_i^0}\right)^{w_i^0}$	$w_i^0=\frac{p_i^0 q_i^0}{\Sigma p_i^0 q_i^0}$
로그 파셰 지수	$P_{LL}=\Pi\left(\frac{p_i^t}{p_i^0}\right)^{w_i^t}$	$w_i^t=\frac{p_i^t q_i^t}{\Sigma p_i^t q_i^t}$
Tornqvist 지수	$P_T=\sqrt{P_{LL}+P_{LP}}=\Pi\left(\frac{p_i^t}{p_i^0}\right)^{\overline{w}}$	$\overline{w_i^t}=\frac{1}{2}(w_i^0+w_i^t)$

5. 디비지아 지수(Divisia index)

이상에서 살펴본 지수들은 모두 기준시점과 비교 시점을 비교하여 지수를 계산하는 방법이었다. 하지만 비교 기간이 길어지면 지수의 정확성을 확신할 수 없게 된다. 라스파이레스 지수를 예로 들면, 가격이 오르면 해당 상품에 대한 수요가 다른 상품으로 대체되는 경우를 반영하지 못하게 된다. 이런 문제를 "대체 편의(substitution bias)"의 문제라고 한다. 이런 문제를 해결하는 방법은 기준연도와 비교연도를 비교할 지수를 작성하는 과정에서 기준연도를 0, 1, 2, 3, ⋯, $t-1$와 같이 연속적으로 바꾸면서 지수를 구하고 이들 지수를 곱하여 두 시점의 지수를 작성하는 방법이다. 그렇게 작성된 지수를 "연쇄지수(chained index)"라고 한다. 그래서 연쇄 라스파이레스 지수, 연쇄 파셰지수가 정의될 수 있다.

5 조용길(2002), 지수의 이론과 측정, 『(계간)국민계정』, 한국은행, pp. 19-60.

바로 이런 연쇄지수와 관련된 것이 "디비지아 지수(Divisia index)"이다. 디비지아 지수는 연속적인 시간에 대한 가격과 물량자료(continuous-time data)로부터 지수를 계산하기 위해 적분개념을 이용한 지수이다. 그래서 디비지아 적분지수(Divisia integral index)라고 부르기도 한다. 1925년에 프랑수아 디비지아(Francois Divisia)가 제안한 지수로서 피셔의 지수 검증기준 가운데 순환성과 요소 환원성 조건을 만족한다.[6]

$$\ln\left(\frac{P^t}{P^{t-1}}\right) = \sum_{i=1}^{n}\left[\frac{p_i^{t-1}\,q_i^{t-1}}{\sum_{j=1}^{n}(p_j^{t-1}\,q_j^{t-1})}\right]\ln\left(\frac{p_i^t}{p_i^{t-1}}\right) \quad \cdots\cdots 6$$

$$\ln\left(\frac{Q^t}{Q^{t-1}}\right) = \sum_{i=1}^{n}\left[\frac{p_i^{t-1}\,q_i^{t-1}}{\sum_{j=1}^{n}(p_j^{t-1}\,q_j^{t-1})}\right]\ln\left(\frac{q_i^t}{q_i^{t-1}}\right) \quad \cdots\cdots 7$$

디비지아 지수는 Solow(1957)에서 몇 가지 제한적인 조건 하에 기술진보를 나타내는 성장회계식으로 개념화된 이후 총요소생산성 증가율의 측정방법으로 많이 사용됐다.

Hulten(1973)이 디비지아 지수의 자연 대수(natural logarithms)는 각 구성항목의 총금액(지출액)에 대한 비중을 가중치로 가격 증가율이나 물량 증가율을 가중평균한 형태라고 한 이후 총요소생산성 측정을 위한 성장회계식과 디비지아 지수는 불가분의 관계를 가지게 되었다.

하지만 근본적으로 디비지아 지수는 연속된 시간에 대해 정의되는 지수 계산법으로 경제통계 가운데 연속적인 시간에 대한 자료는 존재하지 않기 때문에 근사 식을 사용할 수밖에 없다. 따라서 불연속 시간에 대한 자료로부터 지수를 구하기 위해 통크비스트 지수가 사용된다.[7]

---

6 Divisia, F.(1925), "L'indice monetaire et la theorie de la monnaie," *Revue d'econ. polit.*, XXXIX, Nos. 4, 5, 6: pp. 842-861, pp. 980-1008, pp. 1121-1151.

7 Tornqvist, Leo.(1936), "The Bank of Finland's Consumption Price Index," *Bank of Finland Monthly Bulletin* 10, pp. 1-8.

6. 통크비스트 지수(Törnqvist-Theil index)

통크비스트 지수는 연속시간에 대한 디비지아 지수를 이산시간에 대해 근사시킨 지수이다. 통크비스트-타일 지수(Törnqvist-Theil index)라고도 한다.

$$\ln\left(\frac{P^t}{P^{t-1}}\right)=\frac{1}{2}\sum_{i=1}^{n}\left[\frac{p_i^{t-1}\,q_i^{t-1}}{\sum_{j=1}^{n}(p_j^{t-1}\,q_j^{t-1})}+\frac{p_i^t\,q_i^t}{\sum_{j=1}^{n}(p_j^t\,q_j^t)}\right]\ln\left(\frac{p_i^t}{p_i^{t-1}}\right) \quad \cdots\cdots\cdots\cdots \ 8$$

$$\ln\left(\frac{Q^t}{Q^{t-1}}\right)=\frac{1}{2}\sum_{i=1}^{n}\left[\frac{p_i^{t-1}\,q_i^{t-1}}{\sum_{j=1}^{n}(p_j^{t-1}\,q_j^{t-1})}+\frac{p_i^t\,q_i^t}{\sum_{j=1}^{n}(p_j^t\,q_j^t)}\right]\ln\left(\frac{q_i^t}{q_i^{t-1}}\right) \quad \cdots\cdots\cdots\cdots \ 9$$

Diewert(1978)는 통크비스트 지수가 어떤 형태의 스무스(smooth)한 생산함수나 비용함수도 근사시킬 수 있으므로 "최상의 지수(superative index)"라고 하였다. 여기서 스무스하다는 의미는 상품의 상대가격 비율에서의 작은 변화는 소비하는 상품의 작은 변화와 관련된다는 것이다. 통크비스트 지수는 가격에서의 변화와 이에 대한 물량변화가 주어졌을 때 지수의 수준이 생산함수나 효용함수의 변화만큼 정확하게 반응한다는 의미에서 초월대수 함수와 정확하게 대응한다. 이런 의미에서 통크비스트 지수를 트랜스로그 지수(translog index)라고도 한다. 통크비스트 지수는 집계의 일관성(consistent in aggregation)을 제공해준다. 이는 여러 가격과 물량을 함께 결합하거나, 이를 보다 상위의 그룹으로 결합한 다음, 이를 다시 최상위의 그룹으로 결합하더라도 같은 지수 값을 제공해준다는 의미이다.

7. 맘퀴스트 지수(Malmquist index)

맘퀴스트 지수(Malmquist index)는 1953년 맘퀴스트(Malmquist, S.)에 의해 제시된

이론적 지수이다.[8] 하지만 나중에 케이브스(Douglas W. Caves) 등에 의해 더욱 발전되어 생산성 분석에 광범위하게 활용되고 있다.[9] 그래서 맘퀴스트 생산성 지수(Malmquist productivity index)라고도 한다.

맘퀴스트 지수는 생산함수의 개념에 기초하고 있다. 여기서 생산함수라고 함은 노동이나 자본과 같은 생산요소를 투입하여 최대의 가능한 생산량을 달성할 수 있게 하는 관계를 보여주는 함수를 의미한다.

만약 A국과 B국의 생산성 수준을 비교하는 것을 생각해보자. A국이 가진 생산요소를 x_A, B국이 가진 생산요소를 x_B라고 하자. 각국은 생산성의 수준에서 차이가 나고 A국의 생산함수는 $F_A(\cdot)$, B국의 생산함수는 $F_B(\cdot)$라고 하자.

A국의 B국에 대한 맘퀴스트 생산성 지수는 다음과 같이 정의된다.

$$MI_A = \sqrt{\frac{F_A(x_A)}{F_B(x_A)} \frac{F_A(x_B)}{F_B(x_B)}} \quad \cdots\cdots \quad 10$$

따라서 맘퀴스트 지수는 먼저 A국이 가진 생산요소를 A국의 기술로 생산했을 때의 생산량과 B국의 기술을 이용하여 생산했을 때의 비율을 구하고, 그 다음 B국이 가진 생산요소를 A국의 기술을 사용했을 때의 생산량과 B국의 기술을 사용하여 생산했을 때의 비율을 구한 다음 이 두 지표의 기하평균을 구하는 것이다. 만약 이렇게 구한 A국의 맘퀴스트 지수가 1보다 크다면 A국의 생산성 수준은 B국보다 높다는 것을 의미한다. 두 국가가 아니라 두 시점을 비교할 때에도 같은 의미이다.

---

8 Malmquist, S.(1953), "Index numbers and indifference surfaces," *Trabajos de Estadistica* 4, pp. 209-242.

9 Caves, Douglas W., Christensen, Laurits R., and Diewert, W Erwin(1982), "Multilateral Comparisons of Output, Input, and Productivity Using Superlative Index Numbers," *Economic Journal*, Royal Economic Society, Vol. 92(365), pp. 73-86.

8. 품질지수(헤도닉 지수, Hedonic Index)

최근 20여 년간 물가지수의 계산방법을 개선하려는 노력이 있었다. 1996년 미국의 보스킨 위원회(Boskin Commission)는 당시 측정된 가격지수에 상당한 편의(bias)가 있을 수 있다고 했다. 전통적인 방법에 따라 측정된 물가지수는 시장에서의 상품 소비의 빠른 회전, 광범위한 품질의 차이, 제품의 짧은 생명주기와 같은 특정 산업의 특성을 제대로 측정하는 데 실패하고 있다고 주장했다.

그래서 보스킨 위원회는 전통적 방법으로 구한 물가지수는 미국의 공식적 소비자물가지수를 연간 1.1% 정도 과대평가하고 있다고 주장했다. 정보통신기술(ICT) 관련 제품들이 자본 스톡을 증가시키고, 노동생산성을 증가시켰다고 하였다.[10] 전통적 방법에 따른 물가지수의 이런 문제는 영국, 일본 등 다른 선진국에서도 제기되었다.

상품의 품질이 크게 개선됨에 따라 이를 GDP 디플레이터에 반영하는 문제도 매우 중요해졌다.[11] 가령 미국에서 1995년 이후 경제성장이 가속화된 것은 정보통신기술에 대한 투자가 증가하면서 자본 스톡이 증가하여 노동생산성이 크게 향상되었기 때문인데 이는 GDP 디플레이터를 국제간 비교하는 데 많은 복잡성을 일으켰다.[12] 그 차이는 상당히 커서 국가 간 시장조건, 규제와 같은 원인으로 설명할 수 없었다. 이런 차이 대부분은 국가 간 상품의 품질을 반영하는 통계작성 절차의 차이에서 왔는데 이는 정보통신기술에 대한 투자의 국제비교를 거의 불가능하게 만들었다.

---

10 Barry P. Bosworth and Jack E. Triplett(2001), "What's New About the New Economy? IT, Economic Growth and Productivity," *International Productivity Monitor*, Centre for the Study of Living Standards, Vol. 2, pp. 19-30.

11 Lebow and Rudd(2003)에 의하면 소비자물가지수는 여전히 연평균 0.87%가량 과장되어 있는데 이 중 0.37%는 라스파이레스 물가지수 작성의 문제에서, 0.1%는 상품의 품질향상에서, 0.05%는 새로운 할인점의 가격할인 문제에서 초래된다고 한다(David E. Lebow and Jeremy B. Rudd(2003), "Measurement Error in the Consumer Price Index: Where Do We Stand?," *Journal of Economic Literature* 41, March, pp. 159-201). 미국 물가지수 산정에서의 이런 문제는 매우 심각한 문제를 야기할 수 있다. 미국의 노동통계청이 측정하는 소비자물가지수의 상승률에 연금혜택이 연동되어 있는데, 만약 미국정부가 인플레이션율을 0.4%만 낮게 발표하면 1조 달러에 이르는 미국 정부의 부채도 20년 안에 모두 상환할 수 있을 정도라고 한다(Bernheim B. Douglas and Michael D. Whinston (2014), *Microeconomics* 2nd Edition, McGraw-Hill, 강태훈 외 번역, p. 190).

12 Wyckoff, Andrew W.(1995), "The Impact of Computer Prices on International Comparisons of Labour Productivity," *Economics of Innovation and New Technology*, Vol. 3 Issue 3-4, pp. 277-293.

물가지수의 작성에 상품의 품질을 반영하는 방법은 헤도닉 회귀(Hedonic regression)라고 하는 계량경제학적 기법을 활용하는 것이다. 선형회귀모형을 가정하고 각 제품 i가 k개의 상품특성을 가지고 있다고 하면 각 상품의 헤도닉 가격은 다음 회귀 식으로 구해진다.

$$P_i^t = c_{0t} + \sum_{j=1}^{k} c_{jt} z_{ijt} + \epsilon_i^t \quad \cdots\cdots \quad 11$$

여기서 c_{jt}는 상품특성에 해당하는 파라미터, ϵ_i^t는 정규분포를 하는 오차항(error term)을 나타낸다.

이처럼 개별상품에 대한 가격을 종속변수로 하고, 개별상품의 특성을 독립변수로 한 회귀분석을 통해 각 상품의 개별특성들의 계수 값(특성가격, characteristics price)을 구한다.

만약 어떤 상품의 가격이 변화하였다면, 이상의 회귀식에서 구한 개별특성들의 계수 값을 통해 품질이 변화하여 가격이 변동된 부분과 단순히 가격만이 변화하여 변동된 부분으로 나누게 된다. 그래서 순수한 가격변화율은 관찰된 가격변화율에서 품질의 변화율을 차감한 것이 된다.

하지만 실제 헤도닉 기법을 통해 품질지수를 계산하는 방법에는 많은 어려움이 있다. 우선은 계량경제학 방법론을 적용하는 데 있어서 해당 상품이 가진 많은 특성 변수 간에 다중공선성(multicollinearity)의 문제가 발생할 수 있다. 개별상품의 특성변수들을 수집, 조사한다는 것 역시 엄청난 비용이 필요하기도 하다.

『생산성의 경제학』에서는 정보통신혁명 이후 총요소생산성 추계할 때 상품가격의 측정 과정에서 바로 이런 특성을 반영하지 못함으로써 총요소생산성 증가를 과소평가하는 문제가 있었다. 이런 점들을 언급할 때 품질지수, 헤도닉 지수와 같은 용어를 사용하는 사례를 볼 수 있다.

9. 지수이론의 실습

본 장에서 설명한 지수이론은 과거 성장회계식의 개발과 이를 이용한 실증연구에 에서 매우 중요한 역할을 하였다. 그러나 최근 국제적으로 같은 규범에 따라 각국의 총요소생산성을 측정하고자 하는 노력이 열매를 맺으면서 연구자가 직접 지수이론을 적용하여 국별, 산업별 자료를 만드는 작업이 크게 줄어들었다. 또한 생산성 연구에서 계량경제학적 분석방법론을 도입하는 경우가 많아지면서 지수이론의 중요성은 많이 감소하였다. 하지만 성장회계식에 의한 총요소생산성 추계결과는 다른 방법론에 의해 구해진 결과의 해석과 관련하여 하나의 기준이 될 수 있다는 점에서 그 중요성은 절대 간과할 수가 없다.

본 장의 간단하게 설명된 지수 관련 용어들은『생산성의 경제학』을 학습하는 과정에서 많은 선구자의 연구결과를 이해하는 데 도움이 될 것이다. 실제 지수이론을 활용하여야 할 때 지수계산을 위한 통계소프트웨어가 잘 발달하여 있으므로 지수의 의미만 이해하고 있다면 아주 쉽게 다양한 지수를 계산할 수 있다. 따라서 지수이론에 대한 이해는 본 장의 설명으로 충분하리라 생각한다. 다만 아래에서는 STATA를 이용하여 다양한 지수를 계산하는 방법에 대해 살펴보기로 한다.[13]

(1) 다양한 지수의 계산법

우선 Coelli et al.(2005)의 생산성 연구에 관한 사례의 자료를 이용하여 다양한 지수를 계산해보자.[14] 이 사례에서의 자료는 2개의 산출물 y_1, y_2와 이들의 가격 p_1, p_2, 3개의 생산요소 x_1, x_2, x_3와 이들의 요소가격 w_1, w_2, w_3로 구성되어 있다.[15]

여기에서의 사례는 이상의 자료를 이용하여 다양한 지수를 계산할 수 있음을 보

---

13 STATA를 이용하여 다양한 지수계산을 하려면 index란 사용자 작성 프로그램을 설치해야 한다.

14 Timothy J. Coelli, A. S. Prasada Rao, Christopher J. O. Donnell and George E, Battese(2005), *An Introduction to Efficiency and Productivity Analysis,* 2nd ed., Springer, p. 124.

15 Coelli가 운영하는 Centre for Efficiency and Productivity Analysis(CEPA)에서는 생산성 연구와 관련된 지수계산, 자료포락분석, 변경함수추정 등과 관련된 별도의 소프트웨어를 개발, 제공하고 있다. 많은 연구자가 이를 이용하고 있다(http://www.uq.edu.au/economics/cepa/). 본서의 제4부 제4장에서는 CEPA에서 제공하는 모든 소프트웨어의 기능들을 STATA를 이용하여 처리할 수 있도록 하였다.

고자 하는 것이다. 복수의 산출물 자료와 이들의 가격자료, 복수의 요소투입자료와 요소가격자료를 이용하여 산출물과 투입물 각각에 대한 다양한 형태의 물량지수와 가격지수를 구하고자 하는 것이다. 또한 다양한 지수 가운데 생산성 분석에 자주 사용되는 통크비스트 지수를 어떻게 선택하는가를 살펴본다.

마지막으로는 다른 사례에서 주로 언급될 내용이지만 통크비스트 산출물 지수와 투입물 지수를 이용하여 총요소생산성 증가율을 구하는 과정을 보여주고 있다. 그리고 이를 이용하여 초기 기준값이 1인 총요소생산성 지수를 구하는 방법을 보여준다.

STATA 사례 3-1 다양한 지수의 계산

```
* ****************************************************
* 2개 산출물, 3개 투입물로 부터 다양한 지수 계산
* Battese & Coelli 사례
* ****************************************************
clear
input year y1 y2 x1 x2 x3  p1  p2  w1 w2 w3
2008 471    293    145    67    39    27    18    39    100    100
2009 472    290    166    75    39    28    17    41    110     97
2010 477    278    162    78    43    34    17    42    114    103
2011 533    277    178    89    42    32    20    46    121    119
2012 567    289    177    93    51    34    23    46    142    122
end

* index명령어 설치
ssc install http://fmwww.bc.edu/RePEc/bocode/i/index.pkg

* 산출물 물량, 가격지수
index p1 p2 = y1 y2, chain simple base(1) year(2008) list
gen qindex=_TT_Qc
gen pq=_TT_Pc

* 투입물 물량, 가격지수
index w1 w2 w3 = x1 x2 x3, chain simple base(1) year(2008) list
gen iindex=_TT_Qc
gen pi=_TT_Pc

list qindex pq iindex pi

* 생산성 증가율
gen gr_q=ln(qindex)-ln(qindex[_n-1])
gen gr_i=ln(iindex)-ln(iindex[_n-1])
```

```
gen tfp=gr_q-gr_i

* 산출물 물량, 가격지수
gen tfpindex=1
replace tfpindex=tfpindex[_n-1]*exp(tfp) if year>=2009
list tfp tfpindex
```


(2) 지수방법에 의한 복수 생산물, 복수 투입물의 경우 생산성 추계

여기에서는 Kumbhakar et al.(2015)의 생산성 연구에 관한 사례의 자료를 이용하고자 한다.[16] 복수의 산출물과 투입물을 가진 자료를 이용하여 통크비스트 방식에 의해 총요소생산성 증가율을 구하는 사례이다.[17]

먼저 복수의 산출물과 각 산출물의 가격자료로 부터 통크비스트 방식에 의한 물량지수와 가격지수를 구하고, 마찬가지로 복수의 투입물과 각 투입물의 요소가격으로부터 통크비스트 방식에 의한 요소투입 물량지수와 요소가격 지수를 구한다. 그 다음 계산된 산출물 물량지수와 투입물 물량지수의 연간 증가율을 계산한 후 그 차이로부터 총요소생산성 증가율을 계산한다. 또한 계산된 총요소생산성 증가율을 이용하여 기준연도를 1로 하였을 때의 총요소생산성 지수를 구한다.

STATA 사례 3-2 복수의 투입, 산출물로부터 총요소생산성 지수계산

```
* ****************************************************
* 복수의 산출물, 투입물로 부터 Tonqvist TFP Index 계산
* ****************************************************

set more off
version 10.1

use norway.dta
xtset n t
sort n t
```

16 Kumbhakar Subal C., Hung-Jen Wang and Lana P. Horncastle(2015), *A Practioner's Guide to Stochastic Frontier Analysis Using Stata*, Cambridge University Press, p. 51.

17 STATA를 이용하여 비균형패널 자료로부터 균형 패널자료를 만들기 위해서는 xtbalance란 사용자 작성 프로그램을 설치해야 한다.

```
* xtbalance 명령어 설치
ssc install http://fmwww.bc.edu/RePEc/bocode/x/xtbalance.pkg

* 균형패널 구성
xtbalance, range(1 9) miss(_all)

* 다양한 지수계산법에 의한 지수계산
index p1 p2 p3 p4 = y1 y2 y3 y4, id(n) it(t) chain ///
      simple base(3) year(2000) list

gen y=_TT_Qc
gen p=_TT_Pc

index w1 w2 w3 w4 w5 w6 = x1 x2 x3 x4 x5 x6, id(n) it(t) chain ///
      simple base(3) year(2000) list
gen x=_TT_Qc
gen w=_TT_Pc

drop _*
list y p x w

* 총요소생산성 증가율 계산
sort n
by n: gen gr_q=ln(y)-ln(y[_n-1])
by n: gen gr_i=ln(x)-ln(x[_n-1])
by n: gen tfp=gr_q-gr_i

* 총요소생산성 지수 계산
gen tfpindex=1 if year==1998
by n: replace tfpindex=tfpindex[_n-1]*exp(tfp) if year>1998
list tfp tfpindex

* 결과의 보관
keep n year y p x w tfp tfpindex
outsheet using dairytfp, replace
```

(3) 통크비스트 지수에 의한 한국의 생산성 추계

독자들은 이미 제1부에서 엑셀(Excel)을 이용하여 한국의 총요소생산성 증가율과 그 지수를 계산하는 사례를 살펴본 바 있다. 여기에서는 사례는 근로자 수, 근로시간, 인적 자본을 서로 곱해서 노동투입으로 정의하고, 두 시점의 평균치로 계산된 비용 몫 자료를 이용하여 총요소생산성 증가율을 구해보는 사례이다.[18] 즉 통크비스

18 자료는 Penn World Table Version 9.0(http://www.rug.nl/ggdc/) 참조.

트 지수 계산방식을 적용하여 총요소생산성 증가율을 구하는 방법에 대한 것이다.

전술한 사례가 복수의 산출물과 투입물로부터 통크비스트 생산성 지수를 구하는 것이라면, 여기에서의 사례는 국가 수준에서 단일 산출물(GDP)과 복수의 투입물(노동과 자본)으로부터 통크비스트 생산성 지수를 구하는 사례라고 할 수 있다.

여기에서는 또한 노동과 자본투입, 총요소생산성 증가가 경제성장에 기여한 정도를 기여도와 기여율로 계산하여 출력하는 방법에 대해서도 살펴보고 있다. 총요소생산성 증가율의 계산에 사용되는 전형적인 방법에 관한 사례이다.

STATA 사례 3-3 통크비스트 지수를 이용한 한국의 총요소생산성 계산

```
* ***********************************************
* 한국의 총요소생산성 추계(Tonqvist TFP Index 방법)
* ***********************************************

clear
input year q l k sl sk
1969 75655   533.6 109455 0.712 0.288
1970 82019   541.4 124233 0.712 0.288
1971 90594   570.1 139460 0.707 0.293
1972 97072   606.5 154356 0.688 0.312
 (생략)
2011 1590548 1794.0 6035801 0.502 0.498
2012 1627009 1912.6 6239963 0.509 0.491
2013 1674131 1889.7 6446550 0.512 0.488
2014 1729547 1995.0 6659351 0.519 0.481
end

* 성장률 계산
gen gr_q=ln(q)-ln(q[_n-1])
gen gr_l=ln(l)-ln(l[_n-1])
gen gr_k=ln(k)-ln(k[_n-1])

* 노동과 자본의 기여도
gen con_l=(sl+sl[_n-1])/2 * gr_l
gen con_k=(sk+sk[_n-1])/2 * gr_k

* 총요소생산성 증가율 계산
gen tfp=gr_q-con_l-con_k

* 총요소생산성 지수계산(1969=1)
gen tfpindex=1 if year==1969
replace tfpindex=tfpindex[_n-1]*(1+tfp) if year>=1970
```

```
format con* tfp* %10.4f
list year q l k sl sk con_l con_k tfp tfpindex, sep(0)

* 연도별 기여도
list year gr_q con_l con_k tfp

* 연도별 기여율
gen deg_q=gr_q/gr_q*100
gen deg_l=con_l/gr_q*100
gen deg_k=con_k/gr_q*100
gen deg_tfp=tfp/gr_q*100

format deg* %10.2f
list year deg_q deg_l deg_k deg_tfp

* 총요소생산성 지수와 증가율의 그래프
twoway (line tfpindex year) (bar tfp year)
```

총요소생산성 측정의 일반이론

총요소생산성 증가율의 측정을 위한 성장회계식은 매우 제한적인 가정하에서 정의된 생산함수로부터 유도된 것이다. 이런 제한적 가정 중에서 중요한 것은 규모에 대한 수확 불변(Constant Returns to Scale: CRS), 생산요소 투입의 즉각적인 조정(instantaneous adjustment of factor input), 그리고 완전경쟁 시장(perfect competition)의 조건이다.

즉, 성장회계식을 유도하는 데 사용된 생산함수는 규모에 대한 수확 불변의 생산함수이며, 노동과 자본 모두 가변 생산요소로서 이들에 대한 수요는 즉각적으로 조정될 수 있다는 것이다. 이는 생산요소가 완전가동된다는 것을 의미한다. 또한 규모에 대한 수확 불변 가정의 당연한 결과로서 시장은 완전경쟁 시장이며, 따라서 해당 기업은 영(0)의 이윤을 누리는 상태이다.

만약 성장회계식의 근거가 되었던 이런 매우 제한적인 가정이 완화되어, 규모에 대한 수확체증 또는 체감(Non-constant Returns to Scale: NRS), 자본의 준 고정성(quasi-fixity of capital)에 따른 가동률 변동, 시장의 불완전성(market imperfection)을 고려한다면 성장회계식은 그 형태가 더욱 복잡해지고, 전통적 방법에 따른 총요소생산성 증가율의 추계치는 다른 결과를 가져온다.

만약 이런 요인들을 고려한다면 종래 총요소생산성 증가로 설명되었던 다른 요인들을 분리하는 작업이 가능해질 수 있으며, 과거 경험했던 생산성의 후퇴국면을 설명할 수 있는 요인들을 찾아낼 수도 있다.

하지만 필자가 본 장에서 생산성 측정의 일반이론이라는 이름으로 이를 설명하려는 이유는 총요생산성 측정과 해석, 데이터 구성의 이해를 위한 모든 기초적 내용이 본 장을 이해함으로써 가능해지기 때문이다. 하지만 실증적으로 이를 연구하는 데는 자료의 제약 때문에 한계가 있다.

총요소생산성 측정에 대한 일반적인 이론이 완성되기까지 많은 사람의 부분적인 연구 노력이 있었다. 첫째, 생산성 측정에서 규모에 대한 수확 불변의 가정을 완화하기 위한 비용 측면(cost-side)에서의 노력은 Ohta(1975), Morrison(1986), Fuss and Waverman(1986)과 같은 학자들에 의해 이루어졌다.[1]

둘째, 생산요소로서 자본은 즉각적으로 그 수요량을 조정할 수 없으므로 자본의 준 고정성(quasi-fixed)을 고려하여 생산성을 측정하는 것이 필요한데 이런 시도는 Berndt and Fuss(1986), Hulten(1986), Morrison(1986)과 같은 학자들에 의해 이루어졌다.[2] 그런데 이런 시도는 고정된 생산요소의 시장가격이 한계수입(marginal revenue) 혹은 묵시적 가격(implicit price) 또는 그림자 가격(shadow price)을 정확하게 반영하지 못한다는 사실을 고려한 것으로서 일종의 단기적인 균형(short-run equilibrium or sub-equilibrium)을 모형화한 것이다.

셋째, 시장의 불완전성 역시 전통적 방법으로 구해진 총요소생산성 측정치에 편의를 가져오는 요인이 된다는 점은 Denny, Fuss and Waverman(1981), Hall(1988), Domowitz, Hubbard and Peterson(1988), Morrison and Diewert(1990)와 같은 학자들에 의해 지적되었다.[3]

---

1 Ohta, M.(1975), "A Note on the Duality between Production and Cost Functions: Rate of Returns to Scale and Rate of Technical Progress," *Economic Studies* Quarterly 25, pp. 63-65.; Morrison, Catherine J.(1986), "Productivity Measurement with Non-static Expectations and Varying Capacity Utilization: An Integrated Approach," *Journal of Econometrics* 33 Oct./Nov., pp. 51-74.; Fuss, Melvyn, and Leonard Waverman(1986), "The Extent and Sources of Cost and Efficiency Differences between United States and Japanese Automobile Producers," NBER. Working Paper #1849.

2 Berndt, E. R., and M. A. Fuss(1986), "Productivity measurement with adjustments for variations in capacity utilization and other forms of temporary equilibrium," *Journal of Econometrics* 33: pp. 7-29.; Hulten, Charles R.(1986), "Productivity change, capacity utilization and the source of efficiency growth," *Journal of Econometrics* 33: pp. 31-50.; Morrison, Catherine J.(1986), "Productivity Measurement with Nonstatic Expectations and Varying Capacity Utilization: An Integrated Approach," *Journal of Econometrics*. Vol. 33, No. 1/2, Oct./Nov., pp. 51-74.

3 Denny, Michael, Melvyn Fuss, and Leonard Waverman(1981), "The Measurement and Interpretation of Total Factor Productivity in Regulated Industries, with an Application to

많은 연구는 분석의 간편성을 위해 이상의 여러 가정을 개별적으로 반영한 방법론을 사용하였지만, Morrison(1990)은 이런 점을 모두 고려하여 성장회계식을 보다 일반화하고 있다.[4] 본 장에서는 이와 관련된 내용을 살펴보고자 한다.

1. 전통적 방법

우선 Solow(1958)에서 소개된 수입 측면에서의 총요소생산성 증가율 계산방법부터 시작해보자. 생산요소로서 노동투입, 자본 스톡과 중간투입을 고려하고,[5] 보다 일반적으로 표기하기 위해 수학적 표기법을 약간 달리하기로 한다.

$$\frac{\partial \ln Q}{\partial t} = \frac{\dot{Q}}{Q} - M_L \frac{\dot{L}}{L} - M_K \frac{\dot{K}}{K} - M_M \frac{\dot{M}}{M} = \epsilon_{Qt} \quad \cdots\cdots 1$$

Canadian Telecommunications," in Thomas G. Cowing and Rodney Stevenson(eds.), *Productivity Measurement in Regulated Industries*(New York: Academic Press.; Hall, Robert E.(1988), "The Relation between Price and Marginal Cost in United States Industry," *Journal of Political Economy* 96, pp. 921-947.; Domowitz, Ian, R. Glenn Hubbard and Bruce C. Petersen(1988), "Market Structure and Cyclical Fluctuations in United States Manufacturing," *Review of Economics and Statistics* 70, pp. 55-66.; Morrison, Catherine J. and W. Erwin Diewert(1990), "New Techniques in the Measurement of Multifactor Productivity," *Journal of Productivity Analysis*, Vol. 1, Issue 4, pp. 267-285.

4 Morrison Catherine J.(1990), Market Power, Economic Profitability and Productivity Growth Measurement: An Integrated Structural Approach, NBER Working Paper No. 3355.; Morrison, Catherine J.(1992), "Unraveling the Productivity Growth Slowdown in the United States, Canada and Japan: The Effects of Sub-equilibrium, Scale Economies and Markups," *Review of Economics and Statistics*, Vol. 74, No. 3. pp. 381-393.

5 총요소생산성 증가율을 계산하는 과정에서 중간투입을 고려하는 것에 대해서는 이미 제2부 제3장에서 살펴본 바 있다. 재론하면 한나라 전체 수준에서 총요소생산성을 측정할 때에는 중간재 투입을 생산요소로 간주하지 않지만, 산업 수준 또는 기업, 공장 단위에서는 중간재 투입을 고려하여야 한다는 것이다. 따라서 경제 전체 수준에서는 부가가치(value added)를 산출물로 간주하여 생산요소로서 노동과 자본투입이 고려되지만, 산업 수준 이하에서는 총산출(gross output)을 산출물로 간주하고 생산요소로서는 노동, 자본투입 및 중간재 투입이 고려된다. 시장의 불완전성은 주로 산업 수준 이하에서 의미가 있기 때문이다.

여기서 다른 모든 표기는 전술한 바와 같지만, 총요소생산성 증가는 생산함수의 이동을 나타낸다는 측면에서 $\partial \ln Q / \partial t$, 또는 시간의 변화에 따른 생산량의 탄력성, ϵ_{Qt}로 표기하였다. 또한 수입 측면(revenue side)에서 총요소생산성 증가율을 측정하는 성장회계식이기 때문에 각각의 수입 몫(revenue share)을 M_L, M_K, M_M으로 표기하였다.

이번에는 비용 측면에서 같은 가정하에 총요소생산성 증가율을 측정하기 위한 식을 유도하면 다음과 같이 나타낼 수 있다. 즉,

$$\frac{\partial \ln C}{\partial t} = \frac{\dot{C}}{C} - \frac{\dot{Q}}{Q} - S_L \frac{\dot{p}_L}{p_L} - S_K \frac{\dot{p}_K}{p_K} - S_M \frac{\dot{p}_M}{p_M} = \epsilon_{Ct} \quad \cdots\cdots 2$$

여기서 총요소생산성 증가는 비용함수의 이동을 나타낸다는 측면에서 $\partial \ln C / \partial t$ 또는 시간의 변화에 따른 비용의 탄력성, ϵ_{Ct}로 표기하였다. 또한 비용 측면(cost side)에서 총요소생산성을 측정하는 성장회계식이기 때문에 비용 몫(cost share)을 S_L, S_K, S_M으로 표기하였다.

그런데 총 소비는 다음과 같이 표기할 수도 있다. 즉

$$C = p_L L + p_K L + p_M L \quad \cdots\cdots 3$$

이를 시간 t에 대해 전 미분하게 되면 다음과 같이 나타낼 수 있다.

$$\frac{\dot{C}}{C} = \left[\frac{p_L L}{C} \frac{\dot{p}_L}{p_L} + \frac{p_K K}{C} \frac{\dot{p}_K}{p_K} + \frac{p_M M}{C} \frac{\dot{p}_M}{p_M} \right] + \left[\frac{p_L L}{C} \frac{\dot{L}}{L} + \frac{p_K K}{C} \frac{\dot{K}}{K} + \frac{p_M M}{C} \frac{\dot{M}}{M} \right] \quad \cdots\cdots 4$$

이를 비용 측면의 총요소생산성 추정식에 대입하여 정리하면, 비용 측면과 수입 측면의 총요소생산성 추정식은 다음과 같은 관계를 갖게 된다. 즉,

$$\epsilon_{Ct} = \frac{\dot{C}}{C} - \frac{\dot{Q}}{Q} - S_L \frac{\dot{p}_L}{p_L} - S_K \frac{\dot{p}_K}{p_K} - S_M \frac{\dot{p}_M}{p_M}$$

$$= -\frac{\dot{Q}}{Q} + M_L \frac{\dot{L}}{L} + M_K \frac{\dot{K}}{K} + M_M \frac{\dot{M}}{M} = -\epsilon_{Qt} \quad \cdots\cdots 5$$

이는 완전경쟁 시장, 규모에 대한 수확 불변, 자본 스톡에 대한 수요의 즉각적인 조정과 같은 매우 제한적인 조건에서 수입 측면과 비용 측면에서 총요소생산성을 추계하는 방법을 나타내는 식이 된다.

2. 시장의 불완전성, 규모의 경제, 가동률과 총요소생산성

이미 살펴본 바와 같이, 완전경쟁 시장, 규모에 대한 수확 불변, 자본투입이 가변생산요소로서 수요량이 즉각적으로 조정 가능하게 된다면, 수입과 비용은 같아지므로 $PQ = C$가 된다. 그런데 이런 전제조건이 성립되지 않는다고 하면 수입과 비용은 이제 같아질 수가 없다. 즉 $PQ \neq C$이 된다.

따라서 이상에서 살펴본 수입 측면(revenue-side or primal side)에서의 총요소생산성 측정치와 비용 측면(cost-side or dual-side)에서의 총요소생산성 측정치는 서로 달라진다.

(1) 수입과 규모의 경제, 가동률, 수요의 탄력성

이는 지금까지 전제로 해왔던 가격이 한계비용과 같다는 조건, $P = MC$과 평균비용과 한계비용이 같다는 조건 $AC = MC$이 성립하지 않는다는 것을 의미한다. 이런 점을 고려하여 수입과 비용이 같다는 조건을 다음과 같이 변형하고 이를 탄력성으로 표기해보자.

$$PQ = C \cdot \frac{MC \cdot Q}{C} \cdot \frac{P}{MC} = C \cdot \frac{\epsilon_{CQ}}{1 + \epsilon_{PQ}} \quad \cdots\cdots 6$$

여기에서 수입은 2개의 탄력성 표현을 포함하는 수식으로 표현되었다. 즉, ϵ_{CQ}는 비용의 산출 탄력성(cost elasticity of output)을 나타내고, ϵ_{PQ}는 역 수요탄력성(inverse demand elasticity)을 나타낸다.

이상의 식에서 비용의 산출 탄력성, ϵ_{CQ}는 다음과 같이 장기적 규모의 경제 효과(long-run returns to scale), ϵ_{CQ}^{L}와 가동률(capacity utilization), CU가 결합한 형식으로 표현할 수 있다.[6] 즉

$$PQ = C \cdot \epsilon_{CQ}^{L} \cdot \frac{CU}{1+\epsilon_{PQ}} \quad \cdots\cdots 7$$

이 식은 시장이 경쟁적이지 않을 때 시장지배력과 규모의 경제 효과 때문에 수입 측면과 비용 측면의 총요소생산성 추계치가 서로 달라진다는 매우 중요한 사실을 보여준다.

(2) 일반화된 총요소생산성 추정식

1) 비용 측면의 총요소생산성

이상에서와같이 시장의 불완전성, 규모의 경제 또는 비경제의 존재, 자본 스톡과 같은 준 고정(quasi-fixed)된 생산요소의 존재를 고려하게 되면 총요소생산성의 추계는 다른 방법을 이용하여야 한다. 대표적인 방법은 단기 생산함수(short-run production function) 또는 단기 비용함수(short-run cost function)를 이용하여 준 고정된 자본의 존재를 반영하고, 준 고정된 자본의 활용과 관련하여 가동률을 고려하여야 하며, 시장의 불완전성을 반영하기 위해 가격과 한계비용의 차이를 인정하는 모형을 만들어야 한다.

규모의 경제 효과와 시장의 불완전성이 존재할 때, 기업의 수입이 규모의 경제를 나타내는 비용의 산출 탄력성, 가동률, 수요곡선의 탄력성과 어떤 관계에 있는가

6 자세한 설명은 Morrison, Catherine J.(1992), "Unraveling the Productivity Growth Slowdown in the United States, Canada and Japan: The Effects of Sub-equilibrium, Scale Economies and Markups," *Review of Economics and Statistics*, Vol. 74, No. 3. pp. 381-393 참조.

는 이미 살펴보았기 때문에 단기 비용함수에 대한 설명부터 시작하기로 한다.

기업의 단기 비용함수란 생산요소의 수요량을 즉각적으로 조정하기 힘든, 가령 자본과 같은 생산요소가 존재할 경우 단기적으로 자본은 고정된 것으로 간주하고 비용함수를 정의하는 것이다. 그래서 단기비용함수는 다음과 같이 표시할 수 있다. 즉

$$G(p_L,\ p_M;\ t;\ Q;\ K;\ I) \quad \cdots\cdots 8$$

여기서 노동투입(L)과 중간재 투입(M)은 가변 생산요소라고 가정하였고, 자본(K)은 단기적으로 준 고정된 생산요소라고 간주하였다. 그리고 투자(I)는 자본을 장기적으로 조정하는 데 필요한 조정비용(adjustment cost)을 반영하기 위해 도입하였다. 시간 변수(t)는 비용함수의 이동, 즉 총요소생산성의 변화를 나타내며, Q는 산출량을 나타낸다.

모든 생산요소를 가변적이라고 가정하는 장기 비용함수와 비교할 때, 단기 비용함수는 준 고정된 생산요소의 가격이 아니라 준 고정된 생산요소 자체가 사용되었고, 또 조정비용을 반영하기 위한 변수가 포함되었다는 점이 서로 다르다.

단기 비용함수가 이렇게 정의되면 총비용 함수는 다음과 같이 단기 비용함수와 고정비용의 합으로 정의할 수 있다. 즉

$$C(p_L,\ p_M;\ t; Q;\ K;\ I;\ p_K) = G(p_L,\ p_M;\ t; Q;\ K;\ I) + p_K K \quad \cdots\cdots 9$$

이 식에 로그를 취한 후 시간 t에 대해 미분하고 재정리하면 다음과 같이 나타낼 수 있다.

$$\begin{aligned}\epsilon^*_{Ct} = \frac{\dot{C}}{C} - \epsilon_{CQ}\frac{\dot{Y}}{Y} - \left[S_L\frac{\dot{p}_L}{p_L} + S_M\frac{\dot{p}_M}{p_M}\right] \\ - \frac{(p_K - z_K)K}{C}\frac{\dot{K}}{K} - \frac{z_I I}{C}\frac{\dot{I}}{I} - \frac{p_K K}{C}\frac{\dot{p}_K}{p_K}\end{aligned} \quad \cdots\cdots 10$$

여기서 $\epsilon^*_{Ct} = \partial \ln C / \partial t$로서 시간 변화에 대한 비용 탄력성으로 비용 측면에서

총요소생산성 증가를 나타낸다. $\epsilon_{CQ} = \partial \ln C / \partial \ln Q$로서 산출의 비용 탄력성을 나타낸다. $z_K = -\partial G(\cdot) / \partial K$로서 자본의 묵시적(implicit price) 혹은 그림자 가격(shadow price)을 나타낸다. 자본은 준 고정되어 있기 때문에 관찰된 실제 자본의 사용자 비용과 자본의 한계생산물을 제대로 반영하는 묵시적 가격과는 차이가 있게 된다. z_I는 단기 비용함수를 투자에 대해 미분한 $z_I = -\partial G(\cdot)/\partial I$ 식으로서 조정비용의 묵시적 가격을 나타낸다.

Ohta(1975)에 의하면 총비용은 가변비용과 준 고정된 생산요소의 시장가격을 반영한 고정비용의 합으로 다음과 같이 정의된다.[7] 즉

$$C = p_L L + p_M M + p_K K \qquad \text{11}$$

이를 미분하여 총비용의 증가율로 나타내면 다음과 같다. 즉

$$\frac{\dot{C}}{C} = \left[\frac{p_L L}{C}\frac{\dot{L}}{L} + \frac{p_M M}{C}\frac{\dot{M}}{M}\right] + \left[\frac{p_L L}{C}\frac{\dot{p}_L}{p_L} + \frac{p_M M}{C}\frac{\dot{p}_M}{p_M}\right] + \frac{p_K K}{C}\frac{\dot{p}_K}{p_K} + \frac{p_K K}{C}\frac{\dot{K}}{K} \qquad \text{12}$$

이 식을 비용 측면에서의 총요소생산성 증가율 계산식인 식 10에 대입하면 다음과 같이 나타낼 수 있다.

$$\epsilon^*_{Ct} = -\epsilon_{CQ}\frac{\dot{Y}}{Y} + \left[S_L\frac{\dot{L}}{L} + S_M\frac{\dot{M}}{M}\right] + \frac{z_K K}{C}\frac{\dot{K}}{K} + \frac{z_I I}{C}\frac{\dot{I}}{I} \qquad \text{13}$$

2) 생산 측면의 총요소생산성

다음으로 단기 비용함수와 쌍대관계(duality relation)에 있는 다음의 단기 생산함

---

7 Ohta, M.(1975), "A Note on the Duality between Production and Cost Functions: Rate of Returns to Scale and Rate of Technical Progress," *Economic Studies Quarterly* 25, pp. 63-65.

수를 생각해보자.

$$Q = Q(L, M; t; K; I) \quad \text{.......... } 14$$

여기에 로그를 취한 다음 시간에 대해 전 미분하여 정리하면 다음과 같은 수입 측면(revenue-side or primal-side)에서 총요소생산성 증가율을 정의할 수 있다.

$$\epsilon^{*}_{Qt} = \frac{\dot{Q}}{Q} - \frac{1}{1+\epsilon_{PQ}}\left[S_L\frac{\dot{K}}{K} + S_M\frac{\dot{M}}{M} + \frac{z_I K}{pY}\frac{\dot{K}}{K} + \frac{z_I I}{pY}\frac{\dot{I}}{I}\right] \quad \text{.......... } 15$$

여기서 $\epsilon^{*}_{Qt} = \partial \ln Q / \partial t$로서 수입 측면의 총요소생산성 증가율을 나타내고, $\epsilon_{pQ} = \partial \ln P / \partial \ln Q$는 역 수요함수의 탄력성을 나타낸다.

이 식을 전술한 바 있는 수입과 비용의 관계를 고려하여 다시 정리하면, 수입 측면과 비용 측면의 총요소생산성 추정식의 관계가 다음과 같음을 알 수 있다.

$$\epsilon^{*}_{Qt} = \frac{\dot{Q}}{Q} - \frac{1}{\epsilon_{CQ}}\left[S_L\frac{\dot{K}}{K} + S_M\frac{\dot{M}}{M} + \frac{z_K K}{pY}\frac{\dot{K}}{K} + \frac{z_I I}{pY}\frac{\dot{I}}{I}\right] = -\frac{\epsilon^{*}_{Ct}}{\epsilon_{CQ}} \quad \text{.......... } 16$$

따라서 단기균형하에서 수입 측면과 비용 측면의 총요소생산성 추정식은 Ohta (1975), Berndt and Fuss(1986), Morrison(1986)에서 제시된 바 있는 시장의 불완전성, 규모의 경제, 가동률 변화를 고려한 추정식이 되었다.

더욱이 Morrison(1986)은 전술한 바와 같이 산출물의 탄력성이 장기규모의 경제 효과와 가동률의 곱으로 표시되는 사실을 보여줌으로써 시장의 불완전성을 나타내는 마컵(markups), 규모의 경제, 가동률, 총요소생산성을 동시에 고려한 통합된 총요소생산성 추정식을 유도하였다. 이 분야에서의 모리슨(Morrison Catherine J.)의 뛰어난 업적이라고 할 수 있다.[8]

---

8 Morrison Catherine J.(1992), *A Microeconomic Approach to the Measurement of Economic Performance: Productivity Growth, Capacity Utilization, and Related Performance Indicators*, Springer-Verlag.

(3) 일반화된 총요소생산성의 실증분석

사실 지금까지 일반화된 총요소생산성 추계식의 유도과정은 매우 복잡하고, 산출물의 비용 탄력성, 수요의 가격 탄력성, 가동률의 개념 등이 서로 복잡하게 얽혀있어서 이상의 식을 제대로 이해하기 위해서는 상당한 인내가 필요하다.

하지만 다음의 실증분석 모형을 통해 이 방법론에 좀 더 쉽게 접근할 수 있을 것이다. 아래에서 설명할 내용은 모리슨(Morrison, C. J.)이 미국, 일본, 캐나다의 생산성을 비교하면서 사용한 실증분석 모형을 사용하여 필자가 한국의 제조업에 적용한 분석내용이다.[9]

1) 실증분석 모형

이상에서 설명한 내용을 반영하여 총요소생산성, 규모의 경제, 마컵, 가동률을 측정할 수 있는 실증분석모형을 구성해보자. 실증분석모형은 비용함수, 비용함수로부터 유도된 요소 수요함수, 수요함수, 이윤 극대화 조건, 준 고정된 자본의 조정과정을 나타내는 자본의 축적과정으로 구성되어 있다.

비용함수는 Morrison(1986, 1990)을 따라, 규모에 대한 수확 불변이 아닌 함수로서 가변 생산요소로서 노동투입과 중간투입, 그리고 준 고정된 생산요소로서 자본 스톡, 그리고 자본 스톡의 조정과정에 필요한 조정비용을 반영한 함수를 사용하였다.

이런 실증분석에서 중요한 것은, 자료의 구축과정에서 규모에 대한 수확 불변의 가정하에 작성된 자료가 되어서는 안 된다는 점이다. 규모에 대한 수확 불변이란 가정은 시장이 완전경쟁 시장이란 의미이고 이는 시장에서 독점력이 존재하지 않는다는 의미이기도 하다. 또한 자본 스톡은 준 고정된 생산요소로 간주되기 때문에 자본 스톡 자료를 사용해야지 자본서비스 자료를 사용하면 안 된다는 점이다.[10]

---

9 Seung-Rok Park and Jene K. Kwon(1995), "Rapid Economic Growth with Increasing Returns to Scale and Little or no Productivity Growth," *Review of Economics and Statistics,* Vol. 77, No. 2, pp. 332-351.

10 생산함수 추정에서 자본 스톡을 사용함으로써 고려해야 하는 가동률 문제는 전기사용량 등의 자료를 이용하여 자본 스톡을 조정하는 방법이나 모형 내에서 가동률을 측정하는 방법 등으로 발전하기도 하였으나 최근에는 자본 스톡이 아닌 자본 스톡의 서비스 흐름을 나타내는 공식통계가 만들어지기도 한다.

사실 이런 상황을 반영한 실증분석모형의 구축을 위해 필요한 자료를 작성하기는 쉽지 않다. 오늘날 여러 나라 국가의 공식적인 통계에서도 이런 점을 고려하여 자료를 작성하는 예도 흔치 않다. 그런 점에서 본 장에서 설명하는 내용이 직접 연구목적에 사용되는 경우는 많지 않다.

만약 이런 점을 고려하여 자료를 작성하려고 한다면, 핵심적인 부분은 자본의 사용자 비용을 어떻게 작성할 것인가에 답이 있을 것 같다. 규모에 대한 수확 불변의 가정하에서 수입과 지출이 일치한다는 점을 이용하여 잔여로 자본의 사용자 비용을 구하지 않고 독립적인 방법으로 구하는 것이 핵심이다. 그 방법의 하나는 Jorgenson (1963)이 제시하는 자본의 사용자 비용 추계를 위한 근사 식이 활용될 수 있을 것이다.[11]

실증분석모형에서 단기비용함수는 다음과 같은 일반화된 레온티에프 단기비용함수(generalized Leontief short-run cost function)로서 다음과 같이 표시할 수 있다.

$$\begin{aligned} G(p_L, p_M; t; Q; K; I) = {} & Q[(\alpha_{LL} p_L + 2\alpha_{LM} p_L^{0.5} p_M^{0.5} + \alpha_{MM} p_M) \\ & + \delta_{MY} p_L Q + \delta_{MI} p_M I^{0.5} + \delta_{Mt} p_M t^{0.5}) \\ & + (\gamma_{QQ} Q + 2\gamma_{QI} Y^{0.5} I^{0.5} + 2\gamma_{Qt} Y^{0.5} t^{0.5} \\ & + \delta_{II} I + 2\gamma I^{0.5} t^{0.5} + \gamma_{tt} t)(p_L + p_M)] \\ & + Q^{0.5}[(\delta_{LK} p_L K^{0.5} + \delta_{MK} p_M K^{0.5}) \\ & + (\gamma_{QK} Q^{0.5} K^{0.5} + \gamma_{IK} I^{0.5} K^{0.5} + \gamma_{Kt} t^{0.5} K^{0.5})(p_L + p_M)] \\ & + \gamma_{KK} K (p_L + p_M) \quad \cdots\cdots \quad 17 \end{aligned}$$

비용함수가 이렇게 주어졌을 때 쉐퍼드의 정리(Shephard's lemma)에 의하면 가변생산요소에 대한 수요함수는 각각 다음과 같이 구해진다.

---

11 본서의 제2부 제1장 식 17, $r = (i+\delta)P^I - \Delta P^I$이 이런 목적에 자주 활용된다. Jorgenson, Dale W.(1963), "Capital theory and investment behavior," *American Economic Review* 53(2), pp. 247-259.

$$\frac{L}{Y} = \frac{\partial G}{\partial p_L}\frac{1}{Y} = (\alpha_{LL} + \alpha_{LM}\, p_L^{-0.5}\, p_M^{0.5} + \delta_{LQ}\, Y^{0.5} + \delta_{LI} I^{0.5} + \delta_{Lt}\, t^{0.5}$$
$$+ \gamma_{QQ}\, Y + 2\gamma_{QI} Y^{0.5} I^{0.5} + 2\gamma_{Qt}\, Y^{0.5} t^{0.5} + \gamma_{II} I + 2\gamma I^{0.5} t^{0.5} + \gamma_{tt} t)$$
$$+ Q^{-0.5}(\delta_{LK}\, K^{0.5} + \gamma_{QK}\, Q^{0.5} K^{0.5}) + \gamma_{IK}\, I^{0.5}\, K^{0.5} + \gamma_{Kt}\, t^{0.5} K^{0.5})$$
$$+ \gamma_{KK} K \quad \cdots\cdots \quad 18$$

$$\frac{M}{Y} = \frac{\partial G}{\partial p_M}\frac{1}{Y} = (\alpha_{MM} + \alpha_{LM}\, p_L^{0.5}\, p_M^{-0.5} + \delta_{MQ}\, Y^{0.5} + \delta_{MI} I^{0.5} + \delta_{Mt}\, t^{0.5}$$
$$+ \gamma_{QQ}\, Y + 2\gamma_{QI} Y^{0.5} I^{0.5} + 2\gamma_{Qt}\, Y^{0.5} t^{0.5} + \gamma_{II} I + 2\gamma I^{0.5} t^{0.5} + \gamma_{tt} t)$$
$$+ Q^{-0.5}(\delta_{MK}\, K^{0.5} + \gamma_{QK}\, Q^{0.5} K^{0.5}) + \gamma_{IK}\, I^{0.5}\, K^{0.5} + \gamma_{Kt}\, t^{0.5} K^{0.5})$$
$$+ \gamma_{KK} K \quad \cdots\cdots \quad 19$$

그 다음은 역 수요함수(inverse demand function)로서 상품의 가격은 산출량, 수입재 가격, 실업률, 이자율, 인구와 기호변화의 함수로 표현하였다.

$$p = \beta_0 + \beta_1 Q + \beta_2 P_{IM} + \beta_3 UN + \beta_4 r + \beta_5 POP + \beta_6 t \quad \cdots\cdots \quad 20$$

이윤 극대화 조건은 단기 가격설정 방법으로 비용함수로부터 구한 한계비용(MC)과 수요함수로부터 구해진 한계수입(MR)이 일치하는 것으로 하였다. 즉, 식 17로부터 한계비용함수가 정의되고, 식 20으로부터 한계수입 함수가 정의될 수 있다.

그 다음 준 고정된 자본 스톡은 잘 알려진 영구재고모형으로부터 다음과 같이 정의되었다.[12]

$$I = K_t - (1-\sigma)K_{t-1} \quad \cdots\cdots \quad 21$$

이렇게 실증분석모형을 설정하였을 때 계량경제학적으로 시장 수요곡선과 시장 균형조건을 도입함으로써 산출량은 내생적으로 결정되게 된다. 따라서 실증분석 모

12 본서의 제2부 제1장 식 18로서 Jorgenson and Griliches(1967, 1972)가 영구재고법(perpetual inventory method)을 통해 자본 스톡과 투자의 관계를 분명히 하였다.

형은 비용함수, 투입/산출함수, 수요함수, 이윤 극대화 조건, 투자함수로 구성된 연립방정식 모형이 된다.

2) 한국의 제조업에 대한 실증분석 결과

여기에서는 필자가 Morrison(1986)의 일반화된 총요소생산성 추계법을 한국의 제조업에 적용한 실증분석결과를 살펴보자.[13]

우선 한국의 총요소생산성 증가율을 단순한 성장회계식과 일반화된 방법론으로부터 구한 결과의 몇 가지 특징을 살펴보면 다음과 같다.

첫째, 두 가지 방법에 따라 구한 총요소생산성 증가율에서 상당한 차이가 보인다(〈표 1〉 참조). 전통적 방법에 따라 구한 총요소생산성 측정치 가운데 시장의 불완전성이나 규모의 경제 효과, 가동률과 같은 요인들이 분리되었기 때문이다. 과거 한국의 제조업 성장에 있어서 이런 점들은 실제 총요소생산성 증가율이 매우 낮을 수 있다는 점을 보여주는 것이다. 총요소생산성 증가보다는 규모의 경제 효과가 크게 작용하였다는 의미이다.

표 1 전통적 방법과 일반화된 방법에 의한 한국 제조업의 총요소생산성 측정치와 편의

	제조업			경공업			중화학산업		
	ϵ_{Qt}	ϵ_{Qt}^{*}	*bias*	ϵ_{Qt}	ϵ_{Qt}^{*}	*bias*	ϵ_{Qt}	ϵ_{Qt}^{*}	*bias*
1967~1973	0.035	0.013	-0.023	0.032	-0.001	-0.032	0.036	0.043	0.007
1973~1981	0.004	-0.052	-0.056	0.028	0.008	-0.020	-0.020	-0.049	-0.028
1981~1989	0.022	-0.008	-0.029	0.013	-0.025	-0.038	0.027	0.021	-0.005
1967~1989	0.020	-0.016	-0.036	0.027	-0.005	-0.032	0.010	0.005	-0.005

실제 일반화된 방법에 따른 총요소생산성 추계치는 숫자가 아주 작거나 부(−)의 값을 보여주고 있다. 총요소생산성 증가율이 낮은 것은 과거 한국경제의 성장 과정에서 외국 자본재에 크게 의존함으로 인해 주로 기술변화가 자본에 체화되어 일어났을 개연성이 있다. 또 지나친 정부개입으로 인한 시장 왜곡이 상당했을 수도 있다

13 Seung-Rok Park and Jene K. Kwon(1995), "Rapid Economic Growth with Increasing Returns to Scale and Little or no Productivity Growth," *Review of Economics and Statistics,* Vol. 77, No. 2, pp. 332-351.

표 2 한국 제조업의 마컵, 규모의 경제와 가동률 추정치

기간	마컵(P/MC)			규모의 경제(ϵ_{CQ})		
	제조업	경공업	중화학산업	제조업	경공업	중화학산업
1967~1973	1.590	1.155	1.584	0.795	1.116	0.756
1973~1981	1.616	1.502	1.880	0.604	0.791	0.594
1981~1989	1.576	1.575	1.462	0.593	0.570	0.672
1967~1989	1.600	1.415	1.643	0.656	0.819	0.664

기간	장기 규모의 경제(ϵ^L_{CQ})			가동률(CU)		
	제조업	경공업	중화학산업	제조업	경공업	중화학산업
1967~1973	0.909	0.847	0.971	0.883	1.147	0.781
1973~1981	0.591	0.722	0.656	0.987	1.063	0.904
1981~1989	0.753	0.701	0.851	0.876	0.845	0.790
1967~1989	0.746	0.749	0.819	0.914	1.020	0.820

는 점을 의미한다.

둘째, 한국의 제조업에서는 상당한 시장지배력이 존재하였다는 점이다(〈표 2〉 참조). 정부주도의 재벌을 중심으로 한 중화학 산업의 육성과정에서 당연한 현상으로 볼 수 있다. 중화학 산업의 육성은 한국경제에서 규모의 경제 효과를 활용하는 데 큰 도움을 준 것으로 볼 수 있다.

총요소생산성과 부(−)의 관계를 가진 시장 지배력의 존재는 한국경제에서 시장의 불완전성이 기술혁신 노력을 제약했다고도 볼 수 있다. 실제 당시의 기술혁신은 주로 수입 자본재에 체화된 기술진보, 모방에 의한 기술진보가 큰 역할을 하였다고 볼 수 있다.[14]

셋째, 한국 제조업에서는 중화학 산업의 경우 가동률이 상당히 낮았다는 점이다(〈표 2〉 참조). 이는 중화학 산업에 대한 과잉투자의 가능성을 보여주는 것이다. 이는 자원 배분의 왜곡을 초래하였으며, 총요소생산성 증가에 장애 요인이 되었을 것이다.

---

14 한국에서 외국 자본재의 경제성장에 대한 역할과 정부개입으로 인한 시장 왜곡 가능성에 대해서는 다음 논문을 참조. Seung-Rok Park(2001), "A Review of Total Factor Productivity Studies in Korea and a Discussion of Limits to National and Corporate Technology Strategies," *International Journal of Technology Management*, pp. 524-538.

이상에서는 일반화된 총요소생산성 측정방법에 따라 생산성을 측정한다면 시장의 불완전성, 규모의 경제 효과, 가동률과 총요소생산성을 동시에 설명할 수 있으므로 경제성장의 원천에 대해 더욱 많은 의미를 찾을 수 있다는 것을 보여주었다. 아울러 당시 동아시아 경제성장의 지속 가능성에 대한 의문을 가졌던 많은 선행연구를 반박할 수 있는 대안적 해석이 될 수 있는 단서들을 발견했다. 특히 정부개입이 심한 경제, 수입 자본재에 의존하는 경제, 경공업에서 중화학 공업 그리고 서비스업으로 산업구조가 급격히 변화하는 경제에 대한 풍부한 설명이 가능하다고 할 수 있다.

하지만 이런 일반화된 총요소생산성 측정이 가능해지려면 자료 작성에서 많은 어려움이 있고, 모수적인 방법으로 비용함수를 추정하는 과정에서 많은 난관에 직면할 수도 있다는 것이 실제 활용에서 어려운 점이다.

제도와 총요소생산성

1. 정부와 제도

경제성장 이론으로부터 우리가 얻을 수 있는 시사점들은 어떤 나라들은 왜 부유하고, 어떤 나라들은 왜 가난한가에 대한 설명이었다. 부유한 나라들은 자본에 많은 투자를 하게 되고 새로운 기술을 습득하기 위해 커다란 노력을 한다는 점이었다. 그런데도 신고전파 성장모형에서는 이런 기술혁신 변수를 외생적인 것으로 간주하고 있다. 그러면 여러 경제성장 모형에서 기술혁신 변수 외에도 외생적으로 간주하고 있는 변수들에는 어떤 것들이 있을까?[1]

많은 천연자원을 보유한 나라들이나 온화한 날씨와 같은 자연조건들이 경제성장에 영향을 미칠 수도 있다. 또한 각 나라가 가지고 있는 문화의 역할이 경제성장에 매우 중요할 수도 있다. 그리고 기업의 생산 활동에 도움을 주는 요인들로서 시장의 크기와 시장의 안정성도 중요하다. 시장의 크기는 국제무역을 통해 얼마든지 커질 수 있다.

---

1 이에 대해서는 다음 논문 참조. Jones Charles I. and Dietrich Vollrath(2013), "7. Social Infrastructure and Long-run Economic Performance," in *Introduction to Economic Growth*, W. W. Norton & Company, pp. 157-179.; Anders Isaksson(2007), *Determinants of total factor productivity: a literature review*, Research and Statistics Branch Staff Working Paper, United Nations, Industrial Development Organization.

기업의 생산 활동에 우호적인 법률과 제도 역시 경제성장에 중요하다. 우호적인 법과 제도는 개별 경제주체가 새로운 상품을 개발하게 하거나, 상품의 거래를 확대하는 데 도움이 된다. 법과 제도가 제대로 작동하지 않는 곳에서는 절도, 부패, 뇌물과 같은 불법행위가 만연하고, 정부에 의한 가혹한 세금, 소송 남발, 정부에 대한 로비(lobby)와 같은 또 다른 형태의 비용을 내야 하므로 기업 활동이 제약을 받게 된다.

경제활동에 우호적인 경제환경을 조성하는 데는 정부의 역할이 중요하다. 정부는 경제활동에 있어서 거래행위의 기본적인 틀을 제공하는 법률을 집행한다. 하지만 때로는 정부가 우호적인 경제환경을 훼손하는 역할을 하기도 한다. 가령 세금은 경제활동에 도움이 되는 법과 제도를 유지하는 데 필요하지만 많은 나라에서 정부의 과세권이 남용되는 예도 있다.

정부 기관의 불필요한 요식행위나 관료적 규제행위는 경제환경을 악화시킨다. 법을 제정하고 집행하는 정부의 힘이 스스로 시장환경을 악화시키는 것이다. 따라서 효과적인 견제와 균형 시스템이 갖춰져야 하고, 정부 부처 간 힘의 분산이 필요하기도 하다. 경제환경의 안정성 역시 경제활동에 중요하다. 법과 제도가 자주 변화하는 경제환경에서 기업의 투자에는 위험이 초래된다.

제도와 법률은 기업의 투자행위 배분에도 영향을 미친다. 나쁜 법과 제도는 기업투자를 방해하고 기술이전을 가져오는 외국인 투자를 제약하며, 기업의 생산적인 기술습득과 축적을 위한 투자를 방해한다. 또한 경제의 생산력을 증대시키는 기업가들의 새로운 아이디어 개발을 위한 투자를 방해하기도 한다.

2. 경제성장, 총요소생산성 증가와 제도의 실증적 증거

좋은 제도와 법률하에서 기업들은 물적 투자를 확대하고, 수준 높은 기술이전을 가능케 하는 외국 기업가의 투자를 촉진한다. 또한 경제를 구성하는 개개인이 현장 기술을 익히려는 노력을 장려하여 생산 활동을 왕성하게 하고, 국제무역을 활발하게 하여 세계 시장에서의 경쟁력을 높일 수 있게 한다. 아울러 이런 환경은 국내 기업가들이 주어진 자원을 보다 효율적인 방법으로 배분하여 새로운 상품과 서비스를 창조, 생산, 유통하게 한다.

이처럼 제도와 경제성장이나 생산성 증대와의 관계에 관한 관심이 높아지면서 여러 국제기관에서 제도 관련 경제변수들을 작성하는 경우가 많아졌다. 그에 따라 경제성장이나 생산성과 제도의 관련성을 입증하려는 많은 연구가 이루어지게 되었다.

제도가 개선되고 발전할수록 경제성장 또는 생산성이 증대될 것이라는 인과관계를 설정할 수도 있지만, 반대로 경제성장이 이루어지면서 제도가 발전하게 된다는 반대의 인과관계를 설정할 수도 있다. 때로는 제도가 경제성장이나 생산성 증가와 직접적 관련 없이 외생적으로 변화할 수도 있다.

일찍이 막스 베버(Max Weber)는 "프로테스탄트 윤리(protestant ethic)"가 초기 북유럽의 경제발전에 큰 도움이 되었을 수도 있다고 했다. 또한 맨커 올슨(Mancur Olson)은 제도(institutions)와 정책(policies)이 경제성장에 매우 중요한 요인임을 주장한 바 있다.[2]

맨커 올슨은 남한과 북한, 중국과 홍콩 및 대만, 과거 서독과 동독과 같은 나라들은 오랫동안 같은 문화를 공유하였고, 비슷한 자연조건을 갖추고 있었음에도 경제적 성과에서 커다란 차이가 있음을 언급하면서, 그 원인으로 투자나 혁신 활동과 관련된 제도의 질과 정부 정책의 중요성을 지적하였다.

경제학자들은 어떤 제도가 경제 주체들의 경제하는 행위에 중요하며, 제도가 어떤 과정을 거쳐 이에 영향을 미치는가를 연구하기 시작했다. 결론은 좋은 제도와 정부 정책이라고 하는 것은 기업 활동을 영위하는 데 있어서 비용 최소화를 가능하게 하고, 이윤을 극대화할 수 있게 해줌으로써 투자를 촉진하게 한다는 것이다.

세계은행에서는 매년 "사업 용이성 지수(Doing Business Index)"를 발표하는데, 이는 기업 활동에 있어서 용이성 정도를 국제적으로 비교할 수 있는 자료이다. 여기에는 주요국의 신설법인 등록에 필요한 시간(일)과 그 비용이 일인당 소득에서 차지하는 비율을 보여주는 지표가 있다.

2017년 기준으로 신설법인 등록에 필요한 일수와 비용을 보면 미국은 5.6일에

---

2 Mancur Olson(1996), "Distinguished Lecture on Economics in Government: Big Bills Left on the Sidewalk: Why Some Nations Are Rich, and Others Poor," *Journal of Economic Perspectives*, Vol. 10, No. 2, Spring, pp. 3-24.

표 1 주요 국별 신설법인 등록일수와 비용

국가명	창업등록소요일 (일)	창업등록비용 (일인당 소득비중, %)
베네주엘라	230.0	136.4
브라질	79.5	5.2
이디오피아	35.0	69.3
중국	28.9	0.7
필리핀	28.0	15.8
인도	26.0	13.8
일본	11.2	7.5
독일	10.5	1.9
스위스	10.0	2.3
대만	10.0	2.1
이탈리아	6.5	13.9
미국	5.6	1.1
영국	4.5	0.1
한국	4.0	14.6
프랑스	3.5	0.7
싱가포르	2.5	0.6
홍콩	1.5	0.6

자료: World Bank(2017), Doing Business Index.

일인당 소득의 1.1%의 비용이 필요하다. 인도에서는 26일에 일인당 소득의 13.8%, 브라질은 80일에 일인당 소득의 5%의 비용이 필요하다. 한국은 4일에 일인당 소득의 14.6%가 필요하다.[3] 바로 이런 사실들은 제도가 경제활동이나 경제성장에 매우 중요하다는 것을 보여준다.

Acemoglu, Johnson and Robinson(2001)은 갑작스러운 제도의 외생적 변화와 경제성장의 관계에 관한 사례를 보여주면서, 과거 식민시대에 외부에서 유입된 제도가 식민국가가 독립한 이후 경제성장에 영향을 미쳤다고 하였다.[4] Melissa Dell(2010)은 과거 1573~1812년 스페인이 페루와 볼리비아에서 시행했던 강제노동제도는 비슷한 환경을 가진 지역에 비해 공공재에 대한 낮은 투자, 빈약한 경제성과를 보여주

3 http://www.doingbusiness.org/Custom-Query

4 Acemoglu, D., Johnson, S. and J. A. Robinson(2001), "Colonial Origins of Comparative Development: An Empirical Investigation," *American Economic Review*, Vol. 91, pp. 1369-1401.

었다는 점을 지적하고 있다.[5]

제도의 중요성은 이민에 대해서도 영향을 미친다고 한다. 가령 숙련된 기술 노동력은 개발도상국에서는 희소한 인적 자원이기 때문에 개도국에서 기술 노동자의 임금수준이 높을 가능성이 있다. 만약 이것이 사실이라면, 기술 노동자는 선진국에서 개도국으로 이민을 하는 현상이 일어나야 한다. 그러나 실증적으로 개도국의 기술인력이 선진국으로 이민을 하는 현상이 생기고 있다. 왜냐하면, 개도국에서 기술인력의 풀(pool)이 매우 작아서 기술인력이 자신의 기술에 합당한 임금을 받지 못하고 기술인력의 소득 가운데 많은 부분이 뇌물이나 착취로 낭비되기 때문이다.

경제성장에 중요한 제도와 경제성장을 가져오는 투자, 인적 자본의 형성, 생산성의 관계를 통계자료를 이용하여 살펴보자. 제도와 경제성장의 아주 밀접한 인과관계를 관찰할 수 있다.

〈그림 1〉, 〈그림 2〉는 세계은행이 발표하는 사업 용이성 지수와 펜 월드 테이블의 일인당 국민소득 및 총요소생산성 수준을 보여준다.[6] 아주 밀접한 정(+)의 관계

그림 1 **사업 용이성과 일인당 국민소득**

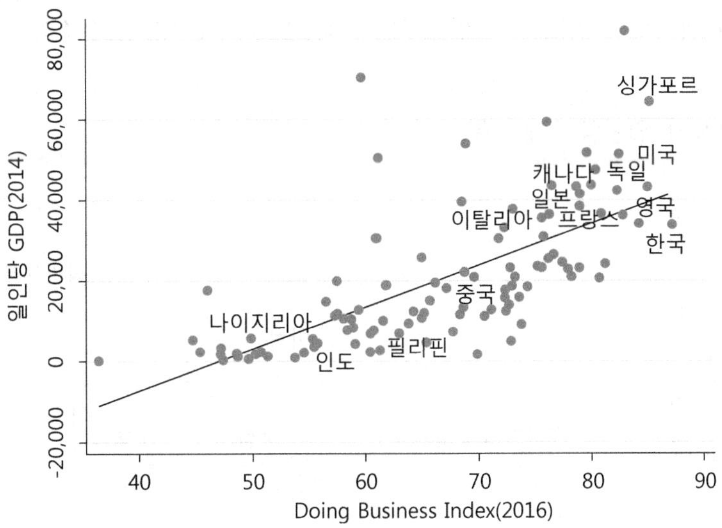

5 Melissa Dell(2010), "The Persistent Effects of Peru's Mining Mita," *Econometrica*, Vol. 78, No. 6, pp. 1863-1903.

6 일인당 국민소득, 총요소생산성 지수는 2014년 기준, 사업용이성 지수와 제도변수는 2016년 기준이다.

그림 2 사업 용이성과 총요소생산성 수준

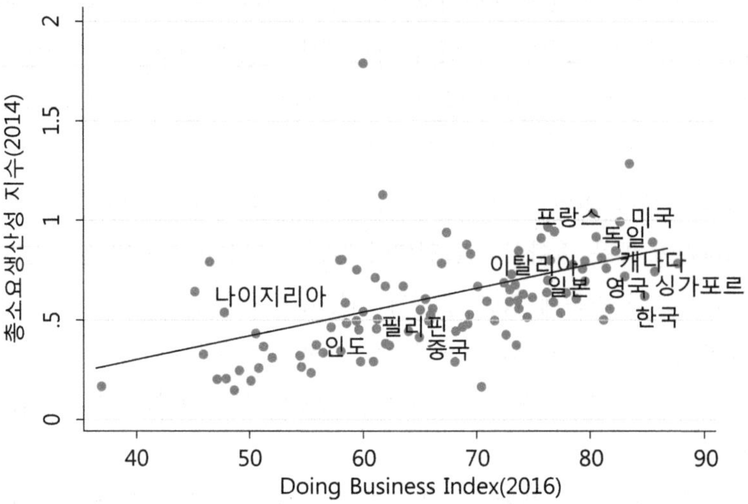

를 보여주는데 선진국일수록 높은 사업 용이성 지수와 총요소생산성 수준을 보인다. 한국은 사업 용이성 지수는 높으나 총요소생산성 수준은 이에 미치지 못한다.

〈그림 3〉, 〈그림 4〉는 세계경제포럼에서 국가경쟁력 지표의 하나로 발표되는 제도변수와 펜 월드 테이블의 일인당 국민소득 및 총요소생산성 수준의 관계를 보여

그림 3 제도와 일인당 국민소득

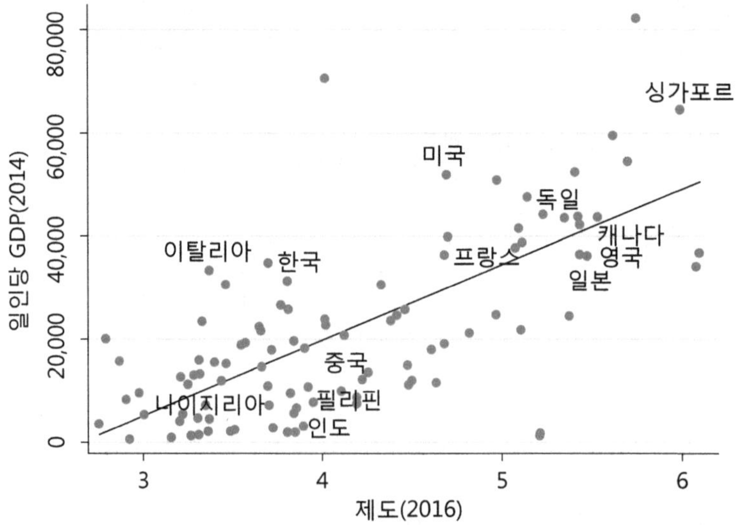

그림 4 제도와 총요소생산성 수준

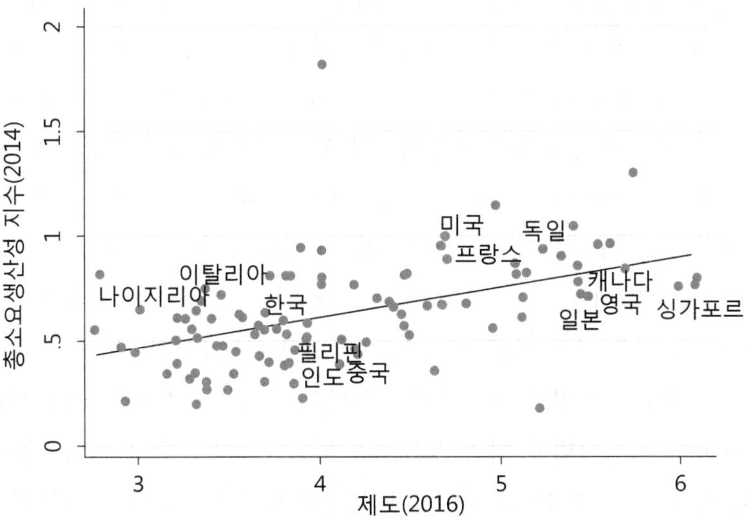

주고 있다. 역시 아주 밀접한 정(+)의 관계를 나타내고 있어서 경제성장과 생산성에 있어서 제도의 중요성을 보여주고 있다.

3. 제도와 자원 배분의 왜곡, 생산성

만약 제도가 자본과 노동이 가장 생산적인 부문에서 사용되는 것을 방해한다면 생산성 수준이 낮아질 수밖에 없다. 국유기업에 대한 보조금 지급이나 정치와 결탁한 기업인들은 생산자원을 비효율적인 부문에 투입한다. 자원을 효율적으로 사용하려는 기업인들은 창업을 방해받거나 과도한 세금을 지불할 수도 있다. 바로 요소시장이 왜곡되면서 효율적 자원 배분이 이루어질 수 없는 것이다.

제도와 생산성의 관계에 관한 두 연구를 보자. Banerjee and Duflo(2005)는 여러 개발도상국의 자본 수익률을 조사했는데, 일부 기업은 높은 자본 수익률을 갖기도 하지만 대부분 기업은 매우 낮은 수익률을 가진다고 한다. 심지어 이들 빈곤국은 첨단기술에 접근할 기회를 얻고 있지만 이를 제대로 사용하지 못한다고 한다. 문제는 매우 낮은 자본 수익성을 가진 기업들이 높은 수익성을 가진 기업들보다 너무 많

은 자본과 노동을 고용하고 있기 때문이라고 하였다.[7]

자원 배분의 왜곡으로 인한 피해는 매우 큰 것으로 조사되고 있다. Restuccia and Rogerson(2008)은 자원 배분의 왜곡으로 인해 총요소생산성이 30~50% 정도 낮아질 수 있다고 하였다.[8] 또한 Hsieh and Klenow(2009)는 인도와 중국의 제조기업을 대상으로 한 연구에서 90분위 기업의 생산성 수준이 10분위 기업보다 5배나 높다고 하였다. 만약 생산요소가 생산성이 낮은 기업에서부터 높은 기업으로 재분배된다면 생산성이 50%나 더 증대될 것이라고 하였다. 생산성이 낮은 10분위 수의 기업들이 시장에 계속 잔류하게 되는 이유는 바로 제도가 미흡하기 때문이라는 것이다.[9]

Syverson(2004)은 미국기업을 대상으로 한 연구에서 90분위 기업의 생산성은 10분위 기업보다 2배나 높은 생산성을 가지고 있다고 하였다.[10] Bartelsman, Haltwanger and Scapetta(2004)는 기업의 이런 생산성의 차이에도 불구하고 미국기업들은 다른 나라 기업들보다 더 효율적으로 자원을 배분하고 있다고 하였다.[11] 미국에서 기업의 규모와 기업의 생산성은 밀접한 상관관계를 가지고 있는데 이는 대부분 자원이 생산성이 높은 기업들에 의해 사용되기 때문이라고 하였다. 반면 서유럽에서는 이런 상관관계가 낮아지고, 동유럽 지역에서는 거의 상관관계가 없다고 하였다.

이상의 연구들은 많은 나라의 경제력 차이는 그들이 접근하는 기술이 아니라 얼마나 최상의 기술을 사용하는 기업들이 자원을 효율적으로 배분하느냐에 달려 있다는 것을 보여준다. 최적의 기업들에 자원을 할당하느냐 못하느냐는 바로 제도의 문제이다. 생산성이 낮은 기업에 보조금을 지급하는 정책이나 자본이나 노동의 이동을 제약하는 정책은 자원 배분의 왜곡을 가져오고, 그로 인해 총요소생산성을 낮추게 된다. 자원의 이동성을 높이고, 생산성이 낮은 기업의 퇴출을 유도할 수 있는 제도를 가진 나라들은 더욱 효율적인 자원 배분을 할 수 있으므로 총요소생산성을 높일 수 있다.

---

7 Abhijit V. Banerjee and Esther Duflo(2005), "Chapter 07. Growth Theory through the Lens of Development Economics," in *Handbook of Economic Growth*, Vol. 1, Part A, pp. 473-552.

8 Diego Restuccia and Richard Rogerson(2008), "Policy distortions and aggregate productivity with heterogeneous establishments," *Review of Economic Dynamics*, Vol. 11, Issue 4, pp. 707-720.

9 Chang-Tai Hsieh and Pete Klenow(2009), "Misallocation and Manufacturing TFP in China and India," *Quarterly Journal of Economics*, Vol. 124, pp. 1403-1448.

10 Syverson, Chad(2004), "Product Substitutability and Productivity Dispersion," *Review of Economics and Statistics*, 86, pp. 534-550.

11 Bartelsman, Haltwanger and Scapetta(2004), "Cross-Country Differences in Productivity: The Role of Allocation and Selection," *American Economic Review*, 103(1), pp. 305-334.

4. 제도의 결정요인

경제성장과 생산성 증대에 매우 중요한 이런 제도들은 어떻게 결정될까? 이에 대한 대답은 명확하지 않고, 많은 경제학자의 견해도 매우 다양하다. 막스 베버(Max Weber)는 1920년에 쓴 『프로테스탄트 윤리와 자본주의 정신(Protestant Ethic and the Spirit of Capitalism)』에서 신념체계(belief system)가 매우 중요하므로, 개인에 대한 프로테스탄티즘의 가르침을 강조하였다.

어떤 사람들은 제도에 문화, 날씨, 지정학적 위치도 영향을 미친다고 하였다. 경제사학자이면서 1993년 노벨경제학상을 받은 더글러스 노스(Douglas North)는 무엇이 제도를 결정하느냐의 문제에 많은 관심을 기울였다. 힘을 가진 개인은 자신의 효용을 극대화하기 위한 행동을 취한다고 한다. 후생수준의 극대화를 추구하는 “자애로운 사회설계자(benevolent social planners)”로서의 지도자와는 거리가 먼 공무원들은 우리 주위의 보통사람들과 마찬가지로 이기적인 효용 극대화 주체일 뿐이라고 한다. 어떤 특정의 법과 규칙과 제도가 경제에 작용하는 이유를 이해하기 위해서는 통치자와 피통치자가 이로부터 무엇을 얻고, 잃는지를 이해하여야 하며, 피통치자가 통치자를 쉽게 교체할 수 있다는 사실을 이해할 필요가 있다고 하였다.

고대 이집트 왕조, 그리스 로마 시대, 중세시대에 이르기까지, 통치자의 지대(rent) 수입을 극대화하려 했던 소유구조와, 거래비용을 줄여서 경제성장을 촉진하려는 효율적인 제도와의 사이에는 항상 긴장된 관계가 있었다고 한다. 사회가 지속적인 경제성장에 실패한 근본 원인은 바로 이런 근본적 구조가 양립하고 있었기 때문이라고 하였다.

North(1981)의 분석에서 노스는 새로운 문제를 제기하였다. 만약 좋은 사회제도가 투자를 촉진하고 생산성 증대에 명백하게 기여한다 해도, 왜 통치자들은 좋은 정책을 추진하지 않고, 작은 성과에 만족하느냐 하는 것이다.[12] 그리고 Daron Acemoglu and James Robinson(2005, 2012)에서 지적했듯이 모든 사람이 더 좋은 제도로부터 편익을 얻을 수 있음을 인지하고 있는데도 불구하고 왜 열악한 제도가 지속하느냐 하는 것이다.[13]

12 North Douglas C.(1981), *Structure and Change in Economic History*, Norton.

13 Acemoglu Daron and James Robinson(2005), *Economic Origins of Dictatorship and Democracy*.

5. 중국은 왜 쇠퇴하였을까?

이와 비슷한 논리는 Joel Mokyr(1990)가 기술발전의 역사에서 가장 커다란 수수께끼라고 불렀던 것을 이해하는 데 도움이 된다.[14] 왜 중국은 14세기 이후 기술우위의 국가로서 지도적인 지위를 유지할 수 없었을까? 중세 수백 년간, 그리고 14세기 전성기를 누렸던 중국은 세계에서 가장 높은 기술 수준을 보유하고 있었다. 중국은 당시 수 세기 동안 서구사회에 알려지지 않았던 종이, 등자, 인쇄술, 나침판, 시계, 화약, 조선술, 직기, 주물에 관한 기술을 가지고 있었다.

이러한 기술 가운데 많은 것들은 16세기에 이르면서 거의 잊히거나 개선되지 않은 상태로 유지되었다. 오히려 서구 유럽국가들이 이런 기술들을 이용하여 새로운 세계를 만들고 산업혁명을 이룩하였다. 역사가들은 그 원인에 대해 확실한 답을 제시하고 있지 못하지만 중요한 것은 기업가 정신을 지원해주는 제도가 부족했기 때문이라고 하였다.

14세기 중국에서는 왜 혁신을 위한 노력이 위축되고, 다른 나라에 대한 기술우위가 사라지게 되었을까? 하나의 답은 1368년 몽골 제국이 무너지고 등장한 "황제가 통치하는 중국", 즉 명나라의 제도에서 찾을 수 있다고 했다.

모키르(Joel Mokyr)가 많은 역사가가 제시한 설명을 요약한 다음 내용은 매우 흥미롭다. "중국은 강력한 관료제도로 통제되는 제국이었다. 서기 960년 이후 중국에서는 유럽처럼 내부의 여러 정치집단이 경쟁하는 전쟁이 없었다. 정치적인 경쟁이 없었다는 것이 기술진보가 일어나지 못한 이유는 될 수 없지만, 이는 한 명의 의사결정자인 황제가 일거에 타격을 가할 수는 있다는 것을 의미한다. 현명한 황제는 기술진보를 장려하였지만, 명나라 후대의 반동적인 통치자는 안정적이고 통제 가능한 환경을 좋아하였다. 혁신가들이나 외국으로부터 아이디어를 전달하는 사람들을 문제를 만드는 말썽꾼들로 간주하여 억압했다. 이런 통치자들은 유럽에도 있었지만, 전체 대륙을 지배할 수 없었기 때문에 경제의 중심축을 바꿀 수는 없었다."

중국은 정치 엘리트와 잠재적인 기업가들이 서로 멀리 떨어져 있었다. 유럽과

Cambridge, UK: Cambridge University Press.; Daron Acemoglu and James Robinson(2012), *Why Nations Fail: The Origins of Power, Prosperity, and Poverty,* New York. N Y: Crown Publishers.

14 Joel Mokyr(1990), *The Lever of Riches: Technological Creativity and Economic Progress*, Oxford Univesity Press, p. 209.

비교할 때 이런 현상들이 경제불황을 초래하였고, 결국에는 19세기 유럽 강국에 의해 개방을 당하여 여러 굴욕적인 경제조약을 강요받았다. 중국의 이런 모습은 제도의 중요성에 대해 잘 설명해주고 있다.

중국의 관료제도 아래에서 엘리트인 관리의 등용 과정에서도 제도의 문제를 찾을 수 있다. 린이푸(林毅夫, 2002)에서는 우선 관료가 되는 것에 대한 일반 국민의 인식은 "충분히 공부한다면 부와 높은 임금, 그리고 아름다운 아내는 자연적으로 따라오게 되어 있다"라거나, "관료가 되면 가문 전체의 영광"이란 중국의 속담이 잘 대변해 주고 있다고 한다.

중국에서 과거시험을 위해서는 사서오경(四書五經)에 통달해야만 했는데 사서오경에는 약 40만 자가 포함되어 있다고 한다. 한 사람이 하루 200단어를 외울 수 있고, 이후에도 이를 잊어버리지 않는다고 가정하더라도 사서오경을 깨우치는데 6년 이상의 시간이 걸린다고 한다. 그 외에도 역사서를 읽고 시를 짓는 방법과 과거시험의 답안작성에 사용하도록 규정된 특수한 문체인 팔고문(八股文)을 배워야 했다.[15] 중국의 이런 과거제도는 수학이나 과학, 기술의 발전을 방해했다고 한다.

6. 식민지와 제도 이식

많은 역사적 사례들을 통해 제도가 경제성장에 영향을 미친 것을 알 수 있다. Daron Acemoglu and James Robinson(2002)는 이전 식민지 국가의 "행운의 역전(reversal of fortune)" 현상에 대해 언급하고 있다.[16] 서기 1500년경 상대적으로 부유했던 이집트나 북아프리카 지역들은 유럽 각국의 식민지가 되었고 지금도 가난한 지역으로 남아있다. 그러나 당시 북미지역과 같이 상대적으로 가난했던 지역은 역시 유럽 각국에 의해 식민지가 되었지만, 지금은 부유한 나라가 되었다.

이런 차이는 당시 해당 지역을 식민지배했던 나라들이 이식한 제도의 차이에 있

15 린이푸(2002), 『중국경제입문』, 서봉교 번역, 도서출판 오래, p. 58.

16 Daron Acemoglu and James Robinson(2002), "Reversal of Fortune: Geography and Institutions in the Making of the Modem World Income Distribution," *Quarterly Journal of Economics* 107, pp. 1231-1294.

다는 것이다. 당시 식민 지배자들은 아프리카나 아시아 지역에서는 해당 지역의 부(wealth)를 수탈하기 위한 활동을 하였지만, 북미, 호주, 뉴질랜드 지역에서는 생산을 장려하기 위해 자신들의 제도를 그대로 이식하였다고 한다. 그 이유는 풍토병이 유럽 정착민의 생명을 위협하는 지역에서는 착취적(extractive) 정부가 들어서는 경향을 보인 반면, 그렇지 않은 지역에서는 유럽인들이 항구적으로 정착하기 위해 유럽의 시스템을 반영한 정부를 설립하는 경향 때문이라는 것이다.

Kenneth Sokoloff and Stanley Engerman(2000)은 미국과 캐나다, 브라질과 카리브해 국가들의 제도를 비교하였다. 후자의 국가들에서는 대규모 사탕수수 생산이 바람직하였는데 이로 인해서 극심한 부(wealth)의 불균등이 초래되었다고 한다. 따라서 통치자들은 생산을 장려하기보다는 분열을 조장하였다. 반면 미국과 캐나다 지역에서는 가족농업이 유리한 상황이었고 여러 계층의 국민을 정치제도에 참가시킴으로써 남미지역에서와 같은 문제를 피할 수 있었다는 것이다.[17]

Nathan Nunn(2008)은 아프리카 지역의 노예무역이 오늘날 이 지역의 경제 상황에도 영향을 미치고 있다고 주장한다. 오늘날 가난한 아프리카의 여러 나라는 대부분 과거 많은 노예를 공급했던 지역이다. 오늘날 이들 지역은 종족그룹으로 분열된 지역이다. 이런 이유로 더욱 많은 생산을 촉진하려는 정책을 수행하는 데 의견의 일치를 보지 못하므로 가난을 벗어날 수 없다는 것이다.[18]

7. "성장의 기적"과 "성장의 재난"

경제가 작동하는 기반이 되는 사회적 인프라를 구성하는 정부의 정책과 각종 제도는 기업의 투자행위에 영향을 미치고, 생산성 증대에 큰 영향을 미침으로써 국가 전체의 부에 영향을 미치게 된다. 경험적으로 볼 때 제도는 "경제성장의 기적(growth

---

17 Kenneth L. Sokoloff and Stanley L. Engerman(2000), "History Lessons: Institutions, Factor Endowments, and Paths of Development in the New World," *Journal of Economic Perspectives*. 14(3), pp. 217-232.

18 Nunn. Nathan(2008), "The Long-Term Effects of Africa's Slave Trades." *Quarterly Journal of Economics* 123, pp. 39-76.

miracle)"을 가져올 수도 있고, "경제성장의 재난(growth disaster)"을 가져올 수도 있다.

일본과 아르헨티나의 사례가 두 가지의 전형적인 모습을 보여준다. 1870년부터 제2차 세계대전까지 일본의 소득수준은 미국의 25%에 불과했다. 전쟁 후 많은 제도 개혁을 이룬 일본의 상대적 소득수준은 크게 증가하여 오늘날의 "경제성장의 기적"을 달성하였고, 소득수준은 미국의 2/3 이상이 되었다.

반대로 아르헨티나는 "경제성장의 재난"을 경험한 나라이다. 아르헨티나는 19세기 말까지 서구 유럽국가들만큼 부유한 나라였다. 그러나 2008년 일인당 소득수준은 미국의 약 30% 수준으로 하락했다. 이처럼 경제가 후퇴한 것은 후안 페론(Juan Peron) 시대를 포함한 파괴적인 정부의 개혁정책 때문이라고 할 수 있다.[19] 특정 국가의 제도에서 이런 극적인 변화가 일어난 이유에 대해서는 당시의 경제 상황이나 심지어 역사까지도 자세히 이해하여야 가능할 것이다.

〈그림 5〉는 아르헨티나와 일본, 아르헨티나, 일본과 미국의 일인당 소득의 상대적 비율이 과거 어떻게 변화해 왔는가를 보여준다. 매디슨(Maddison)의 자료에 의하면, 1800년경 일본과 아르헨티나의 일인당 국민소득은 각각 미국의 49.5%, 71.8%로서 아르헨티나는 일본보다 1.45배 높은 국민소득을 가지고 있었다. 1897년경 아르헨티나의 일인당 소득은 무려 일본의 3.4배였고, 미국보다 약간 높은 수준으로 성장하였다. 이때 일본의 일인당 소득수준은 미국의 30%에 불과했다.

제2차 세계대전이 끝난 1945년, 일본의 일인당 소득은 미국의 11.5%에 불과했고, 아르헨티나는 일본보다 3.2배나 높은 소득수준을 가지고 있었다. 그런데 이후 일본은 고도성장을 통해 2010년경 미국소득의 71% 수준에 이르렀으나 아르헨티나의 소득수준은 미국의 33.6% 수준으로 하락하였고, 일본소득의 절반 이하인 46.8% 수준에 머물고 있다. 이처럼 일본과 아르헨티나의 성장 과정은 경제성장의 기적과 경제성장의 재난을 극명하게 보여주는 비교사례가 되고 있다.

전 세계적으로 국민소득 수준의 분포가 어떻게 변화하였는가를 살펴봄으로써 "경제성장의 기적"과 "경제성장의 재난"에 대한 가능성을 살펴보자. 〈표 2〉는 1970년부터 2014년까지 전 세계 156개국의 일인당 국민소득 수준이 분석대상 국가 전체

19 Jones Charles I. and Dietrich Vollrath(2013), *Introduction to Economic Growth*, W. W. Norton & Company, pp. 175.

그림 5 미국, 일본 및 아르헨티나의 일인당 국민소득 수준의 상대비율 추이

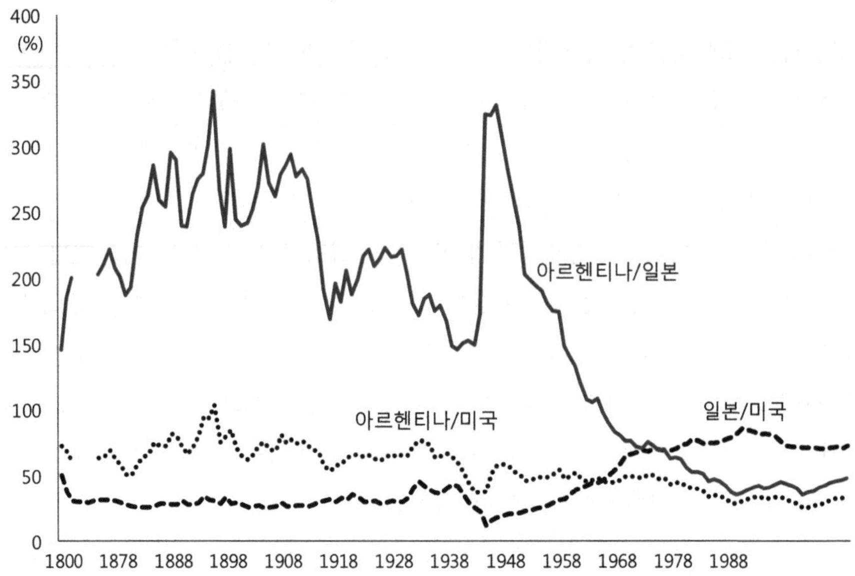

자료: Maddison, A.(2013)

국민소득의 평균에서 차지하는 비중(전이계수)을 5개 범주로 나누어 그 분포가 어떻게 변화했는가를 보여준다.

별도의 장에서 더 자세히 살펴보겠지만 이 표는 전이계수 행렬(transition coefficient matrix)이라고 하는데 두 시점 간의 국민소득 분포변화뿐만 아니라 약간의 분석을 추가하면 미래의 분포상태까지 알 수 있게 해준다.

우선 전체 표의 의미를 살펴보면, 1970년 전체 일인당 국민소득 평균에서 자국의 소득이 차지하는 비중이 25% 이하인 가난한 나라의 수는 60개국이었는데 2014년 39개국은 과거와 똑같은 가난한 나라의 범주에 속하게 되었지만 11개 나라는 하위 2위 그룹인 2번째 범주로 일인당 국민소득 수준이 상승하였다. 마찬가지로 8개 국가는 3번째 범주에 속할 정도로 성장하였고, 가장 못사는 그룹에서 4, 5번째 수준으로 급격히 경제적 위상을 높인 나라가 각각 1개 국가가 있다.

보다 구체적으로 살펴보면 한국은 가장 못사는 1그룹에서 4그룹으로 성장하였고, 대만은 2그룹에서 5그룹으로, 말레이시아는 2그룹에서 4그룹으로 성장하였다. 보츠와나, 중국, 이집트, 인도네시아, 몰디브, 스리랑카, 태국은 1그룹에서 3그룹으로 성장하였다. 호주, 오스트리아, 캐나다. 마카오, 덴마크, 독일, 아일랜드, 룩셈부르크,

표 2 세계 국가들의 장기적 소득 분포

		2014년					
		1	2	3	4	5	합계
1970년	1	39 (65.0)	11 (18.3)	8 (13.3)	1 (1.7)	1 (1.7)	60 (100.0)
	2	5 (17.9)	8 (28.6)	11 (39.3)	3 (10.7)	1 (3.6)	28 (100.0)
	3	0 0.0	3 (10.3)	12 (41.4)	12 (41.4)	2 (6.9)	29 (100.0)
	4	0 0.0	0 0.0	4 (13.8)	15 (51.7)	10 (34.5)	29 (100.0)
	5	0 0.0	0 0.0	0 0.0	0 0.0	10 (100.0)	10 (100.0)
	합계	44 (28.2)	22 (14.1)	35 (22.4)	31 (19.9)	24 (15.4)	156 (100.0)

자료: Penn World Table Version 9.0 가공
주: 1. 세계 156개국의 1970~2014년, 44년간 소득 분포의 변화를 나타냄.
2. ( )내는 구성비
3. 소득수준의 그룹은 5개 그룹으로 구분되는데 기준은 전이 계수(전체 평균에서 해당국의 일인당 소득이 차지하는 비중)를 0.25 이하, 0.25~0.5, 0.5~1, 1~2, 2 이상으로 구분함.

네덜란드, 스웨덴 등은 4그룹에서 5그룹으로 성장하였다. 반면 코트디부아르, 지부티, 모리타니, 니카라과, 잠비아는 2그룹에서 1그룹으로 하락하였다.

이런 결과의 의미는 분명하다. 첫째, 더욱 많은 나라가 더욱 높은 소득수준으로 성장하고 있다. 지난 40~50년간 경제성장의 재난보다는 경제성장의 기적을 더욱 많이 경험하고 있다. 세계적인 소득수준의 분포 역시 지속해서 변화하고 있는데, 과거보다 많은 성장의 기적이 일어나고 있다.

이런 결과는 경제학의 발전에 따라 우리 사회가 점차 성공적 경제성장을 달성한 제도와 정책을 발견하게 되었고, 이런 발견이 전 세계로 확산하였기 때문이다. 애덤 스미스(Adam Smith)의 국부론이 저술된 것은 1776년이다. 이후 세계의 소득 분포가 변화한 것은 지난 200여 년간 자본주의가 점차 확산하였음을 반영하는 것이다.

둘째, 1990년대 공산주의가 종언을 고한 것도 전 세계적인 소득 분포의 지속적인 변화의 과정에서 부(富)를 증진시킨 제도가 확산되었기 때문이다. 오늘날 제도라고 하는 것은 단순히 아이디어에 불과하다고 할 수 있다. 그래서 보다 좋은 아이디어는 항상 새로 발견될 가능성이 있다. 역사적으로 볼 때 보다 좋은 제도는 항상 새로 발견됐고 점차 확산되어 왔다. 이런 과정은 세계의 소득 분포의 변화를 가져왔다.

3-4

동아시아 성장과 총요소생산성

경제성장의 원천에 관한 연구는 통상 성장회계법(growth accounting method)에 의해 이루어져 왔다. 1997년 아시아 외환위기와 관련하여 시선을 끈 것은 동아시아 경제성장의 원천과 지속성장 가능성에 대한 논란이다.

경제학자들은 동아시아 경제성장의 원천을 규명하기 위해 경제성장의 얼마 정도가 자본, 노동투입과 같은 요소투입 때문에 이루어졌으며, 생산성 증대는 과연 여기에 어떤 역할을 하였는가를 검증하려고 하였다. 많은 연구결과는 동아시아 경제가 생산성 증대보다는 자본투입과 같은 자원의 동원(resources mobilization)에 의해 성장하였기 때문에 지속성장은 불가능할 것이라고 경고하였다.

이런 연구들은 동아시아 경제가 20~30여 년간 고도성장한 결과를 관찰하고 1990년대에 이를 평가한 것들인데 많은 연구가 동아시아 국가들의 지속성장 가능성에 대해 의문을 표시하였다.

이들 연구는 경제성장 원천, 기술의 추급, 국가 간 총요소생산성 증가율의 수렴화, 동아시아 경제성장의 지속 가능성 등에 대한 다양한 연구결과를 제시하고 있다. 본 장에서는 이와 관련된 몇 가지 의미 있는 내용에 대해 살펴보려고 한다.[1] 하지만

1 논란의 전반적 내용에 대한 서베이는 다음 논문을 참고. Jene K. Kwon and Jung Mo Kang(2011), "The East Asian model of economic development," *Asian Pacific Economic Literature*, pp. 116-130.; 박승록(1999), 『한국의 경제성장에 있어서 국내 요인과 해외 요인』, 한국경제연구원.; 이병기(1998), 『한국의 경제성장 요인과 산업정책의 역할-동아시아 성장모델과 관련하여-』, 한국경제연구

한때 많은 논란이 되었던 이 주제는 외환위기 이후 또 다른 20여 년간을 고도성장해 온 한국을 비롯한 동아시아 국가들의 경제적 성과와 『생산성의 경제학』의 발전 때문에 많은 부분이 해소되었다.

1. 자본축적과 총요소생산성 증가의 논란

경제성장의 원천에 관한 많은 연구는 개발도상국의 고도성장 과정에서 총요소생산성 증가가 큰 역할을 하지 못하였고, 자본축적이 보다 큰 역할을 했다는 주장이다. 더 나아가 어떤 연구들은 개도국과 선진국 간의 총요소생산성 증가의 차이는 동아시아의 고도성장에도 불구하고 오히려 확대되어 경제성장의 추급 현상은 발견되지 않고 있다는 연구결과를 보여주기도 하였다.

특히 이 중에서 크루그먼(Krugman, Paul)으로 하여금 동아시아 경제성장의 지속가능성에 대한 부정적 견해를 촉발한 Young(1995)의 연구결과에 의하면, 한국을 비롯한 홍콩, 싱가포르, 대만의 경제성장 과정에서 자본의 성장에 대한 기여도가 총요소생산성 증가보다 훨씬 크다는 것을 보여주고 있다.[2]

Young(1995)은 총요소생산성 증가보다 자본투입의 성장기여도가 크다고 해도 총요소생산성의 성장기여도 역시 싱가포르를 제외한 다른 나라에서는 특별히 낮다고 할 수 없으며, 제2차 세계대전 이후의 기준으로 평가할 때에는 특별히 높은 것도 아니라는 점을 지적하였다. 이 연구에서 총요소생산성 증가가 적지 않은 이유로는 노동참여율의 증대, 노동의 산업간 이동증대, 교육수준의 개선, 투자증대를 들고 있다.

한편 Kim and Lau(1993)는 Young(1995)의 연구결과보다도 동아시아 경제성장 요인에 대해서 더 극단적인 결론을 내리고 있다.[3] 이 연구에 의하면 개도국에 있어

원.; Chang-Soo Lee(1999), *Mechanical Properties of Growth Accounting: Productivity Growth and Structural Change in East Asian NIEs*, Mimeo, KDI.

2 Young, Alwyn(1995), "The Tyranny of Numbers: Confronting the Statistical Realities of the East Asian Growth Experience," *Quarterly Journal of Economics*, Vol. 110, No. 3, pp. 641-680.

3 Kim, Jong-Il and Lawrence J. Lau(1993), *The Role of Human Capital in the Economic Growth of East Asian Newly Industrialized Countries*, Department of Economics, Stanford Univesity.

서 생산성 증가는 과거 수십 년간 영(0)과 특별히 틀리지 않는다는 결론을 제시하고 있다. Collins and Bosworth(1996) 또한 한국, 싱가포르, 대만의 경제성장 원천을 규명하면서 동아시아의 고도경제 성장에 있어서 자본축적이 가장 큰 기여를 하였으며, 상대적으로 총요소생산성 증대는 이보다 크지 않았다는 연구결과를 제시하고 있다.[4]

반면 솔로우의 연구방법론을 사용하고 있는 이런 연구결과에 대해 의문을 제기하는 연구도 있었다. 솔로우의 연구결과는 국가 전체 차원으로 통합된 거시수준 자료를 바탕으로 한 연구결과이기 때문에 자료통합 과정에서 집계 오차(aggregation error)가 존재한다면 연구결과의 신빙성이 의문시될 수 있다는 것이다.

특히 Jorgenson(1990)은 국가 전체로 통합된 거시수준의 자료를 사용할 경우, 거시수준의 자료를 형성하는 산업별 자료의 생산구조를 나타내는 기술이 집계생산함수의 생산구조가 나타내는 기술과 같아야 한다는 것이다.[5] 다시 말하면 집계생산함수가 존재하기 위해서는 각 산업부문의 부가가치 생산을 나타내는 기술이 가분성(separability)을 가져야 하고, 부가가치는 자본과 노동투입 및 기술 수준의 함수이어야 하며, 산업부문별 부가가치 함수는 모든 산업부문에서 같아야 하고, 노동 및 자본투입 수요함수 또한 모든 산업부문에서 같아야 한다는 전제조건이 필요하다는 것이다. 그리고 노동과 자본투입에 대한 통합 요소 수요함수는 모든 산업부문에서 같은 요소가격에 직면한다고 간주해야만 한다는 것이다.

Pack(1993)은 이론적 근거는 없지만, 자료에 나타난 특징으로 볼 때 개도국에서 선진국으로 이행하고 있는 경제(transitional economies)에서 자본축적의 일정 부분은 기술변화와 관련되어 있다고 주장한다.[6] 즉, 경제구조의 변화, 산업구조의 변화를 나타내는 신산업으로의 진출, 고도기술 산업으로의 진출과정에서 초래되는 자본축적은 자본축적이 기술변화를 초래할 수 있음을 지적하고 있다.

가령 한국의 대기업 그룹은 과거 수십 년간 사업영역을 다각화하고 신산업, 고

---

4 Collins, Susan M. and B. P. Bosworth(1996), *Economic Growth in East Asia: Perspiration vs. Inspiration*, Draft.

5 Jorgenson, Dale W.(1990), "Productivity and Economic Growth," in Ernst R. Berndt and Jack E. Triplet,(eds), *Fifty Years of Economic Measurement: The Fiftieth Jubilee Volume of the Conference on Research in Income and Wealth*, University of Chicago Press.

6 Pack, Howard(1993), "Technology Gaps Between Industrial and Developing Countries: Are There Dividends for Latecomers?," *Proceedings of the World Bank Annual Conference on Development Economics*, The World Bank.

도기술 산업으로 지속해서 진출하면서 자본재와 중간재의 수입을 통해 새로운 공장을 세우고 새로운 공정기술을 도입하여 생산 활동에 적용했다는 것이다. 이런 형태의 자본축적 과정은 소련의 경우와 같이 같은 산업 또는 같은 생산공정 내에서 일어나는 자본축적의 경우와 상당히 다른 형태의 자본축적 과정이다.

따라서 국가 전체 수준에서 볼 때, 자본의 한계생산물은 소련에서보다 한국에서 완만하게 감소할 수밖에 없게 된다. 왜냐하면, 새로 축적되는 자본은 신산업, 고도기술 산업에 투자되기 때문에 기존 산업의 한계생산물을 낮추는 경우가 발생하지 않기 때문이다. 이런 점을 고려한다면 "후발개도국은 궁극적으로 한계생산물의 감소를 피할 수 없으므로 지속성장의 가능성이 없다"라는 크루그먼의 주장은 틀릴 수밖에 없다는 것이다.

Young(1994)은 Summers and Heston의 자료를 활용하여 경제의 발전단계, 산업구조에 따른 자본축적과 생산성의 관계를 살펴보고 있다.[7] 세계 118개국의 총요소생산성 증가율을 추정하여 선진국 및 개도국의 생산성 증가를 비교하고 있다. 아시아 4개 신흥공업국의 일인당 GDP 증가는 상위수준에 있으나 총요소생산성 증가에서는 홍콩이 상대적으로 높은 수준(6위)에 있는 것을 제외하고는 싱가포르, 대만, 한국은 각각 63위, 21위, 24위를 차지하여 상대적으로 낮은 중위권에 속해 있다. 하지만 이 정도의 총요소생산성 증가는 일본이나 OECD 국가의 생산성 증가보다 높은 것이기 때문에 이 연구는 신흥공업국의 기술 추급 가능성을 부인하는 것으로 볼 수 없다고 했다.

국가 간 경제성장의 수렴화 가능성을 지적하는 연구에 의하면, 후발 개도국이 선진국의 기술 수준을 추급하여 그 격차가 감소함에 따라 이들의 기술 추급 속도는 점차 감소하고 있다는 것을 보여준다. 이런 관점에서 본다면 신흥공업국의 높지도 낮지도 않은 생산성 증가율은 경제성장의 수렴화 가설과 유사한 측면을 보여주고 있다. 수렴화와 관련해서는 본서의 다른 장에서 자세히 살펴보게 된다.

---

7 Young, Alwyn(1994), "Lessons from the East Asian NICS: A Contrarian View," *European Economic Review*, Vol. 38, No. 3-4, pp. 964-973.; Summers, Robert and Alan Heston(1988), "A New Set of International Comparisons of Real Product and Prices: Estimates for 130 Countries, 1950~1985," *Review of Income and Wealth* 34, pp. 1-26.

2. 기술변화와 추급에 관한 문제

Kim and Lau(1993, 1994)는 과거 수십 년간 신흥공업국에서의 기술변화는 영(0)과 특별히 틀리지 않으며, 그에 따라 기술 추급의 징후도 없다는 연구결과를 제시하였다.[8] 이런 연구결과는 앞서 언급한 Young(1992, 1994, 1995)의 연구결과, 즉 신흥공업국의 생산성 증가가 특별히 높은 것은 아니라는 견해보다 더 극단적인 연구결과이다.[9]

이런 결론은 후발국이 기술혁신보다는 학습을 통해 선진국에서 축적된 기술을 활용할 수 있으므로 더욱 빠른 성장과 기술추격을 달성할 수 있다는 Dowrick and Nguyen(1989), Abramobiz(1986), Baumol(1986), Gerschenkron(1962) 등의 연구결과와 다른 주장이다.[10]

신흥공업국의 특징인 활발한 구조조정, 신산업 및 고도기술 산업으로의 진출, 기술도입 등 신흥공업국에서 일어났던 기술변화를 초래하는 요인들을 고려한다면 후진국의 기술 추급에는 의심의 여지가 없다.

또한 Pack and Page(1994), Westphal, Kim and Dahlman(1985), Kim(1990), Amsden(1989), Enos and Park(1988)이 지적하는 바와 같이 R&D 투자 노력만이 신흥공업국의 기술변화를 초래하는 주된 요인은 아니라고 해도 후발개도국의 공업화 과정에서의 여러 모습을 볼 때 기술변화가 성장의 중요한 요인이 될 수 없다는 결론은 의심받을 수밖에 없다.[11]

---

8 Kim, Jong-Il and Lawrence J. Lau(1993), "The Role of Human Capital in the Economic Growth of East Asian Newly Industrialized Countries," Department of Economics, Stanford Univesity.; Kim, Jong-Il and Lawrence J. Lau(1994), "The Sources of East Asian Economic Growth Revisited," Stanford Univesity, Department of Economics, working paper.

9 Young, Alwyn(1992), "A Tale of Two Cities: Factor Accumulation and Technical Change in Hong Kong and Singapore," *NBER Macroeconomics Annual* . pp. 13-63.

10 Abramovitz, Moses(1986), "Catching Up, Forging Ahead, and Falling Behind," *Journal of Economic History* 46, pp. 385-406.; Gerschenkron, Alexander(1962), *Economic Backwardness in Historical Perspective*, Cambridge, Mass: Harvard University Press.; Baumol, William J.(1986), "Productivity Growth, Convergence, and Welfare: What the Long-Run Data Show," *American Economic Review* 76, pp. 103-115.; Dowrick, Steve and Duc-Tho Nguyen(1989), "OECD Comparative Economic Growth 1950~1985: Catch-Up and Convergence," *American Economic Review* 79, pp. 1010-1030.

11 Pack and John M. Page(1994), "Accumulation, Exports, and Growth in the High-performing

3. 총요소생산성 증가의 수렴화

수렴화 가설을 연구한 많은 논문, Jones(1994), Dollar and Wolff(1988), Mankiw, Romer and Weil(1992), Wolff(1991), Baumol(1986), Abramobitz(1986) 등은 제2차 세계대전 후 선진국 간에는 총요소생산성 수준의 추급, 노동생산성의 수렴화를 보여주고 있다는 것을 실증적으로 분석하였다.12

또한 Dollar(1991), Dollar and Sokoloff(1990) 등은 이런 가설의 타당성을 신흥공업국에 적용하려는 연구를 시도하여 개도국의 일인당 소득에는 수렴화 현상이 발견되었어도, 총요소생산성 증가에 있어서 추급 현상은 발견되지 않고 있다는 견해를 밝히고 있다.13 특히 한국 제조업에 있어서 노동생산성의 원천을 분석하고 있는데, 이들은 산업 수준에서의 성장 원천을 규명하면서 한국의 노동생산성 수렴화 현상을 발견하였고, 특히 중화학 산업에서는 자본 심화가 노동생산성 수렴의 요인으로 작용하였으며, 생산증가를 노동, 자본투입 및 생산성 증가에 의한 부분으로 분해하였을 때, 생산성 증가의 징후는 보이지 않았다고 하였다. 반면 경공업에서는 총요소생산성 증가가 노동생산성 수렴의 원인으로 작용했다고 하였다.

Dollar and Sckoloff(1990)에 의하면 중화학공업에 있어서 총요소생산성 증가는 노동생산성 증가의 약 30%, 경공업에서는 60%를 설명한다고 하여 총요소생산성의 수렴화가 이루어지고 있다는 결론을 내리고 있다. 또한 이 기간 한국 제조업이 경공

Asian Economies," *Carnegie-Rochester Conference Series on Public Policy* 40, pp. 199-236.; Kim Linsu(1990), "Korea: the Acquisition of Technology," in Hadi Soesastro and Mari Pangestu.; Amsden, Alice. H.(1989), *Asia's Next Giant : South Korea and Late Industrialization*, New York: Oxford University Press.; Enos, J. K. and W. H. Park(1988), *The Adoption and Diffusion of Imported Technology: The Case of Korea*, London: Croom Helm with Methues.

12 Jones, Charles I.(1994), "Economic Growth and the Relative Price of Capital," *Journal of Monetary Economics* 34, pp. 359-382.; Dollar, D. and Edward Wolff(1988), "Convergence of Industry Labor Productivity Among Advanced Economies, 1963~1982," *Review of Economics and Statistics* 70, pp. 549-558.; Mankiw, N. G., D. Romer, and D. N. Weil(1992), "A Contribution to the Empirics of Economic Growth," *Quarterly Journal of Economics*, Vol. 107, No. 2, pp. 403-437.; Wolff, Edward N.(1991), "Capital Formation and Productivity Growth Over the Long-Teim," *American Economic Review* 81, pp. 565-579.

13 Dollar, David(1991), "Convergence of South Korean Productivity on West German Levels, 1966~1978," *World Development* 19, pp. 263-273.; Dollar, D. and Kemeth Sokoloff(1990), "Changing Comparative Advantage and Productivity Growth in the Manufacturing Industries," in J. K. Kwon, eds., *The Korean Economic Development*, New York: Greenwood Press, pp. 129-142.

업에서부터 중공업으로 고용구조가 변화함에 따라 집계된 수준에서 총요소생산성 증가의 수렴화가 더욱 가속화되었다고 분석했다.

한국정부의 중화학 산업육성과 같은 개발계획은 1970년대 중화학 산업의 투자에 대해 각종 지원을 함으로써 한국의 비교우위 구조를 변화시키고 비효율을 증가시켰다고 한다. 그러나 초기에는 낮은 생산성 증가율을 보였지만 전 기간에 걸쳐서는 오히려 높은 생산성 증가세를 보였다고 분석하고 있다.

두 연구는 또한 공업화 초기 후발국의 생산성 증대의 원인에 대한 의미를 제공한다. Dollar and Sckoloff(1990)는 한국 제조업에 있어서 노동집약적 산업의 발전은 주로 총요소생산성 증가에 기인한 것이고, 총요소생산성 증가의 주요 원인은 현대적 노동집약적 산업으로의 전이 과정에서 누리게 되는 규모의 경제 효과라는 것이다. 이는 연구개발투자 외에 다른 생산성 증대요인이 있다는 것을 의미한다. 이는 또한 총요소생산성 증가는 후발개도국에 있어서 기술변화와 같지 않다는 것을 의미한다.

이런 점에서 Kim and Lau(1993, 1994)의 연구는 신흥공업국의 생산성 증대 추정치를 개념상 기술변화로 간주하기 때문에 잘못된 것이라고 할 수 있다. 이는 1960~1970년대 섬유 및 의류, 장난감, 합판 등이 한국의 주요 수출품이던 때의 제조업 특성을 반영하는 것이므로 자본 집약적 산업이 노동집약적 산업을 대체한 시점에는 타당하다고 보기 힘들다. 따라서 다른 개발단계나 산업구조에 있는 국가는 상이한 생산성 증대 추정치를 보여줄 것이므로 어떤 특정 시점에서 국가 간 총요소생산성 증가를 비교하는 것은 심각한 오류를 내포할 수밖에 없다.

4. 개도국의 지속성장 가능성

많은 연구결과는 신흥공업국의 경제성장은 예외적으로 높은 총요소생산성 증가에 의해 달성된 것이 아니라 자본축적으로 달성된 부분이 크다는 것을 보여주고 있다. 신고전파 경제성장이론은 장기적 성장은 기술변화 때문에 달성되는 것이지 자본축적에 의해서는 가능하지 않다는 것을 보여준다.

이처럼 신고전파 성장이론의 영향을 받은 실증분석 결과들은 동아시아의 고도성장 주요인이 생산성 증가보다는 자본축적이었기 때문에 신흥공업국의 지속적 경제성장 가능성에 대해서는 부정적 견해를 보였던 것이다.

특히 Krugman(1994)은 신흥공업국의 경제성장을 구소련의 성장 과정과 비교하여 구소련은 1950년대까지 고도성장을 달성할 수 있었지만, 기술혁신이 이루어지지 못함으로써 그 후에는 급속히 쇠퇴하였다고 주장하였다.14 따라서 "동아시아의 호랑이"는 종이호랑이로 전락할 가능성이 있다고 하였다. 이런 주장은 물론 극단적인 견해이기는 하지만 Kim and Lau(1993, 1994)에 의해 실증적으로 보완되었다고 할 수 있다.15

신흥공업국의 고도성장이 생산성 증대보다는 자본축적에 의해 설명된다는 것은 이 지역에서의 고도성장에서 기술혁신이 큰 역할을 하지 못하였다는 것이다. 이에 대해 더욱 합리적, 이론적으로 접근한 후속 연구들은 경제성장 원천의 지속적인 변화(sequencing of the sources of economic growth)나 자본축적과 기술변화의 관계, 즉 기술변화에 의해 유도된 자본축적을 강조하는 가설들이라고 할 수 있다.

이를 경제성장의 지속 가능성에 대한 의미로서 본다면, 전자는 R&D 투자 노력에 의한 체화되지 않은 기술혁신이 장기적 경제성장의 유일한 원천이라는 가설에 의문을 제기하는 이론이다. 반면 후자는 자본축적과 기술변화와의 관계에서 성장회계법이 생산성 지표로서 기술혁신을 측정하기 위해 수정될 필요가 있다는 점을 강조하는 가설이라고 할 수 있다.

(1) 경제성장 원천의 지속적 변화

경제성장의 원천이 지속적으로 변화한다는 가설은 경제성장 과정 또는 경제발전의 단계에 따라 그 원천이 계속 변화한다는 것이다. 경제개발의 초기 단계에서는 물적 자본, 인적 자본의 축적이 경제성장의 주된 요인이 되지만, 그 다음에는 R&D 투자 노력에 의한 기술혁신 즉, 체화되지 않은 기술변화가 경제성장의 주된 원천이 된다는 것이다.

---

14 Krugman, Paul(1994), "The Myth of Asia's Miracle," *Foreign Affairs,* Vol. 73, No. 6, November/December, pp. 62-78.

15 Kim, Jong-Il and Lawrence J. Lau(1992), "The Importance of Embodied Technical progress: Some Empirical Evidence Form the Group of Five Countries," *CEPR Publication* No. 296, Stanford University.

이런 가설은 최초 후발개도국의 경제발전 과정의 경험에서 발견되었다고 할 수 있다. Gerschenkron(1962), Amsden(1989), Hikino and Amsden(1994) 등에 의하면 후발 개도국은 선진국에 의해 축적된 기술을 활용함으로써 선진국보다 빠른 속도로 성장할 수 있는데, 이때 후발개도국의 기술 추급은 기술혁신 없이 단순히 선진국 기술의 학습 과정(learning process)을 통해 일어난다는 것이다.[16]

이런 사실은 후발국이 학습 기간에는 창조적 기술혁신(creative technological innovation)과는 다른 성장 원천에 의존한다는 것을 의미한다. 후발개도국은 우선 더 쉬운 기술개발 수단을 성장 과정에 적용한 다음, 기술변화에 있어서 이런 기술개발 수단의 효과가 상실되어 갈 때쯤 기술혁신을 시도하게 된다는 것이다.

이런 견해에 의하면 과거 일본이나 신흥공업국과 같은 전환기 경제의 경제성장에 있어서 자본 심화는 오랫동안 성장 원천이 될 수 있지만, 신고전파 성장이론이 의미하는 바와 같이 정상상태(steady state) 경제에서의 성장 원천이 아니라는 것을 의미한다.

과거 성장 경험에 기초하여 경제성장 원천이 지속적으로 변화한다는 가설은 Lau(1996)에 의해 제기되었다.[17] 그에 의하면 19세기 후반 미국의 경제성장의 많은 부분은 오늘날 신흥공업국과 비슷하게도 유형 고정자본 및 노동투입 증대에 의해 설명된다. 1920년대 후반 이후 미국의 경제성장을 연구한 Abramobitz(1956)나 Solow(1957)의 연구가 있기까지 기술진보는 미국경제의 주요 성장 원천은 아니었다. 일본 경제의 발전에도 똑같은 논리를 적용할 수 있다.

따라서 경제발전의 초기 단계에 있는 국가에서는 물적 자본의 축적이 가장 중요한 경제성장 원천이라는 결론에 도달할 수 있다고 했다. 라우(Lau)는 어떤 한 나라의 경제성장에 있어서 물적 자본, 인적 자본, 기술변화가 연속적으로 중요한 성장 원천

---

16 Gerschenkron, Alexander(1962), *Economic Backwardness in Historical Perspective*, Cambridge, Mass: Harvard University Press.; Amsden, Alice H.(1989), *Asia's Next Giant: South Korea and Late Industrialization*, New York: Oxford University Press.; Hikino, Takashi and Alice H. Amsden(1994), "Staying Behind, Stumbling Back, Sneaking Up, Soaring Ahead: Late Industrialization in Historical Perspective," in William J. Baumol, Richard R. Nelson and Edward N. Wolff(ed.), *Convergence of Productivity Cross-National Studies and Historical Evidence*, Oxford University Press.

17 Lau, Lawrence J.(1996), "The Sources of Long-Term Economic Growth: Observations from the Experience of Developed and Developing Countries," in Ralph Landau, Timothy Taylor and Gavin Wright(ed.), *The Mosaic of Economic Growth*, Stanford University Press.

으로 변화하고 있다는 의견을 제시한 것이다.

라우(Lau)의 견해에 의하면 자본집약도가 어느 수준에 이른 후에는 주어진 토지와 천연자원, 완만하게 증가하는 노동투입하에서 물적 자본의 한계 생산성이 체감하는 것은 지극히 당연하다. 이때 무형자본에 대한 필요성이 유형자본보다 상대적으로 증가하게 된다. 이런 경향은 무형 및 유형자본 간의 보완관계 때문에 더욱 증가하게 된다.

따라서 기술진보는 경제가 개도국에서 선진국으로 성장함에 따라 그 중요성이 더욱 증가하게 된다. 따라서 경제성장의 초기 단계에서는 물적 자본의 축적이 가장 중요한 경제성장의 원천이 되지만 충분한 자본축적이 이루어진 후에는 기술변화가 더욱 중요한 역할을 하게 된다.

라우(Lau)의 경제성장 원천의 지속적 변화가설은 미국, 독일, 일본과 같은 선진국의 산업화 경험과 일치한다. 따라서 전통적 성장이론은 후발개도국의 추급과 학습과정을 분석하는 데 도움이 되지 않지만 다른 신흥공업국의 성장 과정을 이해하는 데 도움이 된다. 아울러 신흥공업국은 오랫동안 물적, 인적 자본의 축적에 의해 고도성장을 달성함으로써 선진국과 다른 장기적인 성장 원천을 가지고 있음을 의미하고 있다.

또한 경제성장 원천의 지속적 변화가설은 신흥공업국의 주된 성장 원천이 생산성 증대라고 하기보다는 자본축적 과정임을 잘 설명하고 있다. 신흥공업국은 아직 공업화의 초기에서 충분히 벗어나지 못했기 때문에 창조적 기술변화가 중요성을 발휘하지 못하고 있음을 설명하고 있는 것이다.

이 가설은 또한 연구개발(R&D) 투자 노력에 의해 초래된 "체화되지 않은 기술변화(disembodied technical change)"가 유일한 성장 원천이란 가설에도 의문을 제기하고 있다. 따라서 결국 자본축적에 의한 경제성장이 비록 경제성장의 초기 단계에 유일한 성장 원천이라고 해도 미래에 자본축적이 갑작스레 감소할 가능성이 적다는 의미이기도 하다. 이런 점에서 신흥국의 성장 지속 가능성에 대한 크루그먼(Krugman Paul)의 주장은 당연히 의문을 가질 수밖에 없다.

라우(Lau)는 경제성장 원천의 지속적 변화과정을 자본형성과 기술변화의 상호보완관계에서 찾고 있다. 물적, 인적 자본과 기술변화와의 보완성은 기술진보가 개도국의 경제성장에 있어서 중요한 성장 원천이 아닌 이유에 관해 설명하고 있다. 보통 수준의 물적, 인적 자본 수준에서 후발개도국이 연구개발이나 다른 기술혁신 행위에 투자하는 것은 이익을 가져다주지 못하지만, 물적 자본의 한계생산물이 감소함과 더불어 생산요소, 즉 물적, 인적 자본의 기술진보와의 보완성이 증가함에 따라 기술혁신의 필요성이 물적 자본에 대한 투자를 보다 강하게 유도한다는 것이다.

자본의 한계생산물이 감소한 후에는 자본축적은 기술변화를 유도하게 되고 그에 따라 기술혁신이 성장의 중요한 요인으로 등장하게 된다. 이런 가설은 신산업, 고도기술 산업에의 진출과 같은 산업의 구조조정이 일어나게 되면 자본의 한계생산물이 감소하는 정도가 감소하게 되어 창조적 기술변화가 경제성장의 주요 요인으로 대두될 수 있다는 의미를 내포하고 있다.

(2) 자본형성과 기술변화

신고전파 경제이론과 성장회계법은 자본과 기술이 서로 무관하다고 가정하고 있다. 즉 경제성장의 원천으로서 자본투입과 기술진보는 완전히 양분(dichotomy)될 수 있으므로 두 요인은 서로 분리된 독립적인 요인으로 간주된다. 그러나 이런 가정은 Greenwood(1997), Landau(1989, 1992), Boskin(1988), Hulten(1975, 1979, 1992) 등 여러 연구결과에서 의문시되고 있다.[18]

만약 신고전파 경제이론의 가정이 타당하지 않다면, 성장회계법에 의해 추정된 생산성 증가는 경제성장에 있어서 기술의 역할을 충분히 나타내지 못한다는 것이다. 순자본 형성, 감가상각은 새로운 기술요인을 수반하고 있으며, 기술변화 또한 낡은 자본의 수선 및 보수, 새로운 자본의 투자를 가져온다. 따라서 기술변화는 생산성 증대의 요인이 되기도 하며 자본형성과도 강한 연관 관계를 갖게 된다.

기술변화와 자본축적의 상호관계는 두 가지 가능성을 생각할 수 있다. 첫째는 기술이 새로운 자본에 체화되어 자본형성이 곧 기술변화를 초래한다는 것으로 "체화

18 Greenwood, Jeremy, Zvi Hercowitz and Per Krusell(1997), "Long-Run Implications of Investment-Specific Technological Change," *American Economic Review* 87, pp. 342-362.; Landau, Ralph(1989), "Technology and Capital Formation," in Dale W. Jorgenson and Ralph Landau,(eds), *Technology and Capital Formation*, The MIT Press.; Landau, Ralph(1992), "Technology, Capital Formation, and U.S. Competitiveness," in Bert G, Hickman,(ed.), *International Productivity and Competitiveness*, Oxford University Press.; Boskin, Michael J.(1988), "Tax Policy and Economic Growth: Lessons from the 1980s," *Journal of Economic Perspectives*, 2(4), pp. 71-97.; Hulten, Charles R(1975), "Technical Change and Reproducibility of Capital," *American Economic Review* 65, pp. 956-965.

효과(embodiment effect)"라고 할 수 있다. Stanford Technology School의 Boskin and Lau(1996)는 OECD 국가들에 있어서 기술변화의 약 80%는 자본에 체화된다고 주장하였다.19

둘째, 기술변화와 자본축적의 상호관계를 나타내는 또 다른 가능성은 기술변화가 자본축적을 유도한다는 가설이다. 기술변화가 일어남으로써 자본축적이 증가한다는 가설은 Hulten(1975)에 의해 제시되었다. 훌텐(Hulten)은 만약 새로운 기술이 생산활동에 활용되면 이는 생산함수를 상향 이동시켜 생산성을 증가시키게 된다. 생산함수의 이런 상향이동은 근로자의 일인당 생산량을 늘리게 되고, 이는 추가로 저축을 증가시킨다. 추가적 저축증대는 근로자의 일인당 자본량을 증가시키고 연속적으로 생산을 증가시키는 과정을 반복하게 된다.

따라서 초기의 충격이 자본 스톡의 감가상각액이 추가적인 저축액과 같아질 때 비로소 균형을 이루게 되는데, 이는 기술변화로 인해 자본축적이 유도되고 있음을 보여주는 것이다. 따라서 이 가설은 신흥공업국의 생산성이 낮은 이유를 설명해 줄 수 있다.

따라서 이상의 연구결과는 전통적 방법에 따라 추정된 생산성 증가가 기술변화의 역할을 과소평가하고 있다는 것을 보여준다. 왜냐하면, 전통적인 성장회계법이 자본축적과 기술변화는 서로 독립적이라고 간주하고 있으므로 성장회계식에 의해 추정된 총요소생산성 증가는 곧 기술변화를 나타내게 되지만 자본축적이 기술변화요인을 포함하고 있다면 추정된 생산성 지표는 진정한 기술변화를 나타내는 지표로 보기 힘들기 때문이다.

5. 두 도시 이야기

홍콩과 싱가포르는 한국, 대만과 마찬가지로 동아시아의 인접한 지역에서 세계적으로 흔치 않은 경제성장을 통해 "아시아의 4마리용(龍)"으로 일컬어진 바 있다.

19 Boskin, M. J., and Lau, L. J.(1990), *Post war economic growth of the roup-of-Five countries: A new analysis*, Technical Paper No. 217, Center for Economic Policy Research, Stanford University.

그림 1 알윈 영(Young)의 "두 도시 이야기"

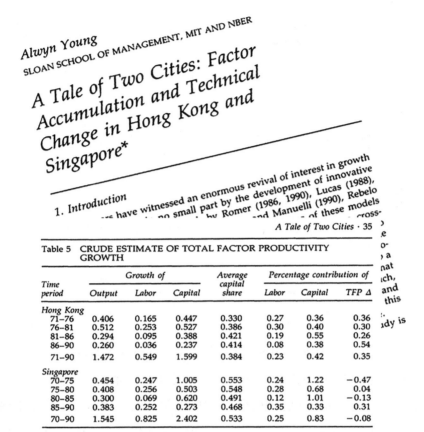

Alwyn Young
SLOAN SCHOOL OF MANAGEMENT, MIT AND NBER

*A Tale of Two Cities: Factor Accumulation and Technical Change in Hong Kong and Singapore**

1. *Introduction*

...rs have witnessed an enormous revival of interest in growth ... no small part by the development of innovative ... by Romer (1986, 1990), Lucas (1988), ... and Manuelli (1990), Rebelo ... of these models ... cross-

A Tale of Two Cities · 35

Table 5 CRUDE ESTIMATE OF TOTAL FACTOR PRODUCTIVITY GROWTH

Time period	Growth of *Output*	Growth of *Labor*	Growth of *Capital*	*Average capital share*	Percentage contribution of *Labor*	Percentage contribution of *Capital*	Percentage contribution of *TFP Δ*
Hong Kong							
71–76	0.406	0.165	0.447	0.330	0.27	0.36	0.36
76–81	0.512	0.253	0.527	0.386	0.30	0.40	0.30
81–86	0.294	0.095	0.388	0.421	0.19	0.55	0.26
86–90	0.260	0.036	0.237	0.414	0.08	0.38	0.54
71–90	1.472	0.549	1.599	0.384	0.23	0.42	0.35
Singapore							
70–75	0.454	0.247	1.005	0.553	0.24	1.22	−0.47
75–80	0.408	0.256	0.503	0.548	0.28	0.68	0.04
80–85	0.300	0.069	0.620	0.491	0.12	1.01	−0.13
85–90	0.383	0.252	0.273	0.468	0.35	0.33	0.31
70–90	1.545	0.825	2.402	0.533	0.25	0.83	−0.08

홍콩과 싱가포르는 인구가 각각 724만 명, 547만 명으로 한국의 서울의 인구 규모 1,330만 명에 크게 미치지 못하는 도시이지만 경제성장의 성과에서는 하나의 도시국가로서 성공한 나라로 평가받고 있다.

경제성장의 원천을 연구하는 경제학자들의 관점에서 홍콩과 싱가포르는 비슷한 환경의 국가가 동시에 성공한 사례로서 경제성장이나 총요소생산성을 연구하는 경제학자들의 관심을 끌 만하였다.

우선 두 나라는 아주 유사한 점이 많다. 제2차 세계대전 전에는 영국의 식민지로서 주로 무역항의 역할을 하였을 뿐 국내 제조업 기반이 매우 취약했다. 하지만 전후에는 두 나라 모두 수출 지향적인 제조업 육성정책을 통해 제조업을 발전시켰다. 두 나라 모두 섬유에서 의류, 화학, 전자산업, 그리고 1980년대에는 제조업으로

그림 2 홍콩과 싱가포르의 연도별 GDP대비 투자비율 추이

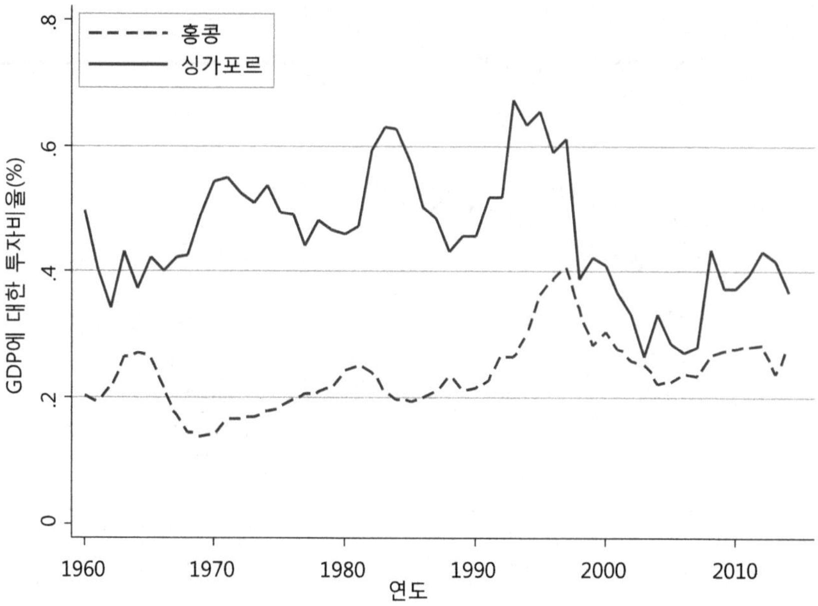

부터 금융서비스 부문으로 산업구조를 지속해서 변화시켜 왔다.

두 나라 모두 1960년대 비슷한 수준의 일인당 GDP에서 출발하여 고도성장을 지속하였다. 정치, 경제적인 면에서 두 나라 모두 상당히 효율적이고 합리적인 정부 조직을 가지고 있었고, 인구구성에서도 중국 남부지역에서 진출한 화교들로 구성되어 있었다. 또한 작은 도시국가로서 농업문제, 정치, 경제적인 면에서 특별한 문제가 없는 나라였다.

하지만 성장이론의 관점에서 볼 때 두 나라는 상당히 다른 측면을 가지고 있었다. 전후 홍콩의 주민들은 싱가포르 주민들보다 상당히 교육을 잘 받았다. 이는 내생적 성장이론의 관점에서 볼 때 인적 자본이 풍부했다는 것을 의미한다.

홍콩 정부는 정치적으로 자유 방임을 강조하는 태도였지만, 싱가포르 정부는 1960년대 초반부터 강제저축과 외국인 투자를 통해 물적 자본을 축적함으로써 대단한 성공을 거두었다. 또한 싱가포르 정부는 활발한 산업정책을 구사하여 신속한 산업구조의 조정을 통해 초기 홍콩에 뒤졌던 제조업 우위를 추격하였다.

〈그림 2〉는 싱가포르와 홍콩의 GDP에 대한 투자비율의 추세를 보여주고 있는데 1960년대부터 아시아 외환위기 직전까지 싱가포르와 홍콩의 투자율에 있어서 매

표 1 홍콩과 싱가포르의 주요기간별 경제성장의 원천(%)

국가	기간	노동	자본	TFP
홍콩	1961~1966	14	47	39
	1966~1971	25	42	33
	1971~1976	16	29	54
	1976~1981	42	40	18
	1981~1986	21	54	25
싱가포르	1966~1970	14	64	23
	1970~1975	31	105	-36
	1975~1980	32	63	5
	1980~1985	42	78	-20

우 커다란 차이가 있었음을 알 수 있다.

영(Young)이 관심을 가졌던 홍콩과 싱가포르의 성장 과정에서의 특징은 두 나라 모두 비슷한 경제성장률을 달성하였지만, 인적 자본이 풍부한 홍콩의 경우 총요소생산성에 의한 부분이 매우 크지만, 요소투입에 의한 부분은 작았다는 특징이 있다. 싱가포르의 경우는 홍콩과 비슷한 성장을 달성하였지만 주로 요소투입에 의한 부분이 컸고, 총요소생산성에 의한 부분은 매우 작았으며, 심지어 부(−)의 값을 가지기도 하였다는 것이다.

경제성장 과정에서 싱가포르의 자본투입에 의한 성장은 요소투입 증가에 의한 성장이기 때문에 자본투입이 무한히 지속될 수는 없고, 자본의 한계생산물이 점차 감소함에 따라 결국 과거의 고도성장을 지속할 수 없다는 시사점을 제공하였던 것이다.

이런 연구결과는 폴 크루그먼(Paul Krugman)으로 하여금 "포린 어페어즈(Foreign Affairs)"란 잡지에 기고문을 발표하면서 경제 기적을 달성했던 동아시아 경제는 요소투입에 의해 초기에는 상당한 성공을 거두겠지만 결국 생산성 증대에 실패하여 소련의 전철을 밟게 될 것이라는 주장을 하게 되었다. 어쨌든 이런 논쟁의 와중에 싱가포르는 생산성 증대를 위한 노력의 하나로 인적 자본의 축적에 큰 노력을 하게 되었다는 것이 알윈 영(Alwyn Young)이란 학자의 "두 도시 이야기(A tale of two cities)"가 동아시아 경제성장의 기적에 울린 경종이었다고 할 수 있다.

많은 경제학자는, 생산성 연구 분야의 전문가가 아니었지만 다른 분야에서 유명세를 날리던 크루그먼이 어떻게 당시에 잘 알려지지 않았던 영(Young)의 연구에 관

그림 3 폴 크루그먼의 "아시아 기적의 신화"

The Myth of Asia's Miracle

Paul Krugman

A CAUTIONARY FABLE

ONCE UPON a time, Western opinion leaders found themselves both impressed and frightened by the extraordinary growth rates achieved by a set of Eastern economies. Although those economies were still substantially poorer and smaller than those of the West, the speed with which they had transformed themselves from peasant societies into industrial powerhouses, their continuing ability to achieve growth rates several times higher than the advanced nations, and their increasing ability to challenge or even surpass American and European technology in certain areas seemed to call into question the dominance not only of Western power but of Western ideology. The leaders of those nations did not share our faith in free markets or unlimited civil liberties. They asserted with increasing self-confidence that their system was superior: societies that accepted strong, even authoritarian governments and were willing to limit individual liberties in the interest of the common good, take charge of their economies, and sacrifice short-run consumer interests for the sake of long-run growth would eventually outperform the increasingly chaotic societies of the West. And a growing minority of Western intellectuals agreed.

FOREIGN AFFAIRS · *November/December 1994* [69]

심을 끌게 되었는가에 의문을 갖는 사람이 많다. 당시 영(Young)의 논문은 인적 자본과 경제성장의 관계를 보기 위한, 소위 내생적 성장이론의 타당성을 검증하기 위한 연구였지만 우연히 이 논문을 평가하게 되었던 크루그먼이 그 내용을 활용하였던 것이다. 어쨌든 영(Young)의 연구는 크루그먼의 짧은 기고문 때문에 커다란 유명세를 치르게 되었던 것이다.

동아시아 경제성장의 기적의 지속 여부에 대한 이런 논쟁은 그로부터 20년이 지난 지금 어떻게 평가할 수 있을까? 다음 몇 개의 그림을 통해 홍콩과 싱가포르의 경제기적을 다시 평가해보자.

우선 일인당 GDP에서 홍콩과 싱가포르는 아시아 외환위기 당시까지 비슷하게 성장을 해왔으나, 2000년 이후 요소투입에 의한 성장으로 지속 가능성이 의심을 받던 싱가포르가 오히려 크게 앞서기 시작하였다.

총요소생산성 수준에서 1960년대 싱가포르는 홍콩에 크게 뒤처져 있었으나 최근 거의 비슷한 수준을 갖게 되었다. 총요소생산성 지수에서도 비슷한 수준을 유지하고 있다. 투자에서도 싱가포르는 홍콩에 비해 높은 투자율을 최근까지 보여주고 있다. 싱가포르는 또한 인적 자본 지수에서도 과거 홍콩에 크게 미치지 못했으나 최근에는 오히려 추월하기 시작하고 있다.

이런 사실들은 홍콩과 싱가포르에 대한 당시의 평가와 성장의 지속 가능성에 대해 새로운 해석이 가능할 수도 있다. 어쩌면 새로운 "두 도시 이야기"가 출현할 수도 있을 것이다.

그림 4 홍콩과 싱가포르의 일인당 GDP추이

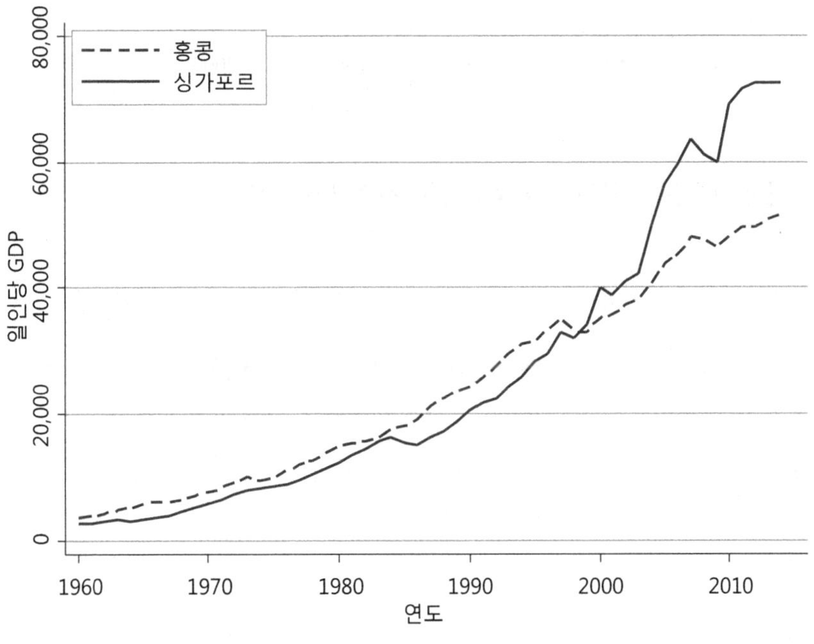

그림 5 홍콩과 싱가포르의 총요소생산성 수준(미국=1)

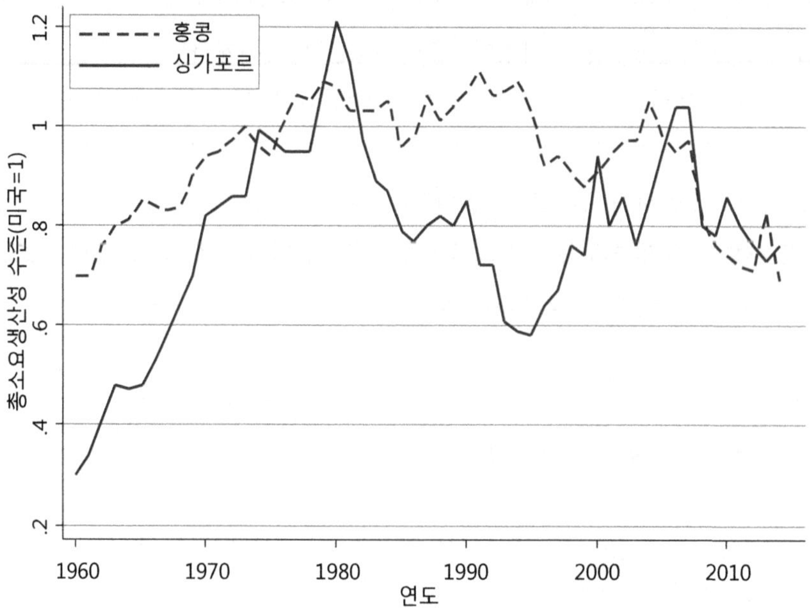

그림 6 홍콩과 싱가포르의 총요소생산성 지수(2011=1)

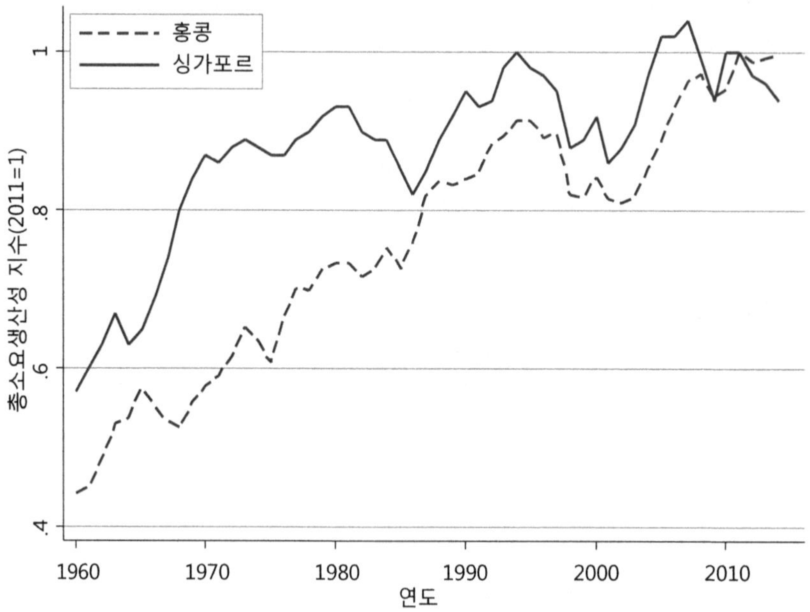

그림 7 홍콩과 싱가포르의 인적 자본 지수 추이

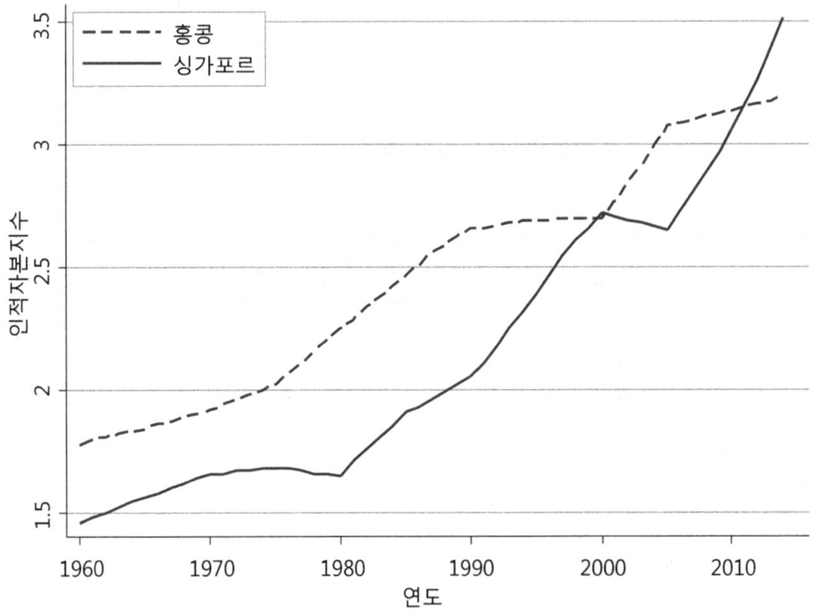

6. 기술변화에 유도된 자본축적의 검정

아래 사례에서는 전술한 동아시아 경제의 지속성장 가능성에 대한 부정적 견해를 반박하는 주장 가운데 하나로 비록 동아시아 경제성장이 자본축적에 기인한 바 크지만, 상당 부분은 기술변화에 의해 유도되었다는 것을 실증적으로 평가해보기 위한 것이다.

분석방법론은 국가별 총요소생산성 증가율, 자본투입증가율, 또는 경제성장률에 대한 패널 자료를 구성하고 이를 이용하여 패널 벡터 자기회귀모형(panel vector auto-regressive model)을 적용해보고자 하는 것이다.[20]

사례의 전반부는 패널 자료를 이용한 방법, 후반부는 한국만을 대상으로 벡터

20 STATA를 이용하여 패널 자기회귀모형을 분석하기 위해서는 pvar란 사용자 작성 프로그램을 설치해야 한다.

자기회귀모형(VAR)을 적용하였다. 단순기술 통계량, 적정 시차의 선정, 인과관계의 검증, 모형의 추정, 충격 반응함수, 예측 오차의 분해, 단위근 검증과 같은 시계열 분석에서 일반적으로 사용되는 절차를 따랐다.

STATA 사례 3-4 기술변화의 자본축적 유도 가설

```
* ************************************************
* **기술에 의해 유발된 자본축적 여부의 검정(Panel VAR)
* ************************************************

* Panel VAR 명령어(pvar) 설치
ssc install http://www.stata-journal.com/software/sj16-3/st0455.pkg

* 펜 월드 테이블 읽어들이기
use pwt90, clear
graph set window fontface "굴림체"
encode countrycode, gen(countrycoden)
xtset countrycoden year, yearly

* 자본스톡, TFP, GDP증가율 계산
gen gr_gdp=ln(rgdpe/rgdpe[_n-1])
gen gr_inv=ln(rkna/rkna[_n-1])
gen gr_tfp=ln(rtfpna/rtfpna[_n-1])

* 필요한 자료만으로 균형패널 작성
xtbalance, range(1960 2014) miss(gr_gdp gr_inv gr_tfp)
keep countrycode country year gr_gdp gr_inv gr_tfp countrycoden

* 패널자료의 기술통계량
xtsum gr_gdp gr_inv gr_tfp

* 패널 VAR :
pvar gr_gdp gr_inv gr_tfp, lags(3)
pvargranger

pvar  gr_inv gr_tfp, lags(3)
pvargranger

pvarstable
pvarstable, graph

pvarirf, oirf mc(200) byoption(yrescale) porder(gr_inv gr_tfp)

pvarfevd, mc(200) porder(gr_inv gr_tfp)

pvarsoc gr_gdp gr_inv gr_tfp, pvaropts(instlags(1/4))
```

```
pvar gr_gdp gr_inv gr_tfp, lags(1) instlags(1/4)
pvargranger

xtunitroot ht gr_gdp
xtunitroot ht gr_inv
xtunitroot ht gr_tfp

* 한국에 대한 분석
keep if countrycode=="KOR"
twoway (line gr_gdp gr_inv gr_tfp year)
summ gr_gdp gr_inv gr_tfp

* 단위근 검정
dfuller gr_gdp, noconstant
dfuller gr_gdp, drift
dfuller gr_inv, noconstant
dfuller gr_inv, drift
dfuller gr_tfp, noconstant
dfuller gr_tfp, drift

* 공적분 검정
vecrank gr_gdp gr_inv gr_tfp, trend(constant)

* 벡터오차수정모형(Vector error correction)
vec gr_gdp gr_inv gr_tfp, trend(constant)

* 초기분석
varbasic gr_gdp gr_inv gr_tfp, lag(1/3)

* VAR 모형추정과 IRF계산
vec gr_gdp gr_inv gr_tfp, lag(1/4)
```

CHAPTER 6

Economics of Productivity

기업가 정신과 총요소생산성

1. 기업가 정신의 중요성

경제학자들은 오랫동안 경제이론에서 기업가 정신의 연구가 매우 중요하다는 점을 인정해왔다. 윌리엄 보멀(Wallium Baumol)의 표현을 빌리면, “기업가 정신에 대한 이해 없이 기업연구를 한다는 것은 셰익스피어의 햄릿(Hamlet) 연구에서 덴마크 왕자(The Prince of Denmark)를 빼버린 것과 같다”라고 할 수 있다.[1]

이런 중요성에도 불구하고 기업가 정신에 대한 이론은 완전하게 정립되지 못하였다. 제도적으로 기업가 정신을 제대로 측정하기 위한 자료의 개념정리 역시 미흡하다. 최근에야 이를 측정할 다양하고도 구체적인 자료가 개발되고 있다

최근 기업가 정신의 연구에 대한 필요성이 더욱 증가하고 있다. 첫째, 기업의 본질에 대한 이해도를 높일 수 있기 때문이다. 많은 유명 경제학자가 기업, 기업가의 역할에 대해 언급하고 있다.[2] 가령 케네스 애로우(Kenneth J. Arrow)는 많은 기술정보는 궁극적으로 재화와 용역에 체화되는데 기업가 정신은 사회가 기술정보를 이런 재화와 용역으로 전환시키는 메커니즘이라고 하였다. 또한 이스라엘 커즈너(Israel M.

1 Baumol, W. J.(1968), “Entrepreneurship in Economic Theory,” *American Economic Review* Vol. 58 No. 2, pp. 64-71.

2 Hebert, R. F. and Link, A. N.(2006), *Historical Perspectives on the Entrepreneur, Foundation and Trends in Entrepreneurship*, Vol. 2 No. 2 pp. 261-408.

Kirzner)는 기업가 정신은 경제에 내재하는 시간과 공간적인 비효율성을 발견하고 완화시키는 메커니즘이라고 하였다. 그리고 조지프 슘페터(Joseph A. Schumpeter)는 자본주의 사회에서 다양한 변화의 원천 가운데 상품생산과 공정개선에서 기업가적으로 추진된 혁신이 변화를 가져오는 중요한 엔진이 되고 있다고 하였다. 기업가 정신에 대한 이런 중요한 연구들을 볼 때 시장, 기업, 조직, 변화에 있어서 기업가 정신에 관한 연구가 없이는 기업의 본질에 대한 이해가 불완전할 수밖에 없다.

둘째는 중소기업에 대한 정책적 중요성이 주목받으면서 기업가 정신에 대한 관심도가 많이 증가하고 있다. Brock W. A. and D. S. Evans(1989), "소기업 경제학(Small Business Economics)"이란 논문에서는 기업가 정신이 경제에서 활력을 주는 요인으로 재평가되고, 많은 학자가 기업가 정신에 대한 설명과 이론적 기초를 발전시킨 이유로서 다음 6가지 가설을 제시하고 있다.[3]

즉, ① 제조업에서 기술변화에 따른 규모의 경제 효과 하락, ② 경제의 글로벌화 진전과 해외 경쟁기업과의 경쟁 심화, ③ 노동력 구성의 변화로 인한 소기업의 여건개선, 즉 여성 노동력, 이민자, 청년 근로자, 노령 근로자의 참여증가로 근로의 유연성이 생기면서 대기업보다 소기업의 여건이 개선, ④ 소비자 기호가 표준화된 대량생산 품목에서 특성화되고, 개성적인 상품으로 변화, ⑤ 규제 완화에 따른 소기업의 시장진출 활발, ⑥ 고임금 국가에서 혁신의 중요성이 강조되면서 대량생산의 상대적 중요성이 감소한 대신 기업가적인 활동의 중요성이 증가했기 때문이라는 것이다.

셋째, 경제의 글로벌화와 이에 따른 지식기반 경제로의 이행이 기업가 정신의 중요성을 높이고 있기 때문이다. Audretsch and Thruik(2007)은 기업가 정신의 중요성이 재부각된 이유로서 지식기반 경제활동을 촉발시킨 경제의 글로벌화를 지적하고 있다.[4] 전통적인 제조업에 종사하던 대기업은 국내시장에서의 고비용 생산으로 인해 경쟁력을 상실하였기 때문에, 이에 적응하는 과정에서 기업 규모를 축소하는 구조조정을 통해 경쟁력을 유지하게 되었고, 또한 기업가적 역량을 가진 중소기업이 지식기반 경제에서 오히려 새로운 중요성과 가치를 가지게 되었다는 것이다.

---

3 Brock, W. A., Evans, D. S.(1989), "Small business economics," *Small Business. Economics*, 1, pp. 7-20.

4 Audretsch, David B. and Grilo, Isabel, Thurik, A. Roy(2007), *Handbook of Research in Entrepreneurship Policy,* Edward Elgar Publishing Ltd, Cheltenham, UK.

2. 경제학에서 기업가 정신

기업가 정신이 선진국 경제성장의 중요한 활력이 되고 있다는 점은 널리 알려져 있다. 하지만 실제 기업가적인 행동이 무엇인지에 대해서는 구체적으로 합의된 개념이 없다. 많은 경제학자는 기업가 정신에 대해 각자 다양한 정의를 내리며, 이를 측정하기 위한 지표로도 서로 다른 자료를 사용하고 있다.

지금까지의 기업가 정신에 관한 많은 연구결과를 검토해 볼 때, 기업가 정신은 다양한 측면을 가지고 있다. 경제학 논문에서 찾을 수 있는 기업가는 대략 12개의 형태를 가지고 있다고 한다.[5] ① 금융자본의 공급자, ② 관리자 또는 감독자, ③ 기업의 소유자, ④ 생산요소의 고용자, ⑤ 불확실성과 관련된 위험 감수자, ⑥ 혁신가, ⑦ 의사 결정자, ⑧ 산업 지도자, ⑨ 경제자원의 조정자, ⑩ 계약자, ⑪ 중재자, ⑫ 여러 용도에 대한 자원 할당자 등이다.

기업가 정신에 대한 이론들은 정태적(static)이거나 동태적(dynamic)인데 기업가 정신은 동태적인 측면에서 큰 의미가 있다. 왜냐하면, 정태적 세계에서는 경제에서 변화나 불확실성이 없기 때문이다. 정태적 상태에서 기업가의 역할은 12개의 기업가 형태 가운데 처음 4가지 형태를 수행하는 존재에 불과하다. 기업가의 행동은 단지 이미 배워서 알고, 실행되고 있는 과거의 절차를 반복하는 행위에 불과하다. 반면 동태적인 세계에서 기업가는 더욱 동적인 모습을 가진다. 이 경우 기업가는 나머지 8개의 동태적인 역할을 하는 존재가 된다.

기업가 정신에 대한 많은 연구결과를 종합해볼 때 3가지 전통적인 계보를 관찰할 수 있다. 이런 3가지 계보에는 ① 튀넨(Thuenen)과 슘페터(Schumpeter)에 의해 대표되는 독일식 계보, ② 나이트(Knight)와 슐츠(Schultz)에 의해 대표되는 시카고학파의 계보, ③ 폰 미제스(von Mises), 커즈너(Kirzner)와 쉐클(Shackle)에 의해 대표되는 오스트리아학파의 계보가 그것이다. 물론 기업가 정신에 대한 이런 연구계보 외에도 기업가 정신에 대해서는 매우 다양한 개념 정의를 내리고 있다.

본 장에서는 기업가 정신에 대한 이런 다양한 정의 이전에 존재했던 개념과 더불어 최근에 더욱 발전된 경제 이론적 개념에 대해 그 주요 내용을 살펴보고자 한다.

5 Hebert, R. F. and Link, A. N.(2006), *Historical Perspectives on the Entrepreneur, Foundation and Trends in Entrepreneurship*, Vol. 2 No. 2 pp. 261-408.

(1) 기업가 정신의 고전적 정의

1) 위험 감수자

기업가 정신에 대한 가장 고전적인 정의는 리차드 깡띠용(Richard Cantillon)에서 찾을 수 있다. 1755년에 처음 발표된 유작, 『일반적인 무역의 본질에 관한 에세이(Essay on the Nature of Trade in General)』에서 그는 기업가를 매우 중요한 경제적 요소로 간주하였다. 깡띠용은 기업가를 경제에서의 모든 교환(exchange)과 순환(circulation)에 대한 책임을 지는 존재로 보았다.

임금 노동자나 토지 소유자가 임금이나 지대를 받는 것과 달리, 기업가는 알려진 구매가격과 불확실한 판매가격의 차이로부터 실현 가능성이 불확실한 이윤을 얻는다고 하였다. 따라서 깡띠용이 정의한 기업가는 중재자 혹은 경제에서 수요와 공급을 일치시키는 기능을 하면서 위험과 불확실성을 감수하는 존재(risk/uncertainty bearer)이다.

2) 기업 관리자

"공급은 스스로 수요를 창출한다"는 소위, "세이(Say)의 법칙"으로 우리에게 잘 알려진 장 밥티스트 세이(Jean-Baptiste Say)는 기업가의 역할에 대해, 경제에서 중요한 역할을 하는 생산 주체로서 위험 감수자라기보다는 "훌륭한 판단(good judgement)"을 하는 데 뛰어난 자질을 가진 "기업의 관리자(manager of a firm)"라고 보았다.

따라서 기업가는 균형상태인 정태적 세계에서 이용하기 쉬운 경제적 기회를 활용하여, 위험 감수에서 오는 이윤이 아닌 기업가란 희소한 노동력을 제공한 대가로부터 임금을 받는 존재로 간주하였다. 기업가를 이렇게 정의함으로써 세이(Say)는 기업가와 자본가의 역할을 구분하고자 하였다.

3) 비용 최소화 추구자

초기 신고전파 경제학자인 앨프레드 마셜(Alfred Marshall)은 그의 저서, 『경제학 원리(Principles of Economics)』에서 기업가는 지속적으로 비용 최소화의 기회를 찾는(seeking opportunities to minimize costs) 존재라고 보았다.

전술한 기업가에 대한 세이(Say)의 주장은 아마 신고전파 경제학 체계에 가장 잘 어울리는 정의가 될 것 같다. 왜냐하면, 기업가를 희소한 생산요소로 간주하여 생산함수에 도입하면 되기 때문이다. 세이가 정의한 기업가는 비록 관리자로서 최적화 기능과 관련되어 있지만, 반드시 자본가 또는 기업의 소유자일 필요는 없다.

반면 깡띠용이 정의한 기업가는 세이가 정의한 기업가처럼 생산요소는 아니지만, 위험을 감수하는 경제주체로서 경제에서 수요와 공급을 일치시키는 경제주체이다. 신고전파 경제학 체계에서 기업가의 이런 기능은 잔여청구권자(residual claimant), 가령 수요와 공급이 불확실한 상황에서 노동자와 지주로부터 노동과 자본을 임대한 기업 소유자로서의 기능과 유사하다.

비록 잔여청구권자로서 기업가의 이런 기능은 깡띠용의 기업가에 대한 정의와 완전히 일치하는 것은 아니지만 마셜의 기업가는 생산가능곡선(비용곡선)을 움직임으로써 생산요소의 배분에 대한 최적화 경제주체의 역할을 하는 기업 소유자 이상의 다른 어떤 것을 의미한다. 하지만 마셜이 정의한 기업가의 기능이 잔여청구권자로서의 기능을 하는 것인지는 분명하지 않다.

4) 혁신가와 불확실성 감수자

조지프 슘페터(Joseph Schumpeter)는 1911년에 발간된 『경제개발이론(The Theory of Economic Development)』에서 기업가 정신에 대한 자기 생각을 제시하였다. 슘페터는 기업가를 위험 감수자인 회사의 관리자로서 정의하지 않고, 다음의 신결합(new combinations)을 수행하여 시장의 변화를 가져오는 혁신가(innovator)로 정의하였다.[6]

즉, ① 새로운 상품, 혹은 새로운 품질의 창조, ② 새로운 생산방법의 도입, ③ 새로운 시장의 개척, ④ 새로운 중간재, 부품의 새로운 공급원의 정복, 그리고 ⑤ 어떤 산업에서 새로운 시장조직의 수행이란 5가지 신결합을 수행하는 혁신가를 말한다.

따라서 슘페터가 정의한 기업가는 신결합을 인지하고 이들로부터 이윤을 얻기 위해 리더십을 발휘하는 존재이다. 즉, 기업가는 반드시 신결합을 발명하는 존재일 필요는 없고, 이런 신결합을 어떻게 생산과정에 적용할 수 있는가를 인지할 수 있는 존재라고 할 수 있다. 슘페터의 기업가 정의에 의하면 기업 소유자는 단지 "신결합을 수행(carrying out new combinations)"할 때만 기업가가 된다고 할 수 있다.

---

6 Joseph Schumpeter(1911), *The theory of economic development: an inquiry into profits, capital, credit, interest, and the business cycle*, New Brunswick, New Jersey: Transaction Books.

슘페터가 정의한 혁신가로서의 기업가와 세이가 정의한 관리자로서 기업가의 역할을 경제학에서 자주 이용되는 생산함수를 이용하여 설명하면 보다 이해하기 쉽다. 세이의 관리자로서 기업가는 주어진 생산함수에서 생산요소를 결합하여 "최대의 기술적인 효율성"을 달성하는 기능을 수행한다면, 슘페터의 혁신가로서 기업가는 "혁신을 통해 생산함수를 이동"시키는 역할을 한다고 볼 수 있다.

따라서 슘페터의 혁신가로서 기업가는 새로운 상품이나 생산방법을 창조한 결과 다른 기업들을 진부화시킴으로써 경제체제(economic system)를 정적인 균형(static equilibrium)상태에서 이탈시키게 된다. 바로 이것이 슘페터가 경제발전의 동력으로 본 "창조적 파괴(creative destruction)"과정이다.

20세기 초 기업가 정신에 대한 중요한 또 다른 이론의 하나는 1921년에 처음 발표된 프랭크 나이트(Frank Knight)의 『위험, 불확실성과 이윤(Risk, Uncertainty and Profit)』에서 제시되었다. 기업가 정신에 대한 나이트의 가장 중요한 기여는 위험과 불확실성의 차이를 인정하고, 불확실성은 특별한 상황변화와 관련되어 있으므로 이를 회피할 수 없다는 것이다.[7]

따라서 나이트는 기업가의 주된 기능은 이런 상황변화와 관련된 불확실성을 책임지고 해결함으로써 궁극적으로 다른 이해 관계자를 이런 불확실성으로부터 보호하는 것이라고 할 수 있다. 즉, 기업가는 이런 특별한 상황변화, 경제에서 상시로 일어나는 불확실성에 관해 판단을 수행하는 존재로서 보험회사와 같은 기능을 수행한다고 할 수 있다.

나이트는 1942년에 발표된 저서, 『이윤과 기업가의 기능(Profits and Entrepreneurial Functions)』에서는 기업가의 개념을 수정하여 기업가를 기업의 소유자, 즉 잔여청구권자로서 이윤을 받는 존재라고 정의하였다. 더욱 많은 이윤을 얻기 위해 기업가는 ① 유용한 변화와 혁신시도, ② 경제환경 변화에 적응, ③ 기업과 관련된 불확실성의 결과에 대한 책임의 3가지의 일을 수행한다고 한다.

특히 불확실성이 일어나는 원인으로 기업가가 스스로 혁신을 통해 불확실성을 만드는 일도 있지만, 기업 외부적 요인에 의해 일어나기도 한다고 하였다. 두 경우 모두 기업가의 주된 역할은 불확실성으로 인해 야기되는 결과에 대한 책임을 지는 것이라고 한다. 기업가의 이런 첫 번째 역할은 슘페터의 기업가 정신과 유사하다. 하

---

7 Frank Knight(1921), *Risk, Uncertainty and Profit*, Reprinted of Economic Classics.

지만 두 번째 불확실성 감수자로서 기업가 정신이 나이트가 주장하는 기업가의 전형적 모습이라고 할 수 있다.

혁신가와 위험 감수자로서의 기업가 정신이 신고전파 경제이론과의 조화되는지 살펴보자. 기업의 소유자로서의 역할을 중요시하는 나이트적인 기업가는 신고전파 이론과 잘 부합된다. 하지만 나이트는 이상에서 언급한 3가지 일을 수행하는 수동적인 최적화 경제주체 이상의 존재라는 점을 강조함으로써 기업 소유자에 대한 신고전파적 이론의 전형적인 범위를 넘어서고 있다. 이는 수동적인 최적화 기업 소유자는 경쟁 시장 상태에서 영(0)의 이윤을 받게 될 것이기 때문이다.

반면 슘페터의 기업가 정신에 대한 이론은 신고전파 경제이론과 잘 부합되지 않는다. 슘페터 이론에서 기업가는 경제를 균형상태에서 이탈시키기 때문이다. 따라서 슘페터의 기업가 정신은 생산함수의 변화보다 구체적으로 총요소생산성의 변화를 초래하는 것으로 해석할 수 있다. 신고전파 이론은 균형상태의 결과에 관심이 있으므로 시장의 불균형을 가져오는 기업가를 이론에 포함하는 데 많은 어려움이 있게 된다.

5) 경제체제의 안정화 주체

제2차 세계대전 이후 주류 경제학은 레옹 왈라스(Leon Walrus)의 정태적 일반균형모형(static general equilibrium model)에 의해 시작된 균형분석(equilibrium analysis) 즉, 신고전파 경제학 체계의 분석방법론에 관심을 집중하고 있었다. 전술한 바와 같이 신고전파 경제학 체계는 슘페터적인 기업가 이론뿐만 아니라 다른 초기 기업가 정신에 관한 많은 이론과도 잘 부합되지 않았다. 이는 기업가 정신 이론의 주된 업적이 표준적인 신고전파 경제학 체계와 다른 외부에서 발전해왔기 때문이다. 이런 주장 중 대표적인 것은 경제는 항상 불균형상태(disequilibrium state)에 있다고 본 커즈너(Israel M. Kirzner)와 슐츠(Schultz)의 기업가 이론이다.

커즈너는 1973년 발간된 『경쟁과 기업가 정신(Competition and Entrepreneurship)』에서 기업가 정신에 대해 오스트리아학파들의 접근방법을 활용하여 더욱 현대적인 정의를 내리고 있다.[8] 커즈너는 신고전파 경제학을 2가지 측면에서 비판하였다. 첫째는 경제가 균형상태에 있다는 점을 부인하고, 둘째, 균형분석은 어떻게 경제가 균

8 Kirzner, Israel M.(1973), *Competition & Entrepreneurship*, Chicago: University of Chicago Press.

형으로 수렴하는지에 대한 이론을 포함시켜야 한다고 했다.

커즈너는 경제는 끊임없이 경제에 충격을 주는 요인들로 인해 지속적인 불균형 상태에 있다고 주장한다. 더 나아가 경제주체는 "철저한 무지(utter ignorance)"로부터 어려움을 겪고 있는데, 추가적인 정보가 입수 가능한지도 모르는 상태에 처해 있다고 한다. 이런 상태에서 기민한 기업가는 새로운 사업기회를 발견하고 활용해서 "철저한 무지"의 일부를 해소하게 된다. 그래서 경제는 더 이상의 정보가 발견될 수 없는 상태인 균형상태를 향해 움직이게 된다고 한다.

슐츠는 1975년 "불균형에 대처하는 능력의 가치(The Value of Ability to Deal with Disequilibra)"에서 기업가 정신은 불균형 상황과 밀접히 관련되어 있고, 기업가 정신은 이런 상황에 대처하는 능력이라고 주장했다.[9] 불균형상태에서 경제주체는 차선의 최적 상태(sub-optimality)를 구현하려고 행동하게 되며 최고수준의 만족을 얻을 수 있도록 보유자원을 배분하게 된다. 기업가 정신은 이런 재분배를 효과적으로 수행하는 능력을 말한다. 따라서 기업가는 각기 다른 기업가적 능력을 발휘하게 된다.

커즈너와 달리 슐츠는 불균형상태에서 개인은 만족을 증가시킬 기회가 존재한다는 것을 알고 있지만 이를 위한 재분배 과정에는 시간이 필요하다고 하였다. 더 나은 자원 배분은 시행착오(trial and error)를 통해 또는 인적 자본에 투자함으로써 달성될 수 있다고 하였다.

6) X-비효율성의 개선

라이벤스타인(Leibenstein)의 X-효율성 이론(X-efficiency theory)은 원래 다른 목적에 의해 개발되었지만, 기업가의 역할을 분석하는 데 활용되고 있다. 라이벤스타인은 "배분적 효율성과 X-효율성(allocative efficiency vs. 'X-efficiency')"에서 X-효율성이란 기업 내의 자원 활용에 있어서 비효율성 정도를 나타낸다고 하였다. 즉, 기업이 최대의 생산 잠재력을 달성하지 못하는 정도를 나타내는 지표이다. 생산요소가 주어졌을 때 최대 생산 가능한 잠재력은 신고전파 경제이론에 의하면 생산 가능 곡선 위에 있는 하나의 점이 된다. 따라서 X-효율성은 기업이 가진 자원이 잘못 사용되거나 낭비할 때 발생하게 된다.

9 Schultz, Theodore W.(1975) "The Value of the Ability to Deal with Disequilibria," *Journal of Economic Literature* 13, pp. 827-846.

라이벤스타인은 기업가 정신을 X-효율성에 대한 창조적인 반응(creative response to X-efficiency)으로 간주하였다. 다른 사람들의 노력 부족, 결과적으로 발생한 이들을 고용한 조직의 비효율성은 기업가들에게 기회를 제공하게 된다. 라이벤스타인은 이때 기업가에 대해 2가지 역할이 있다고 하였다.

첫째는 현재 존재하고 있는 생산방법의 효율성을 개선하거나, 새로운 생산방법의 도입을 쉽게 하고, 새로운 생산요소를 이용가능하게 하는 소위 "요소투입완결(input completion)"의 기능이다. 이것은 보통 생산요소 시장, 특히 벤처 자본(venture capital)이나 경영자 시장에서 중재 기능을 발휘함으로써 효과를 발휘할 수 있다. 둘째는 시장의 결함(market deficiencies)을 보완하는 기능을 수행한다는 것이다.

7) 경영학적 개념

기업가 정신에 관한 연구가 경영학 분야에서 크게 발달하면서 경영학적인 개념 역시 발전하였다. 살만과 스티븐슨(Salhman W. A. and H. H. Stevenson)은 『기업가적 벤처(The Entrepreneurial Venture)』에서 경영학적인 관점에서 기업가 정신은 현재 통제되는 자원과 무관한 기회를 추구하는 것을 포함하는 관리방법이라고 하면서 기업가와 관리자를 구분했다. 기업가는 유연한 방법을 통해 기회를 식별하고, 필요한 자원을 조직하며, 실질적인 행동계획을 실행하고, 정확한 시기에 수확을 한다고 하였다.

(2) 기업가 정신에 대한 분석 체계적 접근

기업가 정신의 중요성이 커짐에 따라 기업가 정신을 하나의 분석체계 내에서 체계적으로 정의하고, 이를 측정하려는 시도가 이루어지고 있다. 더욱 체계적인 분석틀을 이용해서 기업가 정신을 설명하려는 시도로서 더욱 많은 자료를 개발하여 사용하고, 또 이런 변수 간의 인과관계를 명시적 또는 묵시적으로 설정하고 있다. 이들 연구에서는 일회성 조사연구에 그치지 않고 지속해서 기업가 정신 관련 지표를 체계적으로 발표하고 있다.

1) 글로벌 기업가정신 모니터 분석체계

글로벌기업가정신모니터(Global Entrepreneurship Monitor: GEM)의 시도는 기업가

정신의 측정을 위한 가장 오래되고 대표적이며, 광범위한 조사결과를 통해 후술할 GEDI나 OECD의 기업가 정신 분석체계에 큰 영향을 미치고 있다. 기업가 정신에 대한 GEM의 분석체계는 2014년부터 변경되어, 종래에 작성되던 기업가 정신을 나타내는 태도(attitudes), 능력(activity), 열망(aspirations)에 대한 측정을 중단한 대신, 총초기단계 기업가적 활동(Total Early-Stage Entrepreneurial Activity: TEA), 사회적 기업가적 활동(Social Entrepreneurial Activity: SEA), 고용자 기업가적 활동(Employee Entrepreneurial Activity: EEA)에 대한 지표를 측정하고 있다.[10]

GEM에서는 세계경제포럼(World Economic Forum: WEF)이 국가경쟁력 지표를 발표하면서 그 하위지표로 제시하고 있는 소위, 12개 축(pillar)의 자료들인 제도, 간접자본, 거시경제 환경, 보건 및 기초교육, 고등교육 및 훈련, 상품시장의 효율성, 노동시장 효율성, 금융시장의 발전, 기술기반, 시장규모, 기업의 성숙도, 혁신 분야에 대한 조사자료를 국가분석체계조건(National Framework Conditions: NFC)이라는 이름으로 그대로 사용한다.

한편 GEM의 기업가 정신 측정에서 중요한 것은 국가전문가서베이(National Expert Survey: NES)라는 것으로 9개 항목의 설문조사 내용을 파악한다. 즉, 기업가적 자금조달, 기업가 정신에 대한 교육, 정부 정책, 정부의 기업가 정신 프로그램, 연구개발 이전, 내부시장의 개방정도, 기업가 정신에 대한 물적 간접자본, 기업가 정신에 대한 상업적, 법률적 간접자본, 문화적 사회적 규범에 대한 광범위한 내용을 조사하여 전술한 세계경제포럼의 자료와 함께 기업가 정신의 측정에 사용한다.[11] GEM의 국가전문가 서베이, 즉 NES 자료는 OECD나 GEDI의 분석체계에 있어서 매우 중요한 자료로 활용된다.

2) 글로벌 기업가 정신 개발연구소의 국가 기업가 정신 체계 접근법

글로벌기업가정신개발연구소(GEDI)는 최근 국가기업가정신체계(National Systems

---

10 GEM(2016), *2016/2017 Global Report* 참조(http://gemconsortium.org/report).

11 자료조사의 방대함에도 불구하고 기업을 유한책임회사(limited liability company)로 정의하여 국가간 그 형태가 다르므로 문제시될 수 있다. 필자의 연구에 의하면 GEM의 TEA 지수와 일인당 소득수준의 관계는 약한 부(−)의 관계를 보이며, 국별 순위에서도 나이지리아, 잠비아, 에콰도르, 나미비아, 말라위, 가나, 인도네시아, 우간다와 같은 나라의 기업가정신지수가 상위수준을 차지하고 있다. 박승록(2015), 『경제학에서의 기업가 정신』, (사)한국청년기업가정신재단·중소기업청, p. 19.

of Entrepreneurship)라는 접근법을 사용하면서 정기적으로 보고서를 발간하고 있다.[12] 분석체계에서는 GEM, OECD 등 다른 분석체계 비해 종합적이지 못하나 명료한 지표를 제시하고 있다. 여기에서 발표하는 글로벌기업가정신개발지수(Global Entrepreneurship and Development Index: GEDI)는 종전 GEM에서 작성하던 기업가적인 태도, 활동, 열망을 나타내는 총 14개의 지표(일명 pillar)로 구성되어 있다.

각 지표는 GEM에서 조사된 개인에 대한 서베이 자료와 세계은행, 세계경제포럼, 헤리티지 재단의 국별 제도적 조건을 나타내는 자료를 이용하여 가중 평균한 다음, 국가적 수준의 기업가 정신 지표로 집계하고 있다. GEDI 지수는 제도변수와 개인변수를 결합하면서 기업가의 태도, 행동, 열망에 대한 지표를 측정하고, 이를 또 종합 지표화하여 기업가적 역량에 대한 종합지표를 발표하고 있다.

GEDI 지표는 다른 기관에서 발표되는 기초자료에서부터 14개 하위지표, 3개의 상위지표, 그리고 종합지표까지 체계적인 집계방식을 사용하고 있으므로 데이터 작성상 완결성을 가지고 있다.

글로벌기업가정신개발연구소(GEDI)에서 발표하는 기업가 정신의 종합지수의 수준과 일인당 국민소득의 관계를 보면 〈그림 1〉에서와 같이 아주 밀접한 관련성을 보

표 1 GEDI의 글로벌기업가정신지수 작성의 분석체계

상위 지표명	하위 지표명(일명 Pillar)	개인관련 변수	제도변수
태도 (Attitude)	① 기회포착 ② 창업기술 ③ 실패에 대한 용기 ④ 네트워킹 ⑤ 문화	- 기회포착 - 기술포착 - 실패에 대한 용기 - 기업가들과 연대 - 기업가 경력	- 시장 크기와 도시화 - 대학교육 - 사업 위험도 - 인터넷 사용 - 부패지수
행동 (Activity)	⑥ 기회추구형 창업 ⑦ 기술 부문 ⑧ 인적 자원 ⑨ 경쟁	- 기회TEA - 기술 부분 활동 - 교육받은 창업 - 시장경쟁	- 경제 자유화 지수 - 기술습득(WEF) - 간부교육(WEF) - 시장지배력(WEF)
열망 (Aspiration)	⑩ 신제품도입 ⑪ 신기술 사용 ⑫ 고성장 ⑬ 국제화 ⑭ 위험자본	- 신상품 개발 기업가정신 - 신기술 기업가 정신 - 가젤 활동 - 수출 지향성 - 비공식적 투자자 활동	- 국내 총R&D/GDP 비중 - 혁신지수(GCI) - 기업전략(WEF) - 글로벌화 지수(KOF) - 벤처자금 접근성(WEF)

12 Zoltán J. Ács, Erkko Autio and László Szerb(2014), "National Systems of Entrepreneurship: Measurement Issues and policy implications," *Research Policy*, 43, pp. 476-494.

그림 1 국별 일인당 국민소득과 기업가정신 종합지수(GEDI, 2014년)

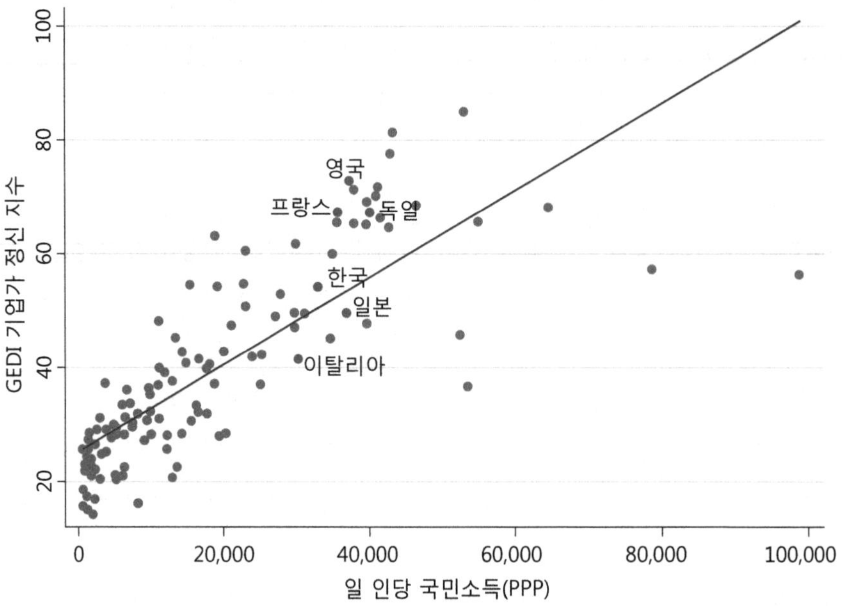

여주고 있다. 일인당 국민소득 수준이 높을수록 기업가 정신 지수가 높은 관계를 보여주고 있다.

GEDI의 기업가 정신 지표는 국별로 비교적 자세한 분석내용을 제공해주기도 한다. 특히 어떤 부문을 개선해야 기업가 정신을 개선할 수 있는지에 대한 구체적 분석결과를 제시하여 정책적 시사점을 제공해준다.

〈표 2〉는 한국의 기업가 정신 지표를 구성하는 14개 하위지표를 주요 선진국 및 중국과 비교한 것이다. 한국의 경우 다른 나라에 비해 특별히 재벌의 존재로 인한 경쟁환경이 매우 취약하고, 또 기회포착의 기회가 매우 부족하다는 점이 기업가 정신의 발휘에 제약요인으로 작용하고 있다고 한다. 이런 점들은 다른 제도변수들과 더불어 본서의 마지막 부분에서 다시 살펴보기로 한다.

표 2 한국의 GEDI 하위지표(2014년)

항목	한국	중국	프랑스	일본	영국	미국	독일
기회포착	0.29	0.13	0.47	0.18	0.83	0.85	0.76
창업기술	0.46	0.15	0.45	0.15	0.58	1.00	0.57
위험수용	0.76	0.52	0.68	0.64	0.84	0.98	0.62
네트워킹	0.61	0.49	0.65	0.33	0.51	0.53	0.38
문화	0.33	0.27	0.65	0.38	0.91	0.88	0.83
기회창업	0.56	0.26	0.60	0.59	0.89	0.77	0.76
기술흡수	0.78	0.21	0.94	0.97	0.98	0.81	0.79
인적자본	0.55	0.44	0.55	1.00	0.75	1.00	0.45
경쟁환경	0.25	0.25	0.76	0.58	0.76	0.97	0.92
상품혁신	0.91	0.86	0.65	1.00	0.65	0.91	0.76
공정혁신	0.95	0.67	0.89	1.00	0.71	0.93	0.84
고성장	0.38	0.61	0.59	1.00	0.74	1.00	0.61
국제화	0.42	0.26	0.72	0.60	0.64	1.00	0.78
모험자본	0.77	0.89	0.75	0.55	0.56	1.00	0.76

자료: https://thegedi.org/

3) OECD의 기업가 정신지표 프로그램

OECD의 기업가정신지표프로그램(OECD Entrepreneurship Indicators Program: EIP)은 기업가 정신 분석체계에서 "기업가 정신의 결정요인-기업가 정신의 성과-기업가 정신의 발현"의 관계를 정립한 모형이라고 할 수 있다. 이 접근방법은 기업가 정신에 대한 정책적 의미도출에 유용한 도구를 제공해준다는 점에서 큰 의의가 있다.

OECD의 기업가 정신 지표 프로그램의 배경은 다음과 같다. 2000년대에 들어와서 정책적 측면에서 기업가 정신에 관한 연구와 관련 자료가 부족하다는 점이 문제로 대두되면서 국제적으로 기업가 정신에 대한 비교 가능한 지표의 기반을 구축할 필요성이 제기되었다. 따라서 기업가 정신의 측정과 이를 위한 분석체제는 기업가 정신의 수준을 측정하는 것뿐만 아니라, 궁극적으로 기업가적 활동이 정책목표와 결부될 때의 역할과 효과를 나타낼 수 있는 체계가 되어야 했다. 결국, 기업가 정신에 대한 분석체계를 통해 정책적으로 기업가적 경제(entrepreneur economy)를 창출하겠다는 것이 이 작업의 궁극목표였다고 할 수 있다.

국제적으로 데이터의 개발 경험이 많은 나라들과 연구단체들은 통계학자, 분석가, 정책 입안자들로 구성된 국제 네트워크를 이용하여 기업가 정신을 측정하기 위한 체계를 개발하는 데 OECD의 도움과 지침(guideline)을 필요로 했다. 중소기업과 기업가 정신에 대한 "OECD 2004 이스탄불(Istanbul) 각료회의"에서는 보다 포괄적이고, 비교 가능한 데이터의 개발과 필요성을 지적하였다.

2005~2006년 미국의 코프먼 재단(Kauffman Foundation)은 OECD에 기업가 정신과 그 결정요인에 대해 국제비교가 가능한 양질의 데이터를 개발할 수 있는지를 검토하기 위한 예비연구에 자금을 지원하였다. 또한 덴마크가 주도하는 국제 컨소시엄인 "기업가 정신에 대한 국제컨소시엄(International Consortium on Entrepreneurship: ICE)"도 여러 구체적인 데이터개발 프로젝트에 자금을 지원하였다. 이에 따라 OECD는 기업가 정신에 대한 이해와 측정방법을 개선하기 위한 조사와 개발을 위해 "기업가정신지표프로그램(Entrepreneurship Indicators Programme)"을 만들게 되었고, 이를 통해 매년 보고서를 발표하고 있다.[13]

OECD의 기업가 정신의 측정을 위한 분석체제는 매우 구체적이다. 우선 기업가 정신의 측정을 위해서는 기업가(entrepreneur), 기업가적 활동(entrepreneurial activity), 기업가 정신(entrepreneurship)을 정의하고 있다. 기업가는 새로운 상품, 새로운 생산공정, 새로운 시장을 발굴하는 경제활동을 통해 가치를 창출하는 존재(기업 소유자)를 말한다. 기업가적 활동은 새로운 상품, 새로운 생산공정, 새로운 시장을 발굴하는 경제활동을 통해 가치를 창출하기 위한 기업을 영위하는 인간의 행동을 말한다. 그리고 기업가 정신은 기업가적 활동과 관련된 현상을 말한다.

아울러 기업가 정신의 측정변수로서 기업가 정신의 결정요인(determinants), 기업가적 성과(entrepreneurial performance)와 기업가 정신의 발현(impact)의 3가지 범주에서 다양한 측정변수를 제시하고 있다.

기업가 정신의 결정요인, 기업가적 성과와 기업가 정신의 발현의 3가지 범주에 포함될 수 있는 평가지표들은 다음의 〈표 3〉에서 제시되는 바와 같다. 기업가 정신의 결정요인으로는 규제체계, 시장조건, 자금조달, 연구개발, 기업가역량, 문화와 관련된 다양한 변수들이 정의될 수 있다.[14] 기업가의 성과는 신생기업의 탄생, 고용,

---

13 http://www.oecd.org/std/business-stats/entrepreneurship-at-a-glance-22266941.htm

14 Ahmad, Nadim, and Anders N. Hoffmann(2008), *A framework for addressing and measuring entrepreneurship, OECD statistics directorate*, working paper, OECD publishing p. 20 참조.

표 3 기업가 정신 지표를 위한 OECD/EUROSTAT 분석체계

기업가 정신의 결정요인						기업가적 성과			기업가 정신의 발현
규제 체계	시장 조건	금융 시장 접근성	지식 창조 및 확산	기업가적 역량	문화	기업	고용	부	일자리창출
진입 행정 비용	독점 금지법	부채조달 시장 접근성	R&D 투자	기업가 훈련	사회의 위험회피	자영신설 기업 탄생률	고용급증 기업비율	매출급증 기업 비율	경제성장
성장 행정 비용	경쟁조건	기업 엔젤자금	산학협동	기업, 기업가 교육	기업가에 대한 인식	자영기업 퇴출률	고용급증 중소기업 비율	매출급증 중소기업 비율	빈곤감축
파산 규정	국내시장 접근성	벤처 캐피탈	기업간 기술협력	기업가 하부구조	기업소유 욕망	사업의 생성 소멸	기업 소유권 보유 창업률	젊은 소규모 기업의 부가가치	비공식부문의 공식화
안전, 보건, 환경 규제	해외시장 접근성	다른 형태의 자본조달 방법	기술확산	이민제도	기업가 정신교육	순기업수 증가	기업 소유권 비율	젊은 소규모 기업의 생산성 기여	
제품 규제	공적행동	주식시장	광대역 접근성			3-5년 생존율	3-5년 기업 고용	젊은 소규모 기업의 혁신성과	
노동 시장 규제	정부조달		특허제도			3-5년 기업의 비율	3-5년 기업평균 크기	젊은 소규모 기업의 수출성과	
법원, 법률제도									
사회, 건강 안전									
소득 및 재산세									
법인세 자본세									

자료 : Nadim Ahmad and Anders N. Hoffmann(2008), p. 20.

부의 형성 측면에서 살펴볼 수 있다.[15] 그리고 기업가 정신의 발현은 일자리 창출, 경제성장, 빈곤퇴치, 비공식 부문의 양성화 등으로 나타난다.[16]

OECD의 분석체계는 몇 가지 특징이 있다. 첫째, 기업가 정신에 대해 다른 기관의 지표에서 볼 수 있는 종합지표, 또는 그 하위지표가 존재하지 않는다. 분석체계에 사용되는 데이터는 세계경제포럼(WEF)의 국가경쟁력 평가지표, 스위스 국제경영대학원(IMD)의 국가경쟁력 평가지표의 일부, GEM의 평가지표, OECD에서 취합한 국별 자료 등 다양한 지표를 망라하고 있지만, 종합적인 지표는 작성하지 않는다.

둘째, OECD의 분석체계에서는 OECD 회원국만을 대상으로 한 기업가 정신 관련 지표를 제공한다. 따라서 다른 기관의 기업가 정신 지표, 국가경쟁력 지표 등의 다양한 지표들에 비해 대상 범위가 좁다. 더구나 작성 기간이 단기간에 불과하여 현재 이 자료들을 이용한 연구에는 한계가 있다.

셋째, 매년 발간되는 보고서에서는 일부 국가의 일부 자료에 대한 비교자료가 제시되고 있다. 한국에 대한 평가지표는 많은 국제비교 지표에서 제외되어 있다. 따라서 기업가 정신에 대한 분석체계의 정교함에도 불구하고 이를 이용한 실증분석에는 한계가 있다.

넷째, 시계열 자료로서의 활용이 힘들고, 자료의 시점이 늦은 편이다. 어떤 자료는 최근 연도의 분기별 자료가 제시되고 있지만 많은 자료는 3년 전 자료이다.

OECD의 분석체계는 기업가 정신에 대한 다양한 결정요인과 기업가 정신의 성과와 발현 과정이 통계적으로 근거 있는 관계가 아니라 일종의 가설 또는 추측에 근거한 것이다. 따라서 다양한 국제기구의 통계자료를 이용하여 OECD 분석체계에서 제시하고 있는 연결고리를 통계적으로 입증하는 것은 OECD 분석체계의 모든 것을 체계적으로 보여줄 수 있는 매우 도전적 연구과제가 될 것이다.[17]

---

15 자영 기업의 탄생과 소멸, 3~5년 생존기업의 생존율과 점유 비중, 고용과 매출 급증기업의 점유 비중, 신생 중소기업의 부가가치, 생산성, 혁신 정도, 수출실적 등이 평가지표가 될 수 있다(Nadim Ahmad and Anders N. Hoffmann, 2008, p. 17 참조).

16 가령, GDP 증가, 지니(Gini)계수, 고용지표, 평균 중위임금 및 봉급, 상대적 빈곤도 등이 포함될 수 있다. 하지만 이들 지표 역시 기업가 정신에 대한 OECD의 분석체제가 많은 전문가에 의해 활용되고 기업가적 성과지표와 이런 효과와의 사이의 연관 관계가 실증적인 측면에서 더욱 분명해지면 포함될 수 있을 것이다. OECD의 EIP와 협력기관들은 중·단기적으로 이런 지표들을 발굴하기 위해 노력하고 있다(Nadim Ahmad and Anders N. Hoffmann, 2008, p. 12 참조).

17 "However, the link between framework conditions and entrepreneurship performance remains a conjecture rather than a statistically established relationship. Demonstrating this link statistically

3. 실증연구에서의 기업가 정신 지표

(1) 측정변수

기업가 정신의 연구에 있어서 가장 혼란스러운 점은 기업가 정신을 연구하는 경제학자들 사이에서도 아직 통일된 개념의 정의에 합의하지 못하고 있다는 것이다.[18] 기업가 정신에 대한 정의가 각각 달라서 기업가 정신을 측정할 경제변수 역시 다르며, 그 결과로서 정책적 시사점 역시 달라질 수밖에 없다.

기업가 정신에 관한 많은 선행연구는 기업가 정신을 연구목적에 따라 각각 다르게 정의하고 있다.[19]

첫째, Hebert, R. F. and Link, A. N.(1988)에서는, 기업가를 경제의 균형상태에서 생산의 중요한 주체로서 가장 좋은 경제적 기회를 평가, 이용하는 존재로 보고 있다.[20] 따라서 Say J. B.(2007)가 정의한 것처럼 기업가들을 기업의 관리자로서 위험 감수로부터 오는 이윤이 아닌 희소한 노동력에 대한 임금을 받는 존재로 보았다.[21] 기업가 정신을 이렇게 정의할 경우 기업가 정신 지표로는 자영업자 비율(self-employment rate)이란 지표가 적절한 지표가 된다. 자영업자 비율을 기업가 정신의 지표로 이용하여 국가 간 기업가 정신을 연구한 선행연구들은 Acs et al.(1994), Blanchflower (2000), Eurostat(2001), Le(1999), OECD(1998), Parker(2004) 등에서 발견된다.[22]

---

may prove challenging, given the all-encompassing definitions employed"(Ahmad and Hoffmann, 2008: p. 8).

18 Wiklund, J., Davidsson, P., Audretsch, D. B. and Karlsson, C.(2011), "The future of entrepreneurship research," *Entrepreneurship: Theory & Practice,* Vol. 35 No. 1, pp. 1-9.

19 Gedeon, S.(2010), "What is entrepreneurship?," *Entrepreneurial Practice Review,* Vol. No. 3, pp. 16-35의 Table 1 참조.

20 Hebert, R. F. and Link, A. N.(1988), *The Entrepreneur, Mainstream Views and Radical Critiques.* Praeger, New York.

21 Say, J. B.(2007), *A Treatise on Political Economy*, Fifth edition. Cosimo Classics, New York, NY.

22 Acs, Z. J., Audretsch, D. B. and Evans, D. S.(1994), *Why Does the Self-employment Rate Vary Across Countries and Over Time?*, Centre for Economic Policy Research, London, UK.; Blanchflower, D. G.(2000), "Self-employment in OECD countries," *Labor economics*, Vol. 7, pp. 471-505.; Eurostat(2001), *European Community Household Panel*, Eurostat, European Commission, Luxembourg.; Le, A. T.(1999), "Empirical studies of self-employment," *Journal of Economic Surveys* 13(4), pp. 381-416.; OECD(1998), "Fostering Entrepreneurship. Directorate for Employment," *Labor and Social Affairs*, OECD, Paris.; Parker, Simon C.(2004), *The Economics*

둘째, Cantillon(1959)이나 Knight(1971)는 경제에서 기업가를 수요와 공급을 일치시키는 중재자로 정의하였다. 비슷한 정의로서 Kirzner(1973)와 Schultz(1975)는 기업가를 끊임없이 변화하는 세계에서 경제적 기회에 적응하는 위험 감수자로서 경제체계의 균형을 가져오게 하는 존재로 보았다. 이런 견해에 입각할 때 기업가 정신은 기업가의 지분율(business ownership rate)로 평가하게 된다. 기업가의 지분율 자료를 기업가 정신의 지표로 사용한 연구들은 Gartner and Shane(1995), Meyer(1990), Stephan and Uhlaner(2010) 등에서 발견된다.[23]

셋째, Schumpeter(1934)는 기업가를 신결합을 수행함으로써 시장의 변화를 가져오는 혁신가로 정의하였다.[24] 슘페터의 기업가 정신의 정의에 의하면 다음과 같이 3가지 지표로 이를 측정할 수 있다. 우선 Evans and Leighton(1989), Fairlie(2000) 등의 연구에서는 자영업에 대한 진입과 퇴출률(rates of entry and exit)을 기업가 정신의 지표로 사용하였다.[25] Acs and Audretsch(1989), Austin and Rosenbaum(1990), Caves (1998), OECD(2005) 등의 연구에서는 기업의 진입률(entry rates)을 기업가 정신을 나타내는 지표로 사용하였다.[26] 또 다른 연구들, 즉 Bartelsman et al.(2003), OECD (1997), Delgado et al.(2010)에서는 기업의 생존율(survival rates)을 사용하였다.[27]

---

of Self-Employment and Entrepreneurship, Cambridge University Press, Cambridge, UK.

23 Gartner, W. B. and Shane, S. A.(1995), "Measuring entrepreneurship over time," *Journal of Business Venturing* 10(4), pp. 283-301.; Meyer, B. D.(1990), *Why Are There So Few Black Entrepreneurs?*, National Bureau of Economic Research, Cambridge, MA.; Stephan, U. and Uhlaner, L. M.(2010), "Performance-based vs socially supportive culture: a cross-national study of descriptive norms and entrepreneurship," *Journal of International Business Studies* 41(8), pp. 1347-1364.

24 Schumpeter, J. A.(1934), *The Theory of Economic Development*, Cambridge, MA: Harvard University Press.

25 Evans, D. S. and L. S. Leighton(1989), "Some empirical aspects of entrepreneurship," *American Economic Review* Vol. 79, pp. 519-535.; Fairlie, Robert W.(2010), *Kauffman Index of Entrepreneurial Activity 1996~2009*, Kauffman Foundation.

26 Acs, Z. J. and Audretsch, D. B.(1989), "Small-firm entry in US manufacturing," *Economica* 56(222), pp. 255-265.; Austin, J. S. and Rosenbaum, D. I.(1990), "The determinants of entry and exit rates into U.S. manufacturing industries," *Review of Industrial Organization* 5(2), pp. 211-223.; Caves, R. E.(1998), "Industrial organizations and new findings on the turnover and mobility of firms," *Journal of Economic Literature* 36(4), pp. 1947~1982.; OECD(2005), SME and Entrepreneurship Outlook, OECD Centre for Entrepreneurship, *SMEs and Local Development*, Paris, FR.

27 Bartelsman, E., Scarpetta, S. and Schivardi, F.(2003), *Comparative analysis of firm demographics and survival: Micro-Level evidence for the OECD countries*, OECD, Paris, FR.; OECD(1997),

넷째, 최근 Shane and Venkataraman(2000)은 기업가 정신을, "좋은 수익성을 가져올 기회와 기업가적인 활동을 하는 개인의 결합(the nexus of two phenomena: the presence of lucrative opportunities and the presence of enterprising individuals)", 즉 기업가 정신에 대한 수요와 공급의 상호작용으로 출현하게 되는 개인을 기업가로 정의하였다.[28] 또한 Casson(2003)은 기업가는 의사결정에 전문화된 개인, 즉 미래에 일어날 독특한 상황을 이용하고, 이윤을 얻기 위해 이를 어떻게 활용할 것인지에 대해 의사결정을 하는 존재라고 하였다.[29] 이런 견해에 의하면 기업가 정신은 새로운 벤처기업의 창업자 수로 측정하게 된다.

(2) 기업가 정신의 결정요인

많은 선행연구를 관찰할 때, 국가별로 기업가 정신의 수준이 매우 다양하다는 사실을 파악할 수 있다.[30] 이런 점에서 볼 때 어떻게 기업가 정신의 수준을 향상시킬 것인가에 관한 관심이 높아질 수밖에 없다. 따라서 많은 선행연구가 기업가 정신과 다양한 요인들과의 인과관계를 규명함으로써 기업가 정신의 수준을 높이기 위한 정책적 시사점을 찾으려 노력하였다.

대표적으로 Bettignies and Brander(2007), Gentry and Hubbard(2000), Harper (1998), McMillan and Woodruff(2002), Shane(1996)과 같은 연구에서 기업가 정신의 결정요인으로서 문화, 경제 상황, 제도, 기술발전, 교육수준 등이 중요하다고 한 바 있다.[31]

OECD Economic Surveys: the United States 1996~1997, OECD, Paris, FR.; Delgado, M., Porter, M.E. and Stern, S.(2010), "Clusters and entrepreneurship," *Journal of Economic Geography* 10(4), pp. 495-518.

28 Shane, S. and Venkataraman, S.(2000), "The promise of entrepreneurship as a field of research," *Academy of Management Review* 25(1), pp. 217-226.

29 Casson, M.(2003), *The Entrepreneur- An Economic Theory*, Edward Elgar Publishing Limited, Cheltenham, UK.

30 Wennekers, S., Uhlaner, L. M. and Thurik, R.(2002), "Entrepreneurship and its conditions: a macro perspective," *International Journal of Entrepreneurship Education* 1(1), pp. 25-68.

31 Bettignies, J. E. D. and Brander, J. A.(2007), "Financing entrepreneurship: bank finance versus venture capital," *Journal of Business Venturing* 26(2), pp. 808-832.; Gentry, W. M. and Hubbard, R. G.(2000), "Tax policy and entrepreneurial entry," *American Economic Review* 90(2), pp. 283-287.; Harper, D.(1998), "Institutional conditions for entrepreneurship," *Advances*

하지만 기업가 정신을 결정하는 요인들의 범주에 대해서 많은 연구자가 동의한다고 해도 각자의 실증연구에서는 결정요인의 상대적 중요성, 비교 시점, 영향을 미치는 인과관계의 방향 등에서 서로 다른 결론을 내리고 있다. 가령 Havrylyshyn(2001), Kaufmann et al.(2006), Nyström(2008)과 같은 연구들은 좋은 제도와 높은 경제발전단계, 기술발전이 기업가 정신의 발전과 정(+)의 관계에 있다고 한다.[32] 반면 Naudé(2009), Wong et al.(2005)과 같은 연구들은 부(−)의 관계에 있다고 한다.[33] 또한 Wennekers et al.(2005)은 U자형 관계를 가지고 있다고 한 바 있으며,[34] Van Stel et al.(2007)은 아무런 관계가 없다는 연구결과를 제시하고 있다.[35] 이런 상반된 연구결과의 원인은 연구에 사용한 자료에 크게 의존하는 것으로 보인다.

(3) OECD 분석체계에 의한 기업가 정신의 결정요인과 경제성과의 관계

OECD 분석체계는 기업가 정신의 결정요인으로서 규제체계, 시장조건, 금융 접근성, 지식창조 및 확산, 기업가적 역량, 기업가적 문화의 큰 범주(구성개념)와 이를 구체적으로 측정할 변수로서 다양한 제도변수들을 제시하고 있다. 이들 결정요인은 기업가적 성과로 나타나게 되는데, 기업가적 성과는 기업가 정신의 결정요인의 영향을 받아서 기업의 창업, 기업의 고용증가, 기업의 부(富)의 증가로 나타나게 된다. 그

---

in Austrian Economics 5, pp. 241-275.; McMillan, J. and Woodruff, C.(2002), "The central role of entrepreneurs in transition economies," *Journal of Economic Perspectives* 16(3), pp. 153-170.; Shane, S.(1996), "Explaining variation in rates of entrepreneurship in the United States: 1899~1988," *Journal of Management* 22(5), pp. 747-781.

32 Havrylyshyn, O.(2001), *Recovery and growth in transition: a decade of evidence*, IMF Staff Papers, 48(Special Issue on "Transition Economies: How Much Progress?"), pp. 53-87.; Kaufmann, D., Kraay, A. and Mastruzzi, M.(2006), *Governance Matters V: Governance Indicators for 1996~2005*, World Bank, Washington, DC.; Nystrom, K.(2008), "The institutions of economic freedom and entrepreneurship: evidence from panel data," *Public Choice* 136(3/4), pp. 269-282.

33 Nystrom, K.(2008), "The institutions of economic freedom and entrepreneurship: evidence from panel data," *Public Choice* 136(3/4), pp. 269-282.; Wong, P. K., Ho, Y. P. and Autio, E.(2005), "Entrepreneurship, innovation and economic growth: evidence from GEM data," *Small Business Economics* 24(3), pp. 335-350.

34 Wennekers, S., Uhlaner, L. M. and Thurik, R.(2002), "Entrepreneurship and its conditions: a macro perspective," *International Journal of Entrepreneurship Education* 1(1), pp. 25-68.

35 Wennekers, S., Uhlaner, L. M. and Thurik, R.(2002), "Entrepreneurship and its conditions: a macro perspective," *International Journal of Entrepreneurship Education* 1(1), pp. 25-68.

다음 기업가적 성과는 국민소득, 총요소생산성, 일자리 창출, 부의 증가와 같은 국가 전체적 차원에서의 기업가 정신의 발현된 모습으로 나타나게 된다.

OECD의 이런 기업가 정신 분석체계는 정책적 시사점을 풍부하게 제공해준다는 점에서 매우 정책 지향적인 분석체계라고 할 수 있다. 하지만 현재로서는 OECD 국가들 만을 상대로 하고 있고, 모든 관측변수에 대한 자료들이 제시되지 않고 있다는 점에서 자료의 활용과 국제비교에는 한계가 있다.

하지만 필자는 이런 정책 지향적 분석체계가 기업가 정신에 대한 체계적인 연구모형이 될 수 있다고 판단하고 OECD의 분석체계를 이용하되 다양한 자료원으로부터 관련 자료를 작성하여 종합적인 관계를 검정하여 보았다.[36]

OECD의 분석체계 아래에서 규제체계, 시장조건, 금융 접근성, 지식창조 및 확산, 기업가적 역량, 기업가적 문화를 구체적으로 측정할 140여 개 국가의 50여 개 변수를 수집 분석하여 구조방정식 모형(Structural Equation Model: SEM)을 통해 그 인과관계를 검증하였다. 자세한 내용에 대해서는 제5부 제6장의 실증분석 사례에서 살펴본다.

36 자세한 내용에 대해서는 다음 논문을 참조. 박승록(2016), 기업가 정신의 결정요인, 성과와 발현의 인과관계에 관한 연구, 『중소기업연구』 제38권 제1호, pp. 237-260.; 박승록(2015), 『경제학에서의 기업가 정신』, (사)한국청년기업가정신재단, 중소기업청.

총요소생산성 수준의 수렴화

솔로우의 성장모형에서 제시되었던 바와 같이, 많은 경제학자는 선진 경제권에서의 경제성장률이 인구(노동투입) 증가율, 투자율, 기술변화율과 같은 정상상태의 성장률로 수렴한다는 사실을 광범위하게 인정하였다. 이런 정상상태의 성장률에서 벗어난 급성장은 적절한 정책에 의해 수정된 정상상태에서의 일시적 이탈로 간주하였다.

이런 배경에는 다음과 같은 이유로 장기적인 경제성장 과정에서 국가 간 경제성장률과 소득수준의 수렴화를 가져오는 힘이 작용하고 있다고 믿었기 때문이다.

첫째, 자본투자의 한계수익은 낮은 자본/노동비율을 가진 나라보다 높은 자본/노동비율을 가진 나라에서 더 낮아진다. 자본의 한계수익이 점차 하락하기 때문에 높은 자본/노동비율을 가진 나라의 성장률이 점차 낮아짐으로써 국가 간 소득수준에서 수렴화가 일어난다는 것이다.

둘째, 기술 수준이 높아짐에 따라 기술을 발전시키는 데 필요한 비용이 점차 비싸지기 때문이라는 것이다. 실제 선진국에서 기술변화율이 하락하고 있는데 이는 신성장이론이 제시하고 있는 시사점이라고 할 수 있다.

셋째, 선진국과 개도국 간에 발생한 기술격차는 개도국을 보다 빨리 성장시키고 상대적으로 뒤처진 나라가 활용할 수 있는 더 많은 "기술지식의 풀(pool of technology)"을 가질 수 있기 때문이다. 또한 개도국들은 선진국의 기술개발 과정에서 경험한 실수를 피할 수 있기 때문이다.

넷째, 각 나라에는 기술을 활용할 수 있게 하는 제도가 존재하게 되는데, 개도국들은 선진국들보다 새로운 기술을 채택하는 데 있어서 제도적 제약을 덜 받기 때문에 보다 빨리 기술을 활용할 수 있다. 또한 개도국들은 새로운 기술에 맞는 제도를 더 자유롭게 발달시킬 수 있게 된다.

Gerschenkron(1952)나 Abramovitz(1986)는 국가 간 경제성장률의 차이를 설명하면서 특정 조건에서 가난한 나라들이 부유한 나라들보다 빨리 성장하는 경향이 있다는 점을 지적한 바 있다.[1]

1. 수렴화 논쟁

(1) 수렴화 그룹(Convergence club)

경제성장 과정에서 국가 간 수렴화 현상이 일어나게 된다는, 소위 수렴화 가설(convergence hypothesis)은 1986년 윌리엄 보멀(William Baumol)의 논문에서 시작되었다. William Baumol(1986)에서는 수렴화와 관련하여 몇 가지 내용을 언급했다.[2] Angus Maddison(1982)의 자료를 분석하여 1850년 이전 수 세기 동안 오늘날 선진국 간의 일인당 소득수준과 기술 수준은 점차 확대됐지만, 1850년 이후의 기간에는 수렴화가 진행되고 있다고 했다.

필자가 William Baumol(1986)에서 선택한 국가들을 대상으로 새로 작성한 〈그림 1〉에서도 이런 현상을 확인할 수 있다. 1870년의 소득수준과 1870~2010년간의 평균 경제성장률이 부(−)의 상관관계를 가지고 있다. 과거 높은 소득수준을 가진 국가보다 과거에 낮은 소득수준을 가진 나라들의 성장률이 높아서 수렴화가 일어나고 있다는 사실을 보여주고 있다.

---

1 Gerschenkron, Aleksande(1952), "Economic Backwardness in Historical Perpective," *The Progress of Underdeveloped Areas*, ed. by Bert F. Hoselitz, Chicago: University of Chicago Press.; Abramovitz, Moses(1986), "Catching up, Forging Ahead and Falling behind," *Journal of Economic History* 46, pp. 385-406.

2 Baumol, William J.(1986), "Productivity Growth, Convergence, and Welfare," *American Economic Review*, 76(5), pp. 1072-1085.

그림 1 초기 소득수준과 장기 경제성장률(수렴화)

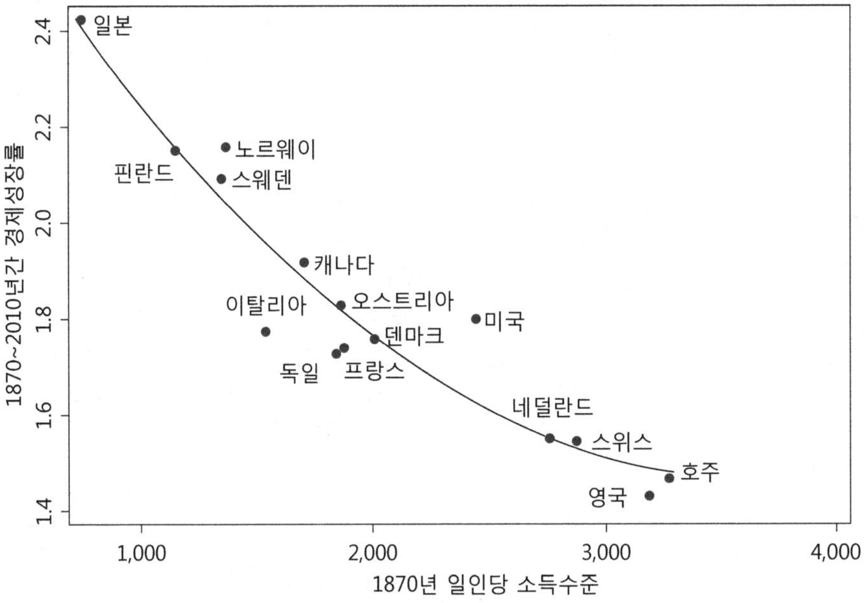

더욱이 최근의 기간에도 이런 현상은 일어나고 있다. 1950년 소득수준과 1950~2010년간의 경제성장률 역시 거의 같은 관계를 보여주고 있다. 1950년 소득수준과 1950~2010년간 성장률의 상관관계를 보면, 1950년 일인당 소득수준이 높았던 국가의 성장률이 그렇지 못한 국가들에 비해 더욱 빨리 증가함으로써 수렴화가 일어나고 있다. 〈그림 2〉 역시 이런 모습을 보여주고 있다. 하지만 William Baumol(1986)은 이런 현상이 저개발 국가와 선진국 간에 일어날 수 있을 것인가에 대해서는 회의적이라고 하였다.

선진국 간에 수렴화가 일어나는 것은 이유가 있다고 한다. 가령 당시 일본의 생산성 증가로 인해서 미국이나 영국 시민들은 자동차, 카메라, TV 등 여러 제품을 일본이 침체하였을 때 보다 더욱 저렴하게 구매할 수 있게 되었다. 그리고 일본은 미국의 농업 생산성이 증대하면 미국의 농업 생산성이 퇴보했을 때 보다 값싼 농산물을 수입할 수 있고, 유럽의 여러 나라 역시 더 저렴한 식용유를 구매할 수 있는 것처럼 상호 간에 이점을 활용할 수 있기 때문이다.

그림 2 초기 소득수준과 중기 경제성장률(수렴화)

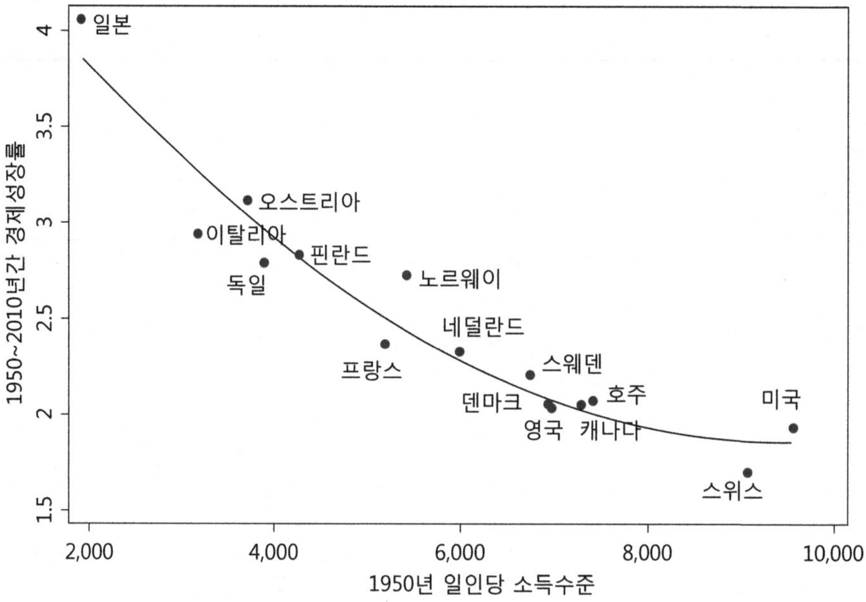

그림 3 주요 선진국의 경제성장률 수렴화

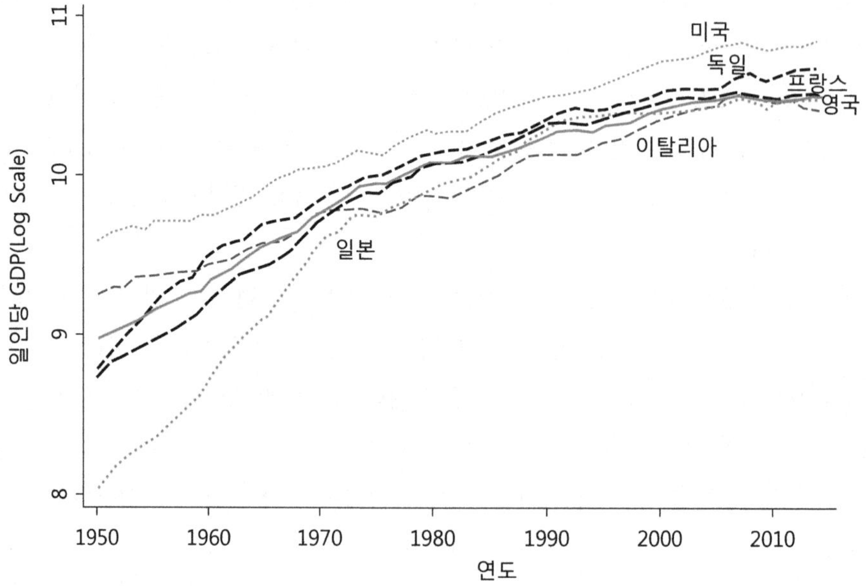

(2) 수렴화는 없다

이런 Baumol(1986)의 수렴화 주장에 대해 즉각적인 비판이 제기되었다. 대표적으로 DeLong(1988)은 보멀(Baumol)의 주장은 승자(winner)들만 뽑아서 만든 승자그룹에서의 수렴화를 보여주기 때문에 지극히 당연하다고 하였다.[3] 드롱(DeLong)은 1970년 당시 22개의 "한때 부유했던 나라"를 대상으로 보멀의 연구를 재현해본 결과 수렴화의 증거를 찾을 수 없다고 하였다. 보멀의 연구에서 빠진 스페인, 포르투갈, 아일랜드, 칠레, 아르헨티나를 포함할 경우 수렴화의 증거가 부족하다는 것이었다. 이들 국가가 1870년 당시 부유한 나라에 속해 있었으나 이후 지속적으로 성장을 하지 못한 것은 종교, 민주주의와 같은 변수들 때문이라고 하였다.

이런 드롱의 주장에 대해 다시 보멀은 보다 많은 국가를 대상으로 추가적인 연구결과를 발표하였다. Baumol and Wolff(1988)에서 초기연도의 부유한 국가를 몇 개의 그룹(상위 8~11개국)으로 나누어 검토한 결과, 19세기 후반까지 유럽국가 간에는 경제성장률의 격차가 확대되었다는 사실을 발견했다. 그리고 분석대상 19개 국가에서도 19세기까지는 그 격차가 확대되었는데 이는 당연히 예상되었던 것으로 산업혁명 전 유럽국가들은 상대적으로 비슷한 수준의 부를 가지고 있었지만 이후 영국과 벨기에, 스위스, 네덜란드, 프랑스, 독일과 같은 몇몇 유럽국가들의 성장률이 크게 높아지면서 이런 현상이 발생했다는 것이다.

또한 Baumol and Wolff(1988)는 Summers and Heston(1984)의 자료를 이용하여 더 광범위한 국가를 대상으로 1950~1980년간의 수렴화 여부를 검토하였는데 저소득국가 간에는 확산 현상이, 고소득국가 간에는 수렴화 현상이 발견되었다고 하였다. 이 기간 고소득국가 간에 수렴화 현상이 일어난 것은 일본과 이탈리아가 급격히 성장하였기 때문에 생긴 결과이다. 1980년대 한국과 대만과 같은 나라의 고도성장도 이런 수렴화에 크게 기여하였다.

경제사학자들이 더욱 많은 나라, 더욱 긴 시계열 자료를 대상으로 연구범위를 확대함에 따라 19세기 초반 이후 지역 그룹 간 수렴화, 비 수렴화 모습이 동시에 나타나고 있음을 발견하였다. 서유럽과 서구(미국, 캐나다, 호주 등)의 GDP 수준의 커다란 격차는 20세기 초반에 일어났는데 이때 서유럽은 두 차례의 파괴적인 시민혁명을

---

3 De Long, J. Bradford(1988), "Productivity Growth, Convergence, and Welfare: A Comment," *American Economic Review*, 78(5), pp. 1138-1155.

그림 4 **주요 경제권의 경제성장의 그룹 수렴화**

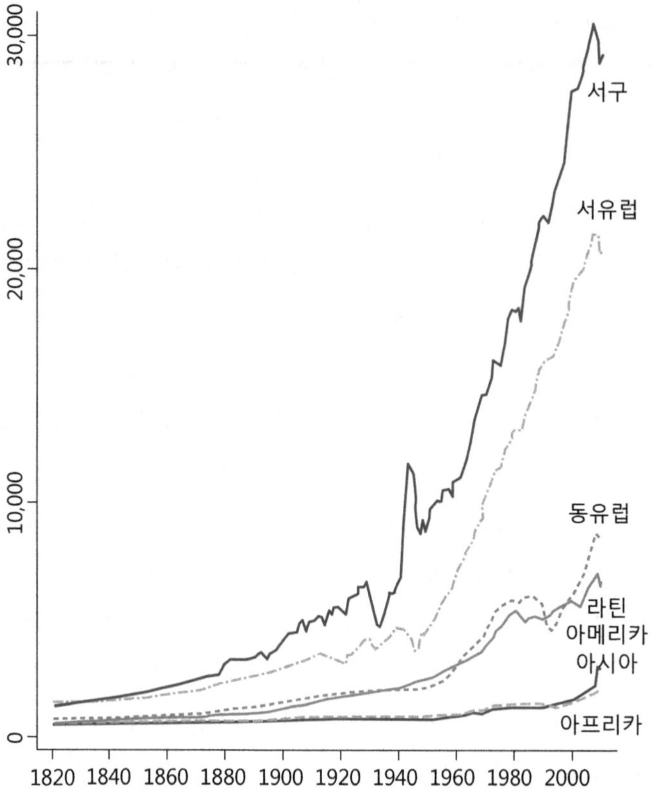

경험하던 때였다. 제2차 세계대전 이후 동유럽, 라틴아메리카 국가들이 서유럽에 대해 추격을 하게 되었으며, 특히 아시아의 추격은 더욱 극적으로 일어났다. 하지만 아프리카는 여기에서 소외되고 있다.

(3) 조건부적인 수렴화

William Baumol(1986)에 의해 시작된 일인당 소득수준의 수렴화와 이에 대한 DeLong(1988)의 비판, 또 Baumol and Wolff(1988)의 추가적인 연구는 경제성장이나 생산성의 수렴화에 대한 새로운 논쟁을 불러일으켰다.[4]

---

4 이에 대한 자세한 내용은 다음 저서 참조. Vernon W. Ruttan(2001), “Chapter 2. Catching up and Falling Behind,” *Technology, Growth and Development*, oxford University Press, pp. 15-23.

몇몇 경제학자들은 이들의 수렴화 논쟁이 너무 근시안적이라고 주장하였다. 초기 소득이나 생산성 수준과 후속되는 일인당 소득증가 또는 생산성 증가의 단순한 관계만으로 모든 나라 간의 수렴화 현상을 판별하기는 쉽지 않다는 것이다.

한 나라의 경제성장률은 단지 초기의 소득이나 생산성 수준에만 의존하는 것이 아니라 저축률과 투자율, 인구증가율, 노동력 증가율, 교육 증가율과 같은 다른 매우 중요한 요인들의 영향을 받을 수 있기 때문이라는 것이다.

Mankiw, Romer and Weil(1992)은 저축률과 인구증가율, 인적 자본의 축적과 같은 요인들을 고려하지 않을 경우, 세계 75개국의 초기(1960년)의 소득수준과 이후 1965~1985년간의 일인당 성장률의 관계는 필자가 새로 작성한 〈그림 5〉와 유사한 형태의 그림으로 수렴화 현상이 발견되지 않는다는 점을 주장하였다.

그림 5 세계 75개국 일인당 성장률의 비수렴화

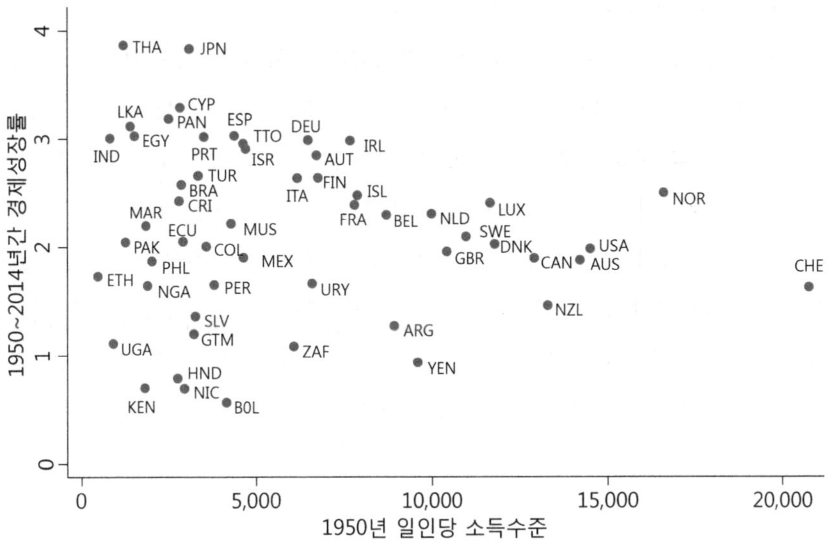

하지만 계량기법을 통해 투자율과 인구증가율이 일정하다는 전제조건에서는 가난한 나라의 소득증가율이 부유한 나라의 소득증가율보다 높다는 수렴화 현상을 발견하였다. 또한 교육에 따른 인적 자본이 수준이 일정하다는 전제조건하에서는 더욱 강한 수렴화 현상이 발견된다고 하였다.[5]

5 Mankiw, N. Gregory, Romer, David, and Weil, David N.(1992), "A Contribution to the Empirics

이런 결과는 일반적으로 수렴화 현상이 일어나는 경향이 있지만, 선진국들은 더욱 많은 투자, 낮은 인구증가율, 교육에 대한 보다 많은 투자를 통해 일인당 소득증가율을 가난한 나라보다 빨리 높임으로써 수렴화를 피할 수 있었다는 의미이다. 이는 또한 가난한 나라들이 물적 자본, 인적 자본에 대한 투자를 더욱 늘리고, 인구증가율을 낮춘다면 35년 이내에 선진국과의 소득 격차를 감소시키는 것이 가능하다는 의미이다. 바로 동아시아의 신흥공업국에서 이런 역사적 경험을 찾을 수 있다는 것이다.

최근의 연구는 수렴화가 소득수준이나 생산성 수준이 여러 특성변수의 영향에 따라 다양한 그룹으로 나타난다고 주장한다. 수렴화에 대한 보멀(Baumol) 등의 주장을 절대적 "수렴화(absolute convergence)" 가설이라고 한다면, 맨큐(Mankiw) 등의 주장은 "조건부적 수렴화(conditional convergence)" 가설이라고 한다. 하지만 또 다른 측면에서 몇 개 그룹의 국가들이 비슷한 성장패턴을 가질 때 "클럽 또는 그룹 수렴화(club or group convergence)" 가설이라고 한다.

수렴화의 연구는 그 분석대상이 더욱 확대되기도 하였다. 가령 Barro and Sala-i-Martin(1991, 1992)은 미국의 여러 주, 프랑스나 일본의 각 지역을 대상으로 수렴화 여부를 분석한 결과 무조건적인 수렴화 현상이 발생하고 있음을 발견했다.[6] 필자는 중국 각 성의 성장에서 3개의 그룹으로 수렴화 현상이 있음을 발견하였다.[7] 이런 연구결과는 한 국가 내의 각 지역은 투자, 인구증가 측면에서 비슷하므로 솔로우 모형이 시사하는 바와 같다고 할 수 있다. 수렴화의 연구대상은 이처럼 국가나 지역에 관한 연구에 그치지 않는다. 국가 간 교육수준의 수렴화, 정보통신 기술 수준의 수렴화 등 다양한 경제변수에 관한 연구에도 활용될 수 있다.[8]

---

of Economic Growth," *Quarterly Journal of Economics*, 107(2): pp. 407-437.

6 Barro, R. J. and Sala-i Martin, X.(1992). "Convergence," *Journal of Political Economy*, 100(2) pp. 223-251.

7 박승록 · 최두열(2012), "중국의 성별 1인당 국민소득의 수렴화에 대한 연구," 『동북아경제연구』, 제24권 제2호, pp. 249-286.

8 Seung Rok Park, Doo Yeol Chio and Pil Ky Hong(2015), "Club Convergence and Factors of Digital Divide across Countries," Special Issue on Creative Economy, *Technical Forecasting & Social Change*, Vol. 96, pp. 92-100.; Seung Rok Park and Doo Yeol Chio(2015), Convergence of Educational Attainment across the World Countries, Mimeo.

2. 수렴화 여부의 측정방법

지금까지 언급한 수렴화 논쟁의 근간에는 이를 어떻게 검증할 것이냐의 문제가 있다. 하지만 수렴화에 대한 논쟁뿐만 아니라 검정방법에서도 많은 연구결과가 있어서 본서에서 이를 모두 언급할 수는 없다.[9]

사실 경제성장에서 수렴화 논쟁을 가져온 성장모형은 솔로우의 신고전파 성장모형이다. 더욱 진전된 신성장이론에서는 수렴화에 대한 시사점을 찾을 수 없다. 연구목적에 따라 수렴화와 관련된 연구들은 매우 다양한 개념을 제공해준다. 우리가 자주 접하게 되는 수렴화에 대한 논의는 다음과 같은 분야이다.

첫째, 경제 내 수렴화와 경제 간 수렴화의 문제이다. 국가 간 경제성장률의 수렴화 논쟁이라면 경제 간 수렴화 논의이지만, 경제 내에서의 수렴화란 한국의 광역자치단체 간, 미국의 각 지역, 중국의 각 성별 경제성장률 또는 소득수준에서의 수렴화라고 할 수 있다.

둘째, 경제성장률과 소득수준에서의 수렴화와 관련된 수렴화의 개념이다. 솔로우의 성장모형에 의하면 기술진보를 위해서는 어떤 대가를 지불하지 않아도 되며, 모든 나라는 기술변화로부터 같은 편익을 얻는다는 조건에서 기술진보의 기회를 동일하게 누리게 된다. 따라서 정상상태에서는 같은 성장률로 성장하게 되므로 성장률에서의 수렴화가 일어난다. 모든 나라가 같은 생산함수를 갖는다면 정상상태에서의 소득수준 또한 같다는 의미이기 때문에 소득수준에서의 수렴화라는 개념을 얻을 수 있게 된다.

셋째, 베타 수렴화(β-convergence)와 시그마 수렴화(σ-convergence)의 개념이다. 분석대상 기간 초기의 소득수준이 높을수록 경제성장률이 낮아진다는 점에서 경제성장률과 초기 소득수준의 관계는 부(−)의 관계를 갖는다는 것이 베타 수렴화의 의미이다. 반면 분석대상 초기 소득수준이 광범위하게 분포되어 분산이 컸으나 수렴화가 일어난다면 이런 분산이 작아질 것이란 의미에서 분산의 변화를 비교하는 검증방법이 시그마 수렴화이다.

9 수렴화 여부를 판단하기 위한 다양한 방법론들의 발전이 이루어졌는데 이에 대한 자세한 서베이 논문은 다음 논문을 참조. Nazrul Islam(2003), "What have We Learnt from the Convergence Debate?," *Journal of Economic Survey*, Vol. 17, Issue 3, pp. 309-362.

넷째, 전체적인 수렴화이냐, 국지적인 수렴화이냐의 개념이다. 분석대상인 모든 국가의 소득수준, 생산성 수준, 경제성장률과 같은 변수에서의 수렴화라면 전체적 수렴화이다. 하지만 이들이 특정 그룹별로 비슷한 성장경로를 가진다면 국지적 수렴화가 이루어진다는 것이다.

그 외에도 무조건적(절대적)인 수렴화이냐, 조건부적인 수렴화이냐의 개념, 소득수준의 수렴화이냐 총요소생산성 수준에서의 수렴화이냐의 문제 등이 언급되고 있다.

본 장에서는 다만 수렴화와 관련된 몇 가지 의미와 더불어 실증분석에 더욱 쉽게 적용 가능한 방법론을 중심으로 서술하고자 한다. 수렴화 여부를 테스트 방법 가운데 베타 테스트와 시그마 테스트는 기본개념의 이해를 위한 서술만을 하고, 현실적으로 더욱 진전된 분석방법인 후자의 방법에 대해 자세히 살펴보고자 한다.

(1) 수렴화 현상에 관한 선행연구

여기서는 다양한 경제변수를 대상으로 수렴화 현상을 분석한 선행연구들을 살펴보고자 한다. 많은 연구가 산업 수준에서 노동생산성, 총요소생산성과 같은 변수의 수렴화 여부를 살펴보고 있다. 대부분 OECD 회원국을 상대로 한 것이지만 분석기간, 분석국가, 분석지표 등에 따라 다양한 연구가 시도되고 있음을 알 수 있다.

Madsen et al.(2011)은 19개 OECD 국가를 대상으로 1870~2006년간의 데이터를 분석한 결과 베타 수렴화, 시그마 수렴화의 강한 증거를 발견하였고, 이런 수렴화는 국내 R&D, 국제간 R&D의 파급효과, 금융의 발달 때문에 촉발된 것이라고 분석하였다.[10] Frantzen(2007)는 OECD 국가의 여러 제조업에 있어서 1970~1995년간 총요소생산성(TFP)의 수렴화 문제를 연구한 결과 조건부적인 베타 수렴화, 시그마 수렴화와 실제적인 추격현상을 발견하였다.[11] 하위 제조업 분야에서 이런 수렴화 현상은 국가 간 제조업의 특화, 연구개발의 특화에 의한 것으로 분석하였다.

Lee(2009)는 1975~2004년간 25개 국가의 제조업과 서비스업에 있어서 무역, 외

10 Madsen, Jakob B. and Isfaa Timol(2011), "Long-Run Convergence in Manufacturing and Innovation-Based Models," *Review of Economics and Statistics*, Vol. 93, No. 4, pp. 1155-1171.

11 Frantzen, Dirk(2007), "Technical Diffusion, Productivity Convergence and Specialization in OECD Manufacturing," *International Review of Applied Economics*, Vol. 21, No. 1, pp. 75-98.

국인 투자와 장기적인 생산성의 수렴화에 관한 연구이다.[12] 외국인 투자 파트너보다는 무역 파트너 간에 빠른 수렴화 현상을 관찰하였다. 서비스업에서는 수렴화 현상이 크게 나타나지 않고, 제조업에서 강하게 나타나는데, 무역이 특히 장기적인 생산성 수렴화에 있어서 중요한 요인이라고 하였다.

Frantzen(2004)는 1970~1995년간 OECD 국가의 하위 제조업에서 국제적인 기술확산을 통한 총요소생산성 수렴화 문제를 연구하였다.[13] 모든 산업에서 조건부적인 수렴화 현상이 관찰되었고 상당한 추격 효과가 존재하는 것으로 분석하였다. Frantzen(2003)은 1975~1995년간 주요 OECD 국가에서 기술확산에 의한 제조업 생산성의 수렴화 여부를 검증하여 초기 기술격차가 제조업의 수렴화 여부에 큰 영향을 미치고 있음을 발견하였다.[14]

Wu(2009)는 17개 OECD 국가를 대상으로 노동생산성의 베타, 시그마 수렴 여부를 검증하였다. 전체 제조업 수준에서는 생산성의 수렴화 징후가 보이지 않으나, 하위 산업 수준에서는 수렴화 현상을 발견하였다.[15] Freeman and Yerger(2001)는 1950~1998년간 8개 OECD 국가의 제조업 노동생산성이 수렴하고 있음을 발견하였다.[16] 분석에 사용한 데이터가 큰 영향을 미치고 있음을 지적하고 있다. Carree et al.(2000)은 1972~1992년간 18개 OECD 국가의 제조업에서 노동생산성의 베타, 시그마 수렴화 여부를 파악하여 산업간 많은 차이가 있음을 발견하였다.[17] 이런 차이는 추격을 방해하는 지식과 자본이란 장벽 때문으로 나타났다.

Bernard and Jones(1996)는 1970~1987년간 14개 OECD 국가의 노동생산성과

---

12 Lee, Jaehwa(2009), "Trade, FDI, and Productivity Convergence: A Dynamic Panel Data Approach in 25 Countries," *Japan and the World Economy*, Vol. 21, No. 3, pp. 226-238.

13 Frantzen, Dirk(2004), "Technological Diffusion and Productivity Convergence: A Study for Manufacturing in the OECD," *Southern Economic Journal*, Vol. 71, No. 2, pp. 352-376.

14 Frantzen, Dirk(2003), "Technological Diffusion and Manufacturing Productivity Convergence: A Disaggregate Study for the OECD," *International Review of Economics and Business*, Vol. 50, No. 2, pp. 221-248.

15 Wu, Xiaoyu(2009), "Productivity Convergence at the Disaggregate Levels," *Economics Bulletin*, Vol. 29, No. 4, pp. 2505-2516.

16 Freeman, Donald G. and David B. Yerger(2001), "Interpreting Cross-Section and Time-Series Tests of Convergence: The Case of Labor Productivity in Manufacturing," *Journal of Economics and Business*, Vol. 53, No. 6, pp. 593-607.

17 Carree, M. A., Klomp, Luuk. and Thurik, A. Roy(2000), "Productivity Convergence in OECD Manufacturing Industries," *Economics Letters*, Vol. 66, No. 3, pp. 337-345.

총요소생산성의 수렴화 현상을 분석하여 제조업에서는 노동생산성과 총요소생산성에서 수렴화의 증가가 부족하나, 서비스 부문에서는 수렴화 현상이 발견된다고 하였다.[18] Andrew and Jones(1996)는 1970~1987년간 14개 OECD 국가 간 산업 수준에서 생산성의 수렴화 현상을 분석하여 서비스 부문에서는 수렴화 현상을 발견했으나, 제조업 부문에서는 의미 있는 수렴화 현상을 발견하지 못하였다.

Pfaffermayr(2004)는 1985~1998년간 유럽의 99개 산업에 대한 생산성의 수렴 현상을 발견하였다. 생산성 격차의 절반 정도는 평균적으로 10~15년 이내에 추격되는 것으로 분석하였다.[19] Kakamu et al.(2006)은 일본 제조업의 노동생산성을 마르코프 전환 행렬을 이용하여 분석한 결과 장기적으로 수렴화하는 현상을 발견하였다.[20] Jones(1996)는 1963~1989년간 미국의 주별 노동생산성 수렴의 원인을 규명하여 산업별로 다양한 수렴화가 발생하고 있으며, 제조업과 광업에서 노동생산성의 수렴화 현상을 발견하였다.[21]

Martin and Mitra(1999)는 1967~1992년간 여러 국가의 발전단계에 따라 농업부문과 제조업 부문의 총요소생산성 증가율에서 수렴화 현상을 분석하여 농업부문의 생산성 증가율이 제조업보다 높다는 현상을 발견하였다.[22] 농업부문의 이런 높은 생산성 증가율은 국제간 농업부문에서의 혁신이 확산되면서 일어난 것으로 농업부문에서의 연구개발 투자가 매우 주요 요인이었음을 보여주고 있다.

수렴화의 검증방법이 발전한 이후에는, 특히 국가 간 소득 수렴화 현상에 대한 주제가 수많은 이론적, 실증적 연구들을 촉발했다. 여기에는 크게 국가 간 소득 수렴에 관한 연구(Ben-David, 1994; Greasley and Oxley, 1997; Rassekh et al.(2001), 특정 국가 내 지역 간 또는 특정 국가 그룹 간의 수렴화 연구(Carlino and Mills, 1996; Zhang

---

18 Bernard, Andrew B. and Charles I. Jones(1996), "Comparing Apples to Oranges: Productivity Convergence and Measurement across Industries and Countries," *American Economic Review*, Vol. 86, No. 5, pp. 1216-1238.

19 Pfaffermayr, Michael(2004), "Convergence in Structure and Productivity in European Manufacturing?" *German Economic Review*, Vol. 5, No. 1, pp. 61-79.

20 Kakamu, Kazuhiko and Mototsugu Fukushige(2006), "Productivity Convergence of Manufacturing Industries in Japanese MEA," *Applied Economics Letters*, Vol. 13, No. 10, pp. 649-653.

21 Jones, Charles I.(1996), "Productivity and Convergence across U.S. States and Industries," *Empirical Economics*, Vol. 21, No. 1, pp. 113-135.

22 Martin, Will and Devashish Mitra(1999), "Productivity Growth and Convergence in Agriculture and Manufacturing," The World Bank, Policy Research Working Paper Series: 2171.

et al., 2001; Dobson and Ramlogan, 2002; Linden, 2002; Lee et al., 1998) 그리고 수렴화 여부를 판단하기 위한 다양한 방법론들의 발전이 포함된다.[23]

이와 같은 수렴화의 형태나 수렴 여부를 판단하기 위한 방법론의 발전 외에도 수렴화를 가져오는 원인이 무엇인가에 관한 연구에서도 많은 진전이 있었다. 수렴화의 원인에 관한 선행연구들은 다음과 같은 요인들을 제시하고 있다.

첫째는 무역 또는 개방화에 따라 수렴화가 이루어진다는 주장이다. 개방화에 따른 무역증대를 통해 지식 자본이 확산함으로써 국가 간 지식 자본의 수준이 같은 수준이 되면서 소득수준이 수렴화한다는 주장(Ben-David and Kimhi, 2000; Ben-David, 1993, 1996, 2001)이다.[24]

반대로 무역자유화는 소득수준의 비 수렴화 현상을 가져온다는 주장도 있다 (Slaughter, 1997, 2001).[25] 또한 특정 조건에서 수렴화, 비 수렴화 현상이 나타난다 (Hallet and Piscitelli, 2002)고 하기도 한다.[26] 더 광범위한 개방화 즉, 글로벌리제이션

---

23 Ben-David, D.(1994), Convergence clubs and diverging economies, Working paper, Ben Gurion University.; Greasley, D. and Oxley, L.(1997), "Time-series based tests of the convergence hypothesis: some positive results," *Economics Letters*, 56, pp. 143-147.; Rassekh, F., Panik, M. J. and Kolluri, B. R.(2001), "A test of convergence hypothesis: the OECD experience, 1950~1990," *International Review of Economics and Finance*, 10, pp. 147-157.; Carlino, A. G. and Mills, L.(1996), "Testing neoclassical convergence in regional incomes and earnings," *Regional Science and Urban Economics*, 26, pp. 565-590.; Zhang, Z., Liu, A. and Yao, S.(2001), "Convergence of China's regional incomes 1952~1997," *China Economic Review*, 12, pp. 243-248.; Dobson, S. and Ramlogan, C.(2002), "Convergence and divergence in Latin America, 1970~1998," *Applied Economics*, 34, pp. 465-470.; Linden, M.(2002), "Trend model testing of growth convergence in 15 OECD countries, 1946~1997," *Applied Economics*, 34, pp. 133-142.; Lee, M., Longmire, R., Matyas, L. and Harris, M.(1998), "Growth convergence: some panel data evidence," *Applied Economics*, 30, pp. 907-912.

24 Ben-David, D. and Kimhi, A.(2000), Trade and the rate of income convergence, NBER Working Paper 7642, April.; Ben-David, D.(1993), "Equalizing exchange: trade liberalization and income convergence," *Quarterly Journal of Economics*, August, pp. 653-679.; Ben-David, D.(1996), "Trade and convergence among countries," *Journal of International Economics*, 40, pp. 279-298.

25 Slaughter, M. J.(1997), Per capita income convergence and the role of international trade, NBER Working Paper 5897.; Slaughter, M. J.(2001), "Trade liberalization and per capita income convergence: a difference-in-difference analysis," *Journal of International Economics*, 55, pp. 203-228.

26 Hallet, A. H. and Piscitelli, L.(2002), "Does trade integration cause convergence?," *Economics Letters*, 75, pp. 165-170.

이 수렴화의 원인이라는 연구(Jose Villaverde and Adolfo Maza, 2011)도 있다.[27]

둘째는 인적 자본의 축적과 관련이 있다는 주장이다. 내생적 성장이론의 주창자들은 인적 자본이 경제성장의 중요한 결정요인이라고 강조하므로 인적 자본이 소득수렴화의 요인(Lucas, 1988)이라고 주장한다. 기술에 대한 투자를 통해 인적 자본이 증대하게 되면 인당 소득이나 경제성장률의 수렴화가 이루어진다(Tamura, 1991)는 것이다.[28]

셋째는 생산요소의 이동성(factor mobility)이 소득수준의 수렴화 원인이라는 주장(Razin and Yuen, 1997)도 있다.[29] 자본의 이동성은 이자율, 성장률, 소득수준에 있어서 수렴화를 가져온다는 것이다. 다른 한편으로 인적 자본의 이동성 역시 수렴화를 촉진한다고 볼 수 있다. 다국적 기업의 진출 역시 외국기술의 습득을 쉽게 함으로써 인적 자본의 축적에 기여해서 수렴화를 촉진할 수 있다. 또한 외국인 투자(FDI)는 자본의 이동성을 증대시킴으로써 수렴화를 가져오는 요인이 될 수도 있다.

넷째는 연구개발 활동이 수렴화의 원인이라고 주장한다. Mohammad Ashraf and Khan A. Mohabbat(2010)은 OECD 30개 국가와 미국의 주에 관한 연구에서 연구개발 활동이 일인당 생산량의 수렴화에 기여한다고 하였다.[30]

(2) 베타 테스트와 시그마 테스트

많은 연구는 그동안 수렴화 여부를 분석하기 위한 계량경제학적 방법으로 Barro and Sala-i-Martin(1991, 1992)이 개발한 베타 테스트(β-test) 방법과 시그마 테스트(σ-test) 방법에 의존하였다.[31]

베타 테스트는 분석 대상 주체가 되는 패널 자료 구성원들의 분석대상 자료, 가

27 Jose Villaverde and Adolfo Maza(2011), "Globalisation, Growth and Convergence," *The World Economy*, pp. 952-971.

28 Tamura, R.(1991), "Income convergence in an endogenous growth model," *Journal of Political Economy*, 99, pp. 522-540.

29 Razin, A. and Yuen, C. W.(1997), "Income convergence within and economic union: the role of factor mobility and coordination," *Journal of Public Economics*, 66, pp. 225-245.

30 Mohammad Ashraf and Khan A. Mohabbat(2010), "Output Convergence and the Role of Research and Development," *Annals of Economics and Finance* 11-1, pp. 35-71.

31 Barro, R. J. and Sala-i-Martin, X.(1992), "Convergence," *Journal of Political Economy*, Vol. 100, No. 2, pp. 223-251.

령 소득이나 생산성 수준 또는 증가율이 각 변수의 평균으로 회귀하는지를 살펴보는 방법이다. 가열 소득수준에서 수렴화가 일어난다면 소득의 초깃값과 경제성장률 간의 회귀계수가 음(-)의 값을 가지면 수렴한다고 판단하는 것이다.

그 다음으로 시그마 테스트 방법은 패널 자료에서 시계열의 횡단면 분산이 시간이 지남에 따라 점차 감소하는지를 통해 수렴화를 판단하는 방법이다.

이 두 방법은 서로 연관되어 있는데 베타 테스트에 의해 수렴화가 일어날 때, 이는 시그마 테스트에 의한 수렴화가 일어나기 위한 필요조건이 된다. 그런데 문제는 실제 수렴화가 일어나지 않는 경우라도 베타 테스트에 의하면 수렴화가 일어나는 것으로 평가할 수 있다는 것이다.[32] 따라서 실제로는 몇 개의 그룹으로 나누어져 수렴하는 경우 이 방법에 의하면 실제 수렴화 현상이 존재함에도 수렴화 현상이 없다고 판단할 가능성이 있다.

(3) Quah의 테스트

1) 방법론

Quah(1993)는 베타 수렴과 시그마 수렴 테스트 방법과 같은 전통적인 수렴화 테스트를 위한 방법론들이 경제변수의 평균으로 나타나는 대표(representative)국가에 대한 여타 국가들의 소득의 움직임에 대해 분석하고 있으므로 경제변수의 계층화, 양극화 등에 대해 분석을 할 수 없다고 비판하고 이를 분석하기 위해 비모수적인 방법론을 제시하였다.[33]

Quah(1993)는 이러한 방법론을 국가별 일인당 국민소득에 적용한 바 있으며, 이후 유사한 많은 연구가 국민소득의 수렴화 검증을 위해 이 방법론을 사용했다. 이 방법은 단기간 시계열 자료로부터 양극화 및 계층화 여부에 대한 분석이 가능하고, 비모수적인 방법을 사용하며, 향후 실현될 것으로 예상하는 경제상태의 특징에 대한 추정이 가능하다는 점에서 베타 수렴이나 시그마 수렴 테스트 방법에 비하여 많은

---

32 De Long, J. B.(1988), "Productivity Growth, Convergence and Welfare: Comment," *American Economic Review*, Vol. 78, No. 5, pp. 1138-1154.; Quah, D.(1993), "Empirical cross-section dynamics in economic growth," *European Economic Review*, Vol. 37, pp. 426-434.

33 Quah, D.(1993), "Empirical cross-section dynamics in economic growth," *European Economic Review*, Vol. 37, pp. 426-434.

장점이 있다.

Quah(1993)의 수렴화 검증 방법론을 설명하면 다음과 같다. 경제변수의 분포를 결정하는 프로세스는 1차 마르코프 프로세스를 따른다는 가정 아래 일정 시점에서 국가별 경제변수의 분포상태 공간(state space)을 이산화(離散化: discretize), 즉 몇 개의 구간으로 나눈다.

그러면 이산화된 상태 공간에 대한 이산 확률질량함수(probability mass function), F_t와 이와 결부된 전이계수 행렬(transition coefficient matrix), M을 얻을 수 있다. 여기서 전이계수 행렬 M의 각 행은 만약 어떤 경제가 그 행에 해당되는 상태(state)에 있다면 차기에 어떤 상태로 이행할 것인지를 나타내는 확률질량함수 행렬이다.[34]

그러면 t기와 $t-1$기의 확률 질량 함수는 전이계수행렬 M을 사용하여 $F_t = M' F_{t-1}$으로 나타낼 수 있으며 s기 앞의 확률질량함수는 아래와 같이 나타낼 수 있다.

$$F_{t+s} = (M^s)' F_t \quad \cdots\cdots 1$$

마찬가지 방법으로 장기 확률질량함수(long-run ergodic mass function)는 아래와 같이 구할 수 있다.

$$F_\infty = M' F_\infty \quad \cdots\cdots 2$$

이렇게 얻어진 장기 확률질량함수의 확률분포를 "얼고딕 분포(ergodic distribution)"라 한다. 얼고딕 분포는 실제 실현될 경향이 있는 특징들을 나타낸다고 할 수 있다. 얼고딕 분포와 수렴화와의 관계는 F_{t+s}가 특정 구간으로 모이는 경향이 있을 때 분석변수에서 수렴화 현상이 일어난다고 해석한다. 〈그림 6〉은 가능성 있는 얼고딕 분포를 나타내는데, 분석변수들이 하위그룹으로 수렴하거나(one peak at the lowest ranks). 평균치 부근으로 수렴하거나(one peak near the average), 양극단으로 수렴하거

34 확률질량함수(probability mass function)는 이산확률변수에서 특정 값에 대한 확률을 나타내는 함수로서 이 함수는 연속확률변수에서의 확률밀도함수(probability density function)와 대응되는 개념이다.

나(bipolar), 두 부분으로 수렴(two peaks)하게 된다.

이처럼 Quah(1993)는 초기분포와 얼고딕 분포를 비교함으로써 경제변수의 수렴화 여부를 판단할 수 있다는 방법론을 제시함으로써 마르코프 전환(Markov process)을 이용한 확률 통계상의 개념인 얼고딕 분포와 경제변수의 수렴화 분석방법론을 연결하고 있다. 실증분석에 있어서 Quah(1993)는 얼고딕 분포의 구간을 경험적으로 5개의 구간으로 나누어 이산화한다.

얼고딕 분포의 형태는 Togo(2002)에 의하면 〈그림 6〉에서와 같이 4가지 형태 중 하나로 나타나는 것이 일반적이다.[35] 초기분포와 얼고딕 분포를 비교함으로써 수렴화의 형태가 이 중의 하나로 나타남을 파악할 수 있게 한다.

초기분포와 얼고딕 분포의 비교를 통해서도 수렴화에 대한 의미를 찾을 수 있다. 〈그림 6〉에서 점선은 초기분포, 실선은 얼고딕 분포를 나타낸다.

그림 6 초기분포, 얼고딕 분포와 규모변화에 대한 의미

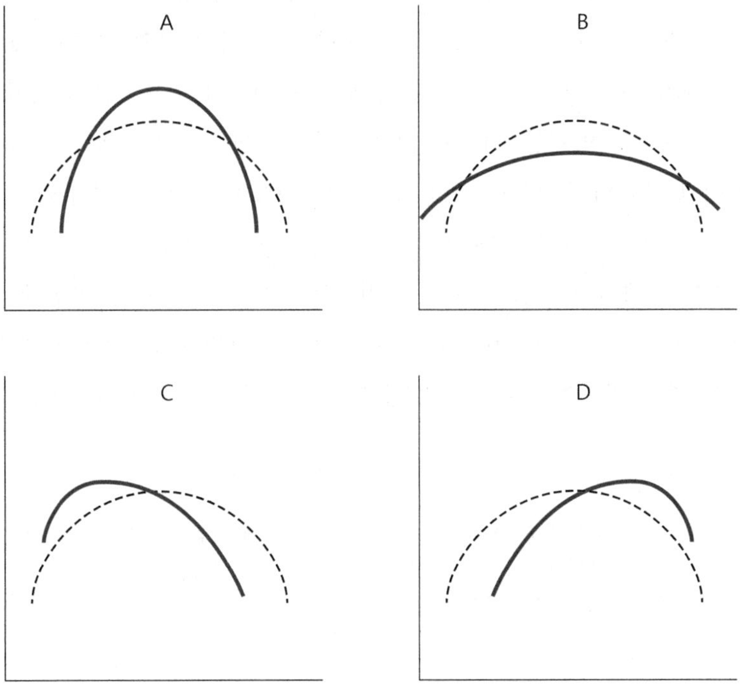

35 Togo, Ken(2002), "Productivity convergence in Japan's manufacturing industries," *Economics Letters*, 75, pp. 61-67.

이 중 A의 경우는 경제변수 수준에서의 하위그룹과 상위그룹이 모두 평균치 부근의 규모로 수렴하는 현상이 일어나는 경우이다. 국민소득 수준을 예로 든다면 소득수준에서 전형적인 추급이 일어나고 있는 모습을 보여준다. B의 경우는 경제변수에서 규모가 작은 그룹과 큰 그룹의 빈도수가 증가하고 있다는 점에서 격차가 확대되는 모습이다. C의 경우는 규모가 작은 그룹으로 수렴화가 이루어지는 모습이다. 국민소득 수준을 예로 들면 이때에는 경제 규모가 절대적으로 큰 소수의 국가가 나타나는 상태를 말한다. 그리고 마지막 D의 경우는 전반적으로 경제 규모가 큰 그룹으로 이동하는 형태의 추격과정을 보여준다.[36]

2) 세계 일인당 GDP의 장기적 분포 사례

전술한 Quah의 방법론에 따라 1970~2014년간 세계 국별 일인당 GDP의 분포에서 어떤 장기적 변화가 관찰되고 있는가를 살펴보자. 세계 전체 평균소득 수준 대비 국별 소득수준의 비율(전이계수)을 5개 구간으로 나누어 두 시점 간의 분포를 계산하면 이것이 바로 전이행렬이 된다.[37] 이 전이행렬이 장기적으로 어떻게 수렴할 것인가를 나타내는 것이 바로 얼고딕 분포이다. 따라서 초기의 분포와 얼고딕 분포를 비교하게 되면 장기적으로 소득수준의 분포가 변화하는 모습을 파악할 수 있다.

아래 사례에서는 일인당 GDP의 분포와 총요소생산성 수준의 분포에서의 변화를 동시에 비교하기 위해 1970~2014년간 일인당 GDP와 총요소생산성 수준에 대한 자료가 존재하는 82개 국가를 대상으로 장기적 분포의 변화를 살펴보고 있다.[38]

아래 분석 사례의 결과를 구해서 초기분포와 얼고딕 분포를 비교한 도표를 보면, 전체 분석대상국 평균소득에서 차지하는 비중이 하위 1그룹의 국가의 빈도가 낮아지고 상위수준의 비중이 높아지는 현상을 발견할 수 있을 것이다. 이는 제도와 생

---

36 실증분석 사례로서는 다음 참조. 박승록·최두열(2013), "세계 기업 생산성의 추격-피 추격에 관한 연구," 『생산성논집』, 제27권 제3호, pp. 193-234.

37 Quah의 방법론에서는 경험적으로 5개 구간으로 나누는 것을 선호하고 있으며, 그 구간은 전이계수 값 기준으로 0.25 이하, 0.23~0.5, 0.5~1, 1~2, 2 이상의 구간으로 나누고 있다. 필자의 경험으로 이런 구간으로 구분하는 것이 자료분포의 특성을 잘 나타내주는 것으로 판단되었다. 하지만 이런 구간 구분은 절대적인 것은 아니며, 분석자의 필요에 따라 조정할 수 있다고 본다.

38 구체적 계산방법은 다음 논문 참조. Bianco, Silvia Dal(2010), *Alternative hypotheses of cross-country convergence, A non-parametric analysis of manufacturing sectors*, Mimeo, University of Pavia.

산성에 관한 장에서 설명했던 바와 같이 많은 나라가 높은 소득수준으로 성장하면서 지난 40~50년간 "경제성장의 재난"보다는 보다 많은 "경제성장의 기적"을 경험하고 있다는 사실을 보여주는 것이다.

STATA 사례 3-5 **Quah의 방법을 이용한 소득수준 수렴화 검증**

```
* ***************************************************
* 국별 일인당 소득수준의 장기적 분포
* ***************************************************

use gdptfp, clear

generate group1=0
replace  group1=1 if rgdp1970<0.25
replace  group1=2 if rgdp1970>=0.25  & rgdp1970<0.5
replace  group1=3 if rgdp1970>=0.5   & rgdp1970<1
replace  group1=4 if rgdp1970>=1     & rgdp1970<2
replace  group1=5 if rgdp1970>=2

generate group2=0
replace group2=1 if rgdp2014<0.25
replace group2=2 if rgdp2014>=0.25 & rgdp2014<0.5
replace group2=3 if rgdp2014>=0.5  & rgdp2014<1
replace group2=4 if rgdp2014>=1    & rgdp2014<2
replace group2=5 if rgdp2014>=2

tabulate group1 group2, row

* 전이행렬 만들기
tabulate group1 group2, row matcell(a)
*matrix list a
matrix unit=(1₩1₩1₩1₩1)
matrix sumrow=a*unit

svmat sumrow, names(sumcol)
svmat a, names(y)

forvalues j= 1(1)5 {
   generate r`j'=y`j'/sumcol1
                  }

keep sumcol y1-y5 r1-r5
keep if _n<=5

mkmat r1-r5, matrix(m)
matrix list m, format(%8.3f)
```

```
* 얼고딕 행렬 구하기
*According Bianco(2010), pp.11-12
matrix d = (1,1,1,1,1)
matrix iden = diag(d)
matrix list iden

* Make b matrix
matrix b = (0,0,0,0,1)
matrix list b

matrix mm=m'
matrix list m

matrix bb=iden-mm
matrix list bb

forvalue k=1(1)5 {
  matrix bb[5,`k']=1
                 }

matrix ergodic= inv(bb)*b'
matrix list ergodic, format(%8.4f)
svmat ergodic, names(ergodic)

quietly summarize sumcol1
scalar num=r(sum)
gen initial=sumcol1/num

* 초기분포와 얼고딕 분포 그래프
gen group=_n
ren ergodic1 ergodic
twoway (line initial group) (line ergodic group)
```

3) 세계 총요소생산성 수준의 장기적 분포 사례

일인당 소득수준의 장기적인 분포의 변화를 살펴보는 것과 같은 방법으로 82개 국가의 총요소생산성 수준에서의 분포에는 어떤 변화가 관찰되는지를 다음 사례를 통해 살펴보고자 한다. 국별 총요소생산성 수준은 미국을 1로 하였을 때의 상대적인 생산성 수준자료로서 역시 세계평균에 대한 각국의 생산성 수준을 기준으로 5개 구간으로 나누어 전이행렬을 구하고, 이로부터 장기적인 분포의 변화를 관찰할 수 있는 얼고딕 분포를 계산하였다.[39]

총요소생산성 수준의 초기분포는 장기적인 분포와 비슷하게 중간수준의 총요소생산성 수준을 가진 나라의 빈도가 많지만 점차 가장 하위 그룹인 1번째 그룹의 빈도는 낮아지고, 상위 4번째 그룹의 빈도가 높아지는 모습을 확인할 수 있을 것이다.

STATA 사례 3-6 Quah의 방법을 이용한 생산성 수준 수렴화 검증

```
* ****************************************************
* 국별 총요소생산성 수준의 장기적 분포
* ****************************************************

use gdptfp, clear

generate group1=0
replace  group1=1 if rtfp1970<0.5
replace  group1=2 if rtfp1970>=0.5  & rtfp1970<0.8
replace  group1=3 if rtfp1970>=0.8  & rtfp1970<1.2
replace  group1=4 if rtfp1970>=1.2  & rtfp1970<2
replace  group1=5 if rtfp1970>=2

generate group2=0
replace group2=1 if rtfp2014<0.5
replace group2=2 if rtfp2014>=0.5 & rtfp2014<0.8
replace group2=3 if rtfp2014>=0.8 & rtfp2014<1.2
replace group2=4 if rtfp2014>=1.2 & rtfp2014<2
replace group2=5 if rtfp2014>=2

summ group1 group2
tabulate group1 group2, row
```

39 여기에서 필자는 전이계수 값의 구간을 0.5 이하, 0.5~0.8, 0.8~1.2, 1.2~2, 2 이상의 5개 구간으로 나누었다.

```
* 전이행렬 만들기
tabulate group1 group2, row matcell(a)
*matrix list a
matrix unit=(1₩1₩1₩1₩1)
matrix sumrow=a*unit

svmat sumrow, names(sumcol)
svmat a, names(y)

forvalues j= 1(1)5 {
    generate r`j'=y`j'/sumcol1
               }

keep sumcol y1-y5 r1-r5
keep if _n<=5

mkmat r1-r5, matrix(m)
matrix list m, format(%8.3f)

* 얼고딕 행렬 구하기
*According Bianco(2010), pp.11-12
matrix d = (1,1,1,1,1)
matrix iden = diag(d)
matrix list iden

* Make b matrix
matrix b = (0,0,0,0,1)
matrix list b

matrix mm=m'
matrix list m

matrix bb=iden-mm
matrix list bb

forvalue k=1(1)5 {
  matrix bb[5,`k']=1
                 }

matrix ergodic= inv(bb)*b'
matrix list ergodic, format(%8.4f)
svmat ergodic, names(ergodic)

quietly summarize sumcol1
scalar num=r(sum)
gen initial=sumcol1/num

* 초기분포와 얼고딕 분포 그래프
gen group=_n
ren ergodic1 ergodic
twoway (line initial group) (line ergodic group)
```

(4) 필립스-설 테스트

1) 방법론

앞서 살펴본 수렴화 현상의 검증을 위한 초기 방법론의 문제점을 해결할 수 있는 새로운 방법이 개발되었다. 이것이 바로 최근 많은 연구에서 활용되고 있는 Phillips and Sul(2007)에 의해 개발된 수렴화 테스트 방법이다.[40]

이 방법은 분석대상인 시계열에 대해서 안정성(stationarity)을 가정하지 않을 뿐만 아니라 가변 비선형 요인모형(general form of nonlinear time-varying factor model)을 사용하기 때문에 여러 형태의 수렴화 가능성에 적용할 수 있는 아주 유연한 방법이다. Barro and Sala-i-Martin(1991, 1992)의 방법론보다 이 방법론의 가장 큰 장점은 서로 다른 균형점으로 수렴하는 여러 수렴 그룹을 선별해 낼 수 있다는 점이다.

수렴화 관련 검증방법으로 필립-설의 방법론은 최근 많은 연구에서 활용도가 증가하고 있고, 본서의 다른 장에서도 비슷한 사례연구를 살펴볼 것이다.

경제변수들이 그룹별 수렴화 여부는 다음과 같은 절차에 의해 이루어질 수 있다. 보다 전문적이고 자세한 내용은 원전이나 최근 이 방법을 활용하는 많은 연구에서 찾을 수 있다.[41]

---

40 Phillips, P. C. B. and D. K. Sul(2007), "Transition Modeling and Econometric Convergence Tests," *Econometrica*, Vol. 75 No. 6, pp. 1771-1855.

41 박승록 · 최두열(2012), "중국의 성별 일인당 국민소득의 수렴화에 대한 연구," 『동북아경제연구』, 제24권 제2호, pp. 249-286.; Seung Rok Park, Doo Yeol Chio and Pil Ky Hong(2015), "Club Convergence and Factors of Digital Divide across Countries," Special Issue on Creative

① 마지막 관측치 값의 크기순서대로 배열(ordering): 패널 데이터에 있어서 마지막 시기의 관측치 값을 기준으로 큰 순서대로 패널 데이터의 구성원들을 배열한다.

② 핵심그룹 구성(core group formation): 상위의 k개의 구성원들을 대상으로 하위 그룹(subgroup) G_k를 구성하고 $N > k \geq 2$인 k구성원들의 패널에 있어서 log t test의 t값을 극대화하는 구성원들을 선택하여 핵심그룹을 구성한다. 즉 t_k를 G_k를 대상으로 한 log t test의 t의 값이라고 했을 때 t_k를 극대화하는 구성원들로서 핵심그룹을 구성한다.

$$k^* = \arg\max_k \{t_k\} \quad s.t. \ \min t_k > -1.65 \quad \cdots\cdots \quad 3$$

③ 수렴 그룹 구성원 찾기(sieve individual for new club membership): 핵심그룹을 구성한 후 핵심그룹에서 포함되지 못한 구성원들을 하나씩 추가하면서 log t test의 t 값을 구한다. 그러한 log t test의 t값을 $\hat{t}$라고 하고 선택한 임곗값을 c라고 했을 때 $\hat{t} > c$을 충족시키는 구성원들만을 그룹 구성원으로 포함시킨다. 그리고 새로운 구성원들을 포함한 전체 그룹 구성원이 수렴하는가를 확인하기 위해 전체 구성원들을 대상으로 log t 테스트하여 $t_{\hat{b}} > -1.65$를 충족시키는지 확인한다.

④ 새로운 그룹 찾기 및 멈추기(recursion and stopping rule): 수렴하는 그룹이 또 존재하는지를 확인하기 위해 3단계에서 첫 번째 그룹에 속하지 않는 $\hat{t} < c$인 구성원 그룹을 대상으로 log t 테스트하여 $t_{\hat{b}}$값을 구한다. $t_{\hat{b}} > -1.65$ 여부를 확인하여 이들이 수렴하는지를 확인한다.

만약 제2단계에서의 $t_k > -1.65$를 충족시키는 하위그룹이 존재한다면 수렴그룹이 2개 이상 존재하는 것이며, 3단계 절차를 되풀이하여 두 번째 수렴 그룹 구성원들을 찾아낸 후 세 번째 수렴 그룹이 존재하는지를 확인하기 위해 제1단계에서부터 같은 작업을 반복한다. 만일 $t_k > -1.65$를 충족시키는 하위그룹이 존재하지 않는다면 이 패널 자료에는 하나의 수렴 그룹만이 존

Economy, *Technical Forecasting & Social Change*, Vol. 96 pp. 92-100.

재하는 것으로 보고 분석절차를 멈춘다.

2) 일인당 소득수준의 그룹 수렴화 사례

여기서는 1970~2014년까지 일인당 GDP 통계가 알려진 156개국을 대상으로 수렴화 여부를 검정하는 사례를 살펴보고자 한다. 우선 일인당 GDP는 HP Filter를 이용하여 필터링(filtering)된 자료를 이용하여 수렴화 여부를 평가하기로 하였다. 그리고 벤치마크 대상은 미국으로 하여 1로 하였다. 그 다음에는 수렴화 여부를 시각적으로 판단하기 위한 그래프를 그려보았다.

그 다음 일차적으로 그룹 수렴화 여부를 평가하였는데 4개 그룹으로 그룹 수렴화가 일어나는 것으로 나타났다. 그런데 추가적인 분석을 통해 인접한 그룹과의 그룹 수렴화 여부를 다시 평가하여 최종적으로 3개의 그룹별로 수렴화가 일어나는 것을 발견하였다.

Phillips and Sul(2007)의 방법론을 실증연구에 활용하기 위해 많은 연구자들은 이 논문의 필자인 설동규 교수가 제공한 GAUSS 코드를 이용하였으나, 최근 Kerri Du라는 중국 경제학자가 개발한 STATA 사용자 작성 프로그램을 이용하여 더욱 쉽게 테스트할 수 있게 되었다.[42]

STATA 사례 3-7 **Phillips and Sul(2007)의 방법을 이용한 소득수준 수렴화 검증**

```
* ****************************************************
* 세계 일인당 국민소득 그룹 수렴화 여부 검정
* 필립-설 테스트(Phillips- Sul Test)
* moremata를 설치

ssc install moremata, replace
mata mata mlib index

* C:WadoWpersonal내에 해당 모듈설치
* https://sites.google.com/site/kerrydu2016/home/stata-files
* ************************************************

use phillipstest, clear
```

42 https://sites.google.com/site/kerrydu2016/home/stata-files 참조.

```
encode countrycode, generate(ctr)

xtset ctr year

keep ctr country year pgdp group
xtbalance, rang(1970 2014) miss(pgdp)

gen lnpgdp=ln(pgdp)
gen bench=0
replace bench=1 if country=="United States"

pfilter lnpgdp, id(country) time(year) method(hp) trend(lnpgdp2) smooth(400)

local ll lp(solid) col(gray); lp(solid) col(red) lw(thick)
local ll `ll' lp(solid) col(blue) lw(thick); lp(solid) lw(thick)
col(red)
local ll `ll' lp(solid) lw(thick) col(blue)
local gopt "sch(sj) xlabel(1970(5)2015)"
tranpath lnpgdp2, id(country) time(year) lopt(`ll') gopt(`gopt')

local ll lp(solid) col(red) lw(thick); lp(dash) col(blue) lw(thick)
local gopt "sch(sj) xlabel(1970(5)2015)"
rtranpath lnpgdp2, id(country) time(year) over(group) against(bench)
lopt(`ll') gopt(`gopt')

local caption "OECD and Non-OECD transition paths relative to USA"
logtreg lnpgdp2, id(country) time(year) kq(0.333)

psecta lnpgdp2, id(country) time(year) kq(0.333) gen(club) noprt
mat b=e(bm)
mat t=e(tm)
mat result1=(b ₩ t)
matlist result1, border(rows) rowtitle("log(t)") format(%9.3f) left(4)

scheckmerge lnpgdp2, id(country) time(year) kq(0.333) club(club) mdiv
mat b=e(bm)
mat t=e(tm)
mat result2=(b ₩ t)
matlist result2, border(rows) rowtitle("log(t)") format(%9.3f) left(4)

imergeclub lnpgdp2, id(country) time(year) kq(0.333) club(club)
gen(finalclub) noprt
mat b=e(bm)
mat t=e(tm)
mat result3=(b ₩ t)
matlist result3, border(rows) rowtitle("log(t)") format(%9.3f) left(4)
```

3) 총요소생산성 수준의 그룹 수렴화 사례

여기에서는 1970~2014년간 총요소생산성 수준에 대한 자료가 존재하는 82개국을 대상으로 생산성 수준에서의 수렴화 여부를 검정하였다. 일인당 GDP의 수렴화 여부의 평가에서와 마찬가지로 HP Filter를 이용하여 필터링된 자료를 이용하여 수렴화 여부를 평가했다. 벤치마크 대상은 미국으로 하였다.

개괄적으로 수렴화 여부를 판단하기 위한 그래프를 그려보았다. 분석결과를 통해 총요소생산성 수준에서는 2개의 그룹으로 수렴화가 일어남을 확인할 수 있었다.

STATA 사례 3-8 Phillips and Sul의 방법을 이용한 생산성 수준 수렴화 검증

```
* ***************************************************
* 세계 총요소생산성 수준의 그룹 수렴화 여부 검정
* 필립-설 테스트(Phillips- Sul Test)
* ***************************************************

use phillipstest, clear
encode countrycode, generate(ctr)

xtset ctr year

keep ctr country year tfp group
xtbalance, rang(1970 2014) miss(tfp)

gen lntfp=ln(tfp)
gen bench=0
replace bench=1 if country=="United States"

pfilter lntfp, id(country) time(year) method(hp) trend(lntfp2) smooth(400)
```

```
local ll lp(solid) col(gray); lp(solid) col(red) lw(thick)
local  ll  `ll'  lp(solid)  col(blue)   lw(thick);  lp(solid)  lw(thick)
col(red)
local ll `ll' lp(solid)  lw(thick) col(blue)
local gopt "sch(sj)  xlabel(1970(5)2015)"
tranpath lntfp2, id(country) time(year) lopt(`ll') gopt(`gopt')

local ll  lp(solid) col(red) lw(thick); lp(dash) col(blue)  lw(thick)
local gopt "sch(sj)  xlabel(1970(5)2015)"
rtranpath  lntfp2,  id(country)  time(year)  over(group)  against(bench)
lopt(`ll') gopt(`gopt')

local caption "OECD and Non-OECD transition paths relative to USA"
logtreg lntfp2, id(country) time(year) kq(0.333)
psecta lntfp2, id(country) time(year) kq(0.333) gen(club) noprt
mat b=e(bm)
mat t=e(tm)
mat result1=(b ₩ t)
matlist result1, border(rows) rowtitle("log(t)") format(%9.3f) left(4)

scheckmerge lntfp2, id(country) time(year) kq(0.333) club(club) mdiv
mat b=e(bm)
mat t=e(tm)
mat result2=(b ₩ t)
matlist result2, border(rows) rowtitle("log(t)") format(%9.3f) left(4)

imergeclub   lntfp2,   id(country)   time(year)   kq(0.333)   club(club)
gen(finalclub) noprt
mat b=e(bm)
mat t=e(tm)
mat result3=(b ₩ t)
matlist result3, border(rows) rowtitle("log(t)") format(%9.3f) left(4)
```

『생산성의 경제학』 계량분석법

PART

04

제4부에서는 『생산성의 경제학』분야의 엄밀한 분석수단으로 광범위하게 활용되고 있는 계량분석 방법에 대해 살펴보고 있다.

제1장에서는 『생산성의 경제학』 계량분석의 기초개념이 되는 생산이론에 대해 살펴본다. 경제학에서 많이 언급되는 다양한 용어, 생산함수와 비용함수의 쌍대이론, 이윤함수와 관련된 내용을 설명한다.

제2장에서는 『생산성의 경제학』에서 실증분석에 필수적인 생산함수, 비용함수의 단일방정식 추정법, 연립방정식 추정법과 총요소생산성의 측정 방법에 관해 설명한다.

제3장에서는 『생산성의 경제학』에서 기술적 효율성의 측정을 위한 모수적 방법인 변경함수의 추정방법과 기술적 효율성 측정방법에 대해 설명한다. 패널 자료로부터 기술적 효율성의 다양한 확률분포 가정에 따른 여러 가지 변경생산함수 또는 변경비용함수 추정방법과 이로부터 기술적 효율성과 기술적 효율성 변화 정도를 측정하는 방법에 관해 설명한다.

제4장에서는 『생산성의 경제학』에서 규모의 경제효과, 순수한 기술변화, 기술적 효율성 변화, 배분적 효율성 변화로 구성된 총요소생산성 증가율의 측정 방법에 관해 설명한다. 변경생산함수와 변경비용함수를 이용하여 총요소생산성 증가율과 구성요인을 측정하는 방법에 대해 설명한다.

Economics of Productivity

생산이론의 기초개념

경제원론이나 미시경제학을 배운 독자들은 아마 생산이론의 기초개념에 대해 잘 알고 있을 것이다. 본 장에서는 『생산성의 경제학』을 계량경제학적으로 분석하는 데 필요한 기초개념에 관해서 설명하고자 한다.[1]

생산이론의 기초개념에 속하는 경제학 용어로는 대표적으로 다음과 같은 것들이 있다. 생산함수, 등생산량 곡선, 한계생산물, 한계기술 대체율, 요소투입의 산출 탄력성, 요소투입의 대체 탄력성, 규모의 경제와 규모의 비경제, 규모에 대한 수확체감과 체증, 규모에 대한 수확 불변, 장기 및 단기 생산함수, 동차성과 동조성, 볼록성과 오목성, 비용함수, 완전경쟁 시장, 요소 수요함수, 조건부적 요소 수요함수, 등비용곡선, 쉐퍼드의 정리(Shephard's lemma), 장기 및 단기 비용함수, 총비용, 가변비용, 고정비용, 평균비용, 평균 가변비용, 평균 고정비용, 한계비용, 장기평균비용 곡선, 범위의 경제, 수입함수, 이윤함수, 호텔링의 정리(Hotelling's lemma), 제약된 이윤함수 등이다. 이들 중 많은 용어는 직접 본서의 실증분석 사례에서 언급될 것이다.

---

1 Timothy J. Coelli, A. S. Prasada Rao, Christopher J. O'Donnell and George E, Battese(2005), "2. Review of Production Economics," in *An Introduction to Efficiency and Productivity Analysis*, 2nd ed., Springer, pp. 10-40.; 김영식(2001), 『생산경제학』, 박영사.; Bruce R. Beattie, C. Robert Taylor and Myles J. Watts(2009), *The Economics of Production*, Krieger Publishing Company.

1. 생산함수

(1) 개념

기업이 근로자, 기계, 천연자원 등 N개의 생산요소를 이용하여 하나의 상품을 생산한다고 하자. 이런 기업의 생산요소를 산출물로 바꾸는 기술은 다음과 같은 생산함수로 나타낼 수 있다.

$$Q = F(x) \quad \cdots\cdots 1$$

여기서 Q는 산출량, $x = (x_1,\ x_2,\ \cdots,\ x_N)$는 기업이 통제할 수 있는 생산요소로 구성된 $N \times 1$벡터이다.

일반적으로 생산함수는 정(+)의 값을 가지고(non-negativity), 적어도 하나의 생산요소 투입이 없이는 생산량이 없으며(weak essentiality), 추가적인 생산요소 투입은 산출량을 감소시키지 않는다(non-decreasing)는 단조성(monotonicity)의 가정을 충족한다. 이는 다른 말로 한계생산물이 부(−)의 값을 갖지 않는다는 조건을 의미한다. 그리고 생산요소 투입에 대해 오목한(concave) 특성을 가진다고 가정함으로써 한계생산물 체감의 법칙(law of diminishing marginal product)이 성립한다.

만약 2가지의 생산요소를 이용하여 하나의 산출물을 생산하는 경우를 생각하면, 생산액이 고정되어 있다고 할 때, 이를 생산하기 위한 두 가지 생산요소의 조합을 나타내는 궤적은 등생산량 곡선(isoquant)이다. 그리고 이렇게 정의되는 등생산량 곡선은 서로 교차하지 않으며, 원점에 대해 볼록(convex)하다.

(2) 다양한 관련 용어

만약 생산함수가 2번 미분 가능(twice differentiable)하다면, 한계생산물(marginal product)은 생산함수를 생산요소에 대해 미분한 값이 된다. 그리고 등량곡선에 접하는 직선은 생산량이 고정된 상태에서 같은 생산량을 생산하기 위한 2개 생산요소의 대체율을 나타내는데, 이를 한계기술 대체율(Marginal Rate of Technical Substitution: MRTS)이라고 한다. 따라서 한계기술 대체율은 등생산량 곡선의 기울기를 나타낸다.

한계생산물은 측정단위의 영향을 받지만, 이를 탄력성의 형태로 나타내면 생산요소의 산출 탄력성(output elasticity of factor input)이 되며 단위의 영향을 받지 않는다.

한계기술 대체율은 등생산량 곡선의 기울기를 나타내는데, 만약 요소투입 비율의 퍼센트 변화의 한계기술 대체율의 퍼센트 변화에 대한 비율을 정의하면, 이는 직접 대체탄력성(direct elasticity of substitution)이 된다. 이는 등생산량 곡선의 곡률(curvature)을 측정하는 지표가 된다.

독자들이 이미 경제 성장론에서 살펴본 바 있는 직접 대체탄력성이 0인 경우는 해로드-도마 모형에서 가정했던 등생산량 곡선이 L자형인 형태로서 요소 간 대체 가능성이 전혀 없는 경우를 나타낸다. 그리고 직접 대체탄력성이 변화하는 경우는 솔로우 성장모형이 가정했던 원점에 대해 볼록하고, 우하향하는 등생산량 곡선에 해당한다. 만약 우하향하는 등생산량 곡선이 직선이라면 직접 대체탄력성은 무한대(∞)의 값을 갖게 된다.

직접 대체탄력성은 2가지 생산요소 투입에서의 대체 탄력성을 나타내는데, 이때 이를 제외한 다른 생산요소투입이 고정되어 있다고 간주하므로 단기 탄력성(short-run elasticity)의 개념이 된다. 그런데 모든 생산요소 투입이 가변적이라면, 장기 대체탄력성(long-run elasticity)이 정의될 수 있다. 이것이 바로 앨런(Allen)의 부분 대체탄력성(Allen's partial elasticity of substitution)과 모리시마(Morishima)의 대체탄력성(Morishima's elasticity of substitution)이 된다. 이런 탄력성의 개념에 대한 자세한 수식의 설명은 생략하고 본서 제5부의 실증분석 사례에서 직접 추정해 보는 것으로 대체하고자 한다.

앞에서 살펴본 한계생산물(marginal product)은 다른 생산요소가 고정되어 있을 때 특정 생산요소의 투입이 변화하였을 경우 산출량이 어떻게 변화하는가를 보여주는 지표이다. 그런데 여러 생산요소의 투입이 동시에 증가할 때 산출량이 어떻게 변화하는가를 보여주는 지표는 바로 규모에 대한 수확(returns to scale)을 나타낸다.

만약 모든 요소투입의 비례적인 증가보다 산출량 증가가 적을 때 이를 규모에 대한 수확체감(Decreasing Returns to Scale: DRS)이라고 한다. 만약 모든 생산요소 투입의 비례적인 증가보다 산출량 증가가 많다면 규모에 대한 수확 체증(Increasing Returns to Scale: IRS)이라고 한다. 만약 모든 생산요소 투입의 비례적인 증가와 같은 비율로 산출량이 증가한다면 이는 규모에 대한 수확 불변(Constant Returns to Scale: CRS)이라고 한다. 이처럼 규모에 대한 수확의 정도를 탄력성으로 나타낼 때 이를 규모의 탄력성(elasticity of scale)이라고 한다.

규모의 탄력성과 관련된 것으로 생산함수의 동차성(homogeneity)이란 용어도 있다. 모든 생산요소 투입이 일정비율, 가령 λ배 증가했을 때 생산량도 같은 비율로 증가하는 수확 불변일 경우 1차 동차 또는 선형 동차함수(linear homogeneous function)라고 한다. 그 이상 또는 그 이하로 증가할 때를 각각 규모에 대한 수확 체증, 규모에 대한 수확체감이라고 한다.

생산함수의 동조성(homotheticity)은 생산 규모가 증가함에 따라 이를 나타내는 등생산량 곡선에서 기울기가 같은 점을 이을 때 원점에서의 확장선이 직선이 되는 경우를 의미한다. 그래서 동차함수는 동조함수의 특수한 경우가 된다.

생산함수와 관련해서 "오일러의 정리(Euler's theorem)"라는 용어도 자주 사용된다. 규모의 변화에 따른 수확 불변의 경우, 즉 생산함수가 일차 동차함수일 때 각 생산요소의 한계생산물과 각 요소의 투입량의 곱의 합은 생산액과 같아진다는 것이다. 이는 각 생산요소가 자신의 한계생산물 가치만큼 지급받게 되면 생산물 가치가 모두 소진된다는 의미이기도 하고, 각 생산요소의 산출 탄력성의 합이 1이 된다는 의미이기도 하다.

이상의 생산함수와 관련된 다양한 지표들을 수학적 표기로 정리하면 〈표 1〉과 같다. 이런 지표들은 생산함수나 비용함수의 추정과정에서 자주 접하게 되는 용어들이고, 이들 중 상당수의 지표는 연구 과정에서 직접 추정대상이 된다. 더 자세한 내용에 대한 설명은 고급미시경제학에서 찾을 수 있다.

(3) 장기 생산함수와 단기 생산함수

생산함수를 이용할 때 시간의 개념을 고려해야 하는 경우가 있다. 지금까지 살펴본 생산함수에서는 모든 생산요소가 가변적(variable)이라는 가정하에 정의된 것이었기 때문에 장기 생산함수(long-run production function)라고 한다. 하지만 경제학에서는 공장, 건물, 기계장비와 같은 특정 생산요소의 투입은 단기적으로 고정(quasi-fixed)되어 있다고 가정하는 경우가 많다. 이런 경우 생산함수는 단기 생산함수(short-run production function)라고 한다.

표 1 생산함수 관련 다양한 지표의 수학적 표기

지표명	수학적 표기
한계생산물	$MP_n = \frac{\partial F(x)}{\partial x_n}$
한계기술 대체율	$MRTS_{nm} = \frac{\partial x_n(x)}{\partial x_n} = \frac{MP_m}{MP_n}$
산출 탄력성	$E_n = \frac{\partial F(x)}{\partial x_n}\frac{x_n}{F(x)}$
직접 대체 탄력성	$DES_{nm} = \frac{d(x_m/x_n)}{d(MP_n/MP_m)}\frac{MP_n/MP_m}{x_m/x_n}$
규모에 대한 수확	$F(\lambda x) < \lambda F(x) : DRS$ $F(\lambda x) = \lambda F(x) : CRS$ $F(\lambda x) > \lambda F(x) : IRS$
규모의 탄력성 (생산의 총 탄력성)	$\epsilon = \frac{dF(\lambda x)}{d\lambda}\frac{\lambda}{F(\lambda x)}\vert_{\lambda=1} = \sum_{n=1}^{N} E_n$
동차 생산함수	$F(\lambda x) = \lambda^v F(x)$ 여기서 ν는 함수의 동차성의 차수 $\nu = 1$일 때 1차 동차함수 또는 규모에 대한 수확불변(CRS) $\nu > 1$일 때 규모에 대한 수확증가(IRS) $\nu = 1$일 때 규모에 대한 수확체감(DRS)
오일러 정리	$y = \sum_{i=1}^{N}\frac{\partial F(x)}{\partial x_i}x_i$, $\sum_{i=1}^{N} p\frac{\partial F(x)}{\partial x_i}x_n = py$ 혹은 $\sum_{n=1}^{N} E_n = 1$

(4) 생산함수와 기술변화

주어진 생산요소를 이용하여 과거보다 효율적인 생산방법을 개발한다면, 이는 공정혁신(process innovation)으로서 생산함수를 상향 이동시키거나, 등생산량 곡선을 원점 방향으로 이동시키는 역할을 하게 된다. 따라서 공정혁신이 있게 될 때 같은 생산요소 투입을 이용해서 더욱 많은 생산을 할 수 있거나, 아니면 같은 생산량을 보다 적은 생산요소 투입으로 생산할 수 있게 된다.

『생산성의 경제학』에서는 이를 기술진보(technological progress)라고 하는데, 등생산량 곡선의 이동과정에서 그 모양이 변화하는 형태에 따라, 즉 생산요소 간 한계기술 대체율이 변화하는 형태에 따라 자본 심화(capital using or capital deepening), 노동 심화(labor using or labor deepening) 또는 중립적(neutral) 기술진보의 3가지 형태로 나눌 수 있다. 이런 기술변화의 형태는 아주 쉽게 평가할 수 있는데 이는 실증분석

사례에서 살펴보게 될 것이다.

2. 비용함수

(1) 개념

완전경쟁상태의 생산요소 시장에서 복수의 생산요소를 구매하여 복수의 상품을 생산하는 기업을 생각해보자. 경제학에서 보편적으로 사용하는 가정은, 바로 기업은 주어진 생산요소 가격하에서 비용 최소화의 목적을 달성하려고 한다는 것이다. 그래서 비용함수는 다음과 같이 나타낼 수 있다.

$$C(w,\ Q) = \min_x w'x \quad \cdots\cdots\cdots \quad 2$$

$$s.t.\ \ Q = F(x)$$

여기서 w는 N개의 요소투입 벡터, Q는 생산량, $F(x)$를 나타낸다. 그리고 비용 최소화(min)는 생산량 Q를 생산하기 위해 비용을 최소화하는 기술적으로 가능한 요소투입의 조합을 찾아낸다는 의미이다. 그리고 함수 $C(w, Q)$는 최소화된 비용은 요소가격과 산출량에 따라 변화한다는 것을 의미한다.

이런 비용함수는 생산함수와 마찬가지로 몇 가지의 특징을 갖는다. 비용은 음(−)의 값을 가질 수 없다(non-negativity). 비용은 요소가격이 증가하면 절대 감소하지 않는다(non-decreasing in w). 그리고 비용함수는 동차성(homogeneity)을 갖는다는 특성으로 모든 생산요소 가격이 같은 비율, 가령 λ배 증가하면 비용 또한 λ배 증가한다는 의미이다. 그리고 마지막으로 비용함수는 오목한(concavity) 함수이다. 비용함수의 이런 특성들은 실제 비용함수를 추정하는 과정에 활용되기도 한다.

(2) 조건부적 요소 수요함수의 유도와 쉐퍼드 정리

기업은 주어진 산출량과 요소가격 아래에서 비용 최소화를 가능하게 하는 요소

수요를 선택하게 된다. 그래서 잘 정의된 비용함수로부터 조건부적인 요소 수요함수(conditional input demand equation)를 유도한다면, 이는 실증적 연구에서 매우 유용하게 사용될 수 있다.

쉐퍼드 정리(Shephard's lemma)란 비용함수가 두 번 미분 가능할 때 비용함수를 특정 생산 요소가격으로 미분하게 되면, 이는 해당 생산요소의 수요함수가 된다는 것을 나타내는 정리이다. 이는 다음과 같은 식으로 표시할 수 있다.

$$x_n = \frac{\partial C(w, Q)}{\partial w_n} \quad \cdots\cdots 3$$

쉐퍼드의 정리에 의해 구해진 요소 수요함수는 실증분석에서 매우 중요한 의미를 갖는다. 생산함수를 이용하는 방법을 "프라이멀 접근법(primal approach)"이라면 쉐퍼드 정리를 이용하는 접근법을 "듀얼 접근법(dual approach)"이라고 하는데, 실증분석에서는 후자가 더욱 광범위하게 사용된다.

실증분석에서 비용함수는 생산함수보다 쉽게 추정할 수 있다. 이는 가격자료가 물량자료보다 쉽게 관찰되기 때문이기도 하고, 계량경제학 측면에서 생산함수를 추정할 때 접하게 되는 내생성(endogeneity)의 문제를 피할 수 있다는 점, 즉 기업의 의사결정 과정에서 가격지표가 오히려 외생적으로 주어진다고 볼 수 있기 때문이다.

쉐퍼드 정리에 의해 구해진 요소 수요함수는 전술한 비용함수의 조건 가운데 오목성의 조건을 제외한 모든 조건을 만족하게 된다. 이때 대칭성(symmetry)의 조건을 갖게 되는데, 이는 특정 생산요소의 수요함수를 어떤 생산요소 가격으로 미분한 것은 어떤 생산요소의 수요함수를 특정 생산요소 가격으로 미분한 것과 같다는 조건이다.

이런 특징들로부터 얻을 수 있는 중요한 의미의 하나는 생산요소 가격이 동일하게 증가하게 되면, 등비용곡선의 기울기는 변화하지 않게 되고, 그럼으로써 요소 수요량은 변화하지 않는다는, 소위 요소 수요함수는 가격에 대해 영차 동차함수(homogeneous of degree zero in price)가 된다는 것이다.

(3) 장기 비용함수와 단기 비용함수

지금까지 비용함수의 설명에서는 모든 생산요소가 가변적(variable)인 것으로 간주하였기 때문에 장기 비용함수에 대한 설명이었다. 기업이 사용하는 생산요소 가운데 건물 및 구축물, 특정의 고급 연구인력과 같은 생산요소는 비용 최소화 과정에서 단기적으로, 즉각적으로(instantaneously) 그 수요량을 조정할 수 없다. 즉, 이런 생산요소는 장기적으로 조정될 수밖에 없는 특성이 있다. 따라서 이런 생산요소를 단기적으로는 준 고정된(quasi-fixed) 생산요소로 간주하고 비용함수를 정의하게 되는데 이를 단기 비용함수(short-run cost function)라고 한다.

생산요소를 가변 생산요소와 준 고정된 생산요소로 나누게 되면 생산요소 벡터와 생산요소의 가격 벡터는 각각 $x=(x_v, x_f)$, $w=(w_v, w_f)$ 로 나타낼 수 있다. 이때 기업의 비용 최소화 문제는 다음과 같이 나타낼 수 있다. 즉,

$$C(w,\ Q,\ x_f) = \min_{x_v} w_v{}' x_v + w_f{}' x_f \quad \cdots\cdots 4$$

$$s.t.\ Q = F(x)$$

기업은 비용 최소화 과정에서 가변 생산요소의 최적 수요량을 결정하는 것이기는 하나 목적은 본질적으로 장기 비용함수에서와 같다. 따라서 단기 비용함수도 장기 비용함수의 일반적 특성을 가진다. 다만 준 고정된 생산요소비용 때문에 단기비용은 항상 장기비용보다 높고, 절대적으로 정(+)의 값을 갖게 된다.

(4) 규모의 경제와 범위의 경제

생산함수에서 구할 수 있는 다양한 지표들 가운데 규모에 대한 수확 지표를 통해 규모의 경제효과의 존재 여부를 판단할 수 있다고 했다. 마찬가지로 비용함수를 이용해서도 규모의 경제를 측정할 수 있는데, 이는 다음의 식으로 나타낼 수 있다.

$$\epsilon_{CY} = \left[\sum_{m=1}^{M} \frac{\partial \ln C(w,\ Q)}{\partial \ln w_m} \right]^{-1} \quad \cdots\cdots 5$$

이 지표의 크기가 영(0)보다 크냐, 같으냐, 작으냐에 따라 규모에 대한 수확 체증, 규모에 대한 수확 불변, 규모에 대한 수확체감을 보인다고 한다.

만약 복수의 생산물을 생산한다고 할 때 발생하는 규모의 경제효과는 특별히 "범위의 경제(economies of scope)"라고 한다. 복수의 생산물을 생산하는 기업의 비용함수를 추정할 수 있다면 범위의 경제지표 역시 쉽게 구할 수 있다.[2]

3. 쌍대이론

생산이론의 발전은 생산과정의 구조, 생산성 증가를 잘 요약해서 보여줄 수 있는 분석체계를 제공한다. 이런 분석체계는 쌍대이론(duality theory)이라는 방법론 때문에 가능하게 되었다. 여기서는 『생산성의 경제학』에서 활용될 내용과 관련된 간단한 개념만을 살펴보고자 한다.[3]

쌍대이론의 기본적인 아이디어는, 생산함수에 의해 나타낼 수 있는 기업의 기술은 최적화 행동을 포함하는 다른 형태, 가령 비용함수로도 나타낼 수 있다는 것이다. 즉 Q는 생산량, x는 생산요소투입, t는 기술변화를 나타낸다고 할 때 기업의 생산함수는 $Q=F(x,t)$로 나타낼 수 있는데 쌍대이론은 이로부터 생산요소 가격 p, 기술변화 t하에서 주어진 산출량 수준을 생산하기 위한 최소화 비용을 나타내는 비용함수, $C(p,\ Q,\ t)$를 구할 수 있다는 것이다.

이런 비용 최소화의 문제에서 생산함수는 정의상 제약조건에 해당하기 때문에 비용함수는 비용 최소화를 나타낼 뿐만 아니라, 기업의 기술을 정확하게 묘사할 수 있다는 것이다. 반대로 어떤 경우에는 비용함수로부터 원래의 생산함수를 유도할 수도 있다는 것이다.

이를 좀 더 확장하면, 생산성 측정을 위한 단기 생산함수와 단기 비용함수의 관

---

2 Baumol, W. J., J. C. Panzar and R. D. Willig(1982), *Contestable Markets and the Theory of Industry Structure*, New York: Harcourt, Brace, Jovanovich에서 범위의 경제의 개념을 처음 소개하였다. 본서에서 다루는 실증분석 방법을 이해한다면 범위의 경제 효과 추정에도 쉽게 활용할 수 있을 것이다.

3 Diewert, W. E.(1984), "Duality Approaches to Microeconomic Theory," in K, J, Arrow and M. D. Intriligator(eds), *Handbook of Mathematical Economics*, Vol. 2, North-Holland Press.

계에도 적용할 수 있다. 단기 생산함수란 생산함수를 가변 생산요소(가령, 노동투입)와 준 고정된(quasi-fixed) 생산요소로 구분하여 정의하는 방법인데, 단기 생산함수가 $F(v,\ x,\ t)$로 정의될 경우 단기 가변비용함수, $G(p,\ t,\ Q;\ x)$가 정의될 수 있다는 것이다. 여기서 v는 가변생산요소, x는 준 고정된 생산요소를 나타낸다.

또한 이윤 극대화 행위에는 비용함수에 포함된 모든 정보를 포함하고 있을 뿐만 아니라 산출량 결정에 대한 정보를 포함하고 있다. 따라서 생산함수 대신 비용함수를 이용한다고 해도 생산구조에 대한 정보의 손실은 없다고 할 수 있다.

만약 기업에 있어서 산출량 최대화보다 기업의 이윤 극대화 또는 비용 최소화가 그 목적이라면 이윤함수와 비용함수를 생산성 분석에 활용하는 것이 바람직할 수 있다. 가령, 농산물 생산에서는 생산량 극대화를 추구하는 것이 힘들며, 전력생산에 있어서 전력 생산량은 이미 정해진 목표이기 때문에 기업은 오히려 이윤 극대화나 비용 최소화를 추구한다고 보는 것이 더욱 현실적이다.

쌍대이론을 살펴보기 위해 우선 총비용 함수를 다음과 같이 표현하자.

$$C(Q,\ p,\ t) = \min_v (p'v:\ f(v,\ t) \geq Q) \quad \cdots\cdots 6$$

여기서 p는 수요자 독점(monopsony)이 존재하지 않는 시장에서의 생산요소 가격 벡터, Q는 생산함수를 나타낸다. 만약 이런 비용 최소화 문제에 있어서 해(solution)가 존재한다면 그 결과로서 존재하게 되는 함수는 다음과 같은 몇 가지의 조건을 만족하게 된다.

1) $C(\cdot)$는 음(−)의 값을 갖지 않는다. 즉, $C(Q,\ p,\ t) \geq 0$이다. 이는 생산활동을 하는 기업에는 비용이 반드시 발생하게 된다는 의미이다.
2) $C(\cdot)$는 어떤 고정된 생산수준에서도 생산요소 가격에 대해 선형 동차성(linearly homogeneous in input price)의 조건을 갖추어야 한다는 것이다. 즉 $C(Q,\ \lambda p,\ t) = \lambda\, C(Q,\ p,\ t)$, 모든 $\lambda > 0$이다. 이는 비용의 측정단위는 아무런 문제가 되지 않는다는 가정으로, 모든 생산요소의 가격이 특정한 비율로 증가하면, 생산을 위한 총비용도 같은 비율로 증가한다는 것이다. 이 조건은 특히 비용함수의 추정과정에서 제약조건으로 부여되기도 하는 매우 중요한 조건이 된다.

3) $C(\cdot)$는 가격에 대한 증가함수이다. 이는 요소가격이 증가하면 총비용이 반드시 증가하게 된다는 의미이다. 즉, $C(Q, p_1, t) > C(Q, p_0, t)$, 만약 $p_1 > p_0$ 혹은 $\partial C/\partial p_j > 0$이다. 만약 생산요소 가격이 증가 함에도 불구하고 총비용이 증가하지 않는다면 이는 비용 최소화가 이루어지지 않았다는 의미이다.

4) $C(\cdot)$는 생산요소가격 p에 대해 오목(concave)해야 한다는 조건이다. 즉, $\partial^2 C/\partial p_j^2 \le 0$이다. 이는 생산요소 가격이 상승할 때 최소비용 역시 상승하게 되지만 비례적으로 증가하지 않는다는 의미이다. 생산요소 가격이 상승하게 되면 요소사용에 있어서 대체가 일어나기 때문이다. 이 조건은 비용함수의 추정을 통한 실증분석에서 간혹 추정된 비용함수가 이 조건을 충족하지 못함으로써 새로운 추정방법을 동원해야 하는 근거가 되기도 한다.

5) $C(\cdot)$는 생산요소가격 p에 대해 연속적(continuous)이어야 하며, 생산량 Q에 대해서는 밑으로부터 연속적이어야 한다는 조건이다. 이 조건은 생산요소가 가분성(divisibility)을 가져야 한다는 것으로 비용함수의 분석 과정에서 미분이 가능해야 한다는 것을 의미한다.

6) $C(\cdot)$는 주어진 생산요소가격 p에서, 생산량 Q에 대해 비감소(non-decreasing) 함수여야 한다는 조건이다. 즉, $C(Q^0, p, t) \le C(Q^1, p_0, t)$, 만약 $p_1 > p_0$ 혹은 $\partial C/\partial p_j > 0$이다. 이는 한계비용이 정(+)의 값을 가져야 한다는 것으로 최적화 행위가 의미를 갖기 위한 조건이다. 만약 이 조건이 충족되지 않는다면 최적 생산이란 행위가 정의될 수 없게 된다.

만약 비용함수가 이런 조건들을 충족하지 않는다면 이는 이론적, 실증적 연구에 사용할 수 있는 타당한 비용함수가 될 수 없다. 여러 가지 형태의 비용함수가 실증분석에 활용될 수 있지만, 이 조건을 충족하지 못한다면 이론적으로 정당화될 수 없다는 것이다.

일단 타당한 비용함수가 정해지면 쌍대이론은 다음과 같은 기업의 생산함수를 재구축할 수 있어야 한다.

$$F(x, t) \quad \cdots\cdots \quad 7$$

4. 이윤함수

(1) 개념과 특성

이윤함수는 『생산성의 경제학』 실증분석에 자주 활용되는 함수형태로서 기업이 이윤을 극대화하는 과정에서 생산 요소투입과 산출량을 동시에 선택하는 관계를 보여주는 함수이다. 복수의 생산요소를 이용하여 단일 산출물을 생산하는 것을 예로 들면 기업의 이윤 극대화는 다음과 같이 표시할 수 있다. 즉

$$\pi(p,\ w) = \max_{x,\,y} p'Q - w'x \quad \cdots\cdots 8$$

$$s.t.\quad Q = F(x)$$

여기서 기업의 이윤은 산출물의 가격과 요소가격의 영향을 받는다고 할 수 있다. 이런 이윤함수는 다음과 같은 몇 가지 특성을 가지고 있다. 즉, 음(−)이 아닌 값을 가지며, 가격 p에 대해 감소하지 않는다(non-decreasing). 그리고 가격과 요소가격에 대해 동차성(homogeneity)을 가진다. 마지막으로는 p, w에 대해 볼록(convex)한 특성을 갖는다.

(2) 요소 수요함수와 호텔링의 정리

쉐퍼드 정리가 비용함수로부터 조건부적인 요소 수요함수를 유도하는 것이라면 "호텔링의 정리(Hotelling's lemma)"는 이윤함수로부터 요소 수요함수와 상품의 공급함수를 유도하는 과정이다. 만약 이윤함수가 두 번 미분 가능한 함수라고 하면 호텔링의 정리는 다음과 같이 표시할 수 있다.

$$x_n(p,\ w) = \frac{\partial \pi(p,\ w)}{\partial w_n}$$

$$y(p,\ w) = \frac{\partial \pi(p,\ w)}{\partial p} \quad \cdots\cdots 9$$

호텔링의 정리에 의해 구해진 요소 수요함수는 이윤함수와 비슷한 특성을 가진

다. 즉 음(−)의 값을 가질 수 없고, 생산요소 가격이 증가하면 요소 수요는 증가할 수가 없다. 그리고 요소 수요함수는 영차 동차함수(homogeneous of degree zero)가 되고, 대칭성(symmetry)의 특성(Young's theorem)을 가진다.

(3) 장기 이윤함수와 제약된 이윤함수

기업의 이윤 극대화 과정에서 모든 생산요소와 산출량이 가변적이라면 이윤함수는 장기 이윤함수(long-run profit function)가 된다. 하지만 일부 생산요소가 준 고정되었다는 가정하에 이윤함수를 설정하게 된다면 이는 단기 이윤함수(short-run profit function)가 된다.

$$\pi(p,\ w) = \max_{x_v,\, q} p'Q - w'x \qquad \cdots\cdots\ 10$$

$$s.t.\ \ Q = F(x)$$

단기 이윤함수 역시 장기 이윤함수와 비슷한 특성을 가진다. 다만 준 고정된 생산요소의 존재로 인해 항상 양(+)의 값을 갖게 된다. 그리고 고정된 생산요소에 대해 이윤은 증가하지 않는다.

총요소생산성 측정과 생산함수

성장회계식을 이용하여 총요소생산성을 측정함으로써 얻을 수 있는 시사점들은 기업의 행위를 나타내는 여러 측면 가운데 극히 제한된 정보에 대한 것이다. 『생산성의 경제학』이 발전하면서 생산성 분석의 연구영역이 크게 확대되었다. 이 과정에서 많이 언급되는 것들은 생산함수의 이동을 나타내는 기술변화, 생산함수의 형태와 관련된 규모의 경제 효과, 시장지배력과 관련된 마컵(markups), 그리고 기술변화의 생산요소 수요에 대한 영향 즉, 기술변화에 따른 등량곡선의 이동과 생산요소 수요의 변화와 같은 문제들로서 성장회계식을 이용한 방법론에서는 파악할 수 없는 것들이다.

오랫동안 『생산성의 경제학』에서 접해왔던 이런 문제점들 때문에 기업의 생산 또는 비용구조에 대해 더욱 체계적인 분석의 필요성이 제기되었고, 이 과정에서 생산함수나 비용함수가 제공해줄 수 있는 더욱 많은 정보를 활용하기 위해 계량경제학적 방법론이 광범위하게 도입되었다.

계량경제학적 방법론을 이용한 모수적 방법론의 발전은 또한 생산함수나 비용함수와 관련된 경제이론을 고려하게 하였고, 이런 함수의 추정방법과 추정 이후 생산성 관련 추정치를 구하는 방법에서의 발전을 이루었다.

본 장에서는 『생산성의 경제학』에서 매우 중요한 내용이 될 생산함수, 비용함수를 실제 자료와 통계 소프트웨어를 이용하여 직접 추정하는 방법에 대해 살펴보고자 한다.

1. 실증분석을 위한 함수형태의 선택

생산함수나 비용함수 또는 이윤함수를 이용한 생산성의 분석에 있어서 중요한 것 중 하나는 실증분석을 위한 함수의 형태를 선택하는 문제이다. 분석하려는 생산기술과 기업의 행위를 설명하는데 함수의 선택이 중요하기 때문이다. 생산함수는 생산기술을 직접 보여줌으로 매우 유용한 것으로 평가되었다. 〈표 1〉은 『생산성의 경제학』 실증분석에서 자주 사용되는 다양한 형태의 생산함수를 보여주고 있다.

하지만 기업의 행위를 나타내는 전형적인 모습으로서 생산함수는 몇 가지의 단점을 가지고 있다. 가장 큰 문제는 생산함수가 외생변수로 사용하는 생산요소 투입의 내생성(endogeneity) 문제라고 할 수 있다. 즉, 노동투입이나 자본투입은 외생적으로 결정되는 것이 아니라 내생적으로 결정되어야 하는 변수라는 것이다.

표 1 총요소생산성 실증분석을 위한 함수형태

함수 이름	함수의 수학적 형태
선형함수 (linear)	$y=\alpha_0+\sum_{k=1}^{K}\beta_k x_k$
콥-더글러스 (Cobb-Douglas)	$y=\alpha_0\prod_{k=1}^{K}x_k^{\alpha_k}$
초월대수함수 (Translog)	$\ln y=\alpha_0+\sum_{k=1}^{K}\alpha_k\ln x_k+\frac{1}{2}\sum_{i=1}^{K}\sum_{j=1}^{K}\gamma_{ij}\ln x_i\ln x_j$
일반화된 레온티예프 (Generalized Leontief)	$y=\sum_{i=1}^{K}\sum_{j=1}^{K}\alpha_{ij}(x_i x_j)^{1/2}$
2차식 형태 (Quadratic)	$\ln y=\alpha_0+\sum_{k=1}^{K}\alpha_k\, x_k+\frac{1}{2}\sum_{i=1}^{K}\sum_{j=1}^{K}\gamma_{ij}\, x_i\, x_j$
정규화된 2차식 형태 (Normalized Quadratic)	$\ln y=\alpha_0+\sum_{k=1}^{K-1}\alpha_k\left(\frac{x_k}{x_K}\right)+\frac{1}{2}\sum_{i=1}^{K-1}\sum_{j=1}^{K-1}\gamma_{ij}\left(\frac{x_i}{x_K}\right)\left(\frac{x_j}{x_K}\right)$
일정한 대체 탄력성 (Constant Elasticity of Substitution: CES)	$y=\alpha_0\left(\sum_{k=1}^{K}\alpha_k\, x_k^{\gamma}\right)^{1/\gamma}$

이상의 다양한 함수형태는 연구자의 필요성에 따라 선택되는데, 일반적으로 다음과 같은 점이 그 선정기준이 된다.

첫째, 함수의 유연성(flexibility)이다. 일반적으로 함수형태는 1차 유연, 2차 유연의 형태로 구분되는데 선형함수와 콥-더글러스가 1차 유연의 형태라면 초월대수함수를 비롯한 다른 함수들은 2차 유연형태의 함수이다. 실증분석에서는 2차 유연한 함수가 선호된다.

그런데 함수의 유연성이 증가할수록 추정해야 할 파라미터의 수가 증가하게 되므로 추정과정에 큰 노력이 필요하며, 계량경제학적인 측면에서 다중공선성과 같은 문제가 발생할 수 있다. 그런데도 필자의 경험으로는 콥-더글러스 형태의 함수보다는 초월대수 함수를 이용했을 때, 파라미터 추정치의 값들이 보다 의미있고, 이론적으로 설명 가능한 추정치를 제공해주었다.

둘째, 함수형태는 파라미터에 대해 선형이다. 추정해야 할 함수형태가 선형일 경우 회귀분석이 매우 쉽게 된다. 실증분석에서 자주 사용되는 콥-더글러스 함수나, 초월대수 함수의 경우 일견 비선형으로 보이지만 이를 로그 변환할 경우 역시 선형으로 나타낼 수 있기 때문에 실증분석에서 매우 편리하게 사용된다.

셋째는 정규성(regularity)의 가정이다. 용어 자체가 다소 생소할 수 있으나 대표적인 것이 동차성의 가정이다. 여러 형태의 생산함수에서 이런 가정들은 쉽게 부여할 수 있다. 생산함수나 비용함수의 추정에서 매우 중요한 가정으로 앞서 설명한 바와 같이 비용의 측정단위와 무관하다는 점이 중요한 시사점이다.

넷째, 모형은 매우 절제(parsimonious)되어야 한다는 조건이다. 특정한 연구 작업을 위해서는 가능한 모형이 단순해야 한다는 조건이다. 연구를 위해서는 분석목적에 특정 함수형태가 적절한지를 파악할 필요가 있는데 가령, 콥-더글러스 함수는 데이터 포인트에 따라 탄력성이 가변적일 경우에는 사용하지 못한다. 콥-더글러스나 초월대수함수는 데이터가 0 값을 가진 경우 로그변환이 되지 않기 때문에 사용될 수 없다. 하지만 실증 분석상 보다 현실적인 것은 함수를 추정한 후 잔차분석, 가설검정, 적합도 검정, 예측력 등에서 우수한 함수를 선정할 수밖에 없다는 한계점도 있다.

분석모형이 가능한 절제 되어야 한다는 조건은 재론할 필요가 있다. Harvey (1981)는 좋은 계량모형이 갖추어야 할 조건으로 바로 이 절제를 강조하고 있다.[1] 모형은 언제나 현실을 완전하게 설명할 수 없으므로 모형설정에서 추상화와 단순화는

1 Harvey A. C.(1981), *The Economic Analysis of Time series*, Wiley, New York, pp. 5-7.

필요조건이라는 것이다.

실제 많은 논문에서 복잡한 모형을 선호하고 있다. 일견 다른 사람이 이해하기 힘든 것을 과시하는 느낌이다. 실증분석에서 어렵고 복잡한 모형을 사용하지 않고도 현실경제를 설명할 수 있는 것이 유능한 경제학자의 능력이라고 할 수 있다. Harvey (1981)는 절제 외에도 식별, 적합도, 이론과의 일치성, 예측력이 양호한 것을 좋은 모형의 특징으로 제시하고 있다. 『생산성의 경제학』에서도 솔로우(Solow) 역시 절제를 강조한 단순한 가정의 중요성을 주장한 바 있다.

2. 생산함수와 기술변화

『생산성의 경제학』에서 생산함수나 비용함수 또는 이윤함수를 이용하는 이유는 이를 이용해서 생산성 변화 또는 기술변화를 측정할 수 있기 때문이다. 가령, 생산함수를 이용해서 시간의 변화에 따른 투입과 산출 간의 관계변화를 통해 기술진보를 측정할 수 있다. 실증분석을 위한 투입-산출 자료가 작성되면 기술변화를 나타내기 위해 생산함수에 시간 변수(time trend)를 포함시키는 것이 일반적인 관례이다. 이해를 돕기 위해 기술변화를 고려한 3가지의 생산함수에 대해 이를 살펴보고자 한다.

첫째, 선형함수에 기술변화를 반영하면 다음과 같이 표시할 수 있게 되고, 그에 따라 기술변화는 이를 시간 변수 t에 대해 미분한 식으로 표현할 수 있다. 따라서 선형함수에서 기술변화는 생산량과 반비례 관계에 있게 된다. 생산량이 늘어날수록 기술변화는 감소하게 된다.

$$y = \alpha_0 + \delta_t t + \sum_{k=1}^{N} \alpha_k x_k$$

$$\frac{\partial \ln y}{\partial t} = \frac{\delta_t}{y} \quad \cdots\cdots \quad 1$$

둘째, 콥-더글러스 생산함수에 기술변화를 반영하면 다음과 같이 표시할 수 있게 되고, 기술변화 역시 이를 시간 변수 t에 대해 미분한 식으로 표현할 수 있다. 콥-

더글러스 생산함수에서는 기술변화가 항상 일정하다.

$$\ln y = \alpha_0 + \delta_t t + \sum_{k=1}^{N} \alpha_k \ln x_k$$

$$\frac{\partial \ln y}{\partial t} = \delta_t \quad \cdots\cdots 2$$

셋째, 초월대수 생산함수에 기술변화를 반영하면 좀 더 복잡한 다음 식으로 나타낼 수 있다. 그리고 기술변화 역시 시간 변수 t에 대해 미분한 식으로 나타낼 수 있다. 여기에서 기술변화는 시간의 변화에 따라 증가할 수도 있고 감소할 수도 있다. 이는 $\delta_t, \delta_{tt}, \delta_{tk}$ 와 같은 파라미터 값의 크기에 따라 결정되기 때문이다.

$$\ln y = \alpha_0 + \delta_t t + \delta_{tt} t^2 + \sum_{k=1}^{K} \delta_{tk} \ln x_k t + \sum_{k=1}^{K} \alpha_k \ln x_k + \frac{1}{2} \sum_{i=1}^{K} \sum_{j=1}^{K} \gamma_{ij} \ln x_i \ln x_j$$

$$\frac{\partial \ln y}{\partial t} = \delta_t + \delta_{tt} t + \sum_{k=1}^{K} \delta_{tk} \ln x_k \quad \cdots\cdots 3$$

실증분석에 많이 사용되는 초월대수 함수에서 기술변화는 시간의 변화에 따른 생산량의 변화만을 보여주는 것이 아니라, 한계기술 대체율(marginal rate of technical substitution)의 변화를 보여주기도 한다. 따라서 기술변화에 의해 생산요소의 사용비율이 변화하게 된다.

독자들은 이미 한계기술 대체율이 변화하지 않는 형태의 기술변화를 힉스 중립적(Hick's neutral) 기술변화, 노동투입을 점차 많이 사용하는 기술변화를 노동 사용적(labor using) 기술변화, 자본투입을 많이 사용하는 기술변화를 자본 사용적(capital using) 기술변화라는 것을 이해하고 있을 것이다. 실증분석에서 이런 기술변화의 형태는 아주 쉽게 판별될 수 있다.

3. 생산함수의 추정법

생산함수로부터 총요소생산성을 측정하고, 그 외 다양한 의미를 도출하기 위해서는 설정된 생산함수의 파라미터를 추정해야 한다. 생산함수의 파라미터를 추정하는 방법에는 우선 해당 함수 하나를 직접 추정하는 단일방정식 추정법이 있다. 구체적으로 그 추정방법에는 고전적인 최소자승법, 최우법, 비선형 추정법이 있다. 또한 해당 함수로부터 여러 개의 요소 수요함수를 도출하여 이를 연립방정식 추정법으로 추정하는 방법이 있다. 이에 대해 살펴보기로 한다.

(1) 단일방정식 추정법

1) 고전적 최소자승법

고전적 최소자승법(Ordinary Least Squares Method: OLS)은 선택된 함수에 여러 가지 요인으로 초래되는 교란 항(error term)을 포함한 계량모형을 세우고, 이 교란 항의 잔차자승합을 최소로 하는 파라미터를 구하는 방법이다. 이때 교란 항의 원인으로는 독립변수로 사용되어야 함에도 불구하고 제외한 변수(omission of the relevant variable)나 사용된 자료의 작성에서 오는 오차(measurement error), 그리고 선택된 함수 자체가 가진 근사과정의 오차(approximation error)에 의해 발생한다고 할 수 있다.

일반적으로 고전적 최소자승법에 의한 추정치가 최량선형불편추정치(Best Linear Unbiased Estimator: BLUE)가 되기 위해서는 여러 가지 조건을 갖추어야 하는데 이는 다음과 같은 가정들이다. 이는 소위 "가우스-마르코프 정리(Gauss Markoff Theorem)"라고 알려진 내용이다. 중요한 것을 살펴보면 아래와 같다.

$E(v)=0$

$Var(v)=\sigma^2$

$Cov(v_t,\ v_s)=0$ 모든 $i,\ j$ ······ 4

여기서 처음 두 식은 교란 항의 평균이 0이고 독립변수의 값과 관계없이 일정한 분산을 가져야 한다는 일명, 동분산(homoscedastcity)의 가정이다. 그리고 세 번째 식은 인접한 교란 항 간에 상관관계가 없어야 한다는 즉, 자기상관(autocorrelation)의 문제가 없어야 한다는 가정이다.

이 외에도 독립변수로 사용되는 변수는 확률변수(random variable)가 아닌 고정된 값(fixed)을 가져야 하며, 독립변수 간에는 선형관계가 없어야 한다는, 즉 다중공선성(multicollinearity) 문제가 심각하지 않아야 한다는 조건이 있다. 이런 제한적인 조건이 갖추어졌을 때 고전적 최소자승법에 의해 구해진 파라미터가 바람직한 특성을 갖게 된다는 것이다.

고전적 최소자승법에 의한 추정치가 구해지면 그 결과를 평가하게 되는데 평가 방법은 모형의 설명력(R^2), 전체검정 통계량(F), 개별 파라미터에 대한 통계적 검정(t-test)를 하게 되며, 추정된 파라미터의 크기(size)나 부호(sign)가 경제이론과 부합되는지 검토하게 된다. 그 다음에는 자기상관 여부, 이분산 여부, 다중공선성 여부, 교란 항의 정규분포 여부를 검토하여 가장 바람직한 모형을 선택하게 된다.

본서의 부록에서는 간단한 사례를 통해 전술한 내용 전반을 설명할 사례를 살펴보게 될 것이다. 즉 고전적 최소자승법 추정, 자기상관 여부의 탐지와 해결책, 이분산 여부의 탐지와 해결책, 다중공선성 여부의 탐지와 해결책, 교란 항의 정규분포 여부의 탐지와 해결책 전반을 간단한 사례를 이용해서 살펴보게 될 것이다. 독자들이 자신의 모형을 추정할 때는 자료와 변수명만 대체하면 이상의 모든 과정을 전부 수행할 수 있게 된다.

우선은 간단한 사례를 통해 콥-더글러스 생산함수를 추정하는 방법에 대해 알아보기로 한다. 아래 사례 4-1은 1999~2014년간 한국의 18개 지방자치단체의 생산량, 노동투입, 자본 스톡, 중간투입에 대한 자료를 이용하여 고전적 최소자승법으로 콥-더글러스 생산함수를 추정한 것이다.

2) 최우법

최우법은 특정 관측치 표본(데이터)으로부터 확률적으로 추출되는 확률(우도)을 극대화하는 파라미터 값을 찾아내는 방법이다. 『생산성의 경제학』에서 최우법은 다음 장에서 살펴볼 변경함수의 추정과 관련해서 매우 중요한 함수 추정법이다.

우선 고전적 최소자승법에서 언급했던 교란 항이 다음과 같은 정규분포를 한다고 하자. 그러면 교란 항 v_i는 다음과 같이 표현할 수 있다. 즉,

$$v_i \sim N(0,\ \sigma^2) \quad \cdots\cdots \quad 5$$

종속변수 y_i와 교란 항 v_i의 관계를 이용하면 y_i는 다음과 같은 정규분포를 하게 된다.

$$y_i \sim N(x'\beta,\ \sigma^2) \quad \cdots\cdots \quad 6$$

관측치 $y=(y_1,\ y_2,\ \cdots,\ y_t)$에 대한 결합확률밀도함수(joint probability density function)는 각 관측치의 확률밀도함수를 곱함으로써 다음과 같은 식으로 표시할 수 있다.

$$L(y|\beta,\ \sigma)=(2\pi\sigma^2)^{-1/2}\exp\left[-\frac{1}{2\sigma^2}\sum_{i=1}^{N}(y_i-x'_i\beta)^2\right] \quad \cdots\cdots \quad 7$$

이를 우도함수(likelihood function)라고 하는데, 알려지지 않은 파라미터 β, σ^2의 함수로서 표본 관측치를 관찰할 수 있는 개연성을 나타낸다는 의미이다.

최우법이란 β에 대해 이 우도 함수를 극대화하는 추정치, $\hat{\beta}$를 찾아내는 방법이다. 우도함수를 나타내는 식을 간단히 하기 위해 우도함수에 로그를 취한 로그우도함수(log likelihood function)를 극대화하는 절차를 취하게 된다. 즉,

$$\ln L=-\frac{N}{2}(2\pi)-\frac{N}{2}\ln(\sigma^2)-\frac{1}{2\sigma^2}\sum_{i=1}^{N}(y_i-x'_i\beta)^2] \quad \cdots\cdots \quad 8$$

최우법을 통해 파라미터 추정치를 구하는 방법은 로그 우도함수를 파라미터에 대해 미분하는 과정을 통해서 구하게 되는데 여기서 자세한 설명은 생략하기로 한다.

최우법은 『생산성의 경제학』에서 매우 중요한 위치를 차지한다. 특히 변경함수를 추정하여 기술적 효율성을 추정하려는 경우 기술적 효율성의 확률분포에 대한 다양한 가정에 따라, 또는 이를 구하는 방법의 차이에 따라 다양한 우도함수가 정의될 수 있다. 하지만 본서에서는 지면 관계상 이를 생략하고 활용하는 방법에만 중점을

둘 것이다. 이런 내용에 대한 보다 자세한 내용의 이해를 위한다면 다른 저술이나 논문을 참고하면 된다.[2]

3) 비선형 추정법

생산함수를 추정하는 또 다른 방법은 비선형 추정법이다. 콥-더글러스 생산함수나 초월대수 생산함수의 경우 파라미터에 대해 비선형인 모형이기는 하나 로그변환을 통해 선형으로 변환하는 것이 가능하므로 구태여 비선형 추정법을 이용할 필요는 없다.

다만 생산함수 추정이 아닌 다른 경우에 활용할 필요성이 있을 수 있으므로 아래에서 콥-더글러스 생산함수를 비선형 방법으로 추정하는 방법을 제시하였다. 가령, CES 생산함수를 추정할 필요성이 있을 수 있는데 이때에도 콥-더글러스 생산함수를 비선형으로 추정하는 방법을 그대로 적용할 수 있다.

필자의 경험상 CES 생산함수의 파라미터를 추정하는 데에는 많은 어려움이 있었다. 추정과정에서 수렴이 이루어지지 않거나, 부여한 초기치의 값에 따라 다른 추정결과가 얻어지기 때문이다.

① 콥-더글러스 생산함수의 비선형 추정법

콥-더글러스 생산함수를 비선형 추정법으로 추정한 결과를 보면 각 변수를 로그 변환해서 선형으로 추정한 방법과 다른 추정결과를 제시하고 있고, 또 그 추정치도 0과 1 사이에 있지 않은 등 만족스러운 추정결과가 제시되지 않고 있다.

② CES 생산함수의 비선형 추정법

CES 생산함수의 경우 비선형 정도가 복잡하므로 의도와 달리 좋은 추정결과를 얻기가 어렵다. 제약조건을 부과하지 않고 추정한 경우에는 일부 파라미터가 추정되지 않을 수도 있다. 제약조건을 부여함으로써 추정해야 할 파라미터 수를 줄일 경우 추정이 가능하더라도 추정치가 0과 1 사이에 있지 않은 등 역시 만족스러운 추정결과가 구해지지 않고 있다.

---

2 이영훈(2014), 『확률적 변경모형』, 서강대학교 출판부.; Kumbhakar, Subal C. and C. A. Knox Lovell(2000), *Stochastic Frontier Analysis*, Cambridge University.; Kumbhakar, Wang and Horncastle(2015), *A Practitioner's Guide to Stochastic Frontier Analysis using STATA*, Cambridge University.

STATA 사례 4-1 콥-더글라스 생산함수 추정사례

```
* ************************************************
* *** 한국의 지방자치단체 콥-더글라스 생산함수 추정
* ************************************************

use koreareg, clear
gen ly=ln(y)
gen ll=ln(l)
gen lk=ln(k)
gen lm=ln(m)

* 고전적 최소자승법: 로그변환 콥-더글러스
regress ly ll lk lm

* 비선형추정법: 콥-더글러스
nl (y ={a0} * l^{alpha}* k^{beta}*m^{gamma}) ///
  , initial(a0 0.1 alpha 0.3  beta 0.5 gamma 0.2)

* 비선형추정법: CES함수
nl (y={a0}*({a1}*l^{gamma}+{a2}*k^{gamma}+{a3}*m^{gamma})^(1/{gamma})) ///
  , initial(a0 0.2 a1 0.02  a2 0.2 a3 0.6 gamma 0.2)

* 비선형추정법: CES함수
nl (y={a0}*({a1}*l^{gamma}+{a2}*k^{gamma}  ///
    +(1-{a1}-{a2})*m^{gamma})^(1/{gamma})) ///
  , initial(a0 0.1 a1 0.5  a2 0.5  gamma 0.2)

* 제약조건의 테스트
regress ly ll lk lm
test ll+lk+lm=1

* 수확불변가정 제약조건 부과
gen lym=ln(y/m)
gen llm=ln(l/m)
gen lkm=ln(k/m)
regress lym llm lkm
scalar gamma= 1-_b[llm]+_b[lkm]
scalar list gamma
```

(2) 제약조건의 부과방법

생산함수를 추정하는 경우 자주 활용되는 것은 규모에 대한 수확 불변의 가정과 같은 조건을 추정과정에 인위적으로 부여하는 방법이다. 초월대수 함수에서는 더욱 많은 제약조건이 부여되기도 한다. 그리고 이런 제약조건을 부여할 때에는 그 타당성 여부를 검정하는 절차를 거치기도 한다.

1) 콥-더글러스 생산함수

콥-더글러스 생산함수에 규모에 대한 수확 불변 가정을 부여하는 것은 추정과정에 노동, 자본, 중간투입의 파라미터의 합이 1이란 제약조건을 반영하는 것이다. 통상적인 분석절차는 우선 제약조건이 없는 생산함수를 추정한 후 규모에 대한 수확 불변의 가정이 타당한지를 검증해보고, 이 가정이 타당하다고 판단될 때는 직접 제약조건을 부여하여 추정하는 것이다.

아래 사례에서는 앞부분은 제약조건을 부가하지 않고 추정한 후 규모에 대한 수확 불변 여부를 검정하는 것이고, 뒷부분은 직접 제약조건을 부여하여 추정하는 방법이다. 이때에는 $\ln(M)$의 파라미터가 $\gamma = 1 - \alpha - \beta$로 대체되기 때문에 함수식은 각 변수를 M으로 나눈 후 로그를 취한 변수로 대체되게 된다. 간단한 연산이므로 그 과정은 생략하기로 한다.

2) 초월대수 생산함수

자주 활용되는 초월대수 생산함수를 추정할 때 제약조건을 부여하는 방법에 대해 살펴보자. 제약조건이 부여되지 않은 초월대수 생산함수는 다음과 같이 표시할 수 있다.

$$\begin{aligned}\ln Y = \alpha_0 &+ \alpha_L \ln L + \alpha_K \ln K + \alpha_M \ln M \\ &+ 0.5\,\gamma_{LL} \ln L^2 + \gamma_{LK} \ln L \ln K + \gamma_{LM} \ln L \ln M \\ &+ 0.5\,\gamma_{KK} \ln K^2 + \gamma_{KM} \ln K \ln M \\ &+ 0.5\,\gamma_{MM} \ln M^2 \quad \cdots\cdots \quad 9\end{aligned}$$

여기에 다음과 같은 제약조건을 부과하자.

$$\alpha_L + \alpha_K + \alpha_M = 1$$
$$\gamma_{LL} + \gamma_{LK} + \gamma_{LM} = 0$$
$$\gamma_{LK} + \gamma_{KK} + \gamma_{KM} = 0$$
$$\gamma_{LM} + \gamma_{KM} + \gamma_{MM} = 0 \quad \cdots\cdots \quad 10$$

그러면 원래 생산함수는 다음과 같이 표현할 수 있다. 복잡하지만 유도과정에 익숙해질 필요가 있다. 본 장의 마지막 부분에서 자세한 유도과정을 설명하고 있다.

$$\ln\frac{Y}{M} = \alpha_0 + \alpha_L \ln\frac{L}{M} + \alpha_K \ln\frac{K}{M}$$
$$+ 0.5\gamma_{LL}\ln(\frac{L}{M})^2 + \gamma_{LK}\ln\frac{L}{M}\ \ln\frac{K}{M} + 0.5\gamma_{KK}\ln(\frac{K}{M})^2 \quad \cdots\cdots \quad 11$$

STATA 사례 4-2 초월대수 생산함수 추정 사례

```
* ****************************************************
* *** 한국의 지방자치단체 초월대수 생산함수 추정
* ****************************************************

use koreareg, clear

gen ly=ln(y)
gen ll=ln(l)
gen lk=ln(k)
gen lm=ln(m)

gen ll2=0.5*ll^2
gen lllk=ll*lk
gen lllm=ll*lm
gen lk2=0.5*lk^2
gen lklm=lk*lm
gen lm2=0.5*lm^2

reg ly ll lk lm ll2 lllk lllm lk2 lklm lm2

gen lnym=ln(y/m)
gen lnlm=ln(l/m)
```

```
gen lnkm=ln(k/m)
gen lnlm2=0.5*lnlm^2
gen lnkm2=0.5*lnkm^2
gen lnlmkm=lnlm*lnkm

reg lnym lnlm lnkm lnlm2 lnkm2 lnlmkm
```

(3) 초월대수 비용함수

전 단원까지는 주로 생산함수를 이용하여 설명하였는데 여기서는 비용함수를 추정하는 과정에서 제약조건을 부가하는 방법에 대해 살펴보고자 한다. 다음 사례는 앞으로 본서의 다른 부분에서도 자주 사용될 데이터 세트로서 47개 농가의 쌀 생산량과 쌀 생산에 투입된 노동, 기계, 토지, 그리고 각각의 생산요소 가격으로 구성되어 있다. 원래 자료는 패널 자료이지만 여기서는 이를 무시하고 횡단면 자료라고 가정하고 비용함수를 추정하는 방법에 관해 서술하고자 한다.

여기서 총비용, 임금율, 기계 가격, 토지가격과 생산량 자료를 이용하여, 우선 제약조건이 없는 경우의 비용함수를 추정해 보고, 또 여기에 동차성의 가정과 정규성의 가정을 부가한 비용함수를 추정해 보고자 한다.

우선 횡단면 자료로 구성된 이 자료를 이용하여 제약조건이 부가되지 않은 아래 초월대수 함수를 추정해 보자.

$$
\begin{aligned}
\ln C = \alpha_0 &+ \alpha_L \ln P_L + \alpha_K \ln P_K + \alpha_M \ln P_M \\
&+ 0.5\,\gamma_{LL} \ln P_L^2 + \gamma_{LK} \ln P_L \ln P_K + \gamma_{LM} \ln P_L \ln P_M \\
&+ 0.5\,\gamma_{KK} \ln P_K^2 + \gamma_{KM} \ln P_K \ln P_M \\
&+ 0.5\,\gamma_{MM} \ln P_M^2 \\
&+ \delta_Y \ln Y + 0.5\,\delta_{YY} \ln Y^2 \\
&+ \delta_{LY} \ln P_L \ln Y + \delta_{KY} \ln P_K \ln Y + \delta_{MY} \ln P_M \ln Y \quad\cdots\cdots\cdots\cdots\cdots \quad 12
\end{aligned}
$$

다음으로 아래의 제약조건을 부여하여 초월대수함수를 추정해 보자. 제약조건을 부가하는 방법은 사전적으로 아래의 제약조건을 원래 함수에 부가하여 함수형태를 바꾸어서 추정하는 방법이 있을 수 있고, 원래의 생산함수를 추정하면서 제약조건을 부가하는 2가지의 방법이 있다. 여기서는 제약조건을 부가하여 함수형태를 단순화한 후 이를 추정하는 방법에 대해 살펴보고자 한다.

$$
\begin{aligned}
&\alpha_L + \alpha_K + \alpha_M = 1 \\
&\gamma_{LL} + \gamma_{LK} + \gamma_{LM} = 0 \\
&\gamma_{LK} + \gamma_{KK} + \gamma_{KM} = 0 \\
&\gamma_{LM} + \gamma_{KM} + \gamma_{MM} = 0 \\
&\delta_{LY} + \delta_{KY} + \delta_{MY} = 0 \quad\cdots\cdots\cdots\cdots\cdots \quad 13
\end{aligned}
$$

우선 이상의 제약조건을 사전적으로 원래의 함수에 대입하여 재정리하게 되면 다음과 같은 초월대수 비용함수가 유도된다.

$$
\begin{aligned}
\ln\left(\frac{C}{P_M}\right) = \alpha_0 &+ \alpha_L \ln\left(\frac{P_L}{P_M}\right) + \alpha_K \ln\left(\frac{P_K}{P_M}\right) \\
&+ 0.5\,\gamma_{LL}\left(\frac{P_L}{P_M}\right)^2 + \gamma_{LK}\left(\frac{P_L}{P_M}\right)\left(\frac{P_K}{P_M}\right) + 0.5\,\gamma_{KK}\left(\frac{P_K}{P_M}\right)^2 \\
&+ \delta_{LY}\left(\frac{P_L}{P_M}\right)\ln Y + \delta_{KY}\left(\frac{P_K}{P_M}\right)\ln Y + \delta_Y \ln Y + 0.5\,\gamma_{YY} \ln Y^2 \quad\cdots\cdots \quad 14
\end{aligned}
$$

STATA 사례 4-3 초월대수 비용함수 추정사례

```
* ************************************************
* 초월대수 비용함수 단일추정 사례
* ************************************************

clear
use ricedata
xtset fmercode year

desc yeardum fmercode prod area labor npk other price areap laborp npkp
otherp age edyrs hhsize nadult banrat
summarize yeardum fmercode prod area labor npk other price areap laborp
npkp otherp age edyrs hhsize nadult banrat

gen t = yeardum
gen c=areap*area + laborp*labor + npkp*npk
sort fmercode year

* 각 변수를 자신의 평균에 대해 표준화
local rice "c prod area labor npk other price areap laborp npkp otherp
age edyrs hhsize nadult banrat"
foreach x of local rice {
by  fmercode: egen m`x' =mean(`x')
by  fmercode: gen  i`x'= `x'/ m`x'
                       }

drop m*

* 비용함수 추정관련 자료작성
gen tc=areap*area + laborp*labor + npkp*npk
gen s1=(areap*area)/tc
gen s2=(laborp*labor)/tc
gen s3=(npkp*npk)/tc

gen lq=ln(iprod)
gen ltc=ln(ic)
gen lw1=ln(iareap)
gen lw2=ln(ilaborp)
gen lw3=ln(inpkp)

gen lw11 = 0.5*lw1*lw1
gen lw12 = lw1*lw2
gen lw13 = lw1*lw3

gen lw22 = 0.5*lw2*lw2
gen lw23 = lw2*lw3
gen lw33 = 0.5*lw3*lw3
```

```
gen lqw1 = lw1*lq
gen lqw2 = lw2*lq
gen lqw3 = lw3*lq
gen lqq = lq*lq

gen lw1t = lw1*t
gen lw2t = lw2*t
gen lw3t = lw3*t
gen lqt = lq*t
gen t2 = t^2

drop i*
sort fmercode year

drop yeardum prod area labor npk other price areap laborp npkp otherp
order fmercode year  fmercode year lq tc s* lw* lqt lqw* lqq t t2

* 제약조건 부여하지 않은 형태의 추정
reg  ltc lw1 lw2 lw3 lw11 lw12 lw13 lw22 lw23 lw33 lq lqq lqw1 lqw2 lqw3

* 제약조건 부여하고 필요한 변수 생성
gen ltclm=ltc-lw3
gen lw1lw3=lw1-lw3
gen lw2lw3=lw2-lw3
gen lw1lw32=0.5*(lw1-lw3)^2
gen lw2lw32=0.5*(lw2-lw3)^2
gen lw1lw2lw3=(lw1-lw3)*(lw2-lw3)
gen lw1lw3q= lw1lw3*lq
gen lw2lw3q= lw2lw3*lq

* 제약조건 부여한 형태의 추정
reg  ltclm lw1lw3 lw2lw3 lw1lw32 lw2lw32 lw1lw2lw3  lw1lw3q  lw2lw3q lq lqq
```

나중에 살펴보게 될 것이지만, 많은 연구자가 초월대수함수를 추정할 때에는 단일방정식 추정법으로 추정하지 않는다. 연립방정식 추정법을 이용하게 될 경우에는 원래 함수로부터 이상에서와 같이 제약조건을 부가하여 추정하기보다는 별도의 커멘드를 이용하여 추정과정에 이를 반영하는 방법을 사용한다. 이에 대해서는 이 장의 마지막 부분에서 서술할 것이다.

(4) 비용함수에 제약조건을 부가하는 방법

초월대수 비용함수는 실증분석에서 매우 자주 사용되는 함수형태이다. 하지만 많은 논문에서 잘못된 형태의 함수를 사용하고 있다. 주된 원인은 함수에 제약조건을 부가하면서 함수의 형태를 잘못 유도해서 생기는 일이다.

초월대수 비용함수를 제대로 이해하기 위해서 독자들은 많은 시간을 할애하여 아래의 지루한 작업을 해볼 것을 권한다. 앞으로 『생산성의 경제학』을 연구하면서 자신의 오류를 사전에 방지하거나, 또는 유명 경제학자들의 논문에서 오류를 찾아내는 데 큰 도움을 줄 것이다.

초월대수 비용함수의 일반적인 형태는 다음과 같이 나타낼 수 있다.

$$
\begin{aligned}
\ln C(Y,P,t) = \alpha_0 &+ \sum_j \alpha_j \ln P_j + 0.5\sum_i\sum_j \gamma_{ij} \ln P_i \ln P_j \\
&+ \delta_Y \ln Y + \delta_{jY} \ln P_j \ln Y + 0.5(\ln Y)^2 \\
&+ \delta_t t + \sum_j \delta_{jt} \ln P_j t + 0.5\delta_{tt} t^2 \quad \cdots\cdots 15
\end{aligned}
$$

그런데 이 초월대수함수는 정규성(regularity)이라는 동차성(linear homogeneous in price)과 대칭성(symmetry)의 조건을 만족해야 한다. 그 조건들은 다음과 같은 식으로 나타낼 수 있다.

$$
\begin{aligned}
&\sum_j \alpha_j = 1,\ \sum_j \gamma_{ij} = 0,\ \text{모든 } j = 1, 2, \cdots, J \\
&\sum_j \delta_{jt} = 0,\ \sum_j \delta_{jY} = 0,\ \gamma_{ij} = \gamma_{ji}\ \text{모든 } i, j \quad \cdots\cdots 16
\end{aligned}
$$

이상의 초월대수 비용함수는 통상 우리가 자주 접하게 되는 함수이다. 이는 생산요소로서, 노동투입, 자본 스톡, 중간투입과 기술변화를 고려하여 다음과 같이 합산기호인 시그마(Σ)를 사용하지 않고 나타낼 수 있다.

여기에서 설명하려는 것은 파라미터가 갖추어야 할 제약조건을 고려하여 최종적으로 얻어지는 초월대수 비용함수의 정확한 형태를 유도하려는 것이다. 따라서 독자들은 반드시 직접 풀어보는 것이 매우 중요하다. 나중에 초월대수함수의 이해와 통계 소프트웨어 활용에 도움이 될 것이다.

그러면 3개의 생산요소와 기술변화를 나타내는 추세변수 t를 고려한 초월대수 비용함수를 다시 표기해보자. 여기에서는 우선 대칭성의 가정, $\gamma_{ij}=\gamma_{ji}$, $i, j = L, K, M$을 먼저 반영하였다.

$$\begin{aligned}\ln C = {} & \alpha_0 + \alpha_L \ln P_L + \alpha_K \ln P_K + \alpha_M \ln P_M \\ & + 0.5\,\gamma_{LL} \ln P_L^2 + \gamma_{LK} \ln P_L \ln P_K + \gamma_{LM} \ln P_L \ln P_M \\ & + 0.5\,\gamma_{KK} \ln P_K^2 + \gamma_{KM} \ln P_K \ln P_M \\ & + 0.5\,\gamma_{MM} \ln P_M^2 \\ & + \delta_Y \ln Y + 0.5\,\delta_{YY} \ln Y^2 \\ & + \delta_{LY} \ln P_L \ln Y + \delta_{KY} \ln P_K \ln Y + \delta_{MY} \ln P_M \ln Y \\ & + \delta_{Lt} \ln P_L\, t + \delta_{Kt} \ln P_K\, t + \delta_{Mt} \ln P_M\, t \\ & + \delta_t\, t + 0.5\,\delta_{tt} \ln t^2 \qquad \cdots\cdots \quad 17\end{aligned}$$

다시 이 식에 몇몇 파라미터에 대한 아래의 제약조건을 차례로 부여해 보고자 한다. 이해를 쉽게 하기 위해서 위의 식을 몇 개의 부분으로 나누어 제약조건을 부여한 후 최종적으로 함수형태가 어떻게 변화하는지를 보기로 한다.

첫째는 위 식의 첫째 줄, $\alpha_L \ln P_L + \alpha_K \ln P_K + \alpha_M \ln P_M$에 해당하는 부분에 다음과 같은 동차성의 조건을 부여해 보자. 중간재의 가격 P_M에 해당하는 파라미터를 제외하는 과정으로 보면 된다.

$$\alpha_L + \alpha_K + \alpha_M = 1$$

그러면 이 식은 다음과 같이 노동과 자본에 해당하는 요소가격을 중간투입물의 가격으로 나눈 변수의 함수로 표시할 수 있다. 즉

$$\alpha_L \ln P_L + \alpha_K \ln P_K + (1-\alpha_L-\alpha_K)\ln P_M$$
$$= \alpha_L(\ln P_L - \ln P_M) + \alpha_K(\ln P_K - \ln P_M) + \ln P_M$$
$$= \alpha_L \ln(\frac{P_L}{P_M}) + \alpha_K(\frac{P_K}{P_M}) + \ln P_M \quad \cdots\cdots 18$$

두 번째는 위 초월대수 비용함수식인 식 6의 2~4줄에 제약조건을 부여하는 것으로 가장 이해하기 힘든 부분이다.

$$0.5\,\gamma_{LL}\ln P_L^2 + \gamma_{LK}\ln P_L \ln P_K + \gamma_{LM}\ln P_L \ln P_M$$
$$+0.5\,\gamma_{KK}\ln P_K^2 + \gamma_{KM}\ln P_K \ln P_M$$
$$+0.5\,\gamma_{MM}\ln P_M^2 \quad \cdots\cdots 19$$

이 부분에는 다음의 조건이 부가하게 되는데, 제약조건의 마지막 파라미터인 γ_{LM}, γ_{KM}, γ_{MM}을 제거하는 방향으로 진행된다. 그럼으로써 중간투입가격 P_M과 관련된 항들의 파라미터를 원래의 식에서 제거하면 된다.

$$\gamma_{LL} + \gamma_{LK} + \gamma_{LM} = 0$$
$$\gamma_{LK} + \gamma_{KK} + \gamma_{KM} = 0$$
$$\gamma_{LM} + \gamma_{KM} + \gamma_{MM} = 0 \quad \cdots\cdots 20$$

이런 제약조건을 부여하게 되면 초월대수 비용함수식의 2~4번째 줄인 식 19는 다음과 같이 표기할 수 있다. 여기서 [ ]부분이 제약조건이 부가된 부분이다.

$$0.5\,\gamma_{LL}\ln P_L^2 + \gamma_{LK}\ln P_L \ln P_K[-\gamma_{LL}\ln P_L \ln P_M - \gamma_{LK}\ln P_L \ln P_M]$$
$$+0.5\,\gamma_{KK}\ln P_K^2 [-\gamma_{LK}\ln P_K \ln P_M - \gamma_{KK}\ln P_K \ln P_M]$$

$$[+0.5\,\gamma_{LL}\ln P_M^2 + 0.5\,\gamma_{KK}\ln P_M^2 + \gamma_{LK}\ln P_M^2] \quad \cdots\cdots \quad 21$$

이를 파라미터 $\gamma_{LL}, \gamma_{KK}, \gamma_{LK}$에 대해 다시 정리하면 다음과 같다. 즉,

$$\begin{aligned}&0.5\,\gamma_{LL}(\ln P_L^2 - 2\ln P_L \ln P_K + \ln P_M^2)\\&+0.5\,\gamma_{KK}(\ln P_K^2 - 2\ln P_K \ln P_M + \ln P_M^2)\\&+\gamma_{LK}(\ln P_L \ln P_K - \ln P_K \ln P_M - \ln P_L \ln P_M + \ln P_M^2) \quad \cdots\cdots \quad 22\end{aligned}$$

여기서 위 식 22의 마지막 3번째 줄을 다시 정리하면 다음과 같다.

$$\begin{aligned}&0.5\,\gamma_{LL}(\ln P_L^2 - 2\ln P_L \ln P_K + \ln P_M^2)\\&+0.5\,\gamma_{KK}(\ln P_K^2 - 2\ln P_K \ln P_M + \ln P_M^2)\\&+\gamma_{LK}[\ln P_L(\ln P_K - \ln P_M) - \ln P_M(\ln P_K - \ln P_M)] \quad \cdots\cdots \quad 23\end{aligned}$$

여기서 또다시 마지막 줄을 정리하면 다음과 같다.[3]

$$\begin{aligned}&0.5\,\gamma_{LL}(\ln P_L^2 - 2\ln P_L \ln P_K + \ln P_M^2)\\&+0.5\,\gamma_{KK}(\ln P_K^2 - 2\ln P_K \ln P_M + \ln P_M^2)\\&+\gamma_{LK}[(\ln P_L - \ln P_M)(\ln P_K - \ln P_M)] \quad \cdots\cdots \quad 24\end{aligned}$$

이를 다시 정리하면 다음과 같이 표현할 수 있다. 즉

$$\begin{aligned}&0.5\,\gamma_{LL}(\ln P_L - \ln P_M)^2 + 0.5\,(\ln P_K - \ln P_M)^2\\&+\gamma_{LK}[(\ln P_L - \ln P_M)(\ln P_K - \ln P_M)]\\&= 0.5\,\gamma_{LL}\left(\ln\frac{P_L}{P_M}\right)^2 + \gamma_{LK}\left(\ln\frac{P_L}{P_M}\right)\left(\ln\frac{P_K}{P_M}\right) + 0.5\,\gamma_{KK}\left(\ln\frac{P_K}{P_M}\right)^2 \quad \cdots\cdots \quad 25\end{aligned}$$

---

3 이는 $a^2 - 2ab + b^2 = (a-b)^2$이라는 사실을 활용하는 것이다.

세 번째는 초월대수 비용함수식인 식 17의 6번째 줄에 $\delta_{LY}+\delta_{KY}+\delta_{MY}=0$의 제약조건을 부가하는 것이다. 즉

$$\begin{aligned}
&\delta_{LY}\ln P_L \ln Y+\delta_{KY}\ln P_K\ln Y+\delta_{MY}\ln P_M\ln Y \\
&\quad=\delta_{LY}\ln P_L\ln Y+\delta_{KY}\ln P_K\ln Y[-\delta_{LY}\ln P_M\ln Y-\delta_{KY}\ln P_M\ln Y] \\
&\quad=\delta_{LY}\ln Y(\ln P_L-\ln P_M)+\delta_{KY}\ln Y(\ln P_K-\ln P_M) \\
&\quad=\delta_{LY}\ln Y\ln\left(\frac{P_L}{P_M}\right)+\delta_{KY}\ln Y\ln\left(\frac{P_K}{P_M}\right) \qquad \cdots\cdots 26
\end{aligned}$$

네 번째는 초월대수 비용함수 함수식 식 17의 7번째 줄에 $\delta_{Lt}+\delta_{Kt}+\delta_{Mt}=0$의 제약조건을 부가하는 것이다. 즉

$$\begin{aligned}
&\delta_{Lt}\ln P_L t+\delta_{Kt}\ln P_K t+\delta_{Mt}\ln P_M t \\
&\quad=\delta_{Lt}\ln P_L t+\delta_{Kt}\ln P_K t[-\delta_{Lt}\ln P_M t-\delta_{Kt}\ln P_M t] \\
&\quad=\delta_{Lt}\ln\left(\frac{P_L}{P_M}\right)t+\delta_{Kt}\ln\left(\frac{P_K}{P_M}\right)t \qquad \cdots\cdots 27
\end{aligned}$$

이상의 네 번째까지의 제약조건을 부가하여 유도한 식을 결합하면 최종 초월대수함수는 다음과 같은 모습이 된다. 중간투입물 가격과 관련된 파라미터를 제거하면서 비용함수에 사용된 총비용, 임금율, 자본의 사용자비용을 나타내는 변수, 즉 C, P_L, P_K가 중간투입물 가격, P_M으로 나누어진 변수의 함수형태로 변형되었다.

$$\begin{aligned}
\ln\left(\frac{C}{P_M}\right)=\alpha_0+\alpha_L\ln\left(\frac{P_L}{P_M}\right)+\alpha_K\ln\left(\frac{P_K}{P_M}\right) \\
+0.5\gamma_{LL}\left(\frac{P_L}{P_M}\right)^2+\gamma_{LK}\left(\frac{P_L}{P_M}\right)\left(\frac{P_K}{P_M}\right)+0.5\gamma_{KK}\left(\frac{P_K}{P_M}\right)^2 \\
+\delta_{LY}\left(\frac{P_L}{P_M}\right)\ln Y+\delta_{KY}\left(\frac{P_K}{P_M}\right)\ln Y \\
+\delta_{Lt}\left(\frac{P_L}{P_M}\right)t+\delta_{Kt}\left(\frac{P_K}{P_M}\right)t
\end{aligned}$$

$$+0.5\gamma_{YY}\ln Y^2+\delta_Y\ln Y+\delta_{Yt}\ln Yt$$

$$+\delta_t t+0.5\delta_{tt}t^2 \quad\cdots\cdots\cdots\cdots\cdots\cdots\cdots\cdots\cdots\cdots\cdots\cdots \quad 28$$

이상의 과정을 잘 이해한다면 초월대수 비용함수를 사용한 많은 유명논문들에서 잘못된 표기를 찾아낼 수 있다. 뿐만 아니라 생산함수나 비용함수의 추정을 위한 컴퓨터 소프트웨어를 더욱 쉽게 활용할 수 있을 것이다. 아주 단순해 보이는 것임에도 불구하고 많은 논문에서 실수를 하고 있다. 특히 종속변수인 총비용을 중간투입 가격지수로 나누지 않거나, 수식유도과정에서 많은 오류가 있음을 발견할 수 있다. 수차례에 걸쳐서 연습한다면, 연습한 것 이상의 결과를 얻을 수 있을 것이다.

(5) 가설검정

1) 통계적 테스트

생산함수나 비용함수의 추정과 이를 이용한 총요소생산성 추계과정에서 파라미터 추정치에 대한 통계적 검증이 필요하다. 통계적 검증을 통해 추정된 생산함수나 비용함수가 실증분석에 활용한 해당 자료를 잘 적합시키고 있는지에 대한 검증은 통상적인 계량경제학 방법론과 같다.

비용함수의 추정결과로부터는 설명력을 나타내는 결정계수(R^2), 모든 파라미터의 공동의 유의성 여부를 살펴보는 전체검정 방법으로서 F테스트, 개별 추정 파라미터의 유의성 검정으로 t테스트를 통해 모형의 적절성을 통계적으로 검토한다.

2) 경제 이론적 테스트

생산함수나 비용함수의 추정결과에서 매우 중요한 것의 하나는 추정된 파라미터가 경제 이론적으로 의미가 있느냐에 관한 것이다. 특정 파라미터의 경우 사전적으로 취할 수 있는 크기(size) 또는 부호(sign)가 있다. 가령 콥-더글러스 생산함수를 추정한다면 노동, 자본, 중간투입을 나타내는 변수의 파라미터는 0과 1 사이의 값을 가질 필요가 있고, 그 합도 1 부근에서 크게 벗어나지 않을 필요가 있다.

반드시 모든 실증분석에서 이런 조건을 충족하는 것은 아니지만, 이런 조건들은 경제이론에서 제시하는 파라미터의 크기와 부호에 관한 것이라고 할 수 있다. 물론 소수의 연구에서 해당 생산요소의 파라미터 값이 마이너스(-)의 값을 가질 때 해당 생산요소가 과잉활용되고 있다는 결론을 내리고 있지만, 이는 궁색한 설명이라고 할 수 있다.

필자는 콥-더글러스 생산함수를 추정할 때 이처럼 생산요소의 파라미터 추정치가 마이너스(-) 값을 보이는 경우가 많았지만, 자료 작성과정에 오류가 없었는지 추정과정에 문제가 없는지를 검토하여 이를 해결하거나, 초월대수 함수를 사용하였을 때는 이런 문제가 대부분 해결되었던 경험을 가지고 있다.

또한 초월대수 함수를 추정할 때는 특정 파라미터가 경제적 의미를 가지는 경우가 있다. 가령, 기술변화의 형태가 노동 사용적, 자본 사용적, 중립적이냐의 여부를 나타내는 파라미터의 경우에는 사전적으로 부호의 방향이 정해진다기보다는 추정과정을 통해서 검증대상이 되기도 한다.

이런 점을 고려하더라도 그 크기에서 합리적인 값을 가지는지를 검토할 필요가 있다. 가령 기술변화를 나타내는 파라미터의 크기가 너무 크거나, 특히 초월대수 함수에서 파라미터와 데이터를 이용해서 기술변화, 산출 탄력성, 규모의 경제 등을 추계하였을 경우 합리적인 크기와 부호를 갖지 않는다면 이런 추정결과는 더 이상 연구목적에 활용할 수 없다는 점을 항상 염두에 두어야 한다.

따라서 『생산성의 경제학』에서 생산함수나 비용함수를 추정하고 생산성을 측정하려는 과정은 자료의 작성, 모형의 추정과 평가, 필요한 측정치의 계산 결과 등을 동시에 입체적으로 평가하면서 진행하여야 한다.

3) 계량경제학적 테스트

계량분석 과정에서는 모형의 추정결과를 통계적, 경제 이론적으로만 평가하는 것이 아니다. 회귀분석에서 고전적 최소자승법으로 구한 추정결과가 바람직한 성질을 가지려면 매우 제한적인 여러 가정이 충족되어야 한다. 대표적인 것으로 모형에 포함된 교란 항의 정규성 여부, 이분산 여부, 자기상관 여부, 다중공선성의 존재 여부가 계량경제학적인 면에서 평가대상이 될 수 있다.

독자들이 접하게 되는 대부분의 계량경제학 저서에서는 이에 대한 자세한 설명이 제시되고 있기는 하지만 계량분석을 하는 많은 독자가 이에 익숙해지는 것은 사실상 힘들다. 고전적 최소자승법에 의한 추정결과로부터 정규성, 이분산, 자기상관, 다중공선성의 존재 여부를 탐지하고, 그 해결책을 찾는 것을 계량경제학적으로는 당연한 분석절차가 될 수도 있지만, 실제 실증연구에서는 이러한 엄밀한 기준을 적용할 수 없는 경우도 많다.

어쨌든 『생산성의 경제학』에서도 최근 계량경제학적 기법이 많이 도입되어 이 분야의 발전에 큰 공헌하고 있다는 점을 생각한다면 계량경제학적 기법에 대해 익숙해지고, 더욱 엄밀한 분석을 시도할 필요성이 점차 증가하고 있다.[4]

4) 제약조건의 타당성 테스트

앞서 언급한 바와 같이 생산함수나 비용함수의 추정과정에서 다양한 제약조건이 부가되는 경우가 많았다. 동차성, 동조성 등의 조건이 대표적인데 이런 제약조건을 부가한 모형과 그렇지 않은 모형의 차별성 여부를 검정하는 것은 『생산성의 경제학』 실증분석에서 자주 접하게 되는 내용이다.

일반적인 절차는 제약조건이 부가되지 않은 모형과 제약조건이 부가된 모형의 추정결과로부터 몇 가지 지표를 추출하여 두 모형의 차이가 있는지를 평가하는 순서를 거친다. 대부분 통계패키지에서 모형의 추정결과로부터 제약조건의 타당성을 평가하는데 활용될 지표를 제공한다. 아니면 직접 간단한 절차를 거쳐서 이를 평가할 수 있는 기능을 제공하기도 한다.

대표적으로 F테스트는 제약조건을 부가한 경우(아래 첨자 R)와 부가하지 않은 경우(아래 첨자 U)의 잔차자승합(sum of squared residuals: SSR)을 이용하여 다음과 같은 F통계량을 통해서 검정한다. 즉,

$$F = \frac{(SSR_R - SSR_U)/J}{SSR_U/(N-K)} \sim F(J,\ N-K) \qquad 29$$

그리고 로그우도비율(log likelihood ratio) 검정은 역시 제약조건을 부가한 경우와 부가하지 않은 경우의 로그우도함수값(value of log likelihood)의 비율이 χ^2분포를 한다는 사실을 이용한다. 즉,

---

4 본서의 부록에서는 간단한 사례를 통해, 고전적 최소자승법 추정, 정규성 검정(normality test), 다중공선성(multicollinearity), 이분산(heteroscedasticity), 자기상관(autocorrelation)의 탐지와 이를 해결하기 위한 다양한 기법 전반을 계량경제학에 대한 이해가 낮은 독자들도 간단한 방법으로 이해할 수 있도록 하는 사례를 제시하고 있다.

$$LR = -2[\ln L_R - \ln L_U] \sim \chi^2(J) \quad \cdots\cdots 30$$

본서의 다른 부분에서 이런 제약조건의 테스트에 관한 내용이 자주 나타나기 때문에 여기에서는 특별한 사례를 제시하지 않는다.

(6) 연립 방정식 추정법

생산성의 측정을 위해 초월대수 비용함수를 이용하는 경우에는 통상 비용함수에서 유도된 비용 몫 함수(cost share equations)를 이용하여 외견무관회귀(seemingly unrelated regression) 추정방법이란 연립방정식 추정법을 사용하게 된다.[5]

비용 몫 함수는 다음과 같이 표시할 수 있다. 로그 취한 비용함수를 로그 취한 생산요소가격으로 미분하게 되면, 이는 쉐퍼드 정리(Shephard lemma)에 의해 비용 몫을 나타내는 방정식이 된다. 즉

$$\frac{\partial \ln C}{\partial \ln P_L} = S_L = \alpha_L + \gamma_{LL} \ln P_L + \gamma_{LK} \ln P_K + \gamma_{LM} \ln P_M + \delta_{LY} \ln Y$$

$$\frac{\partial \ln C}{\partial \ln P_K} = S_K = \alpha_K + \gamma_{LK} \ln P_L + \gamma_{KK} \ln P_K + \gamma_{KM} \ln P_M + \delta_{KY} \ln Y$$

$$\frac{\partial \ln C}{\partial \ln P_M} = S_M = \alpha_M + \gamma_{LM} \ln P_L + \gamma_{KM} \ln P_K + \gamma_{MM} \ln P_M + \delta_{MY} \ln Y \quad \cdots\cdots 31$$

Berndt and Wood(1974) 이후 비용함수 자체보다는 식 31의 비용 몫 함수만을 이용하여 비용함수를 추정하는 방법이 자주 활용됐다.[6] 원래의 비용함수는 생산요소

---

5 이 추정방법은 원칙적으로 균형패널 자료(balanced Dataset)에 적용되는 것이 일반적이다. Zellner, A.(1962), "An efficient method of estimating seemingly unrelated regressions and tests for aggregation bias," *Journal of the American Statistical Association* 57: pp. 348-368.; Zellner, A.(1963), "Estimators for seemingly unrelated regression equations: Some exact finite sample results," *Journal of the American Statistical Association* 58: pp. 977-992.; Zellner, A. and D. S. Huang(1962), "Further properties of efficient estimators for seemingly unrelated regression equations," *International Economic Review* 3: pp. 300-313.; Davidson, R. and J. G. MacKinnon(1993), *Estimation and Inference in Econometrics,* New York: Oxford University Press.

6 Berndt, E. R. and Wood, D. O.(1974), "Technology, Prices, and the Derived Demand for

가격과 이들 가격의 곱으로 정의된 많은 변수를 사용하기 때문에 자유도의 손실과 다중공선성(multicollinearity)의 문제가 자주 발생하게 된다. 하지만 비용함수를 제외한 비용 몫 방정식만을 이용하여 연립방정식 추정법을 이용할 때는 비용 몫이란 추가적인 정보를 활용할 수 있을 뿐만 아니라 연립추정 과정에서 더욱 많은 자유도를 확보할 수 있고, 또한 다중공선성의 문제를 피할 수 있게 된다.

초월대수 비용함수의 활용목적에 따라 원래 비용함수와 비용 몫 함수(요소 수요함수)를 연립추정하기도 한다.[7] 모든 생산요소의 비용 몫의 합은 1이기 때문에 이 중 하나를 제외하고 추정하게 된다. 필자의 경험으로는 원래 비용함수와 비용 몫 함수를 동시에 연립추정할 경우 활용 가능성이 높은 파라미터 추정치를 얻을 수 있었으며, 다른 지표의 계산에서 필요한 모든 파라미터를 구할 수 있었다.

비용 몫 함수만을 이용하여 비용함수가 가지고 있는 모든 파라미터를 추정할 수 있었던 이유는 비용함수 추정과정에서 보통 규모에 대한 수확 불변의 제약조건을 부여하였기 때문이다. 이 조건을 나타내는 파라미터는 $\delta_{iYi}=0$, $\delta_{YY}=0$, $\delta_{Y}=1$의 값을 가져야 하는데 비용 몫 함수만을 이용하여 추정하더라도 비용함수가 가진 상수항인 α_0 이외의 모든 파라미터를 추정할 수 있기 때문이다.

하지만 규모의 경제 효과를 측정하고자 하는 경우, 비용 몫 함수만을 이용하여 모형을 추정하면 비용함수가 가지고 있는 δ_{iY}, δ_{YY}, δ_{Y} 파라미터를 추정할 수 없게 된다. 이때에는 다른 방법을 사용하게 되는데 통상 식 28의 비용함수와 더불어 식 31의 비용 몫 함수를 모두 활용하여 연립추정하는 방법을 사용한다. 이 과정에서 더욱 많은 자유도(degrees of freedom)가 확보되고, 비용 몫에 대한 추가적인 자료의 활용이 가능하게 되므로 비용함수 하나만을 최소자승법에 의해 추정하는 것보다 파라미터 추정치의 효율성이 증가하게 된다.

Energy," *Review of Economics and Statistics*, Vol. 57, No. 3, August, pp. 259-268.

7 Christensen Laurits R. and William H. Greene(1976), "Economies of Scale in U.S. Electric Power Generation," *Journal of Political Economy*, Vol. 84, No. 4, Part 1. pp. 655-676.

STATA 사례 4-4 초월대수 비용함수의 연립방정식 추정법

```
* ************************************************
* 초월대수 비용함수의 연립방정식 추정법
* ************************************************

constraint  1 [ltc]lw1+[ltc]lw2+[ltc]lw3=1

constraint  2 [ltc]lw11+[ltc]lw12+[ltc]lw13=0
constraint  3 [ltc]lw12+[ltc]lw22+[ltc]lw23=0
constraint  4 [ltc]lw13+[ltc]lw23+[ltc]lw33=0
constraint  5 [ltc]lqw1+[ltc]lqw2+[ltc]lqw3=0

constraint  6 [ltc]lw1  =[s1]_cons
constraint  7 [ltc]lw11=[s1]lw1
constraint  8 [ltc]lw12=[s1]lw2
constraint  9 [ltc]lw13=[s1]lw3
constraint 10 [ltc]lqw1=[s1]lq

/* redundent constraints
constraint 11 [ltc]lw2  =[s2]_cons
constraint 12 [ltc]lw12=[s2]lw1
constraint 13 [ltc]lw22=[s2]lw2
constraint 14 [ltc]lw23=[s2]lw3
constraint 15 [ltc]lqw2=[s2]lq
*/

constraint 16 [s1]lw2=[s2]lw1

* 원래의 비용함수와 비용몫(요소수요)함수를 이용하여 연립추정
sureg (ltc lw1 lw2 lw3 lw11 lw12 lw13 lw22 lw23 lw33 lq lqq lqw1 lqw2 lqw3) ///
      (s1 lw1 lw2 lw3 lq)  ///
      (s2 lw1 lw2 lw3 lq)  ///
   , constraints(1 2 3  5 6 7 8 9 10 16)

*  비용몫(요소수요)함수만을 이용한 연립추정
sureg (s1 lw1 lw2 lw3 lq)  ///
      (s2 lw1 lw2 lw3 lq)  ///
   , constraints(16)
```

(7) 부등식 제약조건의 부여(비용함수의 오목성 조건)

『생산성의 경제학』에 계량경제학적 기법이 도입되면서 생산함수나 비용함수의 활용도가 크게 확대되고 있지만, 이들 함수가 갖추어야 할 조건이 과연 데이터에 의해 입증되느냐 하는 것은 별개의 문제이다. 대표적으로 비용함수의 추정결과 비용함수는 요소가격에 대해 오목성(concavity)의 조건을 갖추어야 한다는 것이다.

이상에서 살펴본 바와 같이 생산함수나 비용함수의 추정과정에 제약조건을 부가할 때, 이들 제약조건은 대부분 선형 제약조건이었다. 하지만 오목성의 조건은 부등식으로 표시되는 제약조건이기 때문에 함수의 추정과정에서 이를 반영하는 것은 상당히 어렵다.

이런 문제를 해결하기 위한 시도는 Lau(1978)나 Jorgenson and Fraumeni(1981) 등에 의해 문제가 제기된 후 많은 연구가 진행되었다.[8] 대표적인 2가지 방법은 부등식의 제약조건을 촐레스키 분해(Cholesky decomposition)라는 기법을 통해 선형화해서 직접 제약조건을 부과하는 촐레스키 방식과 통계적 추론에 표본이론(sampling theory)을 도입하는 베이지안 접근법(Bayesian approach)이다.

1) 촐레스키 방법

Lau(1978)가 제시한 촐레스키 방법은 비용함수에 포함된 아래 파라미터에 대해 아래와 같은 선형제약조건을 부여하는 방법이다. 전술한 바와 같이 비용함수의 추정과정에 선형 제약조건을 부여하는 것과 같은 절차에 따라 이루어질 수 있다.

하지만 복잡한 비선형성 때문에 통계적 수렴을 얻기 힘든 단점이 있다. 아래의 제약조건에 대한 자세한 설명은 Coelli, Rao and Battese(2005)에서 참조할 수 있다.[9] 만약 이런 제약조건을 추정과정에 부가하여 추정에 성공한다면 추정과정에서 제외되었던 파라미터는 추정된 파라미터를 이용하여 사후적으로 구할 수 있다.

---

8 Lau, Lawrence J.(1978), "Testing and imposing monotonicity, convexity and quasi-convexity constraints," In *Production economics*, ed. M. Fuss and D. McFadden, pp. 409-453, Amsterdam: North-Holland.; Jorgenson, D. W., and B. M. Fraumeni(1981), "Relative prices and technical change," In *Modeling and measuring natural resource substitution*, ed. E. R. Berndt and B. C. Field, pp. 17-47. Cambridge, Mass. MIT Press.

9 Timothy J. Coelli, A. S. Prasada Rao, Christopher J. O'Donnell and George E, Battese(2005), *An Introduction to Efficiency and Productivity Analysis,* 2nd ed., Springer, p. 229.

$$\gamma_{LL} = -\alpha_L^2$$
$$\gamma_{LK} = (1+\lambda_{LM})\alpha_L^2$$
$$\gamma_{LM} = -\lambda_{LM}\alpha_L^2$$
$$\gamma_{KK} = -(1+\lambda_{LM})^2\alpha_L^2 - \alpha_K^2$$
$$\gamma_{KM} = (1+\lambda_{LM})\lambda_{LM}\alpha_L^2 - \alpha_K^2$$
$$\gamma_{MM} = -\lambda_{LM}^2\alpha_L^2 - \alpha_K^2 \quad \cdots\cdots 32$$

이런 제약조건을 부가함으로써 생길 수 있는 문제는 함수가 가진 신축적인 특성을 활용하기 위해 초월대수함수, 일반화된 레온티예프 함수와 같은 함수를 이용하게 되는데, 실제 자료에 적용한 결과 비용함수가 갖추어야 할 조건으로 오목성의 조건이 충족되지 않으므로 이제는 다시 이런 부등식 제약조건을 부가함으로써 함수의 신축성을 제거하는 결과를 초래하게 된다는 것이다. 때때로 경제학자들은 분석기법에 지나치게 집착하다가 이런 모순된 작업을 하기도 한다. 하지만 이런 과정을 통해 새로운 방법론이 개발되기도 한다.

2) 베이지안 접근법

비용함수에 부등식의 제약조건을 부가하는 또 다른 방법은 통계적 추론에 표본추출이론을 적용하는 방법으로 상당히 전문적 계산능력을 필요로 하는 방법이다. 데이터가 가진 사후정보(posterior information)와 부등식 제약조건이 의미하는 사전정보(prior information)를 결합하는 방법이라고 할 수 있다.

필자는 1997년 한국의 28개 제조업의 시장지배력, 규모의 경제 효과, 가동률과 총요소생산성을 함께 추정하는 모형을 분석하면서, 일반화된 레온티예프 비용함수를 추정하고 오목성 조건의 충족 여부를 검토한 적이 있다. 그 결과 많은 산업의 특정 관측치에서 이런 오목성의 조건이 충족되지 않는다는 사실을 발견하고 오목성의 조건을 부가하기 위해 베이지안 접근법을 이용한 적이 있다.[10] 당시 익명의 논평자로

10 Seung-Rok Park and Jene K. Kwon(1995), "Rapid Economic Growth with Increasing Returns to Scale and Little or no Productivity Growth," *Review of Economics and Statistics,* Vol. 77, No. 2, pp. 332-351.

부터 "아름다운 모형(beautiful model)"이란 평가를 받았지만 이후 30여 년간 이런 기법을 사용하는 연구를 거의 접하지 못하였다. 그만큼 쉽게 접근할 수 있는 방법이 아니고, 또한 실용성이 없는 추정법이라고 판단하고 있다. 그래서 본서에서는 비용함수의 추정에서 부등식 제약조건을 부가하는 사례에 대해서는 언급하지 않기로 한다.

자료포락분석과 총요소생산성

본 장에서 설명하려는 자료포락분석법(Data Envelopment Analysis: DEA)은 선형계획법(linear programming method)을 통해 결정적 생산 프론티어(deterministic production frontier)를 구하고, 이로부터 기술적 비효율성 정도를 측정하는 방법이다.

자료포락분석법은 분석에 사용된 자료의 확률적인 면을 무시한다는 단점이 있지만, 생산함수나 비용함수의 형태를 임의로 선정할 때 생기는 있는 문제를 피할 수 있고, 생산함수나 비용함수를 직접 추정하는 모수적 접근법을 사용할 경우 적절한 양의 관측치(자유도)를 확보해야 한다는 점에 구애받지 않는다.

아울러 이 분석법은 분석대상 경제주체의 비효율성 정도에 대한 측정치뿐만 아니라 생산 공정상 유사성, 벤치마크 대상의 선정, 효율성 증대를 위한 목표분석 등 모수적 접근법이 제공하지 못하는 다양한 분석 도구를 제공해준다.

Farrel(1957)은 은행이 최적 행동으로부터 얼마나 이탈되어 있는가를 비효율의 척도로 삼는 방법을 도입하였다.[1] 프론티어를 일종의 최적 벤치마크 대상으로 가정하고 여기에서의 이탈 정도를 측정하는 것이었다. 적절한 프론티어를 만들고, 추정하기 위해 통계적 방법(statistical technique)을 이용하면 확률적 프론티어(stochastic frontier)를 구하는 것이고, 수리계획법(mathematical programming technique)을 이용하

1 Farrell, M. J.(1957), "The Measurement of Productive Efficiency," *Journal of the Royal Statistical Society*, A CXX, Part 3, pp. 253-290.

면 결정적 프론티어(deterministic frontier)를 구하는 것이 된다.

효율성의 개념과 측정방법에 대한 자세한 내용은 Fare, Grosskopf and Lovell (1984, 1985)이나 Lovell(1993), Kumbhakar and Lovell(2000) 등에서 제시되고 있지만, 원조는 Farrel(1957)에서 시작된다. 파렐(Farrell)에 의하면 기업의 효율성은 두 가지 요인으로 구성되어 있다.[2]

첫째는 주어진 생산요소를 이용하여 최대의 산출을 얻는 과정에서의 기업 능력을 나타내는 "기술적 효율성(technical efficiency)"이고, 둘째는 생산 요소가격이 주어졌을 때 생산요소를 최적 비율로 사용할 수 있는 기업 능력인 "배분적 효율성(allocative efficiency)"이다. 이 두 가지 효율성을 결합한 것이 "총 경제적 효율성(total economic efficiency)"이 된다.

자료포락분석에 대한 독자들의 이해를 돕기 위해 본 장에서는 이 분야에서 많이 활용되고 있는 Coelli, Rao, and Battese(2005)의 예제를 그대로 사용하였다.[3] 이 분야의 연구에서 예외없이 인용되고 있는 저술이고, 또 그 예제가 단순하면서도 핵심적인 내용을 이해하기 쉽게 서술하고 있기 때문이다. 많은 통계 소프트웨어가 자료포락분석이란 기법을 개발하여 그 타당성을 검증할 때에도 이 저술의 예제를 사용하기 때문에 독자들이 자료포락분석을 이해하는 데 도움이 되리라 판단하기 때문이다.

1. 효율성의 개념

효율성 지표의 추정은 두 가지 측면에서 이루어질 수 있다. 첫째는 파렐(Farrell)이 처음 시작했던 바와 같이, 투입물 공간(input space)에서 가능한 한 투입물을 감소

2 Fare, R., S. Grosskopf, and C. A. K. Lovell(1984), *Production Frontiers*, Cambridge University Press.; Fare, R., S. Grosskopf, and C. A. K. Lovell(1985), *The Measurement of Efficiency of Production*, Boston, Kluwer.; Lovell C. A. K.(1993), "Production Frontiers and Productive Efficiency." in Fried HO and SS Schmidt(eds.) *The Measurement of Productive Efficiency: Techniques and Applications*, Oxford U.K.: pp. 3–67.; Kumbhakar, S. and C. A. K. Lovell(2000), *Stochastic Frontier Analysis: an Econometric Approach,* Cambridge University Press, Cambridge, UK.

3 Timothy J. Coelli, A. S. Prasada Rao, Christopher J. O. Donnell and George E, Battese(2005), *An Introduction to Efficiency and Productivity Analysis,* 2nd ed., Springer.

시키는 데 초점을 맞추는 "투입물 측면의 효율성 측정방법(input-oriented measures)"이다. 둘째는 산출물 공간(output space)에서 산출량을 극대화하는 데 초점을 맞추는 "산출물 측면의 효율성 측정방법(output-oriented measures)"이다.

(1) 투입물 측면의 효율성

투입물 측면에서 각각의 효율성이 어떻게 측정되는지를 보기 위해, 규모에 대한 수확 불변의 가정하에서 단일 생산물 Y를 생산하기 위해 두 개의 생산요소 L과 K를 사용하는 경우를 가정해보자.

〈그림 1〉에서 완전히 효율적인 기업(fully efficient firm)의 단위등량곡선(unit isoquant curve)을 SS'라고 하고, 주어진 기업이 점 P가 나타내는 수준의 생산요소를 투입하여 한 단위의 산출물을 생산한다고 가정하자. 그러면 해당 기업의 기술적 비효율성(technical inefficiency) 정도는 생산량의 감소 없이 생산요소 투입을 비례적(proportionally)으로 감소시킬 수 있는 생산요소 투입량을 나타내는 선분, QP의 길이로 나타낼 수 있다. 이는 보통 모든 생산요소 투입이 감소될 수 있는 비율을 나타내는 QP/OP의 비율로 표시할 수 있다. 따라서 투입물 측면의 기술적 효율성은 다음과 같이 나타낼 수 있다.

그림 1 투입물 측면에서 기술적 효율성과 분배적 효율성

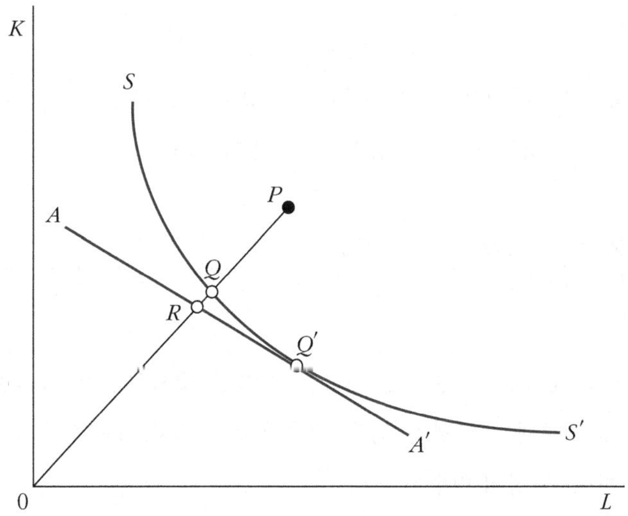

$$TE_I = \frac{OQ}{OP} \quad \cdots\cdots 1$$

여기서 기술적 효율성은 0과 1 사이의 값을 갖게 된다. 만약 그 값이 1이라면 기업은 완전히 기술적으로 효율적임을 나타낸다. 가령 점 Q에서 이루어지는 생산방법은 등량곡선상에서 이루어지고 있으므로 기술적으로 효율적이라고 할 수 있다.

만약 선분 AA'으로 표시할 수 있는 생산요소의 상대가격비율이 알려져 있다면, 배분적 효율성(allocative efficiency)도 계산될 수 있다. 점 P에서 생산하는 기업의 배분적 효율성은 식 2로 나타낼 수 있다.

$$AE_I = \frac{OR}{OQ} \quad \cdots\cdots 2$$

여기서 선분 RQ의 거리는, 만약 생산이 기술적으로는 효율적이지만 배분적으로는 비효율적인 생산 점, Q대신에 생산이 기술적으로도, 배분적으로도 효율적인 생산 점 Q'에서 일어날 때 달성될 수 있는 생산비용의 감소 정도를 나타낸다.

이처럼 기술적 효율성 정도와 배분적 효율성 정도가 추정되면 총 경제적 효율성(total economic efficiency)은 다음과 같이 정의된다. 즉,

$$EE_I = \frac{OR}{OP} \quad \cdots\cdots 3$$

여기서 분자, 분모에 OQ를 곱해주면 총 경제적 효율성은 다음과 같이 기술적 효율성과 배분적 효율성의 곱으로 정의될 수 있다. 즉,

$$EE_I = \frac{OR}{OP} = \frac{OQ}{OP}\frac{OR}{OQ} = TE_I \, AE_I \quad \cdots\cdots 4$$

이상의 효율성 지표는 완전히 효율적인 기업의 생산함수가 알려져 있다는 것을 가정하고 있는데, 실제에는 그렇지 않은 경우가 많으므로 효율적인 등량곡선은 실제의 자료를 활용하여 측정되어야만 한다.

(2) 산출물 측면의 효율성

효율성 개념은 산출물 측면에서도 살펴볼 수 있다. 두 개의 생산물 Y_1, Y_2를 하나의 생산요소를 이용하여 생산하는 경우를 살펴보자. 규모에 대한 수확 불변을 가정하고, 두 개의 상품 공간에 단위 생산가능곡선을 정의하면 선분 ZZ'으로 나타낼 수 있다.

여기서 비효율적인 기업의 생산이 점 A에서 일어난다고 하면 점 A는 상품의 생산 가능한 상한선(upper bound)을 나타내는 생산가능곡선 ZZ'곡선의 아래에 있게 된다. 따라서 선분 AB는 추가적인 생산요소의 투입 없이 산출량을 증가시킬 수 있는 정도를 나타내기 때문에 기술적 비효율 정도를 나타낸다. 따라서 산출물 측면의 기술적 효율성은 다음과 같이 나타낼 수 있다. 즉,

$$TE_O = \frac{OA}{OB} \quad \cdots\cdots 5$$

만약 생산물에 대한 가격정보를 가지고 있다면 등수입 곡선(isorevenue line) DD'을 그릴 수가 있게 되는데 이때 배분적 효율성은 다음과 같이 표시된다. 즉

그림 2 산출물 측면에서 기술적 효율성과 분배적 효율성

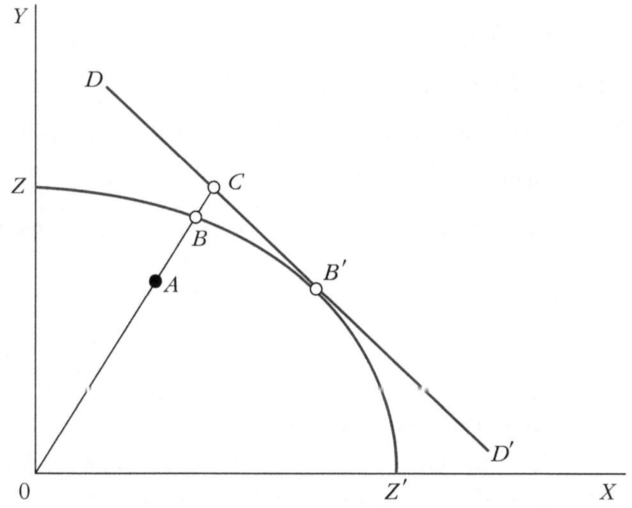

$$AE_O = \frac{OB}{OC} \quad \cdots\cdots \quad 6$$

마찬가지로 산출물 측면에서 총 경제적 효율성 정도는 기술적 효율성과 배분적 효율성의 곱으로 표현할 수 있다. 즉,

$$EE_O = \frac{OA}{OC} = \frac{OA}{OB}\frac{OB}{OC} = TE_O\ AE_O \quad \cdots\cdots \quad 7$$

2. 효율성의 측정방법

Farrell(1957)이 정의한 이상의 효율성 개념은 약 20여 년 동안 특별한 관심을 끌지 못하였다. 그러나 Charnes, Cooper and Rhodes(1978)의 논문에서 "자료포락분석(Data Envelopment Analysis: DEA)"이라는 이름으로 선형계획법을 통해 효율성 정도가 측정되기 시작했다.[4] 이후 많은 학자가 관심을 갖게 되었으며, 분석기법이 보다 확장되고, 또한 많은 실증연구가 이루어지게 되었다.

Charnes, Cooper and Rhodes(1978)의 논문에서는 투입 측면에서 규모에 대한 수확 불변의 가정하에서 효율성을 측정하였으나, 후속 논문인 Banker, Charnes and Cooper(1984)에서는 규모에 대한 가변수익(Variable Returns to Scale: VRS)의 가정 하에서 기술적 효율성을 측정하기 시작했다.[5]

그래서 많은 논문이나 저술에서 전자의 방법을 CCR 방법, 후자의 방법을 BCC 방법이라고 부르기도 한다. 그러나 전자는 규모에 대한 수확 불변을 가정한다고 해서 CRS 방법, 후자는 규모에 대한 가변수익을 가정한다고 해서 VRS 방법이라고 부르기도 한다.

---

4 Charnes, A., W. W. Cooper, and E. Rhodes(1978), "Measuring the Efficiency of Decision Making Units," *European Journal of Operations Research*, 2, pp. 429-444.

5 Banker, R. D., Charnes, A. and Cooper, W. W.(1984), "Some Models for Estimation Technical and Scale Inefficiencies in Data Envelopment Analysis," *Management Science*, 30, pp. 1078-1092.

효율성을 선형계획법을 통해 측정한다는 것은 우선 투입-산출 자료로부터 생산변경(production frontier)을 찾고 난 다음, 해당 기업의 투입-산출점과 생산변경을 투입 측면 또는 산출 측면에서 비교하는 것이다. 그런데 생산변경을 찾을 때 규모에 대한 수확 불변을 가정하느냐, 규모에 대한 가변 수확을 가정하느냐에 따라 생산변경이 달라진다는 점에 주의하여야 한다.

(1) 투입 측면과 산출 측면의 기술적 효율성 추정

〈그림 3〉을 통해서 효율성 측정에서의 기초개념을 살펴보자. 효율성을 구하는 방법에 대한 수학적 표현은 복잡하므로 본서에서는 생략하기로 한다. 선형계획법은 여러 통계 소프트웨어를 통해 아주 쉽게 적용할 수 있다.

이 그림에서는 하나의 투입물 자본 K를 이용하여 하나의 산출물 Y를 생산한다고 가정한다. 이때 생산변경은 CRS를 가정할 때는 OCF의 직선이 되고, VRS를 가정할 때에는 $ABCDE$와 같은 볼록한(convex) 생산변경이 된다. 여기서 BC 구간, 가령 생산점 P에서는 규모의 경제(IRS)가, CD구간, 가령 Q점에서는 규모의 비경제(DRS)가 작용하는 구간이다. 생산변경에서 규모의 경제, 규모의 비경제가 동시에 작용하기 때문에 규모에 대한 가변, 즉 VRS 생산변경이라고 한다.

그림 3 생산변경에 따른 기술적 효율성과 규모의 효율성

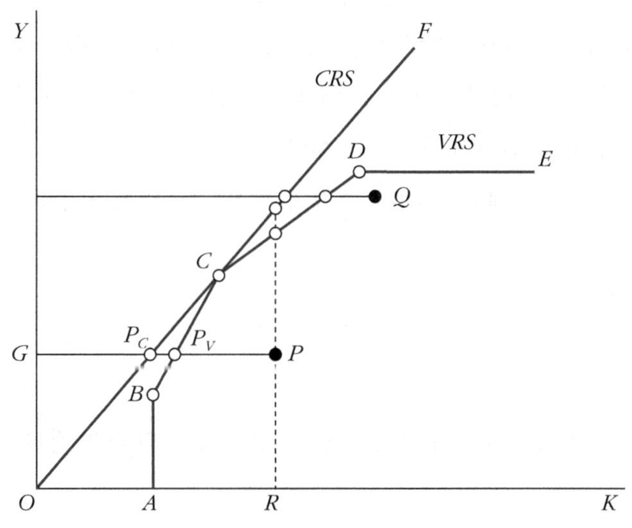

그러면 어떤 기업의 생산이 점 P에서 이루어진다고 하자. 생산변경의 아래에 위치하고 있으므로 기술적 효율성이 1보다 낮다. 이런 기술적 효율성은 투입 측면(input oriented)에서 볼 수도 있고, 산출 측면(output oriented)에서 볼 수도 있다.

우선 투입 측면에서 보자. 생산량이 G수준인 점 P에서 생산하는 기업의 효율성은 CRS 생산변경에서는 GP_C/GP가 되고, VRS 생산변경에서는 GP_V/GP가 된다. 따라서 규모에 대한 가변수확의 가정하에서 구해진 기술적 효율성은 규모에 대한 수확 불변 가정하에서 구해진 기술적 효율성보다 크게 된다.

다음은 산출 측면에서 보자. 이번에는 생산요소 투입 R수준인 P점에서 생산하는 기업의 효율성을 비교해보는 것이다. 투입 측면에서와 마찬가지고 생산변경을 CRS를 가정하느냐 VRS를 가정하느냐에 따라 각각 다른 기술적 효율성이 정의된다. 그런데 투입 측면, 산출 측면에서 구해진 기술적 효율성은 CRS를 가정할 때에는 동일하지만 VRS를 가정할 때에는 서로 다른 기술적 효율성 수준을 나타내게 된다.

(2) 규모의 효율성 추정

많은 연구에서는 규모에 대한 수확 불변, 즉 CRS 가정하에서 구해진 기술적 효율성 지표를 규모의 효율성 지표와 순수 기술적 효율성 지표의 두 부분으로 나누고 있다. 이를 위해서는 규모의 효율성에 대한 개념을 이해할 필요가 있다.

동일한 자료에 대해서는 규모에 대한 수확 불변 즉, CRS 가정하에서 구해진 기술적 효율성과 규모에 대한 가변수익 즉, VRS 가정하의 기술적 효율성의 차이가 규모의 효율성 정도를 나타내는 것으로 이해하면 된다. 〈그림 3〉에서 P_CP_V의 거리만큼 규모의 효율성을 나타낸다고 보면 된다.

따라서 CRS 가정하에서 구해진 기술적 효율성은 다음과 같다.

$$TE_{CRS} = \frac{GP_C}{GP} \quad \cdots\cdots 8$$

그리고 VRS 가정하에서 구해진 기술적 효율성은 다음과 같다.

$$TE_{VRS} = \frac{GP_V}{GP} \quad \text{9}$$

그래서 규모의 효율성은 다음과 같다.

$$SE = \frac{GP_C}{GP_V} \quad \text{10}$$

이상의 3개의 식을 결합하면 *CRS* 가정하에서 구해진 기술적 효율성은 *VRS* 가정하에서 구해진 기술적 효율성과 규모의 효율성의 곱으로 나타낼 수 있다.

$$TE_{CRS} = TE_{VRS}\, SE \quad \text{11}$$

(3) 배분적 효율성 추정

만약 생산요소 투입물에 대한 가격자료가 구해진다면, 기술적 비효율성뿐만 아니라 배분적 효율성도 측정될 수 있다. 이를 위해서는 두 번의 선형계획법을 적용한다. 먼저 기술적 효율성을 측정하고, 두 번째는 해당 기업의 비용 최소화 요소 수요량을 구하기 위해 선형계획법을 적용한다. 이로부터 경제적 효율성 또는 총비용 효율성(total cost efficiency), *CE*를 계산한다. 그 다음 경제적 효율성이 기술적 효율성에서 차지하는 비율을 구하여 배분적 효율성으로 정의한다.

$$AE = \frac{CE}{TE} \quad \text{12}$$

(4) 기술적 효율성 추정사례

많은 저술에서 자료포락분석, 총요소생산성 지수계산뿐만 아니라 변경함수 관련 내용은 Coelli, Rao, and Battese(2005)의 예제를 이용하는 경우가 많다. 그리고 이를 처리하기 위해 저자들이 직접 만든 프로그램들은 "효율성 및 생산성 분석센터(Centre for Efficiency and Productivity Analysis: CEPA)라는 웹사이트에서 제공된다.[6] 그리고 지금까지도 많은 연구자가 이들이 제공하는 프로그램들을 이용해왔다.

하지만 본서에서는 Coelli, Rao, and Battese(2005)의 자료포락분석에 대한 예제를 STATA를 이용하여 분석해 보고자 한다. 관련 STATA 커멘드는 한국국방대학원 이춘주 교수 등에 의해 만들어진 사용자작성 프로그램이다.[7] 본서에서는 Coelli 등에서 제공되는 다른 모든 예제를 STATA를 통해 아주 간단하게 설명할 것이다.

1) 규모에 대한 수확 불변 가정하의 자료포락분석 사례

우선 2개의 생산요소 x_1, x_2를 이용하여 단일 생산물 q를 생산하는 경우를 살펴보자. 〈그림 4〉에서 점은 A, B, C, D, E는 5개 기업의 산출물 단위당 요소 투입량의 조합을 나타낸다. 여기서 투입물 측면의 등량곡선을 정의하면 실선으로 표시된다. 따라서 기업 B, E만이 기술적으로 효율적인 기업이 되고, 기업 A, C, D는 비효율적인 기업이 된다. 같은 생산량을 달성하기 위해 요소투입량을 줄이는 것이 가능하므로 기술적으로 비효율적인 상태에 있게 되는 것이다.

그림 4 규모에 대한 수확 불변 가정하의 투입물 측면의 자료포락분석 사례

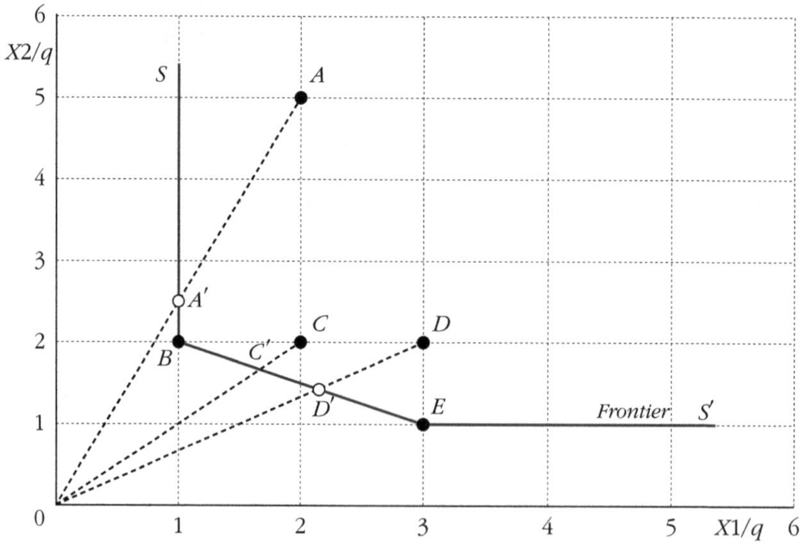

6 http://www.uq.edu.au/economics/cepa/software.php

7 관련 모듈은 https://sourceforge.net/p/deas/code/HEAD/tree/trunk/에서 다운로드 가능하다.

여기서 기업 C, D는 C', D'점으로 각각 생산점을 이동함으로써, 즉 요소 투입량을 줄임으로써 현재의 기술적 비효율성을 감소시켜 효율성을 달성할 수 있다. 하지만 기업 A는 A'로 생산점을 움직이면 생산변경에 도달할 수는 있지만 x_2의 요소 투입을 더 줄일 수 있는 여지가 있다. 이를 "잔여슬랙(residual slacks)"이라고 한다.

Coelli, Rao, and Battese(2005)의 예제 1의 자료가 가진 이런 정보를 바탕으로 자료포락분석을 통해 기업 A, C, D의 기술적 효율성 수준이 얼마인가를 계산해보자. 아울러 기업 A가 가진 잔여 슬랙의 계산 결과도 살펴보자.

다음에서와 같이 STATA 사용자작성명령어인 dea 커멘드를 사용하여 규모에 대한 수확 불변 가정하에서 자료포락분석을 한 결과를 보면, 기업 B, E는 기술적 효율성이 1이고, 기업 A, C, D는 각각 기술적 효율성이 50.0%, 83.3%, 71.4%임을 알 수 있다. 그리고 기업 A는 기술적 효율성을 달성하더라도 여전히 x_2를 0.5단위 줄일 수있는 가능성이 있다는 것을 잔여 슬랙의 추정치가 보여주고 있다.

STATA 사례 4-5 **규모에 대한 불변 수확 가정 하의 자료포락분석 사례**

〈STATA 커멘드 리스트〉

```
* ***************************************************
* *** 자료포락분석법 사례 분석
* ***************************************************

* *** Coelli (1998)의 지료 eg1.dta
* CRS 사례
clear
input firm y x1 x2 str2 dmu
1     1     2     5  "A"
2     2     2     4  "B"
3     3     6     6  "C"
4     1     3     2  "D"
5     2     6     2  "E"
end

* 투입-산출측면, CRS/VRS가정하의 DEA분석
dea x1 x2 = y, rts(crs) ort(i)

* 투입 또는 산출 측면에서 CRS, VRS 가정하에서도 dea가능
*dea x1 x2 = y, rts(vrs) ort(i)
*dea x1 x2 = y, rts(crs) ort(o)
*dea x1 x2 = y, rts(vrs) ort(o)
```

〈아웃풋〉

```
. * 투입-산출측면, CRS/VRS가정하 dea분석
. dea x1 x2 = y, rts(crs) ort(i)
--------------------------------------------------------------------------------

options: RTS(CRS) ORT(IN) STAGE(2)
CRS-INPUT Oriented DEA Efficiency Results:
                        ref:   ref:  ref:   ref:      ref:islack:islack:oslack:
        rank    theta    A       B     C      D         E     x1      x2      y
dmu:A     5       .5     0      .5     0      0         0      0      .5      0
dmu:B     1        1     0       1     0      0         0      0       0      0
dmu:C     3  .833333     0       1     0      0        .5      0       0      0
dmu:D     4  .714286     0 .214286     0      0   .285714      0       0      0
dmu:E     1        1     0       0     0      0         1      0       0      0
```

2) 규모에 대한 가변수확 가정하의 투입물 측면 자료포락분석 사례

이번에는 하나의 생산요소 x를 이용하여 단일 생산물 q를 생산하는 경우를 살펴보자. 〈그림 5〉에서 점 A, B, C, D, E 는 5개 기업의 투입량과 산출물을 나타낸다. 여기서 규모에 대한 수확 불변을 가정하면 점선으로 표시된 직선이 생산변경이 된다. 만약 규모에 대한 가변수확을 가정하면 실선이 생산변경이 된다.

만약 규모에 대한 가변수확을 가정한다면 기업 A, C, E는 기술적으로 효율적인 기업이 되지만, 기업 B, D는 비효율적인 기업이 된다. 만약 같은 생산량을 생산하기 위해 수평 방향으로 요소투입량을 줄일 수 있는 정도를 생각한다면 투입물 측면의 DEA 분석이 될 것이고, 수직 방향으로 같은 요소투입으로 얼마나 생산량을 더 늘릴 수 있는가를 생각한다면 산출물 측면의 DEA 분석이 될 것이다.

여기서는 규모에 대한 가변수익 가정하에서 투입물 측면의 자료포락분석 결과를 살펴보자. 분석결과를 보면 CRS, VRS 가정하에서 각각의 기술적 효율성과 더불어 기업 A, B는 규모에 대한 수확 체증의 상태, 기업 D, E는 규모에 대한 수확 체감의 상태, 기업 C는 규모에 대한 수확 불변의 상태에 있음을 알 수 있다. 반드시 도표와 함께 그 의미를 생각하고 STATA 분석결과를 이해하는 것이 필요하다.

그림 5 규모에 대한 가변수확 가정 하의 투입물 측면의 자료포락분석 사례

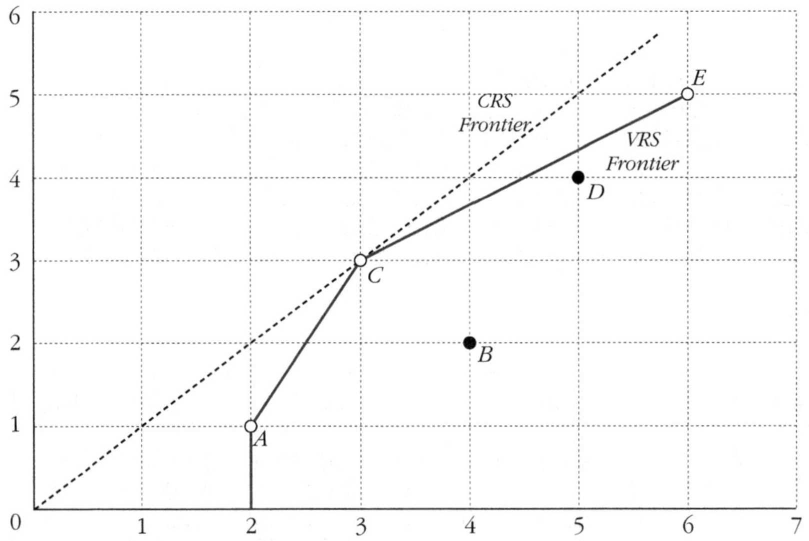

STATA 사례 4-6 규모에 대한 가변수확 가정하의 자료포락분석

```
〈STATA 커멘드 리스트〉

* *** Coelli (1998)의 지료 eg2.dta
*  VRS 사례
clear
input str2 firm     y     x
A        1    2
B        2    4
C        3    3
D        4    5
E        5    6
end

dea x = y, rts(vrs) ort(i)

〈아웃풋〉

options: RTS(VRS) ORT(IN) STAGE(2)
VRS-INPUT Oriented DEA Efficiency Results:
                          ref:  ref:   ref:  ref:  ref:  islack: oslack:
            rank theta  dmu1  dmu2   dmu3  dmu4  dmu5     x       y
dmu:dmu1     1     1     1     0      0     0     0       0       0
dmu:dmu2     5  .625    .5     0     .5     0     0       0       0
```

```
dmu:dmu3   1    1    0    0    1    0    0    0    0
dmu:dmu4   4   .9    0    0   .5    0   .5    0    0
dmu:dmu5   1    1    0    0    0    0    1    0    0

VRS Frontier(-1:drs, 0:crs, 1:irs)
             CRS_TE      VRS_TE      DRS_TE       SCALE         RTS
dmu:dmu1   0.500000    1.000000    0.500000    0.500000    1.000000
dmu:dmu2   0.500000    0.625000    0.500000    0.800000    1.000000
dmu:dmu3   1.000000    1.000000    1.000000    1.000000    0.000000
dmu:dmu4   0.800000    0.900000    0.900000    0.888889   -1.000000
dmu:dmu5   0.833333    1.000000    1.000000    0.833333   -1.000000

VRS Frontier:

     +--------------------------------------------------------------+
     | firm   y   x    dmu     CRS_TE      VRS_TE       SCALE   RTS |
     |--------------------------------------------------------------|
  1. |    A   1   2   dmu1   0.500000    1.000000    0.500000   irs |
  2. |    B   2   4   dmu2   0.500000    0.625000    0.800000   irs |
  3. |    C   3   3   dmu3   1.000000    1.000000    1.000000     - |
  4. |    D   4   5   dmu4   0.800000    0.900000    0.888889   drs |
  5. |    E   5   6   dmu5   0.833333    1.000000    0.833333   drs |
     +--------------------------------------------------------------+
```

(5) 배분적 효율성 추정 사례

생산요소의 가격자료가 주어졌을 경우 배분적 효율성이 정의될 수 있음을 이미 살펴보았다. 〈그림 4〉에서 제시된 그래프에 등비용곡선을 추가하면, 〈그림 6〉에서처럼 각 생산 점에서 배분적 효율성을 정의할 수 있다. 기업 E를 제외한 모든 기업은 배분적으로 비효율적인 상태에 있다. 가령 기업 C의 경우 OC''/OC'만큼의 배분적 비효율이 발생하고 있다.

STATA를 이용하여 배분적 비효율성을 측정하려고 하면 dea_allocative라는 커멘드를 사용한다. 그 추정결과를 보면 사례 4-7에서 보는 바와 같다. 우선 기술적 효율성은 전술한 〈그림 4〉에서와 같지만, 배분적 효율성 수준은 기업 A, B, C, D가 각각 70.6%, 85.7%, 90.0%, 93.3%라는 것을 알 수 있다. 단지 기업 E만이 배분적 비효율이 없는 상태이다.

또한 전술한 바와 같이 총 경제적 효율성은 기술적 효율성과 배분적 효율성의 곱으로 정의되기 때문에 기업순서대로 35.3%, 85.7%, 75.0%, 66.6%, 100%임을 알

그림 6 규모에 대한 수확 불변 가정하의 배분적 효율성 사례

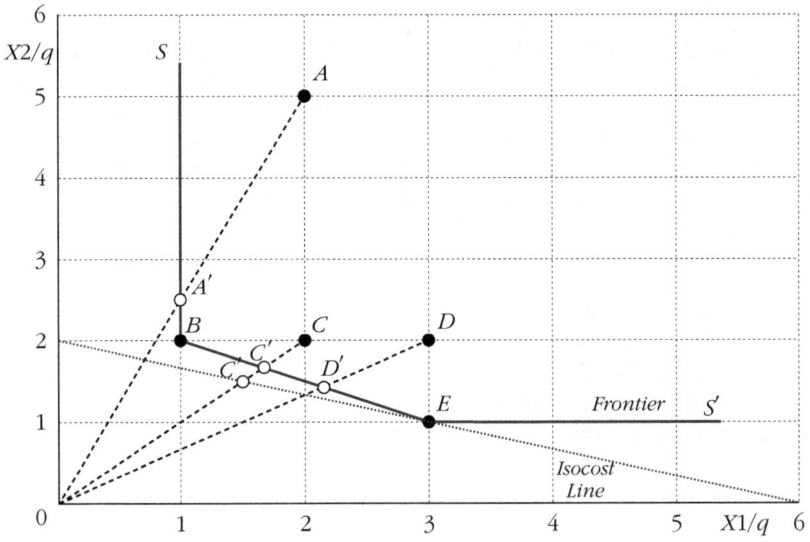

수 있다. 여기에서는 반드시 도표와 분석결과를 이용하여 그 의미를 생각하고 이해하는 것이 필요하다.

STATA 사례 4-7 자료포락분석을 통한 배분적 비효율성 계산

〈STATA 커멘드 리스트〉

```
* 배분적 비효율성 측정
* Coelli (1998) eg3.dta
clear
input str2 dmu     y     x1     x2        p1 p2
A       1    2     5     1      3
B       2    2     4     1      3
C       3    6     6     1      3
D       1    3     2     1      3
E       2    6     2     1      3
end

dea_allocative x1 x2 = y, model(c) values(1 3)
```

〈아웃풋〉

options: RTS(CRS)
CRS DEA-Cost Efficiency Results:

	CUR: x1	CUR: x2	CUR: cost	TECH: theta	TECH: x1	TECH: x2	TECH: cost	MIN: x1	MIN: x2	MIN: cost
dmu:A	2	5	17	.5	1	2.5	8.5	3	1	6
dmu:B	2	4	14	1	2	4	14	6	2	12
dmu:C	6	6	24	.833333	5	5	20	9	3	18
dmu:D	3	2	9	.714286	2.14286	1.42857	6.42857	3	1	6
dmu:E	6	2	12	1	6	2	12	6	2	12

	OE	AE	TE
dmu:A	.352941	.705882	.5
dmu:B	.857143	.857143	1
dmu:C	.75	.9	.833333
dmu:D	.666667	.933333	.714286
dmu:E	1	1	1

3. 맘퀴스트 생산성 지수

(1) 지수의 의미

독자들은 이미 제2부 제2장 지수이론에서 맘퀴스트 지수가 두 나라의 생산성 수준을 비교하는 데 사용될 수 있다는 것을 살펴보았다. 여기에서는 두 나라의 생산성 수준을 비교하는 것이 아니라, 두 시점의 생산성을 비교하는 맘퀴스트 지수를 살펴보자.

맘퀴스트 생산성 지수는 이론적, 실증적으로 더욱 발전하여 다양한 분야에 활용되고 있다. 하지만, 많은 독자가 집합이론(set theory)을 이용한 거리함수(distance function)의 개념에 익숙하지 않기 때문에 본서에서는 수학적 표현은 생략하고 이를 활용하는 데 중점을 두고자 한다.[8]

단순하게 설명하면, 기술적 효율성의 의미를 설명하고 있는 전 단원의 도표에서 볼 때 투입물 측면의 거리함수는 투입물 측면의 기술적 효율성의 역수가 되고, 생산물 측면의 거리함수는 생산물 측면의 기술적 효율성이 된다. 이를 복수의 산출물과 복수의 투입물에 적용하게 되면 다양한 분야에 적용할 수 있게 된다.

(2) 맘퀴스트 생산성 지수의 분해

〈그림 7〉에서는 규모에 대한 수확 불변의 가정하에서 하나의 투입물을 사용하여 하나의 산출물을 생산하는 경우를 보여준다. 기업은 s기에는 점 D에서 생산을 하지만, t시점에는 점 E에서 생산을 한다고 하자. 그러면 두 시점에서 모두 기술적으로 비효율적인 상태에 있게 된다. 이때 기술적 효율성이 개선된 정도는 다음과 같이 나타낼 수 있다. 즉,

$$TEC = \frac{q_t/q_c}{q_s/q_a} \quad \cdots\cdots 12$$

그리고 기술변화는 다음과 같이 나타낼 수 있다.

$$TECH = \left[\frac{q_t/q_b}{q_t/q_c} \cdot \frac{q_s/q_a}{q_s/q_b}\right]^{0.5} \quad \cdots\cdots 13$$

그러면 맘퀴스트 생산성 지수는 기술적 효율성 변화와 기술변화의 곱으로 표현

8 더 자세한 수학적 설명을 위해서는 아래 저술 참조. 이정동·오동현(2012), 『효율성 분석이론』, 지필미디어.; 고길곤(2017), 『효율성 분석이론: 자료포락분석과 확률변경분석』, 문우사.

그림 7 **맘퀴스트 생산성 지수의 의미**

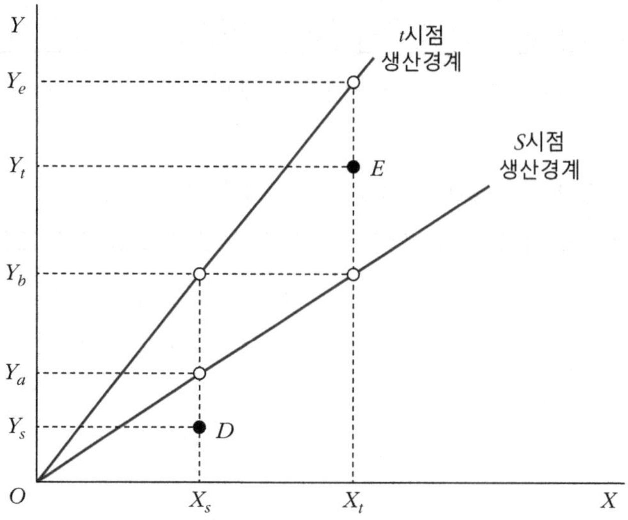

된다. 즉,

$$MI = \frac{q_t/q_c}{q_s/q_a} \cdot \left[\frac{q_t/q_b}{q_t/q_c} \cdot \frac{q_s/q_a}{q_s/q_b} \right]^{0.5} \quad \cdots\cdots 14$$

(3) 맘퀴스트 생산성 지수 분석사례

맘퀴스트 생산성 지수를 직접 계산해보는 사례로서 역시 Coelli, Rao, and Battese (2005)의 데이터 세트를 사용하기로 한다. 독자들의 이해를 돕기 위해 우선 아래 STATA 커멘드 리스트에서 데이터 입력 부분을 보도록 하자.

우선 의사결정 단위(decision making unit: dmu) 또는 기업이 5개 있고, 5개 연도에 대한 자료이며, 산출물은 y, 그리고 투입물은 x이다.

처음 두 번째 연도까지 기업별로 산출물과 투입물의 변화를 보면, 기업 1은 투입물과 산출물이 변함이 없다. 따라서 〈그림 8〉의 기업 1이 나타내는 점에 머물러 있다. 기업 2는 같은 생산요소 4를 이용하여 생산량을 2에서 3으로 증대하였다. 기업 3은 3단위의 투입물을 이용하여 생산량을 3에서 4로 증대시켰다. 기업 4는 5단위의 투입물을 이용하여 4단위를 생산하다 3단위로 감소하였다. 그리고 기업 5는 6단

그림 8 **맘퀴스트 DEA 분석 예제**

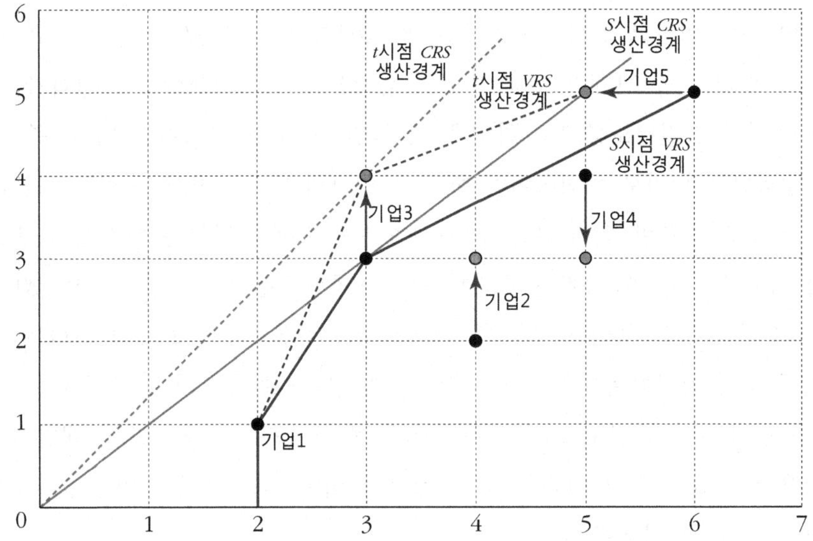

위의 투입물로 5단위를 생산하다가 5단위의 투입물로 5단위를 생산하게 되었다. 따라서 처음 2년간 기업 1에는 생산성의 변화가 없고, 기업 2, 3, 5에는 생산성 증대가 있었고, 기업4는 생산성의 감소를 경험하였다.

그리고 두 번째 연도부터 세 번째 연도 간에는 5개 기업 모두 두 번째 연도와 투입-산출의 관계에서 변화가 없으므로 생산성의 변화가 없다고 할 수 있다. 이상의 사례에서 보게 되는 5개 기업의 시간 변화에 대한 이런 모습은 맘퀴스트 생산성 지수를 계산한 후 그 해석을 제대로 하는 데 도움이 되므로 〈그림 8〉의 의미를 이해하고, 이를 실제 분석결과와 비교해서 맘퀴스트 생산성 지수를 해석하는 것이 도움이 될 것이다.

우선 규모에 대한 수확 불변 가정하에서 제1기에 효율적인 기업은 기업 3이다. 규모에 대한 가변수익의 가정하에서는 기업 1, 3, 5가 효율적인 기업임을 도표와 분석결과의 아웃풋에서 확인할 수 있다. 2차 연도에는 규모에 대한 수확 불변 가정하에서 기업 3이 효율적이며, 규모에 대한 가변수익의 가정 하에서는 기업 1, 3, 5가 효율적인 기업이다. 3차 연도에서는 모든 기업의 투입-산출 관계가 변화하지 않았기 때문에 기업의 효율성 추정치는 2차 연도와 같게 된다. 모든 기업은 3차 연도의 투입-산출 관계가 2차 연도와 변함이 없으므로 2차 연도와 효율성 수준에서 차이가 없게 된다. 이런 설명은 〈그림 8〉이 나타내고 있는 모습과 같다는 것을 의미한다.

다음 맘퀴스트 생산성 지수를 보도록 하자. 1~2차 연도 간에 기업 1은 총요소생산성 변화가 1이라고 한다. 이것은 100% 증가했다는 의미가 아니라 도표에서 보는 것처럼 투입-산출 관계가 전혀 변함이 없으므로 총요소생산성의 변화가 없다는 의미이다. 따라서 전년도를 1로 하였을 때 금년도에도 역시 1이란 의미, 즉 생산성 변화가 없었다는 의미로 해석하여야 한다. 기업 1의 효율성 변화는 전년도를 1로 하였을 때 금년도 0.75란 의미이다. 투입-산출은 변화하지 않았는데 경제의 생산함수는 상향 이동하여 33.3% 증가한 결과로 기술적 효율성은 오히려 25% 하락했다는 의미이다. 그 다음 같은 투입-산출을 유지하고 있으니까 순수한 효율성 변화는 없었다는 의미에서 그 추정치는 1의 값을 갖는다. 마지막으로 규모의 경제 효과는 전년도를 1이라고 했을 때 금년도 25% 하락하였다. 생산규모로 보아 규모에 대한 수확 체증이 작용하고 있는데 그 크기가 더 커졌다는 의미이다. 이런 설명은 다른 기업에 대해서도 동일하게 적용할 수 있다.

분석에 사용된 자료에서, 모든 기업의 2차 연도와 3차 연도에는 투입-산출 관계에서 아무런 변화가 없었다는 것을 알고 있다. 따라서 맘퀴스트 생산성 지수와 그 구성요인들에서는 아무런 변화를 찾을 수 없어야 한다. 아웃풋에서 확인할 수 있듯이 모든 수치가 1이다. 이는 바로 전년도를 1이라고 하였을 때 금년도에도 1이라는 의미, 즉 전혀 변화가 없었다는 것이다. 따라서 〈그림 8〉에서 설명하고 있는 사실들을 맘퀴스트 생산성 지수와 그 구성요인에서 그대로 관찰할 수 있다. 지금까지 한 설명은 맘퀴스트 생산성 지수를 계산하였을 때 분석결과의 의미해석에 매우 주의하여야 한다는 사실을 강조하기 위함이었다.

STATA 사례 4-8 맘퀴스트 생산성 지수계산 사례

〈STATA 커멘드 리스트〉

```
* ******************************************************
* *** 맘퀴스트 생산성 지수 계산  사례 분석
* ******************************************************

clear
input  str1 dmu  year     y    x
1      1    1   2
```

```
2    1    2    4
3    1    3    3
4    1    4    5
5    1    5    6
1    2    1    2
2    2    3    4
3    2    4    3
4    2    3    5
5    2    5    5
1    3    1    2
2    3    3    4
3    3    4    3
4    3    3    5
5    3    5    5
end
malmq x = y, ort(i) period(year)
```

〈아웃풋〉

```
Cross CRS-DEA Result:
          from    thru         t      t1
dmu:1        1       2        .5    .375
dmu:2        1       2       .75    .375
dmu:3        1       2   1.33333     .75
dmu:4        1       2        .6      .6
dmu:5        1       2         1    .625
dmu:1        2       3      .375    .375
dmu:2        2       3     .5625   .5625
dmu:3        2       3         1       1
dmu:4        2       3       .45     .45
dmu:5        2       3       .75     .75

Malmquist efficiency INPUT Oriented DEA Results:

     +---------------------------------+
     | year   dmu    CRS_eff   VRS_eff |
     |---------------------------------|
  1. |    1     1         .5         1 |
  2. |    1     2         .5      .625 |
  3. |    1     3          1         1 |
  4. |    1     4         .8        .9 |
  5. |    1     5    .833333         1 |
     |---------------------------------|
  6. |    2     1       .375         1 |
  7. |    2     2      .5625   .666667 |
  8. |    2     3          1         1 |
  9. |    2     4        .45   .533333 |
 10. |    2     5        .75         1 |
     |---------------------------------|
```

```
 11. |     3     1     .375         1 |
 12. |     3     2    .5625   .666667 |
 13. |     3     3        1         1 |
 14. |     3     4      .45   .533333 |
 15. |     3     5      .75         1 |
     +--------------------------------+

Malmquist productivity index INPUT Oriented DEA Results:

     +-------------------------------------------------------------------+
     | period   dmu     tfpch    effch     techch       pech       sech |
     |-------------------------------------------------------------------|
  1. |    1~2     1         1      .75    1.33333          1        .75 |
  2. |    1~2     2       1.5    1.125    1.33333    1.06667    1.05469 |
  3. |    1~2     3   1.33333        1    1.33333          1          1 |
  4. |    1~2     4       .75    .5625    1.33333    .592593    .949219 |
  5. |    1~2     5       1.2       .9    1.33333          1         .9 |
     |-------------------------------------------------------------------|
  6. |    2~3     1         1        1          1          1          1 |
  7. |    2~3     2         1        1          1          1          1 |
  8. |    2~3     3         1        1          1          1          1 |
  9. |    2~3     4         1        1          1          1          1 |
 10. |    2~3     5         1        1          1          1          1 |
     +-------------------------------------------------------------------+
```

확률변경함수의 추정

여기에서 살펴볼 확률변경분석법(stochastic frontier analysis)은 앞장에서 살펴본 자료포락분석법(DEA)과 함께 생산 활동에서의 기술적 효율성 측정에 필요한 변경함수를 측정하는 방법이다. 자료포락분석법이 선형계획법을 사용하는 방법이라면, 확률변경분석법은 계량경제학적 방법론을 사용하는 것이다.

Farrel(1957)에서 언급했듯이 기업의 효율성은 두 가지 요인, 즉 주어진 생산요소부터 최대의 산출을 얻기 위한 능력을 나타내는 기술적 효율성과 생산요소의 가격이 알려졌을 때 최적 비율로 생산요소를 사용하는 기업의 능력인 배분적 효율성으로 구성되어 있다. 이 두 효율성 지표를 결합하면 해당 기업의 경제적 효율성 지표가 된다. 이런 지표들은 전장에서 설명했듯이 투입 측면과 산출 측면에서 각각 정의할 수 있다.

확률변경분석법은 Aigner and Chu(1968)에서 콥-더글러스 형태의 변경생산함수를 추정하면서 시작되었다.[1] N개의 기업에 대한 생산요소 투입과 생산량 자료가 있을 때 모형은 다음과 같이 표시할 수 있다. 즉,

$$\ln(y_i) = x_i\beta - u_i, \quad i = 1, \cdots, N \qquad 1$$

여기서 y_i는 i번째 기업의 생산량, x_i는 첫째 요소가 1이고, 나머지는 i번째 기

1 Aigner, D. J., and S. F. Chu(1968), "On Estimating the Industry Production Function," *American Economic Review,* 58, pp. 826-839.

업이 사용하는 K개 생산요소의 로그값으로 구성된 $K+1$의 벡터, $\beta=(\beta_0, \beta_1, \cdots, \beta_K)$는 추정되어야 할 파라미터, 그리고 마지막 u_i는 비음(non-negative)의 값을 가진 확률변수로서 기술적 비효율성을 나타낸다.

그러면 변경함수에 의해 정의된, 잠재적 생산량에 대한 i번째 기업의 관찰된 생산량의 비율을 나타내는 기술적 효율성은 다음과 같이 표시할 수 있다.

$$TE_i = \frac{y_i}{\exp(x_i\beta)} = \frac{\exp(x_i\beta - u_i)}{\exp(x_i\beta)} = \exp(-u_i) \quad \cdots\cdots 2$$

이 측정치는 산출물 측면에서 측정된 기술적 효율성 측정치로서 0과 1 사이의 값을 갖게 된다. 이는 같은 생산요소를 사용하여 완전히 효율적인 기업에 의해 생산될 수 있는 생산량과 효율적이지 않은 기업의 생산량 수준의 비율을 나타낸다. 그리고 기술적 효율성은 β값을 추정함으로써 얻어진 추정된 변경생산량 대비 관찰된 생산량의 비율로 측정된다.

이상의 방법이 가진 가장 큰 단점은 측정오류나 변경에서 벗어나 있는 편차와 같은 노이즈(noise)를 모두 기술적 비효율성으로 간주한다는 점이다. 그래서 새로운 방법이 개발되게 되었는데, 이것이 바로 확률변경분석법이라는 것으로서 이런 노이즈를 반영하기 위해 별도의 확률 교란 항을 도입하게 된다.

1. 확률변경생산함수 분석

(1) 확률변경생산함수와 기술적 효율성의 확률분포

Aigner, Lovell and Schmidt(1977)는 생산함수에 교란 항, v_i와 기술적 효율성, u_i라는 두 개의 교란 항을 포함하는 다음의 확률변경생산함수(schochastic frontier production function)를 추정함으로써 생산변경과 기술적 효율성을 측정하는 방법을 개발하였다.[2] 즉,

---

2 Aigner, D. J., C. A. K Lovell and P. Schmidt(1977), "Formulation and Estimation of Stochastic

$$\ln(y_i) = x_i\beta + v_i - u_i,\ i = 1, 2,\ \cdots,\ N \quad \cdots\cdots 3$$

여기서 교란 항, v_i는 일반적으로 회귀분석에서 사용되는 교란 항으로서 측정오차나 다른 확률적 오차를 나타낸다. 그리고 이는 독립적이고, 동일한 분포(independent, identically distributed)를 하는데 평균이 0이고 표준편차가 σ_v인 정규확률분포를 한다고 가정한다. 또한 기술적 효율성을 나타내는 u_i는 지수 또는 반 정규확률분포(exponential or half normal distribution)를 한다고 가정한다.

따라서 확률변경생산함수는 함수의 확률적인 부분, 즉 $\exp(x_i\beta + v_i)$로 둘러싸인 부분(위로 유계, bounded above)이 된다. 교란 항 v_i는 확률적 변경생산량이 모형의 확정적 부분인 $\exp(x_i\beta)$에서부터 정(+)의 값을 가질 수도 있고, 부(−)의 값을 가질 수도 있다.

확률변경 함수모형과 관련하여 많은 논란이 되는 부분은 기술적 효율성을 나타내는 u_i의 확률분포와 관련된 것이다. 사전적으로 u_i의 확률분포를 특정할 수 없다는 점에서 제기되는 문제이다. 전술한 Aigner, Lovell and Schmidt(1977)는 기술적 효율성을 나타내는 u_i가 지수분포 또는 반 정규확률분포(half normal distribution)를 한다고 가정하였고, Stevenson(1980)은 절단된 정규분포(truncated normal distribution), Greene(1990)은 감마분포(gamma distribution)를 한다고 가정하였다.[3]

이처럼 기술적 효율성을 나타내는 확률 항의 분포를 다양하게 가정하는 이유는 확률적 생산변경에서 효율적인 기업의 분포와 관련된 사전적 인식의 차이 때문이라고 할 수 있다. 어떤 확률분포를 가정하느냐에 따라 기술적 효율성 추정치가 상당히 민감하게 변화한다는 점에서 문제시된다.

즉, 각 확률분포에서 가장 많은 빈도가 어디에서 발생하느냐에 따라. 가령 반 정규분포와 지수분포는 효율적인 기업이 다수 존재하고 비효율적인 기업이 소수 존재한다는 가정과 부합하며, 절단 정규분포는 만약 평균이 0보다 클 경우 아주 효율적인 기업보다 약간 효율적인 기업이 다수, 아주 비효율적인 기업이 소수라는 가정

Frontier Production Function Models," *Journal of Econometrics*, 6, pp. 21-37.

3 Stevenson, R. E.(1980), "Likelihood Functions for Generalized Stochastic Frontier Estimation," *Journal of Econometrics*, 13, pp. 57-65.; Greene, W. H.(1993), "The Econometric Approach to Efficiency Analysis," in H. O. Fried, C. A. K. Lovell, and S. S. Schmidt, eds., *The Measurement of Productive Efficiency: Techniques and Applications*. New York: Oxford University Press.

과 부합된다. 그리고 감마분포는 크기와 위치 파라미터에 따라 다르지만 절단 정규분포, 지수분포의 특성을 모두 가지고 있으므로 그 형태에 따라 효율성의 분포가 결정된다고 할 수 있다.

또한 표본으로 관찰된 기업의 경우 모두 생존한 기업이기 때문에 일정한 수준 이상의 효율성을 가진 기업이라는 점에 착안하여 매우 비효율적인 기업의 빈도를 나타내는 부분을 잘라낸 확률분포를 가정한 모형이 개발되기도 하였다. Lee(1996)는 반 정규분포의 꼬리 부분을 자른 분포를 사용하였고,[4] Quin and Sickles(2008)은 반 정규분포, 절단 정규분포, 지수분포의 꼬리 부분을 절단한 분포를 사용하여 변경생산함수를 추정하였다.[5] 하지만 이런 분포를 가정한 모형들은 아직 광범위하게 실증연구에서 활용되지 않고 있다.

STATA 사례 4-9 확률변경함수의 교란 항의 분포 그리기

〈STATA 커멘드 리스트〉

```
twoway function y = normalden(x), range(0 5)      ///
        lpattern(solid) lwidth(thick)             ///
        title("반정규분포") ytitle("f(x)")       saving(g1, replace)

twoway function y = exponentialden(1,x), range(0 5)  ///
        lpattern(solid) lwidth(thick)                ///
        title("지수분포") ytitle("f(x)") saving(g2, replace)

twoway function y = normalden(x, 1, 1),  range(0 5)  ///
        lpattern(solid) lwidth(thick)                ///
        title("절단정규분포") ytitle("f(x)") saving(g3, replace)

twoway function y = gammaden(1,1,0,x), range(0 5)     ///
        lpattern(solid) lwidth(thick)                 ///
     || function y = gammaden(2,1,0,x), range(0 5)   ///
        lpattern(dash) lwidth(thick)  legend(off)    ///
       , title("감마분포") ytitle("f(x)") saving(g4, replace)

graph combine g1.gph g2.gph g3.gph g4.gph
```

---

4 Lee, Y. H.(1996), "Tail Truncated Stochastic Frontier Models," *Journal of Economic Theory and Econometrics*, 2, pp. 137-152.

5 Qian, J. and R, Sickles(2008), *Stochastic Frontiers with Bounded Inefficiency*, Mimeo, Rice University.

(2) 확률변경생산함수와 최우법 추정

최우법(maximum likelihood estimation method)을 적용함에 있어서는 다양한 변경확률모형에서 기술적 효율성을 나타내는 교란 항이 각각 다른 형태의 통계적 확률분포를 갖기 때문에 각각 다른 형태의 결합확률밀도함수와 우도함수를 갖게 된다. 따라서 최우법을 적용하여 파라미터를 추정할 때 서로 다른 목적함수가 사용된다.

또한 같은 우도함수를 유도하더라도 확률변경함수에 포함된 두 개의 교란 항, 즉 일반적인 교란 항과 기술적 효율성을 나타내는 교란 항의 분산을 어떻게 정의하느냐에 따라 달라진다. 가령 Aigner, Lovell and Schmidt(1977)는 이와 관련해서 2개의 파라미터 즉, $\sigma^2 = \sigma_u^2 + \sigma_v^2$과 $\lambda = \sigma_u^2 / \sigma_v^2$에 대해 우도함수를 정의하였으나, Coelli and Corra(1977)는 $\gamma = \sigma_u^2 / \sigma^2$를 이용하여 우도함수를 정의했다. 이때 감마(γ, gamma)는 0과 1 사이의 값을 가지나, 람다(λ, lambda)는 음(−)이 아닌 값을 갖게 된다.[6]

기술적 효율성의 다양한 확률분포에 대한 해당 결합확률밀도함수와 우도함수는 지면 관계상 여기에서 설명하지 않기로 한다. 이들 내용에 대해서는 전문적인 학자들의 논문이나 저술에 의존하는 것이 바람직해 보인다.[7]

---

6 여기서 감마와 람다의 의미는 변경확률함수 추정 명령어를 제공하는 여러 통계 소프트웨어의 아웃풋의 이해를 위해 필요하다.

7 교란 항의 확률분포에 따른 구체적 우도함수의 유도과정에 대한 설명은 다음 자료를 참조. Subal C. Kumbhakar and C. A. Knox Lovell(2000), *Stochastic Frontier Analysis*, Cambridge University Press.; 이영훈(2014), 『확률적 변경모형』, 서강대출판부, pp. 43-109.; Kumbhakar, Wang and Horncastle(2013), *A Practioner's Guide to Stochastic Frontier Analysis using STATA*, Cambridge University Press.

본서에서 많이 다루게 될 STATA나 Coelli가 개발한 FRONTIER와 같은 통계 소프트웨어에서도 이를 추정하기 위한 방법이 제공되고 있다. 최근에는 STATA에서 사용자가 작성한 확률변경함수 추정과 기술적 효율성 측정을 위한 매우 편리한 명령어들이 제공되고 있어서 이 분야를 연구하고자 하는 사람들은 결합확률밀도함수나 우도함수 그리고 특별한 프로그래밍 능력을 갖추지 않더라도 아주 전문적인 연구를 수행할 수 있다.[8] 본서에서 역시 이런 점을 중요시하여 독자들의 이해를 돕고자 하였다.

(3) 기술적 효율성의 측정

변경생산함수의 형태(콥-더글러스나 초월대수함수 등)가 정해지면 최우법을 통해 모형의 파라미터와 더불어 분석대상이 된 전체기업의 평균 기술적 효율성(mean technical efficiency)이 추정된다. 하지만 우리가 관심을 가진 개별 기업의 기술적 효율성, $TE_i = \exp(-u_i)$는 관찰되지 않고 단지 $e_i = v_i - u_i$만이 관찰된다.

따라서 개별 기업의 기술적 효율성을 계산하는 것이 필요하다. 개별 기업의 기술적 효율성 지표를 계산하는 방법에는 우도함수 유도과정에 전제로 하였던 확률분포를 이용하는 방법으로 Jondraw, Lovell, Masterov and Schmidt(1982)에 의해 제시된 방법(JLMS)과 Battese and Coelli(1988) 방법(BC)의 2가지 지표가 주로 활용된다. 또한 Horrace and Schmidt(1996)는 기술적 효율성 지표의 신뢰구간을 계산하는 방법을 제시하고 있다.[9]

확률변경함수의 추정과 기술적 효율성에 대한 추정치는 대부분 통계 소프트웨

---

8 Federico Belotti, Silvio Daidone, Vincenzo Atella and Giuseppe Ilardi에 의해서는 sfcross, sfpanel 이라는 커멘드가 제공된다. 그리고 Kumbhakar, Wang and Horncastle(2013), *A Practioner's Guide to Stochastic Frontier Analysis using STATA*, Cambridge University Press에서도 sfmodel, sfpan 등의 다양한 커멘드가 제공된다. STATA고유의 확률변경함수 추정을 위한 커멘드 외에 이상의 커멘드를 사용한 다양한 사례들이 본서의 뒷부분에 제공된다.

9 Jondrow, J., C. A. K. Lovell, I. S. Materov, and P. Schmidt(1982), "On the estimation of technical inefficiency in the stochastic frontier production function model," *Journal of Econometrics* 19: pp. 233-238.; Battese, G. E., and T. J. Coelli(1988), "Prediction of firm-level technical efficiencies with generalized frontier production function and panel data," *Journal of Econometrics* 38: pp. 387-399.; Horrace, W. C., and P. Schmidt.(1996), "Confidence statements for efficiency estimates from stochastic frontier models," *Journal of Productivity Analysis* 7: pp. 257-282.

어에서 제공해주기 때문에 수식을 이용한 자세한 설명을 생략한다. 본 장의 사례분석에서 간단한 방법을 통해 이를 구하는 절차를 설명할 것이다.

(4) 기술적 효율성의 존재 여부 검정

확률변경생산(비용)함수를 활용하게 되는 가장 큰 이유 중 하나는 변경생산(비용)함수를 추정하고, 이를 이용하여 기술적 효율성을 측정하는 데 있다. 따라서 전제조건인 기술적 효율성에 차이가 있다는 사실을 먼저 확인할 필요가 있다.

기술적 효율성의 존재 여부는 귀무가설(null hypothesis)과 대립가설(alternative hypothesis), $H_0 : \sigma_u^2 = 0$ $H_A : \sigma_u^2 > 0$에 대해 가설검정을 하는 것이다. 즉 기술적 효율성을 나타내는 교란 항의 분산이 영(0)과 다른지를 검정하는 것이다. 이를 위한 대표적인 검정방법은 "왈드 테스트(Wald test)"이다. 여기에서는 최우법으로 추정된 σ_u^2 추정치와 그 표준오차의 비율을 이용한다. 또 다른 방법은 왈드 테스트와 같은 의미를 갖는 가설, $H_0 : \lambda = 0$, $H_A : \lambda > 0$이나 $H_0 : \gamma = 0$, $H_A : \gamma > 0$에 대해 가설검정을 하는 방법이다.

하지만 이런 가설검정 방법에 대해 Aigner, Lovell and Schmidt(1977)나 Coelli(1995)는 관련 통계량이 너무 작은 숫자로 측정되기 때문에 검정방법으로 적절하지 않다는 점을 지적한 바 있다.[10] 그래서 이들은 각각의 가설하에서 추정된 모형의 추정결과로부터 구해진 우도값의 비율을 이용하는, 소위 "일반화된 우도비 검정(generalized likelihood ratio test)"을 추천하고 있다.[11]

만약 귀무가설, H_0이 참(true)이라면 이 검정 통계량은 점근적으로 자유도가 제약조건의 수(여기서는 1)인 카이자승 분포(Chi-square distribution)를 하게 된다는 사실을 이용하는 것이다. 대부분의 통계 소프트웨어의 아웃풋에는 해당 검정 통계량을 제공해주기 때문에 활용방법에 대한 이해만 있으면 아주 쉽게 기술적 효율성의 존재

---

10 Aigner, D. J., C. A. K Lovell and P. Schmidt(1977), "Formulation and Estimation of Stochastic Frontier Production Function Models," *Journal of Econometrics,* 6, pp. 21-37.; Coelli, T.(1995), "Estimators and Hypothesis Tests for a Stochastic Frontier Function: A Monte Carlo Analysis," *Journal of Productivity Analysis* 6:4, pp. 247-268.

11 Aigner, D. J., C. A. K Lovell and P. Schmidt(1977), "Formulation and Estimation of Stochastic Frontier Production Function Models," *Journal of Econometrics,* 6, pp. 21-37.

여부를 검정할 수 있다.

(5) 함수의 선택

일반 생산(비용)함수의 추정에서와 마찬가지로 확률적 변경생산(비용)함수의 추정에서도 함수선택의 문제는 매우 중요하다. 대부분의 연구자에게 익숙한 콥-더글러스 생산함수가 실증분석에서 광범위하게 사용되고 있다. 이 함수는 로그 변환된 함수형태로서 선형으로 표현할 수 있으므로 추정이 간단하다. 또한 요소투입의 산출탄력성이 일정하다는 점, 규모에 대한 수확 불변의 가정, 요소 간 대체 탄력성이 1이라는 함수의 특성들은 실증분석에 있어서 매력적이다.

하지만 실증적인 연구에서 더욱 많이 사용되는 함수형태는 초월대수함수 형태의 생산함수나 비용함수이다. 트랜스로그(translog) 함수라고도 불리는 이 함수는 규모에 대한 수확 여부에 대한 어떤 가정도 하지 않고, 또 요소 간 대체 가능성에 대해서도 제약이 없는 상태로 추정할 수 있다.

다만 추정과정에서 다중공선성과 자유도 부족의 문제가 제기될 수 있다. 이 중 자유도 부족의 문제는 해당 함수를 연립추정하는 방법을 통해 해결될 수 있다. 추정과정이 다소 복잡하지만, 컴퓨터와 통계 소프트웨어의 발전에 따라 이런 점들은 크게 문제시되지 않는다. 기타 함수형태에 대해서는 제4부 제1장의 〈표 1〉에서 이미 언급한 바 있다.

(6) 변경함수와 이분산 문제의 해결

변경함수에 사용되는 두 가지 교란 항, u_i, v_i는 동분산(homoscedasticity)을 갖는다고 가정한다. 즉 σ_u^2, σ_v^2은 일정한 값을 갖는 모수(parameter)로 간주한다. 하지만 Caudill and Ford(1993), Caudill, Ford and Gropper(1995), Hadri(1999)에서는 이 두 교란 항이 이분산을 가지는 경우에 대한 해결책을 제시하였다. 고전적 선형모형에서 이분산의 문제는 추정치의 일치성(consistency)이 아닌 효율성(efficiency)에만 영향을 미치지만, 확률변경함수에서 이분산 문제는 일치 추정치를 제공해주지 않는다.

Kumbhakar and Lovell(2000)은 확률변경모형에서 이분산 문제로 야기될 수 있는 문제로 다음을 지적하고 있다.[12] 첫째, 교란 항 v_i가 이분산의 문제를 가질 경우 상수항을 제외한 변경함수 파라미터 추정치는 여전히 일치 추정량이지만 과소 편의(downward biased)의 문제를 갖는다. 둘째, 교란 항 u_i가 이분산의 문제를 가지면 변경함수 파라미터 추정치는 편의(bias)를 갖게 되고, 더 나아가 기술적 효율성 추정치 역시 편의를 갖게 된다.

이처럼 변경함수에서 이분산의 문제가 있는 경우의 해법은 이런 이분산이 다른 특정 변수들에 의해 초래된다고 보고 교란 항에 대한 이들 변수의 영향을 반영한 우도함수를 유도한 후, 최우법을 이용하여 파라미터를 추정하는 것이다. 그 다음 σ_u^2, σ_v^2를 결정하는 방정식을 이용하여 기술적 효율성을 계산하는 절차를 거치게 된다.

본서에서 분석수단으로 사용하고 있는 STATA에서는 공식적인 명령어 외에도 사용자들이 작성한 모듈에서 이분산 문제를 처리할 수 있는 기능을 제공하고 있다. 따라서 이상의 과정에 대한 자세한 함수적 설명을 생략하고 활용방법에 대해서만 본 장의 뒷부분에 설명하기로 한다.

〈표 1〉에서는 횡단면 또는 패널 자료를 이용하여 변경함수를 추정할 때 사용되는 3가지 유형의 명령어들과 여기에서 각각 다룰 수 있는 기술적 효율성의 확률분포

표 1 변경함수 추정 STATA 명령어와 주요 기능

STATA 명령어	모형	기술적 효율성 계산	특징
frontier xtfrontier	반정규분포 지수분포 절단 정규분포	Battese & Coelli(1988)방법	공식적인 STATA 명령어 생산함수와 비용함수 적용가능 제약조건 부여 가능 기술적 효율상 결정요인분석 가능 이분산 처리 가능 우도비, 왈드 테스트 가능
sfcross sfpanel	반정규분포 지수분포 절단 정규분포 감마분포	Battese & Coelli(1988)방법 Jondrow, Lovell, Materov & Schmidt(1982) 방법 Horrace & Schmidt(1996) 신뢰구간 결정요인의 한계효과 계산 가능	사용자(Federico Belotti 등) 개발한 사용자 모듈 생산함수와 비용함수 적용가능 제약조건 부여 가능 기술적 효율상 결정요인분석 가능 이분산 처리 가능 우도비, 왈드 테스트 가능
sfmodel sfpan	위와 동일	위와 동일	Kumbhakar 등이 개발한 시용자 모듈 위와 동일

12 Subal C. Kumbhakar and C. A. Knox Lovell(2000), *Stochastic Frontier Analysis*, Cambridge University Press, pp. 115-130.

형태, 기술적 효율성 추정방법, 그리고 다른 중요한 특징들을 보여주고 있다.

횡단면 자료를 이용한 변경함수추정에 사용될 수 있는 명령어는 STATA 공식적인 명령어로서 frontier가 있고, Federico Belotti 등이 개발한 sfcross와 Kumbhakar가 개발한 sfmodel이란 모듈이 있다. 그리고 이들 모형 모두 일반적 교란 항을 가진 모형과 이분산 문제를 가진 교란 항 모형을 쉽게 처리할 수 있다. 이분산의 문제를 처리하는 방법 역시 본 장에서 사례를 통해 살펴보게 될 것이다.

2. 횡단면 자료와 변경함수의 추정

여기서는 횡단면 자료를 이용하여 변경생산함수를 추정하고, 기술적 효율성 수준을 계산하는 방법에 관해 설명한다. Kumbhakar et al.(2015)의 dairy라는 데이터 세트를 사용하였는데, 여기에는 196개 목장에서 버터를 생산하기 위해 생산요소로서 4개의 투입물, 즉 노동, 사료, 젖소의 두수, 목장 면적을 고려하는 경우 변경생산함수를 추정하고 각 목장의 기술적 효율성을 측정하는 사례이다.[13]

변경생산함수를 추정하는 과정에서는 전술한 STATA의 공식명령어, frontier와 사용자 작성 명령어인 sfcross와 sfmodel이란 커멘드를 사용하는 방법을 설명할 것이다. 그리고 각 명령어를 사용할 때의 기술적 효율성을 계산하는 방법에 대해서도 설명한다. 변경생산함수의 기술적 효율성의 통계적 분포로서는 반 정규분포, 지수분포, 절단 정규분포 등을 옵션으로 선택할 수 있다.

기술적 효율성 추정치는 frontier명령어로는 BC 지표만 계산할 수 있으나, sfcross와 sfmodel이란 명령어로는 BC, JLMS 뿐만 아니라 이들의 신뢰구간까지 계산할 수 있다. 또한 이 두 명령어에서는 교란 항의 이분산 문제까지도 해결할 수도 있다.

---

13 https://sites.google.com/site/sfbook2014/

STATA 사례 4-10 횡단면 자료를 이용한 변경생산함수 추정과 기술적 효율성 추계

〈STATA 커멘드 리스트〉

```
* *****************************************************
* *** 횡단면 자료를 이용한 변경생산함수의 추정과 기술적 효율성 계산
* *****************************************************

use dairy.dta, clear

* 자료의 단순 기술통계량
summ ly llabor lfeed lcattle lland

* Stata 공식명령어를 이용항 추정과 기술적 효율성 계산
* B&C의 기술적 효율성 측정가능
frontier ly llabor lfeed lcattle lland
predict teff1, te

* Federico Belotti의 sfcross를 이용한 추정과 기술적 효율성 계산
* B&C, JLMS 기술적 효율성과 그 신뢰구간 측정 가능(ci 옵션)
* truncated normal, exponential, half-normal, gamma 분포 모형 추정 가능
* 이분산 문제 해결을 위해 vsigma()의 ()에 원인변수 지정 가능
sfcross ly llabor lfeed lcattle lland, distribution(tnormal) usigma() vsigma()
predict bc, bc ci
predict jlms, jlms ci

* Kumbhakar의 sfmodel를 이용한 추정과 sf_predict를 이용한 기술적 효율성 계산
* B&C, JLMS 기술적 효율성과 그 신뢰구간 측정 가능(ci( ) 옵션)
* truncated normal, exponential, half-normal 분포 모형 추정 가능
* 이분산 문제 해결을 위해 vsigma()의 ()에 원인변수 지정 가능

sfmodel ly, prod dist(h) frontier(llabor lfeed lcattle lland) usigmas()
vsigmas() show
ml max, difficult
sf_predict, bc(kumbc) jlms(kumjlms) ci(95)

* 3가지 방법에 의해 구한 기술적 효율성 추정치 비교
list teff bc jlms bc kumbc kumjlms
```

3. 패널자료와 확률변경 생산함수

앞 단원의 내용은 사용되는 자료가 횡단면 자료(cross-sectional data)일 때의 확률변경함수 추정과 기술적 효율성 지표의 계산에 관한 것이었다. 여러 경제 주체(가령 기업)들에 대한 시계열 자료가 동시에 활용 가능할 때 이를 패널 자료(panel data)라고 한다. 경제가 발전함에 따라 점차 이런 패널 자료들의 중요성이 커지고, 또 다양한 분야에 대한 패널 자료가 더욱 많이 구축되고 있다. 따라서 계량경제학 분야에서도 이와 관련된 이론과 실증분석에서 많은 발전이 이루어지고 있으며, 확률변경함수 분석에서도 점차 패널 자료를 이용하는 경우가 많아졌다.

이는 시계열 자료와 횡단면 자료를 동시에 분석함으로써 더욱 정확한 경제구조의 파악이 가능하고, 실증분석상에서 더욱 많은 관측치를 확보할 수 있다는 장점이 있다. 또한 패널 자료를 이용할 경우 시간의 변화에 따른 기술변화와 기술적 효율성의 변화를 동시에 측정할 수 있다는 장점이 있기 때문이다.

(1) 기술적 효율성 불변의 모형

시계열 자료와 횡단면 자료를 동시에 활용하는 패널 자료를 이용하여 확률변경생산함수를 추정하고, 이로부터 기술적 효율성 수준을 측정하려고 할 때, 우선은 기술적 효율성 수준이 시간의 변화에 따라 변화하지 않는다는, 소위 시간불변(time invariant)의 가정하에서 구축된 모형을 생각해 볼 수 있다.

이를 위해서는 첫째, Pitt and Lee(1981)의 모형을 살펴볼 필요가 있다.[14] 이 모형은 Aigner, Lovell and Schmidt(1977)의 모형을 패널 자료에 적용한 것으로 다음과 같이 표현할 수 있다. 즉,

$$\ln(y_{it}) = x_{it}\beta + v_{it} - u_{it},\ i = 1,\ 2,\ \cdots,\ N;\ t = 1,\ 2,\ \cdots,\ T \quad \cdots\cdots\cdots \quad 1$$

14 Pitt, Mark and Lung-Fei Lee(1981), "The measurement and sources of technical inefficiency in the Indonesian weaving industry," *Journal of Development Economics*, Vol. 9, Issue 1, pp. 43-64.

여기서 y_{it}는 i번째, t시점에서 기업의 산출량, x는 첫째 요소가 1이고, 나머지는 i번째, t시점에서 기업이 사용하는 K개 생산요소의 로그 값으로 구성된 $K+1$의 벡터, $\beta=(\beta_0, \beta_1, \cdots, \beta_K)$는 추정되어야 할 파라미터이다.

그리고 교란 항, v는 일반적으로 회귀분석에서 사용되는 교란 항으로서 독립적이고 동일한 분포(iid)를 하는데 평균이 0이고 표준편차가 σ_v인 정규확률분포를 한다고 가정한다. 기술적 효율성을 나타내는 u는 전술한 바와 같은 다양한 형태의 확률분포를 할 수 있다고 가정한다.

여기서 기술적 효율성 수준은 시간에 따라 변화하지 않는다고 가정하면 u는 다음과 같이 표시할 수 있다.

$$u_{it}=u_i, \ i=1, 2, \cdots, N; t=1, 2, \cdots, T \quad \cdots\cdots 2$$

이런 가정에 대해서는 시간의 변화에 따라 경제주체가 과거의 경험으로부터 아무것도 배우는 것이 없다는 사실을 의미하기 때문에 시간 T가 길어진다면 그 타당성이 의심스럽게 된다.

둘째, 기술적 효율성이 변화하지 않는다는 가정하에 구성된 또 다른 모형은 Schmidt and Sickles(1984)의 모형이다.[15] 만약 패널 자료를 이용하게 된다면 모형의 파라미터가 전통적 패널 추정법인 고정효과모형(fixed effect model)이나 확률효과모형(random effect model)에 의해서 추정될 수 있고, 또 어느 모형이 적절한 것인가는 하우스만 테스트(Hausman test)를 통해 검정가능하므로 기술적 효율성을 나타내는 오차항이 특별한 확률분포를 가진다고 전제할 필요가 없다는 것이다.

(2) 기술적 효율성 변화 모형

Kumbhaker(1990)나 Battese and Coelli(1992) 등은 기술적 효율성이 시간의 경과에 따라 체계적으로 변화한다는 사실을 반영한 모형을 개발하였다.

우선 Kumbhaker(1990)는 기술적 효율성이 시간의 변화에 따라 다음 식과 같이

15 Peter Schmidt; Robin C. Sickles(1984), "Production Frontiers and Panel Data," *Journal of Business & Economic Statistics*, Vol. 2, No. 4, pp. 367-374.

체계적으로 변화한다는 모형을 개발하고, 이는 역시 최우법에 의해 추정될 수 있다고 하였다.[16] 즉,

$$u_{it} = [1 + \exp(bt + ct^2)]^{-1} u_i \cdots\cdots 3$$

여기서 u_{it}는 반 정규분포를 한다고 가정하고 있으며, b, c는 각각 추정되어야 할 파라미터를 나타낸다.

한편 Battese and Coelli(1992)는 기술적 비효율성이 변화하는 또 다른 모형을 개발하였는데, 여기서는 u_{it}가 시간 변화에 따라 지수 함수적으로 변화한다고 하였다.[17] 즉,

$$u_{it} = \exp[-\eta(t-T)]\, u_i, \quad i = 1, 2, \cdots, N;\ t = 1, 2, \cdots, T \cdots\cdots 4$$

여기서 기술적 효율성을 나타내는 u_i는 절단된 정규분포를 한다고 가정하고 있으며, η는 추정되어야 할 파라미터이다. 위의 식을 잘 살펴보면, $\eta < 0$일 경우 시간이 지남에 따라 기술적 효율성이 점차 증가한다는 것이고, $\eta > 0$라면 기술적 효율성이 점차 감소한다는 것을 나타낸다. 여기서 만약 $\eta = 0$이라고 하면 이는 앞서 설명한 기술적 효율성 불변모형이 된다.

(3) 기술적 효율성 불변모형과 변화모형의 분석사례

여기서는 콥-더글러스 변경생산함수와 초월대수 변경생산함수를 대상으로 STATA의 변경생산함수 추정을 위한 고유명령어인 xtfrontier와 Federico Belotti의 sfpanel 명령어를 이용하여 기술적 효율성 불변 또는 기술적 효율성 가변모형의 추정사례를 살펴보고자 한다.

---

16 Kumbhakar Subal, C.(1990), "Frontiers, Panel Data, and Time-Varying Technical Inefficiency," *Journal of Econometrics*, Vol. 46, pp. 201-211.

17 Battese, G. E. and Coelli, T. J.(1992), "Frontier production functions, technical efficiency and panel data: With application to paddy farmers in India," *Journal of Productivity Analysis,* pp. 153-169.

아래 STATA 커멘드 리스트의 앞부분은 콥-더글러스 생산함수에 대해 xtfrontier와 sfpanel를 이용하여 기술적 효율성 불변 또는 기술적 효율성 가변모형을 추정하고 각각의 모형에서 기술적 효율성을 측정하였다. 기술적 효율성 불변모형에서는 기술적 효율성 추정치가 변함이 없다는 사실을 확인할 수 있고, 기술적 효율성 가변모형에서는 기술적 효율성의 추정치가 변화하고 있음을 확인할 수 있다.

뒷부분에서는 초월대수 변경생산함수에 대해서 같은 방법으로 함수를 추정하고 기술적 효율성을 측정하고 있다. 여기에서는 많은 연구자가 실증분석 과정에서 경험하게 되는 추정과정에서 로그 우도값의 변화가 없는 상태에서 수렴화가 일어나지 않는 현상을 발견할 수 있다.[18] 이런 경우 아예 파라미터 추정치를 구할 수 없거나, 구할 수 있더라도 일부 파라미터의 경우 표준편차가 계산되지 않는 경우가 생긴다.

실증분석과정에 자주 접하게 되는 이런 현상들에 직면할 경우 많은 연구자는 추정모형을 변경하거나, 수렴화의 조건을 좀 더 관대하게 하거나, 아예 추정방법을 달리하는 여러 가지 방법을 동원한다. 이런 경험을 많이 할수록 연구에서 노하우가 쌓인다고 할 수 있으므로 많은 시행착오를 해보는 것도 중요한 경험이 될 것이다.

STATA 사례 4-11 패널 자료에서 기술적 효율성 불변, 가변모형의 추정과 기술적 효율성 계산

〈STATA 커멘드 리스트〉

```
* ***************************************************
* ** 변경생산함수와 기술적 효율성 불변 및 가변 모형의 추정
* ***************************************************

use ricedata, clear

xtset  fmercode year

* 변수의 로그변환
gen lq=ln(prod)
gen lx1=ln(area)
gen lx2=ln(labor)
```

18 가령, "Iteration 122: log likelihood = -24.119385(not concave)"와 같은 메시지를 반복하는 경우나, 수렴화가 일어나는 것처럼 보이지만 마지막 반복과정에서 "Iteration 99: Log likelihood = 2.881699(backed up)"과 같은 메시지를 출력하는 때도 있다.

```
gen lx3=ln(npk)

* ***********************************************
* 1) 콥-더글러스 생산함수의 사례
* ***********************************************

* Stata 공식명령어 xtfrontier  사용

* TE 불변모형의 추정(ti옵션부여)과 TE 계산
xtfrontier lq lx1 lx2 lx3, ti
predict teff1, te

* TE 가변모형의 추정(tvd옵션부여)과 TE 계산
xtfrontier lq lx1 lx2 lx3, tvd
predict teff2, te

* TE 측정치 확인
list  fmercode year teff1 teff2

* Federico Belotti의 sfcross와 sfpanel 명령어 사용
* Battese and Coelli(1995) 방법 활용
sfpanel lq lx1 lx2 lx3, model(bc88)
predict bc1, bc

sfpanel lq lx1 lx2 lx3, model(bc95)
predict bc2, bc

* 두 방법에 의해 구한 기술적 효율성
list  fmercode year bc1 bc2

* 기술적 효율성 결정모형
sfpanel  lq  lx1  lx2  lx3,  model(bc95)  usigma(age edyrs hhsize nadult
banrat, noconstant)

* ***********************************************
* 2) 초월대수 변경 생산함수의 사례
* ***********************************************

clear
use ricedata
xtset  fmercode year

desc yeardum fmercode prod area labor npk other price areap laborp npkp
otherp age edyrs hhsize nadult banrat
summarize yeardum fmercode prod area labor npk other price areap laborp
npkp otherp age edyrs hhsize nadult banrat

gen t = yeardum

sort fmercode year
```

```
* 각 변수를 자신의 평균에 대해 표준화
local rice "prod area labor npk other price areap laborp npkp otherp age
edyrs hhsize nadult banrat"
foreach x of local rice {
by  fmercode: egen m`x' =mean(`x')
by  fmercode: gen  i`x'= `x'/ m`x'
                       }

drop m*

* 자료변환
gen lq=ln(iprod)
gen lx1=ln(iarea)
gen lx2=ln(ilabor)
gen lx3=ln(inpk)

gen lx11 = 0.5*lx1*lx1
gen lx12 = lx1*lx2
gen lx13 = lx1*lx3
gen lx22 = 0.5*lx2*lx2
gen lx23 = lx2*lx3
gen lx33 = 0.5*lx3*lx3

gen t2 = t^2
gen lx1t = lx1*t
gen lx2t = lx2*t
gen lx3t = lx3*t

* 기술적 효율성 결정요인
gen lz1=ln(iage)
gen lz2=ln(iedyrs)
gen lz3=ln(ihhsize)
gen lz4=ln(inadult)
gen lz5=ln(ibanrat)
* xtfrontier를 이용
* 통계적 수렴을 가져오지 못함
xtfrontier lq lx1 lx2 lx3 lx11 lx12 lx13 lx22 lx23 lx33 t t2 lx1t lx2t lx3t, tvd

* sfpanel을 이용하여 B&C(1995)방법을 통해 TE 계산
sfpanel  lq  lx1  lx2  lx3  lx11  lx12  lx13  lx22  lx23  lx33  t  t2  lx1t  lx2t
lx3t, model(bc95)
predict tebc, bc
list  fmercode year tebc

* sfpanel을 이용하여 B&C(1995)방법을 통해 TE 계산( 단 CRS가정 부여)
constraint define 1 [Frontier]_b[lx1]+[Frontier]_b[lx2]+[Frontier]_b[lx3] = 1
sfpanel  lq  lx1  lx2  lx3  lx11  lx12  lx13  lx22  lx23  lx33  t  t2  lx1t  lx2t  lx3t,
model(bc95) constraints(1)
predict tebc, bc
```

```
list  fmercode year tebc

* sfpanel에서 Battese and Coelli(1995)방법을 통해 기술적 효율성 결정요인 분석
sfpanel lq lx1 lx2 lx3 lx11 lx12 lx13 lx22 lx23 lx33 t t2 lx1t lx2t lx3t,
model(bc95)  usigma(lz1 lz2 lz3 lz4 lz5)
predict tebc2, bc
list  fmercode year tebc2
```

(4) 다양한 확률변경생산함수 모형과 기술적 효율성 변화모형의 분석사례

아래에서는 지금까지 살펴본 변경생산함수의 기술적 효율성을 나타내는 교란항의 다양한 분포를 고려한 여러 추정방법의 사례를 기술적 효율성 불변모형, 기술적 효율성 가변모형으로 크게 나누어 살펴본다. 여기서 추정결과는 제시하지 않기 때문에 독자들은 해당 명령어를 실행하면서 직접 그 결과를 확인하는 것이 필요하다.

STATA 사례 4-12 **다양한 변경생산함수 추정과 기술적 효율성의 통계적 분포**

〈STATA 커멘드 리스트〉

```
* 외부 Excel자료로부터 자료 읽어들이기
import excel "D:\work\rice.xlsx", sheet("data") firstrow

* 변수명에 라벨 붙이기
label var id "농장주 ID"
label var year "연도"
```

```
label var y "생산량"
label var l "노동투입"
label var k "자본투입(논면적)"
label var f "비료투입"
label var m "중간투입"
label var pl "임금율"
label var pk "자본가격"
label var pf "비료가격"
label var pm "중간재 가격"
label var p "쌀 가격"
label var age "농장주 나이"
label var edu "농장주 교육년수"
label var size "가족규모"
label var adult "성인수"
label var ratio "고산지역 농장면적의 비율"

* Stata dataset 보관
save examplerice, replace

* ************************************************
* I. 변경 생산함수의 다양한 추정법
* ************************************************
use examplerice, clear
set more off

* 패널자료에서 I, t지정
xtset id year

* 필요한 변수 로그변환
gen ln_Y=ln(y)
gen ln_L=ln(l)
gen ln_K=ln(k)
gen ln_F=ln(f)
gen ln_M=ln(m)
gen t=year
save multimodel, replace

* ************************************************
* 1. 시간불변 효율성 모형( Time-invariant models)
* ************************************************

*   1) 고정효과모형(fixed-effects model)
*        Schmidt and Sichles (1984): FE
use multimodel, clear
keep id year y l k f m pl pk pf pm p age edu size adult ratio ln_Y ln_L
ln_K ln_F ln_M t

sfpanel ln_Y ln_L ln_K ln_F ln_M t, model(fe)
predict eff_jlms, jlms
summ eff_jlms
```

```
histogram  eff_jlms, bin(40) normal xlabel(0(.1)1)

*    2) 확률효과모형(random-effects model)
*       Schmidt and Sichles (1984): RE
use multimodel, clear
keep id year y l k f m pl pk pf pm p age edu size adult ratio ln_Y ln_L
ln_K ln_F ln_M t

sfpanel ln_Y ln_L ln_K ln_F ln_M t, model(regls)
predict eff_jlms, jlms
list eff_jlms
summ eff_jlms
histogram  eff_jlms, bin(40) normal xlabel(0(.1)1)

*    3) 최우법(Maximum Likelihood Method: MLE)
*       Battese and Coelli (1988)
use multimodel, clear
keep id year y l k f m pl pk pf pm p age edu size adult ratio ln_Y ln_L
ln_K ln_F ln_M t

sfpanel ln_Y ln_L ln_K ln_F ln_M t, model(bc88)
predict eff_jlms, jlms
predict eff_bc, bc
list eff_jlms eff_bc
summ eff_jlms eff_bc
histogram  eff_jlms, bin(40) normal xlabel(0(.1)1)
histogram  eff_bc, bin(40) normal xlabel(0(.1)1)

*    4)  Pitt and Lee (1981)
use multimodel, clear
keep id year y l k f m pl pk pf pm p age edu size adult ratio ln_Y ln_L
ln_K ln_F ln_M t

sfpanel ln_Y ln_L ln_K ln_F ln_M t, model(pl81)
predict eff_jlms, jlms
predict eff_bc, bc
list eff_jlms eff_bc
summ eff_jlms eff_bc
histogram  eff_jlms, bin(40) normal xlabel(0(.1)1)
histogram  eff_bc, bin(40) normal xlabel(0(.1)1)

* ***************************************************
* 2. 시간변화 효율성 모형(Time-varying models)
* ***************************************************

*   1)  True fixed-effects model (Greene 2005a)
use multimodel, clear
keep id year y l k f m pl pk pf pm p age edu size adult ratio ln_Y ln_L
ln_K ln_F ln_M t
```

```
sfpanel ln_Y ln_L ln_K ln_F ln_M t, model(tfe)
predict eff_jlms, jlms
predict eff_bc, bc
list eff_jlms eff_bc
summ eff_jlms eff_bc
histogram  eff_jlms, bin(40) normal xlabel(0(.1)1)
histogram  eff_bc, bin(40) normal xlabel(0(.1)1)

*   2)True random-effects model (Greene 2005b)
use multimodel, clear
keep id year y l k f m pl pk pf pm p age edu size adult ratio ln_Y ln_L
ln_K ln_F ln_M t

sfpanel ln_Y ln_L ln_K ln_F ln_M t, model(tre)
predict eff_jlms, jlms
predict eff_bc, bc
list eff_jlms eff_bc
summ eff_jlms eff_bc
histogram  eff_jlms, bin(40) normal xlabel(0(.1)1)
histogram  eff_bc, bin(40) normal xlabel(0(.1)1)

*   3) Battese and Coelli (1995)
use multimodel, clear
keep id year y l k f m pl pk pf pm p age edu size adult ratio ln_Y ln_L
ln_K ln_F ln_M t

sfpanel ln_Y ln_L ln_K ln_F ln_M t, model(bc95)
predict eff_jlms, jlms
predict eff_bc, bc
list eff_jlms eff_bc
summ eff_jlms eff_bc
histogram  eff_jlms, bin(40) normal xlabel(0(.1)1)
histogram  eff_bc, bin(40) normal xlabel(0(.1)1)

*   4) Lee and Schmidt (1993)
use multimodel, clear
keep id year y l k f m pl pk pf pm p age edu size adult ratio ln_Y ln_L
ln_K ln_F ln_M t

sfpanel ln_Y ln_L ln_K ln_F ln_M t, model(fels)
predict eff_jlms, jlms
list eff_jlms
summ eff_jlms
histogram  eff_jlms, bin(40) normal xlabel(0(.1)1)

*   5) Battese and Coelli 1992)
use multimodel, clear
keep id year y l k f m pl pk pf pm p age edu size adult ratio ln_Y ln_L
ln_K ln_F ln_M t
```

```
sfpanel ln_Y ln_L ln_K ln_F ln_M t, model(bc92)
predict eff_jlms, jlms
predict eff_bc, bc
list eff_jlms eff_bc
summ eff_jlms eff_bc
histogram  eff_jlms, bin(40) normal xlabel(0(.1)1)
histogram  eff_bc, bin(40) normal xlabel(0(.1)1)

sort year
by year: egen eff_bc_p25 = pctile(eff_bc), p(25)
by year: egen eff_bc_p50 = pctile(eff_bc), p(50)
by year: egen eff_bc_p75 = pctile(eff_bc), p(75)
graph two line eff_bc_p25 eff_bc_p50 eff_bc_p75 year

*   6) Kumbhakar (1990)
use multimodel, clear
keep id year y l k f m pl pk pf pm p age edu size adult ratio ln_Y ln_L
ln_K ln_F ln_M t

sfpanel ln_Y ln_L ln_K ln_F ln_M t, model(kumb90)
predict eff_jlms, jlms
predict eff_bc, bc
list eff_jlms eff_bc
summ eff_jlms eff_bc
histogram  eff_jlms, bin(40) normal xlabel(0(.1)1)
histogram  eff_bc, bin(40) normal xlabel(0(.1)1)

*   7) Cornwell, Schmidt, and Sickles (1990)
use multimodel, clear
keep id year y l k f m pl pk pf pm p age edu size adult ratio ln_Y ln_L
ln_K ln_F ln_M t

sfpanel ln_Y ln_L ln_K ln_F ln_M t, model(fecss)
predict eff_jlms, jlms
predict eff_bc, bc
list eff_jlms eff_bc
summ eff_jlms eff_bc
histogram  eff_jlms, bin(40) normal xlabel(0(.1)1)
histogram  eff_bc, bin(40) normal xlabel(0(.1)1)
```

3. 패널자료와 확률변경 비용함수

생산변경의 측정과 관련된 지금까지의 논의는 생산함수의 추정과 관련된 것이었다. 경제이론에서 잘 알려진 쌍대이론에 의하면 생산기술에 대해 비용함수와 이윤함수의 활용을 기대해볼 수 있다.

생산함수 대신 비용함수와 이윤함수를 사용하는 것에는 몇 가지 합리성이 있다. 또한 그런 이유로 인해 실증분석에서는 생산함수보다 비용함수 또는 이윤함수가 많이 사용되기도 있다.

첫째, 비용 최소화와 이윤 극대화가 보다 현실적일 수 있다. 실제 경제활동에서는 생산량이 극대화보다 비용의 최소화가 보다 합리적일 수 있다. 가령 전력회사나 많은 공기업들에게 있어서 해당연도에 생산해야 할 생산량이 결정되어 있다. 이 경우 기업의 목표는 비용 최소화가 된다.

또한 경제주체의 행동에 있어서 다양한 목적을 반영할 수 있다. 경제주체는 생산에 대한 의사결정을 할 때 생산물의 가격이나, 생산량에 대한 불확실성이 있을 때 이윤을 극대화하려고 한다. 가령 농산물 생산에서 이런 불확실성이 심하다.

둘째, 생산함수를 추정할 경우 복수의 생산물을 다룰 수 없다. 많은 기업이 하나의 상품을 생산하기보다는 이질적인 상품을 생산한다. 하나의 생산물로 집계하여 생산함수의 추정에 활용할 수 있지만, 비용함수나 이윤함수에는 복수의 생산물을 다룰 수 있다.

셋째, 비용함수나 이윤함수를 이용할 경우 기술적 효율성과 배분적 효율성을 동시에 측정할 수 있다. 이는 생산물과 투입물의 가격자료를 활용할 수 있기 때문이다.

따라서 변경생산함수보다 변경비용함수의 활용도가 훨씬 높다. 본서의 다른 부분에서 이에 대한 다양한 응용 예를 살펴볼 것이다. 우선 여기에서는 콥-더글러스 변경비용함수를 대상으로 전술한 다양한 모형을 추정하는 방법에 대해 살펴본다.

STATA 사례 4-13 변경비용함수 추정에서 다양한 기술적 효율성의 통계적 분포형태

〈STATA 커멘드 리스트〉

```
* ****************************************************
* II. 변경 비용함수의 다양한 추정법
* ****************************************************

use examplerice, clear
xtset id year

* 아래 작업에서 필요한 로그 변수 생성
gen ln_Y=ln(y)
gen ln_PL=ln(pl)
gen ln_PK=ln(pk)
gen ln_PF=ln(pf)
gen ln_PM=ln(pm)
gen TC=pl*l + pk*k + pf*f + pm*m
gen ln_TC=ln(TC)
gen t=year
save multimodel, replace

* ****************************************************
* 1. 시간불변 효율성 모형( Time-invariant models)
* ****************************************************

*   1) 고정효과모형(fixed-effects model)
*      Schmidt and Sichles (1984): FE
use multimodel, clear
keep id year y l k f m pl pk pf pm ln_TC ln_PL ln_PK ln_PF ln_PM ln_Y t

sfpanel ln_TC ln_PL ln_PK ln_PF ln_PM ln_Y t, model(fe) cost
predict eff_jlms, jlms
summ eff_jlms
histogram  eff_jlms, bin(40) normal xlabel(0(.1)1)

*    2) 확률효과모형(random-effects model)
*       Schmidt and Sichles (1984): RE
use multimodel, clear
keep id year y l k f m pl pk pf pm ln_TC ln_PL ln_PK ln_PF ln_PM ln_Y t

sfpanel ln_TC ln_PL ln_PK ln_PF ln_PM ln_Y t, model(regls) cost
predict eff_jlms, jlms
list eff_jlms
summ eff_jlms
histogram  eff_jlms, bin(40) normal xlabel(0(.1)1)

*    3) 최우법(Maximum Likelihood Method: MLE)
*       Battese and Coelli (1988)
use multimodel, clear
```

```
keep id year y l k f m pl pk pf pm ln_TC ln_PL ln_PK ln_PF ln_PM ln_Y t

sfpanel ln_TC ln_PL ln_PK ln_PF ln_PM ln_Y t, model(bc88) cost
predict eff_jlms, jlms
predict eff_bc, bc
list eff_jlms eff_bc
summ eff_jlms eff_bc
histogram  eff_jlms, bin(40) normal xlabel(0(.1)1)
histogram  eff_bc, bin(40) normal xlabel(0(.1)1)

*   4) Pitt and Lee (1981)
use multimodel, clear
keep id year y l k f m pl pk pf pm ln_TC ln_PL ln_PK ln_PF ln_PM ln_Y t

sfpanel ln_TC ln_PL ln_PK ln_PF ln_PM ln_Y t, model(pl81) cost
predict eff_jlms, jlms
predict eff_bc, bc
list eff_jlms eff_bc
summ eff_jlms eff_bc
histogram  eff_jlms, bin(40) normal xlabel(0(.1)1)
histogram  eff_bc, bin(40) normal xlabel(0(.1)1)


* ****************************************************
* 2. 시간변화 효율성 모형(Time-varying models)
* ****************************************************

*   1)  True fixed-effects model (Greene 2005a)
use multimodel, clear
keep id year y l k f m pl pk pf pm ln_TC ln_PL ln_PK ln_PF ln_PM ln_Y t

sfpanel ln_TC ln_PL ln_PK ln_PF ln_PM ln_Y t, model(tfe) cost
predict eff_jlms, jlms
predict eff_bc, bc
list eff_jlms eff_bc
summ eff_jlms eff_bc
histogram  eff_jlms, bin(40) normal xlabel(0(.1)1)
histogram  eff_bc, bin(40) normal xlabel(0(.1)1)

*   2)True random-effects model (Greene 2005b)
use multimodel, clear
keep id year y l k f m pl pk pf pm ln_TC ln_PL ln_PK ln_PF ln_PM ln_Y t

sfpanel ln_TC ln_PL ln_PK ln_PF ln_PM ln_Y t, model(tre) cost
predict eff_jlms, jlms
predict eff_bc, bc
list eff_jlms eff_bc
summ eff_jlms eff_bc
histogram  eff_jlms, bin(40) normal xlabel(0(.1)1)
histogram  eff_bc, bin(40) normal xlabel(0(.1)1)
```

```
*   3) Battese and Coelli (1995)
use multimodel, clear
keep id year y l k f m pl pk pf pm ln_TC ln_PL ln_PK ln_PF ln_PM ln_Y t

sfpanel ln_TC ln_PL ln_PK ln_PF ln_PM ln_Y t, model(bc95) cost
predict eff_jlms, jlms
predict eff_bc, bc
list eff_jlms eff_bc
summ eff_jlms eff_bc
histogram  eff_jlms, bin(40) normal xlabel(0(.1)1)
histogram  eff_bc, bin(40) normal xlabel(0(.1)1)

*   4) Lee and Schmidt (1993)
use multimodel, clear
keep id year y l k f m pl pk pf pm ln_TC ln_PL ln_PK ln_PF ln_PM ln_Y t

sfpanel ln_TC ln_PL ln_PK ln_PF ln_PM ln_Y t, model(fels) cost
predict eff_jlms, jlms
list eff_jlms
summ eff_jlms
histogram  eff_jlms, bin(40) normal xlabel(0(.1)1)

*   5) Battese and Coelli 1992)
use multimodel, clear
keep id year y l k f m pl pk pf pm ln_TC ln_PL ln_PK ln_PF ln_PM ln_Y t

sfpanel ln_TC ln_PL ln_PK ln_PF ln_PM ln_Y t, model(bc92) cost
predict eff_jlms, jlms
predict eff_bc, bc
list eff_jlms eff_bc
summ eff_jlms eff_bc
histogram  eff_jlms, bin(40) normal xlabel(0(.1)1)
histogram  eff_bc, bin(40) normal xlabel(0(.1)1)

*   6) Kumbhakar (1990)
use multimodel, clear
keep id year y l k f m pl pk pf pm ln_TC ln_PL ln_PK ln_PF ln_PM ln_Y t

sfpanel ln_TC ln_PL ln_PK ln_PF ln_PM ln_Y t, model(kumb90) cost
predict eff_jlms, jlms
predict eff_bc, bc
list eff_jlms eff_bc
summ eff_jlms eff_bc
histogram  eff_jlms, bin(40) normal xlabel(0(.1)1)
histogram  eff_bc, bin(40) normal xlabel(0(.1)1)

*   7) Cornwell, Schmidt, and Sickles (1990)
use multimodel, clear
keep id year y l k f m pl pk pf pm ln_TC ln_PL ln_PK ln_PF ln_PM ln_Y t
```

```
sfpanel ln_TC ln_PL ln_PK ln_PF ln_PM ln_Y t, model(fecss)
predict eff_jlms, jlms
predict eff_bc, bc
list eff_jlms eff_bc
summ eff_jlms eff_bc
histogram  eff_jlms, bin(40) normal xlabel(0(.1)1)
histogram  eff_bc, bin(40) normal xlabel(0(.1)1)
```

4. 패널자료와 기술적 효율성의 결정모형

지금까지 살펴본 확률적 변경함수와 관련된 논의에서는 투입-산출 관계를 나타내는 변수들만이 고려되었다. 하지만 생산자의 성과에 영향을 미치는 다른 변수들이 존재할 수 있다는 가능성에 대해 생각할 수 있다. 생산과정에서의 투입물도 아니고, 그렇다고 생산물도 아닌 변수들로서 생산과정에 영향을 미치는 변수들 가령, 경쟁환경, 투입물과 산출물의 질, 생산 네트워크에서의 특징, 소유지배구조, 경영자의 특성과 같은 변수들은 분명 생산과정에서 투입물을 산출물로 전환되는 데 있어서 기술구조나 효율성과 같은 생산자들의 성과에 영향을 미친다.

(1) 정신분열증적 접근법

많은 연구, 가령 Pitt and Lee(1981)이나 Kalirajan(1981)과 같은 연구에서는 첫째 단계에서 확률적 변경생산함수를 추정하는 방법을 통해 기술적 효율성을 측정한다.

그리고 두 번째 단계에서는 이런 기술적 효율성에 영향을 주는 변수들로서 기업의 특성변수인 기업 규모, 기업연령, 관리자의 교육수준과 같은 변수를 선택하여 회귀 분석함으로써 기술적 효율성의 결정요인을 분석하고 있다.[19]

하지만 이런 두 단계에 걸친 방법은 확률적 변경생산함수 모형의 설정에서 가정했던 사실들을 고려한다면 논리적 문제점을 갖게 된다. 첫째, 기술적 효율성을 나타내는 교란 항은 독립적이고 동일한 분포(iid)를 한다고 가정했음에도 불구하고, 두 번째 단계에서는 이런 기술적 효율성을 나타내는 교란 항이 다른 기업특성변수들에 체계적으로 영향을 받는다고 가정을 하는 것이다. 이는 분명 첫째 단계에서 가정했던 기술적 효율성이 동일한 분포(identically distribution)를 한다는 사실과 위배되는 것이다. 이런 것들을 일명 "정신분열증적(schizophrenic) 접근방법"이라고 한다.[20]

둘째, 기술적 효율성에 영향을 미치는 변수들이 특정되었을 때 이들 변수는 생산함수에 포함된 독립변수들과 상관관계를 갖지 않아야 한다. 만약 이들 변수와 생산함수의 독립변수들과 상관되어 있다면 첫째 단계에서 최우법에 의한 생산함수의 파라미터 추정치는 관련 있는 변수들을 빼버린 일명, "누락변수의 문제(omission of the relevant variables)"에 직면하게 되어 편의(bias)가 존재하는 추정치가 된다. 그 결과로서 기술적 효율성 추정치 역시 편의가 있게 되고, 더 나아가 기술적 효율성과 이들 변수와의 통계적 인과관계가 나타나더라도 이를 믿을 수 없게 된다.

(2) 기술적 효율성 결정변수의 추정과정 내재화

이런 문제에 대한 해결책으로 Kumbhakar, Ghosh and McGuckin(1991)과 Reifschneider and Stevenson(1991)은 기술적 효율성에 미치는 변수들을 함수형태로 표현하고 이를 동시에 최우법으로 추정하는 방법을 제안하였다.[21] Hunag and Liu

---

19 Kalirajan, Kaliappa(1981), "An Econometric Analysis of Yield Variability in Paddy Production," *Canadian Journal of Agricultural Economics*, Vol. 29, Issue 3, pp. 283-294.

20 Kumbhakar and C. A. Knox Lovell(2000), *Stochastic Frontier Analysis*, Cambridge University Press. p. 264.

21 Kumbhakar, Subal C., Soumendra Ghosh and J. Thomas McGuckin(1991), "A Generalized Production Frontier Approach for Estimating Determinants of Inefficiency in U.S. Dairy Farms," *Journal of Business & Economic Statistics*, Vol. 9, No. 3, pp. 279-286.; Reifschneider, David and Rodney Stevenson(1991), "Systematic Departures from the Frontier: A Framework for the Analysis of Firm Inefficiency," *International Economic Review*, Vol. 32, Issue 3, pp. 715-723.

(1994) 역시 기술적 효율성에 미치는 변수들을 함수형태로 정의하고 이들을 변경함수에 사용된 요소투입과의 관계를 동시에 고려하는 추정법을 제안했다.[22]

Battese and Coelli(1995)는 이런 접근법을 더욱 확장하여 패널 자료에 적용할 수 있는 모형으로서 기술적 효율성 수준에 영향을 미치는 것으로 판단되는 변수들의 파라미터를 추정할 뿐 아니라 기술적 효율성 변화, 기술변화와 같은 독립된 요인들까지 동시에 추정할 방법을 개발하였다. 여기에서는 수식을 통한 자세한 설명을 생략하기로 한다. Battese and Coelli(1995)의 방법은 STATA와 같은 통계 소프트웨어에서 그 결과를 쉽게 얻을 수 있다.

(3) 기술적 효율성 결정변수 모형의 분석사례

전 단원의 분석 예, 〈STATA 사례 4-11〉에서는 쌀농사에 있어서 기술적 효율성에 영향을 미치는 변수들로서 가장의 나이, 가장의 경력, 가구의 크기, 가족 중 어른의 수, 고지대 농토의 비율과 같은 변수들의 영향을 살펴보고 있다.

많은 독자는 기술적 효율성을 직접 추정하고, 이를 설명하는 변수를 확인하는 연구에 많은 관심이 있을 것이다. 하지만 필자의 경험으로 볼 때 기술적 효율성을 측정하는 데 필요한 생산함수나 비용함수의 추정에 필요한 자료의 작성에서도 어려움이 있지만, 기술적 효율성을 결정하는 변수를 인지하고, 이에 대한 자료를 구하는 것에는 더욱 많은 어려움이 따른다. 또한 인지하더라도 해당 변수가 기술적 효율성의 결정요인인지, 기술변화를 설명할 요인인지 구분하기 힘든 경우가 많았다.

22 Huang C. J. and Liu J-T(1994), "Estimation of a non-neutral stochastic frontier production function," *Journal of Productivity Analysis* 5: pp. 171-180.

5. STATA로 Coelli 제공 프로그램을 완전 대체

많은 저술에서 자료포락분석, 총요소생산성 지수계산뿐만 아니라 변경함수 추정과 관련된 내용은 Coelli(2005)의 예제를 이용하는 경우가 많다. 그리고 이를 처리하기 위해 Coelli가 직접 만든 프로그램들을 "효율성 및 생산성 분석센터(Centre for Efficiency and Productivity Analysis: CEPA)로부터 제공받고 있다.[23] 그리고 지금까지도 많은 연구자가 Coelli의 저술과 제공되는 프로그램들을 이용하여 연구 활동을 하고 있다.

하지만 이 프로그램을 이용할 경우 많은 불편함이 따른다. 왜냐하면, 프로그램이 DOS 버전으로 만들어져 있어서 이를 사용하는 데 많은 불편함이 따르고, 추정결과를 이용하여 다른 지표, 즉 규모의 경제, 총요소생산성, 산출 탄력성 등 다른 지표의 계산하려고 하면 이 프로그램 내에서 처리할 수 없어서 그 결과를 엑셀(Excel) 등으로 옮겨와서 불편한 추가적 작업을 해야 하기 때문이다.

필자는 생산성 분야의 연구에서 Coelli(2005)의 프로그램을 사용하는 데 있어서의 이런 불편함을 없애고자 그의 책에서 제공되는 모든 예제를 STATA를 이용하여 해결할 수 있도록 하였다.

첫째, Coelli가 제공하는 자료포락분석을 위한 DEAP명령어는 STATA의 사용자 작성 프로그램(user written program)인 dea로 대체하여 사용하고 있다. 이 명령어는 전술한 바와 같이 우리나라의 국방대학원의 이춘주 교수 등이 개발한 것이다.[24]

둘째, Coelli가 퉁크비스트 방식에 의하여 총요소생산성 지수를 구하기 위해 만든 TFPIP 명령어는 본서의 제3부 제2장 지수이론에서 index라는 명령어를 이용하여 아주 쉽게 계산할 수 있음을 살펴본 바 있다.[25]

셋째, Coelli가 맘퀴스트 생산성 지수를 계산하기 위해 만든 DPIN 명령어는 STATA에서 malmq라는 명령어를 이용하여 해결할 수 있도록 하였다. 이 명령어 역시 한국의 이춘주 교수 등이 만든 것이다.

---

23 http://www.uq.edu.au/economics/cepa/software.php

24 https://sourceforge.net/p/deas/code/HEAD/tree/trunk/

25 Emad Abd Elmessih Shehata & Mickaiel, Sahra Khaleel A.(2015), INDEX: Stata Module to Estimate Price, Quantity, and Value Index Numbers.

마지막으로 Coelli가 변경함수 추정을 위해 만든 frontier는 STATA에서 공식적으로 제공되는 명령어인 frontier나 xtfrontier을 사용하여 100% 대체될 수 있도록 하였다. 또한 변경함수 추정과 기술적 효율성 계산 그리고 총요소생산성의 측정과 관련하여 외부 사용자가 만든 sfcross, sfpanel과 같은 명령어들이나, 최근 Kumbhakker가 만든 sfsystem, sfpan 명령어들은 더욱 편리한 기능을 제공해주고 있다. 따라서 본서에서는 『생산성의 경제학』 실증분석과 관련된 대부분의 기능을 STATA의 기반하에서 해결할 수 있도록 하였다.

확률변경함수와 총요소생산성의 구성요인 분석

전 장에서는 주로 변경생산함수나 변경비용함수를 추정하고, 기술적 효율성을 측정하는 단계까지의 필요한 내용에 관해 설명하였다. 본 장에서는 『생산성의 경제학』의 완결단계라고 볼 수 있는 총요소생산성 증가율을 측정하고, 이를 다시 규모의 경제, 기술변화, 기술적 효율성 변화, 배분적 효율성 변화와 같은 구성요인들로 분해하는 방법에 관해 설명하려고 한다. 따라서 본 장에서 설명하는 내용을 처음부터 끝까지 그 내용과 의미를 이해하면서 독자 스스로 추적하는 데 성공한다면 독자 본인의 연구에 직접 활용할 수 있게 될 것이다.

본 장에서는 생산함수와 비용함수, 그리고 거리함수를 이용하여 총요소생산성 증가율을 측정하고 이를 다양한 요인들로 분해하는 과정을 설명하고 있다. 그래서 우선은 각각의 함수로부터 각 구성요인이 분해되는 과정에 대한 이해가 필요하다. 이 과정에서는 간단한 미분 방법이 활용될 것이다. 하지만 이런 미분 과정도 이미 제1부에서 학습한 내용에 대한 이해만 있으면 큰 어려움 없을 것이다.

둘째는 총요소생산성 증가율의 구성요인을 STATA라는 통계 소프트웨어를 이용하여 계산하는 방법에 대한 이해가 필요하다. 전 장까지의 설명은 생산함수나 비용함수의 추정과 기술적 효율성의 계산에 대한 설명이었지만 이번 장의 설명에서는 여기에 규모의 경제 효과, 순수한 기술변화, 기술적 효율성 수준의 변화, 배분적 효율성의 변화와 같은 보다 다양한 지표의 계산과정에 대해 설명한다.

전 장에서 필자는 많은 연구자가 확률변경생산함수의 추정하면서 최우법이 목표로 하는 우도함수를 극대화하는 과정에서 수렴화가 일어나지 않아 어려움에 직면할 수 있음을 지적한 바 있다. 필자의 경험으로 STATA라는 통계 소프트웨어의 특징 중의 하나가 복잡한 모형의 경우 수렴화에 실패할 가능성이 크다는 점이다. 필자는 이를 STATA에서 더욱 엄밀하고, 정확한 추정을 시도하기 때문에 초래되는 현상이라고 이해하고 있다. 하지만 연구자의 처지에서 이런 상황이 발생하면 난감한 상황에 처하는 경우가 많다.

특히 확률변경함수의 추정과정에서 이런 상황을 자주 경험하게 된다. 필자의 경험상 생산함수나 비용함수의 추정과정에서 이런 수렴화의 실패 문제는 매우 빈번하게 일어난다. 특히 STATA의 공식 명령어인 frontier나 xtfrontier를 사용할 경우 수렴화에 실패하는 경우가 더욱 빈발하게 된다.

하지만 변경함수분석을 위해 제공되는 사용자작성 프로그램에서는 비교적 수렴화가 잘 이루어진다. 가령 frontier나 xtfrontier에서 수렴이 안 이루어졌지만 sfcross나 sfpanel에서는 수렴화가 잘 이루어진다. 이들 명령어에서도 역시 수렴화가 이루어지지 않는 경우도 있지만 Kumbhakar 등이 개발한 sfmodel이나 sfpan에서는 수렴화가 더욱 쉽게 일어난다.[1]

특히 최근 개발된 sfmodel이나 sfpan 등은 미리 초깃값을 부여하거나, 이를 기준으로 예상 초기치를 미리 계산한 다음, 본격적인 추정과정에 들어갈 수 있는 기능을 제공해주기 때문에 수렴화의 실패 위험성이 그만큼 줄어든다. 따라서 본 장에서는 주로 Kumbhakar의 명령어들을 이용한 분석사례를 제공하고자 한다.[2]

하지만 반드시 Kumbhakar의 모듈을 사용하여야만 총요소생산성 증가율과 그 구성요인을 구할 수 있는 것은 아니다. 지금까지의 설명한 내용을 이해한다면 독자 여러분들은 다른 명령어를 이용하여도 이런 과정을 충분히 해결할 수 있을 것이다.

1 Kumbhakar 등이 개발한 커멘드를 실행하는 방법에 대해서 매우 주의할 필요가 있다. 2017년 현재 공식적으로 STATA 사용자작성 프로그램으로 등록되어 있지 않기 때문에 해당 ado파일을 자신의 PC에 다운로드해서 C:\ado\personal에 위치시켜야 한다. 더욱 자세한 내용에 대해서는 https:\\sites.google.com/site/sfbook2014 참조.

2 다양한 명령어의 사용법에 대해서는 다음 참조. Kumbhakar, Wang and Horncastle(2013), *A Practioner's Guide to Stochastic Frontier Analysis using STATA*, Cambridge University Press, pp. 331-348.

1. 확률변경 생산함수와 총요소생산성 구성요인

(1) 모형

총요소생산성 증가율을 측정하고 이를 그 구성요인으로 나누는 작업은 산업 차원에서의 총요소생산성 측정과 관련된 실증연구에서 많이 사용되었다. 간단한 예를 통해서 생산함수를 이용하여 총요소생산성 증가율을 구하고, 이를 기술변화, 규모의 경제, 기술적 효율성 변화, 때로는 배분적 효율성 변화로 나누는 방법에 대해 살펴보기로 하자.3

우선 복수의 생산요소를 사용하여 하나의 산출물을 생산하는 생산함수를 생각해보자. 즉

$$y_{it} = f(x_{it}, t)\exp(-u_{it}),\ i = 1, \cdots, N;\ t = 1, \cdots, T \qquad 1$$

여기서 y_{it}는 i번째 기업의 t시점의 산출량을 나타낸다. $f(\cdot)$는 생산기술, x_{it}는 N개의 투입물 벡터, t는 추세변수(time trend)를 나타내고, $u_{it} \geq 0$은 산출물 측면의 기술적 비효율성(output-oriented inefficiency)을 나타낸다.

다수의 투입물이 있을 경우 총요소생산성 변화(TFP change)는 투입물 증가에 기인하지 않은 산출량 증가로서 다음과 같은 식으로 표시할 수 있다. 즉,

$$\dot{TFP} = \frac{\dot{y}}{y} - \sum_j s_j \frac{\dot{x}_j}{x_j} \qquad 2$$

여기서 $s_j = w_j x_j / C$는 총비용, $C = \sum_j w_j x_j$에서 해당 요소의 요소소득이 차지하는 비중인 비용 몫을 나타낸다. w_j는 생산요소 j의 요소가격을 나타낸다.

만약 생산함수인 식 1을 전 미분한 다음 재정리하고 총요소생산성 증가율에 대해 정리하면, 다음과 같이 총요소생산성 증가를 여러 구성요인으로 분해할 수 있는

3 Kumbhakar, Wang and Horncastle(2013), *A Practioner's Guide to Stochastic Frontier Analysis using STATA*, Cambridge University Press, pp. 286-294.

식이 구해진다. 즉

$$\dot{TFP} = TECH - \frac{\partial u}{\partial t} + \sum_j \left[\frac{f_j x_j}{f} - s_j \right] \frac{\dot{x}_j}{x_j}$$

$$= (RTS-1)\sum_j \lambda_j \frac{\dot{x}_j}{x_j} + TECH + TEC + \sum_j (\lambda_j - s_j) \frac{\dot{x}_j}{x_j} \quad \cdots\cdots\cdots\cdots\cdots \ 3$$

여기서 $TECH = \partial \ln f(\cdot)/\partial t$는 기술변화를, $TEC = \partial u/\partial t$는 기술적 효율성 변화를, 그리고 $RTS = \sum_j \partial \ln y/\partial \ln x_j = \partial \ln f(\cdot)/\partial \ln x_j = \sum_j \partial f_j(\cdot) x_j / f(\cdot) = \sum_j \epsilon_j$는 규모의 경제 효과를 나타낸다. ϵ_j는 투입물의 산출 탄력성을 나타낸다. 마지막으로 f_j는 투입물 x_j의 한계생산물을 나타내는데, 이때 $\lambda_j = f_j x_j / \sum_k f_k x_k = \epsilon_j / RTS$이다.

따라서 위 식 3으로부터 총요소생산성 증가율은 규모의 경제 효과, 기술변화율, 기술적 효율성 변화와 배분적 효율성 변화의 네 부분으로 나누어지게 된다.

(2) 실습사례

변경생산함수를 이용하여 총요소생산성 증가율을 여러 구성요인으로 분해하는 순서는, 우선 변경 생산함수를 추정하고 기술적 효율성 변화를 계산한 다음, 위에서 정의한 수식을 구성요인별 순서대로 계산한 다음 이를 전부 합해서 총요소생산성 증가율을 구하는 과정이다. 그리고 이 과정에서 구해진 연도별 지표들에 대해서는 그 평균치를 계산한다. 필요에 따라 구간별 평균치를 계산하여 분석결과의 의미를 찾을 수도 있을 것이다.

STATA 사례 4-15 초월대수 생산함수로부터 총요소생산성과 그 구성요인의 계산

```
* ****************************************************
* I. 초월대수 생산함수를 이용한 총요소생산성 계산 절차
* ****************************************************

use examplerice, clear
```

```
xtset id year

local rice "y l k f m"

* 각 변수의 평균으로 표준화
foreach x of local rice {
by id: egen m_`x' = mean(`x')
by id: gen  nm_`x' = `x'/ m_`x'
                                   }
* 표준화된 변수의 로그 변환
gen ln_Y = ln(nm_y)
gen ln_L = ln(nm_l)
gen ln_K = ln(nm_k)
gen ln_F = ln(nm_f)
gen ln_M = ln(nm_m)
gen t = year

* 총비용과 비용 몫 계산
gen TC = pl*l + pk*k + pf*f + pm*m
gen sl = (pl*l)/TC
gen sk = (pk*k)/TC
gen sf = (pf*f)/TC
gen sm = (pm*m)/TC

drop nm_* m_*

* 초월대수 생산함수 추정에 필요한 변수 계산
gen ln_L2 = 0.5 * ln_L^2
gen ln_K2 = 0.5 * ln_K^2
gen ln_F2 = 0.5 * ln_F^2
gen ln_M2 = 0.5 * ln_M^2
gen t2 = 0.5 * t^2

gen ln_LK = ln_L * ln_K
gen ln_LF = ln_L * ln_F
gen ln_LM = ln_L * ln_M
gen ln_KF = ln_K * ln_F
gen ln_KM = ln_K * ln_M
gen ln_FM = ln_F * ln_M

gen ln_Lt = ln_L * t
gen ln_Kt = ln_K * t
gen ln_Mt = ln_M * t
gen ln_Ft = ln_F * t

* 변경생산함수 추정
global dependent  ln_L ln_K  ln_F  ln_M  ln_L2 ln_K2  ln_F2  ln_M2 ln_LK  ///
                  ln_LF ln_LM ln_KF ln_KM ln_FM t t2 ln_Lt ln_Kt ln_Mt ln_Ft
```

```
* OLS를 이용한 초기치 계산
regress  ln_Y $dependent
matrix b1 = e(b)

* 변경생산함수 추정
version 10.1
sfmodel ln_Y, prod dist(h) frontier($dependent) usigmas(t) vsigmas()
sf_init, frontier(b1) usigmas(0 0) vsigmas(0)
ml max, difficult gtol(1e-5) nrtol(1e-5)

* 기술적 효율성 추정
sf_predict, bc(eff) jlms(jlms2_h) marginal

* 기술적 효율성 변화의 추정
gen TEFF= t_M

* 산출탄력성 계산
sort id
by id: gen eta_L =_b[ln_L]+_b[ln_L2]* ln_L +_b[ln_LK]* ln_K+_b[ln_LF]*
ln_F+_b[ln_LM]* ln_M+_b[ln_Lt]* t
by id: gen eta_K =_b[ln_K]+_b[ln_K2]* ln_K +_b[ln_LK]* ln_L+_b[ln_KF]*
ln_F+_b[ln_KM]* ln_M+_b[ln_Kt]* t
by id: gen eta_F =_b[ln_F]+_b[ln_F2]* ln_F +_b[ln_LF]* ln_L+_b[ln_KF]*
ln_K+_b[ln_FM]* ln_M+_b[ln_Ft]* t
by id: gen eta_M =_b[ln_M]+_b[ln_M2]* ln_M +_b[ln_LM]* ln_L+_b[ln_KM]*
ln_K+_b[ln_FM]* ln_F+_b[ln_Mt]* t

* 기술변화의 계산
by id: gen TECH =_b[t]+_b[t2]* t +_b[ln_Lt]* ln_L+_b[ln_Kt]*
ln_K+_b[ln_Ft]* ln_F+_b[ln_Mt]* ln_M

* 각 요소의 산출탄력성을 합해서 규모의 경제 계산
gen RTS=eta_L+eta_K+eta_F+eta_M

* 규모의 경제에서 각 산출탄력성의 비중 계산
gen lamda_L=eta_L/RTS
gen lamda_K=eta_K/RTS
gen lamda_F=eta_F/RTS
gen lamda_M=eta_M/RTS

* 생산요소투입 증가율 계산
by id: gen gr_L=ln_L-ln_L[_n-1]
by id: gen gr_K=ln_K-ln_K[_n-1]
by id: gen gr_F=ln_F-ln_F[_n-1]
by id: gen gr_M=ln_M-ln_M[_n-1]

* 규모의 경제 변화지표 계산
gen SCALE=(RTS-1)*(lamda_L*gr_L+lamda_K*gr_K+lamda_F*gr_F+lamda_M*gr_M)
```

```
* 배분적 비효율성 계산
gen ALL=(lamda_L-sl)*gr_L+(lamda_K-sk)*gr_K+(lamda_F-sf)*gr_F+(lamda_M-sm)*gr_M

* 총요소생산성 계산
gen TFP=SCALE+TECH+ALL+TEFF

* 총요소생산성 구성요인의 기술 통계량
summarize TFP SCALE TECH ALL TEFF
```

2. 확률변경 비용함수와 총요소생산성 구성요인

(1) 모형

1) 총요소생산성 증가율의 분해

확률변경비용함수를 이용하여 총요소생산성 증가율을 구하고, 이를 다시 규모의 경제, 기술변화, 기술적 효율성 변화로 구분하는 방법 역시 생산함수를 이용하는 방법과 비슷한 절차를 거치게 된다.[4]

우선 변경비용함수를 정의하면 다음과 같이 나타낼 수 있다. 즉

4 Kumbhakar, Wang and Horncastle(2013), *A Practioner's Guide to Stochastic Frontier Analysis using STATA*, Cambridge University Press, pp. 294-300.

$$C = C(w,\ y,\ t)\exp(\eta), \quad \cdots\cdots \quad 4$$

여기서 $\eta \geq 0$ 이며 투입물 측면에서 비효율성 수준(input oriented inefficiency)을 나타낸다.

이를 시간 t에 대해 전 미분하면 다음과 같은 식으로 나타낼 수 있다. 즉

$$\frac{\dot{C}}{C} = \sum_j \frac{\partial \ln C}{\partial \ln w_j}\frac{\dot{w}_j}{w_j} + \frac{\partial \ln C}{\partial \ln y}\frac{\dot{y}}{y} + \frac{\partial \ln C}{\partial t} + \frac{\partial \eta}{\partial t}$$
$$= \sum_j s_j \frac{\dot{w}_j}{w_j} + \frac{1}{RTS}\frac{\dot{y}}{y} - TECH - TEC \quad \cdots\cdots \quad 5$$

여기서 산출물의 비용 탄력성은 규모의 경제의 역수, $1/RTS = \partial \ln C / \partial \ln Y$를 나타낸다. 기술변화는 $TECH = -\partial \ln C / \partial t$, 기술적 효율성 변화는 $TEC = -\partial \eta / \partial t$를 나타낸다. 그리고 쉐퍼드 정리(Shephard's lemma)에 의해 총비용에서 해당 요소소득이 차지하는 비중은 x_j의 비용 몫 $w_j x_j / C = s_j$이 된다.

총비용을 나타내는 $C = \sum_j w_j x_j$를 전 미분 하면 다음과 같은 식을 얻을 수 있다. 즉

$$\frac{\dot{C}}{C} = \sum_j s_j \left(\frac{\dot{w}}{w} - \frac{\dot{x}}{x}\right) \quad \cdots\cdots \quad 6$$

이상의 두 식으로부터 다음과 같이 총요소생산성 증가율을 구성요인별로 분해할 수 있다. 즉

$$\dot{TFP} = \frac{\dot{y}}{y}\left(1 - \frac{1}{RTS}\right) + TECH + TEC \quad \cdots\cdots \quad 7$$

따라서 총요소생산성 증가율은 규모의 경제, 기술변화와 기술적 효율성의 변화로 분해할 수 있게 된다.

2) 이윤증가율의 분해

확률변경비용함수를 이용하는 경우가 많으므로 여기에서는 이상의 총요소생산성 증가율을 분해하는 것 외에, 이를 이용하여 추가로 이윤을 여러 가지 요인으로 분해하는 방법을 살펴보기로 하자.

이윤함수는 다음과 같이 정의된다. 즉

$$\pi = py - \sum_j w_j x_j \qquad 8$$

이윤함수를 전 미분하고 양변을 총비용 C로 나누어주면 다음과 같은 식을 얻을 수 있다. 즉

$$\frac{1}{C}\frac{d\pi}{dt} = \frac{py}{C}\sum_j\left(\frac{\dot{p}}{p} - \frac{\dot{y}}{y}\right) - \left(\sum_j s_j \frac{\dot{w}_j}{w_j} + \sum_j s_j \frac{\dot{x}}{x}\right) \qquad 8$$

이 식을 총요소생산성 증가를 나타내는 식 2를 이용하여 재정리하면 다음과 같은 식을 얻을 수 있다.

$$\frac{1}{C}\frac{d\pi}{dt} = \frac{R}{C}\frac{\dot{p}}{p} - \left(\frac{R}{C} - 1\right)\frac{\dot{y}}{y} - \sum_j s_j \frac{\dot{w}_j}{w_j} + T\dot{F}P \qquad 9$$

이제 식 7을 식 9에 대입하여 정리하면 이윤율 변화는 다음과 같이 산출물 가격변화 효과, 산출물 증대 효과, 투입물 가격변화 효과, 규모의 경제, 기술변화, 기술적 효율성 변화라는 여섯 개의 구성요인으로 분해할 수 있다.

$$\frac{1}{C}\frac{d\pi}{dt} = \frac{R}{C}\frac{\dot{p}}{p} - \left(\frac{R}{C} - 1\right)\frac{\dot{y}}{y} - \sum_j s_j \frac{\dot{w}_j}{w_j} + \left(1 - \frac{1}{RTS}\right)\frac{\dot{y}}{y} + TECH + TEC \qquad 10$$

(2) 실습사례

변경비용함수를 이용하여 총요소생산성 증가율을 여러 구성요인으로 분해하는 순서는 앞에서 생산함수를 이용한 경우와 비슷하다. 우선 변경 비용함수를 추정하고 기술적 효율성 변화를 계산한 다음 위에서 정의한 수식의 순서대로 각 구성요인을 계산한 후, 이를 전부 합해서 총요소생산성 증가율을 계산하는 절차를 거친다.

또한 이윤율의 변화를 구성하고 있는 요인들을 총요소생산성 증가율 요인과 산출물 및 투입물 가격변화, 산출물 증대 효과로 구분하는 방법에 대해서도 살펴본다.

STATA 사례 4-16 초월대수 비용함수로부터 총요소생산성과 그 구성요인의 계산

```
* *****************************************************
* II. 초월대수 비용함수를 이용한 총요소생산성 계산 절차
* *****************************************************

use examplerice, clear

xtset id year

* 총비용 계산
gen TC=pl*l + pk*k + pf*f + pm*m


* 각변수를 자신의 평균에 대해 표준화
local rice "TC y pl pk pf pm"

foreach x of local rice {
by id: egen m_`x' =mean(`x')
by id: gen  nm_`x'= `x'/ m_`x'
                                }

* 로그 변환
gen lcost=ln(nm_TC)
gen ly=ln(nm_y)
gen lpl=ln(nm_pl)
gen lpf=ln(nm_pf)
gen lpk=ln(nm_pk)
gen lpm=ln(nm_pm)

gen t=year

* 각 요소의 비용몫 계산
gen sl=(pl*l)/TC
```

```
gen sk=(pk*k)/TC
gen sf=(pf*f)/TC
gen sm=(pm*m)/TC

* 비용함수에 동차성 및 동조성 부여한후 추정
gen ltc=lcost-lpk
gen lwl=lpl-lpk
gen lwf=lpf-lpk
gen lwm=lpm-lpk

gen lwl2=0.5*lwl^2
gen lwf2=0.5*lwf^2
gen lwm2=0.5*lwm^2
gen ly2=0.5*ly^2
gen t2=0.5*t^2

gen lwlf=lwl*lwf
gen lwlm=lwl*lwm
gen lwfm=lwf*lwm

gen lwly=lwl*ly
gen lwfy=lwf*ly
gen lwmy=lwm*ly

gen lyt=ly*t
gen lwlt=lwl*t
gen lwft=lwf*t
gen lwmt=lwm*t

drop nm_* m_*

global depend lwl lwf lwm lwl2 lwf2 lwm2 lwlf lwlm lwfm ly ly2 lwly lwfy
lwmy t t2 lwlt lwft lwmt lyt

*
regress ltc $depend
matrix coef = e(b)

* 변경비용함수의 추정
version 10.1
sfmodel ltc, cost dist(h) frontier($depend) usigmas(t) vsigmas()
sf_init, frontier(coef) usigmas(0 0) vsigmas(0)
ml max, difficult

* 총요소생산성 변화와 그 구성요인

* 기술적 효율성 및 변화
sf_predict, bc(eff) marginal
gen TEFF= -t_M
```

```
* 생산증가율 계산
sort id
by id: gen gr_y=ly-ly[_n-1]

*  생산의 비용탄력성 역수(규모의 경제,1/RTS)
gen  lRTS  =  _b[ly]  +  _b[ly2]*ly  +  _b[lwly]*lwl  +  _b[lwfy]*lwf  +
_b[lwmy]*lwm +_b[lyt]*t

* 규모의 경제변화
gen SCALE = (1-lRTS)*gr_y

* 기술변화
gen TECH = - _b[t] - _b[t2]*t - _b[lyt]*ly - _b[lwlt]*lwl - _b[lwft]*lwf
- _b[lwmt]*lwm

* 총요소생산성 변화(TFP)
gen TFP = SCALE + TECH + TEFF

* 총요소생산성 구성요인의 기술 통계량
summarize TFP SCALE TECH TEFF

* 이윤의 변화와 그 구성요인

* 생산요소가격 증가율 계산
sort id
by id: gen gr_pl=lpl-lpl[_n-1]
by id: gen gr_pk=lpk-lpk[_n-1]
by id: gen gr_pf=lpf-lpf[_n-1]
by id: gen gr_pm=lpm-lpm[_n-1]

* 가격 증가율
by id: gen gr_p=ln(p)-ln(p[_n-1])

* 전체 생산요소가격  증가율
by id: gen gr_w = sl*gr_pl + sk*gr_pk + sk*gr_pf + sm*gr_pm

* 총수입
generate revenue = p * y

* 총이윤
generate profit = revenue - TC

* 이윤증가율의 구성요인
*   1) 산출물 가격변화 효과
generate PRICE = revenue / TC * gr_p
*   2) 산출물 증가 효과
generate OUTPUT = (revenue / TC - 1) * gr_y
*   3) 투입물 가격 변화 효과
generate INPRICE = gr_w
*   4) 산출물 가격변화
```

```
generate PROFIT = PRICE + OUTPUT - INPRICE + TFP

summarize PROFIT PRICE OUTPUT INPRICE TFP SCALE TECH TEFF

* 각 지표의 평균 그래프 그리기
sort year id
collapse (mean) TFP SCALE TECH TEFF  PROFIT PRICE OUTPUT INPRICE,
by(year)
line  TFP SCALE TECH TEFF year
line  PROFIT PRICE OUTPUT INPRICE TFP year
```

3. 거리함수와 총요소생산성 구성요인

(1) 모형

복수의 투입물을 사용하여 복수의 산출물을 생산할 경우, 총요소생산성 증가율은 지수이론을 이용하여 측정할 수 있다. 하지만 총요소생산성 증가율을 여러 구성요인으로 나누는 작업은 모수적 방법을 사용해야만 한다. 하지만 전술한 바와 같이 생산함수를 이용할 경우 아예 생산함수를 정의할 수 없으며, 비용함수를 이용할 경우 추정해야 할 파라미터의 수가 많아져서 현실적으로 추정이 불가능할 때도 있다.

이런 상황에서 거리함수(distance function)를 사용하면 기술적 효율성이나 생산성을 측정하는 것이 가능하다. 특히 가격정보가 없거나 규제가 존재하는 상태에서 기업의 비용 최소화 가정이 적절하지 않은 상황에서 사용될 수 있다. 여기에서는 투입

물 측면의 거리함수를 이용하여 총요소생산성과 그 구성요인을 분해하는 방법에 대해 살펴보고자 한다.[5]

우선 콥-더글러스 형태의 거리함수를 정의하면 다음과 같다.

$$\ln D_{it}^{I} = \beta_0 + \sum_{n} \beta_k \ln x_{kit} + \sum_{m} \gamma_m \ln y_{mit} + v_{it} \qquad (11)$$

여기서 v_{it}는 교란 항을 나타낸다. 이 함수는 다음 조건을 만족할 때 선형동차(linearly homogeneous)함수이고, 요소투입에 대해 오목(concave)하게 된다.

계량경제학적으로 추정 가능한 거리함수를 정의하면 다음과 같이 나타낼 수 있다. 즉

$$-\ln x_{Nit} = \beta_0 + \sum_{n=1}^{N-1} \beta_n \ln\left(\frac{x_{nit}}{x_{Nit}}\right) + \sum_{m=1}^{M} \gamma_m \ln y_{mit} + v_{it} - u_{it} \qquad (12)$$

여기서 $\ln D_{it}^{I} = u_{it}$가 된다. 생산요소 가운데 하나가 종속변수가 되므로 이를 추정한 후 기술적 효율성 추정치는 다음 식으로 정의하면 된다.

$$TE_{it} = \frac{1}{D_{it}^{I}} = \exp(-u) \qquad (13)$$

복수의 산출물과 투입물을 고려할 경우 총요소생산성 증가는 다음 식으로 나타낼 수 있다. 즉

$$\dot{TFP} = \sum_{m} r_m \frac{\dot{y}_m}{y_m} - \sum_{j} s_j \frac{\dot{x}_j}{y_j} \qquad (14)$$

여기서 특정 산출물의 총수입에 대한 비중은 $r_m = p_m y_m / R$이며, 총수입은

5 Kumbhakar, Wang and Horncastle(2013), *A Practioner's Guide to Stochastic Frontier Analysis using STATA*, Cambridge University Press, pp. 302-308.

$R=\sum_m p_m y_m$이다. s_j는 전술한 바와 같이 특정 생산요소의 비용 몫이 된다.

거리함수를 이용한 총요소생산성 증가율과 이윤의 변화율을 정의하는 것은 어렵지는 않으나 다소 복잡하므로 여기서 자세히 설명하는 것은 생략한다. 대신 Denny et al.(1988) 또는 Kumbhakar and Lozano-Vivas(2005) 또는 Kumbhakar et al.(2015, pp. 300-302)를 참고할 수 있다.

간단하게 이 사례분석에서 중요한 것을 살펴보면, 총요소생산성 증가율과 이윤 증가율은 다음과 같은 요인들로 구성되어 있다는 것이다. 즉,

$$\dot{TFP} = TECH + TEC + \left(1 - \frac{1}{RTS}\right)\frac{\dot{y_c}}{y_c} + \left(\frac{\dot{y_p}}{y_p} - \frac{\dot{y_c}}{y_c}\right) \quad \cdots\cdots 15$$

여기서 $\dot{y_c}/y_c = RTS(\sum_m \partial \ln C / \partial \ln y_m \; \dot{y_m}/y_m$ 을 나타내고, 규모의 경제의 역수는 $RTS^{-1} = \sum_m \partial \ln C / \partial \ln y_m$ 이며, $\dot{y_p}/y_p = \sum_m r_m \; \dot{y_m}/y_m$ 을 나타낸다.

따라서 이윤율의 증가는 다음과 같은 식으로 나타낼 수 있다. 즉,

$$\frac{1}{C}\frac{d\pi}{dt} = \left(\frac{R}{C} - 1\right)\frac{\dot{y_p}}{y_p} + \frac{R}{C}\frac{\dot{p}}{p} - \frac{\dot{w}}{w} + TECH + TEC + \left(1 - \frac{1}{RTS}\right)\frac{\dot{y_c}}{y_c} - \left(\frac{\dot{y_p}}{y_p} - \frac{\dot{y_c}}{y_c}\right) \quad \cdots\cdots 16$$

여기서 전체 산출물 가격 증가율은 개별 산출물 가격의 증가율을 해당 산출물의 수입에 대한 가중치로 가중평균한 $\dot{p}/p = \sum_m r_m \dot{p_m}/p_m$ 이고, 전체 생산요소 가격 증가율은 개별 생산요소 가격의 증가율을 해당 비용 몫 가중치로 가중평균한 $\dot{w}/w = \sum_j s_j \dot{w_j}/w_j$ 이다.

따라서 식 16으로부터 이윤증가는 우측 항의 순서대로 산출물 증가, 산출물 가격변화, 투입물 가격변화, 기술변화, 기술적 효율성 변화, 규모의 경제 효과, 시장독점력(markup) 요인으로 나눌 수 있게 된다.

(2) 실습사례

여기에서는 투입물 측면의 변경 거리함수를 이용하여 총요소생산성 증가율과 그 구성요인, 이윤증가율과 그 구성요인을 살펴보고자 한다. 이 사례에서는 3개의 생산요소를 이용하여 2개의 산출물을 생산하는 경우의 거리함수를 추정하게 되는데, 이윤증가의 구성요인을 분해하기 위해서는 산출물과 생산요소의 가격자료가 필요하다.

사용한 자료는 노르웨이 낙농 산업에 대한 자료로서 토지, 노동, 사료를 이용하여 우유와 고기를 생산하는 경우를 보여주는 자료이다. 원래 자료에는 5개 산출물, 3개의 투입요소에 대한 자료이지만 여기에서는 이해를 돕기 위해 더욱 단순화하였다.

독자들은 여기에서의 사례분석에서 총요소생산성과 이윤의 변화가 어디에서 초래되는지를 살펴보고 그 의미를 생각해보기를 바란다.

STATA 사례 4-17 **거리함수로부터 총요소생산성과 그 구성요인의 계산**

```
* ****************************************************
* III. 거리함수를 이용한 총요소생산성 계산 절차
* ****************************************************

set more off
version 10.1

use norway.dta
xtset n t
sort n t

xtbalance, range(1 9) miss(_all)

gen ly1=ln(y1)
gen ly2=ln(y2)
gen lx1=ln(x1)-ln(x3)
gen lx2=ln(x2)-ln(x3)
gen lp1=ln(p1)
gen lp2=ln(p2)

gen lw1=ln(w1)
gen lw2=ln(w2)
gen lw3=ln(w3)
```

```
gen ly1ly1=0.5 *ly1 * ly1
gen ly1ly2=ly1 * ly2
gen ly1lx1=ly1 * lx1
gen ly1lx2=ly1 * lx2
gen ly1t   =ly1 * t

gen ly2ly2=0.5 *ly2 * ly2
gen ly2lx1=ly2 * lx1
gen ly2lx2=ly2 * lx2
gen ly2t   =ly2 * t

gen lx1lx1=0.5 *lx1 * lx1
gen lx1lx2=lx1 * lx2
gen lx1t   =lx1 * t

gen lx2lx2=0.5 *lx2 * lx2
gen lx2t   =lx2 * t

gen t2 = t * t

gen lx3=-ln(x3)

* 수입, 총비용, 이윤율 계산
generate revenue = p1*y1 + p2*y2
generate cost = w1*x1 + w2*x2 + w3*x3
generate rc1 = revenue/cost - 1

* 수입관련 변수 계산
gen r1 = (p1*y1) / revenue
gen r2 = (p2*y2) / revenue

gen gr_y1 = ly1-ly1[_n-1]
gen gr_y2 = ly2-ly2[_n-1]

gen gr_p1 = lp1-lp1[_n-1]
gen gr_p2 = lp2-lp2[_n-1]

gen gr_y = r1*gr_y1 +  r2*gr_y2
gen gr_p = r1*gr_p1 +  r2*gr_p2

* 비용관련 변수 계산
gen s1 = (w1*x1) / cost
gen s2 = (w2*x2) / cost
gen s3 = (w3*x3) / cost

gen gr_x1 = lx1-lx1[_n-1]
gen gr_x2 = lx2-lx2[_n-1]
gen gr_x3 = lx3-lx3[_n-1]

gen gr_w1 = lw1-lw1[_n-1]
```

```
gen gr_w2 = lw2-lw2[_n-1]
gen gr_w3 = lw3-lw3[_n-1]

gen gr_w = s1*gr_w1 + s2*gr_w2 + s3*gr_w3

* store regressors in a global macro
global depen  ly1 ly2 lx1 lx2 ly1ly1 ly1ly2 ly1lx1 ly1lx2 ly1t ly2ly2 ///
              ly2lx1 ly2lx2 ly2t lx1lx1 lx1lx2 lx1t lx2lx2 lx2t t t2

* ******************************************************
* 투입측면 거리함수 추정
* ******************************************************

sfmodel lx3, prod dist(h) frontier($depen) usigmas(t) vsigmas()
ml max, difficult

* 기술적 효율성
sf_predict, bc(bc_h) jlms(jlms_h) marginal
summarize bc_h jlms_h

* 기술적 효율성 증가
gen TEFF =  t_M

* 기술변화
gen TECH = _b[t]+_b[t2]*t+_b[ly1t]*ly1+_b[ly2t]*ly2+_b[lx1t]*lx1+_b[lx2t]*lx2

* 규모의 경제
gen lambda_y1 = _b[ly1]+_b[ly1ly1]*ly1+_b[ly1ly2]*ly2      ///
           +_b[ly1lx1]*lx1+_b[ly1lx2]*lx2+_b[ly1t]*t
gen lambda_y2 = _b[ly2]+_b[ly2ly2]*ly2+_b[ly1ly2]*ly1      ///
           +_b[ly2lx1]*lx1+_b[ly2lx2]*lx2+_b[ly2t]*t

generate RTS = -1 / (lambda_y1 + lambda_y2)
generate IRTS = 1/RTS

generate lambda_y = lambda_y1 + lambda_y2
generate lambd_y1 = lambda_y1 / lambda_y
generate lambd_y2 = lambda_y2 / lambda_y

generate  lambda_x1 = _b[lx1]+_b[lx1lx1]*lx1+_b[lx1lx2]*lx2     ///
              +_b[ly1lx1]*ly1+_b[ly2lx1]*ly2+_b[lx1t]*t
generate  lambda_x2 = _b[lx2]+_b[lx2lx2]*lx2+_b[lx1lx2]*lx1     ///
              +_b[ly1lx2]*ly1+_b[ly2lx2]*ly2+_b[lx2t]*t
generate  lambda_x3 =  1 - (lambda_x1 + lambda_x2)

generate gr_yc = RTS*(lambda_y1*gr_y1 + lambda_y2*gr_y2)

generate SCALE = (1-IRTS)* gr_yc
```

```
* 마컵(Mark up)
generate MKUP = gr_p - gr_y

* 총요소생산성 (TFP)
generate TFP = TECH + SCALE + MKUP - TEFF

summarize TFP TECH SCALE MKUP TEFF

* Computation of profitability change components
generate OUTPUT = gr_y - gr_p * (revenue/cost)
generate PRICE = gr_p * (revenue/cost)
generate  INPRICE = gr_w

generate PROFIT = OUTPUT + PRICE - INPRICE + TECH + SCALE + MKUP - TEFF

summarize PROFIT OUTPUT PRICE INPRICE TECH SCALE MKUP TEFF

* 각지표의 평균 그래프 그리기
sort n t
collapse (mean) PROFIT OUTPUT PRICE INPRICE TECH SCALE MKUP TEFF TFP, by(t)
line  TFP SCALE TECH TEFF t
line  PROFIT PRICE OUTPUT INPRICE TFP t
```

『생산성의 경제학』 실증분석 사례

PART

05

제5부는 『생산성의 경제학』의 실증분석 사례를 통해 지금까지 학습한 내용을 종합적으로 살펴봄으로써 독자 여러분들이 생산성 분석의 전문가로서 자질을 가질 수 있게 하는 응용분석 관련 내용이다.

제1장에서는 『생산성의 경제학』을 한국의 제조업에 적용하는 사례로서 한국생산성본부가 매년 발표하는 기초자료를 이용하여 생산성 분석에 관한 전반적 내용을 설명한다.

제2장에서는 『생산성의 경제학』을 우리나라 지역별, 산업별 자료의 사례분석에 적용하여 총요소생산성 수준뿐만 아니라 총요소생산성 증가율, 개별 산업의 총요소생산성 증가율과 그 구성요인을 분석하는 방법에 관해 설명한다.

제3장에서는 『생산성의 경제학』에서 중요한 위치를 차지하는 자료포락분석의 적용사례로서 한국의 은행 산업을 대상으로 기술적 효율성, 구조조정에 대한 의미, 합병의 효과 분석사례를 설명한다.

제4장에서는 『생산성의 경제학』에 연구에서 매우 중요한 데이터 세트인 "펜 월드 테이블"을 이용하여 『생산성의 경제학』 전반의 내용을 종합적으로 살펴본다.

제5장에서는 『생산성의 경제학』에 연구에서 매우 중요한 정보화의 진전에 따른 노동, 정보통신기술 자본스톡, 비 정보통신기술 자본스톡의 대체관계, 규모의 경제효과와 기술변화의 측정과 이로부터 찾을 수 있는 시사점에 관해 설명한다.

제6장에서는 『생산성의 경제학』에서 기술혁신에 중요한 역할을 하는 기업가 정신의 결정요인, 기업가정신의 성과와 발현된 모습의 다양한 인과관계에 대해 구조방정식 모형을 적용하고 그 시사점을 찾는 방법에 관해 설명한다.

제7장에서는 『생산성의 경제학』에서 중요시되는 글로벌 밸류체인의 확산과 총요소생산성 증가의 인과관계 분석에 활용될 수 있는 부가가치의 무역, 무역의 부가가치, 글로벌 밸류체인 참여도, 글로벌 밸류체인의 길이와 거리, 그리고 이런 지표들과 총요소생산성의 관계에 관해 설명한다.

한국의 산업별 총요소생산성 분석

본 장에서는 제4부까지 설명되었던 『생산성의 경제학』의 주요 내용을 바탕으로, 한국의 산업별 투입-산출 자료를 이용하여 총요소생산성 분석과 관련된 전반적인 내용을 살펴본다. 본서의 주요 내용을 살펴본 독자들이 본 장의 전체 분석절차를 이해한다면 생산성 분석에서 중요한 내용을 대부분 파악하였다고 할 수 있다.

1. 한국의 총요소생산성 분석을 위한 데이터 세트

한국산업의 총요소생산성 분석과 그 이해를 위해, 한국생산성본부가 작성한 산업별 생산, 노동투입, 자본 스톡, 중간투입 자료를 이용하기로 한다.[1] 한국생산성본부에서 작성하는 총요소생산성 추계를 위한 자료는 국제표준인 세계 KLEMS 프로젝트의 방식에 따른 것이다.

우선 한국 생산성 본부에서 제공되는 자료의 종류와 특성을 살펴보도록 하자. 생산성 측정을 위한 투입-산출 자료로서, 산업별 생산은 총산출로 정의하고 있으므

1 http://www.kpc.or.kr/Productivity/index.asp참조, 여기서 자본 스톡 DB 구축은 서울대학교 표학길 교수, 총산출 및 중간투입 DB 구축은 서강대학교 전현배 교수, 노동투입 DB 구축은 서강대학교 전현배 교수와 한국생산성본부 이근희 위원에 의해 작성되고 있다.

로, 실질 자본스톡, 총노동투입, 실질 중간재투입을 생산요소로 간주해야 한다. 자본분배율, 노동분배율, 중간재투입 분배율은 명목 총산출에서 해당 요소소득이 차지하는 비중을 나타낸다.

만약 부가가치를 생산으로 정의한다면 실질 총산출에서 실질 중간재투입을 빼면 된다. 당연히 이때의 생산요소는 총노동투입과 실질 자본스톡이 되어야 한다. 산업별, 기업별, 공장 단위의 생산성 분석에서는 중간 투입물이 고려되어야 하고, 국가경제 전체에서는 부가가치 기준으로 생산성 분석이 이루어져야 한다는 점은 이미 생산성 분석에서의 "경로 의존성"에 대한 논의에서 설명한 바 있다.

노동투입에서는 다소 혼란스러운 점이 있지만, 노동투입의 양은 근로자 수에 노동시간을 곱한 총노동 시간을 나타낸다고 볼 수 있다. 총노동투입 증가율은 노동서비스의 연간 증가율을 나타낸다고 할 수 있다. 노동투입의 질 증가율은 교육훈련의 증가를 반영한 노동투입의 효율성 증가를 반영한다. 따라서 노동투입을 노동서비스로 정의한다면 초기 노동투입의 양에 총노동투입 증가율을 적용할 수 있다. 노동투입은 단순히 근로자 수, 총근로시간, 인적 자본을 고려한 근로자 수, 인적 자본을 고려한 총근로시간으로도 정의될 수도 있을 것이다. 본 장에서의 사례는 총노동서비스를 노동투입으로 간주하였다.

만약 연구목적으로 이 자료를 이용하여 비용함수를 추정하고자 한다면, 총비용은 명목 총산출이 된다. 이때 생산요소 가격은 명목 총산출에 각 요소의 분배율을 곱하여 구해지는 요소소득을 요소투입으로 나누면 된다. 즉 명목 총산출×자본분배율을 실질 자본 스톡으로 나누면 자본의 사용자 비용이 된다. 그리고 명목 총산출×노동분배율을 총노동투입으로 나누면 임금율이 된다. 마찬가지로 명목 총산출×중간재투입 분배율을 실질 중간재투입으로 나누면 중간재의 가격이 된다.

따라서 이 자료를 이용하면 전통적인 성장회계식에 의해 총요소생산성 증가율을 추계할 수 있을 뿐만 아니라, 계량경제학 방법론을 적용하여 생산함수나 비용함수의 추정을 통해 총요소생산성 증가율 또는 그 구성요인들을 분해하는 것도 가능하다.

또한 한국생산성본부에서 제공하는 생산성 통계자료를 세계 KLEMS 통계, 아시아 KLEMS, EU KLEMS 데이터베이스와 결합하여 활용한다면, 국가 간 산업별 생산성 비교연구에도 활용할 수 있다. 본 장의 사례에서 제시하는 다양한 방법론을 이해한다면 독자 여러분들은 바로 이런 작업을 스스로 할 수 있을 것이다.

2. Excel을 이용한 한국의 총요소생산성 분석의 이해

총요소생산성 증가율을 성장회계식에 의한 추정할 경우 엑셀(Excel)이란 소프트웨어를 사용하는 경우가 많다. 또한 본격적인 계량경제학 방법론을 동원한다고 하더라도 초기 자료의 작성과정에서는 엑셀을 사용하는 것이 일반적이다.

엑셀의 기능에 대한 다양한 내용은 본서에서 언급할 내용이 아니지만, 『생산성의 경제학』에서 잘 활용될 수 있는 기능을 살펴보기 위해 우선 한국의 산업별 생산성 분석에 엑셀을 사용하는 사례를 설명하고자 한다.[2]

우선 본서에서 제공하는 한국의 총요소생산성 분석을 위한 엑셀 파일을 이용하여 여기에서 서술하는 내용을 살펴본다. 독자들은 해당 파일을 열면 하단에 여러 개의 시트(sheet)가 있음을 알 수 있다. 한글로 된 시트 이름은 한국생산성본부에서 제공하는 자료의 이름이다. 영어도 표기된 시트의 이름은 한국생산성본부의 자료를 이용하여 무엇인가를 계산한 시트이다. 해당 시트의 각 셀(shell)의 자료는 한국생산성본부에서 제공된 자료가 있는 시트의 자료를 이용하여 계산된 자료이다. 어떤 자료는 수식을 이용하여 구한 예도 있고, 어떤 자료는 그냥 가져온 자료도 있다. 또한 어떤 시트에서는 여러 개의 다른 시트의 데이터를 이용하여 계산한 자료이기도 하다.

한 시트 내에서 필요한 것을 모두 수행하는 것이 시각적으로 편리할지 모르지만 여러 산업에 대해 비교적 장기간의 자료가 있을 때 이들로부터 한 시트 내에서 다양한 지표를 계산한다면 매우 불편하고 혼란스럽다.

독자들은 해당 파일을 열고, 노동투입(L), 산출량(Y), 노동투입(L), 자본 스톡(K), 중간투입물(M)과 각각의 연도별 증가율을 계산한 시트를 확인하면서 각각 어떤 시트를 어떻게 참조하였는지를 살펴보도록 한다. 그 다음 이렇게 계산된 증가율 자료를 이용하여 TFP란 시트에서 어떻게 통크비스트 생산성 지수가 계산되었는지를 검토해보도록 하자.

그 다음에는 비용함수를 추정하기 위한 자료를 만드는 과정을 살펴보자. COST란 시트는 명목 총산출 자료를 그대로 참조하였다. 자본의 사용자 비용을 나타내는 PK 시트는 명목 총산출 시트와 자본분배율 시트의 같은 위치의 셀을 참조해서 곱한

2 생산성 분석에 매우 편리하게 활용할 수 있는 Excel 기능들은 부록 참조.

후 이를 실질 자본 스톡으로 나누어서 구했다. 그리고 임금율을 나타내는 PL 시트는 명목 총산출 시트와 노동분배율 시트의 같은 셀을 곱한 다음 총노동투입 시트의 같은 위치의 셀로 나누어서 구했다. 마찬가지로 명목 총산출 시트와 중간재투입 분배율 시트를 각 셀별로 곱해서 이를 실질 중간재투입 시트의 해당 셀로 나누면 중간재의 가격이 된다.

이처럼 엑셀에서 특정 시트의 값을 여러 개의 다른 시트를 연결하여 계산하는 방법에 대해 처음 접하는 독자들이 있을 수 있으나 제공되는 동영상 설명을 통해 쉽게 이해할 수 있을 것이다.

3. 다양한 방법론에 의한 한국의 총요소생산성 분석

(1) STATA로 엑셀 자료 읽어오기와 STATA 데이터 세트 만들기

여기서는 엑셀과 같은 외부 프로그램에서 작성된 자료를 STATA로 읽어와 STATA 고유의 데이터 세트를 만들고, 이를 활용하는 방법을 살펴본다. 많은 실증분석 과정에서 반드시 거치는 작업이기 때문에 그 과정을 잘 학습할 필요가 있다. 특히 외부자료를 불러와서 패널 자료를 만드는 과정을 잘 이해할 필요가 있다.

(2) 솔로우의 성장 회계식을 이용한 총요소생산성 계산

이미 언급한 솔로우의 성장 회계식을 이용하여 총요소생산성을 측정하는 방법을 살펴보는 부분이다. 통크비스트 방식에 의해 총요소생산성 증가율을 계산하는 방법을 이해할 필요가 있다.

(3) 맘퀴스트 생산성 지수

위에서 미리 작성된 패널 자료를 이용하여, 맘퀴스트 생산성 지수를 계산하고 이를 다시 여러 요인으로 나누는 작업을 학습하는 부분이다.

(4) 생산함수와 비용함수 추정법

여기서는 개별 산업별로 생산함수를 추정하는 방법을 설명한다. 산업별 생산함수 추정을 위해서는 같은 절차를 산업별로 반복할 필요가 있다. 간단함에도 불구하고 많은 연구자가 산업별로 반복하는 작업에 대해 익숙하지 않은 경우가 많다. 이런 문제를 쉽게 해결할 수 있도록 하였다.

(5) 변경생산함수, 변경비용함수 추정법

변경생산함수와 변경비용함수를 추정하는 방법에 대해 살펴본다. 변경생산함수 추정을 위한 3가지 명령어 사용에 대해 이미 살펴본 바 있지만 어떤 명령어로는 추정과정에서 수렴화를 얻지 못하는 경우가 많다. 여기에서 필자는 특정 명령어를 사용하여 변경생산함수와 변경비용함수를 추정하는 사례를 보여주고 있다. 관심 있는 독자들은 앞 단원에서 배운 내용을 바탕으로 다양한 추정방법을 시도해볼 수 있다.

생산함수와 비용함수를 추정할 경우 주의할 점이 있다. 우선 공식적으로 생산성 추계를 위해 만들어진 데이터 세트나 많은 연구자가 자신만의 생산성 분석을 위해 자료를 작성할 경우 규모에 대한 수확 불변의 가정을 전제로 만든 자료가 많다. 따라서 이런 자료를 이용하여 규모의 경제효과를 측정하려는 시도가 많이 이루어지고 있다.

만약 생산함수 추정을 위해 총산출, 노동투입, 자본 스톡, 중간재투입 자료를 사용한다면 그 자체만으로는 규모의 경제효과가 없다는 가정을 하지 않은 상태로 작성된 자료이니까 문제가 없다. 만약 비용함수를 추정한다고 할 때 자본의 사용자 비용이 규모의 경제효과가 없다는 전제하에 작성되었다면 해당 비용함수 추정결과는 이미 규모에 대한 수확 불변을 내포하고 있다고 봐야 한다.

만약 자본의 사용자 비용이 다른 투입-산출 자료와 무관하게 별도의 자료원으로부터 구해졌다면 이런 문제는 피할 수 있지만, 추정과정에서 필요한 비용 몫 자료와 수입 몫 자료의 차이가 생기는 문제가 있다. 이윤이 존재하는 데이터 세트를 사용할 때 시장 지배력의 존재를 어떻게 처리할 것인가를 고려해야 하는 문제도 있다. 분석의 단순화를 위해 이런 점을 고려하지 않았다면 나중 추정결과의 해석에 있어서 이런 사실들이 충분히 설명되어야 한다. 이런 문제들에 대해서는 이미 총요소생산성의 측정의 일반이론 부분에서 살펴본 바 있다.

(6) 한국의 산업별 총요소생산성 분석사례

여기에서는 한국의 산업별 총요소생산성 분석 전반을 이해하기 위해 이상에서 설명한 순서에 따라 자료를 읽어오는 방법에서부터 총요소생산성 측정과 관련된 다양한 기법들을 STATA를 이용하여 해결해보고자 하였다.

독자들은 명령어 하나, 하나를 개별적으로 수행하고 그 결과를 확인하면서 필자의 의도를 이해한다면 『생산성의 경제학』 전반에서의 핵심적인 내용을 이 사례를 통해 학습하게 될 것이다.

STATA 사례 5-1 한국의 산업별 총요소생산성 분석사례

```
* ***********************************************
* *** 한국의 총요소생산성 분석(KPC 자료 활용)
* ***********************************************

* ***********************************************
* 1. 엑셀자료 읽어와서 Stata Dataset 만들기
* ***********************************************
clear
* 생산함수 추정을 위한 데이터셋
import excel "EKOREATFP.xlsx", sheet("Y") firstrow
sort id
save Y, replace

clear
import excel "EKOREATFP.xlsx", sheet("L") firstrow
sort id
save L, replace

clear
import excel "EKOREATFP.xlsx", sheet("K") firstrow
sort id
save K, replace

clear
import excel "EKOREATFP.xlsx", sheet("M") firstrow
sort id
save M, replace
```

```
clear
import excel "EKOREATFP.xlsx", sheet("M") firstrow
sort id
save M, replace

* 비용함수 추정을 위한 데이터셋
clear
import excel "EKOREATFP.xlsx", sheet("COST") firstrow
sort id
save COST, replace

clear
import excel "EKOREATFP.xlsx", sheet("PL") firstrow
sort id
save PL, replace

clear
import excel "EKOREATFP.xlsx", sheet("PK") firstrow
sort id
save PK, replace

clear
import excel "EKOREATFP.xlsx", sheet("PM") firstrow
sort id
save PM, replace

* 물가 데이터셋
clear
import excel "EKOREATFP.xlsx", sheet("P") firstrow
sort id
save P, replace

* 생산함수 및 비용함수 추정을 위해 모든 자료 합치고 패널(panel)자료 만들기
use Y, clear
merge id using L K M COST PL PK PM P
drop _merge*

reshape long y l k m c pl pk pm p, i(id ind) j(year)
drop if id==.
save koreatfp, replace


* ****************************************************
* 2. 성장회계식에 의한 총요소생산성 측정
* ****************************************************
use koreatfp, clear

* 비용몫(cost share)계산
gen sl=pl*l/c
gen sk=pk*k/c
```

```
gen sm=pm*m/c

* 총요소생산성 측정
* 각 변수의 지수적 증가율 계산
gen gr_y=ln(y)-ln(y[_n-1])
gen gr_l=ln(l)-ln(l[_n-1])
gen gr_k=ln(k)-ln(k[_n-1])
gen gr_m=ln(m)-ln(m[_n-1])

* 통크비스트 방식에 의한 총요소생산성 증가율 계산
gen con_l = (sl+sl[_n-1])/2 * gr_l
gen con_k = (sk+sk[_n-1])/2 * gr_k
gen con_m = (sm+sm[_n-1])/2 * gr_m
gen tfp = gr_y - con_l - con_k - con_m

gen deg_l = con_l / gr_y * 100
gen deg_k = con_k / gr_y * 100
gen deg_m = con_m / gr_y * 100
gen deg_tfp = tfp / gr_y * 100
gen deg_y = gr_y / gr_y * 100

keep id ind year gr_y con_l con_k con_m tfp deg_y deg_l deg_k deg_m deg_tfp
format gr* con* tfp %10.3f
format deg*  %10.1f

* 기간별 평균
gen period = "1995-2005" if year>=1995 & year <=2005
replace  period = "2005-2013" if year>=2006 & year <=2013
drop year
order id ind period gr_y con_l con_k con_m tfp deg_y deg_l deg_k deg_m deg_tfp
collapse (mean) gr_y con_l con_k con_m tfp deg_y deg_l deg_k deg_m deg_tfp ,
by(period)


* ****************************************************
* 3. 맘퀴스트 생산성 지수
* ****************************************************
use koreatfp, clear

sort year id
* 반드시 dmu변수를 만들어야 함
gen dmu=id

*자료가 많을 경우 matsize=800
set matsize 800
malmq l k m = y, ort(i) period(year)
```

```
* ***************************************************
* 4-1. 산업별 초월대수 생산함수 추정과 생산성
* ***************************************************

* 38개 산업을 반복 추정
forvalues id = 1(1)38 {

use koreatfp, clear
keep if id==`id'

gen ly=ln(y)
gen ll=ln(l)
gen lk=ln(k)
gen lm=ln(m)

gen ll2=0.5*ll^2
gen lllk=ll*lk
gen lllm=ll*lm
gen lk2=0.5*lk^2
gen lklm=lk*lm
gen lm2=0.5*lm^2

gen lnym=ln(y/m)
gen lnlm=ln(l/m)
gen lnkm=ln(k/m)
gen lnlm2=0.5*lnlm^2
gen lnkm2=0.5*lnkm^2
gen lnlmkm=lnlm*lnkm

display "*****ITERATION ******  "  `id'

* 제약조건 부여하지 않음
reg ly ll lk lm ll2 lllk lllm lk2 lklm lm2

* 제약조건 부여
reg lnym lnlm lnkm lnlm2 lnkm2 lnlmkm
                            }

* ***************************************************
* 4-2. 산업별 초월대수 비용함수 추정과 생산성
* ***************************************************

* 38개 산업을 반복 추정
* 아래 "{" 는 이 블록의 마지막 "}" 와 짝을 이룸
forvalues id = 1(1)38 {

use koreatfp, clear

keep if id==`id'
```

```
* 비용몫(cost share)계산
gen sl=pl*l/c
gen sk=pk*k/c
gen sm=pm*m/c

* 총비용 계산
gen tc=pl*l + pk*k + pm*m

* 각변수를 자신의 평균에 대해 표준화
local korea "tc y pl pk pm"

foreach x of local korea {
by id: egen m_`x' =mean(`x')
by id: gen  nm_`x'= `x'/ m_`x'
                       }

* 로그 변환
gen lcost=ln(nm_tc)
gen ly=ln(nm_y)
gen lpl=ln(nm_pl)
gen lpk=ln(nm_pk)
gen lpm=ln(nm_pm)
gen t=year
drop nm_* m_*

* 비용함수에 동차성 및 동조성 부여한후 추정
gen ltc=lcost-lpk
gen lwl=lpl-lpk
gen lwm=lpm-lpk

gen lwl2=0.5*lwl^2
gen lwm2=0.5*lwm^2
gen ly2=0.5*ly^2
gen t2=0.5*t^2

gen lwlm=lwl*lwm
gen lwly=lwl*ly
gen lwmy=lwm*ly

gen lyt=ly*t
gen lwlt=lwl*t
gen lwmt=lwm*t

display "*****ITERATION ******  "  `id'
regress ltc  lwl  lwm lwl2  lwm2 lwlm  ly ly2 lwly lwmy t t2 lwlt lwmt lyt
                     }
```

```
* ************************************************
* 5-1. 초월대수 변경 생산함수 추정법
* ************************************************
use koreatfp, clear
xtset id year

local korea "y l k m"

* 각 변수의 평균으로 표준화
foreach x of local korea {
by id: egen m_`x'  = mean(`x')
by id: gen  nm_`x' = `x'/ m_`x'
                          }
* 표준화된 변수의 로그 변환
gen ln_Y = ln(nm_y)
gen ln_L = ln(nm_l)
gen ln_K = ln(nm_k)
gen ln_M = ln(nm_m)
gen t = year-1994
drop nm_* m_*

* 초월대수 생산함수 추정에 필요한 변수 계산
gen ln_L2 = 0.5 * ln_L^2
gen ln_K2 = 0.5 * ln_K^2
gen ln_M2 = 0.5 * ln_M^2
gen t2 = 0.5 * t^2

gen ln_LK = ln_L * ln_K
gen ln_LM = ln_L * ln_M
gen ln_KM = ln_K * ln_M

gen ln_Lt = ln_L * t
gen ln_Kt = ln_K * t
gen ln_Mt = ln_M * t

* 변경생산함수 추정
global dependent  ln_L ln_K  ln_M  ln_L2 ln_K2  ln_M2 ln_LK  ///
                  ln_LM t t2 ln_Lt ln_Kt ln_Mt

* OLS를 이용한 초기치 계산
regress  ln_Y $dependent
matrix b1 = e(b)

xtfrontier ln_Y $dependent, tvd

sfpanel ln_Y $dependent, model(bc92)
```

```
* ***********************************************
* 5-2. 초월대수 변경 비용함수추정법
* ***********************************************
use koreatfp, clear
xtset id year

* 총비용 계산
gen tc=pl*l + pk*k + pm*m

* 각변수를 자신의 평균에 대해 표준화
local korea "tc y pl pk pm"

foreach x of local korea {
by id: egen m_`x' =mean(`x')
by id: gen  nm_`x'= `x'/ m_`x'
                              }
* 로그 변환
gen lcost=ln(nm_tc)
gen ly=ln(nm_y)
gen lpl=ln(nm_pl)
gen lpk=ln(nm_pk)
gen lpm=ln(nm_pm)
gen t=year-1994

* 각 요소의 비용몫 계산
gen sl=(pl*l)/tc
gen sk=(pk*k)/tc
gen sm=(pm*m)/tc

* 비용함수에 동차성 및 동조성 부여한후 추정
gen ltc=lcost-lpk
gen lwl=lpl-lpk
gen lwm=lpm-lpk

gen lwl2=0.5*lwl^2
gen lwm2=0.5*lwm^2
gen ly2=0.5*ly^2
gen t2=0.5*t^2

gen lwlm=lwl*lwm
gen lwly=lwl*ly
gen lwmy=lwm*ly

gen lyt=ly*t
gen lwlt=lwl*t
gen lwmt=lwm*t
drop nm_* m_*

global depend lwl lwm lwl2 lwm2 lwlm  ly ly2 lwly lwmy t t2 lwlt lwmt lyt
```

```
* OLS적용 초기치 보관
regress ltc $depend
matrix coef = e(b)

* 변경비용함수의 추정
version 10.1
sfmodel ltc, cost dist(h) frontier($depend) usigmas(t) vsigmas()
sf_init, frontier(coef) usigmas(0 0) vsigmas(0)
ml max, difficult

* 총요소생산성 변화와 그 구성요인

* 기술적 효율성 및 변화
sf_predict, bc(eff) marginal
gen TEFF= -t_M

* 생산증가율 계산
sort id
by id: gen gr_y=ly-ly[_n-1]

*  생산의 비용탄력성 역수(규모의 경제,1/RTS)
gen IRTS = _b[ly] + _b[ly2]*ly + _b[lwly]*lwl  + _b[lwmy]*lwm +_b[lyt]*t

* 규모의 경제변화
gen SCALE = (1-IRTS)*gr_y

* 기술변화
gen TECH = - _b[t] - _b[t2]*t - _b[lyt]*ly - _b[lwlt]*lwl - _b[lwmt]*lwm

* 총요소생산성 변화(TFP)
gen TFP = SCALE + TECH + TEFF

* 총요소생산성 구성요인의 기술 통계량
summarize TFP SCALE TECH TEFF


* 이윤의 변화와 그 구성요인

* 생산요소가격 증가율 계산
sort id
by id: gen gr_pl=lpl-lpl[_n-1]
by id: gen gr_pk=lpk-lpk[_n-1]
by id: gen gr_pm=lpm-lpm[_n-1]

* 가격 증가율
by id: gen gr_p=ln(p)-ln(p[_n-1])

* 전체 생산요소가격  증가율
by id: gen gr_w = sl*gr_pl + sk*gr_pk + sm*gr_pm
```

```
* 총수입
generate revenue = p * y

* 총이윤
generate profit = revenue - tc

* 이윤증가율의 구성요인
*   1) 산출물 가격변화 효과
generate PRICE = revenue / tc * gr_p

*   2) 산출물 증가 효과
generate OUTPUT = (revenue / tc - 1) * gr_y

*   3) 투입물 가격 변화 효과
generate INPRICE = gr_w

*   4) 산출물 가격변화
generate PROFIT = PRICE + OUTPUT - INPRICE + TFP

summarize PROFIT PRICE OUTPUT INPRICE TFP SCALE TECH TEFF

* 각 지표의 평균 그래프 그리기
sort year id
collapse (mean) TFP SCALE TECH TEFF  PROFIT PRICE OUTPUT INPRICE,
by(year)
line  TFP SCALE TECH TEFF year
line  PROFIT PRICE OUTPUT INPRICE TFP year
```

한국의 지역별 총요소생산성 분석

1. 한국의 지역별 총요소생산성 분석의 필요성

한국경제에서 오랫동안 논란의 대상이 되어 왔으면서도 제대로 해결되지 않고 있는 양극화 문제 가운데 하나는 지역 간 경제력 격차의 문제이다. 국토의 균형발전과 지역주민들에 대한 공평한 소득기회 제공, 수도권에 집중된 자원을 지방으로 이전함으로써 자원 배분의 효율성을 높이자는 목적도 지역경제 활성화의 당위성으로 지적되곤 한다.

경제성장의 원천을 분석하거나, 경제력 수준 격차의 확대 여부를 규명하려는 노력에 비해 지역 간 경제력 격차의 현황이나 원인에 관한 연구는 활성화되지 못했다. 국토가 협소하고, 중앙정부의 역할이 크며, 교통과 통신의 발달로 지역 간 제도나 물적 하부구조 등에서 커다란 차이가 발견되지 않기 때문이라고 할 수 있다.

여기에서는 지역경제의 연구에 대한 필요성을 고려하여 전국의 광역 지방자치단체의 성장 원천을 비교하는 사례를 살펴본다. 지역별 산업배치가 상당히 다르므로 생산성 분석의 하위단위인 산업 수준에서의 생산성 수준과 증가율, 기술적 효율성 수준 등을 비교하여 지역별 차이를 검토하고자 하였다.

2. 자료의 작성과 분석 방법론

(1) 분석 자료의 작성

지역별 산업별 총요소생산성 수준과 증가율을 비교하기 위해 세분된 산업 수준에서, 생산액, 노동투입, 자본투입, 중간투입에 대한 패널 자료(panel data)를 작성하였다. 이를 위해 광업제조업 조사결과를 이용하였는데 이는 공공데이터 가운데 지역경제의 생산성 분석에 사용될 수 있는 가장 하위부문의 자료이다.[1]

광업제조업 조사결과는 출하액, 피용자 수, 중간투입액, 유형고정자산에 대한 자료를 제공하고 있으므로, 생산함수 추정에서 투입과 산출의 개념에 적합한 자료로 가공하기 위해 다음과 같은 추가적 자료를 활용하였다.

우선 노동투입(L)은 피용자 수에 연간 근로일수를 곱하여 노동투입일 수로 정의하였다. 생산액(Q)은 출하액을 생산액으로 간주하여 이를 산업별 생산자 물가지수로 나누어 불변 생산액(gross output)으로 정의하였다. 자본투입(K)은 연말 유형고정자산액을 국민 계정의 유형고정자산 가격지수로 불변화하였다. 중간투입(M)은 중간투입액을 중간투입물 가격지수로 불변화하였다.

그리고 경상가격 출하액에서 근로자에 대한 급여가 차지하는 비중을 노동분배율(S^L)로, 출하액 가운데 근로자 급여, 중간투입물을 제외한 부분이 차지하는 비중을 자본분배율(S^K)로, 그리고 출하액에서 중간투입물이 차지하는 비중을 중간투입비율(S^K)로 정의하였다.

분석자료는 1999~2014년간 패널 자료이며, 산업은 24개 중분류 기준이다. 자료가 존재하지 않는 2010년은 2009~2011년 증가율을 이용하여 추정하였고, 최근 분리된 세종시는 충남지역으로 통합하였다.

(2) 분석 방법론

여기에서는 우리나라의 지역별, 산업별 패널 자료를 이용하여, 총요소생산성 수준, 총요소생산성 증가율, 맘퀴스트 생산성 지수, 자료포락분석, 변경생산함수 추정

---

1 국가경제포털(http://kosis.kr) 참조.

에 대해 설명한다.

STATA 사례 5-2에서 살펴보려는 내용을 순서대로 보면 다음과 같다. 첫째, 지역별 총요소생산성 수준을 계산한다. 국가 간, 지역 간 등 유사한 경제주체 간 총요소생산성 수준을 비교하는 방법에 대해서는 이미 제2부 제3장 4에서 설명하였다. 여기서는 이미 설명한 Caves et al.(1982)의 방법론에 따라 지역별 산업별 총요소생산성 수준을 계산하고 있다. 구체적인 계산식은 제2부 제3장의 식 6에서 제시한 바와 같다.

둘째, 통크비스트 지수 방법에 의해 총요소생산성 증가율을 계산한다. 이미 살펴본 익숙한 방법이다. 셋째, 산업별로 변경생산함수를 추정하여 기술적 효율성 수준을 계산한다. 또한 총요소생산성 증가율을 규모의 경제효과, 기술적 효율성 변화, 순수한 기술변화, 배분적 효율성 변화로 구분하여 측정한다.

우리나라의 지역별, 산업별 생산성 분석을 위한 이장에서의 사례는 제1장의 사례와 비교할 때 총요소생산성 수준을 비교하는 것 외에는 거의 같은 절차이다.

STATA 사례 5-2 한국의 지역별 총요소생산성 분석 사례

```
* ***************************************************
* ******** 한국의 지역별 총요소생산성 분석 ***************
* ***************************************************

* ********** 한국의 지역별 TFP수준 비교 ***************
use finalreg, clear

* 1) Wollfe의 방법
gen wolf_tfp=y/(sl*l+sk*k+sm*m)
sort year indcode
save region, replace

*  2) Caves의 방법
*  연도별 산업별 변수의 평균
drop if regcode==1
collapse (mean) y l k m sl sk sm, by(year indcode)
sort year indcode

local varname y l m k sl sk sm
foreach  var of local varname {
   rename `var' m`var'
                                      }
save regionmean, replace
```

```
use region, clear
merge year indcode using regionmean
sort year indcode regcode

*전국평균대비 비율
gen dy=y/my
gen dl=l/ml
gen dk=k/mk
gen dm=m/mm

gen caves_tfp=exp(ln(dy)-msl*ln(dl)-msk*ln(dk)-msm*ln(dm))

* ********** 한국의 지역별 TFP 증가율 비교 **********
* 투입-산출 변수의 증가율
sort regcode indcode year
by regcode indcode : gen ry=ln(y/y[_n-1])
by regcode indcode : gen rl=ln(l/l[_n-1])
by regcode indcode : gen rk=ln(k/k[_n-1])
by regcode indcode : gen rm=ln(m/m[_n-1])

* 통퀴비스트 지수계산 방식 적용
gen gr_tfp = (ry - 0.5*(sl+sl[_n-1])*rl     ///
                 - 0.5*(sk+sk[_n-1])*rk     ///
                 - 0.5*(sm+sm[_n-1])*rm)*100

* TFP수준과 증가율의 평균
sort regcode indcode
by regcode indcode: summ wolf_tfp caves_tfp gr_tfp

* 결과물 내보냄
outsheet using regionkorea, replace

* ********** 분석결과 그래프 그리기  **********
* 생산성 수준 비교
graph hbar (asis) caves_tfp if indcode==2 & year==2014  ///
     , over(regkor) ylabel(none) yline(1, lcolor(red)) ///
      blabel(bar, format(%4.2f))  title("제조업")

* 생산성 증가율 비교
graph hbar (asis) gr_tfp if indcode==2 & year==2014     ///
     , over(regkor) ylabel(none) blabel(bar, format(%4.2f)) title("제조업")

* 특정지역의 산업별 생산성 수준
graph hbar (asis) caves_tfp if year==2014 & regcode==2  ///
     , over(indkor) ylabel(none) yline(1, lcolor(red)) ///
      blabel(bar, format(%4.2f))  title("서울")

* 특정지역의 산업별 생산성 수준
twoway bar gr_tfp year if regcode==1 & indcode==2, title("서울")
```

```
* ************************************************
* *** 변경생산함수 이용한 한국 지역 생산성 분석 ***********
* ************************************************

* 전체 26개 산업에 대한 반복
forvalues i = 1(1)26 {

use finalreg, clear
gen t=year-1998

keep if indcode==2
tsset regcode year
xtbalance, range(1999 2014) miss(y l k m sl sm sk t)
xtsum y l k m t sl sk sm

* 변수변환
gen ly=ln(y)
gen ll=ln(l)
gen lk=ln(k)
gen lm=ln(m)
gen ll2=0.5*ll^2
gen lk2=0.5*lk^2
gen lm2=0.5*lm^2
gen t2=0.5*t^2
gen lllk=ll*lk
gen llt=ll*t
gen lkt=lk*t
gen lllm=ll*lm
gen lklm=lk*lm
gen lmt=lm*t

summ ly ll lk lm ll2 lk2 lm2 lllk llt lkt lmt t t2
corr ly ll lk lm ll2 lk2 lm2 lllk llt lkt lmt t t2

* 변경생산함수 추정(Stata 공식명령어)
*  기술적 효율성 시간불변
xtfrontier ly ll lk lm ll2 lk2 lm2 lllk lllm llt lklm lkt lmt t t2, ti

*  기술적 효율성 시간가변
xtfrontier ly ll lk lm ll2 lk2 lm2 lllk lllm llt lklm lkt lmt t t2, tvd
predict utite, te
gen tet= utite

*  지역별 연도별 기술적 효율성 프린트
*list regcode regkor year tet

* 모형의 추정결과를 이용한 비용몫 추정
gen fitsl = _b[ll] + _b[ll2]*ll  + _b[lllk]*lk + _b[lllm]*lm + _b[llt]*t
gen fitsk = _b[lk] + _b[lllk]*ll + _b[lk2]*lk  + _b[lklm]*lm + _b[lkt]*t
gen fitsm = _b[lm] + _b[lllm]*ll + _b[lklm]*lk + _b[lm2]*lm  + _b[lmt]*t
```

```
* 모형의 추정결과를 이용한 기술변화 추정
gen tech  = _b[t]  + _b[llt]*ll  + _b[lkt]*lk  + _b[lmt]*lm  + _b[t2]*t
* 규모의 경제효과
gen ela = fitsl + fitsk + fitsm

* 투입-산출자료의 지역별 연증가율
sort regcode
by regcode  : gen ry = ly[_n] - ly[_n-1]
by regcode  : gen rl = ll[_n] - ll[_n-1]
by regcode  : gen rk = lk[_n] - lk[_n-1]
by regcode  : gen rm = lm[_n] - lm[_n-1]
by regcode  : gen rte= ln(tet[_n]) - ln(tet[_n-1])

gen drl  = fitsl/ela*rl
gen drk  = fitsk/ela*rk
gen drm  = fitsm/ela*rm

* TE 변화, 규모의 경제변화, 배분적 효율성 변화, TFP 추정
gen chte   =  rte
gen chse   =  (ela-1) * (drl + drk + drm)
gen chal   =  (fitsl/ela-sl)*rl + (fitsk/ela-sk)*rk + (fitsm/ela-sm)*rm
gen tfp    =  tech  + chse + chal + chte

sort regcode
list regcode regkor indcode indkor year tfp chte chse chal tech tet
by regcode: summarize tfp chte chse chal tech tet

* 결과물을 result란 엑셀파일에 data1...data4란 이름으로 저장함
* 여러 주체(다수 국가, 산업, 지역 등)들에 대해 결과정리할 경우 편리함
keep regcode regkor indcode indkor year y l k m sl sm sk tfp chte chse
chal tech tet
export excel using result.xls, sheet(data`i') firstrow(variables) sheetmodify
                    }
```

한국의 은행산업 총요소생산성 분석

한국의 은행 산업에 대한 사례분석은 1997년 말 외환위기 직후 대규모 구조조정 과정을 겪을 당시의 사례를 이용하여 살펴보고자 한다. 당시 은행 산업부문에서는 5개 은행이 자산부채 이전방식에 의해 퇴출당하였고, 6개의 은행이 타 은행에 인수 합병되면서 은행 수의 30%(10개), 은행 점포의 19.6%, 금융부문 인력의 34.8%가 감소한 바 있다. 이런 은행 산업부문에서의 대규모 구조조정이 있었음에도 외국과 달리 당시 국내은행의 효율성 수준의 추정이나 인수합병과 같은 구조조정의 효과에 관한 실증적인 연구는 많지 않았다.

여기에서는 본서의 다른 부분에서 살펴본 바 있는 자료포락분석을 통해 우리나라 일반은행의 기술적 효율성 수준과 규모의 경제효과를 살펴보고, 다양한 합병시나리오의 효율성을 평가하고자 하는 것이다.[1] 비슷한 연구에 활용성이 높아서 본서의 실증분석 사례에서 소개하고자 한다.

---

1 박승록 · 이인실(2002), "우리나라 일반은행의 생산효율성과 합병 효과," 『금융학회지』, 제7권 제2호, pp. 31-60.

1. 은행 산업의 분석과 자료작성

우리나라 은행 산업의 생산 효율성을 분석하기 위해 1999년 당시의 17개 은행을 분석대상으로 1995년에서 1999년까지 5개 연도의 자료를 이용하였다. 은행 산업에 관한 실증연구에 있어서 어려운 문제의 하나는 은행의 산출물에 대해 적절한 성격과 정의를 내리기 어렵다는 점이다. 따라서 은행 산업 관련 연구에서는 은행의 산출물에 대해 여러 가지의 개념에 따라 다른 자료가 사용됐다.[2]

은행의 역할에 대해서는 일반적으로 생산 기능적인 접근법과 중개 기능적 접근법, 부가가치기능 접근법과 정보 이론적 접근법이 있다. 생산 기능적 접근법에서는 노동과 자본을 은행의 투입물로 보고 은행은 이를 이용하여 예금 및 대출 서비스를 생산한다고 정의함으로써 은행의 생산기능을 강조하고 있다. 따라서 이 접근법에서는 예금액, 대출액, 유가증권 투자액 등을 산출 변수로 간주한다.

반면 중개 기능 접근법에서는 은행의 주요 기능이 금융 중개이므로 은행은 예금을 통하여 조성한 자금을 대출 등의 형태로 공급한다는 점을 강조하고 있다. 즉 은행이 예금서비스를 생산하기는 하나 상당량의 자본과 노동을 투입하여 궁극적으로 창조하는 중요한 부가가치는 안정성이나 유동성, 결제서비스와 같은 것이므로 예금을 투입물로 간주하여야 한다. 그 밖에 부가가치 기능적 접근법에서는 은행이 창조하는 부가가치의 기능을 강조하여 수익을 산출물로 정의한다.

여기에서는 생산 기능적 접근법을 이용하여 은행 산업의 투입물을 노동, 자본, 지점 수로 하고 생산물은 대출액, 예금액, 유가증권 투자액으로 하였다. 은행지점의 수는 하나의 영업네트워크로서 은행의 산출에 영향을 미칠 수 있을 것으로 평가되었고, 은행합병 또는 구조조정과정에서 필연적으로 제기되는 은행 점포 수의 축소 문제에 대한 시사점을 찾고자 점포 수가 생산요소로 사용되었다.

2 은행의 산출물은 ① 총대출, 투자, 총예금의 합, ② 총수입, ③ 총계좌 수, ④ 총대출액, ⑤ 수입자산 총액, ⑥ 대출액, 유가증권투자액, 예금액의 합 등으로 정의하고 있다.

2. 한국 은행 산업의 효율성 분석

(1) 한국 은행 산업의 효율성 수준

한국 은행 산업의 효율성을 분석하는 본 장의 사례에서는 복수의 산출물과 투입물을 대상으로 하는 생산성 분석이 된다. 따라서 복수의 산출물과 복수의 투입물을 이용하는 경우 단순한 지수계산법으로 생산성 변화를 측정하는 방법이 있을 수 있고, 맘퀴스트 생산성 지수를 측정하는 방법이 있을 수 있다. 그리고 자료포락법을 이용하여 기술적 효율성과 규모의 경제 활용 여부를 평가하는 방법이 있을 수 있다. 가격자료가 없으므로 비용 함수적 접근방법, 이윤 함수적 접근방법은 사용할 수 없다.

여기에서는 맘퀴스트 생산성 지수 계산법과 자료포락법을 이용하여 은행의 효율성 수준을 평가하는 방법을 살펴보고자 한다.

(2) 은행 간 생산공정의 유사성과 효율성 제고에 대한 의미

본 사례는 한국의 외환위기 이후 단행된 구조조정에 대한 평가라는 점을 고려할 때 기술적으로 비효율적인 은행의 효율성 개선과 관련된 내용을 살펴보는 것이 목적이다. 이런 목적을 위해 비효율적인 은행은 생산 기술적 특성이 유사한 보다 효율적 은행에 근접하도록 투입물과 산출물을 조정하여 효율성을 높일 수 있다는 시사점을 찾을 수 있다.

즉, 은행이 자신의 생산 기술적 특성을 유지하면서 생산공정은 유사하나 효율성이 더 높은 은행과 같은 효율성을 달성하기 위해 주어진 생산요소하에서 산출량을 극대화하거나, 주어진 산출량 하에서 요소투입량을 극소화하게 되면 효율성은 당연히 높아지게 된다. 이는 생산가능곡선 상에서 벤치마크 대상은행의 생산점의 선형결합으로 이루어지는 생산 프런티어와 비효율적인 은행의 생산점과 원점을 연결하는 방사선이 교차하는 생산점에서 생산을 달성한다는 것을 의미한다. 여기에서의 사례는 이에 대한 시사점을 제공해줄 것이다.

3. 은행 산업에서의 합병의 효과 분석

생산 기능적 측면에서 개별은행의 효율성을 비교하고 생산 공정상 특성을 활용한다면 은행 통폐합의 시나리오별 효과를 확인하고 이를 통해 구조조정 과정에서 시사점을 찾을 수 있다.

은행 통폐합의 시나리오별 효과를 검토하기 위해서는 생산 공정상 개별은행의 위치, 현재 규모의 경제효과를 누리느냐의 여부, 통폐합 시 기대될 수 있는 범위의 경제효과까지를 동시에 고려하여야 할 것이다.[3]

여기서는 다양한 가능성으로 고려될 수 있는 통폐합 시나리오에 관한 분석사례를 살펴본다. 14가지의 시나리오인데, 1) 우량은행 간의 합병시나리오로서 효율적인 은행 간 합병 시나리오와, 2) 우량은행 및 비효율적인 은행과의 합병 시나리오로서 우량은행과 지방은행의 합병 시나리오이다.

이론적으로 효율적인 은행 간의 합병으로 인해 합병은행의 효율성이 증가할 가능성도 있고 그렇지 않을 경우도 있다. 생산 프론티어에서 바로 인접한 효율적인 은행의 합병에서는 효율적인 합병은행이 탄생할 수 있을 것이지만, 볼록한 생산 프런티어상에서 생산 공정상 아주 다른 효율적 은행의 합병은 생산가능 곡선의 안쪽에서 생산이 이루어지게 하므로 비효율적인 합병은행이 탄생할 수 있다. 물론 이 경우 범위의 경제효과가 강하게 나타난다면 생산공정이 아주 다른 경우라도 효율적인 합병은행이 될 수 있을 것이다.

효율적인 은행과 비효율적인 은행의 합병에서도 범위의 경제, 규모의 경제가 강하게 나타나면 합병은행이 효율적일 수도 있다. 이 경우 합병대상이 되는 비효율적 은행의 비효율성 정도가 심하여 범위의 경제효과를 능가할 때에는 비효율적인 합병은행이 탄생하게 될 것이다.

사례로 살펴보게 될 데이터 세트의 마지막 부분에 가상적인 합병시나리오에 대한 자료가 포함되어 있다. 합병시나리오에 대한 자료는 합병대상 은행의 투입, 산출 자료를 각각 합한 것이다. 자료포락분석을 통해 이런 합병 효과의 분석은 매우 간단

---

3 은행합병 효과의 분석에 자료포락분석을 이용하는 본 장의 사례는 다음 문헌에서 근거를 찾을 수 있다. Willian W. Cooper, Lawrence M. Seiford and Kaoru Tone(2000), *Data Envelopment Analysis*, Kluwer Academic Publishers, pp. 139-145.

하게 이루어질 수 있다.

STATA 사례 5-3 **한국은행산업의 효율성 및 합병효과 분석**

〈STATA 커멘드 리스트〉

```
* ************************************************
* *** 한국 은행의 효율성 분석(1992-99년)
* ************************************************
* 생산기능측면에서 은행의 산출물은 예금, 대출, 유가증권투자
* 투입물은 직원수, 고정자산, 지점수로 함
* 데이터의 1999년 자료에는 합병시나리오 자료가 포함됨(mna=1)

* 맘퀴스트 생산성 지수
use koreabank, clear
sort year id
* 합병시나리오 관련 자료는 우선 제외
drop if id>=18
* 맘퀴스트 생산성 지수 계산때 반드시 dmu라는 변수명이 있어야 함
gen dmu=id

malmq l k m = loan security deposit, ort(i) period(year)

* 연도별 DEA 분석
forvalues year=1992(1)1999 {
use koreabank, clear
keep if year==`year'
drop if mna==1
dea  l k m = loan security deposit, rts(vrs) ort(i)
erase dea.log
                                  }

* 은행 합병의 효과분석
* 1999년 가상적인 합병시나리오의 효과 추정
* koreabank자료 중 1999년에 가상 합병 시나리오 자료참조
use koreabank, clear
keep if year==1999
dea l k m = loan security deposit, rts(vrs) ort(i)
```

〈아웃풋〉

```
VRS Frontier:
```

	id	bank	year	mna	dmu	CRS_TE	VRS_TE	SCALE	RTS
1.	1	경남	1999	0	dmu1	0.494509	0.671537	0.736383	irs
2.	2	광주	1999	0	dmu2	0.406214	0.606543	0.669720	irs
3.	3	국민	1999	0	dmu3	0.860306	0.929991	0.925069	drs
4.	4	대구	1999	0	dmu4	0.522999	0.629101	0.831344	irs
5.	5	부산	1999	0	dmu5	0.488790	0.618290	0.790552	irs
6.	6	서울	1999	0	dmu6	0.569822	0.601016	0.948097	irs
7.	7	신한	1999	0	dmu7	1.000000	1.000000	1.000000	-
8.	8	외환	1999	0	dmu8	1.000000	1.000000	1.000000	-
9.	9	전북	1999	0	dmu9	0.389518	0.826943	0.471034	irs
10.	10	제일	1999	0	dmu10	0.622923	0.639961	0.973377	irs
11.	11	제주	1999	0	dmu11	0.356836	1.000000	0.356836	irs
12.	12	조흥	1999	0	dmu12	0.691168	0.702796	0.983454	drs
13.	13	주택	1999	0	dmu13	0.880240	0.932173	0.944288	drs
14.	14	평화	1999	0	dmu14	1.000000	1.000000	1.000000	-
15.	15	하나	1999	0	dmu15	1.000000	1.000000	1.000000	-
16.	16	한미	1999	0	dmu16	0.846719	0.856569	0.988501	drs
17.	17	한빛	1999	0	dmu17	0.751316	0.858378	0.875274	drs
18.	18	1) 하나+한미	1999	1	dmu18	0.932654	1.000000	0.932654	drs
19.	19	2) 하나+한미+주택	1999	1	dmu19	0.898245	1.000000	0.898245	drs
20.	20	3) 하나+한미+국민	1999	1	dmu20	0.861816	1.000000	0.861816	drs
21.	21	4) 국민+외환	1999	1	dmu21	0.907736	1.000000	0.907736	drs
22.	22	5) 하나+한미+신한	1999	1	dmu22	0.960463	1.000000	0.960463	drs
23.	23	6) 한빛+외환	1999	1	dmu23	0.826751	0.990873	0.834366	drs
24.	24	7) 한빛+조흥+외환	1999	1	dmu24	0.777329	1.000000	0.777329	drs
25.	25	8) 주택+한미	1999	1	dmu25	0.865698	0.936714	0.924186	drs
26.	26	9) 하나+지방은행	1999	1	dmu26	0.610512	0.694826	0.878655	drs
27.	27	10) 한미+ 지방은행	1999	1	dmu27	0.531884	0.560308	0.949271	drs
28.	28	11) 지방은행 전체	1999	1	dmu28	0.464306	0.468511	0.991025	drs
29.	29	12) 국민+주택	1999	1	dmu29	0.834831	1.000000	0.834831	drs
30.	30	13) 신한+제주	1999	1	dmu30	0.945958	0.952715	0.992908	drs
31.	31	14) 하나+경남	1999	1	dmu31	0.831806	0.850670	0.977826	drs

전 세계 국별 총요소생산성 분석

1. 펜 월드 테이블과 총요소생산성 분석

펜실베이니아 대학의 서머스와 헤스턴(Robert Summers and Alan Heston), 그리고 나중에 참가한 크래비스(Irving Kravis)에 의해 구축된 펜 월드 테이블(Penn World Table)은 전 세계 국가들의 실질 국민소득 자료를 제공해주는 데이터 세트이다. 국별 자국 화폐로 작성된 국민 계정 자료를 자세한 가격자료를 이용하여 미국 달러 기준으로 변환된 실질 국민소득자료를 제공해준다. 따라서 국별로 GDP를 비교하거나, 경제개발이나 성장 관련 다양한 연구 분야에 활용할 수 있다.

1950년대 이후의 기간에 대한 국민소득 자료 외에도 인구, 근로자 수, 인적 자본지수, 자본 스톡, 총요소생산성 수준, 총요소생산성 지수, 노동분배율, 환율, 지출 국민소득의 구성 비중과 다양한 가격지표를 제공한다.

펜 월드 테이블에서 제공되는 자료의 작성방법에 대해서는 Feenstra, Robert C., Robert Inklaar and Marcel P. Timmer(2015)에서 확인할 수 있다.[1] 이 데이터 세트에서 제공하는 자료에는 다양한 형태의 국민소득 자료가 제공된다. 국민 계정상의 실질 GDP(rgdpna)가 있고, 연쇄 PPP(Chained PPP) 기준, 비연쇄(current PPP) 기준의 실

1 Feenstra, Robert C., Robert Inklaar and Marcel P. Timmer(2015), "The Next Generation of the Penn World Table" *American Economic Review*, 105(10), pp. 3150-3182,

출 측면(output-side)과 지출 측면(expenditure-side)의 GDP가 있다. 이런 다양한 GDP의 개념과 사용 예를 잘 이해하고 연구목적에 합당한 자료를 이용해야 한다.[2]

2. 펜 월드 테이블의 활용 가능 분야

펜 월드 테이블은 다양한 용도에 사용될 수 있다. 본 저술에서도 앞부분에서 펜 월드 테이블의 자료를 많이 소개한 바 있다. 『생산성의 경제학』의 다양한 주제를 설명하는 데 없어서는 안 될 매우 중요한 자료이다.

우선 국가 간 다양한 지표를 비교하는 데 사용될 수 있다. 국민소득(GDP) 수준, 일인당 소득수준, 인구 규모, 근로시간, 근로자 수, 인적 자본, 자본 스톡, 투자율 수준을 국별로 비교할 수 있다. 또한 총요소생산성 지수(증가율)뿐만 아니라 미국을 1로 하였을 때 상대적인 총요소생산성 수준도 비교할 수 있다. 총요소생산성 지표로는 산출 측면과 지출 측면에서 추정된 지표를 제시함으로써 소비자의 후생 측면에서 생산성을 측정하려는 노력도 보여주고 있다.

둘째, 펜 월드 테이블은 국가별 총요소생산성 지수와 그 수준을 보여주는 측정치를 제공해주고 있을 뿐만 아니라 이런 총요소생산성 지수를 측정하는 데 필요한 산출(GDP)과 노동투입(근로자 수, 근로시간, 인적 자본 지수)과 자본 스톡, 그리고 노동분배율(노동비용 몫) 자료를 제공해주고 있다. 그래서 생산함수 추정을 통한 생산성 연구에 활용될 수 있다. 대표적으로 규모의 경제, 요소별 산출 탄력성, 기술변화의 정도와 형태, 요소 간 대체관계 등 성장회계식에 의해 추정될 수 없는 다양한 지표를 계산하기 위한 연구목적에 활용될 수 있다.

펜 월드 테이블을 이용하여 생산 측면의 총요소생산성을 계산하기 위해서는 국민 계정상 실질 GDP(rgdpna)와 노동투입(근로자 수, emp), 근로시간(avh), 인적 자본 지수(HC)와 자본 스톡(rkna), 그리고 노동분배율(labsh)이 사용될 수 있다.

셋째, 펜 월드 테이블의 국별 다양한 수준변수, 즉 일인당 GDP, 인적 자본, 총요소생산성 수준, 투자율 등은 『생산성의 경제학』에서 중요한 연구주제가 되는 수렴

2 자세한 설명은 웹사이트(www.ggdc.net/pwt)에서 제공된다.

화 가설의 입증에 사용될 수 있다. 즉, 이들 변수에서 국가별로 단일그룹, 또는 여러 개의 소규모 그룹으로 수렴하고 있는지를 평가하는 연구목적에 활용될 수 있다.

넷째, 펜 월드 테이블의 생산성 추계에 사용되는 자료로부터 비용 함수적 접근이 가능해 보인다. 생산성 연구에 활용되는 다른 데이터 세트보다 분명하지는 않으나 불변 GDP(rgdpna), GDP에 대한 가격자료(pl_gdpo), 노동분배율(labsh), 노동투입(emp×avh×hc)과 자본 스톡(rkna) 자료를 이용할 경우 비용함수 추정에 필요한 총비용(경상 GDP), 임금률, 자본의 사용자 비용, 산출량이 구해질 수 있다.

생산함수 추정에 필요한 자료와 비용함수 추정에 필요한 자료는 쌍대관계에 의해 같은 정보를 가지고 있으므로 생산 함수적 접근법과 비용 함수적 접근법에서의 커다란 차이는 발견할 수 없을 것으로 보인다. 하지만 비용 함수적 접근법에 따라서는 때때로 생산 함수적 접근법에 의해서 구할 수 없는 지표들을 구할 수 있다는 장점이 있다.

3. 펜 월드 테이블의 활용 실습

〈사례 5-4〉에서는 펜 월드 테이블을 이용한 다양한 분석내용을 소개하고 있다. 우선 앞부분은 본서의 제1부에 나오는 대부분 그림과 표를 직접 펜 월드 테이블 자료를 이용하여 그리는 방법에 대한 것이다. 둘째는 생산함수 추정과 관련된 것이다. 콥-더글러스, 초월대수 생산함수와 변경생산함수를 추정하고 있다. 또한 생산함수로부터 총요소생산성 증가와 그 구성요인들을 분해하는 절차를 설명하고 있다. 그 다음은 개별국가의 콥-더글러스, 초월대수 생산함수를 추정하는 사례를 보여주고 있다. 셋째는 전 세계 국가들을 대상으로 일인당 소득수준, 총요소생산성 수준, 인적자본 수준에서의 수렴화 여부를 검증하는 사례를 보여주고 있다.

이 사례는 펜 월드 테이블을 이용하여 전 세계 국가 전체를 대상으로, 또는 개별국가의 생산성 분석에서의 중요한 내용을 망라하고 있다. 만약 본 장의 사례를 독자 여러분들이 제대로 이해한다면 『생산성의 경제학』에서 이미 전문가 수준에 이르렀다고 자부해도 된다.

STATA 사례 5-4 전 세계 국별 생산성 분석사례

```
* ***********************************************
* ** 펜 월드 테이블로 표와 그래프 그리기
* ***********************************************
use pwt90, clear
graph set window fontface "굴림체"
encode countrycode, gen(countrycoden)
xtset countrycoden year, yearly

*ssc install http://fmwww.bc.edu/RePEc/bocode/x/xtbalance.pkg

* 필요한 자료만으로 균형패널 작성
xtbalance , range(1960 2014) miss(rgdpe pop emp)

* 일인당 지출국민소득, 근로자일인당 소득, 고용율 계산
gen per_rgdpe=rgdpe/pop
gen emp_rgdpe=rgdpe/emp
gen part=emp/pop*100

* 일인당 소득의 증가율(1960-2014년간)
sort countrycode
by countrycode: gen y1960=per_rgdpe[1]
by countrycode: gen y2014=per_rgdpe[_N]
gen growth=((ln(y2014)-ln(y1960))*(1/54))*100
* 소득 2배 달성기간
gen ydouble=72/growth

* ***********************************************
* 제I부 제1장 <표 1> 만들기
keep if year==2014
keep countrycode country per_rgdpe emp_rgdpe part growth ydouble
format per_rgdpe emp_rgdpe %8.0f
format part growth ydouble %8.1f
sort countrycode
* outsheet using table1-1, replace

* ***********************************************
* 제I부 제1장 <그림 2> 만들기: 일인당 소득수준 분포
histogram per_rgdpe ///
        , bin(30) frequency fcolor(gray) lcolor(white) kdensity ///
          ytitle(국가수) xtitle(일인당 소득수준(2014년)) ///
          graphregion(fcolor(white) lcolor(white))

* ***********************************************
* 제I부 제1장 <그림 3> 만들기: 평균경제성장률 분포
histogram growth ///
        , bin(30) frequency fcolor(gray) lcolor(white) kdensity ///
          ytitle(국가수) xtitle(평균경제성장률(1960-2014년)) ///
```

```
        graphregion(fcolor(white) lcolor(white))

* ****************************************************
* 제I부 제1장 <그림 3> 만들기: 소득증가율과 무역
use pwt90, clear
encode countrycode, gen(countrycoden)
xtset countrycoden year, yearly
xtbalance, range(1960 2014) miss(cgdpe csh_x csh_m)
keep countrycode country year cgdpe csh_x csh_m countrycoden
* 수출, 수입, 무역량 계산
gen export=cgdpe*csh_x
gen import=-cgdpe*csh_m
gen trade=export+import
sort countrycode

* 국별 소득증가율, 무역증가율 계산
by countrycode: gen growthgdp=(ln(cgdpe[_N])-ln(cgdpe[1]))/54*100
by countrycode: gen growthtrade=(ln(trade[_N])-ln(trade[1]))/54*100
keep if year==2014

* 그래프 그리기
twoway (scatter growthtrade growthgdp, mcolor(black) msize(small) msymbol(circle)
mlabel(countrycode)) ///
      (lfit growthtrade growthgdp)   ///
    , ytitle(연간 무역증가율(경상가격)) ///
      xtitle(연간 소득증가율(경상가격)) ///
      legend(off) graphregion(fcolor(white) ifcolor(white))

* ****************************************************
* 제I부 제2장 <그림 4>, <그림 5>, <그림 6> 만들기
use pwt90, clear
keep if countrycode=="KOR"
keep countrycode country year ctfp cwtfp rtfpna rwtfpna
drop if cfta==.

* 그래프 그리기
twoway line rtfpna year, lpattern(solid) lwidth(thick) ///
    , ytitle(한국의 총요소생산성 지수(2010=1)) xtitle(연도) ///
      ylabel(0.2(0.2) 1.2) xlabel(1950(10)2010)    ///
      legend(off) graphregion(fcolor(white) ifcolor(white))

twoway line ctfp year, lpattern(solid) lwidth(thick)    ///
    , ytitle(한국의 총요소생산성 수준(미국=1)) xtitle(연도) ///
      ylabel(0(0.2)1) xlabel(1950(10)2010)          ///
      legend(off) graphregion(fcolor(white) ifcolor(white))

twoway (line rtfpna year, lpattern(solid) lwidth(thick))      ///
       (line rwtfpna year, lpattern(shortdash) lwidth(thick)) ///
    , ytitle(한국의 생산 및 지출측면 총요소생산성 지수(2010=1))     ///
      xtitle(연도) ylabel(0.2(0.2)1.2) xlabel(1950(10)2010)    ///
```

```
     legend(off) graphregion(fcolor(white) ifcolor(white))

* ****************************************************
* ** 펜월드 테이블로 생산함수 추정하기
* ****************************************************
use pwt90, clear
graph set window fontface "굴림체"

encode countrycode, gen(countrycoden)
xtset countrycoden year, yearly

* 필요한 자료로 패널자료 구축
xtbalance, range(1960 2014) ///
          miss(emp avh hc rgdpna rkna labsh)
keep countrycode country year emp avh hc rgdpna rkna labsh countrycoden

* 각 변수의 평균으로 표준화
gen l=emp*avh*hc
rename rgdpna y
rename rkna k

local allvar "y l k "
egen id = group(countrycode)
sort id
foreach x of local allvar {
by id: egen m_`x'  = mean(`x')
by id: gen  nm_`x' = `x'/ m_`x'
                                        }
* 로그변수 생성
gen ln_Y = ln(nm_y)
gen ln_L = ln(nm_l)
gen ln_K = ln(nm_k)
gen t=year-1959

gen ln_L2 = 0.5 * ln_L^2
gen ln_K2 = 0.5 * ln_K^2
gen t2 = 0.5 * t^2

gen ln_LK = ln_L * ln_K

gen ln_Lt = ln_L * t
gen ln_Kt = ln_K * t

global dependent  ln_L ln_K ln_L2 ln_K2 ln_LK t t2 ln_Lt ln_Kt

* ****************************************************
* 전세계 콥-더글러스 생산함수
* 고정효과 모형
xtreg  ln_Y  ln_L  ln_K  t, fe
estimates store fix
```

```
* 확률효과 모형
xtreg  ln_Y  ln_L  ln_K  t, re
estimates store ran
* 하우스만 테스트
hausman fix ran

* ************************************************
* 전세계 초월대수 생산함수
* 고정효과 모형
xtreg  ln_Y  $dependent
estimates store fix
* 확률효과 모형
xtreg  ln_Y  $dependent
estimates store ran
* 하우스만 테스트
hausman fix ran

* ************************************************
* 전세계 초월대수 변경생산함수
xtfrontier ln_Y  $dependent, ti
xtfrontier ln_Y  $dependent, tvd

* 전세계 초월대수 변경생산함수후 기술적 효율성 비교
sfpanel ln_Y $dependent, model(bc95)
predict eff_jlms, jlms
predict eff_bc, bc
list countrycode country year eff_jlms eff_bc if countrycode=="KOR"
sort countrycode
by countrycode: summ eff_jlms eff_bc
histogram  eff_jlms, bin(40) normal xlabel(0.7(.1)1)
histogram  eff_bc, bin(40) normal xlabel(0.7(.1)1)

* ************************************************
* 전세계 초월대수 변경생산함수후 총요소생산성의 분해
version 10.1
sfmodel ln_Y, prod dist(h) frontier($dependent) usigmas(t) vsigmas()
ml max, difficult gtol(1e-5) nrtol(1e-5)

* 기술적 효율성 추정
sf_predict, bc(eff) jlms(jlms2_h) marginal

* 기술적 효율성 변화의 추정
gen TEFF= t_M

* 산출탄력성 계산
sort id
by id: gen eta_L =_b[ln_L]+_b[ln_L2]* ln_L +_b[ln_LK]* ln_K+_b[ln_Lt]* t
by id: gen eta_K =_b[ln_K]+_b[ln_K2]* ln_K +_b[ln_LK]* ln_L+_b[ln_Kt]* t
```

```
* 기술변화의 계산
by id: gen TECH =_b[t]+_b[t2]* t +_b[ln_Lt]* ln_L+_b[ln_Kt]* ln_K

* 각 요소의 산출탄력성을 합해서 규모의 경제 계산
gen RTS=eta_L+eta_K

* 규모의 경제에서 각 산출탄력성의 비중 계산
gen lamda_L=eta_L/RTS
gen lamda_K=eta_K/RTS

* 생산요소투입 증가율 계산
by id: gen gr_L=ln_L-ln_L[_n-1]
by id: gen gr_K=ln_K-ln_K[_n-1]

* 규모의 경제 변화지표 계산
gen SCALE=(RTS-1)*(lamda_L*gr_L+lamda_K*gr_K)

* 총요소생산성 계산
gen TFP=SCALE+TECH+TEFF

* 총요소생산성 구성요인의 기술 통계량
summarize TFP SCALE TECH  TEFF

* ***************************************************
* 국별 생산함수 추정
save prodtemp, replace
summ id

forvalues id=1(1)37 {
  use prodtemp, clear
  keep if id==`id'
  display "******:" `id'
  * 콥-더글러스 함수
  reg  ln_Y  ln_L  ln_K  t
  * 초월대수 함수
  reg  ln_Y $dependent
                    }
erase prodtemp.dta


* ***************************************************
* ** 펜월드 테이블로 일인당 국민소득, TFP수준 그룹 수렴화 분석
* ***************************************************

use pwt90, clear
graph set window fontface "굴림체"

encode countrycode, gen(countrycoden)
xtset countrycoden year, yearly
```

```
* 필요한 자료로 패널자료 구축(소득, 인구, 인적자본, 생산성수준)
xtbalance, range(1960 2014) ///
          miss(rgdpna pop hc ctfp)

gen pergdp=rgdpna/pop
egen id = group(countrycode)

keep countrycode country id year pergdp hc ctfp

* ***********************************************
* 일인당 소득수준의 그룹수렴화 테스트: 3개 그룹으로 수렴!
gen lnpgdp=ln(pergdp)

gen bench=0
replace bench=1 if countrycode=="USA"

pfilter lnpgdp, id(id) time(year) method(hp) trend(lnpgdp2) smooth(400)

local ll lp(solid) col(gray); lp(solid) col(red) lw(thick)
local ll `ll' lp(solid) col(blue)  lw(thick); lp(solid)  lw(thick) col(red)
local ll `ll' lp(solid)  lw(thick) col(blue)
local gopt "sch(sj)  xlabel(1960(5)2014)"
tranpath lnpgdp2, id(id) time(year) lopt(`ll') gopt(`gopt')

logtreg lnpgdp2, id(country) time(year) kq(0.333)

psecta lnpgdp2, id(country) time(year) kq(0.333) gen(club1) noprt
mat b=e(bm)
mat t=e(tm)
mat result1=(b ₩ t)
matlist result1, border(rows) rowtitle("log(t)") format(%9.3f) left(4)

scheckmerge lnpgdp2, id(country) time(year) kq(0.333) club(club1) mdiv
mat b=e(bm)
mat t=e(tm)
mat result2=(b ₩ t)
matlist result2, border(rows) rowtitle("log(t)") format(%9.3f) left(4)

imergeclub  lnpgdp2,  id(country)  time(year)  kq(0.333)  club(club1)
gen(finalclub1) noprt
mat b=e(bm)
mat t=e(tm)
mat result3=(b ₩ t)
matlist result3, border(rows) rowtitle("log(t)") format(%9.3f) left(4)

* ***********************************************
* 총요소생산성 수준의 그룹수렴화 테스트: 1개 그룹으로 수렴!
gen lntfp=ln(ctfp)

pfilter lntfp, id(id) time(year) method(hp) trend(lntfp2) smooth(400)
```

```
local ll lp(solid) col(gray); lp(solid) col(red) lw(thick)
local ll `ll' lp(solid) col(blue)  lw(thick); lp(solid)  lw(thick) col(red)
local ll `ll' lp(solid)  lw(thick) col(blue)
local gopt "sch(sj)  xlabel(1960(5)2014)"
tranpath lntfp2, id(id) time(year) lopt(`ll') gopt(`gopt')

logtreg lntfp2, id(country) time(year) kq(0.333)

psecta lntfp2, id(country) time(year) kq(0.333) gen(club2) noprt
mat b=e(bm)
mat t=e(tm)
mat result1=(b ₩ t)
matlist result1, border(rows) rowtitle("log(t)") format(%9.3f) left(4)

scheckmerge lntfp2, id(country) time(year) kq(0.333) club(club2) mdiv
mat b=e(bm)
mat t=e(tm)
mat result2=(b ₩ t)
matlist result2, border(rows) rowtitle("log(t)") format(%9.3f) left(4)

imergeclub   lntfp2,   id(country)   time(year)   kq(0.333)   club(club)
gen(finalclub2) noprt
mat b=e(bm)
mat t=e(tm)
mat result3=(b ₩ t)
matlist result3, border(rows) rowtitle("log(t)") format(%9.3f) left(4)

* ************************************************************
* 인적자본지수 수준의 그룹수렴화 테스트: 1개 그룹으로 수렴!
gen lnhc=ln(hc)

pfilter lnhc, id(id) time(year) method(hp) trend(lnhc2) smooth(400)

local ll lp(solid) col(gray); lp(solid) col(red) lw(thick)
local ll `ll' lp(solid) col(blue)  lw(thick); lp(solid)  lw(thick) col(red)
local ll `ll' lp(solid)  lw(thick) col(blue)
local gopt "sch(sj)  xlabel(1960(5)2014)"
tranpath lnhc2, id(id) time(year) lopt(`ll') gopt(`gopt')

logtreg lnhc2, id(country) time(year) kq(0.333)

psecta lnhc2, id(country) time(year) kq(0.333) gen(club3) noprt
mat b=e(bm)
mat t=e(tm)
mat result1=(b ₩ t)
matlist result1, border(rows) rowtitle("log(t)") format(%9.3f) left(4)

scheckmerge lnhc2, id(country) time(year) kq(0.333) club(club3) mdiv
mat b=e(bm)
mat t=e(tm)
```

```
mat result2=(b ₩ t)
matlist result2, border(rows) rowtitle("log(t)") format(%9.3f) left(4)

imergeclub lnhc2, id(country) time(year) kq(0.333) club(club) gen(finalclub3)
noprt
mat b=e(bm)
mat t=e(tm)
mat result3=(b ₩ t)
matlist result3, border(rows) rowtitle("log(t)") format(%9.3f) left(4)
```

정보통신기술과 총요소생산성 추정

정보통신기술의 발달이 생산성에 미친 영향이 매우 크다는 것은 이미 살펴본 바 있다. 제3차 산업혁명이라고 불리는 정보통신 기술의 발달이 생산성 증대에 미친 영향은 『생산성의 경제학』의 역사에서 살펴보았듯이 매우 크다. 특히 생산성 연구에 획기적 영향을 미친 졸겐슨(Jorgenson)은 정보통신기술의 생산성에 미친 영향에 대해 큰 관심을 가지고 이에 관한 많은 연구를 하였다.

본 장에서의 정보통신기술의 생산성과의 관계에 대한 내용은 『생산성의 경제학』에서 중요한 내용이 될 수 있으므로 필자의 논문을 바탕으로 주요 내용을 설명하려고 한다.[1] 특히 본 장에서 설명하려는 내용은 비용함수를 이용한 다양한 지표의 계산과 모형에 제약조건을 부여하는 방법에 대한 설명, 그리고 다양한 지표의 해석과 관련하여 독자의 이해를 돕기 위한 것이다.[2]

---

1 박승록(2014), "창조경제에서 정보통신기술의 활용과 일자리창출 및 성장," 『생산성논집』, 제28호 제2권, pp. 51-86.

2 특히 다음 논문은 본 사례와 비슷한 연구에서 가장 표준이 되는 연구논문으로서 매우 중요한 참고자료가 된다. Christensen Laurits R. and William H. Greene(1976), "Economies of Scale in U.S. Electric Power Generation," *Journal of Political Economy*, Vol. 84, No. 4, Part 1. pp. 655-676.

1. 분석모형

(1) 비용함수의 정의

여기에서는 노동투입, 정보통신자본(ICT)과 비 정보통신자본(NICT)투입의 3가지 생산요소를 고려한 생산함수를 상정하고 실증분석에서는 초월대수 비용함수를 추정하였다. 특히 살펴보고자 하는 것은 생산요소간 대체탄력성, 정보통신자본(ICT 자본)과 경제성장과의 관계에 대한 것이다.

본 연구에서 사용될 초월대수 비용함수는 Christensen and Greene(1976) 연구에서 사용하고 있는 비용함수에 함수 자체의 이동을 나타내는 추세변수를 추가한 형태이다.3

$$\ln C = \alpha_0 + \alpha_Y \ln Y + \frac{1}{2}\alpha_{YY}(\ln Y)^2 + \sum_i \beta_i \ln P_i + \frac{1}{2}\sum_i \sum_j \gamma_{ij} \ln P_i \ln P_j + \sum_i \gamma_{Yi} \ln Y \ln P_i + \alpha_t t + \frac{1}{2}\alpha_{tt} t^2 + \sum_i \gamma_{ti} t \ln P_i \quad \cdots\cdots 1$$

여기에서 C는 총비용, Y는 산출량(부가가치), P_i는 생산요소 가격, t는 추세변수를 나타낸다. 그리고 생산요소 가격의 곱으로 표시된 변수의 파라미터는 대칭성 조건(symmetry condition), $\gamma_{ij} = \gamma_{ji}$을 가져야 한다.

비용함수가 제대로 정의(well-behaved)되기 위해서는 생산요소 가격에 대해 1차 동차함수이어야 한다. 이는 모든 생산요소의 가격이 동일한 비율로 증가할 때 총비용도 동일한 비율로 증가한다는 것을 의미한다. 이런 조건을 충족하기 위해서는 위의 초월대수 비용함수에 다음과 같은 제약조건을 추가로 부여하여야 한다. 즉,

$$\sum_i \beta_i = 1$$

---

3 추세변수를 추가한 것 외의 모든 수학적 표기는 Christensen and Greene(1976)과 같게 기술하였다.

$$\sum_i \gamma_{Yi} = 0$$

$$\sum_i \gamma_{ij} = \sum_j \gamma_{ij} = \sum_i \sum_j \gamma_{ij} = 0 \quad \cdots\cdots 2$$

많은 실증분석에서 초월대수 비용함수를 사용하는 이유는 쉐퍼드 정리(Shephard's lemma)에 의해 생산요소에 대한 파생수요함수(derived demand function)가 유도될 수 있기 때문이다. 특히 초월대수 비용함수를 사용할 때는 이 함수의 정의에 사용된 총비용, 요소가격, 생산량 변수의 로그 값이 사용되기 때문에 자연 대수로 표시된 변수에 대해 비용함수를 미분하면 해당 생산요소의 비용 몫 방정식(cost share equation)이 된다.

다시 말하면 쉐퍼드 정리는 총비용함수를 해당 생산요소 가격에 대해 미분하면, 이는 해당 생산요소에 대한 파생수요함수가 된다는 것이다. 즉,

$$\frac{\partial C}{\partial P_i} = X_i \quad \cdots\cdots 3$$

여기서 X_i는 생산요소 i의 파생수요함수를 나타낸다.

따라서 초월대수 비용함수에서 총비용의 로그 변수를 해당 생산요소 가격의 로그 변수로 미분하면, 다음과 같이 해당 생산요소의 비용 몫 함수가 된다는 것이다.

$$\frac{\partial \ln C}{\partial \ln P_i} = \frac{P_i X_i}{C} = S_i \quad \cdots\cdots 4$$

여기서 S_i는 생산요소, i의 요소소득이 총비용에서 차지하는 비중을 나타낸다. 초월대수 비용함수에서 비용 몫 함수는 다음과 같이 정의된다. 즉,

$$S_i = \beta_i + \sum_j \gamma_{ij} \ln P_j + \gamma_{Yi} \ln Y + \gamma_{ti} t \quad \cdots\cdots 5$$

초월대수 비용함수에서 유도된 식 4와 식 5는 생산요소의 대체 탄력성을 계산

하는 데 사용된다. 생산요소 간 대체 탄력성은 오래전 Allen(1938)에 의해 앨런의 편대체 탄력성(Allen's partial elasticity of substitution)으로 정의된 바 있다.[4] 그런데 이는 Uzawa(1962)에 의하면 다음과 같이 비용함수의 편미분으로 나타낼 수 있다.[5] 즉

$$\sigma_{ij} = \frac{C\,C_{ij}}{C_i C_j} \quad \cdots\cdots \quad 6$$

여기서 첨자 i, j는 해당 생산요소에 대한 편미분을 나타낸다.

이 식 6을 초월대수 비용함수에 적용하게 되면 두 가지 생산요소 i, j의 앨런의 편대체 탄력성은 다음과 같은 식으로 정의된다.

$$\sigma_{ij} = \frac{(\gamma_{ij} + S_i\,S_j)}{S_i\,S_j} \quad \cdots\cdots \quad 7$$

그리고 생산요소의 자기 가격 수요탄력성(own price elasticity of demand)은 다음과 같이 구해진다.

$$\sigma_{ii} = \frac{[\gamma_{ii} + S_i\,(S_i - 1)]}{S_i^2} \quad \cdots\cdots \quad 8$$

$$\eta_i = \sigma_{ii}\,S_i \quad \cdots\cdots \quad 9$$

또한 초월대수 비용함수로부터는 규모의 경제(scale economies)지표가 정의되고 측정될 수 있다. 규모의 경제효과는 원래 생산요소투입의 비례적 증가에 따른 산출량의 상대적 증가량을 나타낸다. 비용함수로부터는 생산요소 가격이 고정되어 있을 때 생산량의 확대에 따라 비용 최소화가 달성되는 확장선(expansion path)을 따라서

4 Allen R. G. D.(1938), *Mathematical analysis for economists*, London: Macmillan, pp. 341-345, 372-374, 504-505, 512-513, 520.

5 Uzawa H.(1962), "Production functions with constant elasticities of substitution," *Review of Economic Studies*, 44, pp. 291-299.

나타나는 생산량과 총비용 간의 관계를 나타낸다.[6] 따라서 초월대수 비용함수에서 규모의 경제효과는 다음 식으로 정의된다. 즉,

$$SCE = 1 - \frac{\partial \ln C}{\partial \ln Y} \quad \cdots\cdots \quad 10$$

여기서 SCE가 0보다 크면 규모의 경제, 0보다 작으면 규모의 비경제가 있다고 해석한다.

비용함수는 생산량과 생산요소가격에 대해서 분리가능(separable)한 형태로 정의될 때 동조적인(homothetic) 생산구조를 가지게 된다.[7] 동조적인 생산구조는 생산량에 대한 비용 탄력성이 일정할 때 동차성(homogeneity)을 가지게 된다. 그래서 초월대수 비용함수에 있어서 동조성의 제약조건은 다음 식으로 표시된다. 즉,

$$\gamma_{Yi} = 0 \quad \cdots\cdots \quad 11$$

그리고 동차성의 제약조건으로 다음의 제약조건들이 부가된다. 즉,

$$\gamma_{Yi} = 0, \ \gamma_{YY} = 0 \quad \cdots\cdots \quad 12$$

한편 만약 생산요소 i, j간의 대체 탄력성이 1이라고 가정하게 되면 다음의 제약조건이 부가된다. 즉,

$$\gamma_{ij} = 0 \quad \cdots\cdots \quad 13$$

따라서 본 사례에서는 이상의 식 11, 식 12와 식 13의 3가지 제약조건에 대한 타당성 여부를 먼저 검정한 후, 이런 제약조건의 타당성이 부인될 때에 제약조건이

6 Hanoch G.(1975), "The elasticity of scale and the shape of average costs," *American Economic Review*, 65, 3, pp. 492-497.

7 Diewert W. E.(1974), "Applications of Duality Theory," in *Frontier of Quantitative Economics*, edited by M. D. Intriligator and D. A. Kendrick, Amsterdam: North-Holland.

부여되지 않은 초월대수 비용함수를 추정하고, 추정된 파라미터를 이용하여 생산요소 간 대체탄력성과 규모의 경제지표를 계산하게 된다.

실증분석을 위해 식 1의 초월대수 비용함수에 식 2의 제약조건을 부여하여 재정리하면 다음과 같은 식 14가 된다. 이런 제약조건들을 부과하게 되면 비용함수는 각 생산요소 가격과 특정 생산요소 가격의 상대적인 비율의 함수로 정의된다는 것은 이미 살펴보았다.[8]

$$\begin{aligned}\ln\frac{C}{P_M} &= \alpha_0+\alpha_Y\ln Y+\frac{1}{2}\alpha_{YY}(\ln Y)^2+\beta_L\ln\frac{P_L}{P_M}+\beta_K\ln\frac{P_K}{P_M}\\ &+\frac{1}{2}\gamma_{LL}\left(\ln\frac{P_L}{P_M}\right)^2+\gamma_{LK}\ln\frac{P_L}{P_M}\ln\frac{P_K}{P_M}+\frac{1}{2}\gamma_{KK}\left(\ln\frac{P_K}{P_M}\right)^2\\ &+\gamma_{YL}\ln Y\ln\frac{P_L}{P_M}+\gamma_{YK}\ln Y\ln\frac{P_K}{P_M}+\gamma_{tL}\,t\ln\frac{P_L}{P_M}\\ &+\gamma_{tK}\,t\ln\frac{P_K}{P_M}+\gamma_{Yt}\,t\ln Y \quad\cdots\cdots\quad 14\end{aligned}$$

이미 언급한 바와 같이 여기서 C는 총비용, Y는 생산량(부가가치)을 나타낸다. 그리고 생산요소 가격, P_i의 첨자 i는 3가지 생산요소를 나타낸다. 즉, L은 노동시간, K는 정보통신 자본 스톡, M은 비 정보통신기술 자본 스톡을 나타낸다. 여기서 편의상 시간과 산업에 대한 첨자는 생략하였다.

여기에 전술한 쉐퍼드 정리를 적용하면 다음과 같은 노동과 정보통신 자본에 대한 비용 몫 함수(cost share equation)인 식 15와 식 16이 유도된다.[9] 즉,

$$S_L=\frac{\partial\ln C}{\partial\ln P_L}=\beta_L+\gamma_{LL}\ln\frac{P_L}{P_M}+\gamma_{LK}\ln\frac{P_K}{P_M}+\gamma_{YL}\ln Y+\gamma_{tL}t \quad\cdots\cdots\quad 15$$

$$S_K=\frac{\partial\ln C}{\partial\ln P_K}=\beta_K+\gamma_{LK}\ln\frac{P_L}{P_M}+\gamma_{KK}\ln\frac{P_K}{P_M}+\gamma_{YK}\ln Y+\gamma_{tK}t \quad\cdots\cdots\quad 16$$

---

8 본서의 제4부 제2장 참조.

9 3가지 생산요소의 비용 몫의 합은 1, 즉 $S_L+S_K+S_M=1$이기 때문에 나머지 하나의 방정식은 여분(redundant)의 것이 되어 추정과정에서 제외된다.

(2) 추정방법

가장 간단한 방법으로 초월대수 비용함수를 추정하는 방법은 식 14에 고전적인 최소자승법을 적용하는 방법이다. 하지만 Berndt and Wood(1974) 이후 비용함수 자체보다는 식 15와 식 16의 비용 몫 함수만을 이용하여 비용함수를 추정하는 방법이 많이 활용됐다.[10] 원래의 비용함수는 생산요소 가격과 이들 가격의 곱으로 정의된 많은 변수가 사용되기 때문에 자유도의 손실과 다중공선성의 문제가 자주 발생한다. 하지만 비용함수를 제외한 비용 몫 방정식을 이용하여 연립방정식 추정법을 이용할 때는 비용 몫이란 추가적인 정보를 활용할 수 있을 뿐만 아니라 연립추정과정에서 더욱 많은 자유도를 확보할 수 있고, 또한 다중공선성의 문제를 완화할 수 있다.

식 15와 식 16의 비용 몫 함수만을 이용하여 비용함수가 가지고 있는 모든 파라미터를 추정할 수 있었던 이유는 비용함수 추정과정에서 규모에 대한 수확 불변의 제약조건을 부여하였기 때문이다. 이 조건을 나타내는 파라미터는 $\gamma_{Yi}=0$, $\gamma_{YY}=0$, $\alpha_Y=1$이기 때문에, 비용 몫 함수만을 이용하여 추정하더라도 비용함수가 가진 상수항인 α_0 이외의 모든 파라미터를 추정할 수 있기 때문이다.

하지만 규모의 경제효과를 측정하고자 하면 비용 몫 함수만으로는 비용함수가 가지고 있는 γ_{Yi}, γ_{YY}, α_Y를 추정할 수 없게 된다. 이때에는 다른 방법을 활용하게 되는데 통상 식 14의 비용함수와 더불어 식 15와 식 16의 비용 몫 함수를 모두 추정에 활용하는 방법이다. 이 과정에서 더욱 많은 자유도(degrees of freedom)가 확보되고, 비용 몫에 대한 추가적인 자료의 활용이 가능하므로 비용함수 하나만을 최소자승법에 의해 추정하는 것보다 파라미터 추정치의 효율성이 증가한다.

각 방정식에는 교란 항이 있는데 이들 교란 항 간에는 상관관계가 존재하는 것으로 가정한다. 이 경우 Zellner(1962)의 SUR(seemingly unrelated regression model) 추정법을 사용하게 된다.[11]

여기서는 이런 추정방법을 사용하되 요소의 대체 탄력성과 규모의 경제지표를

10 Berndt, E. R. and Wood, D. O.(1974), "Technology, Prices, and the Derived Demand for Energy," *Review of Economics and Statistics*, Vol. 57, No. 3, August, pp. 259-268.

11 Zellner(1962), Zellner and Huang(1962), Zellner(1963)과 Davidson and MacKinnon(1993, 2004), Greene(2012, pp. 305-306) 참조. 이 추정방법은 원칙적으로 균형패널 자료(balanced dataset)에 적용되는 것이 일반적이다. 비균형 패널 자료(unbalanced dataset)에 적용하는 것은 가능하지만 본 연구에서는 시도하지 않았다.

보다 정확하게 측정하기 위해 우선 동조성과 동차성의 가정이 타당한지를 왈드 테스트(Wald test)를 이용하여 검정하였다.[12]

(3) 자료의 작성

본 연구에서 사용하고 있는 자료는 EU KLEMS 데이터베이스에서 제공되는 자료이다.[13] 이 데이터베이스는 유럽 EU 집행위원회(European Commission)의 지원으로 작성된다. 약 30개 국가의 70여 개 상위 또는 하위산업에 대하여 최대 1970년 이후 2015년까지 총요소생산성(Total Factor Productivity: TFP)의 추계에 필요한 총 산출, 부가가치, 노동투입, 자본투입, 중간투입 등의 기초자료와 총요소생산성 계산에 필요한 비용 몫 자료를 지속해서 발표하고 있다. 최근에는 월드 KLEMS, 아시아 KLEMS가 새로 만들어져서 각각 해당 지역의 생산성 추계를 위한 데이터를 작성하고 있다.

생산요소 투입 자료에서도 노동투입은 노동자 수, 근로시간 등으로 세분되거나 기술수준, 성별, 나이별로 나누어 작성되고 있다. 자본 스톡은 ICT 자본 스톡과 NICT 자본 스톡으로, 또 ICT 자본은 컴퓨터, 통신장비, 소프트웨어로 보다 세분화되어 작성되고 있다.

따라서 생산량으로서 부가가치, 생산요소로서 노동시간, ICT 자본, NICT 자본과 생산요소가격 및 각 생산요소의 비용 몫 자료를 제공해주기 때문에 연구목적에 쉽게 활용할 수 있다.

여기에서는 노동과 ICT 자본과의 대체 탄력성의 추정을 위해, 비교적 ICT 자본축적이 많이 이루어진 한국을 비롯하여 미국, 영국, 독일, 일본, 이탈리아 등 6개 주요 선진국의 약 26개 산업에 대한 국가별, 산업별 패널 자료(5,610개 관측치)를 이용하였다.

---

12 파라미터에 대한 이런 형태의 타당성 여부 검정은 통상 Log likelihood ratio test, Wald test, Lagrange multiplier test를 통해 이루어진다. Wald test, Lagrange multiplier test는 점근적(asymptotically)으로 Log likelihood ratio test와 같아진다. 즉, 관측치 수가 증가함에 따라 전자의 두 검정방법은 마지막 검정방법과 밀접해진다. 관측치 수가 유한할 경우 3가지 검정 통계량은 다소의 차이가 있으나 검정결과는 거의 같은 결과를 제공해준다. 이런 방법들의 비교를 위해서는 다음 참조. Fox, J.(1997), *Applied regression analysis, linear models, and related methods,* Thousand Oaks, CA: Sage Publications.; Johnston, J. and DiNardo, J.(1997), *Econometric Methods,* Fourth Edition. New York, NY: The McGraw-Hill Companies, Inc.

13 www.euklems.net 참조.

(3) 비용함수의 추정결과

비용함수와 노동 및 ICT 자본의 비용 몫 방정식을 동시에 연립방정식 추정방법으로 추정하였다. 먼저 노동투입과 ICT 자본의 대체 탄력성을 구하는 데 사용될 최종 비용함수 추정을 위해서는 먼저 동조성(homotheticity)과 동차성(homogeneity) 및 단위 대체 탄력성(unitary elasticity) 여부를 왈드 테스트(Wald test)를 통해서 검정하였다. 규모의 경제효과가 없는지, 요소의 대체 탄력성이 1인지 여부를 미리 검정하기 위함이다.

아래 〈표 1〉에서 보는 바와 같이, 이상의 3가지 가설에 대한 검정결과는 해당 파라미터값이 영(0)이라는 귀무가설을 기각하게 하였다. 따라서 동조성, 동차성과 대체 탄력성이 1이라는 가정을 부여하지 않고 비용함수를 추정하게 되었다.

표 1 비용함수의 동조성, 동차성, 단위대체 탄력성 제약조건의 타당성 검정

검정대상(귀무가설)	제약조건	검정 통계량(χ^2)(p-value)
동조성(Homotheticity test)	$\gamma_{Yi}=0$	22.52 (0.0000)
동차성(Homogeneity test)	$\gamma_{Yi}=0,\ \gamma_{YY}=0$	40.21 (0.0000)
단위 대체 탄력성 (Unitary elasticity test)	$\gamma_{ij}=0$	18.50 (0.0003)

이렇게 추정된 비용함수의 파라미터 추정치는 〈표 2〉에 제시되어 있다. 본 연구에 사용된 6개 국가, 26개 산업의 패널 자료를 이용한 추정결과를 예시적으로 보여주고 있다. ICT 자본 스톡의 가격에 대한 파라미터 β_K를 제외하고는 비교적 양호한 추정결과를 보여주고 있다.

물론 국가별, 산업별로 비용함수를 추정할 때는 해당 자료만 사용되어 비용함수가 추정되었으며 이렇게 추정된 파라미터를 이용하여 요소 간 대체 탄력성과 규모의 경제 지수가 계산되었다. 이 표에서는 비용함수의 파라미터뿐만 아니라 노동투입과 ICT 자본의 비용 몫에 대한 파라미터까지 제시하고 있다. 비용 몫 방정식의 파라미터는 추정과정에서의 제약조건에 의해 비용함수에 있는 해당 파라미터와 당연히 같은 추정치를 보여주고 있다.

비용함수의 파라미터 추정치 가운데 생산요소의 대체 탄력성 추계, 특히 노동과 ICT 자본의 대체 탄력성 추계와 관련된 파라미터는 γ_{LK}인데 두 생산요소의 대체 가

표 2 비용함수의 추정결과

추정함수	파라미터	추정치	표준오차	z	*p-value*
비용함수 ($\ln C$)	α_Y	0.6696	0.0455	14.7	0.000
	α_{YY}	0.1131	0.0293	3.9	0.000
	β_L	0.7498	0.0118	63.8	0.000
	β_K	0.0001	0.0043	0.0	0.982
	γ_{LL}	0.0343	0.0108	3.2	0.002
	γ_{LK}	-0.0098	0.0027	-3.6	0.000
	γ_{KK}	0.0042	0.0020	2.1	0.036
	γ_{YL}	0.0146	0.0078	1.9	0.060
	γ_{YK}	0.0074	0.0020	3.7	0.000
	γ_t	0.1291	0.0027	47.6	0.000
	γ_{tt}	-0.0042	0.0001	-34.4	0.000
	γ_{tL}	-0.0024	0.0005	-5.2	0.000
	γ_{tK}	0.0011	0.0002	6.3	0.000
	γ_{tY}	-0.0034	0.0019	-1.8	0.067
	α_0	-1.8627	0.0293	-63.6	0.000
노동투입 비용 몫 (S_L)	γ_{LL}	0.0343	0.0108	3.2	0.002
	γ_{LK}	-0.0098	0.0027	-3.6	0.000
	γ_{YL}	0.0146	0.0078	1.9	0.060
	γ_{tL}	-0.0024	0.0005	-5.2	0.000
	β_L	0.7498	0.0118	63.8	0.000
정보통신자본 비용 몫 (S_K)	γ_{LK}	-0.0098	0.0027	-3.6	0.000
	γ_{KK}	0.0042	0.0020	2.1	0.036
	γ_{YK}	0.0074	0.0020	3.7	0.000
	γ_{tK}	0.0011	0.0002	6.3	0.000
	β_K	0.0001	0.0043	0.0	0.982

능성을 보여주는 부(−)의 값을 나타내면서 통계적으로도 유의성이 있다.

또한 비용함수에 포함된 파라미터이지만 비용 몫 방정식을 통해 생산요소 가격 변화에 따른 비용 몫의 변화를 관찰할 수 있다. 우선 추세변화, 즉 시간(t)의 변화에 따라 노동의 비용 몫(S_L)은 작아지고, 즉 $\gamma_{tL}=-0.0024$이고, ICT 비용 몫(S_K)은 커지므로, 즉 $\gamma_{tK}=0.0011$이므로 노동 절약적(labor saving technical change)이며, 동시에 ICT 자본 사용적인 기술변화(ICT capital using technical change)가 이루어지고 있음을 알 수 있다.

생산 규모의 확대에 따라 노동의 비용 몫(S_L)과 ICT 자본의 비용 몫(S_K)이 동시에 커지므로 즉, $\gamma_{YL}=0.0146$, $\gamma_{YK}=0.0074$이므로 생산량 증대에 따라 해당 요소의 비용 몫이 커진다는 것은 다른 생산요소 가격이 불변일 때 생산량 변화에 따라 해당 생산요소의 수요가 증대한다는 것을 의미한다.

한편 생산요소 가격이 상승하면 해당 생산요소의 가격 증대에 따라 해당 생산요소 소득이 늘어나므로 비용 몫이 증가한다고 볼 수 있다. 즉 $\gamma_{LL}=0.0343$이기 때문에 임금률이 상승하면 노동의 비용 몫(S_L)이 증가한다. 그리고 $\gamma_{KK}=0.0042$이기 때문에 ICT 자본의 가격이 상승하면 ICT 자본의 비용 몫(S_K)이 증가하게 된다.

노동과 ICT 자본의 대체 여부는 $\gamma_{LK}=-0.0098$에서 짐작할 수 있다. 임금률 상승은 ICT 자본의 비용 몫을 증가시키고, ICT 자본가격의 상승은 노동의 비용 몫을 증가시킨다. 이는 특성 생산요소의 가격상승은 다른 생산요소의 수요량을 증가시킨다는 것을 의미한다. 물론 이런 변화의 상대적인 크기가 합쳐져서 생산요소의 대체 탄력성이 계산되는데 이는 식 7을 통해서 알 수 있다.

2. 생산요소의 대체 탄력성

비용함수 추정결과를 이용하여 식 7, 식 8, 식 9의 생산요소의 대체 탄력성을 구하게 되면 여러 가지 다양한 의미를 찾을 수 있다. 중요한 몇 가지를 살펴보면 다음과 같다.[14]

첫째, 노동과 ICT 자본 간의 대체 탄력성은 정보화에 따른 일자리창출의 가능성에 관해 설명해줄 수 있다. 한국의 노동과 ICT 자본의 대체 탄력성은 1.018로서 미국, 영국 1.091, 독일 1.548, 이탈리아 1.094보다는 낮으나 일본의 0.968보다는 높다. 대부분 선진국에서 정보화가 진행될수록 일자리가 줄어들 가능성을 보여주는 분석결과이다.

14 자세한 내용은 필자의 다음 논문 참조. 박승록(2014), "창조경제에서 정보통신기술의 활용과 일자리 창출 및 성장," 『생산성논집』, 제28호 제2권, pp. 51-86.

둘째, 주요 산업별로 노동과 ICT 자본의 대체 탄력성을 살펴볼 때 제조업의 대체 탄력성은 0.9988로서 서비스 산업의 1.0449보다 낮다. 서비스 산업에서 노동과 ICT 자본의 대체 탄력성이 높다는 것은 한국에서 정보화와 서비스 산업화가 진행될수록 일자리창출 가능성을 더욱 줄어들 것이란 분석결과이다. 특히 서비스업 가운데 양질의 일자리창출 원이 될 수 있는 금융, 우편 통신 등의 산업에서 높은 대체 탄력성이 관찰되고 있다.

셋째, 정보화와 관련해서 중요한 것은 ICT 생산(ICT producing) 산업과 ICT 사용(ICT using) 산업의 대체 탄력성 차이이다. 통상 ICT 생산 산업군에는 전기 전자제품 산업과 우편 통신 산업이 있는데 이들 산업에서 고용과 ICT 자본의 대체 탄력성은 0.9860으로 낮지만, ICT 사용산업인 우편, 통신산업의 대체 탄력성은 1.0714로 높은 모습을 보여주고 있다.

넷째, 생산요소의 대체 탄력성과 관련해서 노동과 NICT 자본, ICT 자본과 NICT 자본 간의 대체 탄력성 추정결과도 의미있는 시사점을 제공한다. 노동과 NICT 자본 간에도 상당한 대체관계가 존재하며, ICT 자본과 NICT 자본 간에도 상당한 대체관계가 존재한다. 특히 ICT의 활용은 노동뿐만 아니라 NICT 자본도 대체하게 된다.

3. 규모의 경제

이상에서 설명한 대체 탄력성의 개념은 생산량 불변을 전제로 한 지표이다. 하지만 생산요소 간 대체관계가 있다고 해서 ICT 활용이 고용을 감소시키는 것만이 아니다. 생산증가에 의한 고용창출이 요소 간 대체관계로 인해 고용이 감소하는 효과보다 크면 오히려 고용창출이 일어날 가능성도 있다.

여기에서 측정한 규모의 경제 측정치는 〈표 3〉의 맨 오른쪽 단에 표시되어 있다. 전술한 바와 같이 측정치가 0보다 크면 규모의 경제효과 있다는 의미이다. 비용함수의 파라미터 추정치가 정(+)의 값($\gamma_{YL}=0.0146$, $\gamma_{YK}=0.0074$)을 보인다는 것은 생산증대에 따라 일자리가 창출되고 ICT 자본의 사용량이 늘어난다는 것을 의미한다.

제조업 가운데 정유, 화학, 기계, 전기 · 전자제품, 수송 장비 산업에서는 규모의 경제효과가 크게 나타나고 있어서 생산증대에 따른 고용창출이 ICT 활용에 따른 고

표 3 주요 산업별 노동, ICT 자본, NICT 자본의 대체 탄력성과 규모의 경제 추정치

산업	노동-ICT 자본 (σ_{LK})	노동-NICT 자본 (σ_{LM})	ICT-NICT 자본 (σ_{KM})	노동 (η_L)	ICT자본 (η_K)	NICT자본 (η_M)	규모의 경제 (SCE)
제1차 산업	1.06	0.95	1.01	-1.32	-0.40	-0.29	0.19
제2차 산업	1.00	1.12	0.99	-1.57	-0.31	-0.14	0.58
음식료 담배	1.00	0.96	1.01	-1.42	-0.40	-0.18	0.10
섬유 의류 가죽	0.93	1.85	1.02	-1.84	-0.22	-0.09	0.06
목제콜크	0.94	0.58	0.97	-1.12	-0.22	-0.50	-0.28
펄프 종이 인쇄	1.08	1.37	1.05	-1.96	-0.29	0.05	0.54
정유 핵연료	0.83	1.54	0.92	-2.04	-0.59	0.41	0.60
화학 화학제품	0.99	0.95	0.99	-1.48	-0.45	-0.03	0.68
고무 플라스틱	0.99	1.25	1.00	-1.74	-0.32	-0.02	0.28
기타비철금속	0.99	0.97	0.93	-1.44	-0.29	-0.16	0.29
금속조립 금속제품	1.03	1.41	1.00	-1.79	-0.30	-0.04	0.12
기계	1.13	1.51	1.06	-1.95	-0.24	-0.06	0.52
전기전자제품	0.99	1.40	0.97	-1.88	-0.27	0.08	0.76
수송장비	1.04	0.53	0.92	-1.13	-0.16	-0.49	0.71
기타제조업	0.91	1.30	0.97	-1.62	-0.24	-0.13	0.76
제3차 산업	1.04	0.98	1.01	-1.56	-0.27	-0.18	0.47
전기 가스 용수	0.61	0.87	0.95	-1.26	-0.83	0.17	1.03
건설	1.09	1.77	1.05	-2.08	-0.19	0.01	0.41
도소매	1.07	0.61	1.03	-1.28	-0.20	-0.50	0.97
호텔식당	1.09	2.27	1.04	-2.45	-0.11	0.30	-0.15
운송보관	1.11	1.64	1.05	-2.05	-0.17	-0.02	-0.31
우편통신	1.07	1.28	1.19	-1.81	-0.60	-0.01	0.86
금융	1.12	1.18	1.03	-1.82	-0.35	0.04	0.85
부동산사업서비스	1.52	0.88	1.27	-1.72	-0.63	0.13	0.21
사회서비스	1.00	0.73	0.93	-1.35	-0.11	-0.40	-0.02
공공행정국방	1.10	0.95	1.04	-1.53	-0.18	-0.38	-1.17
교육	0.80	-0.03	0.84	-0.74	-0.07	-0.81	-0.34
보건사회사업	1.13	1.26	1.09	-1.90	-0.17	-0.15	1.14
기타사회서비스	0.98	0.90	0.96	-1.47	-0.19	-0.26	0.62
전체	1.03	1.06	1.01	-1.57	-0.30	-0.17	0.43

용감소를 완화할 가능성이 있다는 것을 보여주고 있다. 서비스업 가운데 건설, 도소매, 우편 통신, 금융 산업에서도 큰 규모의 경제효과가 기대된다.

이들 산업은 우리 경제에서 중요성을 차지하고 있는 산업들이므로 ICT 활용에

따른 고용 대체에도 불구하고 다른 한편으로 생산증대로 인해 많은 고용이 창출할 수 있다는 것을 보여준다. ICT 생산 산업인 전기 전자산업과 우편 통신 산업에서도 상당한 규모의 경제효과가 나타나고 있다.

이상에서 한 설명은 비용함수의 추정과 관련하여 다양한 제약조건의 부여를 위한 검증방법, 다양한 지표의 측정방법과 더불어 이렇게 측정된 여러 지표, 즉 생산요소 간 대체 탄력성, 기술변화의 형태, 규모의 경제효과가 어떻게 해석될 수 있는지를 보여주기 위한 것이다. 바로 이런 절차가 분석과정이고, 연구논문을 작성하는 과정이라고 이해하여야 한다.

STATA 사례 5-5 **비용함수 추정을 통한 정보화와 생산성 추정 사례**

```
* ************************************************
* *** 정보화와 일자리 창출의 관계에 관한 연구
* ************************************************

set more off
insheet using final.txt, tab clear
save ictcapital, replace

* 산업별로 반복할 경우
*forvalues i = 1(1)30 {

keep if indnum==`i'

* 패널자료 이용
use ictcapital, clear
sort country indnum year

drop if rict==0
drop if rnict==0

gen lc=ln(cost/rnict)

gen ly=ln(y)
gen lw=ln(w)
gen lr=ln(rict)
gen lk=ln(rnict)

drop if lc==.

gen pl=ln(w/rnict)
gen pr=ln(rict/rnict)
```

```
gen py=ly
gen pt=t

gen plpr=pl*pr
gen pypl=py*pl
gen pypr=py*pr
gen ptpl=pt*pl
gen ptpr=pt*pr
gen ptpy=pt*py

gen py2=0.5*py^2
gen pl2=0.5*pl^2
gen pr2=0.5*pr^2
gen pt2=0.5*pt^2

constraint 1 [lc]pl=[sl]_cons
constraint 2 [lc]pr=[sict]_cons
constraint 3 [lc]pl2=[sl]pl
constraint 4 [lc]plpr=[sl]pr
constraint 5 [lc]pr2=[sict]pr
constraint 6 [lc]pypl=[sl]py
constraint 7 [lc]pypr=[sict]py
constraint 8 [lc]ptpl=[sl]pt
constraint 9 [lc]ptpr=[sict]pt
constraint 10 [sl]pr=[sict]pl

 sureg (lc py py2 pl pr pl2 plpr pr2 pypl pypr pt pt2 ptpl ptpr ptpy) ///
      (sl pl pr py pt)                                              ///
      (sict pl pr py pt)                                            ///
    , constraints(1 2 3 4 5 6 7 8 9 10)

* 동조성 검정(Homotheticity test)
test [lc]pypl [lc]pypr

* 동차성 검정(homogeneity test)
test [lc]pypl [lc]pypr [lc]py2

* 수확불변여부 검정 (Unitary elasticity test)
test [lc]pl2 [lc]plpr [lc]pr2

* 비용몫의 Fitted value 계산
predict slhat, xb equation(#1)
predict sicthat, xb equation(#2)
generate snicthat=1-slhat-sicthat

* oroturn list

* 각종 탄력성 계산
matrix coef=e(b)'
matrix list coef
```

```
scalar gamma_wr=coef[6,1]
scalar gamma_ww=coef[5,1]
scalar gamma_rr=coef[7,1]

scalar gamma_wk=-gamma_ww-gamma_wr
scalar gamma_rk=-gamma_wr-gamma_rr
scalar gamma_kk=-gamma_wk-gamma_rk

scalar list gamma_wr gamma_ww gamma_rr gamma_wk gamma_rk gamma_kk

summarize slhat
scalar slmean = r(mean)
summarize sicthat
scalar sictmean = r(mean)
summarize snicthat
scalar snictmean = r(mean)

scalar sigma_wr=(gamma_wr+slmean*sictmean)/(slmean*sictmean)
scalar sigma_wk=(gamma_wk+slmean*snictmean)/(slmean*snictmean)
scalar sigma_rk=(gamma_rk+sictmean*snictmean)/(sictmean*snictmean)

scalar sigma_ww=(gamma_ww+slmean*(slmean-1))/slmean^2
scalar sigma_rr=(gamma_rr+sictmean*(sictmean-1))/sictmean^2
scalar sigma_kk=(gamma_kk+snictmean*(snictmean-1))/snictmean^2

scalar list sigma_wr sigma_ww sigma_rr sigma_wk sigma_rk sigma_kk

scalar eta_w=sigma_ww*slmean
scalar eta_r=sigma_rr*sictmean
scalar eta_k=sigma_kk*snictmean

summarize py
scalar pymean = r(mean)
summarize pt
scalar ptmean = r(mean)
summarize pl
scalar plmean = r(mean)
summarize pr
scalar prmean = r(mean)

scalar sce=1-(coef[1,1] + coef[2,1]*pymean + coef[8,1]*plmean    ///
      + coef[9,1]*prmean + coef[14,1]*ptmean)

scalar tech=((coef[10,1] + coef[11,1]*ptmean + coef[12,1]*plmean ///
      + coef[13,1]*prmean + coef[14,1]*py))

* scalar list sigma_wr sigma_wk sigma_rk eta_w eta_r eta_k sce tech
*di "sigma_wr sigma_wk sigma_rk eta_w eta_r eta_k sce tech"
```

```
display sigma_wr _s(3) sigma_wk _s(3) sigma_rk _s(3) eta_w _s(3) eta_r _s(3)
            eta_k _s(3) sce _s(3) tech

                  }
```

기업가 정신과 총요소생산성

『생산성의 경제학』 각론 부문에서 언급하였던 기업가 정신은 생산성의 매우 중요한 결정요인이지만 관련 통계량이 부족하고, 복잡한 인과관계의 규명에 많은 어려움이 있어서 많은 선행연구가 축적되지 못하였다. 하지만 기업가 정신에 관한 연구와 이를 측정하려는 다양한 노력에 힘입어 여러 국제기관에서 기업가 정신에 대한 지표를 생산하기에 이르렀다. 이 중에서 경제학적인 관점에서 다양한 경제변수들과 기업가 정신 간의 체계적인 관계를 설정한 것은 OECD의 분석체계라고 할 수 있다.

기업가 정신에 대한 OECD의 분석체계를 세운 Ahmad and Hoffmann(2008)은 OECD 분석체계에 있어서 기업가 정신의 결정요인과 기업가적 성과의 관계는 추측(conjecture)에 의한 것이지 통계적으로 확립된 관계(statistically established relationship)는 아니라고 하였다. 그래서 OECD 분석체계에서의 변수 간의 인과관계를 통계적으로 규명하는 것은 매우 도전적인 과제가 될 것이라고 한 바 있다.[1]

본 장에서는 기업가 정신에 대한 이런 미흡한 실증분석 체계를 실증적으로 규명해보는 작업을 해보고자 한다. 기업가 정신의 분석체계에서 제시하고 있는 여러 변수 간의 다양한 인과관계에 관한 연구의 그 필요성에도 불구하고 실증연구들은 발견하기 힘들다.

특히 기업가 정신의 결정요인으로서 다양한 변수들의 신뢰성 문제, 상위 구성개

1 제3부 제6장 주 17 참조.

념 간의 인과관계나 판별 적합성, 기업가 정신의 성과나 경제성장, 고용 등 결과적으로 기업가 정신이 발현된 모습을 나타내는 거시경제 지표 간의 종합적인 관계를 살펴보는 연구는 찾기 힘들다.

1. 분석모형

본 장에서는 OECD의 기업가 정신 분석체계를 실증적으로 검증하기 위해 2006~2015년간 세계 140여 개 국가의 약 50여 개 정도의 측정변수로부터 규제체계, 금융 접근성, 지식창조 및 확산, 기업가적 문화와 시장조건, 기업가적 역량이라고 정의된 6개의 상위(구성)개념에 해당하는 잠재변수(latent variable)를 구하고, 이 잠재변수들이 신생기업의 탄생이란 기업가적 성과를 결정하는 것으로 보았다. 그리고 신생기업의 탄생은, 결과적으로 기업가 정신의 발현된 모습으로 나타나 경제성장, 일자리창출, 총요소생산성 증가 등으로 연결되는 것으로 정의하였다.[2]

여러 구성개념 가운데, 시장조건은 규제체계와 금융 접근성에 의해 영향을 받으며, 기업가적 역량은 지식창조 및 확산과 기업가적 문화의 영향을 받는 것으로 모형화하였다. 시장조건과 기업가적 역량은 신생기업의 탄생을 통한 기업가 정신의 성과로 인과관계가 설정되는 것(간접 효과) 외에도 직접 기업가 정신의 발현과 연관될 수 있는 것(직접 효과)으로도 보았다. 그리고 구성개념 간에는 상호 간 상관관계가 있는 것으로 보았다. 이런 관계는 자의적으로 구성한 것이 아니라 개연성 있는 관계로부터 시작하여, 수정계수(Modification Indices: MI)라는 지표를 통해 모형의 설명력을 높이는 방법으로 많은 시행착오를 거쳐서 그 관계가 설정되었다.[3]

기업가 정신의 결정요인에서 6개 구성개념은 〈그림 1〉에서 보는 것처럼 각각의 측정변수들에 영향을 미치는 것으로 보았다. 즉, 관찰되지 않는 구성개념이라는 변

2 개념적으로 이런 인과관계를 정의하여 그 타당성을 살펴보고 있지만, 측정오차의 문제, 시차의 문제, 변수 간 내생성 문제 등에 있어서 엄밀한 계량경제학적 평가 기준을 적용하기에는 한계점도 있다.

3 SEM 모형을 추정하는 데 사용되는 STATA나 AMOS에서는 어떤 변수 간의 관계를 설정할 경우 로그우도함수(log likelihood function)값이 추가적으로 하락할 수 있는 정도를 나타내는 수정계수(Modification Indices) 값을 제공한다. 이를 통해 모형의 인과관계를 재설정하고, 모형의 설명력을 높이게 된다.

수를 나타내는 자료로서 이런 측정변수들이 선정되었다는 것이다. 따라서 각 측정요소는 오차를 가지고 측정된다는 점을 고려하였다. 아울러 6개 구성개념 가운데 종속변수의 역할을 하는 시장조건과 기업가적 역량이란 구성개념은 다른 구성개념의 영향을 받으므로 역시 교란 항을 가지는 것으로 하였다.

2. 자료

본 장에서 규명하려고 하는 기업가 정신의 결정요인, 성과, 발현의 인과관계를 실증적으로 검증하기 위해서는 다음과 같은 다양한 자료원부터 필요한 자료를 구하였다.

첫째, OECD의 분석체계에서는 다음 〈표 2〉의 측정변수에서와 같이 매우 다양한 기업가 정신의 결정변수를 제시하고 있다.[4] 이런 결정변수에 대한 약 50개 정도의 자료는 세계경제포럼(WEF)의 국가경쟁력 평가지표 가운데에서 규제체계, 금융 접근성, 지식창조 및 확산, 기업가적 문화와 시장조건, 기업가적 역량을 나타내는 지표로부터 추출되었다. 구체적인 자료의 이름은 분석결과를 나타내는 〈그림 1〉을 통해 확인할 수 있다. 세계경제포럼의 국가경쟁력 평가지표는 GEM의 분석체계에도 그대로 사용되고 있으며, GEDI 평가지표의 작성에서도 사용된다.

둘째, OECD의 분석체계는 전술한 바와 같이 기업가 정신의 성과지표로서 다양한 변수들을 개념화하고, 일부 자료를 리포트하고 있으나 현실적으로 실증분석에 사용할 수 있는 시계열 자료를 제공하지 않는다. 따라서 여기에서는 세계은행에서 기업가 정신의 평가지표로 작성, 발표하고 있는 인구 천 명당 신생기업의 수나 연간 신규등록법인 수를 사용하기로 하였다.[5]

셋째, 기업가 정신의 발현된 모습을 나타내는 지표로서 일인당 소득수준, 일자리창출, 총요소생산성, 고용률을 측정변수로 하여 기업가 정신의 발현이란 잠재변수를 정의하였다. 관련 변수는 Conference Board의 Total Economy Database를 사용

4 http://reports.weforum.org/global-competitiveness-report-2014-2015/downloads/ 참조.
5 http://www.doingbusiness.org/data/exploretopics/entrepreneurship 참조.

하였다.[6]

3. 모형의 추정과 평가

기업가 정신의 결정요인, 성과와 발현의 인과관계를 검증하기 위해 본 연구에서는 구조방정식 모형(Structural Equation Model: SEM)을 이용하였다. 구조방정식 모형의 일반적인 분석절차에 따라 측정변수와 잠재변수의 신뢰성, 집중 타당성 및 판별 타당성 등을 검토한 후 모형의 추정을 통해 인과관계를 검증하는 순서를 따랐다.[7]

첫째, 기업가 정신의 결정요인을 나타내는 주요 구성개념의 신뢰도를 살펴보자. 측정변수와 잠재변수가 포함된 구조방정식 모형의 설정과 추정에서는 통상적으로 잠재변수를 대표하는 여러 측정변수가 얼마나 일관성 있는 비슷한 개념의 자료로 구성되어 있는지를 살펴보게 된다. 설문조사에서는 같은 개념 아래에 여러 설문 문항을 만들겠지만, 실제 경제통계에서 비슷한 개념의 여러 관측자료를 정의하고 수집하는 것이 힘들다는 점에서 한계가 있다고 볼 수 있다.

표 1 주요 구성개념의 신뢰도 분석결과

구성개념	측정항목	신뢰도 (Cronbach's alpha)
규제체계	8	0.8768
시장조건	8	0.8276
금융시장 접근성	6	0.9400
지식창조 및 확산	7	0.9473
기업가적 역량	3	0.9260
기업가적 문화	16	0.8178

주: Cronbach's alpha가 0.8 이상이 바람직함.

6 https://www.conference-board.org/data/economydatabase/index.cfm?id=27762 참조.

7 구조방정식 전반의 이해를 위해서는 다음 저술 참조. 우종필(2012), 『구조방정식모델개발과 이해』, 한나래.; 이기종(2012), 『구조방정식모형』, 국민대학교 출판부.; Alan C Acock(2013), *Discovering Structural Equation Modeling Using STATA,* Revised Edition, STATA Press Publication.

본 연구에서는 〈표 2〉에서 보듯이 50여 개의 다양한 측정변수가 6개 구성개념인 규제체계, 시장조건, 금융시장 접근성, 지식창조 및 확산, 기업가적 역량, 기업가적 문화를 나타내는 것으로 보고 있다. 측정지표들로부터 구해진 클론바흐 알파 통계량(Cronbach's alpha)은 0.8 이상으로서 각 구성개념을 나타내는 측정지표로 해석할 수 있다. 따라서 사용된 측정자료의 특성상 후술하는 분석에 있어서 필요조건은 충족되었다고 볼 수 있다.

둘째, 상위 구성개념을 나타내는 잠재변수들을 측정하기 위한 관측변수들이 얼마나 잠재변수들의 개념과 일치되느냐를 나타내는 방법으로 "집중 타당성(convergent validity)"을 살펴보게 된다. 표준화된 요인 부하량(standardized factor loading)은 0.5 이상, 평균분산 추출값(Average Variance Extracted: AVC)이 0.5 이상, 개념 신뢰도(construct reliability)는 0.7 이상이 바람직하다고 한다.[8]

개념 신뢰도로 평가할 때 아래 〈표 2〉에 의하면 대부분 구성개념은 양호한 결과를 보여주고 있지만, 평균분산 추출값에 의하면 기업가적 문화를 나타내는 구성개념은 적정기준에 부합되지 못하고 있다. 따라서 요인부하량으로 볼 때 설명력이 낮은 변수들은 실제 추정모형 과정에서 제외되었다.

표 2 주요 구성개념의 집중 타당성 분석결과

구성개념	측정지표	요인부하량	t 값	개념 신뢰도	AVE
규제체제	재산권	0.9333	136.6	0.9057	0.5741
	지적재산권	0.9000	95.9		
	정부규제 부담	0.5471	18.5		
	투자자보호	0.3643	9.8		
	정부정책의 투명성	0.8863	84.8		
	정치인 신뢰	0.8443	63.5		
	뇌물	0.9440	152.6		
	법인세	0.2999	7.7		

8 우종필(2012), 『구조방정식모델개발과 이해』, 한나래 참조. 하지만 최근 STATA에는 사용자 작성 프로그램인 condisc, relicoef라는 명령어가 개발되어, 이에 대한 보다 엄밀한 가설검정이 가능하게 되었다. 사례분석에서 확인할 수 있다.

시장조건	반독점법 유효성	0.9214	131.3	0.8642	0.4952
	무역장벽	0.6345	30.4		
	구매자 수준	0.8370	73.8		
	해고자유	-0.0628	-1.9		
	노사관계	0.6489	31.8		
	사회간접자본 수준	0.7960	59.4		
	시장 지배력	0.8851	101.4		
	국내시장 규모	0.4097	14.2		
금융 접근성	대출용이성	0.8175	50.2	0.9441	0.7393
	벤처자금접근성	0.8488	58.7		
	금융서비스 가용성	0.9141	91.3		
	금융서비스 유용성	0.9451	95.0		
	금융기관 건전성	0.7241	33.5		
	증권거래 규제	0.8911	81.5		
지식창조 및 확산	교육제도의 질적 수준	0.8136	65.5	0.9375	0.6591
	수학 및 과학교육의 질	0.6672	35.3		
	혁신역량	0.8808	103.1		
	민간 연구개발투자	0.9264	150.2		
	과학연구소의 질	0.9398	143.3		
	산학협동	0.9392	159.5		
	고기술제품 정부조달	0.6843	36.4		
	대학진학율	0.5458	22.7		
기업가적 역량	경영대학 수준	0.8696	88.9	0.9287	0.8133
	연구 및 훈련서비스	0.9766	150.9		
	간부교육	0.8543	81.7		
기업가적 문화	창업절차의 수	0.6693	17.5	0.9028	0.3760
	재능보유	0.3806	6.9		
	재능활용	0.3625	6.5		
	전문경영인 의존성	0.6025	14.1		
	특허등록비율	0.5123	10.8		
	창업DB 스코어	0.8275	32.8		
	창업절차	0.7354	22.1		
	창업시간	0.5587	12.2		
	건축허가	0.5744	13.2		
	신용형성	0.7268	22.6		
	재산권등록	0.5512	12.3		
	소액투자자 배려	0.6165	15.1		
	세금납부	0.6793	18.9		
	국제무역거래	0.5437	12.0		
	계약수행	0.6480	16.9		
	사업재기	0.6406	16.4		

표 3 주요 구성개념의 상관계수와 판별 타당성

구성개념	규제체계	시장조건	금융 접근성	지식창조 및 확산	기업가적 역량	기업가적 문화
규제체계	1.0000					
시장조건	0.8668	1.0000				
금융접근성	0.7991	0.8417	1.0000			
지식창조 및 확산	0.8153	0.8747	0.7488	1.0000		
기업가적 역량	0.7672	0.8898	0.7453	0.9275	1.0000	
기업가적 문화	0.7240	0.6679	0.5892	0.6764	0.6571	1.0000
Cronbach's alpha	0.9196	0.8574	0.9562	0.9436	0.9237	0.5779
AVE	0.5741	0.4952	0.7393	0.6591	0.8133	0.3760
구성개념신뢰성	0.9057	0.8642	0.9441	0.9375	0.9287	0.9028

주: 잠재변수의 AVE 값과 두 구성개념의 상관계수의 제곱 값을 비교하여 AVE가 더 크면 판별 타당성이 있는 것으로 평가함.

셋째, 판별 타당성(discriminant validity)은 서로 다른 구성개념 즉, 잠재변수 간의 차이가 뚜렷하게 구분되느냐를 나타내는 것이다. 이를 가장 편리하게 평가하는 방법은 잠재변수의 AVE 값과 두 구성개념의 상관계수 제곱 값을 비교하여 AVE가 더 크면 판별 타당성이 있는 것으로 평가하는 방법이다. 만약 두 잠재변수의 상관관계가 매우 높다면 두 잠재변수는 뚜렷하게 구분되는 구성개념으로서 문제를 가지고 있다고 평가할 수 있다.

본 연구에서의 규제체계, 시장조건, 금융 접근성, 지식창조 및 확산, 기업가적 역량, 기업가적 문화는 각각의 다른 관측변수로부터 계산된 값으로 매우 상관관계가 높다(〈표 3〉의 상단 상관계수 행렬 참조). 따라서 6개 구성개념이 명백하게 통계적으로 구분되는 개념으로 판단하기 힘들다는 문제점이 있다.

하지만 전술한 바와 같이 설문조사에서처럼 본 연구에서 기업가 정신의 결정요인으로 검토되고 있는 관측변수들이 각 구성개념에 따라 만들어진 것이 아니고, 개념적으로 OECD에 의해 만들어진 구성개념에 적절한 관측자료 들을 수집 사용하고 있으므로 불가피한 현상이다.[9]

9 가령, 글로벌기업가 정신개발지수(GEDI)의 주요구성항목인 기업가적 태도, 기업가적 열망, 기업가적 역량 역시 매우 높은 상관관계를 가지고 있다. 즉, 태도와 능력이 0.74, 태도와 열망이 0.73, 능력과 열망이 0.87의 상관관계를 가지고 있다.

4. 기업가 정신의 결정요인과 성과 및 발현에 대한 의미

본 모형의 추정과정에서는 구조방정식 모형 추정에서의 수렴 측면에서 많은 어려움이 있으므로 2단계에 걸쳐서 이루어졌다.[10] 첫 번째 단계에서는 7개 구성개념을 나타내는 관측변수들로부터 잠재변수를 나타내는 지표로 확인적 요인점수(confirmatory factor score)를 구한 다음, 두 번째 단계에서 이들 잠재변수와 기업가 정신의 성과지표를 나타내는 신생기업의 탄생 지표, 국민소득, 총요소생산성(Total Factor Productivity: TFP), 고용률에 의해 계산된 확인적 요인점수, 즉 기업가 정신의 발현지표와 인과관계를 설정하였다.

기업가 정신의 결정요인을 나타내는 6개 잠재변수 가운데에는 시장조건은 규제체제와 금융 접근성에 의해, 기업가적 역량은 지식창조 및 확산과 기업가적 문화에 의해 영향을 받는 것으로 보았으며, 그 다음 단계에서 시장조건과 기업가적 역량이 신생기업의 탄생에 영향을 미치는 것으로 보았다. 시장조건과 기업가적 역량은 직접 신생기업의 탄생에 영향을 미치기도 하지만 직접 기업가 정신의 발현에도 영향을 미치는 것으로 보았다. 이는 다양한 연결고리에 따른 여러 차례의 추정결과를 바탕으로 모형을 구성한 것이다.[11]

본 모형에서 찾을 수 있는 기업가 정신의 결정요인과 성과 및 발현에서 대한 시사점은 다음과 같다.

첫째, 기업가 정신의 성과지표로 사용되는 신생기업의 탄생은 경제성장과 같은 기업가 정신의 발현에 큰 영향을 못 미치고 있다. 〈그림 1〉에서 계수 추정치는 0.09로서 통계적 유의성은 있으나 그 값의 크기가 매우 작다. 따라서 창업의 활성화의 경제성장이나 일자리창출에 대한 효과는 미미하다. 창업의 활성화는 직접 경제성장 등 기업가 정신의 발현에 영향을 준다기보다 미래에 이들 기업이 성장하여 경제성장에 영향을 미치는 것으로 보는 것이 타당하다. 이런 시차 문제를 구조방정식에 쉽게 반영하는 못하는 것이 현재로서는 아쉬운 점이다.

둘째, 신생기업의 탄생, 즉 기업가 정신의 성과지표는 결정요인의 하나인 기업

10 구조분석모형에서는 모형이 복잡해질수록 모형추정 과정에서 평가 통계량의 수렴을 얻는 데 많은 어려움이 있다. 이를 해결하기 위한 다양한 방법이 동원된다(Alan C Acock, 2013, chapter 3 참조).

11 모형의 분석과정에서는 수정계수를 이용하여 변수 간의 인과관계와 상관관계를 재조정함으로써 최종모형을 확정하게 된다.

그림 1 기업가 정신의 결정요인, 성과 및 발현 모형

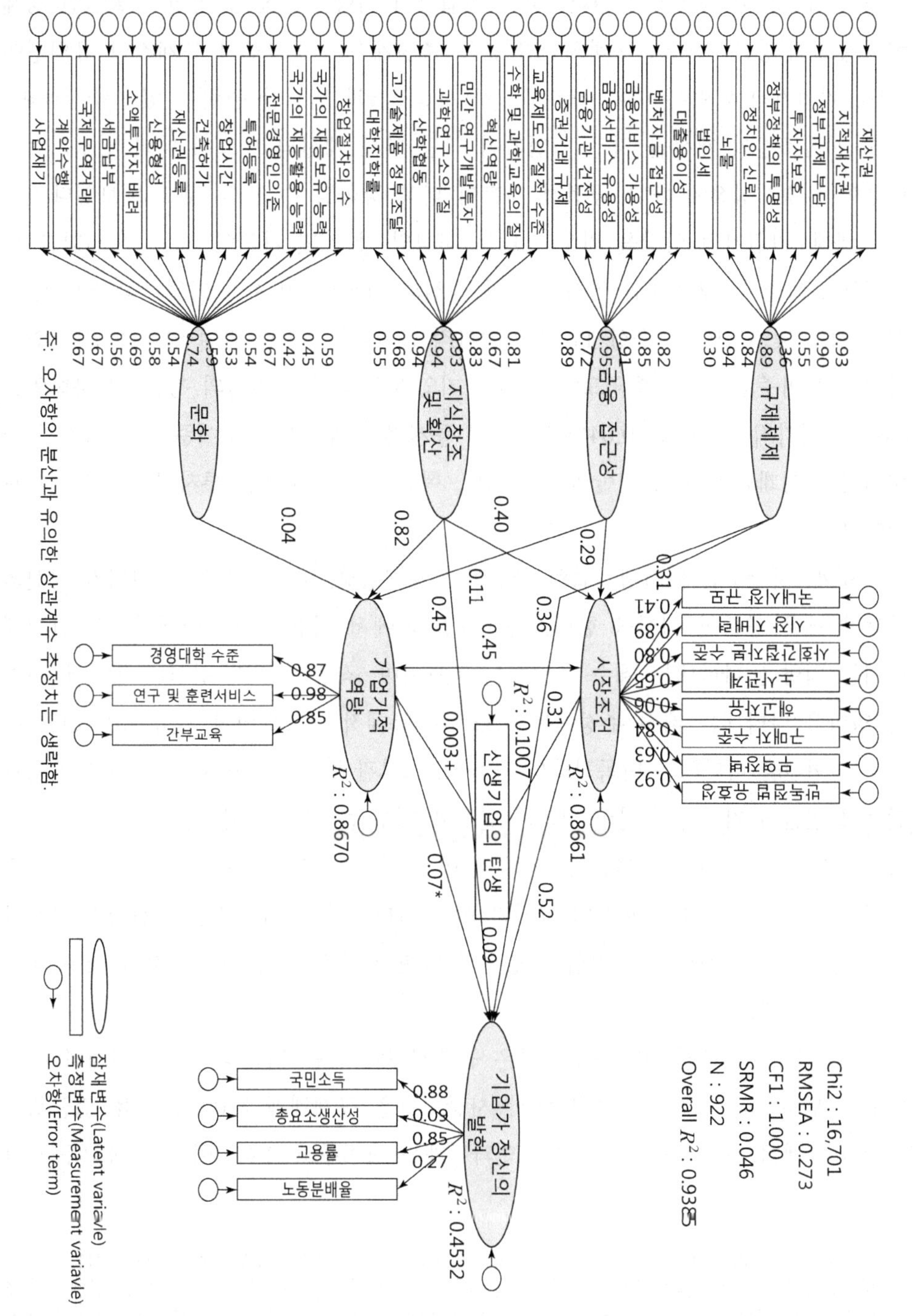

주: 1. 화살표 관련 수치는 표준화된 회귀계수를 나타내며, *는 1% 유의수준에서 통계적 유의성이 없음을 의미함.

가적 역량에 의해 큰 성과를 거두기 힘들다. 즉 〈그림 1〉에서 계수 추정치는 0.003이며 통계적으로 유의성이 없다. 또한 기업가적 역량은 기업가 정신의 발현인 경제성장에도 영향을 미치지 못하고 있다. 즉 추정계수는 0.07로서 통계적인 유의성이 없다. 기업가적 역량은 다른 하부구조인 시장조건과 밀접한 관련이 있어서(상관계수 0.45) 시장조건이 개선될 경우 기업가적 역량 역시 개선되고 그에 따라 신생기업의 탄생이나 경제성장에 대한 긍정적 역할이 더욱 강화될 수 있을 것으로 보인다.

셋째, 기업가적 역량을 키우는 데는 지식의 창조 및 확산이 매우 큰 역할을 하고 있다. 이들 두 구성개념 역시 기업가 정신의 결정요인이지만 기업가적 역량이 지식의 창조 및 확산이란 구성개념과 기업가적 문화라는 구성개념의 영향을 받는 인과관계를 보여주고 있다. 즉 〈그림 1〉에서 기업가적 역량은 지식의 창조 및 문화와는 0.82, 기업가적 문화와는 0.04의 정(+)의 통계적 인과관계를 보여준다. 기업가적 역량이란 구성개념은 사회 전반의 교육제도, 혁신역량, 연구개발 투자 등과 밀접한 관련이 있다.

넷째, 시장조건은 신생기업의 탄생이나 경제성장, 일자리창출 등 기업가 정신의 발현에 매우 중요한 역할을 한다. 즉 〈그림 1〉에서 시장조건이 신생기업의 탄생에 미치는 영향을 나타내는 계수 추정치는 0.31이며, 직접 기업가 정신의 발현에 미치는 영향을 나타내는 계수 추정치는 0.52로서 통계적으로 유의성을 가지고 있다. 이는 시장여건을 나타내는 반독점법의 효율성, 노사관계, 사회간접자본, 시장 지배력과 같은 요인들이 기업가 정신의 성과와 발현에 매우 큰 역할을 한다는 것을 의미한다. 즉 〈그림 1〉에서 시장조건의 관측변수인 이런 다양한 측정변수가 얼마나 중요한 요인이 될 수 있는지 해당 계수의 크기가 이를 나타낸다.[12] 시장조건은 신생기업의 탄생보다는 경제성장과 같은 기업가 정신의 발현에 직접 작용한다는 것도 매우 의미 있는 현상이다.

다섯째, 시장조건이란 구성개념은 규제체계와 금융 접근성이란 구성개념에 큰 영향을 받고 있다. 즉 〈그림 1〉에서 시장조건은 규제체계와 0.31, 금융 접근성과 0.29의 통계적으로 유의한 정(+)의 인과관계를 보여주고 있다. 이는 경제활동의 하

12 구조방정식 모형(SEM)에서의 확인적 요인분석(CFA)은 잠재변수의 측정변수와의 인과관계를 보여준다. 경제변수의 인과관계 설정 측면에서 이런 인과관계는 다소 불편한 것일 수 있다는 점에서 구조방정식 편회귀모형(Partial Least Squares Method: PLS)을 활용할 수 있으나 경제통계를 사용할 경우 상호 상관계수가 높아서(다중공선성 문제) 모형화하는 것이 매우 어렵다.

부구조를 형성하고 있는 규제체계와 금융 부분의 역할이 시장조건의 개선에 큰 영향을 미치며, 이는 신생기업의 탄생이나 경제성장 및 일자리창출에 영향을 미친다는 것을 의미한다. 기업가 정신의 성과와 발현에 있어서 규제체계와 금융 접근성이란 제도적 측면이 매우 중요한 역할을 한다는 것을 보여준다.

여섯째, 규제체계와 지식창조 및 확산은 각각 시장조건과 기업가적 역량에 영향을 미침으로써 신생기업의 탄생에 영향을 미치기도 하지만, 직접 기업가 정신의 발현에 큰 영향을 미치고 있다. 즉 〈그림 1〉에서 규제체계는 기업가 정신의 발현에 0.36, 지식창조 및 확산은 0.46의 통계적으로 유의한 정(+)의 영향을 미치고 있다.

일곱째, 본 연구에서 기업가 정신의 결정요인을 나타내는 6개 구성개념이 기업가 정신의 성과와 발현에 미치는 총 효과(total effect)를 살펴보았다. 총 효과는 직접

표 4　기업가 정신 결정요인, 기업가적 성과와 발현의 효과

경로			총효과 (Total effects)			간접효과 (Indirect Effects)		
			추정 계수	표준화 계수	t-값	추정 계수	표준화 계수	t-값
시장조건	←	규제체제	0.2377	0.3176	14.62			
	←	금융 접근성	0.3211	0.2878	14.09			
	←	지식창조 및 확산	0.3832	0.3981	18.86			
기업가적 역량	←	금융 접근성	0.1202	0.1080	5.89			
	←	지식창조 및 확산	0.7872	0.8193	41.34			
	←	기업가적 문화	0.0136	0.0404	1.71*			
기업가 정신의 성과	←	규제체제	0.5108	0.0997	4.37	0.5048	0.0985	4.36
	←	시장조건	2.1492	0.3139	4.58			
	←	금융 접근성	0.6932	0.0908	6.03	0.6970	0.0908	6.05
	←	지식창조 및 확산	0.8443	0.1281	3.68	0.8443	0.1287	3.7
	←	기업가적 역량	0.0263	0.0038	0.06*			
	←	기업가적 문화	0.0004	0.0002	0.06*	0.0003	0.0001	0.06*
기업가 정신의 발현	←	기업가 정신의 성과	332.2	0.0913	3.34			
	←	규제체제	3182.9	0.1707	7.95	3182.9	0.1707	7.95
	←	시장조건	13552.4	0.1178	9.41	713.9	0.0286	4.6
	←	금융 접근성	4604.7	0.1657	10.13	4604.7	0.1657	10.1
	←	지식창조 및 확산	6713.8	0.2800	8.98	6713.8	0.2800	9.0
	←	기업가적 역량	1888.1	0.0756	1.33*	8.7	0.0004	0.06*
	←	기업가적 문화	20.2	0.0002	1.05*	20.2	0.0002	1.05

주: *는 1%유의수준 하에서 유의미한 관계없음

적 효과(direct effect)와 간접적 효과(indirect effect)로 구성되어 있는데 직접적 효과는 하나의 화살표로 직접 연결되어 있는 관계의 크기를 나타내고, 간접효과는 다른 매개변수가 커져서 간접적으로 연결된 관계의 크기를 나타낸다.

이런 관계는 〈표 4〉에 제시되어 있다. 영향력의 크기는 표준화된 추정계수를 통해 비교할 수 있다. 기업가 정신의 성과 즉, 신생기업의 탄생에 미치는 영향을 보면 시장조건, 지식창조 및 확산, 규제체계, 금융 접근성의 순서로 큰 영향을 미치고 있음을 알 수 있다. 기업가적 역량과 문화는 큰 영향을 미치지 못하고 있다.

다음으로 기업가 정신의 발현에 대한 영향, 즉 경제성장, 일자리창출과 같은 거시경제변수에 미치는 영향을 보면 지식창조 및 확산, 규제체계, 금융 접근성, 시장조건, 창업 활성화, 기업가적 역량의 순서로 큰 영향을 미치고 있다. 따라서 창업에는 시장조건과 지식창조 및 확산이, 경제성장에는 지식창조 및 확산과 규제체계가 다른 요인들에 비해 중요한 역할을 하고 있다.

5. STATA를 이용한 실습

이상에서 설명한 짧은 내용으로 구조방정식 모형의 전반을 이해하기는 쉽지 않다. 경제학 분야에서는 그동안 잘 활용되지 않았으나 점차 여러 경제변수의 종합적인 인과관계를 규명하는 연구에 활용도가 높아질 것으로 기대된다.

독자들은 우선 구조방정식 모형과 관련하여 다소 생소한 개념을 이해할 필요가 있다. 아마 구조방정식 모형의 실증분석 과정에서 경험하게 될 수많은 시행착오를 통해 더욱 그 개념과 방법론에 익숙해질 것이다.

여기에서의 사례는 이런 과정을 보여주는 사례로서 독자들의 시행착오를 줄이는 데 많은 도움을 줄 것이다.

STATA 사례 5-6 기업가 정신의 결정요인과 성과분석을 위한 SEM모형 사례

```
* ***********************************************
* *** OECD 기업가정신 분석틀의 구조방정식 모형
* ***********************************************

/* 사용자 작성 모률 condisc, relicoef 인스톨 필요
* discriminant validity
ssc install http://fmwww.bc.edu/RePEc/bocode/c/condisc.pkg
* reliability coefficient
ssc install http://fmwww.bc.edu/RePEc/bocode/r/relicoef.pkg
*/

use finalnew, clear

global regulation "reg_ppty reg_ippty reg_budengov reg_invprt reg_transgp reg_trustpol reg_bribe"
global market "mkt_cortax mkt_antimon mkt_trbarr mkt_buyer mkt_freefire mkt_relale mkt_infra mkt_mktdom mkt_domsiz"
global finance "fin_accloan fin_vencap fin_afford fin_avail fin_soundbk fin_regsec"
global knowledge "knw_qtedus knw_math knw_capinnv knw_randd knw_qtsci knw_univind knw_govpro knw_tedu"
global activity "act_mba act_traser act_staftr"
global culture "cul_noprocd cul_nodays cul_relymg cul_patprod cul_female"
global performance "gdpper tfpidx emprate shlabor"

* ***********************************************
*  주요인 분석(Principal Component Analysis)
pca $regulation, comp(1) covariance
predict f1
pca $market, comp(1) covariance
predict f2
pca $finance, comp(1) covariance
predict f3
pca $knowledge, comp(1) covariance
predict f4
pca $activity, comp(1) covariance
predict f5
pca $culture, comp(1) covariance
predict f6
pca $performance, comp(1) covariance
predict f7

corr f1 f2 f3 f4 f5 f6 f7 newdensity
regress newdensity  f1 f2 f3 f4 f5 f6, beta
regress f7 newdensity  f1 f2 f3 f4 f5 f6, beta

* ***********************************************
* alpha테스트(크론바흐)
```

```
*  요인분석을 통해 로딩체크

* 규제체계
alpha $regulation, item label asis
factor $regulation, factors(1)
predict fact1
histogram fact1

* 시장조건
alpha $market, item label asis
factor $market, factors(1)
predict fact2
histogram fact2

* 금융 접근성
alpha $finance, item label asis
factor $finance, factors(1)
predict fact3
histogram fact3

* 지식창조 및 확산
alpha $knowledge, item label asis
factor $knowledge, factors(1)
predict fact4
histogram fact4

* 기업가적 역량
alpha $activity, item label asis
factor $activity, factors(1)
predict fact5
histogram fact5

* 기업가적 문화
alpha $culture, item label asis
factor $culture, factors(1)
predict fact6
histogram fact6

* 기업가 정신의 발현
alpha $performance, item label asis
factor $performance, factors(1)
predict fact7
histogram fact7

* *************************************************
* CFA분석을 통해 모형 적합도, 상관관계, 수정계수 검토,
* 모형적합도 평가는 중요하므로 매뉴얼 pp.23-24 참조

* 규제체계
sem (Regu->$regulation)
```

```
sem (Regu->$regulation), standardized
sem (Regu->$regulation)                      ///
  , standardized                             ///
    cov(e.reg_ppty*e.reg_ippty)              ///
    cov(e.reg_budengov*e.reg_transgp)        ///
    cov(e.reg_budengov*e.reg_trustpol)
predict pp1, lat
relicoef
condisc
estat gof, stat(all)
estat framework, fitted
estat residuals
estat mindices

* 시장조건
sem (Mket->$market)
sem (Mket->$market), standardized
sem (Mket->$market)                      ///
  , standardized                         ///
    cov(e.mkt_freefire*e.mkt_relale) ///
    cov(e.mkt_buyer*e.mkt_domsiz)
predict pp2, lat
relicoef
condisc
estat gof, stat(all)
estat framework, fitted
estat residuals
estat mindices

* 금융접근성
sem (Fin->$finance)
sem (Fin->$finance), standardized
sem (Fin->$finance), standardized      ///
    cov(e.fin_accloan*e.fin_vencap)    ///
    cov(e.fin_accloan*e.fin_avail)     ///
    cov(e.fin_afford*e.fin_avail)
predict pp3, lat
relicoef
condisc
estat gof, stat(all)
estat framework, fitted
estat residuals
estat mindices

* 지식창조 및 확산
sem (Know->$knowledge)
sem (Know->$knowledge), standardized
sem (Know->$knowledge), standardized ///
    cov(e.knw_qtedus*e.knw_math)       ///
    cov(e.knw_capinnv*e.knw_randd)   ///
```

```
    cov(e.knw_govpro*e.knw_tedu)        ///
    cov(e.knw_qtsci*e.knw_univind)      ///
    cov(e.knw_math*e.knw_tedu)
predict pp4, lat
relicoef
condisc
estat gof, stat(all)
estat framework, fitted
estat residuals
estat mindices

* 기업가적 역량
sem (Act->$activity)
sem (Act->$activity), standardized
predict pp5, lat
relicoef
condisc
estat gof, stat(all)
estat framework, fitted
estat residuals
estat mindices

* 기업가적 문화
sem (Cul->$culture)
sem (Cul->$culture), standardized         ///
    cov(e.cul_noprocd*e.cul_nodays)       ///
    cov(e.cul_relymg*e.cul_patprod)
predict pp6, lat
relicoef
condisc
estat gof, stat(all)
estat framework, fitted
estat residuals
estat mindices

* 기업가 정신의 발현
sem (Performance->$performance)
sem (Performance->$performance), standardized
predict pp7, lat
relicoef
condisc
estat gof, stat(all)
estat framework, fitted
estat residuals
estat mindices

* **************************************************
* 주성분 분석, 요인분석, CFA를 이용하여 구한 잠재변수와
* 측정변수를 이용하여  3SLS로 추정
reg3 (f1 $regulation)  (f2 $market) (f3 $finance)     ///
```

```
    (f4 $knowledge) (f5 $activity) (f6 $culture)  ///
    (newdensity f1-f6) (f7 newdensity f1-f6)

reg3 (pp1 $regulation) (pp2 $market) (pp3 $finance) ///
    (pp4 $knowledge) (pp5 $activity) (pp6 $culture) ///
    (newdensity f1-f6) (pp7 newdensity pp1-pp6)

reg3 (fact1 $regulation) (fact2 $market) (fact3 $finance)  ///
    (fact4 $knowledge) (fact5 $activity) (fact6 $culture) ///
    (newdensity f1-f6) (fact7 newdensity fact1-fact6)

* *************************************************
* 전체 모형을 SEM 모형으로 추정(초기모형, 수렴화 실패)
* MI를 이용한 교란항간 상관관계 지정 매우 중요!(생략)
sem (Regu->$regulation) (Mket->$market) (Fin->$finance)  ///
    (Know->$knowledge) (Act->$activity) (Cul->$culture)  ///
    (Performance->$performance)                          ///
    (newdensity<-Regu Mket Fin Know Act Cul)             ///
    (Performance<-newdensity Regu Mket Fin Know Act Cul) ///
  , latent(Regu Mket Fin Know Act Cul Performance)       ///
    standardized method(mlmv)  iterate(200)
predict q1 q2 q3 q4 q5 q6, lat(Regu Mket Fin Know Act Cul)
estat mindices
estat eqgof
estat gof
estat teffects

* *************************************************
* 전체모형 SEM 추정(2단계 인과관계 구성, 수렴화 실패)
* MI를 이용한 교란항간 상관관계 지정 매우 중요!(생략)
* Initial value invisible!!: Perform 잠재변수 포함할 경우
sem (Regu->$regulation) (Mket->$market) (Fin->$finance)   ///
    (Know->$knowledge) (Act->$activity) (Cul->$culture)  ///
    (Performance->$performance)                           ///
    (Mket<-Regu Fin)                     ///
    (Act<-Know Cul)                      ///
    (newdensity<-Mket  Act)              ///
    (Performance<-newdensity Mket Act)    ///
  , latent(Regu Mket Fin Know Act Cul Performance) ///
    standardized  method(mlmv) iterate(200)

predict q1 q2 q3 q4 q5 q6, lat(Regu Mket Fin Know Act Cul)
estat mindices
estat eqgof
estat gof
estat teffects

* *************************************************
* 전체 모형을 SEM 모형으로 추정(2단계의 인과관계로 구성)
* MI를 이용한 교란항간 상관관계 지정 매우 중요!(생략)
```

```
* Perform 잠재변수대신 일인당 GDP를 기업가 정신의 발현변수
sem (Regu->$regulation) (Mket->$market) (Fin->$finance)  ///
     (Know->$knowledge) (Act->$activity) (Cul->$culture) ///
     (Performance->$performance)                         ///
     (Mket<-Regu Fin)              ///
     (Act<-Know Cul)               ///
     (newdensity<-Mket  Act)       ///
     (gdpper<-newdensity Mket Act) ///
   , latent(Regu Mket Fin Know Act Cul Performance) ///
     standardized method(mlmv) iterate(200)

predict q1 q2 q3 q4 q5 q6, lat(Regu Mket Fin Know Act Cul)
estat mindices
estat eqgof
estat gof
estat teffects
```

글로벌 밸류체인과 총요소생산성

1. 글로벌밸류체인의 개념

글로벌 밸류체인(Global Value Chain: GVC)이란 국가 간 기업이나 근로자가 상품을 개념화(conceptualization)하는 단계부터 최종사용 또는 그 이상의 단계(가령 회수)까지 이동하는 데 필요한 전반적인 활동을 의미한다. 최근 국가 간에 상품생산에 있어서 다양한 공정이 나누어져 이루어지는 현상, 즉 "국가 간 생산의 분절화(international fragmentation of production)"현상을 설명하는 용어라고 할 수 있다.[1]

따라서 글로벌 밸류체인은 국가 간에 특정 상품의 생산보다는 상품생산에서 특정 "작업(tasks)"이나 경영 활동에 전문화되고 있는 현상을 나타낸다. 즉, 글로벌 구매자와 글로벌 공급자가 존재하는 국가 간 네트워크의 역할을 강조하는 개념이다.

2000년대부터 국제경제 이론에서 무역과 산업조직을 부가가치 체인의 개념으로 분석하면서 글로벌 밸류체인이란 용어가 본격적으로 사용하기 시작하였다. 특히 Gereffi et al.(2005)에 의해 글로벌 밸류체인의 분석을 위한 이론적 기초가 완성되었다.[2]

1 본 장의 주요 내용과 방법론들은 필자의 "제3장 글로벌 밸류체인으로 본 한·일 산업협력과 패러다임 변화,"『한일산업협력 패러다임의 변화와 과제』, 산업연구원, pp. 106-148에서 발췌한 것이다.

2 www.globalvaluechains.org "Global Value Chains(GVCs) include the full range of activities that are required to bring a product from its conception to its end use and beyond(e.g. design,

경제학계에서 글로벌 밸류체인이란 개념은 2000년대 초반 이후 본격적으로 소개되기 시작하였고 세계 경제의 다양한 특성을 설명하고 있다. 이를 위해 세계의 다양한 기관에서 국가 간 무역 흐름을 고려한 국제 산업연관표가 작성되고, 이는 다양한 연구 분야에서 크게 활용되고 있다.

(1) 글로벌 밸류체인의 개념의 확산

경제학 분야에서 글로벌 밸류체인이란 개념이 크게 활용되기 시작한 이유로는 다음의 3가지를 들 수 있다.[3]

첫째, 무역비용의 감소와 생산의 분절화를 들 수 있다.[4] 생산의 분절화에는 교역비용(trade cost)의 감소가 큰 역할을 하였다. 기업이 부담하게 되는 무역비용은 상품이나 서비스가 생산되는 공장에서부터 최종 소비자들에 이르는 과정에서 발생하는 전체비용을 말한다. 무역비용이 많이 감소함으로써 국제간 생산의 분절화가 크게 진전될 수 있었다.

둘째, 신흥경제권, 특히 중국경제의 부상을 들 수 있다. 무역비용의 감소나 생산의 분절화는 공급 측면에서 글로벌 밸류체인을 활성화했는데, 중국경제의 부상은 수요측면에서 글로벌 밸류체인을 활성화하였다. 세계 경제는 최근 20~30년간 극적으로 변화하였는데 특히 중국을 비롯한 아시아 신흥경제권의 출현은 세계의 전반적 수요를 증가시키면서 국제간 무역거래를 보다 활발하게 하였다.

셋째, 또 다른 이유는 경제정책의 관점이 크게 변화하였기 때문이다. 전통적 제조업 강국에서 제조업의 고용과 임금감소가 초래되면서, 특히 2008년 미국의 금융위기 이후 실업증가, 임금수준의 정체로 인해 새로운 산업정책과 무역보호주의가 제기되기 시작하였다. 이런 이유 때문에 국제간 글로벌 밸류체인의 개념이 더욱 큰 관심을 끌게 되었다.

---

production, distribution). Value chain activities can be contained within a single firm or divided among different firms, and can be contained with it."

3 OECD(2012), *Mapping Global Value Chains*, December, The OECD Conference Centre, Paris.

4 Alan V. Deardorff(1998), *Fragmentation across Cones, Research Seminar in International Economics*, Discussion Paper No. 427.; Jones, R. and H. Kierzkowski(2001). "A framework for fragmentation". In: S. Arndt and H. Kierzkowski(eds), *Fragmentation: New Production Patterns in the World Economy*, New York: Oxford University Press, pp. 17-34.

특히 생산의 글로벌화와 더불어, 전통적 무역통계가 경제성장이나 국민소득에 대한 무역의 중요성에 대해 잘못된 의미를 전달하고 있다는 의구심이 생겼다. 통상 무역의 흐름은 통관기준 수출입 총액의 개념으로 측정되는데 생산의 글로벌화 진행됨에 따라 특정 국가에서 생산되는 생산물의 가치는 추가적인 생산공정을 위해 여러 번 국경을 넘나들게 되므로 이는 중복 계산된다.

국제간 무역 흐름을 통관기준으로 집계하는 것은 국가 간 점증하는 상호관계, 공급체인의 분석, 글로벌 생산네트워크의 분석에서 필요한 작업이다. 하지만 수출의 총 흐름을 국내 부가가치, 국민소득, 이윤, 임금수준과 연계할 때에는 잘못된 정보를 전달할 수 있다.

가령 생산자들은 수출상품의 생산을 위해서는 국내 제조업자로부터 상당한 양의 중간재를 조달받지만 동시에 상당량의 중간재를 외국으로부터 수입해야 한다. 따라서 생산에 필요한 중간재 수입품을 구매하는 과정에서 수출업자들의 부가가치는 상당 부분 외국으로 이전된다. 따라서 수출국에는 단지 추가로 부가된 한계수익만을 남겨놓게 된다. 이런 측면에서 오늘날 국제거래가 일어나는 많은 상품은 특정 국가가 제조한 것이 아니라 전 세계가 생산한 "메이드 인 더 월드(Made in the World)"라고 할 수 있다.

(2) 국가 간 무역수지, 수출 경쟁력의 재평가

글로벌 밸류체인의 개념이 중요시된 이유를 보여주는 많은 연구가 있다. 구체적으로 특정 상품의 원가구성을 분석하여 국별 기여도를 측정한 연구나, 통관기준 무역수지가 아닌 부가가치의 무역을 통해 국가 간 무역수지를 분석한 사례들이다.

가령 Dedrick et al.(2010)에 의하면, 과거 중국에서 조립되었던 미국 애플사(Apple)의 아이팟(iPod) 공장도 가격은 144달러이지만, 이 중에서 중국에서 부가된 부가가치는 10%가 되지 않았다고 한다. 이 중 약 100달러의 부품은 일본으로부터 수입되고, 나머지 많은 부품은 미국이나 한국에서 수입된 것이라고 한다.[5] 또한 Linden et al.(2009)과 Marcel Timmer(2010)는 아이팟의 사례를, Linden et al.(2011)

---

5 Dedrick, J., K.L. Kraemer and G. Linden(2010). "Who profits from innovation in global value chains?: a study of the iPod and notebook PCs," *Industrial and Corporate Change* 19(1), pp. 81-116.

은 아이패드(iPad)의 사례를 분석하여 비슷한 결과를 제시하고 있다. 또한 Jason Dedrick et al.(2008)은 아이팟과 노트북의 원가구성을 분석하였는데 역시 이와 비슷한 모습을 보여주고 있다.[6] 특히 Xing et al.(2010)의 아이폰4(iPhone 4) 사례분석에 의하면, 중국에 있는 대만업체인 팍스콘(Foxconn)에서 만든 아이폰4의 공장도 가격은 187.5달러인데 사용된 각 부품의 공급처별 구성비를 보면 대만이 11%, 독일 8.6%, 한국 42.7%, 미국 12.2%를 차지하며, 조립 국인 중국이 창출한 부가가치는 이 중 미미한 수준에 불과하다고 하였다.[7]

하지만 이런 원가구성 역시 국가별 기여도를 정확히 반영하는 것은 아니다. 아이폰 생산에 사용된 부품의 공급국 역시 특히, 한국은 이런 부품들을 제조하기 위해 일본 등 다른 나라로부터 수입된 중간재나 부품을 사용하기 때문이다. 이런 모든 것을 완전히 분해하여 국별로 부가가치 구성을 계산하는 것은 현실적으로 불가능하다.

또 다른 연구사례는 구체적인 국별 기여도를 보여주고 있다. Jason Dedrick e. al.(2008)에 의하면, 중국에서 생산되었던 소매가격 299달러 iPod의 부가가치 구성을 보면 공장도 가격은 150달러인데 이 중 중국의 기여율은 1.7%로서 5달러에 불과하며, 미국의 소매상이 23%인 69달러, 애플사는 26.8%인 80달러를 차지한다고 하였다.[8]

이상의 사실들은 만약 통관기준 무역액 기준으로 국가 간 무역수지를 평가하거나, 수출 경쟁력, 산업협력 현황을 파악한다면 매우 잘못된 정보를 얻을 수 있다는 것이다. 바로 이런 문제점들을 체계적으로 해결하기 위해 세계의 많은 기관에서는 국제산업연관표의 작성이 필요하다고 인식하고, 이를 위해 노력하기 시작하였다. 그에 따라 국제산업연관표를 활용한 연구가 점차 활발해지고 있다.

최근 국제산업연관표를 이용하여 국가 간 부가가치 무역을 계산하고 이를 통해 국가 간 무역수지를 연구한 사례가 많이 발표되고 있다. 세계무역기구(WTO)는 2008

---

6 Linden, G., K. L. Kraemer and J. Dedrick(2009). "Who captures value in a global innovation network? The case of Apple's iPod," *Communications of the ACM* 52(3), pp. 140-144.; Marcel Timmer(2010), *Measuring Global Value Chains with the WIOD*, OECD Conference.; Linden, G., K. L. Kraemer and J. Dedrick(2011). "Who captures value in the Apple iPad?" Mimeo.

7 Xing, Y. and N. Detert(2010), "How the iPhone widens the United States trade deficit with the People's Republic of China," ADBI Working Paper Series No. 257, December.

8 Jason Dedrick et. al.(2008), *Who Profits from Innovation in Global Value Chains? A Study of the iPod and notebook PCs*, Prepared for the Sloan Industry Studies Annual Conference Boston, MA May.

년 미국과 중국의 무역수지를 부가가치 무역으로 평가할 경우 통관기준 무역수지의 40%에 불과하다고 하였다.[9] USITC에서도 비슷한 연구결과를 발표하고 있다. 가령 EU 15개국과 중국의 부가가치 무역수지는 통관기준의 약 50%에 불과하며, 일본과 중국의 부가가치 무역수지는 총량 기준 흑자에서 적자로 반전된다고 하였다.[10] 그 외의 많은 연구도 미국과 중국 간의 무역적자 규모를 부가가치로 측정할 경우 총량 기준 무역적자보다 15~20% 감소할 것이라고 주장하고 있다.[11]

한국은행의 연구에 의하면, 한국의 대중국 수출 비중은 부가가치 기준으로 하면 총량 기준 29.2%에서 부가가치 기준 20.2%로 하락하게 된다고 한다.[12] 필자의 연구에 의하면 2011년 기준 한국의 대중국 흑자 규모는 통관기준으로 478억 달러 흑자였으나, 부가가치 무역으로는 20.2%에 불과한 97억 달러 흑자였다.[13]

2. 분석 방법론

많은 연구자가 세계적인 생산의 분절화 현상을 반영한 무역통계의 측정문제에 대해 언급하고 있다. 지금 작성되고 있는 무역통계의 보완통계로서 새로운 무역통계의 개발이 필요하다고 인식하기 때문이다. 그런 점에서 광범위하게 인정되고 있는 공식통계에 기반을 둔 새로운 방법론을 구축하기 위한 다양한 접근방법이 필요하다.

---

9 WTO and Commission des Finances du Sénat(2011), "Globalization of industrial production chains and measurement of trade in value added," Conference proceedings, Geneva.

10 Koopman, R., W. Powers, Z. Wang and S. J. Wei(2011). *Give credit to where credit is due: tracing value added in global production chains*, NBER Working Papers Series 16426.

11 Hummels, D., J. Ishii, and K. M. Yi(2001), "The nature and growth of vertical specialization in world trade," *Journal of International Economics* 54, pp. 75-96.; Trefler, D. and S. Zhu(2010), "The structure of factor content predictions," *Journal of International Economics* 82, pp. 195-207.; Daudin, G., C. Rifflart and D. Schweisguth(2011), "Who produces for whom in the world economy?" *Canadian Journal of Economics* 44(4), pp. 1403-1437.; Johnson, R. C. and G. Noguera(2012), "Accounting for Intermediates: Production sharing and trade in value added," *Journal of International Economics*, Vol. 86 Issue 2, pp. 224-236.

12 이우기·이인규·홍영은(2013), "국제산업연관표를 이용한 우리나라의 Global Value Chain 분석," 이슈페이퍼, No. 2013-4, 한국은행.

13 박승록(2014), 『부가가치 기준 통계를 활용한 통상정책 추진방안』, 산업통상자원부, pp. 28-29.

이런 시도의 하나로 세계 여러 기관에서는 국제산업연관표 작성을 위한 프로젝트를 수행되고 있다.[14]

본서에서의 사례분석에 활용되고 있는 세계투입산출데이터베이스(The World Input-Output Database: WIOD)는 비교적 다양한 국가, 세분된 산업 수준에서 작성된 자료로서 여러 국가의 산업연관표와 무역통계를 결합한 것이다. 따라서 특정 국가에서의 상품생산을 위한 중간재로서의 다른 상품을 사용하는 내역이 상품의 원산지에 따라 나누어져 작성되고, 각 국가에서의 중간재와 최종재에 대한 상품의 흐름이 국내에서 생산된 부분과 수입된 부분으로 나누어져 파악될 수 있다.

글로벌 밸류체인을 정확하게 분석하기 위해서는 이런 생산, 요소투입, 산업별 중간재 투입의 국내 또는 해외조달에 대한 자료가 필요하다. 이런 자료를 통합적으로 제시하고 있는 것이 바로 세계산업연관표이다.[15]

세계산업연관표를 이용한 글로벌 밸류체인을 분석을 통해 통관기준 무역 총량이 아닌 개별국가가 창출한 순수한 가치인 부가가치 무역을 계산할 수 있다. 또한, 이를 통해 부가가치 무역, 무역 경쟁력 현황, 산업 내 무역, 순수한 무역수지 등도 재평가할 수 있다.

이런 부가가치 무역뿐만 아니라 전후방으로의 글로벌 밸류체인에 대한 참여 정도를 파악한다면, 무역과 총요소생산성의 인과관계 분석을 대체하여 부가가치 무역과 총요소생산성, 글로벌 밸류체인에의 참여 정도와 총요소생산성의 인과관계에 대한 분석이 가능하게 된다. 그동안 무역과 생산성에 관한 연구는 비교적 활발하였지만, 글로벌 밸류체인을 생산성 분석에 활용하는 연구는 이제 시작단계에 있다.

여기에서는 세계산업연관표를 이용하여 글로벌 밸류체인을 분석함으로써 부가가치 무역, 글로벌 밸류체인에 대한 참여 정도를 측정하는 과정에 대해 살펴보고자 한다.

---

14 지금까지 작성된 국제산업연관표에는 시드니 대학의 AISHA 프로젝트, 일본개발경제연구소(IDE-JETRO)의 아세안 투입-산출표, 세계 18개 대학, 유럽, 중국, 인도지역 연구소의 EXIOPOL 프로젝트, 퍼듀대학, 27개 기관 컨소시엄의 GTAP 프로젝트, OECD의 OECD 국가 간 투입산출 데이터베이스 프로젝트, 그로닝겐 대학과 11개 기관 컨소시엄의 세계투입산출 데이터베이스(WIOD)가 있다. 이 중 장기간에 걸친 시계열 자료를 제공하는 것은 마지막 세계투입산출 데이터베이스이다.

15 Timmer, M., A. A. Erumban, J. Francois, A. Genty, R. Gouma, B. Los, F. Neuwahl, O. Pindyuk, J. Poeschl, J. M. Rueda-Cantuche, R. Stehrer, G. Streicher, U. Temurshoev, A. Villanueva, and G. J. d. Vries(2012), *The World Input-Output Database(WIOD): Contents, sources and methods,* WIOD Background document available at www.wiod.org.

(1) 분석 가능 국가, 기간, 산업분류

세계의 여러 국가를 포함하면서 비교적 장기간에 걸친 시계열 자료를 제공해주는 국제산업연관표는 세계투입산출데이터베이스(WIOD)이다.[16] 최근 작성된 자료는 44개 국가의 56개 산업에 대해 2000~2014년간 시계열 자료를 제공해준다.[17] 따라서 세계투입산출데이터베이스(WIOD)의 자료가 연구목적으로 사용하는 데 편리하다.

다만 국가와 산업 수가 많아 데이터 세트의 크기가 매우 커서 실증분석에 많은 어려움이 있다. 특히 많은 데이터 용량을 소화할 수 있는 통계소프트웨어가 필요하고, 연산과정에서도 많은 어려움이 있다.

(2) 부가가치 무역의 분석모형

글로벌 밸류체인의 분석을 위해 산업연관 분석법을 이용할 경우 두 가지 개념을 분명히 구분해야 한다. 첫째, "부가가치의 무역(trade in value added)"이란 개념이다. 이는 특정 국가의 소비(final consumption)에 포함된 다른 나라의 부가가치의 양을 의미한다. 이 경우 다른 나라는 특정 국가에 부가가치를 수출한 것이 된다.

둘째, "무역의 부가가치(value added in trade)"란 개념이다. 어떤 나라의 총수입에 포함된 다른 나라 부가가치의 양, 또는 어떤 나라의 총수출에 포함된 다른 나라 부가가치의 양을 의미한다.[18] 다소 혼란스러운 두 개념은 아래 수식을 이용하여 자세히 설명할 수 있다.

이런 이론적 차이에도 불구하고 실제 두 개념이 서로 혼용되어 사용되기도 한다. 무역 총량으로는 두 측정치가 같은 양을 보이기 때문에 총량으로 볼 때는 명확하게 구분되지 않고 같은 의미로 사용될 수 있다.[19] 통상 전자인 부가가치의 무역 개념으로는 분석대상 국가 간 교역 현황과 경쟁력을 파악할 수 있고, 후자인 무역의 부가가치 개념으로는 산업별 글로벌 밸류체인의 분석이 가능하다.

우선 부가가치의 무역을 계산하기 위한 방법론을 살펴보자. 일반적인 표현으로

---

16 http://www.wiod.org/home 참고.

17 이들 국가의 GDP는 세계 전체 GDP의 약 85% 이상을 포함한다.

18 Robert Stehrer(2012), *Trade in Value Added and the Valued Added in Trade, the Vienna Institute for International Economic Studies(wiiw),* Working Paper 81, pp. 1-19.

19 Robert Stehrer(2012) pp. 2-8에서 이를 수학적으로 증명하고 있다.

C개 국가, G개 산업으로 구성된 산업연관모형을 살펴보자. 기본적인 산업연관표상의 균형식은 다음과 같이 나타낼 수 있다.

$$x = Ax + f = Lf \quad \cdots\cdots 1$$

여기서 x는 $CG\times 1$의 총산출 벡터, A는 어떤 한 나라에서 특정 산업 총생산물 1단위를 생산하는 데 필요한 각 요소의 양을 나타내는 $CG\times CG$ 차수의 투입산출계수를 나타낸다. 그리고 f는 $CG\times 1$의 최종수요 벡터를 나타낸다. 이 방정식의 두 번째 항의 L은 레온티에프 역행렬(Leontief inverse)로서 $(I-A)^{-1}$를 나타낸다.

이 식에서 부가가치 무역의 개념을 더욱 쉽게 이해하기 위해, 일반화된 모형의 특징을 훼손하지 않으면서 단순화하여 즉, r, s, t의 3개 국가가 있다고 가정하자. 이상의 식을 부분 행렬식(partitioned matrix)으로 다시 기술하면 다음과 같다.[20]

$$\begin{pmatrix} X^r \\ X^s \\ X^t \end{pmatrix} = \begin{pmatrix} A^{rr} & A^{rs} & A^{rt} \\ A^{sr} & A^{ss} & A^{st} \\ A^{tr} & A^{ts} & A^{tt} \end{pmatrix} \begin{pmatrix} X^r \\ X^s \\ X^t \end{pmatrix} + \begin{pmatrix} f^r \\ f^s \\ f^t \end{pmatrix} = \begin{pmatrix} L^{rr} & L^{rs} & L^{rt} \\ L^{sr} & L^{ss} & L^{st} \\ L^{tr} & L^{ts} & L^{tt} \end{pmatrix} \begin{pmatrix} f^{rr} & f^{rs} & f^{rt} \\ f^{sr} & f^{ss} & f^{st} \\ f^{tr} & f^{ts} & f^{tt} \end{pmatrix} \quad \cdots\cdots 2$$

여기에서 X^c $(c=r,\ s,\ t)$는 c국가 $G\times 1$의 총산출 벡터, L^{cd}은 레온티에프 역행렬의 $G\times G$ 부분행렬, f^{cd}는 c국가에 대한 d국가의 $G\times 1$ 최종수요 벡터를 나타낸다. 최종수요 벡터에서는 c국에서 생산된 상품의 최종수요(국내소비와 수출포함), 즉 $f^c = f^{cr} + f^{cs} + f^{ct}$와 c국의 최종수요(국내소비와 수입포함), 즉 $f^{*c} = (f^{rc\prime},\ f^{sc\prime},\ f^{tc\prime})'$를 구분하는 것이 이해에 도움이 된다. 전자는 f^{cd}벡터에서 첫 번째 원소를 나타내고, 후자는 각 원소의 순차별 항으로 구성된 벡터를 말한다.

이상의 식에 부가가치 계수(value added coefficient)로 구성된 대각행렬 A_v를 곱하면 최종수요의 부가가치 창출액이 계산된다. 즉,

---

20 기본적으로 Robert Stehrer(2012)의 표기법에 따라 설명하고자 한다. 이와 유사한 방법론의 표기는 최낙균·한진희(2012), 『무역이 고용 및 부가가치에 미치는 영향 분석과 정책 시사점』, 대외경제정책연구원, pp. 78-86이나 이우기·이인규·홍영은(2013), "국제산업연관표를 이용한 우리나라의 Global Value Chain 분석," 이슈페이퍼, No. 2013-4, 한국은행에서도 찾을 수 있다.

$$VA = \begin{pmatrix} v^{rr} & 0 & 0 \\ 0 & v^{ss} & 0 \\ 0 & 0 & v^{tt} \end{pmatrix} \begin{pmatrix} L^{rr} & L^{rs} & L^{rt} \\ L^{sr} & L^{ss} & L^{st} \\ L^{tr} & L^{ts} & L^{tt} \end{pmatrix} \begin{pmatrix} f^{rr} & f^{rs} & f^{rt} \\ f^{sr} & f^{ss} & f^{st} \\ f^{tr} & f^{ts} & f^{tt} \end{pmatrix} \quad \cdots\cdots 3$$

이 식에서 부가가치 기준 무역의 개념을 보다 이해하기 쉽도록 r국의 부가가치 수출을 다음과 같이 정의해보자.

$$TVA_X^r = \begin{pmatrix} v^{rr} & 0 & 0 \\ 0 & 0 & 0 \\ 0 & 0 & 0 \end{pmatrix} \begin{pmatrix} L^{rr} & L^{rs} & L^{rt} \\ L^{sr} & L^{ss} & L^{st} \\ L^{tr} & L^{ts} & L^{tt} \end{pmatrix} \begin{pmatrix} 0 & f^{rs} & f^{rt} \\ 0 & f^{ss} & f^{st} \\ 0 & f^{ts} & f^{tt} \end{pmatrix} \quad \cdots\cdots 4$$

즉, r국의 다른 나라에 대한 부가가치 수출은 s국과 t국의 최종수요를 충족하기 위해 r국에서 창출된 부가가치를 말한다.

마찬가지로 r국의 부가가치 수입을 정의하면 다음 식과 같아진다.

$$TVA_M^r = \begin{pmatrix} 0 & 0 & 0 \\ 0 & v^{ss} & 0 \\ 0 & 0 & v^{tt} \end{pmatrix} \begin{pmatrix} L^{rr} & L^{rs} & L^{rt} \\ L^{sr} & L^{ss} & L^{st} \\ L^{tr} & L^{ts} & L^{tt} \end{pmatrix} \begin{pmatrix} f^{rr} & 0 & 0 \\ f^{sr} & 0 & 0 \\ f^{tr} & 0 & 0 \end{pmatrix} \quad \cdots\cdots 5$$

즉, r국의 다른 나라로부터의 부가가치 수입액은 r국의 최종수요를 충족하기 위해 s국과 t국에서 창출된 부가가치를 말한다.

이처럼 부가가치 수출과 수입이 정의되면 특정국, 가령 r국의 부가가치 무역수지는 다음과 같이 정의된다.

$$TVA_N^r = TVA_X^r - TVA_M^r \quad \cdots\cdots 6$$

(3) 국별 수출의 부가가치(Value Added in Trade) 구성

두 번째 개념인 수출의 부가가치는 어떤 한 나라의 총수출과 총수입에 포함되어 부가가치의 국별 구성을 측정하기 위해 사용된다. 따라서 어떤 한 나라의 총수출과 총수입에 포함된 국내 또는 해외 부문의 부가가치를 구분하는 것이 가능하다.

만약 r국의 관점에서 무역의 부가가치 구성을 파악하기 위한 방법론을 살펴보자.[21] 우선 총 무역은 다음과 같은 행렬로 나타낼 수 있다.

$$t^{rc}=\begin{pmatrix} f^{rs}+f^{rt} \\ -f^{sr} \\ -f^{tr} \end{pmatrix} \quad \cdots\cdots 7$$

여기서 t^{rc}는 c국의 r국으로부터 수입 또는 r국의 c국에 대한 수출을 나타낸다. r국의 수입에는 부(−)의 값을 부여하였다. 주의해야 할 것은 무역 벡터는 최종재와 중간재에 대한 무역을 모두를 포함하고 있다는 것이다.

이때 무역의 부가가치는 다음 식으로 구해질 수 있다. 즉,

$$t^{r}_{VAiT}=\begin{pmatrix} v^{rr} & 0 & 0 \\ 0 & v^{ss} & 0 \\ 0 & 0 & v^{tt} \end{pmatrix}\begin{pmatrix} L^{rr} & L^{rs} & L^{rt} \\ L^{sr} & L^{ss} & L^{st} \\ L^{tr} & L^{ts} & L^{tt} \end{pmatrix}\begin{pmatrix} f^{rs}+f^{rt} \\ -f^{sr} \\ -f^{tr} \end{pmatrix} \quad \cdots\cdots 8$$

(4) 최종재 수출의 글로벌 밸류체인 분석

무역의 부가가치 계산식을 보다 단순화하여 최종재 수출로 국한하여 그 효과를 구하면 각국에 유발된 부가가치를 측정할 수 있다. 가령 r국의 최종재 수출로 인해 각 국가에 유발되는 부가가치는 다음과 같이 구할 수 있다.[22] 즉,

$$vc_r=\begin{pmatrix} v^{rr} & 0 & 0 \\ 0 & v^{ss} & 0 \\ 0 & 0 & v^{tt} \end{pmatrix}\begin{pmatrix} L^{rr} & L^{rs} & L^{rt} \\ L^{sr} & L^{ss} & L^{st} \\ L^{tr} & L^{ts} & L^{tt} \end{pmatrix}\begin{pmatrix} f^{rs}+f^{rt} \\ 0 \\ 0 \end{pmatrix}=\begin{pmatrix} vc^{r}_{r} \\ vc^{s}_{r} \\ vc^{t}_{r} \end{pmatrix} \quad \cdots\cdots 9$$

이는 r국의 특정 상품의 최종수출로 인해 각 국가에 유발되는 부가가치를 구하

---

21 Trefler, D. and S. Zhu(2010), "The structure of factor content predictions," *Journal of International Economics* 82, pp. 195-207의 방법론에 따른 것이다.

22 Marcel P. Timmer a, Abdul Azeez Erumbana, Bart Losa, Robert Stehrerband Gaaitzen de Vries (2012)의 논문에서는 이를 "GVC의 분할(slicing-up global value chains)"이라고 한다.

려면 해당 품목(산업)의 수출액 이외에 다른 품목(산업)의 수출액을 영(0)으로 하면 된다는 것이다.

(5) 글로벌 밸류체인 참여지수

글로벌 밸류체인이 관심을 끌면서 여기에 참여하는 정도를 측정하는 지표가 개발되었다. 수직적으로 분절화된 생산과정에서, ① 특정국의 수출로 인해 창출된 부가가치 가운데 타국이 해당국에 수출한 부가가치 비중과, ② 특정국의 수출로 인해 창출된 부가가치 가운데 해당국이 타국에 수출한 부가가치의 비중을 살펴보는 것이다.[23] 글로벌 밸류체인에 대한 이 두 가지 참여지수 가운데 첫 번째 형태는 한 나라의 수출에서 부가가치 체인상 후방에서 투입된 수입 중간재의 중요성을 측정한다는 의미에서 후방 참여지수(backward participation index)라고 하고, 후자는 부가가치 체인상 전방에서 수출로 인해 제3국에서 중간 투입물로 사용되는 정도를 측정한다는 의미에서 전방 참여지수(forward participation index)라고 한다.[24] 따라서 해당국의 전방 또는 후방 부가가치 체인 참여지수를 통해 글로벌 밸류체인에 대한 참여 정도를 평가할 수 있다.

글로벌 밸류체인에 대한 참여지수는 Koopman et al.(2010)에서 유래하는데, 출발점은 총수출을 국가별 부가가치 비중으로 분해하는 것으로 먼저 다음 식으로 총수출에 따른 부가가치 창출액을 계산하고, 그 다음 수직 방향으로 국가별 구성비를 구하고, 수평 방향으로 국가별 구성비를 구하는 것이다.[25] 즉,

$$VLE = V \cdot (I - A)^{-1} E = V \cdot L \cdot E \quad \cdots\cdots \quad 10$$

여기서 V는 부가가치 계수의 대각행렬, $L = (I - A)^{-1}$은 레온티예프 역행렬,

23 Hummels, D., J. Ishii and K. M. Yi(2001), "The nature and growth of vertical specialization in world trade," *Journal of International Economics*, Vol. 54, No. 1, pp. 75-96.

24 글로벌 밸류체인 참여지수, 길이와 깊이에 대한 자세한 설명은 다음 자료를 참조. Koen De Backer and Sébastien Miroudot(2013), *Mapping global value chains*, Trade Policy Papers 156, OECD.

25 Koopman, R., W. Powers, Z. Wang and S. J. Wei(2010), *Give credit to where credit is due: tracing value added in global production chains*, NBER Working Papers Series 16426.

E는 총수출 벡터의 대각행렬을 나타낸다.[26]

만약 VLE행렬의 특정 산업에 대해 수직 방향으로 국내산업을 제외한 나머지 외국산업의 비중을 구하게 되면 이는 수출에서 외국이 기여한 비중(수출 가운데 수입된 부분)이 된다. 만약 수평 방향으로 국내산업을 제외한 나머지의 비중을 구하면 이는 국내 생산된 중간재가 제3국의 수출에 기여한 부분이 된다. 이를 각 국가의 수출로 나누면 이는 다음 식에서 나타낸 바와 같이 글로벌 밸류체인 참여지수로서 후방참여지수와 전방 참여지수의 합으로 구성된다. 즉

$$P_{ik} = \frac{VS_{ik}}{E_i} + \frac{VS1_{ik}}{E_i} \quad \cdots\cdots 11$$

여기서 VS_{ik}는 수입으로 인한 i국 내의 k산업 부분에 대한 부가가치 창출액을, $VS1_{ik}$는 i국의 물량을 이용하여 다른 국가의 k산업 부분에서 창출된 부가가치액을 나타낸다.

따라서 전방 참여지수가 높다는 것은 자기 나라에서 생산된 많은 재화가 다른 나라로 이동하여 부가가치를 유발한다는 것이고, 후방참여지수가 높다는 것은 타국이 자기 나라의 부가가치 창출에 많은 기여를 한다는 의미가 된다.

(6) 글로벌 밸류체인상에서 길이

전술한 글로벌 밸류체인의 참여지수는 만약 특정 산업의 중간 투입물의 가격이 매우 비쌀 경우 해당 비율이 매우 커질 수 있다. 따라서 글로벌 밸류체인의 길이가 얼마인가를 나타내는 지표로서는 적절하지 못하다. 그래서 글로벌 밸류체인에 대한 참여지수의 보완지표로서 글로벌 밸류체인의 길이(length)라는 개념이 대두되었다.

최종재에 이르기까지의 생산단계의 수, 즉 길이는 다음과 같은 식을 통해 계산할 수 있다.[27]

---

26 이 식은 식 9를 변형한 것과 같은 형태이다. 최종수요 부분의 각 요소에 해당국의 수출을 대체하여 구할 수도 있다. 아니면 해당국의 수출을 대각원소로 하는 행렬로 대체할 경우 식의 우측행렬은 2개 국가에 대한 부분이 추가되는 형태가 된다.

27 Fally, T.(2012), *Production Staging: Measurement and Facts*, University of Colorado-Boulder.;

$$N = u(I - A^d)^{-1} \quad \cdots\cdots 12$$

여기서 N은 모든 국가 i와 산업 k에 대한 국가 부가가치 체인의 길이를 나타내는 지수의 행 벡터를 나타내며, u는 모든 원소가 1인 행 벡터, $(I - A^d)^{-1}$는 레온티예프 역행렬을 나타낸다.

(7) 글로벌 밸류체인상에서 거리(distance)

글로벌 밸류체인에서 최종수요에 도달하기까지의 해당 국가의 거리(distance to final demand)를 나타내는 지표는 다음 식을 통해 구할 수 있다.

$$D = u(I - G)^{-1} \quad \cdots\cdots 13$$

여기서 D는 모든 국가 i와 산업 k에 대한 국가 부가가치 체인의 거리를 나타내는 지수의 행 벡터를 나타내며, G는 산출계수 행렬(matrix of output coefficient), $(I - G)^{-1}$는 고쉬 역행렬(Ghosh inverse matrix)을 나타낸다.

따라서 이 지수의 값이 클수록 해당 산업부문은 최종수요에서 멀리 위치하므로 상류 부문에 위치하고 있는 정도(upstreamness)를 나타낸다고 할 수 있다.

(8) 글로벌 밸류체인과 생산성 분석

국제적 생산네트워크, 국제무역, 해외투자가 활발해지면서 각 국가는 전체 생산과정의 한 단계 또는 몇 단계에 대해 전문화하는, 소위 글로벌 밸류체인의 한 축을 형성하게 된다. 이는 무역장벽, 투자장벽이 완화되고, 제조업 상품의 국제거래 절반 이상이 중간재이며, 서비스 교역의 70% 이상을 중간재 서비스가 차지하고 있다는 사실에서도 잘 나타난다.[28]

Antràs, P., D. Chor, T. Fally and R. Hillberry(2012). "Measuring the Upstreamness of Production and Trade Flows," *American Economic Review*, Vol. 102, No. 3, pp. 412-416.

28 de Backer, K., and S. Miroudot(2013), *Mapping global value chains*, Trade Policy Papers 156, OECD.

이런 현상은 결국 기업들이 지역별 비교우위에 따라 기업 활동을 해외에서 아웃소싱함으로써 국제적으로 연구개발, 부품의 생산, 조립, 마케팅, 유통과 같은 기업 활동을 조직화할 수 있다는 것을 의미한다. 따라서 글로벌 밸류체인에 참가한다는 것은 이윤 극대화를 추구하는 기업들을 저렴한 양질의 중간재와 서비스에 접근할 수 있게 함으로써 더욱 높은 생산성과 경쟁력을 갖게 한다는 것을 의미한다.

거시적인 관점에서 볼 때, 국가 간 생산의 분절화, 즉 글로벌 밸류체인은 한 나라의 전체 생산성이나, 생산량 또는 일자리창출에 긍정적인 영향과 부정적 영향을 동시에 미친다. 글로벌 밸류체인에 적극적으로 참여하여 아웃소싱하는 것과 국내에 해당 생산과정을 유지했을 경우, 상품의 질이나 국내에 창출하는 부가가치의 창출 정도에 따라 그 효과는 달라질 것이다. 하지만 일반적으로 글로벌 밸류체인에의 참여를 통한 아웃소싱의 긍정적인 효과가 더 클 것으로 인식되고 있다.

이런 긍정적인 효과는 단기적으로 생산비용을 낮추고 더욱 좋은 생산요소를 사용할 수 있다는 점과, 장기적으로 더욱 효율적인 방법으로 생산요소를 재배분할 수 있다는 효과 때문이다. 하지만 그동안 관련 자료의 부족으로 인해서 글로벌 밸류체인에의 참여와 생산성, 성장, 일자리창출과 같은 거시경제 변수와의 인과관계에 관한 연구는 매우 제한적일 수밖에 없었다.

하지만 전술한 바와 같이 국제산업연관표가 작성되면서 부가가치 무역, 글로벌 밸류체인 참여도, 글로벌 밸류체인의 길이와 거리와 같은 다양한 새로운 지표들이 개발됨으로써 이들 변수와 총요소생산성의 관계를 규명하는 연구가 가능해졌다.

글로벌 밸류체인의 확대에 따라 이에 편승한 국가들의 경제성장률이 더욱 증가했다는 것은 의심의 여지가 없는 것 같다. 경제이론 역시 무역이 경제성장에 미치는 과정에 대해서도 잘 설명하고 있다. 즉, 무역은 자원의 효율적 배분을 가능하게 하고, 무역에 참여하는 국가가 규모의 경제나 범위의 경제를 활용할 수 있게 한다는 것이다. 무역은 기술확산을 더욱 쉽게 하며, 기술진보를 촉진할 수도 있다. 또한 국내외 시장에서의 경쟁을 촉진함으로써 공정혁신, 신제품 개발을 가져온다는 것이다.[29]

29 Krugman, P.(1979), "A Model of Innovation, Technology Transfer, and the World Distribution of Income," *Journal of Political Economy* 87(2): pp. 253-266.; Grossman, G. and E. Helpman(1991), *Innovation and Growth in the Global Economy*, Cambridge, MA: MIT Press.; Young, A.(1991), "Learning by Doing and the Dynamic Effects of International Trade," *Quarterly Journal of Economics* 106(2): pp. 369-405.; Lee, J. W.(1993), *International Trade, Distortions, and Long-Run Economic Growth*, IMF Staff Papers 40(2): pp. 299-328.; Rodríguez, F. R. and D.

국제무역이 총요소생산성에 미치는 영향에 관해서도 많은 연구가 있었다. 다만 이 경우 두 변수 간의 반대 방향의 인과관계도 가능하다는 논란도 있다. Ades and Glaeser(1999), Frankel and Romer(1999), Alesina, Spolaore, Wacziarg(2000)는 이런 점을 고려하더라도 총요소생산성과 무역 간에 중요한 인과관계가 있음을 밝히고 있다.[30]

또한 Rodrik(2000), Rodriguez and Rodrik(2001), Irwin and Tervio(2002)의 무역과 생산성의 관계에 관한 실증연구에서는 제도와 지리적 위치란 변수를 통제할 때 무역이 생산성의 결정적인 요인이 되지 못한다는 연구를 제시하기도 하였다.[31] 이 연구들은 대부분 국제무역을 나타내는 대한 변수로서 무역량(수출과 수입)이 경상 GDP에서 차지하는 비율, 즉 개방정도(openness)라는 변수를 사용하고 있다.

따라서 국가 간 수직적 전문화를 나타내는 글로벌 밸류체인에 대한 자료, 즉 부가가치 무역, 전후방 글로벌 밸류체인 참여지수, 글로벌 밸류체인의 길이와 거리에 대한 지표들이 작성될 경우 이들과 경제성장 또는 총요소생산성과의 관계에 대한 인과관계의 분석이 가능할 것이다. 일례로 Formai and Caffarelli(2015)는 글로벌 밸류체인을 나타내는 지표로서 후방 글로벌 밸류체인 지표를 사용하여 노동생산성, 총요소생산성과의 인과관계를 밝히고 있다.[32]

Rodrik(2001), "Trade Policy and Economic Growth: A Skeptic's Guide to the Cross-National Evidence," *NBER Macroeconomics Annual* 2000, 15: pp. 261-338.; Bernard, A. B. and J. B. Jensen(2004), "Why Some Firms Export," *Review of Economics and Statistics* 86(2): pp. 561-569.; Bernard, A. B., J. Eaton, J. B. Jensen and S. Kortum(2003), "Plants and Productivity in International Trade," *American Economic Review* 93(4): pp. 1268-1290.; Obstfeld, M. and A. M. Taylor(2003), "Globalization and Capital Markets," NBER Chapters: *Globalization in Historical Perspective*, pp. 121-188.

30 Ades, Alberto, and Edward L. Glaeser(1999), "Evidence on Growth, Increasing Returns, and the Extent of the Market," *Quarterly Journal of Economics*, CXIV, pp. 1025-1045.; Frankel, Jeffrey, and David Romer(1999), "Does Trade Cause Growth?," *American Economic Review*, LXXXIX, pp. 379-399.; Alesina, Alberto, Enrico Spolaore, Romain Wacziarg(2000), "Economic Integration and Political Disintegration," *American Economic Review*, XC, pp. 1276-1296.

31 Rodrik, Dani,(2000), "Comments on Frankel and Rose: Estimating the Effects of Currency Unions on Trade and Output," Mimeo, Kennedy School of Government, Harvard University.; Rodriguez, Francisco, and Dani Rodrik(2001), "Trade Policy and Economic Growth: A Skeptic's Guide to the Cross-National Evidence," in Ben S. Bernanke and Kenneth Rogoff, eds., *NBER Macroeconomics Annual*.; Irwin, Douglas, and Marko Tervio(2002), "Does Trade Raise Income: Evidence from the Twentieth Century," *Journal of International Economics*, LVIII, pp. 1-18.

32 Formai, Sara and Filippo Vergara Caffarelli(2015), *Quantifying the productivity effects of global value chains*, Cambridge-INET Working Paper Series No: 2015/21.

3. STATA를 이용한 사례분석

글로벌 밸류체인을 나타내는 무역의 부가가치, 부가가치의 무역, 글로벌 밸류체인에 대한 전 후방 참여지수, 글로벌 밸류체인 상에서 길이와 거리의 측정과 같은 지표를 STATA로 처리하기 위해서는 글로벌 밸류체인 관련 지표의 행렬식 표현에 대한 자세한 이해와 더불어 STATA의 프로그램밍에 대한 전문적 이해가 필요하다. 특히 처리해야 할 자료의 양(행렬의 차수)가 매우 클 때는 STATA의 행렬처리 언어인 STATA/MATA에 대한 이해가 필요하다. 또한 처리해야 할 자료의 용량이 매우 크므로 STATA 통계소프트웨어도 최고수준의 제품을 사용해야만 한다.[33]

글로벌 밸류체인에서 주로 언급하게 되는 "부가가치 무역", "무역의 부가가치", "글로벌 밸류체인 참여지수", "글로벌 밸류체인의 길이와 거리"의 추정을 위한 STATA 명령어 리스트도 매우 복잡하고 양이 많을 수밖에 없다. 따라서 본서에서는 지면 관계상 이를 제시하지 않기로 한다.

다만 필요한 독자들을 위해서 본서를 위해 구축된 구글 웹사이트인 "생산성의 경제학"에서 관련 자료와 더불어 이를 설명하는 동영상을 제공하고자 한다.[34]

33 최근(2017년 말), Federico Belotti, Alessandro Borin and Michele Mancini는 국제산업연관분석을 위한 STATA 사용자 프로그램으로 icio라는 명령어를 개발, 등록하였다. 이는 기존 방법론을 통합한 새로운 방법론을 적용한 것으로 아래 두 논문의 방법론을 쉽게 적용할 수 있도록 한 것이다. 따라서 이 명령어를 이용할 경우 STATA를 이용하여 아주 쉽게 글로벌밸류체인 분석이 가능하게 되었다. 자세한 사용방법과 적용사례가 완성되면 본 장의 QR 코드나 본서를 위한 웹사이트 "생산성의 경제학"에서 독자들이 쉽게 사용할 수 있도록 할 것이다. Koopman, R., Z. Wang and S. Wei(2014), "Tracing Value-Added and Double Counting in Gross Exports," *American Economic Review*, 104(2), pp. 459-494.; Borin, A., and M. Mancini(2017), Follow the value-added: tracking bilateral relations in Global Value Chains, MPRA Working Paper, No. 82692.

34 https://sites.google.com/view/parksr-productivity/

에필로그

PART

06

제6부는 『생산성의 경제학』의 결론 부분이다. 『생산성의 경제학』이 다루게 될 경제 현상, 이 중에서 한국의 경제성장의 기적, 미흡한 총요소생산성 수준, 총요소생산성 결정요인으로 본 미흡한 제도적 요인, 한국경제의 성장 과정에서 굳어진 재벌체제의 문제, 글로벌 밸류체인에의 적극적 참여 등 한국경제의 미래 성장 잠재력과 관련하여 긍정적 요인과 부정적 요인을 살펴본다.

한국 경제성장의 기적이란 화려한 성과 뒤의 낮은 생산성 수준과 선진국 수준에 미치지 못하는 제도변수와 시장여건에 대한 분석은 한국경제의 미래를 위한 정책방향에 관해 분명한 시사점을 제공한다.

1. 『생산성의 경제학』 체계 완성

필자는 본서를 시작하면서 『생산성의 경제학』을 정립하는 데 필요한 다양한 주제들에 대해 언급한 바 있다. 국가 간에 일인당 소득수준에서 차이가 나는 이유, 경제성장률이 국가마다 다른 이유, 시대에 따라 경제성장과 생산성 수준이 다른 이유, 국가 간 소득수준의 수렴화, 동아시아 국가들의 고도성장 이유, 생산성 증대와 국제무역과 같은 것들이 주요한 주제가 되었다.

이런 것들이 『생산성의 경제학』에서 설명하고자 하는 경제 현상들이었다면, 생산성 분석을 위한 자료의 작성, 총요소생산성의 측정방법, 총요소생산성과 경제 성장이론, 생산성 분석을 위한 계량경제학 방법론의 도입과 같은 것들은 『생산성의 경제학』을 완성하는 데 필요한 수단이었다고 할 수 있다.

이처럼 『생산성의 경제학』을 완성하는 데에는 경제학의 다양한 각론 분야의 결합, 생산성의 의미에 대한 경제학적인 해석방법의 도입, 컴퓨터의 발달에 따른 분석방법의 발전과 다양한 분석모형의 도입이란 수단을 동시에 활용해야만 했다. 하지만 많은 분야의 융합을 위한 시도에도 불구하고, 이를 구성하는 개별 분야의 자세한 설명은 지면 관계상 제약이 있을 수밖에 없었다.

본서의 실증분석 사례에서는 주로 독자들의 연구대상이 될 가능성이 큰 주제를 대상으로 하였으며, 그 분석과정에 대해서는 비교적 자세히 설명하고자 했다. 하지만 많은 부분에서 해석과 시사점에 대해서는 여백으로 남겨두었다. 과거 필자의 연구사례도 활용 가능한 분야가 많았지만, 분석방법이 유사한 것은 제외하였다.

앞으로 이런 사례들은 필자의 홈페이지에서 지속해서 보완, 추가될 것이므로 독자들은 본서와 관련되어 특별히 만들어진 "생산성의 경제학(economics of productivity)"이라는 웹사이트에서 본서의 내용이 발전되는 모습을 볼 수 있을 것이다. 아울러 웹사이트에서 독자들과의 상호소통의 장을 제공할 것이기 때문에 독자들과 함께 『생산성의 경제학』이 더욱 발전할 수 있기를 기대한다.

2. 한국경제 성장의 “기적의 기적”

본서의 마지막, 에필로그에서는 필자가 『생산성의 경제학』의 완성에 이르기까지의 연구와 영감, 그리고 『생산성의 경제학』을 집필하면서 분석, 정리된 내용을 바탕으로 앞으로 한국경제의 지속 발전과 성장에 대한 시사점을 찾는 것으로 마무리하고자 한다.

전반적인 측면에서 한국의 국가역량은 상당한 수준에 이르렀다. 펜 월드 테이블(Penn World Table)에 의하면, 2014년 기준 한국의 GDP는 전 세계 150여 국 가운데에서는 13위, OECD 국가 35개국 가운데에서는 8위 수준이다. 일인당 GDP 수준은 전 세계 30위, OECD 국가 가운데에서는 20위 수준이다. 총요소생산성 수준에서는 미국을 1이라고 하였을 때 세계 51위, OECD 28위 수준이다. 인적자원 수준에서 세계 10위, OECD 9위 수준이다.

세계경제포럼(WEF)에서 발표하는 국가경쟁력 수준에서는 세계 26위, OECD 23위이다. 글로벌기업가정신 지수는 세계 27위, OECD 19위 수준이다. 사업 용이성 지수에서는 세계 5위 수준, OECD 3위 수준이다. 한국의 민주화 지수는 세계 22위, OECD 19위 수준이다.

세계 국가들을 대상으로 이런 지표들을 검토할 때 한국은 인적 자원, 사업 용이성 부분에서는 최상위권, 일인당 소득수준에서는 중상위권이다. 하지만 총요소생산성 수준에서는 중위권으로 다른 지표에 크게 미치지 못하고 있다. 더욱이 OECD 국가들을 상대로 할 때 한국의 대부분 지표는 초라한 수준을 면치 못하고 있다.

세계를 대상으로 하건, OECD 국가를 대상으로 하건 한국은 인구 규모 5천만 명 수준으로 세계에서 4천만 이상의 인구를 가진 28개국 가운데에서는 일인당 GDP는 7위 수준이다. “강소국”이 아닌 상당한 인구 규모와 국가역량을 가진 “강대국”으로서, 일인당 소득수준으로 볼 때 한국은 미국, 영국, 독일, 프랑스, 일본, 이탈리아 다음의 수준이라고 평가할 수 있다.

본서의 제1부 제1장의 〈그림 5〉를 다시 살펴보는 것도 큰 의미가 있다. 1950년대 전 세계 국가 가운데 가장 빈곤한 국가들의 모인 끝자락에서 60~70년 만인 2010년대에 가장 부유한 국가들이 모여 있는 반대편 끝자락으로 이동한 한국 경제성장의 기적은 25만 년 인류의 역사를 통해 볼 때 불과 하루 24시간 가운데 15초 만에 달성한 것이라고 할 정도로 인류 역사에서 한 번도 경험하지 못한 "기적의 기적"임은 두 말할 필요가 없다.

3. 한국경제 성장의 기적 속에 낮은 총요소생산성 수준

하지만 국가역량을 나타내는 이런 다양한 지표 중에서, 특히 한국이 크게 뒤지고 있는 분야는 바로 총요소생산성 수준이다. 이는 생산성 수준을 결정하는 것으로 알려진 인적 자본 수준, 사업의 용이성, 혁신역량과 같은 하부구조에서의 높은 역량들이 결국 생산성 증대로 연결되지 못하고 있다는 의미이다.

2010년대에 들어와서 총요소생산성 수준이 지속적으로 저조한 수준에 머물러 있는 현상은 결국 한국경제의 성장 잠재력에 대한 우려로 나타나고 있다. 단순히 경제의 장기적인 성장추세만을 본다면, 최근 한국의 성장 정체의 문제는 다른 주요 선진국들이 겪고 있는 현상과 비슷하다.

다음 〈그림 1〉은 한국과 미국, 영국, 독일 및 중국의 1950년 이후 2014년까지의 일인당 소득수준의 장기 추세를 보여주고 있다. 도표의 Y축은 일인당 소득의 로그 취한 값을 나타내고 있으므로 추세선의 기울기는 장기적인 경제성장률을 나타낸다. 이를 볼 때 최근 한국뿐만 아니라 미국, 영국, 독일, 일본 역시 장기적인 추세선을 밑돌고 있다. 일본에서는 경우 "잃어버린 20년"을 반영하듯 비교적 장기간의 침체국면을 볼 수 있다. 중국은 그동안의 고도성장에 힘입어 장기적인 성장추세선 위에 있다고 볼 수 있지만, 본격적인 고도성장이 1990년 초중반이란 점을 고려한다면 역시 장기적인 추세선 아래에 있다.

이런 경기추세는 2008~2009년 미국의 금융위기 이후에 나타나고 있는 세계적인 현상이라고 할 수 있다. 따라서 한국을 비롯한 많은 나라에서 완전히 성장둔화 국면에 접어든 것으로 보기는 힘들다.

일인당 국민소득 수준에서의 이런 장기적 추세와 비슷한 추세가 총요소생산성 수준의 장기적 추세에서도 발견된다. 〈그림 2〉는 미국의 총요소생산성 수준을 1로 하였을 때 주요국의 총요소생산성 수준에 대한 로그값의 변화를 보여주고 있다. 일인당 소득수준의 추세선과 마찬가지로 여기에서 추세선의 기울기는 총요소생산성 수준의 장기적인 증가율을 나타낸다.

그림 1 한국과 미국, 영국, 독일, 일본, 중국의 장기 일인당 소득 추이

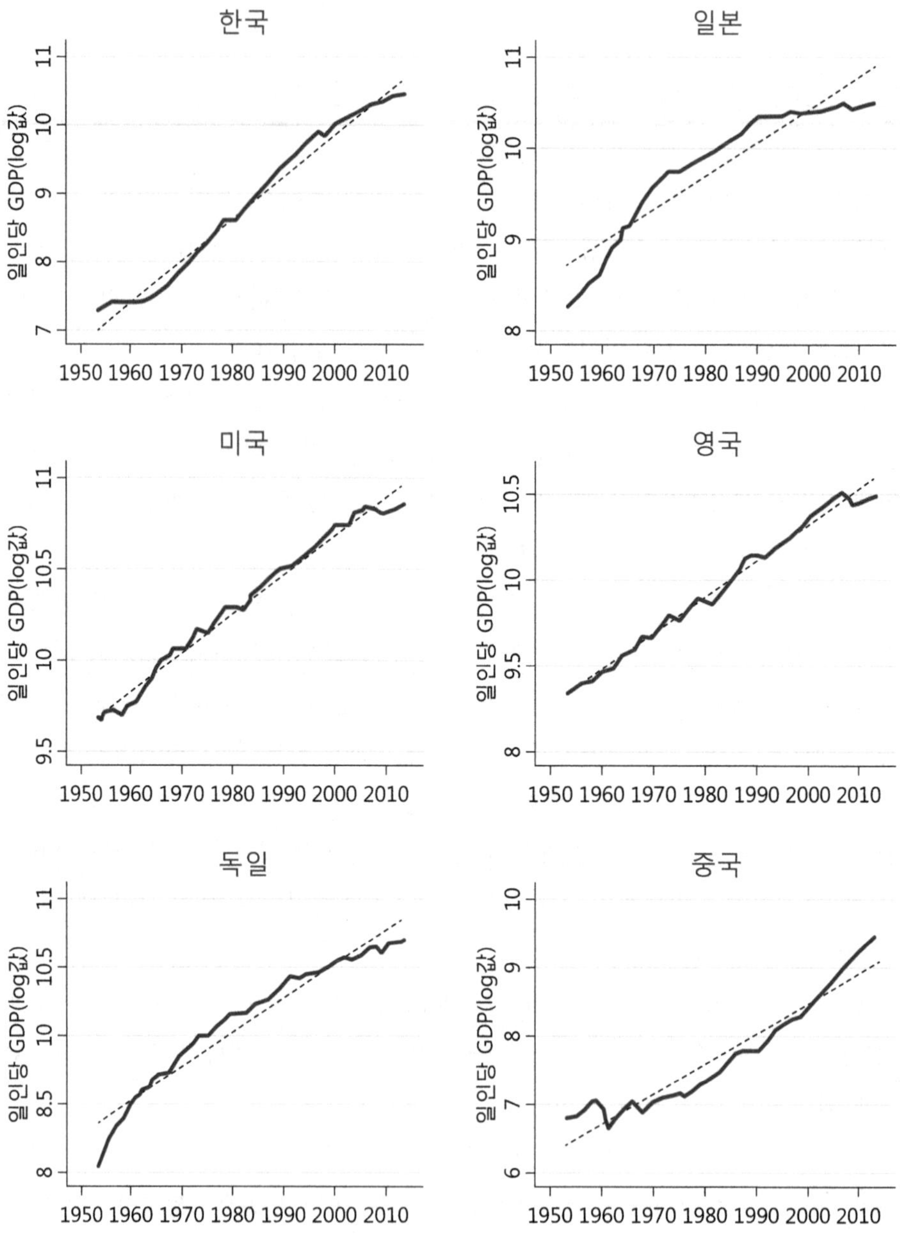

그림 2 한국과 미국, 영국, 독일, 일본, 중국의 장기 TFP 수준 추이

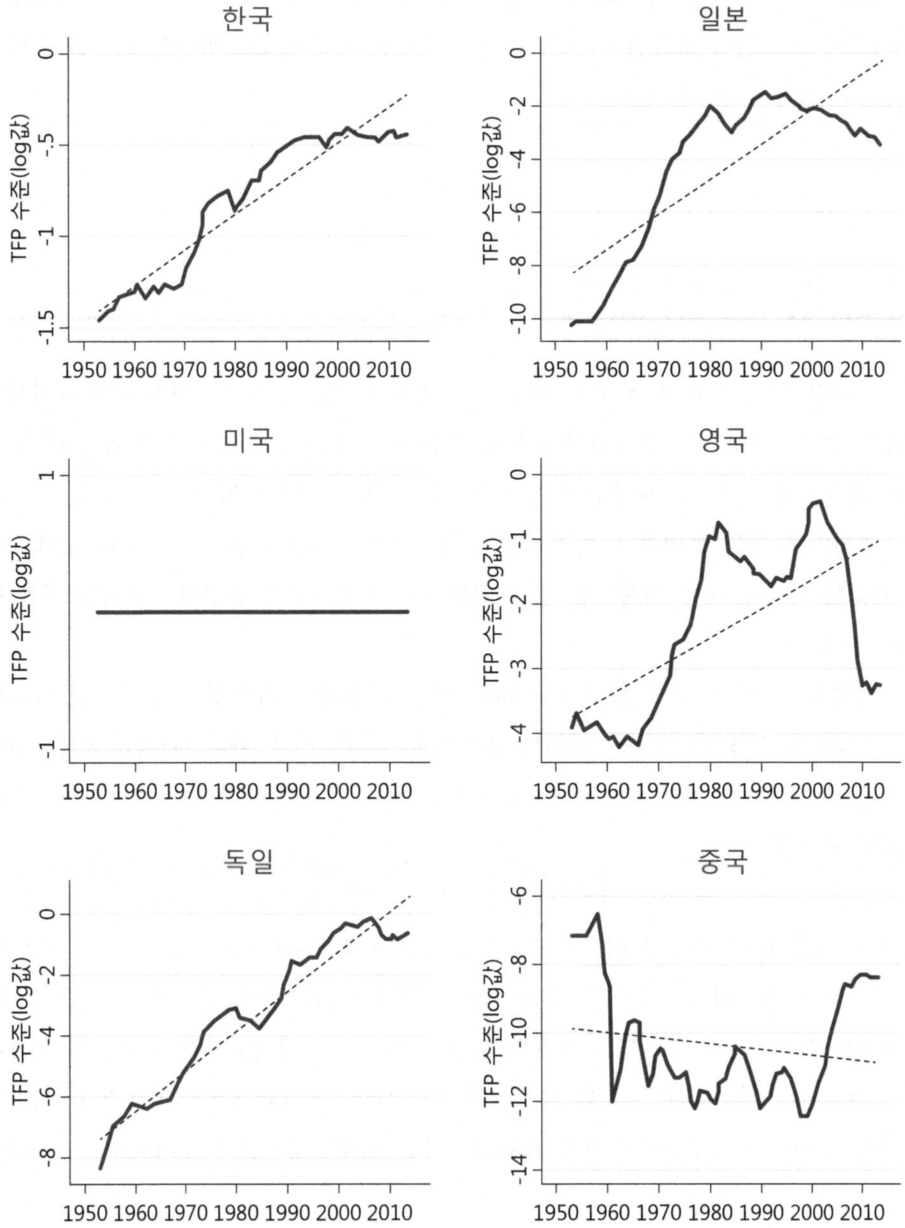

한국을 비롯하여 일본, 독일, 영국에서도 최근 총요소생산성 증가추세가 장기적 추세선을 밑돌고 있다. 중국의 경우 높은 총요소생산성 증가율을 보이지만 고도성장을 시작한 1990년대 초중반 이후의 추세를 본다면 최근 총요소생산성 증가율이 역시 하락하고 있다고 볼 수 있다.

4. 총요소생산성의 결정요인에서의 문제

이처럼 한국을 비롯한 주요 선진국의 경제성장률, 총요소생산성 증가율에서의 하락추세에도 불구하고 한국경제에 특별히 문제가 되는 것은 전술한 바와 같이 다른 여러 비교지표에서 총요소생산성 수준이 다른 나라에 비해 낮다는 것이다. 따라서 한국경제의 모습을 보여주는 여러 총량 지표 가운데 총요소생산성 수준이 상대적으로 저조한 이유에 대한 시사점을 찾기 위해 총요소생산성의 결정요인을 검토해볼 필요가 있다.

세계경제포럼(WEF)이 매년 발표하고 있는 다양한 국가경쟁력 결정요인 가운데 총요소생산성 결정에 영향을 미치는 변수들을 살펴보기로 한다. 아울러 이들 변수 가운데 제도변수에 대해서는 더욱 세분된 지표를 통해 한국의 위상을 다른 나라와 비교해 보고자 한다.

우선 〈그림 3〉을 통해 한국의 총량 지표 가운데 몇 가지를 살펴보기로 한다. 총량 지표 가운데 민주화 지표는 이코노미스트지(The Economist Intelligence Unit: EIU)에서 발표되는 자료이다.[1] 일인당 GDP, 인구, GDP, 총요소생산성 수준은 펜 월드 테이블에서 제공되는 자료이다.[2] 기업가 정신 지표는 글로벌기업가정신개발기구(GEDI)에서 발표하는 지수이다.[3] 그 외 헤리티지 재단(Heritage Foundation)에서 발표하는 국가 투명성 지수,[4] 세계은행의 사업 용이성 지수,[5] 세계경제포럼(World Economic Forum)

1 https://www.eiu.com/
2 http://www.rug.nl/ggdc/
3 https://thegedi.org/
4 http://www.heritage.org/index/about
5 http://www.doingbusiness.org/Custom-Query

의 국가경쟁력 지수6의 총량 지표를 살펴본다.

또한 이런 총량 지표의 하위지표도 살펴보기로 한다. 세계경제포럼에서 발표하는 국가경쟁력 종합지표를 구성하는 하위 12개 필러(pillar) 지표로서, 혁신역량, 기업성숙도, 시장규모, 기술 역량, 자본시장 발전, 노동시장 효율성, 상품시장 효율성, 교육훈련, 건강 및 기초교육, 거시경제 환경, 사회간접자본, 제도변수를 살펴보고자 한다.

또 세계 151개국, 또는 OECD 35개 회원국의 두 그룹에서 이런 다양한 지표들의 중앙값(median), 25 퍼센타일(percentile), 75 퍼센타일, 최댓값, 최솟값에 대한 정보와 동시에 한국의 위상을 비교하고자 한다. 해당 그림에서 검은 점은 세계, 또는 OECD 국가그룹 내에서 한국의 위치를 나타낸다. 하나의 도표에 모든 지표를 비교할 수 있도록 최댓값은 100으로 조정하였다.

우선 전 세계 151개국을 대상으로 한 지표를 보자. 한국은 총요소생산성 수준을 제외한 대부분의 총량 지표에서 상위 25%에 위치할 정도로 상위 수준을 보여주고 있다. 하지만 OECD 국가를 대상으로 한 지표에서는 인적 자본 수준, 사업 용이성 지수, 인구와 GDP 수준에서만 상위 25%에 속해있을 뿐 대부분 지표에서는 중앙값 아래에 있다. 특히 총요소생산성 수준은 하위 25%, 일인당 소득은 중앙값 아래에 있다.

한편 국가경쟁력 종합지표의 하위지표인 12개 필러 지표를 살펴보면 역시 비슷한 현상을 관찰할 수 있다. 세계 151여 개국을 대상으로 한 비교에서, 한국은 자본시장발전, 노동시장 효율성, 제도변수는 하위수준인 25~50%에 속해있고, 나머지 지표들은 상위 25%의 비교적 높은 수준에 있다.

하지만 OECD 국가군을 대상으로 비교해 보면, 한국은 혁신역량, 시장규모, 거시경제환경, 사회간접자본에서는 비교적 높은 수준에 있으나 나머지 지표, 특히 자본시장 효율성, 노동시장 효율성, 제도변수에서는 하위 25%의 매우 낮은 수준에 있다. 이런 사실들은 한국의 생산성 수준이 낮은 이유를 충분히 설명해줄 수 있으며, 앞으로 한국의 성장 잠재력을 높이기 위해 어떤 부분에서의 정책적 노력이 필요한 것인가에 대한 시사점을 주고 있다.

---

6 http://reports.weforum.org/global-competitiveness-report-2015-2016/downloads/

그림 3 한국의 주요 총량 지표와 국가경쟁력 지표

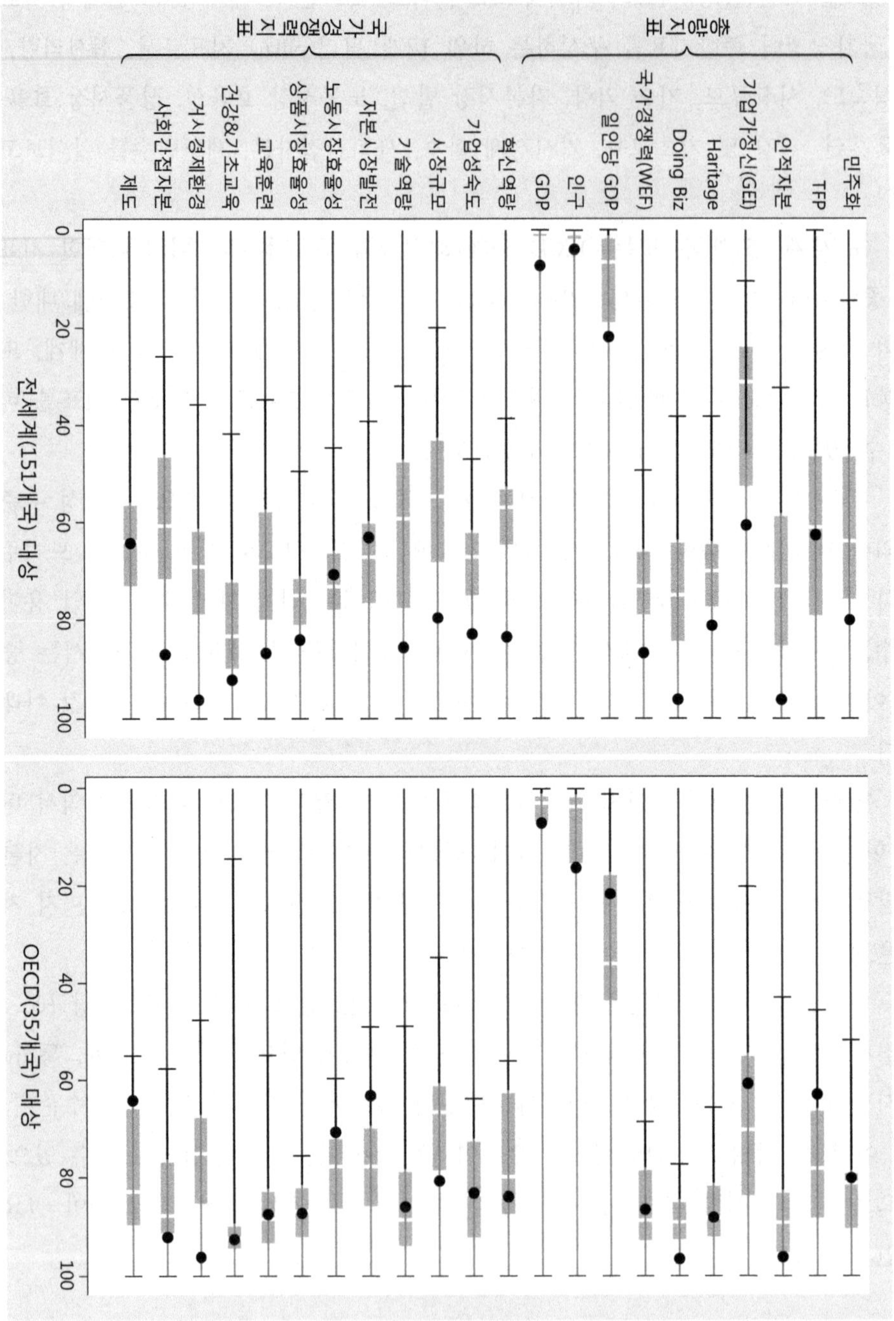

5. 한국의 열악한 제도의 문제

이번에는 총요소생산성 수준에 큰 영향을 미칠 수 있는 제도변수들을 보다 세분화해서 살펴보자. 다음 〈그림 4〉는 세계경제포럼이 발표하는 자료 가운데 제도변수를 보여주고 있다. 제도 측면에서의 한국의 열악한 모습은 한국의 미래에 대한 경종을 울리기에 충분하고, 총요소생산성 증대를 위해서는 과연 어떤 부문에서 정책적 조치가 필요한지에 대한 시사점을 제공한다.

우선 151개국을 대상으로 비교해 보면, 한국은 투자자 보호에서만 상위 25%에 속해있을 뿐 나머지 변수들에서는 대부분 중앙값 부근, 또는 25~50%의 저조한 수준 머물고 있다. 특히 기업이사회, 정책 투명성 등에서의 평가는 현저히 낮은 하위 25%에 속해있다.

이런 제도적 특성들을 OECD 국가를 대상으로 비교해 보면 그 열악성은 더욱 심각해진다. 투자자 보호 부문에서만 50~75%에 속해있을 뿐 나머지 대부분 제도변수가 하위 25%, 또는 25~50%에 속해있다. 지적 재산권, 재산권, 분쟁 해결, 규제 부담 등 일부 변수들에서만 하위 25%보다 조금 높은 수준을 보여주고 있다. 기업 관련 제도변수로서 소액주주 보호, 기업이사회, 회계기준, 기업윤리는 하위 25%에 속할 정도로 매우 미흡한 수준이다. 정부 관련 제도변수로서 정책 투명성, 사법부 독립, 뇌물, 정치인 신뢰, 공공기금 등에서 한국의 위상은 하위 25%에 있는 매우 초라한 모습을 보여주고 있다.

제도 측면에서 한국의 이런 세계적 위상은 역시 성장 잠재력이나 총요소생산성 수준을 높이는 데 필요한 정책대상을 어디에서 찾아야 하는가에 대한 아주 분명한 시사점을 주고 있다.

그림 4 한국의 주요 제도변수 지표

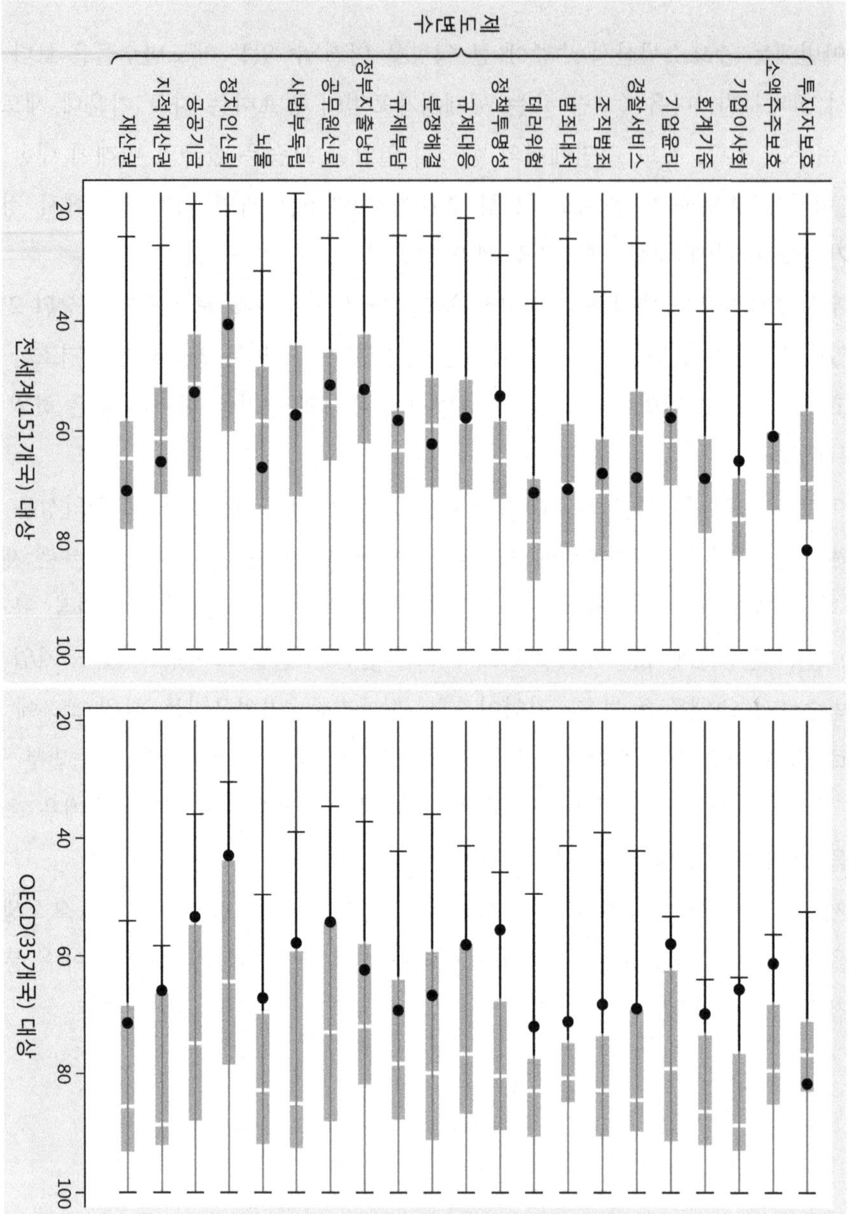

6. 한국의 기업가 정신

국가경쟁력 지표를 구성하는 다양한 요인들과 더욱 구체적인 제도변수들을 통해 살펴본 한국의 열악한 모습은 총요소생산성 증대와 밀접한 관련이 있는 기업가 정신 지표에서도 비슷하게 나타나고 있다.

글로벌기업가정신개발기구(GEDI)에서는 기업가 정신이란 종합지표를 작성함과 동시에, 이런 기업가 정신을 구성하는 하위 요인들로서 기회포착, 창업기술, 위험수용, 네트워킹, 문화, 기회창업, 기술흡수, 인적 자본, 경쟁환경, 상품혁신, 공정혁신, 고성장, 국제화, 모험자본과 같은 14개 지표를 동시에 작성, 발표하고 있다.

이런 지표들을 통해 한국의 기업가 정신에서 어떤 취약점이 있는가를 알 수 있는데 아주 흥미로운 사실들이 발견된다. 그동안 많은 사람이 심증적으로 인식하고 있었던 사실들을 보다 객관적인 지표를 통해 보여준다는 점에서 매우 시사점이 있다.

한국은 기업가 정신을 구성하는 14개 지표 가운데 공정혁신, 상품혁신, 기술흡수, 모험자본, 위험수용과 같은 변수들은 다른 나라들에 비해 비교적 양호한 수준이다. 하지만 경쟁환경과 기회포착이란 지표에서는 다른 변수들에 비해 매우 현저하게 열악한 수준을 보여주고 있다. 이는 한국의 재벌 중심의 경제 구조가 시장의 경쟁환경을 훼손하고, 또 이 때문에 창업자들의 기회포착 가능성이 매우 낮다는 것을 의미한다.

이상에서 살펴본 다양한 제도변수들의 열악함과 더불어 재벌구조에서 오는 기업가 정신의 저해 요인들이 결국 한국의 총요소생산성 증대에 있어서 커다란 장애요인으로 작용하므로 다양한 제도변수의 개선과 기업환경 개선이 필요하다는 시사점을 제공한다.

결국, 이런 모습들은 한국의 고도성장 과정에서 한때 성공의 원천이 될 수 있었던 정부개입 때문에 형성된 제도변수들과, 재벌 위주의 성장 과정에서의 형성된 시장구조가 이제는 경제성장과 총요소생산성 증가에 있어서 제약요인으로 작용하고 있다는 것을 의미한다.

그림 5 **한국과 주요국의 기업가 정신 지표 비교**

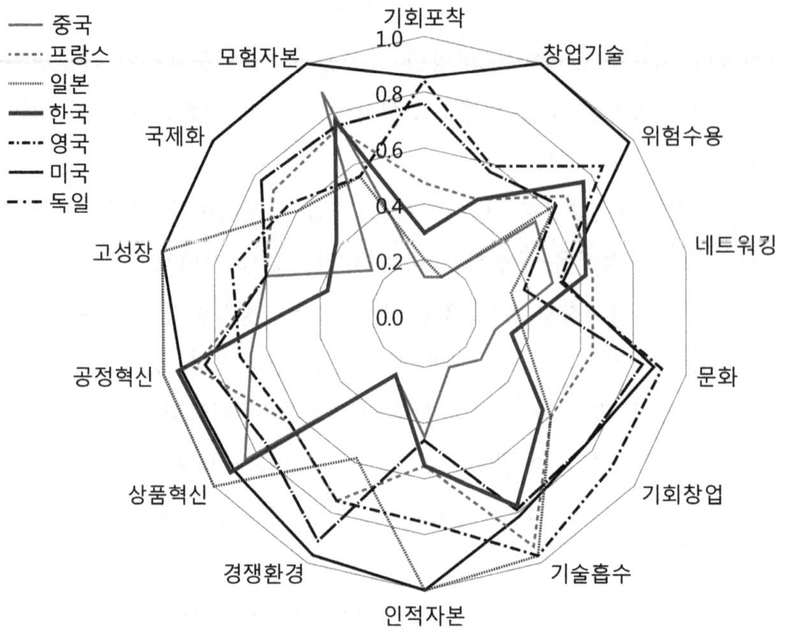

자료: https://thegedi.org/

7. 한국의 높은 글로벌 밸류체인 참여

국가경쟁력을 결정하는 변수들과 이 중 특히 제도변수와 관련된 지표의 열악한 환경에도 불구하고 최근까지 한국의 글로벌 밸류체인에 대한 참여 정도는 제조업 강국에 속하는 독일, 일본, 미국 등과 비교할 때 높은 수준이다.

이는 중국의 고도성장 과정에서 한국이 특히 글로벌 밸류체인을 잘 활용해 왔다는 점을 반영하는 것이다. 따라서 무역을 통한 생산성 증대를 위한 한국의 기초여건은 비교적 양호하게 구축되어 있다고 할 수 있다. 전술한 한국을 비롯한 세계 주요국의 일인당 소득수준과 국별 생산성 수준이 최근 장기적 성장추세를 밑돌고 있는 것은 세계적인 무역감소와도 큰 관련이 있어 보인다. 중국 의존적인 밸류체인을 보다 다변화한다면 이런 글로벌 무역감소에 따른 생산성 증대에서의 약화 요인을 극복할 수 있을 것이다.

그림 6 한국과 주요국의 글로벌 밸류체인 참여율

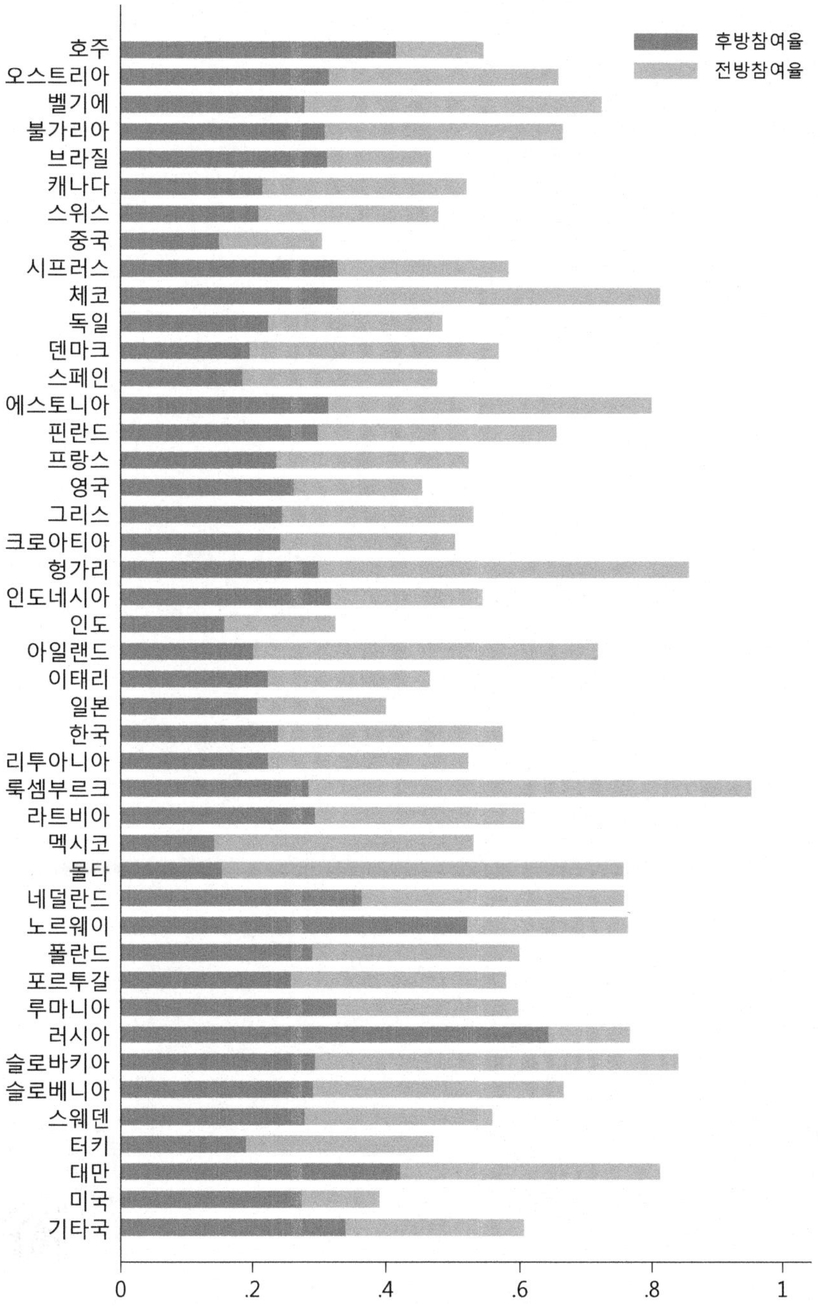

6-1

부 록

부록에서는 『생산성의 경제학』의 이해를 위해 필요한 도구를 설명한다. 총요소생산성 분석에 활용될 수 있는 수단으로서 엑셀 사용법, 파워포인트의 활용과 더불어 실증분석에 필요한 STATA의 활용방법에 관해 설명한다.

이 부록의 설명은 『생산성의 경제학』의 이해를 위한 도구를 제공하는 데 그치지 않고, 본서를 접하게 된 독자들의 향후 연구분석에 있어 독자 자신의 생산성을 높이는 데 큰 도움이 될 것이다.

1. 『생산성의 경제학』과 EXCEL의 활용

(1) Sheet의 연결

총요소생산성 분석과정에서는 많은 데이터를 처리해야 하는 경우가 많다. 통계 소프트웨어를 이용하는 때도 많지만 기초자료의 정리에서는 엑셀(Excel)을 사용하는 경우가 많다. 그런데 변수나 관측치의 수가 작은 경우에는 하나의 시트(sheet) 내에서 필요한 작업을 할 수 있으나, 분석대상이 여러 국가 또는 여러 산업에 대한 자료를 처리할 때, 이를 하나의 시트에서 작업한다면 매우 불편하다.

여기서는 하나의 엑셀 통합문서 내에 있는 여러 개의 시트를 서로 연결하여 활용하는 방법에 대해 살펴본다. 하나의 예를 들어 살펴보자. 여러 산업의 생산성을 계산하기 위한 자료로서 산출량, 노동투입, 자본투입, 중간투입의 3가지 투입요소와 이들 투입물의 비용 몫 자료가 횡 방향으로 산업, 종 방향으로 연도별로 각각 다른 시트에 입력되어 있다고 하자. 이때 다른 별도의 시트에 이 자료들의 증가율을 계산하고, 또 다른 시트에서 이들 증가율 자료와 비용 몫 자료로부터 총요소생산성 증가율을 계산한다고 하자.

각 시트에는 기초자료들이 같은 산업, 같은 연도가 같은 행과 열에 배치되게 한다. 그 다음 다른 시트에는 자료가 입력된 시트를 서로 연결하는 수식을 입력하여 계산 결과를 보관한다.

총요소생산성 분석에서 여러 산업과 국가를 대상으로 분석하는 경우나 여러 단계에 걸쳐서 작업하는 경우 이 기능을 활용하면 매우 편리하다. 이런 방법의 편의성은 지속적인 자료의 관리가 쉽다는 점이다. 복잡한 여러 단계의 작업을 한번 완성해 놓으면, 나중에 새로운 자료가 추가될 때 매우 짧은 시간에 큰 노력 없이 재계산할 수 있다.

총요소생산성 연구에서 여러 산업에 대한 기초자료를 연결하여 생산성 분석절차를 완성해 놓게 되면, 나중에 새로운 연도의 자료가 추가되더라도 과거에 투입된 시간의 10%에 불과한 노력으로도 해당 작업을 완성할 수 있다. 『생산성 경제학』을 연구하는 독자들은 연구자 자신의 생산성을 높이는 데에도 노력해야 할 것이다. 엑셀을 사용하면서 시트를 서로 연결하여 필요한 연산을 하는 것은 바로 생산성을 높이는 방법의 하나가 될 수 있다.

(2) 패널 데이터 세트 만들기

1) 피벗(pivot): wide form 만들기

엑셀의 피벗(pivot) 기능을 제대로 사용하는 연구자들이 많지 않다. 하지만 이 기능을 잘 이해하면 걸어가는 사람과 날아가는 사람의 차이만큼 생산성의 차이가 난다. 특히 큰 데이터 세트를 처리할 때는 더욱 편리하다. 엑셀의 피벗 기능은 생산성 분석에서도 매우 유용하게 사용될 수 있다.

엑셀의 피벗 기능은 데이터의 요약을 위한 교차 제표나, 빈도, 평균, 합계, 최댓값, 최솟값 등 단순기술 통계량도 아주 쉽게 계산해준다.

생산성 관련 연구에서는 다양한 데이터베이스로부터 자료를 검색하고 이를 이용하여 본격적인 연구를 하기 위한 준비작업을 하게 된다. 이때 검색하는 데이터베이스에 따라 어떤 것은 롱 폼(long form)으로 어떤 것은 와이드 폼(wide form)으로 제공되기 때문에 이를 필요한 용도로 재가공하는 것이 필요하다. 엑셀의 피벗 기능은 생산성의 연구에서 데이터 세트가 패널 형태, 즉 롱 폼일 때, 이를 와이드 폼 형태로 바꾸는 작업에 편리하게 사용될 수 있다.

2) 역 피벗(reverse pivot): panel 자료 만들기

전술한 바와 같이 엑셀의 피벗 기능은 엑셀 사용에 있어서 꽃이라고 할 만하다. 하지만 와이드 폼 형태의 데이터 세트를 『생산성의 경제학』에서 많이 활용하는 패널 형태의 데이터 세트로 만드는 기능은 잘 알려져 있지 않다.

하지만 역 피벗 기능을 활용한다면 패널 자료를 만드는 데 아주 편리하게 사용할 수 있다. 엑셀을 사용하는 다른 사용자에게 이런 기능은 크게 필요 없을지라도 경제학에서 패널형태의 자료를 만드는 데에는 매우 편리한 기능이다. 바로 Alt+D+P의 기능을 활용하는 것이다. 작업절차가 복잡해 보이지만 동영상에서 제공되는 순서에 따르면 된다.

(3) X-Y Labeler의 사용

『생산성의 경제학』 분야에서 다양한 주제를 연구할 때 많은 도표를 그리게 된다. 아마 가장 많이 활용하게 되는 도표는 두 변수의 상관관계를 짐작하게 해주는 산포도(scatter diagram)일 것이다. 통상 제1상한의 도표에 점의 형태로 그래프를 그리게 된다. 이때 많은 경우 해당 점의 주체(국가, 산업, 기업) 이름을 레이블(label)로 표시하고 싶은 경우가 많다. 하지만 엑셀에는 산포도를 그리는 기능은 있지만, 레이블을 삽입하는 기능은 없다.

여기서는 바로 생산성 분석에 많이 활용되는 이런 그래프를 그리는 방법에 관해 설명한다. 외부에서 개발된 모듈로서 엑셀에 추가기능(Addins)의 형태로 활용할 수 있다. 자신의 컴퓨터에 해당 프로그램을 설치한 후 엑셀 사용 때 이를 추가기능으로 등록하면 된다. 전문 통계 소프트웨어의 힘을 빌리지 않고 레이블을 가진 산포도를 그릴 수 있다.

전문 통계소프트웨어에서는 이런 형태의 그래프를 쉽게 그릴 수 있지만 간단한 작업을 할 때는 엑셀에서 처리하는 것이 편리하다. 독자 여러분들 역시 이 기능을 활용한다면 자신의 연구 분야에서 높은 생산성을 달성할 수 있다.

(4) 영구재고법

생산성 연구에서 자주 접하게 되는 문제는 자본스톡의 계산과 관련된 것이다. 과거에는 일반적으로 자본 스톡에 대한 자료는 공식적으로 작성, 배포되는 자료가 아니었기 때문에 국부조사를 통해 구해진 두 시점의 자본스톡과 두 시점 사이의 투자자료로부터 "영구재고법(perpetual inventory method)"을 통해 시계열상의 공백을 채워 자본스톡을 구하였다. 이를 위해서는 자본 스톡이 존재하는 두 시점의 길이에 해당하는 차수만큼의 다항식의 해를 구하고, 이로부터 할인율(또는 감가상각률)을 구하는 작업과정을 거치게 된다.

엑셀에서 영구재고법을 통해 자본스톡을 계산하는 방법은 아주 단순하다. 투자의 경제성 여부를 평가할 때 사용되는 내부수익율 계산법을 위한 함수인 irr을 사용하면 된다. 두 시점 간 자본스톡이 알려져 있고, 해당 기간의 투자 시계열 자료가 있다면 다항식의 차수와 관계없이 아주 간단하게 자본스톡 시리즈를 구할 수 있다.

2. STATA의 활용

본서에서 『생산성의 경제학』 전반에 관한 실증분석 작업은 STATA라는 통계 소프트웨어를 통해 이루어진다. 필자의 다양한 통계 소프트웨어 사용 경험에 비추어 STATA는 개발회사에서 제공하는 기능 외에도 다양한 분야의 전문가들에 의해 인터넷에서 그 기능이 진화하고 있는 소프트웨어이다. 바로 "집단지성"의 우수함을 보여주는 통계 소프트웨어라고 생각한다. 본서에서는 총요소생산성 연구에 아주 편리한 분석 도구가 될 수 있도록 하였다.

독자들은 본서에서 STATA 개발회사에서 제공하는 공식적인 명령어 외에도 사용자들이 많은 시간과 노력을 투자하여 개발한 편리한 기능들을 사용하게 된다. 이를 통해 독자 여러분들은 『생산성의 경제학』 실증분석에서 "최소의 노력으로 최대의 효과"를 거둘 수 있을 것이다.

(1) STATA 윈도의 이해

STATA를 사용하기 위해서는 STATA를 시작한 후 나타나는 4개의 윈도에 익숙해질 필요가 있다. 리뷰(review)윈도, 변수(variable)윈도, 결과(results)윈도, 명령(command)윈도의 4개 윈도가 가장 기본적인 것이다. 그리고 일련의 커멘드를 한곳에 모아서 일명 do 파일을 작성하기 위한 do file editor 윈도가 있다. 그 외 분석대상 자료를 직접 확인할 수 있는 데이터(data)윈도가 있다. 처음에는 복잡해 보이지만 아주 단순한 기능들로서 쉽게 이해할 수 있다.

(2) STATA의 RUN

STATA를 이용할 때 원하는 결과를 얻기 위해서는 명령을 내릴 필요가 있다. 바로 명령을 수행하도록 하는 과정이 RUN이다.

여기에는 3가지 방법이 있다. 첫째는 윈도 기반에서 매우 익숙한 풀-다운 메뉴를 이용하여 마우스를 클릭함으로써 필요한 결과를 얻는 방법이다. 초보자가 활용하기 좋은 방법이긴 하지만 아주 많은 다양한 기능들을 풀-다운 기능만으로 활용하는 데에는 한계가 있다. 둘째는 커멘드 윈도에서 하나씩 직접 명령을 내리는 방법이다. 매우 쉬운 방법이지만 해당 명령어를 모두 알고 있어야 가능한 방법이다. 셋째 방법은 do file 에디터를 이용하여 필요한 명령어 리스트를 작성하고 한꺼번에 실행하는 방법이다. 이 방법은 매우 익숙한 사용자가 하는 방법이라고 할 수 있다.

그러나 필자가 활용하는 방법은 이상의 방법을 혼용하여 사용하는 방법이다. 기본적으로 do file editor를 사용하되 풀다운 메뉴, 커멘드 윈도를 활용하여 명령어들을 여기에 계속 보관해가면서 작업을 한다. 때로는 여기에서 몇 개의 명령어 그룹을 묶어서 동시에 RUN 하기도 하거나, 하나의 명령어만을 RUN 하기도 한다. 이처럼 여러 가지 방법을 동시에 활용하는 것이 더욱 효율적이므로 독자들에게 권장하는 방법이다.

(3) 단순기술통계와 기초 통계학

『생산성의 경제학』의 연구뿐만 아니라 일반적인 연구를 하는 과정에서도 자료를 수집, 정리하고, 본격적인 통계작업을 하기 전에 해당 자료의 특성을 파악하는 것이 중요하다. 이 절차는 통계학에서 분석대상 데이터 세트의 특성을 보여준다는 점에서 단순기술 통계량(simple descriptive statistics)을 검토하는 과정이라고 할 수 있다.

물론 단순기술 통계량 자체를 살펴보는 것도 중요하지만, 필자는 이런 과정을 통계자료의 에러(error)나 특이치(outlier)를 파악하는 절차로 이해하기를 권한다. 경제학 관련 연구를 하는 과정에서는 많은 자료를 이용하여 실증분석하는 경우 큰 노력에도 불구하고 자료작성의 오류, 특이치의 존재를 인식하지 못함으로써 실패하는 경우가 많다.

지금부터 『생산성의 경제학』을 연구하는 독자들은 분석대상 자료를 숫자로 이해하기보다 경제적 의미로 이해하기를 권하고 싶다. 아마 숫자를 숫자가 아닌 경제학적 의미로 생각하게 되면 연구가 보다 편해지고, 성공 가능성이 커지며, 실증분석 결과를 해석하는 데 많은 도움이 될 것이다. 이런 절차에 익숙해지게 되는 과정을 거치면서 연구자로서의 역량이 보다 강화될 것이다.

여기에서 제시하는 사례는 평범한 데이터 세트를 이용한 사례이지만, 단순기술 통계량에 대한 전반적인 내용과 기초 통계학을 설명하고 있어서 한 학기 정도의 통계학 강의를 하나의 사례를 통해 이해할 수 있다.

(4) 엑셀 그래프 그리기

전문적인 내용을 문장으로 표현하려면 의사전달이 쉽지 않다. 그래서 그림을 통해 의사전달을 하면 더욱 효과적이다. 필자는 하나의 그림으로 아주 많은 정보를 전달한 사례로서 미나드(Minard) 그래프와 폴라(polar) 그래프를 들고 싶다.

미나드 그래프는 유럽의 지도에 나폴레옹의 러시아 원정과정에서의 침공 루트, 퇴각 루트, 병력, 기온 등의 변화를 기록하고 있는데 아주 많은 정보를 한 장의 그림에서 시각적으로 보여주고 있다. 또한 플로렌스 나이팅게일(Florence Nightingale)은 자신이 경험했던 전쟁의 참상을 "폴라 그래프(polar graph)라는 오늘날 파이 차트(pie chart)와 비슷한 모양으로 만들어 영국의회의 고지식한 의원들을 설득해 많은 구호비를 모금하고자 했다.

오늘날에는 "인포그래픽스(Infographics)"라는 독특한 분야가 탄생하여 가능한 많은 정보를 하나의 그림에 담고자 하는 노력하고 있다. 경제 관련 신문, 잡지, 서적에서도 많은 정보를 하나의 그래프에 표현하여 의사전달을 쉽게 하려고 한다.

여기에서는 『생산성의 경제학』에서 자주 사용되는 형태의 그래프를 그리는 방법에 대해 설명한다. 본서에서 많이 접하게 될 그래프를 그리는 방법에 대한 것이다.

(5) 계량경제학 전반의 이해

『생산성의 경제학』은 다른 학문 분야보다 자료를 직접 다루는 실증분석이 중요한 분야이다. 그러다 보니 계량경제학의 도움을 크게 필요로 하고 있다. 최근 컴퓨터의 발달로 생산성 분석에서 계량경제학을 많이 활용하게 되었다.

통상 자료를 다루는 분석에서는 고전적인 최소자승법을 많이 사용한다. 그런데 이런 고전적 최소자승법에 따른 모수 추정치가 바람직한 특성, 소위 최량선형불편추정치(Best Linear Unbiased Estimator: BLUE)가 되려면 몇 가지 제한적인 조건을 갖추어야 한다. 이런 조건들 가운데에는 이분산, 자기상관, 다중공선성, 모형 설정오류가 없어야 한다는 조건들이나 교란항이 정규성을 가져야 한다는 것이다.

여기서는 계량경제학 전반에 관해 설명한다. 데이터를 읽어오고, 분석에 필요한 변수를 생성하며, 회귀분석을 한 후 이로부터 정규성, 자기상관, 이분산, 다중공선성 문제를 탐지하고, 각각의 경우 문제가 있을 때 이를 해결하는 방법 전반을 설명한다. 일부 커멘드는 사용자가 작성한 명령어로 독자의 컴퓨터에 이를 설치하기 위한 명령어도 포함되어 있다. 마지막은 추정한 결과의 리포트를 쉽게 하기 위한 절차에 관해 설명한다.

전체 과정을 개괄하는 것으로 이해하고 독자는 자신이 수집한 자료와 모형의 추정을 여기에서 제시한 대로 수행한다면 계량경제학 전반의 내용을 커버할 수 있을 것이다.

(6) 시계열 분석 전반의 이해

『생산성의 경제학』에서도 기술과 자본의 관계에 대한 분석에서 벡터자기회귀모형을 살펴본 바 있다. 생산성 분석의 다른 분야의 분석에서도 활용가치가 있는 계량분석법이다.

여기에서는 시계열 자료뿐만 아니라. 패널 자료에서 어떻게 벡터자기회귀모형을 사용할 수 있는지에 대해 설명한다. 단위근 존재 여부, 공적분 여부, 인과관계 여부, 시차의 선택, 충격반응함수, 예측 오차의 분해와 같은 벡터자기회귀분석의 전반적 과정을 간단한 사례를 통해 설명한다.

(7) 패널추정법

최근『생산성의 경제학』에서는 패널 자료를 많이 사용한다. 패널 자료를 이용할 때에는 고정효과 모형, 확률효과 모형 그리고 어떤 모형이 더욱 적합한가를 검정하는 하우스만테스트와 같은 비교적 단순한 형태의 패널추정법이 활용되고 있다.

여기에서는 이를 포함하여 다양하게 발전해온 패널추정법을 역시 간단한 사례를 통해 살펴보고자 한다. 이런 패널추정법들은 변경생산함수나 변경비용함수와 관련하여 더욱 발전되고 있는데 이런 내용은 본서에서 아주 중요한 부분을 차지하고 있다.

(8) 구조방정식 모형의 이해

최근 경제학 분야에서도 구조방정식 모형의 활용이 점차 늘어가고 있다. 분석 방법론에 대한 전반적 내용의 이해에 대해서는 반드시 다른 문헌들을 참고하여야 한다. 다만 여기에서는 구조방정식 모형의 분석에서 꼭 필요한 기능들을 그 분석 순서대로 언급하고자 한다. 그리고 구조분석모형의 분석과정에서 자주 접하게 되는 비수렴화의 문제를 해결하는 방법에 관해 설명하고자 한다.

(9) 변경함수의 추정

『생산성의 경제학』의 경제학에서 가장 많이 활용되는 변경함수 추정법에 관해 설명한다. 본서의 많은 부분에서 이를 언급할 것이기 때문에 본서를 접한 많은 독자는 이 분야에서 전문가가 될 수 있을 것이다. 여기에서는 다양한 함수추정방법, 전반적인 분석절차에 대해 살펴본다.

(10) STATA 결과물의 편집, 활용방법

STATA를 이용한 분석결과를 저술, 논문작성에 활용하기 위해서는 그 결과를 자신이 작성 중인 문서의 일부로 만들어야 한다. 이를 위해서는 다양한 방법이 사용될 수 있다. 첫째는 결과물 윈도에서 해당 부분(가령, 모형추정 결과)을 복사해서 다른 에디터에서 편집하거나, 엑셀에서 편집할 수 있다. 이 방법은 빈 공백의 처리나 인접한 데이터가 서로 분리되지 않아서 매우 불편하다.

둘째는 결과물 윈도에서 복사할 때 table의 형태로 복사하여 엑셀에 붙여넣은 방법이다. 완전하지는 않지만, 데이터와 데이터가 분리되어 복사된다.

셋째는 분석결과를 외부 파일로 만들어 활용하는 방법이다. 일련의 분석결과를 로그(log) 파일 형태로 저장하는 방법이다. 이는 앞서 설명한 2가지 방법과 같은 문제를 가지고 있어서 불편한 방법이다.

넷째는 필요한 데이트를 콤마(comma)나 탭(tab)으로 분리된 형태의 자료로 내보내어 이를 엑셀로 불러와서 편집하는 방법이다.

다섯째는 STATA 최근 버전에서 제공하는 기능으로서 아예 엑셀 파일로 저장하는 방법이다. 필자가 많이 사용하는 방법이다.

여섯째는 비용함수나 생산함수를 추정한 후 소프트웨어 내에서 그 추정결과를 보관한 후 나중에 정해진 포맷으로 편집하여 결과물을 만드는 방법이다. 이 방법 역시 필자가 많이 사용하는 방법이다.

이처럼 실증분석결과를 쉽게 리포트 할 방법이 있지만 많은 사용자는 편리한 방법의 존재를 모른 채 재입력하거나 복사해서 붙이는 불편함을 감수하고 있다. 여기서는 실증분석결과를 리포트하기 위한 아주 편리한 방법에 관해 설명한다.

(11) 사용자 작성 STATA 모듈

필자가 『생산성의 경제학』을 집필하면서 STATA라는 통계소프트웨어를 이용하는 이유는 그 편의성 때문이다. 다양한 활용방법에 대해서는 본서의 여러 부분에서 설명하고 있지만, 여기에서는 『생산성의 경제학』에서 꼭 필요하고, 또 이를 사용할 경우 분석시간을 크게 단축할 수 있는 기능들을 소개한다.

이런 것들이 가능한 이유는 STATA라는 통계 소프트웨어 고유기능의 편리함도 있지만, 세계의 많은 STATA 사용자들이 자신이 개발한 모듈들을 인터넷에서 공유하고 있고, 또 STATA 개발회사와 협력하여 이를 더욱 쉽게 활용할 수 있는 환경을 만들어 놓았기 때문이다.

여기에서는 본서에서 활용하게 되는 기능을 중심으로 독자 스스로 필요한 기능을 검색하고, 이를 설치하고, 코딩작업에서 이를 활용하는 방법에 관해 설명하고자 한다.

3. 파워포인트의 활용

(1) 나만의 문서를 만들기

파워포인트로 자신만의 문서를 만드는 과정을 설명한다. 자신의 문서를 만든다는 것은 전 세계 파워포인트 사용자들 누구와도 다른 형태의 문서를 만든다는 것이다. 이는 단순히 몇 번의 클릭을 통해 끝낼 수 있다.

파워포인트를 시작한 후, 40여 가지의 선택 가능한 디자인 중 하나를 선택한다. 그 다음 색, 글꼴, 효과, 배경 스타일 등을 추가로 선택한다. 이처럼 단순히 몇 번의 선택을 통해 수십만 가지 문서 스타일 가운데 자신만의 독특한 문서가 만들어진다.

여기에 좀 더 자신만의 특성을 반영하고 싶다면, 슬라이드 마스터를 이용하여 자신만의 취향을 적용한다. 이 간단한 작업을 통해 독자들은 수천만 가지의 문서 스타일 가운데 자신만의 고유한 파워포인트 문서를 만들 수 있다.

이런 작업은 자신만의 독특한 문서 스타일을 만드는 데 그치는 것이 아니라 자신의 작업 효율성, 즉 연구자의 생산성을 높여줄 뿐만 아니라 타인과의 협업을 매우 쉽게 해준다. 많은 파워포인트 사용자들은 불행하게도 파워포인트의 이런 기능의 존재조차도 모르고 있다. 그러다 보니 문서의 보이는 일부분을 대상으로 자신의 독특한 문서를 만들려고 하고 있다. 결과는 비효율적일 뿐 아니라 추후 다른 작업에서 활용하기도 힘들다. 『생산성의 경제학』 독자들은 자신의 연구 생산성을 높이는 것에도 투자를 해야 한다.

(2) 『생산성의 경제학』 그래프 그리기

『생산성의 경제학』에서는 이론적인 면에서 다양한 형태의 그래프들을 많이 활용한다. 경제원론, 미시경제학에서 자주 사용되는 총비용 곡선, 평균비용 곡선, 장기 평균비용 곡선, 생산함수뿐만 아니라 독점시장균형, 완전경쟁 시장균형, 독점적 경쟁 시장의 균형과 같은 그래프도 활용된다. 이뿐만 아니라 경제 성장이론에서 활용되는 다양한 형태의 도표도 자주 사용하게 된다.

여기에서는 전문적으로 도표를 그리는 출판 전문가들보다 더 멋있고, 정확한 그래프를 직접 그리는 방법을 소개한다. 독자 여러분들은 그래프를 그리는 과정을 통해서 경제이론, 더 나아가 『생산성의 경제학』에 대한 이해도를 높일 수 있다.

(3) 파워포인트에서 그래프 편집

많은 연구자는 엑셀을 이용하여 그래프를 그리기도 하고, 전문적인 통계소프트웨어에서 제공하는 그래픽 기능을 이용하여 그래프를 그린다. 하지만 엑셀이나 통계소프트웨어를 이용하여 아주 미세한 부분까지 정밀하게 그래프를 그리는 것은 비효율적이다.

여기에서는 엑셀이나 STATA에서 그린 그래프를 파워포인트에서 편집하여 더욱 정확하고, 전문적인 도표를 만드는 과정에 관해 설명한다. 아마 이를 제대로 학습한 독자들은 매우 전문적인 그래프를 그릴 수 있을 것이다.

4. 연구자를 위한 파일관리

『생산성의 경제학』의 이해와 연구를 위해서는 많은 자료를 분석, 처리하는 과정이 필요하다. 따라서 파일관리를 체계적으로 하지 않으면 연구의 효율성이 떨어진다. 물론 연구자마다 자신만의 파일관리 방법을 가지고 있겠지만 여기에서는 필자의 방법을 소개하고자 한다.

우선 연구를 위한 파일관리는 계층구조를 가질 필요가 있다. 제일 위에 프로젝트 이름을 나타내는 디렉터리가 만들어지고, 그 다음 다양한 이름의 하위 디렉터리가 만들어진다. 필자는 보통 참고문헌, 문서, 통계자료, STATA프로그램, 휴지통과 같은 하위 디렉터리를 만든다. 참고문헌 디렉터리에는 연구 과정에서 수집한 참고문헌들을 보관한다. 문서 디렉터리에는 내가 연구를 위해 직접 작성하는 문서를 보관한다. 통계자료 디렉터리에는 엑셀 형태의 수집, 작성된 통계자료를 보관한다. STATA 디렉터리에서는 통계자료 디렉터리에서 최종 작성된 자료를 이용한 STATA 작업 관련 파일을 보관한다. 여기에는 또한 작업과정에서 만들어진 다양한 데이터 세트나 그래픽 파일들이 보관된다. 마지막으로 휴지통 디렉터리에는 해당 프로젝트를 수행하면서 중간에 삭제되는 파일들을 일시적으로 보관한다.

이런 파일관리 방법들은 다른 연구자들이 선호하는 방법이 아닐 수도 있지만, 필자는 이 방법을 통해 추후 유사한 연구나 용역과제를 수행할 때 매우 편리하게 활용하고 있다. 그리고 유사한 작업을 하게 되는 다른 연구자들에게 제공할 때에도 아주 편리하다. 해당 연구를 수행하면서 관련된 모든 자료와 시행착오까지도 체계적으로 기록, 관리된다.

찾아보기

ㅇ

저자 박 승 록

저자는 고려대학교 경제학과, 동 대학원을 거쳐 미국 노던 일리노이 대학(Northern Illinois University)에서 "한국 제조업의 마컵, 규모의 경제, 가동률과 총요소생산성"이란 주제로 경제학 박사학위를 받았다.

산업연구원(KIET), 삼성경제연구소(SERI), 한국경제연구원(KERI)에서 주로 국가 간 산업, 기업 수준에서의 생산성 연구를 하였다. 현재 한성대학교 경제학과에 재직하면서 미시경제, 산업조직, 통계학, 계량경제, 규제경제, 중국경제 등을 강의하고 있다.

주요 국내논문으로는 "우리나라 지역별 제조업 생산성", "정보통신기술의 활용과 일자리창출 및 성장", "세계 기업 생산성의 추격-피 추격에 관한 연구"(이상 생산성논집), "기업가 정신의 결정요인, 성과와 발현의 인과관계"(중소기업연구), "중국의 성별 1인당 국민소득의 수렴화"(동북아경제연구) 등이 있다.

주요 해외논문으로는 "Club Convergence and Factors of Digital Divide across Countries" (*Technical Forecasting & Social Change*), "Has Korean Chaebol Model Succeeded?" (*Journal of Economic Studies*), "Information Technology, Organizational Transformation and Productivity Growth" (*Asian Economic Journal*), "A Review of Total Factor Productivity Studies in Korea" (*International Journal of Technology Management*), "Rapid Economic Growth with Increasing Returns to Scale and Little or No Productivity Growth" (*Review of Economics and Statistics*) 등이 있다.

주요저서로는 『계량경제학 방법론』(비봉출판사), 『중국 일류기업을 찾아서』(굿인포메이션), 『中國的經濟增長和外商投資』(中國高等教育出版社) 등이 있다.

이런 연구업적으로 "매경이코노미스트상", "매경비트학술상", "중소기업학회 논문상", 2018년 앨버트 넬슨 마퀴스 평생공로상(Albert Nelson Marquis Lifetime Achievement Award)을 받았다. 미국의 "마퀴스 후스 후(Marquis Who's Who)" 인명사전에 등재되어 있기도 하다.

생산성의 경제학

초판발행 2018년 1월 30일
중판발행 2023년 11월 20일

지은이 박승록
펴낸이 안종만·안상준

편 집 전채린
기획/마케팅 장규식
표지디자인 권효진
제 작 고철민·조영환

펴낸곳 (주) 박영사
서울특별시 금천구 가산디지털2로 53, 210호(가산동, 한라시그마밸리)
등록 1959. 3. 11. 제300-1959-1호(倫)
전 화 02)733-6771
f a x 02)736-4818
e-mail pys@pybook.co.kr
homepage www.pybook.co.kr
ISBN 979-11-303-0496-0 93320

정 가 42,000원